浙江省统计局 国家统计局浙江调查总队 · 编
ZHEJIANG STATISTICS BUREAU NBS SURVEY OFFICE IN ZHEJIANG

2018
浙江统计年鉴
ZHEJIANG STATISTICAL YEARBOOK

中国统计出版社
China Statistics Press

图书在版编目（CIP）数据

浙江统计年鉴. 2018 : 汉英对照 / 浙江省统计局,国家统计局浙江调查总队编.
-- 北京 : 中国统计出版社,2018.9
ISBN 978-7-5037-8512-2

Ⅰ. ①浙…
Ⅱ. ①浙… ②国…
Ⅲ. ①统计资料 - 浙江 - 2018 - 年鉴 - 汉、英
Ⅳ. ①C832.55-54

中国版本图书馆CIP数据核字(2018)第160924号

浙江统计年鉴——2018

作　　者/ 浙江省统计局 国家统计局浙江调查总队
责任编辑/ 钟　钰
责任校对/ 胡　东
装帧设计/ 胡　东
出版发行/ 中国统计出版社
地　　址/ 北京市丰台区西三环南路甲6号　　邮政编码/ 100073
电　　话/ 邮购（010）63376909 书店（010）68783171
网　　址/ http://www.zgtjcbs.com
印　　刷/ 杭州嘉业印务有限公司
经　　销/ 新华书店
开　　本/ 890mm × 1240mm 1/16
字　　数/ 1300千字
印　　张/ 38
印　　数/ 1-1900册
版　　别/ 2018年9月第1版
版　　次/ 2018年9月第1次印刷
定　　价/ 498.00元

本书附同版本CD-ROM一张，光盘内容以书面文字为准。
如有印装差错，由本社发行部调换。

《浙江统计年鉴—2018》编辑委员会和编辑部

Editorial Board and Editorial Department of Zhejiang Statistical Yearbook–2018

· 编辑说明 ·

一、《浙江统计年鉴-2018》是一部全面反映浙江国民经济和社会发展情况的资料性年刊，本年鉴收录了浙江及各市、县2017年经济和社会各方面大量的统计数据，以及改革开放以来浙江主要统计数据。

二、全书内容分为18部分，即：1.综合；2.人口和就业人员；3.固定资产投资；4.价格；5.人民生活；6.农业；7.工业和能源；8.建筑业；9.交通运输和邮电通信业；10.批发、零售贸易和餐饮业；11.对外经济贸易和旅游；12.财政、金融和保险；13.城市建设和生态环境；14.教育、科技、专利、测绘和标准计量；15.文化、体育和卫生；16.档案、司法、社会福利和工会组织；17.各市、县国民经济主要指标；18.附录（信心指数、投入产出表）。为便于读者使用，部分统计表下作了简要注释，每篇章后附有《主要统计指标解释》。

三、本年鉴对过去发表的统计资料重新予以核实，凡与本年鉴数据有出入的，以本年鉴为准。

四、本年鉴凡带续表的资料，如有注解均注在最后一张续表的下方。

五、本年鉴中符号使用说明："…"表示数据不足本表最小单位数；"#"表示其中主要项；"空格"表示该项统计指标数据不详或无该项数据。

《浙江统计年鉴》自公开出版以来，受到了社会各界的关心和支持，对年鉴编辑工作提出了许多宝贵意见，对此我们深表谢意。为进一步提高统计年鉴的编辑水平，欢迎读者继续对年鉴的不足之处给予批评和指正。

· Preface ·

Zhejiang Statistical Yearbook 2018 is an annual statistics publication,which contains very comprehensive statistics of Zhejiang' s social and economic development in 2017 and selected data since China adopted the policy of reforming and opening to the outside world.

The yearbook is composed of 18 parts.1.General Survey 2.Population and Employment 3.Investment in Fixed Assets 4.Prices 5 People' s Livelihood 6.Agriculture 7.Industry and Energy 8.Construction 9.Transportation,Posts and Telecommunications 10.Wholesale and Retail Sale Trade and Catering Trade 11.Foreign Economy and Trade, Tourism 12.Public Finance,Banking and Insurance 13.City Construction and Environment 14.Education,Science,Patent,Surveying and Mapping and Standard Calculating 15.Culture,Sports and Public Health 16.Archives,Judicature,Social Welfare and Labour Union 17.Major Indicators of National Economy by City and County 18.Appendix (Confidence Index,Input Output table) .In addition,brief notes are placed at lower part of some tables and explanatory notes on main indicators are provided at end of each part.

The statistics in former statistical yearbook have already been checked. The data in Zhejiang statistical yearbook 2018 shall be regarded as authentic ones.The footnotes are placed at the last page,if the table is a continued one.

Notations used in this yearbook:

"…" indicates that the figure is not large enough to be measured with the smallest unit in the table. "#" indicates the major items of the total. "blank" indicates that the data is unavailable.

Since published openly ,Previous Editions of Zhejiang Statistics Yearbook have enjoyed wide concern and support,all circles have made many valuable suggestions, and we express heartfelt thanks. In order to improve yearbook editorial level,we welcome all candid comments and criticism from our readers.

目录
CONTENTS

一、综 合
Chapter 1 GENERAL SURVEY

二、人口和就业人员
Chapter 2 POPULATION AND EMPLOYMENT

三、固定资产投资
Chapter 3 INVESTMENT IN FIXED ASSETS

四、价格
Chapter 4 PRICES

五、人民生活
Chapter 5 PEOPLE’S LIVELIHOOD

六、农业
Chapter 6 AGRICULTURE

七、工业和能源
Chapter 7 INDUSTRY AND ENERGY

八、建筑业
Chapter 8 CONSTRUCTION

九、交通运输和邮电通信业
Chapter 9 TRANSPORTATION,POSTS AND TELECOMMUNICATIONS

十、批发、零售贸易和餐饮业
Chapter 10 WHOLESALE AND RETAIL TRADE AND CATERING TRADE

十一、对外经济贸易和旅游
Chapter 11 FOREIGN ECONOMY AND TRADE,TOURISM

十二、财政、金融和保险
Chapter 12 PUBLIC FINANCE，BANKING AND INSURANCE

十三、城市建设和环境保护
Chapter 13 CITY CONSTRUCTION AND ENVIRONMENT

十四、教育、科技、专利、测绘和标准计量
Chapter 14 EDUCATION,SCIENCE,PATENT,SURVEYING AND MAPPING AND STANDARD CALCULATING

十五、文化、体育和卫生
Chapter 15 CULTURE，SPORTS AND PUBLIC HEALTH

十六、档案、司法、社会福利和工会组织

Chapter 16 ARCHIVES,JUDICATURE,SOCIAL WELFARE AND LABOUR UNION

十七、各市、县国民经济主要经济指标
Chapter 17 MAJOR INDICATORS OF NATIONAL ECONOMY BY CITY，PREFECTURE AND COUNTY

CHAPTER 1

综 合
General Survey

1-1 国民经济和社会发展总量与速度
Main Aggregate Indicators of National Economic and Social Development and Their Related Indices

指标		Item		1978	1990	2000	2010	2011
人口		**Population**						
年末常住人口	(万人)	Total Population with Permanent Residence	(10000 persons)		4238.00	4679.91	5446.51	5463.00
年末就业人员数	**(万人)**	**Year-end Employment**	**(10000 persons)**	**1794.96**	**2554.46**	**2726.09**	**3636.02**	**3674.11**
全省生产总值	**(亿元)**	**Gross Domestic Product**	**(100 million yuan)**	**123.72**	**904.69**	**6141.03**	**27747.65**	**32363.38**
第一产业		Primary Industry		47.09	225.04	630.98	1360.56	1583.04
第二产业		Secondary Industry		53.52	408.18	3273.93	14187.36	16331.27
第三产业		Tertiary Industry		23.11	271.47	2236.12	12199.74	14449.07
人均生产总值	**(元)**	**Per Capital GDP**	**(yuan)**	**331**	**2138**	**13415**	**51758**	**59331**
交通运输		**Transportation**						
旅客周转量	(亿人公里)	Turnover Volume of Passenger Traffic	(100 million passenger-km)	66.68	257.29	606.73	1250.74	1296.25
货物周转量	(亿吨公里)	Turnover Volume of Freight Traffic	(100 million ton-kil)	164.19	400.65	1199.74	7117.04	8634.82
固定资产投资总额	**(亿元)**	**Investment in Fixed Assets**	**(100 million yuan)**				**11451.98**	**14077.25**
财政收支		**Finance**						
财政总收入	(亿元)	Financial Revenue	(100 million yuan)	27.45	101.59	658.42	4895.41	5925.00
#地方财政收入	(亿元)	Local Financial Revenue	(100 million yuan)	27.45	101.59	342.77	2608.47	3150.80
财政支出	(亿元)	Financial Expenditure	(100 million yuan)	17.43	80.23	431.30	3207.88	3842.59

2012	2013	2014	2015	2016	2017	指数 Indices(2017 年为以下各年%)(2017 as Percentage of the Following Years) 1978	2012	2016	1979－2017 年平均增长(%)Average Annual Growth Rate (%)	2013－2017 年平均增长(%)Average Annual Growth Rate (%)
5477.00	5498.00	5508.00	5539.00	5590.00	5657.00		103.3	101.2		0.6
3691.24	**3708.73**	**3714.15**	**3733.65**	**3760.00**	**3796.00**	**211.5**	**102.8**	**101.0**	**1.9**	**0.6**
34739.13	**37756.58**	**40173.03**	**42886.49**	**47251.36**	**51768.26**	**8471.1**	**145.8**	**107.8**	**12.1**	**7.8**
1667.88	1760.34	1777.18	1832.91	1965.18	1933.92	407.5	109.2	102.7	3.7	1.8
17000.09	18047.52	19175.06	19711.67	21194.61	22232.08	16439.3	137.9	106.6	14.0	6.6
16071.16	17948.72	19220.79	21341.91	24091.57	27602.26	11729.6	157.7	109.2	13.0	9.5
63508	**68805**	**73002**	**77644**	**84916**	**92057**	**5629.3**	**141.8**	**106.6**	**10.9**	**7.2**
1317.58	1025.10	1056.99	1092.53	1074.99	1096.04	1643.7	83.2	102.0	7.4	-3.6
9183.30	8949.57	9548.09	9868.98	9788.76	10105.81	6155.0	110.0	103.2	11.1	1.9
17095.96	**20194.07**	**23554.76**	**26664.72**	**29571.00**	**31125.99**		**187.8**	**108.6**		**13.4**
6408.49	6908.41	7521.70	8549.47	9225.07	10301.16	37527.0	160.7	111.7	16.4	10.0
3441.23	3796.92	4122.02	4809.94	5301.98	5804.38	21145.3	168.7	109.5	14.7	11.0
4161.88	4730.47	5159.57	6645.98	6974.25	7530.32	43203.2	180.9	108.0	16.8	12.6

续表 Continued

指标		Item		1978	1990	2000	2010	2011
贸易		**Trade**						
社会消费品零售总额	(亿元)	Total Retail Sales of Consumer Goods	(100 million yuan)	46.86	353.75	2553.59	10387.02	12532.80
进出口总额	(亿美元)	Total Imports and Exports Value	(USD100 million)	0.70	27.73	278.33	2535.33	3093.78
#出口总额	(亿美元)	Total Exports Value	(USD100 million)	0.52	21.89	194.43	1804.65	2163.49
价格指数		**Price Indices**						
居民消费价格指数(上年=100)		General Consumer Price Index(preceding year=100)			102.1	101.1	103.8	105.4
城乡居民收入		**Living Standard**						
城镇居民人均可支配收入	(元)	Per Capital Disposable Income of Urban Households	(yuan)	332	1932	9279	27359	30971
农村居民人均可支配收入	(元)	Per Capital Disposable Income of Rural Households	(yuan)	165	1099	4254	11303	13071
教育和文化		**Education and Culture**						
高等学校在校学生数	(万人)	Students Enrollment in Institutions of Higher Education	(10000 persons)	2.4	6.0	22.2	93.3	95.9
普通中学在校学生数	(万人)	Student Enrollment in Regular Secondary Schools	(10000 persons)	214.7	169.6	249.6	255.2	244.5
小学在校学生数	(万人)	Students Enrollment in Primary Schools	(10000 persons)	501.4	372.4	353.8	333.3	344.1
报纸出版数量	(万份)	Number of Newspapers Published	(10000 copies)	24080	66865	173526	325048	359090
杂志出版数量	(万份)	Number of Magazines Published	(10000 copies)	393	4716	8736	7201	8001
图书出版数量	(万份)	Number of Books Published	(10000 copies)	12033	19596	27014	28179	32608

注：1. 本表价值量指标按当年价格计算,发展速度按可比价格计算。
2. 城镇居民人均可支配收入,农村居民人均可支配收入发展速度均已扣除价格变动因素。
3. 2013 年起交通运输指标按新口径统计。
4. 从 2013 年起,国家统计局开展了城乡一体化住户收支与生活状况调查,与 2013 年前的分城镇和农村住户调查的调查范围、调查方法、指标口径有所不同(以后各表同)。农村居民人均可支配收入 2013 年前为农村居民人均纯收入。
5. 固定资产投资 2017 年比上年增长按可比口径计算。

2012	2013	2014	2015	2016	2017	指数 Indices(2017 年为以下各年%)(2017 as Percentage of the Following Years)			1979－2017 年平均增长(%)Average Annual Growth Rate (%)	2013－2017 年平均增长(%)Average Annual Growth Rate (%)
						1978	2012	2016		
14199.59	15970.84	17835.34	19784.74	21970.79	24308.48	51874.7	171.2	110.6	17.4	11.4
3124.03	3357.89	3550.49	3467.84	3365.00	3779.00	539857.1	121.0	112.3	24.7	3.9
2245.19	2487.46	2733.29	2763.32	2678.64	2868.90	551711.5	127.8	107.1	24.7	5.0
102.2	102.3	102.1	101.4	101.9	102.1		110.2	102.1		2.0
34550	37080	40393	43714	47237	51261	1957.3	137.5	106.3	7.9	6.6
14552	17494	19373	21125	22866	24956	2314.5	143.1	107.0	8.4	7.4
98.7	101.7	103.9	105.5	106.3	107.7	4445.2	109.1	101.3	10.2	1.8
236.9	232.2	229.0	225.3	226.9	233.2	108.6	98.4	102.8	0.2	-0.3
346.7	349.6	354.5	357.0	355.0	354.0	70.6	102.1	99.7	-0.9	0.4
347100	346280	337367	283634	261658	230830	958.6	66.5	88.2	6.0	-7.8
8312	8149	7765	7719	7690	7534	1917.0	90.6	98.0	7.9	-1.9
37250	38491	36971	36663	39894	39934	331.9	107.2	100.1	3.1	1.4

1. Figures in value terms are calculated at current price, while the indices and growth rates are calculated at comparable price.
2. Urban per capita disposable income and rural per capita disposable income growth factors have been deducted price change.
3. The data of transportation are adjusted since 2013.
4. National Bureau of Statistics of China strted an integrated households income and expenditure survey, including both urban and rural households since 2013. The coverage, the methodology and definitions used in the survey has been changed compared with before. The same applies to the relevant tables following. The data of per capita disposable income of rural households refer to the per capita net income of rural households before 2013.
5. Growth rates of Investment in fixed assets in 2017 are calculated at comparable price.

1-2 国民经济社会发展结构指标
Structural Indicators on National Economic and Social Develpoment

单位:%(%)

指标	Item	1978	1990	2000	2010	2011	2012	2013	2014	2015	2016	2017
人口	**Population**											
城乡结构	Urban and Rural Structure											
城镇	Urban	14.5	31.2	48.7	61.6	62.3	63.2	64.0	64.9	65.8	67.0	68.0
乡村	Rural	85.5	68.8	53.3	38.4	37.7	36.8	36.0	35.1	34.2	33.0	32.0
性别结构	Sexual											
男	Male	51.9	51.8	51.5	51.4	51.3	51.5	50.7	51.3	51.2	51.3	51.2
女	Female	48.1	48.2	48.5	48.6	48.7	48.5	49.3	48.7	48.8	48.7	48.8
就业	**Employment**											
产业结构	Industrial Structure											
第一产业	Primary Industry		53.2	35.6	16.0	14.6	14.1	13.7	13.5	13.2	12.4	11.8
第二产业	Secondary Industry		29.8	35.5	49.8	50.9	51.0	50.0	49.7	48.3	47.4	46.2
第三产业	Tertiary Industry		17.0	29.0	34.2	34.6	34.9	36.3	36.8	38.5	40.2	42.0
国民核算	**National Accounting**											
生产总值产业结构	Industral Structure of GDP											
第一产业	Primary Industry	38.1	24.9	10.3	4.9	4.9	4.8	4.7	4.4	4.3	4.2	3.7
第二产业	Secondary Industry	43.3	45.1	53.3	51.1	50.5	48.9	47.8	47.7	46.0	44.8	43.0
第三产业	Tertiary Industry	18.7	30.0	36.4	44.0	44.6	46.3	47.5	47.9	49.8	51.0	53.3
居民消费结构	Structure of Resident Consumption											
农村居民	Rural Consumption	75.3	58.6	39.6	30.3	31.5	32.7	33.9	34.9	37.4	38.5	38.0
城镇居民	Urban Consumption	24.7	41.4	60.4	69.7	68.5	67.3	66.1	65.1	62.6	61.5	62.0
固定资产投资结构	Structure of Investment in Fixed Assets											
国有	State-owend				33.9	31.6	31.4	31.5	30.8	33.8	38.6	37.1

续表 1 Continued 单位:%(%)

指标	Item	1978	1990	2000	2010	2011	2012	2013	2014	2015	2016	2017
非国有	Non - state - owend				66.1	68.4	68.6	68.5	69.2	66.2	61.4	62.9
财政	**Government Finance**											
财政收入结构	Strucure of Government Revenue											
中央	Central Enterprises			47.9	46.7	46.8	46.3	45.0	45.2	43.7	42.8	43.7
地方	Local Governments			52.1	53.3	53.2	53.7	55.0	54.8	56.3	57.2	56.3
产业	**Industrial**											
农业	**Agriculture**											
农林牧副渔业产值结构	Structure of Gross Output Value of Agriculture											
农业	Farming	77.4	59.4	49.3	47.9	45.4	46.3	47.1	48.7	48.9	47.9	48.3
林业	Forestry	3.0	4.7	5.2	5.5	5.3	5.3	5.0	5.2	5.2	5.2	5.5
牧业	Animal Husbandry	14.3	23.7	17.4	20.6	21.6	20.7	19.3	16.6	14.5	15.0	12.0
渔业	Fishery	5.3	12.2	28.1	24.0	25.9	25.8	26.7	27.4	29.2	29.6	31.7
农林牧渔服务产值	Services for Agriculture				1.9	1.8	1.9	1.9	2.1	2.2	2.3	2.5
工业	**Industry**											
规模以上工业总产值结构	Structure of Gross Output Value of Industry Above Designated Size											
轻工业	Light Industry	60.2	65.2	54.1	40.7	38.9	39.3	39.3	38.8	39.6	39.0	37.8
重工业	Heavy Industry	39.8	34.8	45.9	59.3	61.1	60.7	60.7	61.2	60.4	61.0	62.2
建筑业	**Construction**											
建筑业总产值结构	Structure of Gross Output Value of Construction											
国有企业	State - owned Enterprises		25.4	10.6	1.0	1.1	1.1	0.6	0.4	0.3	0.3	0.2
集体企业	Collective Owned Enterprises		74.6	28.6	1.1	1.0	1.1	0.9	0.8	0.9	0.9	0.9
其他	Others			60.8	97.9	97.9	97.8	98.5	98.8	98.8	98.8	98.9

续表 2 Continued 单位:%(%)

指标	Item	1978	1990	2000	2010	2011	2012	2013	2014	2015	2016	2017
交通运输业	**Transportation**											
货运量结构	Structure of Freight Traffic											
按运输方式分	By Means of Transportation											
铁路	Railways	16.7	5.1	2.6	2.3	2.3	2.0	2.1	1.8	1.7	1.5	1.5
公路	Highways	31.8	68.3	73.5	60.6	58.5	59.4	57.1	60.1	61.1	62.3	62.8
水运	Waterways	51.5	26.6	23.9	37.1	39.2	38.6	40.8	38.1	37.3	36.2	35.7
国内商业	**Domestic Trade**											
社会消费品零售总额构成	Composition of Retail Sales of Comsumer Goods											
城镇	Urban				88.0	84.2	84.3	83.9	83.7	83.5	83.2	83.0
乡村	Rural				12.0	15.8	15.7	16.1	16.3	16.5	16.8	17.0
对外经济贸易	**Foreign Trade**											
出口商品结构	Structure of Exports											
初级产品	Primary Goods		26.2	10.1	3.5	4.1	4.5	4.2	3.4	3.0	2.9	2.9
工业制成品	Manufactured Goods		73.8	89.9	96.5	95.9	95.5	95.8	96.6	97.0	97.1	97.1
进口商品结构	Structure of Imports											
初级产品	Primary Goods		17.8	24.2	26.3	30.0	31.2	32.8	34.1	33.9	36.3	37.2
工业制成品	Manufactured Goods		82.2	75.8	73.7	70.0	68.8	67.2	65.9	66.1	63.7	62.8
国际旅游	**International Tourism**											
来华旅游人数结构	Structure of Tourists											
外国人	Foreigners		23.5	57.2	65.3	66.6	65.9	66.6	66.0	66.4	65.3	66.1
港澳台同胞	Hong Kong and Macao Compatriots Taiwan Compatriots		69.0	42.8	34.7	33.4	34.1	33.4	34.0	33.6	34.7	33.9
教育、科技、文化	**Education, Science and Culture**											
在校学生结构	Structure of Student Enrollment											
大学生	College and University Students		1.1	3.2	13.7	14.0	14.5	14.9	15.1	15.3	15.4	15.5
中学生	Secondary School Students		32.9	43.9	37.4	35.7	34.7	34.0	33.3	32.8	33.0	33.6
小学生	Primary School Students		66.0	52.9	48.9	50.3	50.8	51.1	51.6	51.9	51.6	50.9
专任教师结构	Full-time Teachers By Type											
大学	University	1.9	4.6	5.8	12.6	12.8	13.0	13.3	13.4	12.4	13.4	13.5
中学	Secondary School	36.3	41.5	45.2	45.1	44.6	44.0	43.3	42.6	47.1	42.2	42.1
小学	Primary School	61.8	53.9	49.0	42.3	42.6	43.0	43.4	44.0	40.5	44.4	44.4

续表 3 Continued 单位:%(%)

指标	Item	1978	1990	2000	2010	2011	2012	2013	2014	2015	2016	2017
生活	**People's Livelihood**											
城镇居民消费结构	Consumption Structure of Urban Residents											
食品	Food			39.2	34.3	34.6	35.1	28.2	28.3	28.2	28.2	27.9
衣着	Clothing			8.1	10.1	10.5	9.8	7.6	7.3	7.1	6.3	6.0
家庭设备用品及服务	Household Facilities, Articles and Services			9.4	5.1	5.4	5.4	5.1	4.9	4.8	4.7	5.1
医疗保健	Medical Services			7.7	5.8	6.1	5.7	5.3	5.6	5.4	5.6	5.9
交通和通讯	Transportation and Communications			8.9	19.2	18.2	19.2	15.0	16.5	16.6	17.0	15.5
娱乐教育、文化	Recreation, Education and Culture			13.1	14.5	13.8	13.9	9.9	9.7	10.3	11.5	11.0
居住	Residence			8.6	7.9	7.4	7.2	26.2	25.3	25.2	24.6	26.4
其他商品和服务	Others			5.1	3.1	4.0	3.7	2.7	2.3	2.4	2.1	2.2
农村居民消费结构	Consumption Structure of Rural Residents											
食品	Food			43.5	35.5	37.6	37.7	31.8	31.9	31.1	31.8	31.0
衣着	Clothing			5.2	6.3	6.9	7.1	6.3	6.1	5.9	5.5	5.3
家庭设备用品及服务	Household Facilities, Articles and Services			4.5	4.8	5.5	5.5	5.1	5.1	5.1	5.0	4.7
医疗保健	Medical Services			6.2	7.8	8.8	7.2	7.6	7.4	7.7	6.8	7.6
交通和通讯	Transportation and Communications			8.5	12.7	13.1	14.3	15.6	15.6	15.9	17.7	17.1
娱乐教育、文化	Recreation, Education and Culture			10.2	9.5	8.6	8.6	9.5	9.3	9.2	9.3	8.8
居住	Residence			18.0	21.4	17.2	17.3	22.1	22.8	23.2	22.3	24.1
其他商品和服务	Others			3.9	2.0	2.3	2.3	1.9	1.8	1.9	1.6	1.5

注:工业总产值 1978－1995 为乡及乡以下独立核算工业企业,2000－2017 年为规模以上工业企业。
The gross industrial output value from 1978 to 1995 is calculated by industrial enterprises at township level and above, and the figures from 2000 to 2017 refers to industrial enterprises above designated size.

1-3 人均主要工农业产品产量(1978-2017年)
Per Capita Output of Major Industrial and Agricultural Products(1978-2017)

年份 Year	粮食 (公斤) Grain (kg)	棉花 (公斤) Cotton (kg)	油料 (公斤) Oil-bearing Crops (kg)	糖料 (公斤) Sugar Crops (kg)	茶叶 (公斤) Tea (kg)	水果 (公斤) Fruit (kg)	猪牛羊肉 (公斤) Pork, Beef and Mutton (kg)	水产品 (公斤) Aquatic Products (kg)
1978	393.44	1.95	5.92	17.20	1.57	3.92	11.33	23.47
1980	376.81	2.18	7.58	15.43	1.98	5.91	18.52	21.46
1985	404.18	2.03	11.02	27.43	2.32	11.12	19.10	26.13
1986	396.34	1.87	10.60	32.63	2.58	12.85	20.03	28.94
1987	387.97	1.60	9.68	26.56	2.83	17.32	18.60	30.52
1988	374.78	1.05	10.39	20.01	3.09	12.45	19.56	30.92
1989	371.01	1.00	9.14	16.74	2.81	23.57	19.67	30.84
1990	375.68	1.52	11.45	14.87	2.77	25.35	20.28	32.92
1991	386.05	1.77	10.72	16.19	2.69	31.66	20.13	35.57
1992	363.51	1.39	11.72	17.55	2.79	23.95	22.73	39.72
1993	334.03	1.35	8.97	18.43	2.84	34.63	22.74	44.02
1994	324.46	1.28	7.99	16.21	2.47	40.64	22.68	59.62
1995	328.53	1.43	11.48	15.11	2.34	49.28	23.61	73.03
1996	345.91	1.56	11.88	14.57	2.26	51.91	16.85	78.03
1997	338.58	1.08	11.08	13.61	2.31	61.07	18.44	90.61
1998	323.64	1.46	8.02	13.97	2.55	46.55	19.05	95.33
1999	312.52	0.91	12.14	15.94	2.64	62.64	19.27	99.33
2000	266.91	0.65	12.91	21.97	2.60	84.89	22.65	104.70
2001	228.64	0.67	12.38	22.53	2.56	109.82	23.65	100.51
2002	201.87	0.47	9.88	23.87	2.91	105.39	25.12	101.14
2003	168.01	0.44	9.09	25.73	2.76	118.00	25.37	100.24
2004	173.82	0.47	9.97	21.73	2.84	129.23	26.93	100.91
2005	167.49	0.44	10.11	18.15	2.91	116.57	26.31	97.57
2006	156.12	0.47	7.08	17.39	3.03	128.00	21.65	83.08
2007	140.35	0.46	6.44	17.01	3.13	135.00	22.39	81.19
2008	140.35	0.47	7.96	16.48	3.13	144.28	25.02	76.89
2009	137.06	0.43	8.25	15.52	3.19	135.85	24.97	81.92
2010	126.00	0.41	7.36	13.86	3.04	130.82	25.17	89.15
2011	123.82	0.42	7.31	13.04	3.11	130.59	25.45	94.56
2012	118.35	0.36	6.99	12.81	3.19	128.45	26.02	98.52
2013	109.34	0.31	6.87	11.62	3.07	130.17	27.63	100.19
2014	109.59	0.26	5.57	11.38	3.00	129.78	25.36	104.40
2015	105.43	0.19	5.66	11.22	3.11	133.75	20.12	108.68
2016	101.05	0.15	4.65	7.33	3.08	129.57	17.11	104.53
2017	102.55	0.11	4.76	6.63	3.15	132.81	15.38	105.08

续表 Continued

年份 Year	布 (米) Cloth (m)	纱 (公斤) Yarn (kg)	原煤 (公斤) Coal (kg)	发电量 (千瓦小时) Electricity (kw. h)	成品钢材 (公斤) Steel (kg)	水泥 (公斤) Cement (kg)
1978	9.28	1.95	42.71	135.66	8.58	48.54
1980	12.81	2.47	37.56	213.83	15.14	59.85
1985	21.79	3.93	37.55	329.14	15.80	199.44
1986	27.73	4.31	36.46	365.89	17.01	246.43
1987	27.64	4.89	35.23	422.43	18.70	296.90
1988	30.85	5.46	34.51	458.95	17.41	316.97
1989	29.91	5.15	34.30	478.23	18.36	307.44
1990	37.09	4.77	32.45	494.23	19.27	317.39
1991	31.85	4.78	32.76	570.41	21.80	381.81
1992	30.96	5.77	33.67	674.23	27.94	460.03
1993	41.03	5.53	32.24	717.55	32.15	517.72
1994	41.92	5.44	29.88	767.05	38.53	623.49
1995	74.55	6.51	28.76	921.77	61.13	749.64
1996	36.38	6.42	27.97	1022.52	53.47	808.92
1997	84.67	7.47	26.07	1101.22	61.53	777.57
1998	23.66	6.73	20.63	1109.71	57.33	771.21
1999	27.87	7.10	18.57	1185.80	59.92	851.53
2000	36.10	7.62	16.27	1393.36	65.15	944.64
2001	49.74	8.37	15.30	1516.66	78.78	1017.63
2002	67.21	10.14	15.47	1637.42	85.18	1208.35
2003	88.80	11.90	14.41	2060.89	109.42	1479.69
2004	178.84	18.76	11.51	2461.52	170.42	1788.19
2005	168.70	19.45	8.33	2728.81	144.61	1780.82
2006	193.73	23.02	2.68	3302.51	227.29	1977.02
2007	224.67	28.64	2.41	3688.68	310.70	2062.35
2008	263.29	32.44	2.53	3590.96	375.44	1960.54
2009	265.49	37.30	2.52	4182.48	449.93	2058.85
2010	296.57	40.08	2.81	4656.20	528.37	2103.21
2011	267.49	36.38	2.76	5078.13	574.96	2218.98
2012	261.49	42.22	2.74	4961.33	613.72	2106.92
2013	279.10	43.49		5244.82	695.42	2266.80
2014	283.68	41.75		5124.16	757.26	2245.37
2015	275.79	39.73		5245.10	730.77	2037.64
2016	266.91	38.60		5526.14	672.79	1931.40
2017	244.40	33.86		5795.32	559.84	1997.19

注：2003 年起按常住人口计算。农产品产量已与三农普数据衔接。
Data in this table is calculated at permanent residence since 2003. The output of agricultural products has been linked to the three agricultural census data.

1-4 平均每天主要社会经济活动 Indicators of Average Daily Social and Economic Activities

指标		Item		1978	2010	2011	2012
平均每天创造财富		**Daily Production**					
生产总值	(亿元)	Gross Domestic Production	(100 million yuan)	0.34	76.02	88.67	95.18
第一产业		Primary Industry		0.13	3.73	4.34	4.57
第二产业		Secondary Industry		0.15	38.87	44.74	46.58
第三产业		Tertiary Industry		0.06	33.42	39.59	44.03
工业		Industry		0.13	34.18	39.37	40.83
财政收入	(亿元)	Financial Revenue	(100 million yuan)	0.08	13.41	16.23	17.56
粮食	(万吨)	Grain	(10000 tons)	4.02	1.88	1.85	1.78
棉花	(万吨)	Cotton	(10000 tons)	0.02	0.01	0.01	0.01
油料	(万吨)	Oil-bearing Crops	(10000 tons)	0.06	0.11	0.11	0.10
猪牛羊肉产量	(万吨)	Meat	(10000 tons)	0.12	0.37	0.38	0.39
水产品	(万吨)	Aquatic Production	(10000 tons)	0.24	1.31	1.41	1.48
发电量	(亿千瓦小时)	Electricity	(100 million km.h)	0.14	6.84	7.60	7.44
成品钢材	(万吨)	Steel Production	(10000 tons)	0.09	7.76	8.61	9.21
水泥	(万吨)	Cement	(10000 tons)	0.50	30.89	33.21	31.62
每天消费量		**Daily National Consumption**					
最终消费	(亿元)	Final Consumption Expenditure	(100 million yuan)	0.21	34.97	41.21	45.23
居民消费		Resident Consumption		0.20	26.84	31.90	34.24
#农村居民		Rural Residents		0.15	6.07	7.03	7.66

续表 1 Continued

指标	Item	1978	2010	2011	2012
城镇居民	Urban Residents	0.05	20.77	24.87	26.57
政府消费	Government Consumption Expenditure	0.02	8.13	9.31	11.00
社会消费品零售总额 （亿元）	Total Retail Sales of Consumer Goods (100 million yuan)	0.13	28.46	34.34	38.90
每天其他经济活动	**Other Daily Economic Activities**				
资本形成总额 （亿元）	Gross Capital Formation (100 million yuan)	0.09	35.48	40.39	42.36
固定资产形成	Fixed Capital Formation	0.06	33.15	37.87	40.02
存货增加	Changes in Stock	0.03	2.33	2.52	2.34
竣工住宅面积 （万平方米）	Residential Buildings Completed (10000 sq. m)		25.14	11.57	11.44
客运量 （万人）	Passenger Traffic (10000 persons)	56	624	635	642
货运量 （万吨）	Freight Traffic (10000 tons)	23	467	509	523
沿海主要港口货物吞吐量 （万吨）	Cargo Handled at Principal Seaports (10000 tons)	2.4	216.0	237.5	254.1
邮电业务量 （万元）	Business Volume of Postal and Telecom - munications Services (10000 yuan)	19	54026	24601	28055
进出口总额 （万美元）	Total Imports and Exports (USD 10000)		69461	84766	85590
出口总额	Exports		49442	59277	61512
进口总额	Imports		20019	25490	24078
实际利用外资额 （万美元）	Foreign Capital Actually Used (USD 10000)		3624	4219	4445
每天人口变动和婚姻	**Daily Population Changes and Marriages**				
出生 （人）	Births (person)	1856	1509	1415	1517
死亡 （人）	Deaths (person)	596	814	807	827
结婚 （对）	Marriages (couple)		1182	1208	1211
离婚 （对）	Divorces (couple)		240	248	269

续表 2 Continued

指标		Item		2013	2014	2015	2016	2017
平均每天创造财富		**Daily Production**						
生产总值	（亿元）	Gross Domestic Production	(100 million yuan)	103.44	110.06	117.50	129.46	141.83
第一产业		Primary Industry		4.82	4.87	5.02	5.38	5.30
第二产业		Secondary Industry		49.45	52.53	54.00	58.07	60.91
第三产业		Tertiary Industry		49.17	52.66	58.47	66.00	75.62
工业		Industry		43.39	45.95	47.17	51.11	53.35
财政收入	（亿元）	Financial Revenue	(100 million yuan)	18.93	20.61	23.42	25.27	28.22
粮食	（万吨）	Grain	(10000 tons)	1.65	1.65	1.60	1.55	1.59
棉花	（万吨）	Cotton	(10000 tons)					
油料	（万吨）	Oil - bearing Crops	(10000 tons)	0.10	0.08	0.09	0.07	0.07
猪牛羊肉产量	（万吨）	Meat	(10000 tons)	0.42	0.38	0.31	0.26	0.24
水产品	（万吨）	Aquatic Production	(10000 tons)	1.51	1.58	1.65	1.60	1.63
发电量	（亿千瓦小时）	Electricity	(100 million km.h)	7.90	7.73	7.96	8.46	8.93
成品钢材	（万吨）	Steel Production	(10000 tons)	10.48	11.43	11.09	10.30	8.63
水泥	（万吨）	Cement	(10000 tons)	34.14	33.88	30.92	29.58	30.77
每天消费量		**Daily National Consumption**						
最终消费	（亿元）	Final Consumption Expenditure	(100 million yuan)	48.60	53.06	57.36	62.33	69.81
居民消费		Resident Consumption		37.24	40.53	43.45	46.87	52.15
#农村居民		Rural Residents		8.46	9.27	10.47	11.28	11.87

续表 3 Continued

指标		Item		2013	2014	2015	2016	2017
城镇居民		Urban Residents		28.78	31.27	32.98	35.58	40.28
政府消费		Government Consumption Expenditure		11.35	12.52	13.91	15.47	17.65
社会消费品零售总额	（亿元）	Total Retail Sales of Consumer Goods	（100 million yuan）	43.76	48.86	54.20	60.19	66.60
每天其他经济活动		**Other Daily Economic Activities**						
资本形成总额	（亿元）	Gross Capital Formation	（100 million yuan）	46.92	48.84	51.72	58.61	62.37
固定资产形成		Fixed Capital Formation		44.22	46.58	49.90	56.65	59.89
存货增加		Changes in Stock		2.70	2.26	1.82	1.96	2.47
竣工住宅面积	（万平方米）	Residential Buildings Completed	（10000 sq. m）	12.86	14.75	15.33	17.48	15.82
客运量	（万人）	Passenger Traffic	（10000 persons）	375	361	346	294	294
货运量	（万吨）	Freight Traffic	（10000 tons）	515	534	550	589	663
沿海主要港口货物吞吐量	（万吨）	Cargo Handled at Principal Seaports	（10000 tons）	275.6	296.4	301.2	312.9	344.5
邮电业务量	（万元）	Business Volume of Postal and Telecom－munications Services	（10000 yuan）	32290	46150	65537	101791	96384
进出口总额	（万美元）	Total Imports and Exports	（USD 10000）	92013	97274	95009	92191	103534
出口总额		Exports		68165	74885	75707	73387	78600
进口总额		Imports		23847	22389	19302	18804	24934
实际利用外资额	（万美元）	Foreign Capital Actually Used	（USD 10000）	3879	4328	4647	4816	4905
每天人口变动和婚姻		**Daily Population Changes and Marriages**						
出生	（人）	Births	（person）	1505	1584	1592	1710	1836
死亡	（人）	Deaths	（person）	819	830	833	841	858
结婚	（对）	Marriages	（couple）	1157	1197	1075	1005	944
离婚	（对）	Divorces	（couple）	296	304	315	337	364

注：1. 本表价值量指标按当年价格计算。The data in Value terms in the table are calculated at current price.
2. 邮电业务总量 1978—2000 年按 1990 年不变价计算，2001 年开始按 2000 年不变价计算，2011 年起按 2010 年不变价计算。电信业务总量 2017 年起按 2015 年不变价格计算。
Business volume of post and telecommunications from 1978 to 2000 were calculated at constant price of 1990, at constant price of 2000 from 2001 to 2010, at constant price of 2010 since 2011. Business volume of telecommunications from 2017 were calculated at constant price of 2015
3. 2013 年起交通运输指标按新口径统计。The data of transportation are adjusted since 2013.

1-5 全省生产总值(1978-2017 年)
Gross Domestic Product(1978-2017)

年份 Year	全省生产总值(亿元) Gross Domestic Product (100 million yuan)	第一产业 Primary Industry	第二产业 Secondary Industry	第三产业 Tertiary Industry	工业 Industry	人均生产总值(元) Per capita GDP (yuan)
1978	123.72	47.09	53.52	23.11	46.97	331
1979	157.75	67.56	64.07	26.12	55.59	417
1980	179.92	64.61	84.07	31.24	73.71	471
1981	204.86	69.06	94.68	41.12	84.08	531
1982	234.01	84.88	98.44	50.69	87.21	599
1983	257.09	82.89	113.12	61.08	102.55	650
1984	323.25	104.40	141.48	77.37	127.91	810
1985	429.16	123.88	198.91	106.37	178.68	1067
1986	502.47	136.29	230.89	135.29	206.63	1237
1987	606.99	159.41	281.47	166.11	249.69	1478
1988	770.25	195.68	354.39	220.18	315.36	1853
1989	849.44	210.95	386.25	252.24	346.50	2023
1990	904.69	225.04	408.18	271.47	363.74	2138
1991	1089.33	245.22	494.11	350.00	438.36	2558
1992	1375.70	262.67	653.43	459.60	581.73	3212
1993	1925.91	315.96	983.96	625.99	876.26	4469
1994	2689.28	438.65	1398.12	852.51	1243.37	6201
1995	3557.55	549.96	1854.52	1153.07	1645.51	8149
1996	4188.53	594.93	2232.17	1361.43	1983.90	9552
1997	4686.11	618.90	2554.57	1512.64	2285.24	10624
1998	5052.62	609.30	2766.94	1676.38	2484.97	11394
1999	5443.92	606.31	2974.74	1862.87	2679.68	12214
2000	6141.03	630.98	3273.93	2236.12	2945.70	13415
2001	6898.34	659.78	3572.88	2665.68	3181.94	14664
2002	8003.67	685.20	4090.48	3227.99	3640.84	16841
2003	9705.02	717.85	5096.38	3890.79	4462.97	20149
2004	11648.70	814.10	6250.38	4584.22	5491.33	23817
2005	13417.68	892.83	7164.75	5360.10	6344.71	27062
2006	15718.47	925.10	8511.51	6281.86	7585.47	31241
2007	18753.73	986.02	10154.25	7613.46	9090.74	36676
2008	21462.69	1095.96	11567.42	8799.31	10328.72	41405
2009	22998.24	1163.08	11860.16	9975.01	10440.77	43857
2010	27747.65	1360.56	14187.36	12199.74	12477.11	51758
2011	32363.38	1583.04	16331.27	14449.07	14370.50	59331
2012	34739.13	1667.88	17000.09	16071.16	14902.22	63508
2013	37756.58	1760.34	18047.52	17948.72	15837.20	68805
2014	40173.03	1777.18	19175.06	19220.79	16771.90	73002
2015	42886.49	1832.91	19711.67	21341.91	17217.47	77644
2016	47251.36	1965.18	21194.61	24091.57	18655.12	84916
2017	51768.26	1933.92	22232.08	27602.26	19474.48	92057

注：1.本表按当年价格计算。2000 年以后人均生产总值均按常住人口计算。
The figures in this table are calculated at current price. The per capita GDP have calculated at permanent residence since 2000.
2.从 2004 年起第一产业包括农林牧渔服务业。The Value Added of Primary Industry includes Services for Agriculture since 2004.
3.2013 年起三次产业分类依据国家统计局 2012 年制定的《三次产业划分规定》,后表同。
Since 2013,Classification of three strata of industry is categorized of regulations formalated by National Bureau of Statistic of China in 2012. The same applies to the relevant tables following.
4.2016 年起研发支出计入地区生产总值,后表同。
R&D expenditure is included in GDP since 2016. The same applies to the relevant tables following.

1-6 全省生产总值构成(1978-2017年) Structure of Gross Domestic Product(1978-2017)

单位:%(%)

年份 Year	生产总值 Gross Domestic Product	第一产业 Primary Industry	第二产业 Secondary Industry	第三产业 Tertiary Industry	工业 Industry
1978	100	38.1	43.3	18.7	38.0
1979	100	42.8	40.6	16.6	35.2
1980	100	35.9	46.7	17.4	41.0
1981	100	33.7	46.2	20.1	41.0
1982	100	36.3	42.1	21.7	37.3
1983	100	32.2	44.0	23.8	39.9
1984	100	32.3	43.8	23.9	39.6
1985	100	28.9	46.3	24.8	41.6
1986	100	27.1	46.0	26.9	41.1
1987	100	26.3	46.4	27.4	41.1
1988	100	25.4	46.0	28.6	40.9
1989	100	24.8	45.5	29.7	40.8
1990	100	24.9	45.1	30.0	40.2
1991	100	22.5	45.4	32.1	40.2
1992	100	19.1	47.5	33.4	42.3
1993	100	16.4	51.1	32.5	45.5
1994	100	16.3	52.0	31.7	46.2
1995	100	15.5	52.1	32.4	46.3
1996	100	14.2	53.3	32.5	47.4
1997	100	13.2	54.5	32.3	48.8
1998	100	12.1	54.8	33.2	49.2
1999	100	11.1	54.6	34.2	49.2
2000	100	10.3	53.3	36.4	48.0
2001	100	9.6	51.8	38.6	46.1
2002	100	8.6	51.1	40.3	45.5
2003	100	7.4	52.5	40.1	46.0
2004	100	7.0	53.6	39.4	47.1
2005	100	6.7	53.4	39.9	47.3
2006	100	5.9	54.1	40.0	48.3
2007	100	5.3	54.1	40.6	48.5
2008	100	5.1	53.9	41.0	48.1
2009	100	5.1	51.6	43.4	45.4
2010	100	4.9	51.1	44.0	45.0
2011	100	4.9	50.5	44.6	44.4
2012	100	4.8	48.9	46.3	42.9
2013	100	4.7	47.8	47.5	41.9
2014	100	4.4	47.7	47.9	41.7
2015	100	4.3	45.9	49.8	40.1
2016	100	4.2	44.8	51.0	39.5
2017	100	3.7	43.0	53.3	37.6

注：1. 本表按当年价格计算。The figures in this table are calculated at current price.
2. 从2004年起第一产业包括农林牧渔服务业。The Value Added of Primary Industry includes Services for Agriculture since 2004.

1-7 按行业和构成分的全省生产总值(2008－2012年)
Gross Domestic Product by Sector and Structure(2008－2012)

单位:亿元(100 million yuan)

指标	Item	2008	2009	2010	2011	2012
全省生产总值		21462.69	22998.24	27747.65	32363.38	34739.13
按行业分						
第一产业(农业)	Primary Industry	1095.96	1163.08	1360.56	1583.04	1667.88
第二产业	Secondary Industry	11567.42	11860.16	14187.36	16331.27	17000.09
工业	Industry	10328.72	10440.77	12477.11	14370.50	14902.22
建筑业	Construction	1238.70	1419.38	1710.25	1960.78	2097.86
第三产业	Tertiary Industry	8799.31	9975.01	12199.74	14449.07	16071.16
交通运输、仓储和邮政业	Transport,Storage and Post	843.20	891.55	1089.49	1233.44	1328.25
信息传输、计算机服务和软件业	Information Transmission,Computer Services and Software	482.28	522.78	607.81	759.98	885.76
批发和零售业	Wholesale and Retail Trade	1899.02	2162.16	2753.66	3491.36	3993.39
住宿和餐饮业	Hotels and Catering Services	388.01	425.17	541.09	664.92	730.68
金融业	Banking	1653.45	1880.69	2284.22	2676.44	2696.39
房地产业	Real Estate	1052.03	1323.40	1634.62	1710.55	1979.61
租赁和商务服务业	Renting and Business Services	338.74	377.98	477.38	615.29	708.68
科学研究、技术服务和地质勘查业	Scientific Research,Technic Service and Geological Prospecting	182.85	188.20	242.57	299.87	356.51
水利、环境和公共设施管理业	Water Conservancy,Environment and Public Utility	77.25	86.78	108.84	136.59	159.60
居民服务和其他服务业	Service for the Residents and Other	266.11	285.73	344.10	392.37	449.18
教育	Education	523.63	604.81	691.85	767.94	867.55
卫生、社会保障和社会福利业	Health Care,Sports and Social Welfare	294.18	335.63	395.56	487.49	580.94
文化、体育和娱乐业	Culture,Sports and Entertainment	121.99	135.76	163.33	208.59	239.24
公共管理和社会组织	Public Administration and Social Organization	676.56	754.39	865.23	1004.23	1095.38
按构成分						
劳动者报酬	Remuneration of Laborers	8852.48	9102.30	10789.15	13168.24	14563.03
生产税净额	Net－taxes on Production	3260.31	3421.08	4287.30	5270.37	5524.69
固定资产折旧	Depreciation of Fixed Assets	2906.36	2972.54	3334.67	3937.25	4525.55
营业盈余	Operating Surplus	6443.54	7502.32	9336.53	9987.52	10125.87

1-8 按新行业和构成分的全省生产总值(2013-2017年) Gross Domestic Product by New Sector and Structure(2013-2017)

单位:亿元(100 million yuan)

指标	Item	2013	2014	2015	2016	2017
全省生产总值	**Gross Domestic Product**	**37756.58**	**40173.03**	**42886.49**	**47251.36**	**51768.26**
按行业分	By Sector					
农、林、牧、渔业	Farming, Forestry, Animal Husbandry and Fishery	1787.25	1806.60	1865.31	2000.23	1972.84
工业	Industry	15837.20	16771.90	17217.47	18655.12	19474.48
建筑业	Construction	2243.01	2467.10	2558.38	2610.72	2845.48
批发和零售业	Wholesale and Retail Trade	4589.13	4911.71	5245.03	5754.19	6217.29
交通运输、仓储和邮政业	Transport, Storage and Post	1427.52	1525.93	1631.88	1774.37	1938.17
住宿和餐饮业	Hotels and Catering Services	768.64	884.91	995.02	1119.00	1218.51
信息传输、软件和信息技术服务业	Information Transmission, Software and Information Technology Services	1095.24	1355.19	1693.01	2239.90	2914.81
金融业	Banking	2795.13	2767.44	2922.93	3050.61	3533.05
房地产业	Real Estate	2229.69	2166.86	2351.42	2607.00	3222.54
租赁和商务服务业	Renting and Business Services	859.05	967.33	1147.95	1341.06	1481.53
科学研究和技术服务业	Scientific Research and Technical Services	441.32	497.74	550.21	691.80	795.47
水利、环境和公共设施管理业	Water Conservancy, Environment and Public Facilities Management	179.69	200.18	232.15	273.29	255.27
居民服务、修理和其他服务业	Service for the Residents, Repair and Others	492.23	538.89	621.63	724.19	823.29
教育	Education	980.66	1076.58	1212.73	1408.05	1606.60
卫生和社会工作	Health Care and Social Work	569.43	673.66	842.65	929.11	1105.54
文化、体育和娱乐业	Culture, Sports and Entertainment	267.20	291.71	344.05	385.44	431.10
公共管理、社会保障和社会组织	Public Administration, Social Security and Social Organization	1194.19	1269.30	1454.67	1687.28	1932.29
第一产业	Primary Industry	1760.34	1777.18	1832.91	1965.18	1933.92
第二产业	Secondary Industry	18047.52	19175.06	19711.67	21194.61	22232.08
第三产业	Tertiary Industry	17948.72	19220.79	21341.91	24091.57	27602.26
按构成分	By Structure					
劳动者报酬	Remuneration of Laborers	17898.75	18534.26	20573.26	22181.68	24229.44
生产税净额	Net-taxes on Production	5711.10	6191.46	6238.29	6662.24	7472.86
固定资产折旧	Depreciation of Fixed Assets	4663.63	5077.79	5427.75	6038.94	6492.66
营业盈余	Operating Surplus	9483.10	10369.52	10647.19	12368.50	13573.30

注: 农、林、牧、渔业增加值2017年数据与三农普数据衔接。
The added value of agriculture, forestry, animal husbandry and Fisheries in 2017 is linked to the three agricultural census data.

1-9 全省生产总值指数(1978-2017年)
Indices of Gross Domestic Product (1978-2017)

(上年=100)(preceding year=100)

年份 Year	全省生产总值 Gross Domestic Product	第一产业 Primary Industry	第二产业 Secondary Industry	第三产业 Tertiary Industry	工业 Industry	人均生产总值 Percapita GDP
1978	121.9	118.7	128.6	113.5	126.5	120.4
1979	113.6	110.8	118.0	108.1	117.1	112.3
1980	116.4	97.3	132.0	112.9	133.3	115.1
1981	111.5	104.7	111.3	126.1	113.1	110.5
1982	111.4	116.5	104.9	118.1	104.9	109.9
1983	108.0	93.9	115.5	116.0	118.5	106.8
1984	121.7	119.3	124.0	120.3	124.4	120.6
1985	121.7	101.9	135.3	119.2	135.0	120.8
1986	112.1	104.0	114.0	116.8	114.2	110.9
1987	111.8	101.0	116.8	110.9	116.4	110.6
1988	111.2	99.0	116.3	109.8	117.5	109.9
1989	99.4	100.2	100.8	94.9	101.7	98.4
1990	103.9	102.7	105.2	101.4	105.4	103.1
1991	117.9	107.9	118.2	125.6	118.4	117.1
1992	118.8	100.6	125.2	122.7	126.6	118.2
1993	122.0	104.8	133.2	116.0	135.3	121.3
1994	120.0	104.4	127.5	115.8	128.0	119.2
1995	116.8	107.5	118.4	118.3	117.8	116.0
1996	112.7	104.4	115.5	111.1	115.8	112.2
1997	111.1	104.5	112.8	110.5	113.3	110.4
1998	110.2	103.2	110.8	111.7	111.1	109.6
1999	110.0	103.3	111.4	109.9	111.8	109.5
2000	111.0	104.5	111.7	111.8	112.0	108.1
2001	110.6	104.8	111.0	111.7	111.0	107.7
2002	112.6	104.5	113.4	113.7	113.6	111.5
2003	114.7	103.6	116.8	114.4	115.7	113.2
2004	114.5	105.1	116.4	113.7	117.0	112.7
2005	112.8	101.5	112.7	115.2	113.1	111.2
2006	113.9	103.2	114.3	115.1	114.6	112.2
2007	114.7	102.3	115.6	115.3	116.4	112.8
2008	110.1	104.8	109.3	111.7	110.0	108.6
2009	108.9	102.4	106.4	113.0	105.1	107.7
2010	111.9	103.2	112.0	112.8	111.9	109.5
2011	109.0	103.6	108.5	110.1	109.3	107.1
2012	108.0	102.0	106.8	109.9	106.6	107.7
2013	108.2	100.5	108.4	108.9	108.2	107.9
2014	107.6	101.4	107.2	108.6	107.2	107.3
2015	108.0	101.5	105.3	111.3	104.9	107.6
2016	107.6	102.7	105.7	109.7	106.1	106.8
2017	107.8	102.7	106.6	109.2	107.7	106.6

注：本表按可比价格计算。The figures in this table are calculated at comparable price.

1-10 全省生产总值指数(1978-2017年) Indices of Gross Domestic Product(1978-2017)

(1978年=100)(1978=100)

年份 Year	全省生产总值 Gross Domestic Product	第一产业 Primary Industry	第二产业 Secondary Industry	第三产业 Tertiary Industry	工业 Industry	人均生产总值 Percapita GDP
1978	100.0	100.0	100.0	100.0	100.0	100.0
1979	113.6	110.8	118.0	108.1	117.1	112.3
1980	132.2	107.9	155.7	122.1	156.0	129.2
1981	147.4	113.0	173.4	154.0	176.5	142.8
1982	164.2	131.6	182.0	181.9	185.1	157.0
1983	177.4	123.6	210.3	211.0	219.2	167.7
1984	216.0	147.5	260.8	253.8	272.6	202.3
1985	262.9	150.3	352.9	302.6	367.9	244.3
1986	294.6	156.2	402.1	353.4	420.2	271.1
1987	329.4	157.8	469.9	392.1	489.2	299.8
1988	366.4	156.3	546.6	430.6	574.9	329.5
1989	364.3	156.7	551.2	408.5	584.8	324.2
1990	378.6	160.9	579.9	414.1	616.7	334.4
1991	446.3	173.6	685.8	520.3	730.1	391.7
1992	530.3	174.7	858.8	638.5	924.3	462.8
1993	647.1	183.1	1143.9	740.4	1250.7	561.3
1994	776.4	191.1	1458.0	857.2	1601.1	669.1
1995	906.7	205.6	1725.8	1013.8	1886.5	776.3
1996	1021.7	214.7	1993.3	1126.4	2184.7	870.9
1997	1135.1	224.3	2249.0	1244.9	2475.3	961.9
1998	1250.6	231.5	2491.0	1390.7	2751.1	1054.1
1999	1376.1	239.1	2773.8	1528.4	3075.1	1154.0
2000	1528.0	249.9	3099.2	1709.4	3442.6	1247.6
2001	1690.6	261.9	3441.6	1909.7	3819.5	1343.3
2002	1904.3	273.6	3902.3	2171.4	4338.9	1497.7
2003	2184.2	283.5	4557.4	2483.3	5020.2	1695.0
2004	2500.9	297.9	5304.8	2823.1	5872.5	1910.9
2005	2820.1	302.3	5977.1	3252.1	6642.9	2125.6
2006	3211.5	312.0	6833.3	3741.9	7614.1	2385.3
2007	3682.5	319.3	7897.2	4314.9	8865.1	2691.3
2008	4052.7	334.4	8633.7	4820.5	9755.6	2921.7
2009	4413.8	342.5	9185.8	5447.0	10257.2	3145.4
2010	4939.8	353.5	10287.1	6144.9	11480.5	3443.4
2011	5382.6	366.0	11160.4	6766.8	12545.8	3687.6
2012	5811.1	373.3	11920.2	7437.3	13372.4	3970.1
2013	6290.4	375.3	12917.1	8095.9	14474.1	4283.8
2014	6770.0	380.6	13852.1	8791.7	15520.0	4597.4
2015	7308.9	386.1	14592.0	9787.7	16278.5	4944.9
2016	7860.7	396.7	15421.0	10740.4	17273.4	5279.1
2017	8471.1	407.5	16439.3	11729.6	18596.7	5629.3

注：本表按可比价格计算。The figures in this table are calculated at comparable price.

1-11 按行业分的第三产业增加值指数(2005-2012年)
Indices of Value-added of the Tertiary Industry by Sector(2005-2012)

(2004年=100)(2004=100)

行业	Sector	2005	2006	2007	2008	2009	2010	2011	2012
总计	**Total**	**115.2**	**115.1**	**115.3**	**111.7**	**113.0**	**112.8**	**110.1**	**109.9**
交通运输、仓储和邮政业	Transport, Storage and Post Services	113.3	116.8	114.1	109.0	103.2	113.7	109.7	106.8
信息传输和计算机服务	Information Transmission, Computer Services	114.3	116.3	122.4	123.2	111.2	113.3	117.7	114.5
批发和零售业	Wholesale and Retail Sale Trade	110.7	111.2	111.8	108.6	116.5	117.5	116.7	112.6
住宿和餐饮业	Hotels and Catering Services	109.5	115.4	114.5	111.8	106.2	114.4	113.8	106.2
金融业	Finance	128.5	129.7	124.2	123.4	114.6	112.9	107.9	105.6
房地产业	Real Estate	115.0	113.2	112.8	102.5	123.2	104.7	95.1	110.0
租赁和商务服务业	Leasing and Commercial Services	111.3	116.1	114.6	110.2	110.9	115.7	115.6	113.8
科学研究、技术服务和地质勘查业	Scientific Research, Technic Services and Geological Prospecting	123.3	115.1	115.3	112.4	104.1	122.1	115.4	115.0
水利、环境和公共设施管理业	Water Conservancy, Environment and Public Facilities Management	113.2	102.3	107.9	110.8	110.7	117.0	115.5	112.9
居民服务和其他服务业	Resident Services and Other Services	125.5	120.5	124.1	121.9	108.9	111.2	109.9	112.0
教育	Education	114.5	109.7	112.3	109.7	114.5	111.2	108.4	111.3
卫生、社会保障和社会福利业	Health Care, Social Securities and Social Welfare	116.1	107.9	111.7	105.8	109.1	109.6	113.8	114.1
文化、体育和娱乐业	Culture, Sports and Recreation	122.3	123.6	118.6	117.9	110.1	114.4	120.2	112.5
公共管理和社会组织	Public Administration and Social Organization	116.9	109.7	112.3	106.6	108.5	108.4	109.0	106.2

1-12 按新行业分的第三产业增加值指数
Indices of Value-added of the Tertiary Industry by New Sector

(上年=100)(preceding year=100)

行业	Sector	2013	2014	2015	2016	2017
总计	**Total**	**108.9**	**108.6**	**111.3**	**109.7**	**109.2**
批发和零售业	Wholeasle and Retail Trade	112.6	110.2	109.0	108.0	107.6
交通运输、仓储和邮政业	Transport,Storage and Post	104.5	108.6	108.2	107.0	107.5
住宿和餐饮业	Hotels and Catering Services	105.2	111.6	109.4	107.9	105.0
信息传输、软件和信息技术服务业	Information Transmission,Software and Information Technology Services	118.7	123.9	126.1	126.7	125.1
金融业	Banking	104.4	102.1	107.2	103.9	107.6
房地产业	Real Estate	107.3	99.3	109.5	107.8	109.1
租赁和商务服务业	Renting and Business Services	121.0	112.0	116.4	113.2	105.9
科学研究和技术服务业	Scientific Research and Technical Services	117.0	112.7	108.9	114.9	109.0
水利、环境和公共设施管理业	Water Conservancy,Environment and Public Facilities Management	109.8	111.3	113.2	114.2	91.8
居民服务、修理和其他服务业	Service for the Residents,Repair and Others	106.5	108.4	113.9	112.3	108.1
教育	Education	109.7	110.2	113.2	108.2	108.7
卫生和社会工作	Health Care and Social Work	104.3	117.7	114.2	108.6	111.0
文化、体育和娱乐业	Culture,Sports and Recreation	105.5	109.6	117.3	110.1	108.5
公共管理、社会保障和社会组织	Public Administration,Social Security and Social Organization	106.2	106.2	114.8	110.4	106.1

1-13 按支出法计算的全省生产总值(2011-2017年)
Gross Domestic Product Calculated by Expenditure Approach(2011-2017)

单位:亿元(100 million yuan)

指标	Item	2011	2012	2013	2014	2015	2016	2017
全省生产总值	**Gross Domestic Product**	**32363.38**	**34739.13**	**37756.58**	**40173.03**	**42886.49**	**47251.36**	**51768.26**
最终消费	**Final Consumption**	**15041.98**	**16509.40**	**17737.24**	**19365.42**	**20936.30**	**22751.65**	**25478.95**
居民消费	Resident Consumption	11643.89	12496.10	13593.16	14794.82	15858.82	17106.67	19036.30
农村居民	Rural	2566.96	2796.25	3087.61	3382.01	3820.21	4118.18	4334.23
城镇居民	Urban	9076.93	9699.85	10505.55	11412.81	12038.61	12988.49	14702.07
政府消费	Government Consumption	3398.09	4013.30	4144.08	4570.60	5077.48	5644.98	6442.65
资本形成总额	**Total Capital Formation**	**14743.55**	**15460.74**	**17125.33**	**17827.25**	**18879.28**	**21393.84**	**22764.48**
固定资本形成总额	Fixed Capital Formation	13822.90	14607.57	16139.70	17000.91	18213.27	20677.81	21861.53
存货增加	Changes in Inventories	920.65	853.17	985.63	826.34	666.01	716.03	902.95
货物和服务净出口	**Net Export**	**2577.85**	**2768.99**	**2894.01**	**2980.36**	**3070.91**	**3105.87**	**3524.83**

注：本表按当年价格计算。The figures in this table are calculated at current price.

1-14 总产出(2011-2017年)
Total Output(2011-2017)

单位:亿元(100 million yuan)

指标	Item	2011	2012	2013	2014	2015	2016	2017
总产出	**Total Output**	**112740.43**	**120148.71**	**133905.46**	**141741.30**	**145029.76**	**151189.76**	**160829.40**
第一产业	Primary Industry	2534.90	2658.66	2782.48	2784.55	2868.38	3075.67	3015.22
第二产业	Secondary Industry	82562.94	86856.95	95131.13	99954.42	98158.04	99223.57	101018.48
第三产业	Tertiary Industry	27642.59	30633.10	35991.85	39002.33	44003.34	48890.52	56795.70
工业	Industry	72974.10	76476.85	84068.97	87565.30	85259.30	85719.36	86136.88

注：1.本表按当年价格计算。The figures in this table are calculated at current price.
2.从2004年起第一产业包括农林牧渔服务业。The Output of Primary Industry includes Services for Agriculture since 2004.

1－15 居民消费水平和指数(1978－2017年)
Resident Consumption Level and Its Indices(1978－2017)

单位:%(%)

年份 Year	居民总消费水平(元/人) Resident Consumption level (yuan/person)	农村居民总消费水平 Rural Resident	城镇居民总消费水平 Urban Resident	居民总消费水平指数 Indices of Resident Consumption Level	农村居民消费水平指数 Rura Resident	城镇居民消费水平指数 Urban Resident
1978	193	164	410	100.0	100.0	100.0
1979	218	183	466	112.1	111.1	110.6
1980	240	198	511	120.1	119.6	111.0
1981	317	271	595	156.2	161.6	127.0
1982	354	305	630	173.4	181.4	132.0
1983	383	328	672	184.3	192.8	137.0
1984	439	369	788	206.7	213.5	154.9
1985	580	472	1063	237.6	238.7	181.4
1986	702	558	1283	270.5	266.1	206.1
1987	828	655	1492	295.2	293.4	216.1
1988	1070	829	1959	314.6	309.8	229.9
1989	1186	914	2145	293.7	285.6	215.5
1990	1227	930	2235	297.5	285.2	220.0
1991	1353	1005	2493	317.7	303.4	232.5
1992	1528	1091	2882	335.6	314.5	245.9
1993	1850	1244	3608	351.2	325.1	253.6
1994	2536	1654	4920	389.0	348.7	282.4
1995	3217	2053	6141	423.2	374.0	301.9
1996	3906	2486	7268	473.5	423.7	325.4
1997	4233	2665	7649	496.8	444.8	330.0
1998	4397	2774	7607	515.1	466.5	326.6
1999	4539	2845	7566	534.7	485.6	326.6
2000	5099	3278	8020	587.5	547.9	339.1
2001	5551	3621	8404	641.2	605.3	356.8
2002	6098	4012	8839	711.6	675.3	379.8
2003	7033	4504	9907	810.6	737.4	423.5
2004	8174	4918	11771	912.3	769.7	489.6
2005	9558	5439	13843	1036.4	832.8	557.7
2006	11099	6216	15837	1174.2	933.6	621.2
2007	12730	7169	16986	1310.4	1055.9	646.7
2008	14264	7881	19002	1429.7	1128.7	704.9
2009	15867	8571	21204	1606.9	1242.7	794.4
2010	18274	10273	23655	1775.7	1430.4	850.0
2011	21346	12371	26856	1965.7	1624.9	915.5
2012	22845	13724	28259	2084.0	1767.7	957.1
2013	24771	15458	30101	2237.7	1955.0	1012.1
2014	26885	17281	32186	2401.2	2165.4	1069.4
2015	28712	19953	33359	2545.3	2403.6	1111.1
2016	30743	22028	35152	2682.2	2614.1	1151.9
2017	33851	23717	38730	2875.8	2738.6	1236.3

注:本表绝对数按当年价格计算,指数按可比价格计算。
The absolute figures in this table are calculated at current price, while the indices are calculated at comparable price.

1－16 按机构类型和登记注册类型分组的法人单位数
Number Of Corporation Units by Types of Organization and Registration

单位:个(unit)

指标名称	Item	法人单位数 Number Of Corporation Units		单产业法人 Containing Single Industrial Activity		多产业法人 Containing Multiple Industrial Activity	
		2016	2017	2016	2017	2016	2017
总计	**Total**	**1497168**	**1792469**	**1460972**	**1752540**	**36196**	**39929**
按机构类型分组	**by Type of Organization**						
企业	Enterprise	1307847	1599314	1276432	1564106	31415	35208
事业单位	Public Institution	32194	32297	30010	30182	2184	2115
机关	Office	8113	8266	6583	6728	1530	1538
社会团体	Social Group	20527	21285	20298	21062	229	223
民办非企业单位	Private Non－enterprise Unit	16895	19370	16798	19276	97	94
基金会	Foundation	307	344	306	343	1	1
居委会	Neighborhood Committees	4364	4341	4308	4286	56	55
村委会	Villagers Committee	28481	28213	28055	27781	426	432
其他组织机构	Others	78440	79039	78182	78776	258	263
按登记注册类型分组	**by Registered Type**						
内资	Domestic Funded Enterprises	1474833	1766851	1439702	1728060	35131	38791
国有	State－owned Enterprises	48192	48205	43898	44017	4294	4188
集体	Collective Owned Enterprises	13656	14958	13085	14410	571	548
股份合作	Cooperative Enterprises	8620	8739	8271	8435	349	304
联营	Joint Ownership Enterprises	773	824	761	813	12	11
国有联营	State Joint Ownership Enterprises	49	46	46	44	3	2
集体联营	Collective Joint Ownership Enterprises	273	317	270	314	3	3
国有与集体联营	State－collective Joint Enterprises	61	58	60	57	1	1
其他联营	Other Joint Ownership Enterprises	390	403	385	398	5	5
有限责任公司	Limited Liability Corporations	65728	63142	60847	58199	4881	4943
国有独资公司	State Sole Funded Corporations	3456	3879	3021	3395	435	484
其他有限责任公司	Other Limited Liability Corporations	62272	59263	57826	54804	4446	4459

续表 Continued 单位：个(unit)

指标名称	Item	法人单位数 Number Of Corporation Units		单产业法人 Containing Single Industrial Activity		多产业法人 Containing Multiple Industrial Activity	
		2016	2017	2016	2017	2016	2017
股份有限公司	Share - holding Corporations Ltd.	5181	5566	4072	4339	1109	1227
私营	Private Enterprises	1195498	1482733	1172519	1456121	22979	26612
私营独资	Private Funded Enterprises	208586	204632	206850	202773	1736	1859
私营合伙	Private Partnership Corporations	39344	54694	39053	54413	291	281
私营有限责任公司	Private Limited Liability Corporations	942969	1218022	922342	1193952	20627	24070
私营股份有限公司	Private Share - holding Corporations Ltd.	4599	5385	4274	4983	325	402
其他内资	others	137185	142684	136249	141726	936	958
港、澳、台商投资企业	Funded by Enterpreneurs From Hong Kong, Macao and Taiwan	10689	11484	10183	10937	506	547
与港澳台商合资经营	Joint - venture Enterprises	4545	4670	4321	4433	224	237
与港澳台商合作经营	Cooperation Enterprises From Hong Kong, Macao and Taiwan	174	171	167	164	7	7
港澳台商独资	Enterprises with Sole Hong Kong, Macao and Taiwan	5554	6248	5301	5967	253	281
港澳台商投资股份有限公司	Share - holding Corporations Ltd. with Funds From Hong Kong, Macao and Taiwan	171	169	152	152	19	17
其他港、澳、台商投资	Others	245	226	242	221	3	5
外商投资	Foreign Funded Enterprises	11646	14134	11087	13543	559	591
中外合资经营	Joint - venture Enterprises	4913	5055	4655	4809	258	246
中外合作经营	Cooperation Enterprises	198	172	193	166	5	6
外资企业	Enterprises With Sole Foreign Investment	5862	7472	5598	7170	264	302
外商投资股份有限公司	Foreign Investment Share - holding Corporations Ltd.	294	297	270	273	24	24
其他外商投资	Others	379	1138	371	1125	8	13

1－17 按行业分的法人单位数(2017年)
Number Of Corporation Units by Sector(2017)

单位:个(unit)

行业	Sector	法人单位数 Number Of Corporation Units	单产业法人 Containing Single Industrial Activity	多产业法人 Containing Multiple Industrial Activity
总计	**Total**			
按国民经济行业分组	**By Sector**	**1792469**	**1752540**	**39929**
农、林、牧、渔业	Farming, Forestry, Animal Husbandry and Fishery	71386	71027	359
农业	Farming	42816	42638	178
林业	Forestry	6069	6031	38
畜牧业	Animal Husbandry	8808	8742	66
渔业	Fishery	8085	8036	49
农、林、牧、渔服务业	Services	5608	5580	28
采矿业	Ming and Quarrying	1308	1279	29
煤炭开采和洗选业	Coal Mining and Dressing	9	8	1
石油和天然气开采业	Petroleum and Natural Gas Extraction			
黑色金属矿采选业	Ferrous Metals Mining and Dressing	30	28	2
有色金属矿采选业	Nonferrous Metals Mining and Dressing	86	84	2
非金属矿采选业	Nonmetal Minerals Mining and Dressing	1169	1146	23
开采辅助活动	Supplementary Activities for Mining	7	6	1
其他采矿业	Other Minerals Mining and Dressing	7	7	
制造业	Manufacturing	473283	466182	7101
农副食品加工业	Non－staple Food Processing	6249	5996	253
食品制造业	Food Manufacturing	3506	3337	169
酒、饮料和精制茶制造业	Wine, Soft Drinks and Refined Tea Manufacturing	2979	2858	121
烟草制品业	Tobacco Processing	6	6	

续表 1 Continued 单位:个(unit)

行业	Sector	法人单位数 Number Of Corporation Units	单产业法人 Containing Single Industrial Activity	多产业法人 Containing Multiple Industrial Activity
纺织业	Textile Industry	37483	36983	500
纺织服装、服饰业	Garments and Apparel Industry	38362	37902	460
皮革、毛皮、羽毛(绒)及其制品业	Leather,Furs,Down and Related Production, Shoes Manufacturing	21938	21674	264
木材加工和木、竹、藤、棕、草制品业	Timber Processing,Bamboo,Cane Palm Fiber and Straw Production	8317	8226	91
家具制造业	Furniture Manufacturing	8607	8450	157
造纸和纸制品业	Papermaking and Paper Production	13041	12940	101
印刷业和记录媒介的复制	Printing and Record Medium Reproduction	11624	11415	209
文教体育用品制造业	Cultural and Educational ,Arts and Crafts,Sports and Entertainment Goods	25339	25037	302
石油加工、炼焦及核燃料加工业	Petroleum Processing,Cooking and Nuclear Fuel Processing	492	477	15
化学原料及化学制品制造业	Raw Chemical Materials and Chemical Production	10093	9874	219
医药制造业	Medical and Pharmaceutical Production	1496	1418	78
化学纤维制造业	Chemical Fiber	1783	1752	31
橡胶和塑料制品业	Rubber and Plastic Production	36211	35799	412
非金属矿物制品业	Nonmetal Mineral Production	15075	14840	235
黑色金属冶炼及压延加工业	Smelting and Pressing of Ferrous Metals	4479	4383	96
有色金属冶炼及压延加工业	Smelting and Pressing of Nonferrous Metals	3826	3781	45
金属制品业	Metal Production	39776	39331	445
通用设备制造业	Ordinary Machinery	57719	56865	854
专用设备制造业	For Special Purpose Equipment Manufacturing	26854	26536	318

续表 2 Continued 单位:个(unit)

行业	Sector	法人单位数 Number Of Corporation Units	单产业法人 Containing Single Industrial Activity	多产业法人 Containing Multiple Industrial Activity
汽车制造业	Automotive Manufacturing	18423	18200	223
铁路、船舶、航空航天和其他运输设备制造业	Railway, Shipbuilding, Aerospace and other Transport Equipment	5351	5235	116
电气机械及器材制造业	Electric Equipment and Machinery	44217	43367	850
计算机、通信和其他电子设备制造业	Telecommunications Equipment,Computer and Other Electronic Equipment Manufacturing	12740	12526	214
仪器仪表制造业	Instruments Manufacturing	8440	8270	170
其他制造业	Other Manufacturing	5904	5828	76
废弃资源综合利用业	Comprehensive Utilization of Waste Resources	1078	1060	18
金属制品、机械和设备修理业	Metal Products,Machinery and Equipment Repair Industry	1875	1816	59
电力、燃气及水的生产和供应业	Electricity,Heating Power,Gas and Water Production and Supply	6483	6210	273
电力、热力的生产和供应业	Production and Supply of Electricity and Heating Power	4668	4527	141
燃气生产和供应业	Production and Supply of Gas	390	336	54
水的生产和供应业	Production and Supply of Water	1425	1347	78
建筑业	Construction	57305	54208	3097
房屋建筑业	Housing	8077	7003	1074
土木工程建筑业	Civil Engineering	12088	10991	1097
建筑安装业	Installation	7536	7181	355
建筑装饰业和其他建筑业	Building Decoration and Others	29604	29033	571
批发和零售业	Wholesale and Retail Trade	536211	527003	9208
批发业	Wholesale	337932	333267	4665
零售业	Retail Sale	198279	193736	4543
交通运输、仓储和邮政业	Transportation,Storage and Post	31988	30237	1751
铁路运输业	Railway Transpot	45	43	2
道路运输业	Highway Transport	18062	17314	748
水上运输业	Waterway Transport	1456	1346	110

续表 3 Continued 单位:个(unit)

行业	Sector	法人单位数 Number Of Corporation Units	单产业法人 Containing Single Industrial Activity	多产业法人 Containing Multiple Industrial Activity
航空运输业	Air Transport	124	115	9
管道运输业	Pipeline Transport	2	2	
装卸搬运和其他运输服务业	Carrying and Transportation Agents	9384	9034	350
仓储业	Storage	1400	1334	66
邮政业	Postal Services	1515	1049	466
住宿和餐饮业	Hotels and Catering Services	24856	23254	1602
住宿业	Hotels	8620	8081	539
餐饮业	Catering Services	16236	15173	1063
信息传输、软件和信息技术服务业	Information Transmission, Software and Information Technology Services	76660	75562	1098
电信、广播电视和卫星传输服务	Telecommunication, Radio and Television , Satellite Transmission Services	990	873	117
互联网和相关服务	Internet and Related Services	5109	5021	88
软件和信息技术服务业	Software and Information Technology Services	70561	69668	893
金融业	Banking	10786	9763	1023
货币金融服务	Monetary and Financial Services	1945	1486	459
资本市场服务	Capital Market Services	5757	5676	81
保险业	Insurance	797	363	434
其他金融业	Others	2287	2238	49

续表 4 Continued 单位:个(unit)

行业	Sector	法人单位数 Number Of Corporation Units	单产业法人 Containing Single Industrial Activity	多产业法人 Containing Multiple Industrial Activity
房地产业	Real Estate	41415	39210	2205
房地产业	Real Estate	41415	39210	2205
租赁和商务服务业	Renting and Business Services	206463	202194	4269
租赁业	Leasing	9537	9299	238
商务服务业	Commercial Services	196926	192895	4031
科学研究和技术服务业	Scientific Research and Technical Services	67949	66096	1853
研究与试验发展	Research and Experiment Development	12282	12161	121
专业技术服务业	Technical Services	29576	28176	1400
科技推广和应用服务业	Promotion and Application of Science and Technology Services	26091	25759	332
水利、环境和公共设施管理业	Water Conservancy,Environment and Public Utility	9869	9571	298
水利管理业	Water Conservancy	1111	1071	40
生态保护和环境治理业	Ecological Protection and Environmental Management	1248	1202	46
公共设施管理业	Public Facilities	7510	7298	212
居民服务和其他服务业	Service for the Residents,Repair and Others	23451	22804	647
居民服务业	Resident Services	10084	9712	372
机动车、电子产品和日用产品修理业	Motor Vehicles,Electronics and Household Goods Repair Industry	8711	8509	202
其他服务业	Other Services	4656	4583	73
教育	Education	27584	26518	1066
教育	Education	27584	26518	1066

续表 5 Continued 单位:个(unit)

行业	Sector	法人单位数 Number Of Corporation Units	单产业法人 Containing Single Industrial Activity	多产业法人 Containing Multiple Industrial Activity
卫生和社会工作	Health Care and Social Work	11551	10496	1055
卫生	Health Care	6937	5925	1012
社会工作	Social work	4614	4571	43
文化、体育和娱乐业	Culture, Sports and Entertainment	30861	30354	507
新闻和出版业	News and Publishing	340	331	9
广播、电视、电影和影视录音制作业	Television, Radio, Film and Television Sound Recording Production	6581	6434	147
文化艺术业	Culture and Arts	7984	7897	87
体育	Sports	4052	3901	151
娱乐业	Recreation	11904	11791	113
公共管理、社会保障和社会组织	Public Administration, Social Security and Social Organization	83060	80572	2488
中国共产党机关	Communist Party Agencies	1088	1030	58
国家机构	Government Agencies	17908	16212	1696
人民政协、民主党派	The CPPCC, Democratic Parties	308	303	5
社会保障	Social Security	394	389	5
群众团体、社会团体和其它成员组织	Mass Organizations, Social Groups and Other Members of the Organization	30811	30574	237
基层群众自治组织	Mass Grassroot Organizations	32551	32064	487

1－18 按地区分组的法人单位数(2017 年)
Number Of Corporation Units by Region(2017)

单位:个(unit)

指标名称	Region	法人单位数 Number Of Corporation Units	单产业法人 Containing Single Industrial Activity	多产业法人 Containing Multiple Industrial Activity
按地区分组	**By Region**			
杭州市	Hangzhou	450337	438363	11974
上城区	Shangcheng	22404	21497	907
下城区	Xiacheng	29341	28206	1135
江干区	Jianggan	50899	49541	1358
拱墅区	Gongshu	38005	36904	1101
西湖区	Xihu	64628	62538	2090
滨江区	Bingjiang	25607	24967	640
萧山区	Xiaoshan	74869	73409	1460
余杭区	Yuhang	64833	63323	1510
富阳区	Fuyang	26981	26439	542
临安区	Linan	17492	17094	398
桐庐县	Tonglu	15515	15220	295
淳安县	Chunan	8248	7969	279
建德市	Jiande	11515	11256	259
宁波市	Ningbo	276830	270901	5929
海曙区	Haishu	33712	32705	1007
江北区	Jiangbei	15124	14672	452
北仑区	Beilun	39316	38589	727
镇海区	Zhenhai	17525	17202	323
鄞州区	Yinzhou	66273	64662	1611
奉化区	Fenhua	13601	13347	254
象山县	Xiangshan	15671	15358	313
宁海县	Ninghai	17420	17069	351
余姚市	Yuyao	23016	22602	414
慈溪市	Cixi	35172	34695	477
温州市	Wenzhou	226981	221378	5603
鹿城区	Luchen	27494	26466	1028
龙湾区	Longwan	23846	23151	695
瓯海区	Ohai	19992	19481	511
洞头区	Dongtou	3226	3059	167
永嘉县	Yongjia	19930	19568	362
平阳县	Pingyang	17441	17090	351

续表 1 Continued 单位:个(unit)

指标名称	Region	法人单位数 Number Of Corporation Units	单产业法人 Containing Single Industrial Activity	多产业法人 Containing Multiple Industrial Activity
苍南县	Cangnan	31791	31162	629
文成县	Wenchen	4563	4418	145
泰顺县	Taishun	5627	5458	169
瑞安市	Ruian	28962	28301	661
乐清市	Yueqing	44109	43224	885
嘉兴市	Jiaxing	137761	134627	3134
南湖区	Xuichen	31505	30761	744
秀洲区	Xuizhou	16683	16291	392
嘉善县	Jiashan	15953	15715	238
海盐县	Haiyan	11238	10892	346
海宁市	Haining	23173	22517	656
平湖市	Pinghu	16323	15977	346
桐乡市	Tongxiang	22886	22474	412
湖州市	Huzhou	80033	78481	1552
吴兴区	Wuxing	29235	28605	630
南浔区	NanXun	10152	9996	156
德清县	Deqing	12940	12695	245
长兴县	ChangXing	15963	15685	278
安吉县	Anji	11743	11500	243
绍兴市	Shaoxing	155125	152555	2570
越城区	Yuechen	27921	27185	736
柯桥区	keqiao	41767	41369	398
上虞区	Shangyu	23452	23109	343
新昌县	Xinchang	9670	9385	285
诸暨市	Zhuji	36571	36060	511
嵊州市	Shengzhou	15744	15447	297
金华市	Jinhua	188147	185143	3004
婺城区	Wuchen	22276	21637	639
金东区	JIndong	10506	10274	232
武义县	Wuyi	9423	9237	186
浦江县	Pujiang	10766	10635	131
磐安县	Panan	4921	4829	92
兰溪市	Lanxi	9974	9762	212

续表 2 Continued 单位:个(unit)

指标名称	Region	法人单位数 Number Of Corporation Units	单产业法人 Containing Single Industrial Activity	多产业法人 Containing Multiple Industrial Activity
义乌市	Yiwu	76267	75390	877
东阳市	Dongyang	15581	15265	316
永康市	Yongkang	28433	28114	319
衢州市	Quzhou	43706	42799	907
柯城区	Kechen	10465	10139	326
衢江区	Qujiang	7798	7715	83
常山县	Changshan	6030	5930	100
开化县	Kaihua	4611	4494	117
龙游县	Longyou	7227	7160	67
江山市	Jiangshan	7575	7361	214
舟山市	Zhoushan	30932	29542	1390
定海区	Dinghai	19039	18342	697
普陀区	Putuo	7000	6592	408
岱山县	Daishan	3314	3150	164
嵊泗县	Shengsi	1579	1458	121
台州市	Taizhou	153880	151266	2614
椒江区	Jiaojiang	20843	20298	545
黄岩区	Huangyan	17544	17337	207
路桥区	Luqiao	16193	15872	321
玉环市	Yuhuan	19901	19693	208
三门县	Sanmen	8622	8471	151
天台县	Tiantai	12786	12639	147
仙居县	Xianju	8840	8658	182
温岭市	Wenling	30924	30395	529
临海市	Linhai	18227	17903	324
丽水市	Lishui	48737	47485	1252
莲都区	Liandu	12349	11891	458
青田县	Qingtian	7031	6912	119
缙云县	Jinyun	7099	6978	121
遂昌县	Suichang	4033	3877	156
松阳县	Songyang	3653	3562	91
云和县	Yunhe	3266	3224	42
庆元县	Qingyuan	3189	3107	82
景宁县	Jingning	2984	2923	61
龙泉市	Longquan	5133	5011	122

浙/江/统/计/年/鉴

主要统计指标解释

■ 生产总值

是按市场价格计算的国内生产总值的简称。它是一个国家(地区)所有常住单位在一定时期内生产活动的最终成果。生产总值有三种表现形态,即价值形态、收入形态和产品形态。从价值形态看,它是所有常住单位在一定时期内所生产的全部货物和服务价值超过同期投入的全部非固定资产货物和服务价值的差额,即所有常住单位增加值之和;从收入形态看,它是所有常住单位在一定时期内所创造并分配给常住单位和非常住单位的初次分配收入之和;从产品形态看,它是最终使用的货物和服务减去进口货物和服务。在实际核算中,国内生产总值的三种表现形态表现为三种计算方法,即生产法、收入法和支出法。三种方法分别从不同的方面反映国内生产总值及其构成。

■ 三次产业

根据社会生产活动历史发展的顺序对产业结构的划分,产品直接取自自然界的部门称为第一产业,对初级产品进行再加工的部门称为第二产业,为生产和消费提供各种服务的部门称为第三产业。它是世界上通用的产业结构分类,但各国的划分不尽一致。我国的三次产业划分是:

第一产业:农林牧渔业(包括农业、林业、畜牧业、渔业和农林牧渔服务业)。

第二产业:包括采矿业、制造业、电力、燃气、及水的生产和供应业、建筑业。

第三产业:除第一、第二产业以外的其他各业。

■ 支出法国内生产总值

指一个国家(或地区)所有常住单位在一定时期内用于最终消费、资本形成总额,以及货物和服务的净出口总额,它反映本期生产的国内生产总值的使用构成。

■ 最终消费

指常住单位在一定时期内对于货物和服务的全部消费支出,也就是常住单位为满足物质文化和精神生活的需要,从本国经济领土和国外购买的货物和服务的支出;不包括非常住单位在本国经济领土内的消费支出。最终消费分为居民消费和政府消费。

■ 居民消费

指常住住户对货物和服务的全部最终消费指出。居民消费按市场价格计算,既按居民支付的购买者价格计算。购买者价格是购买者取得货物所支付的价格包括购买者支付的运输和商业费用。居民消费除了直接以货币形式购买货物和服务的消费之外,还包括以其他方式获得的货物和服务的消费支出既所谓的虚拟消费支出。居民虚拟消费支出包括以下几种类型:单位以实物报酬及实物转移的形式提供给劳动者的货物和服务;住户生产并由本住户消费了的货物和服务,其中的服务仅指住户的自有住房服务;金融机构提供的金融媒介服务;保险公司提供的保险服务。

■ 政府消费

指政府部门为全社会提供公共服务的消费支出和免费或以较低价格向住户提供的货物和服务的净支出前者等于政府服务的产出价值减去政府单位所获得的经营收入的价值,政府服务的产出价值等于它的经常性业务支出加上固定资产折旧;后者等于政府部门免费或以较低价格向住户提供的货物和服务的市场减去向住户收取的价值。

■ 资本形成总额

指常住单位在一定时期内获得的减去处置的固定资产加存货的变动,包括固定资本形成总额和存货增加。

■ 固定资本形成总额

指常住单位购置、转入和自产自用的固定资产,扣除固定资产的销售和转让,分有形固定资产形成总额和无形固定资产形成总额。有形固定资产形成总额包括一定时期内完成的建筑工程、安装工程和设备工器具(减处置)价值,以及土地改良、新增役种奶毛娱乐用牲畜和新增林木价值。无形固定资产总额包括矿藏的勘探、计算机软件、娱乐和文学艺术品原件等获得减处置。

主要统计指标解释

■ 存货增加

指常住单位存货实物量变动的市场价值，即期末价值减期初价值的差额。存货量增加可以是正值，也可以是负值；正值表示存货上升，负值表示存货下降。它包括生产单位购进的原材料燃料和储备物资等存货，以及生产单位生产的产成品在制品等存货等。

■ 货物和服务净出口

指货物和服务出口减货物和服务进口的差额。出口包括常住单位从非常住单位出售或无偿转让的各种货物和服务的价值；进口包括常住单位从非常住单位购买或无偿得到的各种货物和服务的价值。由于服务活动的提供与使用同时发生，因此服务的进出口业务并不发生出入境现象，一般把常住单位从国外得到的服务作为进口，非常住单位从本国得到的服务作为出口。货物的进口和出口都按离岸价格计算。

■ 劳动者报酬

指劳动者因从事生产活动所获得的全部报酬。包括劳动者获得的各种形式的工资，奖金和津贴，既包括货币形式的，也包括实物形式的；还包括劳动者所享受的公费医疗和医药卫生费上下班交通补贴和单位支付的社会保险费等。对于个体经济来说其所有者所获得的劳动报酬和经营利润不易区分，这两部分统一作为劳动者报酬处理。

■ 生产税净额

指生产税减生产补贴后的余额。生产税指政府对生产单位生产销售和从事经营活动以及因从事生产活动使用某些生产要素（如固定资产土地劳动力）所征收的各种税、附加费和规费。生产补贴和生产税相反，指政府对生产单位的单方面收入转移，因此视为负生产税，包括政策亏损补贴、粮食系统价格补贴、外贸企业出口退税收入等。

■ 固定资产折旧

在一定时期内为弥补固定资产损耗按照核定的固定资产损耗率提取的固定资产折旧，或按国民经济核算统一规定的折旧率虚拟计算的固定资产折旧。它反映了固定资产在当期生产中的转移价值。各类企业和企业化管理的事业单位的固定资产折旧是指实际计提并计入成本费中的折旧费；不计提折旧的政府机关非企业化管理的事业单位和居民住房的固定资产折旧是按照统一规定的折旧率和固定资产原值计算的虚拟折旧。原则上，固定资产折旧应按固定资产的重置价值计算，但是目前我国尚不具备对全社会固定资产进行重估价的基础，所以暂时只能采用上述方法。

■ 营业盈余

指常住单位创造的增加值扣除劳动者报酬生产税净额和固定资产折旧后的余额。它相当于企业的营业利润加上生产补贴，但要扣除从利润中开支的工资和福利等。

ZHEJIANG STATISTICAL YEARBOOK

Explanatory Notes on Main Statistical Indicators

□ Gross Domestic Product(GDP)

refers to gross domestic product calculated at market prices, which is the final products of all resident units in a country(or region) during a certain period of time. Gross domestic product is expressed in three different forms, i. e. value added, income, and products respectively. The form of value added refers to the total value of all products and services produced by all resident units during a certain period of time minus total value of input of materials and services of the nature of non-fixed assets or the summation of the value added of all resident units; the form of income includes all the income created by all resident units and distributed primarily to all resident and non - resident units; the form of products refers to all final goods and services minus imports of goods and services. In the practice of national accounting, gross domestic product is calculated with three approaches, i. e. product approach, income approach, and expenditure approach respectively to reflect gross domestic product and its composition from different aspects.

□ Three Industries

Industry structure has been classified according to the historical sequence of development. Primary industry refers to extraction of natural resources; secondary industry involves processing of primary products; and tertiary industry provides services of various kinds for production and consumption. The above classification is universal although it varies to some extent from country to country. Industry in China comprises:

Primary industry: agriculture, forestry, animal husbandry and fishery, including farming animal husbandry, fishery industry and service industry for farming, animal husbandry and fishery.

Secondary industry: mining, manufacturing, power、steam and water production and supply, construction.

Tertiary industry: all other industries not included in primary or secondary industry.

□ GDP Calculated by Expenditure Approach

refers to total expenditure on final consumption, total capital formation and net export of goods and services by resident units of a country in a certain period of time. It reflects the composition of GDP by its use.

□ Final Consumption

refers to the total expenditure of resident units on final consumption of goods and services in a certain period, namely the expenditure of the resident units for perchases of good and services from domestic economic territory and abroad to meet the requirements of meterial, cultural and spritual life. It excludes the expenditure of non - resident units on consumption in the economic territory of the country. The final consumption is classified into household consumption and government consumption.

□ Households Consumption

refers to the total expenditure of resident households on the final consumption of goods and services. The households consumption is calculated at market prices, namely the purchaser's prices which the households pay; the purchaser's prices of goods are the prices the households pay when they obtain the goods including the transport and commercial expenses paid by the households. In addition to the consumption of goods and services bought by the households directly with money, the expenditure on goods and services obtained by the households in other ways, i. e. the so - called imputed expenditure on consumption, is also included in the households consumption. The imputation expenditure of the households on consumption includes the following types: (a) the goods and services privided to the households by the units in the form of payment in kind and transfer in

EXPLANATORY NOTES ON MAIN STATISTICAL INDICATORS

kind; (b) the goods and services produced and consumed by the households themselves, in which the services refer only to the services provided by the residential buildings owned by the households; (c) the services of financial intermediary provided by the financial institution; (d) the insurance services provided by the insurance companies.

□ Government Consumption

refers to the expenditure on the consumption of the public services provided by the government to the whole society and the net expenditure on the goods and services provided by the government to the households at free charge or lower prices. The former equals to the output value of the government services minus the value of operating income obtained by the government departments. (The output value of the government services equals to its current operating expenditure plus depreciation of fixed assets). The latter equals to the market value of the goods and services provided by the government free of charge or at low prices to the households minus the value received by the government from the households.

□ Total Capital Formation

refers to the fixed assets acquired minus those disposed and the change in inventory including the total fixed assets formation and the increase in inventory.

□ Total Fixed Capital Formation

refers to the value of fixed assets purchased, transferred in by the resident units and those produced and used by themselves deducting the value of fixed assets sold and transferred out. It can be classfied into total tangible assets formation and total intangible asset formation. The total tangible assets formation and total intangible assets formation. The total tangible assets formation include the value of construction projects, installation projects completed and the equipment apparatus and instruments purchasedas well as the value of land improved, the value of draught animals, breeding stock, milk, wool and recreational animals and the newly increased economic forest in a certain period. The total ingangible assets formation includesthe prospecting of minerals, the acquisition of computer software, the orginals of recreational works and works of literature and arts minus the disposal of them.

□ Increase in Inventory

refers to the market value of the change in inventory, i. e. the difference of value between the beginning and the end of the period. The increase in inventory can be positive or negative. A positive value indicates the increase in inventory while a negative value indicates the decrease in stock. The inventory includes the raw materials, fuels, and reserve materials purchased by the production units as well as the inventory of finished products, semifinished products work – in – progress, ect.

□ Net Export of Goods and Services

refers to the difference of the exports of goods and services minus the imports of goods and services. The imports include the value of various goods and services sold or gratuitously transferred by the resident units to the non – resident units. The imports include the value of various goods and services purchased or gratuitously acquired by the resident units from the non – resident units. Because the provision of services and the use of them happen simultaneously, the import and export of services do not appear to have the phenomena of crossing the border of the country. The acquisition of services by the resident units from abroad is uaually treated as import while the acquisition of services by non – resident units in this country is uaually treated as export. The export and import of goods are calculated at FOB.

□ Labourer's Remuneration

refers to the whole payment of various forms earned by the labourers from the productive activities they are engaged in. It includes wages, bonuses and allowances the labourers earned in monetary form and in kind. It also includes the free medical services provided to the labourers and the medicine expenses, traffic subsidies and social insurance free paid by the labourers' working units for them. As the individual economy is concerned, since the labourers' remuneration is not easily distingushed from the operating profit, both are treated as labourers remuneration.

EXPLANATORY NOTES ON MAIN STATISTICAL INDICATORS

□ Net Taxes on Production

refers to the residual of the taxes on production minus the subsidies on production. The taxes on production refer to the various taxes, extra charges and fees levied on the production units on their production, sail and business activities as well as on some factors of production, such as fixed assets, land and labour force, used in the production activities they are engaged in. In contrast to the taxes on production, the subsidies on production refer to the unilateral transfer of part of the government' s revenue to the production units and is therefore regarded as negative taxes on production. They include sunsidies on the loss due to implementation of government policies, price subsidies to the grain institutions, foreign trade corporations' receipts from drawback, ect.

□ Depreciation of Fixed Assets

refers to the depreciation of fixed assets of a given period, drawn in accordance with the stipulated depreciation rate for purpose of compensating the wear loss of the fixed assets of the depreciation of fixed assets calculated in a fictitious way in accordance with the stipulated unified depreciation rate in the national economic accounting system. It reflects the value of transfer of the fixed assets in the production of the current period. The depreciation of fixed assets in various enterprises and institutions managed as enterprises refers to the depreciation expenses actually drawnand calculated as part of the cost. In government agencies and institutions not managed as enterprises which do not draw the depreciation expenses, as well as for the house of residents, the depreciation of fixed assets is the imputed depreciation, which is calculated in accordance with the stipulated unified depreciation rate. In principle, the depreciation of fixed assets should bs calculated on the basis of the repurchased value of the fixed assets. However, there is no actual condition to reevaluated all the fixed assets in China. Therefore, the abovementioned methods are temporarily adopted at present.

□ Operating Surplus

refers to the balance of the value added created by the resident units deducting the laboures' remuneration, net taxes on production and the depreciation of fixed assets. It is equivalent to the business profit of the enterprises plus subsidies on production, but the wages and welfare expenses paid from the profits should be deducted.

2018
浙江统计年鉴
ZHEJIANG STATISTICAL YEARBOOK

人口和就业人员
Population and Employment

2-1 历年总户数和总人口数(年底数)
Total Population and Households(year-end)

年份 Year	总户数 (万户) Total Households (10000 households)	总人口数 (万人) Total Population (10000 persons)	按性别分 By Sex	
			男性 Male	女性 Female
1978	897.62	3750.96	1948.29	1802.67
1979	905.32	3792.33	1967.40	1824.93
1980	923.58	3826.58	1985.59	1840.99
1981	965.92	3871.51	2007.55	1863.96
1982	990.66	3924.32	2034.98	1889.34
1983	1014.03	3963.10	2056.06	1907.04
1984	1038.85	3993.09	2071.46	1921.63
1985	1081.20	4029.56	2090.69	1938.87
1986	1122.09	4070.07	2112.05	1958.02
1987	1167.30	4121.19	2137.38	1983.81
1988	1211.08	4169.85	2161.26	2008.59
1989	1240.41	4208.88	2180.83	2028.05
1990	1259.49	4234.91	2193.71	2041.20
1991	1276.80	4261.37	2206.65	2054.72
1992	1297.81	4285.91	2218.72	2067.19
1993	1311.07	4313.30	2232.72	2080.58
1994	1321.54	4341.20	2246.57	2094.63
1995	1339.82	4369.63	2259.54	2110.09
1996	1353.99	4400.09	2273.54	2126.55
1997	1369.79	4422.28	2282.85	2139.43
1998	1389.44	4446.86	2293.29	2153.57
1999	1410.25	4467.46	2302.64	2164.82
2000	1440.40	4501.22	2316.54	2184.68
2001	1447.67	4519.84	2323.87	2195.97
2002	1466.19	4535.98	2330.30	2205.68
2003	1485.72	4551.58	2335.61	2215.97
2004	1509.29	4577.22	2345.26	2231.96
2005	1534.16	4602.11	2354.19	2247.91
2006	1556.53	4629.43	2364.97	2264.46
2007	1578.85	4659.34	2377.12	2282.22
2008	1595.70	4687.85	2388.98	2298.87
2009	1604.17	4716.18	2400.16	2316.02
2010	1607.86	4747.95	2413.13	2334.83
2011	1618.04	4781.31	2426.93	2354.38
2012	1616.25	4799.34	2433.68	2365.66
2013	1622.44	4826.89	2445.04	2381.86
2014	1630.49	4859.18	2458.69	2400.49
2015	1642.42	4873.34	2462.76	2410.58
2016	1652.99	4910.85	2479.23	2431.62
2017	1672.00	4957.63	2499.50	2458.13

注：本表资料为公安年报数。
Data in this table refers to the data from the annual reports of the Bureau of Public Security.

2-2 各市、县总户数和总人口数(2017年底)
Total Households and Population by City and County(End of 2017)

地区	Region	总户数(户) Total Households (household)	总人口数(人) Total Population (person)	按性别分 By Sex	
				男性 Male	女性 Female
合计	Zhejiang	16719954	49576285	24994950	24581335
杭州市	Hangzhou	2352575	7538771	3747545	3791226
市辖区	District	1884833	6152286	3048565	3103721
上城区	Shangcheng	112106	320431	159422	161009
下城区	Xiacheng	130088	403170	200259	202911
江干区	Jianggan	172285	562880	279945	282935
拱墅区	Gongshu	126358	361609	179510	182099
西湖区	Xihu	199865	712763	357342	355421
滨江区	Bingjiang	68196	242803	123228	119575
萧山区	Xiaoshan	377496	1295770	635157	660613
余杭区	Yuhang	294189	1040496	508563	531933
富阳区	Fuyang	216058	677210	339360	337850
临安区	Linan	188192	535154	265779	269375
桐庐县	Tonglu	148647	414883	206516	208367
淳安县	Chunan	146647	460769	233277	227492
建德市	Jiande	172448	510833	259187	251646
宁波市	Ningbo	2274936	5969307	2959782	3009525
市辖区	District	1138944	2896290	1425322	1470968
海曙区	Haishu	246198	626363	306724	319639
江北区	Jiangbei	104990	251430	122977	128453
北仑区	Beilun	164811	414169	202439	211730
镇海区	Zhenhai	99500	249594	123750	125844
鄞州区	Yinzhou	341655	871663	426938	444725
奉化区	Fenghua	181790	483071	242494	240577
象山县	Xiangshan	181694	550451	278450	272001
宁海县	Ninghai	232643	632499	326038	306461
余姚市	Yuyao	304897	837336	413067	424269
慈溪市	Cixi	416758	1052731	516905	535826
温州市	Wenzhou	2356634	8245470	4271186	3974284
市辖区	District	520515	1704386	856435	847951
鹿城区	Luchen	259465	768035	378525	389510
龙湾区	Longwan	82520	335229	173430	161799
瓯海区	Ohai	127904	446731	225453	221278
洞头区	Dongtou	50626	154391	79027	75364
永嘉县	Yongjia	294938	978454	520141	458313
平阳县	Pingyang	239453	886294	459818	426476
苍南县	Cangnan	333124	1348327	707766	640561

续表 1 Continued

地区	Region	总户数（户）Total Households (household)	总人口数（人）Total Population (person)	按性别分 By Sex	
				男性 Male	女性 Female
文成县	Wenchen	137580	406018	214825	191193
泰顺县	Taishun	127526	372422	193665	178757
瑞安市	Ruian	327282	1246353	638974	607379
乐清市	Yueqing	376216	1303216	679562	623654
嘉兴市	Jiaxing	1087690	3563714	1748290	1815424
市辖区	District	301840	904639	443853	460786
南湖区	Nanhu	182171	508784	250516	258268
秀洲区	Xuizhou	119669	395855	193337	202518
嘉善县	Jiashan	127494	393055	193010	200045
海盐县	Haiyan	125141	381805	188050	193755
海宁市	Haining	191594	690323	337389	352934
平湖市	Pinghu	151572	496290	242484	253806
桐乡市	Tongxiang	190049	697602	343504	354098
湖州市	Huzhou	867415	2661413	1315421	1345992
市辖区	District	351359	1116985	548345	568640
吴兴区	Wuxing	209271	627015	307889	319126
南浔区	NanXun	142088	489970	240456	249514
德清县	Deqing	134135	441394	217318	224076
长兴县	ChangXing	228607	634486	317532	316954
安吉县	Anji	153314	468548	232226	236322
绍兴市	Shaoxing	1612934	4464803	2225956	2238847
市辖区	District	776505	2214764	1087209	1127555
越城区	Yuechen	265362	759783	371559	388224
柯桥区	keqiao	225924	673746	330375	343371
上虞区	Shangyu	285219	781235	385275	395960
新昌县	Xinchang	173413	435857	223429	212428
诸暨市	Zhuji	408011	1085521	542397	543124
嵊州市	Shengzhou	255005	728661	372921	355740
金华市	Jinhua	1900815	4855198	2465166	2390032
市辖区	District	380821	979127	488031	491096
婺城区	Wuchen	242642	645910	321666	324244
金东区	JIndong	138179	333217	166365	166852
武义县	Wuyi	134056	344209	174742	169467
浦江县	Pujiang	139392	400687	208261	192426
磐安县	Panan	86595	213110	110065	103045
兰溪市	Lanxi	217310	662997	342423	320574
义乌市	Yiwu	355800	800013	403781	396232
东阳市	Dongyang	345157	845021	427088	417933

续表 2 Continued

地区	Region	总户数（户）Total Households (household)	总人口数（人）Total Population (person)	按性别分 By Sex	
				男性 Male	女性 Female
永康市	Yongkang	241684	610034	310775	299259
衢州市	Quzhou	934020	2578084	1315843	1262241
市辖区	District	336098	850006	430359	419647
柯城区	Kechen	177971	437242	219344	217898
衢江区	Qujiang	158127	412764	211015	201749
常山县	Changshan	115165	344993	178583	166410
开化县	Kaihua	117243	361557	186219	175338
龙游县	Longyou	164350	405002	204480	200522
江山市	Jiangshan	201164	616526	316202	300324
舟山市	Zhoushan	368888	971491	478873	492618
市辖区	District	261435	713315	352015	361300
定海区	Dinghai	150579	394040	193920	200120
普陀区	Putuo	110856	319275	158095	161180
岱山县	Daishan	77228	181930	89754	92176
嵊泗县	Shengsi	30225	76246	37104	39142
台州市	Taizhou	1916090	6035313	3082757	2952556
市辖区	District	501829	1614237	808590	805647
椒江区	Jiaojiang	174290	542771	272131	270640
黄岩区	Huangyan	194400	613402	307226	306176
路桥区	Luqiao	133139	458064	229233	228831
玉环市	Yuhuan	141427	433863	219390	214473
三门县	Sanmen	148602	446604	233491	213113
天台县	Tiantai	194568	601965	313232	288733
仙居县	Xianju	144955	514974	267041	247933
温岭市	Wenling	408023	1220090	617459	602631
临海市	Linhai	376686	1203580	623554	580026
丽水市	Lishui	1047957	2692721	1384131	1308590
市辖区	District	187391	409867	205632	204235
莲都区	Liandu	187391	409867	205632	204235
青田县	Qingtian	185193	558848	289423	269425
缙云县	Jinyun	202949	468917	241185	227732
遂昌县	Suichang	87343	231819	119864	111955
松阳县	Songyang	94780	241356	124818	116538
云和县	Yunhe	40851	114025	58750	55275
庆元县	Qingyuan	88085	205480	106013	99467
景宁自治县	Jingning	63980	171545	90028	81517
龙泉市	Longquan	97385	290864	148418	142446

注：本表资料为公安年报数。
Data in this table refers to the data from the annual reports of the Bureau of Public Security.

2-3 人口自然变动情况(1978-2017年) Natural Population Changes(1978-2017)

年份 Year	年末常住人口(万人) Total Population with Permanent Residence (10000 persons)	出生 Birth		死亡 Death		自然增长 Natural Growth	
		人数(万人) Population (10000 persons)	出生率(‰) Birth Rate(‰)	人数(万人) Population (10000 persons)	死亡率(‰) Death Rate(‰)	人数(万人) Population (10000 persons)	自然增长率(‰) Natural Growth Rate(‰)
1978		67.75	18.17	21.75	5.83	46.00	12.34
1979		67.82	17.98	22.23	5.89	45.59	12.09
1980		59.40	15.59	23.97	6.29	35.43	9.30
1981		69.00	17.93	24.12	6.27	44.89	11.66
1982		71.38	18.31	23.17	5.94	48.21	12.37
1983		62.66	15.89	25.13	6.37	37.53	9.52
1984		49.80	12.52	23.82	5.99	25.97	6.53
1985		50.59	12.61	24.25	6.05	26.34	6.56
1986		64.64	15.96	24.06	5.94	40.58	10.02
1987		69.67	17.01	28.34	6.92	41.33	10.09
1988		64.42	15.54	26.32	6.35	38.10	9.19
1989		63.68	15.20	26.85	6.41	36.83	8.79
1990	4238.00	64.75	15.33	26.65	6.31	38.10	9.02
1991	4269.50	61.59	14.48	27.18	6.39	34.41	8.09
1992	4304.40	63.10	14.72	28.17	6.57	34.93	8.15
1993	4334.80	58.79	13.61	28.42	6.58	30.37	7.03
1994	4363.70	56.67	13.24	28.25	6.64	28.42	6.60
1995	4389.00	54.52	12.66	29.07	6.75	25.45	5.91
1996	4413.00	53.21	12.09	28.96	6.58	24.25	5.51
1997	4434.80	50.47	11.41	28.66	6.48	21.81	4.93
1998	4456.20	49.57	11.15	28.14	6.33	21.43	4.82
1999	4475.40	47.51	10.64	28.36	6.35	19.15	4.29
2000	4679.91	48.09	10.30	28.63	6.13	19.46	4.17
2001	4728.80	46.14	10.02	28.78	6.25	17.39	3.77
2002	4776.40	46.19	9.98	28.65	6.19	17.54	3.79
2003	4856.80	44.96	9.66	29.70	6.38	15.26	3.28
2004	4925.20	50.12	10.71	26.95	5.76	23.16	4.95
2005	4990.90	54.37	11.10	29.78	6.08	24.59	5.02
2006	5071.80	50.78	10.29	26.75	5.42	24.03	4.87
2007	5154.90	52.11	10.38	27.96	5.57	24.15	4.81
2008	5212.40	51.92	10.20	28.61	5.62	23.31	4.58
2009	5275.50	52.63	10.22	28.79	5.59	23.84	4.63
2010	5446.51	55.08	10.27	29.70	5.54	25.38	4.73
2011	5463.00	51.66	9.47	29.46	5.40	22.20	4.07
2012	5477.00	55.36	10.12	30.20	5.52	25.16	4.60
2013	5498.00	54.93	10.01	29.91	5.45	25.02	4.56
2014	5508.00	57.80	10.51	30.30	5.51	27.50	5.00
2015	5539.00	58.10	10.52	30.40	5.50	27.70	5.02
2016	5590.00	62.40	11.22	30.70	5.52	31.70	5.70
2017	5657.00	67.00	11.92	31.30	5.56	35.70	6.36

注：1.本表为人口抽样调查数据。
Data in this table are obtained from the sample survey on population changes.
2.2001年至2009年末常住人口数据，根据2010年第六次全国人口普查数据进行了修正。
Data of total population with permanent residence from 2001 to 2009 are adjusted according to the Sixth National Population Cencus.

2-4 各市人口自然变动情况
Population Natural Changes by City

单位:‰(‰)

地区	Region	年末常住人口(万人) Population with Permanent Residence (10000 persons)					自然增长率 Natural Growth Rate	
		1990	2000	2010	2016	2017	2016	2017
全　省	**Zhejiang**	**4144.6**	**4593.1**	**5442.7**	**5590.0**	**5657.0**	**5.70**	**6.36**
杭州市	Hangzhou	583.2	687.9	870.0	918.8	946.8	6.00	7.40
宁波市	Ningbo	509.1	596.3	760.6	787.5	800.5	5.00	5.20
温州市	Wenzhou	633.1	755.8	912.2	917.5	921.5	8.30	8.70
嘉兴市	Jiaxing	316.3	358.3	450.2	461.4	465.6	5.50	5.90
湖州市	Huzhou	245.0	262.6	289.4	297.5	299.5	2.60	3.70
绍兴市	Shaoxing	399.7	430.4	491.2	498.8	501.0	2.10	2.80
金华市	Jinhua	412.0	457.2	536.2	552.0	556.4	6.80	7.60
衢州市	Quzhou	226.0	212.9	212.3	216.2	218.5	4.80	6.10
舟山市	Zhoushan	97.6	100.2	112.1	115.8	116.8	3.20	3.50
台州市	Taizhou	487.6	515.4	596.9	608.0	611.8	6.50	6.80
丽水市	Lishui	234.9	216.2	211.7	216.5	218.6	5.90	6.70

续表 Continued

单位:‰(‰)

地区	Region	出生率 Birth Rate		死亡率 Death Rate		城镇人口比重(%) Percentage of the urban population(%)			
		2016	2017	2016	2017	2000	2010	2016	2017
全　省	**Zhejiang**	**11.22**	**11.92**	**5.52**	**5.56**	**48.7**	**61.6**	**67.0**	**68.0**
杭州市	Hangzhou	11.10	12.50	5.10	5.10	58.6	73.3	76.2	76.8
宁波市	Ningbo	9.70	10.00	4.70	4.80	55.7	68.3	71.9	72.4
温州市	Wenzhou	13.20	13.70	4.90	5.00	51.5	66.0	69.0	69.7
嘉兴市	Jiaxing	11.30	11.70	5.80	5.80	38.0	53.3	62.9	64.5
湖州市	Huzhou	9.50	10.40	6.90	6.70	38.7	52.9	60.5	62.0
绍兴市	Shaoxing	8.60	9.20	6.50	6.40	48.7	58.6	64.3	65.5
金华市	Jinhua	12.40	13.30	5.60	5.70	45.3	59.0	65.7	66.7
衢州市	Quzhou	11.30	12.60	6.50	6.50	29.6	44.1	53.7	55.7
舟山市	Zhoushan	9.30	9.70	6.10	6.20	56.0	63.6	67.5	67.9
台州市	Taizhou	12.10	12.60	5.60	5.80	51.5	55.5	61.3	62.2
丽水市	Lishui	11.80	12.80	5.90	6.10	33.1	48.4	58.0	59.7

注：本表1990、2000、2010年数据为人口普查数据,其余为人口抽样调查数据。
Data in this table are obtained from Population Census in 1990.2000 and 2010,others are obtained from the sample survey on population changes.

2-5 各市、县户籍人口年龄构成(2017年底)
Population by Age, City and County (End of 2017)

单位:人(person)

地区	Region	18岁以下 Age -18 人数 Population	18岁以下 Age -18 占总人口% Percentage to Total	18-35岁 Age 18-35 人数 Population	18-35岁 Age 18-35 占总人口% Percentage to Total	35-60岁 Age 35-60 人数 Population	35-60岁 Age 35-60 占总人口% Percentage to Total	60岁以上 Age 60 and over 人数 Population	60岁以上 Age 60 and over 占总人口% Percentage to Total
浙江省	Zhejiang	8408336	16.96	10389354	20.96	19947643	40.24	10830952	21.85
杭州市	Hangzhou	1258969	16.70	1684384	22.34	2925033	38.80	1670385	22.16
杭州市区	District	1056631	17.17	1382191	22.47	2358225	38.33	1355239	22.03
上城区	Shangcheng	38023	11.87	67723	21.13	116677	36.41	98008	30.59
下城区	Xiacheng	53518	13.27	96260	23.88	146195	36.26	107197	26.59
江干区	Jianggan	115432	20.51	136404	24.23	205006	36.42	106038	18.84
拱墅区	Gongshu	59611	16.48	76607	21.19	135960	37.60	89431	24.73
西湖区	Xihu	134814	18.91	180799	25.37	269604	37.83	127546	17.89
滨江区	Bingjiang	54800	22.57	70839	29.18	84464	34.79	32700	13.47
萧山区	Xiaoshan	213993	16.51	271568	20.96	498646	38.48	311563	24.04
余杭区	Yuhang	202451	19.46	224573	21.58	400662	38.51	212810	20.45
富阳区	Fuyang	107639	15.89	144921	21.40	279192	41.23	145458	21.48
临安区	Linan	76350	14.27	112497	21.02	221819	41.45	124488	23.26
桐庐县	Tonglu	62509	15.07	90729	21.87	164966	39.76	96679	23.30
淳安县	Chunan	68631	14.89	96751	21.00	195830	42.50	99557	21.61
建德市	Jiande	71198	13.94	114713	22.46	206012	40.33	118910	23.28
宁波市	Ningbo	877322	14.70	1196125	20.04	2445624	40.97	1450236	24.29
宁波市区	District	437800	15.12	578000	19.96	1176334	40.62	704156	24.31
海曙区	Haishu	90175	14.40	122411	19.54	255299	40.76	158478	25.30
江北区	Jiangbei	38220	15.20	49796	19.81	100558	39.99	62856	25.00
北仑区	Beilun	66636	16.09	85518	20.65	165110	39.87	96905	23.40
镇海区	Zhenhai	37911	15.19	50927	20.40	97940	39.24	62816	25.17
鄞州区	Yinzhou	144070	16.53	177938	20.41	352228	40.41	197427	22.65
奉化区	Fenhua	60788	12.58	91410	18.92	205199	42.48	125674	26.02
象山县	Xiangshan	84936	15.43	109311	19.86	232390	42.22	123814	22.49
宁海县	Ninghai	111728	17.66	127454	20.15	266344	42.11	126973	20.07
余姚市	Yuyao	103343	12.34	166643	19.90	343297	41.00	224053	26.76
慈溪市	Cixi	139515	13.25	214717	20.40	427259	40.59	271240	25.77
温州市	Wenzhou	1617135	19.61	1907936	23.14	3258380	39.52	1462019	17.73
温州市区	District	319798	18.76	356911	20.94	690107	40.49	337570	19.81
鹿城区	Luchen	139981	18.23	148953	19.39	312728	40.72	166373	21.66
龙湾区	Longwan	68147	20.33	75653	22.57	133763	39.90	57666	17.20
瓯海区	Ohai	83782	18.75	99013	22.16	177777	39.80	86159	19.29
洞头区	Dongtou	27888	18.06	33292	21.56	65839	42.64	27372	17.73
永嘉县	Yongjia	198336	20.27	240070	24.54	374701	38.30	165347	16.90
平阳县	Pingyang	165395	18.66	200690	22.64	358774	40.48	161435	18.21
苍南县	Cangnan	268809	19.94	329507	24.44	536372	39.78	213639	15.84

续表 1 Continued 单位：人(person)

地区	Region	18 岁以下 Age -18		18-35 岁 Age 18-35		35-60 岁 Age 35-60		60 岁以上 Age 60 and over	
		人数 Population	占总人口% Percentage to Total	人数 Population	占总人口% Percentage to Total	人数 Population	占总人口% Percentage to Total	人数 Population	占总人口% Percentage to Total
文成县	Wenchen	84153	20.73	88813	21.87	159637	39.32	73415	18.08
泰顺县	Taishun	77859	20.91	86816	23.31	146247	39.27	61500	16.51
瑞安市	Ruian	240075	19.26	276281	22.17	503971	40.44	226026	18.13
乐清市	Yueqing	262710	20.16	328848	25.23	488571	37.49	223087	17.12
嘉兴市	Jiaxing	512597	14.38	718225	20.15	1410074	39.57	922818	25.89
嘉兴市区	District	142934	15.80	186251	20.59	352242	38.94	223212	24.67
南湖区	Nanhu	79172	15.56	102873	20.22	199611	39.23	127128	24.99
秀洲区	Xuizhou	63762	16.11	83378	21.06	152631	38.56	96084	24.27
嘉善县	Jiashan	49108	12.49	78008	19.85	153966	39.17	111973	28.49
海盐县	Haiyan	50602	13.25	77558	20.31	155625	40.76	98020	25.67
海宁市	Haining	102704	14.88	136507	19.77	270773	39.22	180339	26.12
平湖市	Pinghu	63338	12.76	99488	20.05	198754	40.05	134710	27.14
桐乡市	Tongxiang	103911	14.90	140413	20.13	278714	39.95	174564	25.02
湖州市	Huzhou	375573	14.11	549186	20.64	1075921	40.43	660733	24.83
湖州市区	District	154385	13.82	226558	20.28	436767	39.10	299275	26.79
吴兴区	Wuxing	96742	15.43	130386	20.79	246963	39.39	152924	24.39
南浔区	NanXun	57643	11.76	96172	19.63	189804	38.74	146351	29.87
德清县	Deqing	59887	13.57	91710	20.78	178761	40.50	111036	25.16
长兴县	ChangXing	93254	14.70	132553	20.89	263598	41.55	145081	22.87
安吉县	Anji	68047	14.52	98365	20.99	196795	42.00	105341	22.48
绍兴市	Shaoxing	649796	14.55	886224	19.85	1827347	40.93	1101436	24.67
绍兴市区	District	319259	14.42	457818	20.67	889361	40.16	548326	24.76
越城区	Yuechen	112906	14.86	155127	20.42	302885	39.86	188865	24.86
柯桥区	keqiao	105224	15.62	145653	21.62	264084	39.20	158785	23.57
上虞区	Shangyu	101129	12.94	157038	20.10	322392	41.27	200676	25.69
新昌县	Xinchang	67817	15.56	83289	19.11	184254	42.27	100497	23.06
诸暨市	Zhuji	162825	15.00	211144	19.45	445791	41.07	265761	24.48
嵊州市	Shengzhou	99895	13.71	133973	18.39	307941	42.26	186852	25.64
金华市	Jinhua	869680	17.91	989038	20.37	1964712	40.47	1031768	21.25
金华市区	District	172149	17.58	185578	18.95	409474	41.82	211926	21.64
婺城区	Wuchen	116347	18.01	119984	18.58	272085	42.12	137494	21.29
金东区	JIndong	55802	16.75	65594	19.69	137389	41.23	74432	22.34
武义县	Wuyi	57595	16.73	67983	19.75	142545	41.41	76086	22.10
浦江县	Pujiang	68408	17.07	84154	21.00	164010	40.93	84115	20.99
磐安县	Panan	39242	18.41	38595	18.11	91780	43.07	43493	20.41
兰溪市	Lanxi	103697	15.64	135768	20.48	269827	40.70	153705	23.18
义乌市	Yiwu	154965	19.37	179063	22.38	307180	38.40	158805	19.85
东阳市	Dongyang	144861	17.14	171940	20.35	344124	40.72	184096	21.79

续表 2 Continued 单位：人(person)

地区	Region	18岁以下 Age -18		18-35岁 Age 18-35		35-60岁 Age 35-60		60岁以上 Age 60 and over	
		人数 Population	占总人口% Percentage to Total	人数 Population	占总人口% Percentage to Total	人数 Population	占总人口% Percentage to Total	人数 Population	占总人口% Percentage to Total
永康市	Yongkang	128763	21.11	125957	20.65	235772	38.65	119542	19.60
衢州市	Quzhou	459681	17.83	500663	19.42	1062003	41.19	555737	21.56
衢州市区	District	146890	17.28	166031	19.53	345960	40.70	191125	22.49
柯城区	Kechen	75346	17.23	84442	19.31	179742	41.11	97712	22.35
衢江区	Qujiang	71544	17.33	81589	19.77	166218	40.27	93413	22.63
常山县	Changshan	66851	19.38	66814	19.37	143476	41.59	67852	19.67
开化县	Kaihua	66936	18.51	68391	18.92	153840	42.55	72390	20.02
龙游县	Longyou	63642	15.71	78125	19.29	167737	41.42	95498	23.58
江山市	Jiangshan	115362	18.71	121302	19.68	250990	40.71	128872	20.90
舟山市	Zhoushan	114772	11.81	180256	18.55	419610	43.19	256853	26.44
舟山市区	District	91327	12.80	132418	18.56	308736	43.28	180834	25.35
定海区	Dinghai	55883	14.18	73465	18.64	167632	42.54	97060	24.63
普陀区	Putuo	35444	11.10	58953	18.46	141104	44.20	83774	26.24
岱山县	Daishan	16054	8.82	32819	18.04	77496	42.60	55561	30.54
嵊泗县	Shengsi	7391	9.69	15019	19.70	33378	43.78	20458	26.83
台州市	Taizhou	1152596	19.10	1226017	20.31	2450927	40.61	1205773	19.98
台州市区	District	295621	18.31	324650	20.11	653248	40.47	340718	21.11
椒江区	Jiaojiang	103682	19.10	113797	20.97	218333	40.23	106959	19.71
黄岩区	Huangyan	106953	17.44	118851	19.38	249388	40.66	138210	22.53
路桥区	Luqiao	84986	18.55	92002	20.08	185527	40.50	95549	20.86
玉环市	Yuhuan	82857	19.10	85999	19.82	180405	41.58	84602	19.50
三门县	Sanmen	91533	20.50	90903	20.35	184581	41.33	79587	17.82
天台县	Tiantai	121974	20.26	132955	22.09	236328	39.26	110708	18.39
仙居县	Xianju	113419	22.02	100875	19.59	206101	40.02	94579	18.37
温岭市	Wenling	207018	16.97	253434	20.77	498180	40.83	261458	21.43
临海市	Linhai	240174	19.95	237201	19.71	492084	40.89	234121	19.45
丽水市	Lishui	520215	19.32	551300	20.47	1108012	41.15	513194	19.06
丽水市区	District	80144	19.55	85232	20.80	163362	39.86	81129	19.79
莲都区	Liandu	80144	19.55	85232	20.80	163362	39.86	81129	19.79
青田县	Qingtian	115433	20.66	129315	23.14	219938	39.36	94162	16.85
缙云县	Jinyun	90595	19.32	90411	19.28	193693	41.31	94218	20.09
遂昌县	Suichang	38519	16.62	44261	19.09	98491	42.49	50548	21.80
松阳县	Songyang	44527	18.45	48156	19.95	101748	42.16	46925	19.44
云和县	Yunhe	20304	17.81	22137	19.41	48644	42.66	22940	20.12
庆元县	Qingyuan	40690	19.80	42271	20.57	86630	42.16	35889	17.47
景宁自治县	Jingning	35631	20.77	30895	18.01	73848	43.05	31171	18.17
龙泉市	Longquan	54372	18.69	58622	20.15	121658	41.83	56212	19.33

注：本表资料为公安年报数。
Data in this table refer to the data from the annual reports of the Bureau of Public Security.

2-6 计划生育情况 Family Planning

单位:%(%)

地 区	Region	计划生育率 Birth Rate Control				
		2013	2014	2015	2016	2017
合 计	**Total**	**91.86**	**92.01**	**91.87**	**97.46**	**97.75**
杭州市	Hangzhou	96.94	97.22	97.00	98.63	98.81
宁波市	Ningbo	95.92	95.95	96.25	97.86	98.54
温州市	Wenzhou	84.45	85.06	86.25	96.70	97.06
嘉兴市	Jiaxing	98.51	98.89	98.43	99.11	98.99
湖州市	Huzhou	97.23	97.63	97.25	98.93	98.88
绍兴市	Shaoxing	96.35	96.13	95.66	98.00	98.21
金华市	Jinhua	90.79	90.17	89.68	97.19	98.25
衢州市	Quzhou	91.02	84.43	88.96	96.22	97.08
舟山市	Zhoushan	98.52	98.54	98.63	99.19	99.29
台州市	Taizhou	89.37	89.27	88.67	95.91	95.85
丽水市	Lishui	88.99	88.99	88.37	96.32	96.21

续表 Continued

单位:%(%)

地 区	Region	已婚育龄妇女独生子女领证率 Proportion of Only Child Certificate				
		2013	2014	2015	2016	2017
合 计	**Total**	**28.96**	**28.14**	**27.58**	**26.43**	**24.87**
杭州市	Hangzhou	39.38	37.58	36.14	33.49	31.25
宁波市	Ningbo	37.93	36.60	35.43	33.96	32.27
温州市	Wenzhou	14.75	14.62	14.76	14.21	13.66
嘉兴市	Jiaxing	54.88	52.75	50.59	48.12	49.34
湖州市	Huzhou	42.09	40.87	34.75	33.30	32.42
绍兴市	Shaoxing	29.91	28.91	28.13	27.02	29.44
金华市	Jinhua	19.74	19.66	19.97	19.56	8.00
衢州市	Quzhou	21.98	21.54	21.11	20.37	21.06
舟山市	Zhoushan	38.90	38.23	35.58	34.58	34.23
台州市	Taizhou	21.05	20.92	23.35	22.83	21.97
丽水市	Lishui	19.30	19.44	19.30	18.92	18.49

注：本表资料为人口和计划生育部门年报数。
Data in this table refer to the data from the annual reports of the Population and Family Planning Commission.

2-7 就业和失业人员情况(1978-2017年,年底数)
Employed and Unemployed Persons(1978-2017,Year-end)

单位:万人(10000 persons)

年份 Year	就业人员总数 Employed Persons	非私营单位在岗职工合计 Fully Employed Staff and Workers in Non Private Units	国有单位 State-owned Units	集体单位 Collective Owned Units	其他单位 Others	私营、个体和乡村从业人员 Private Enterprises and Rural and Individuals Employed Persons	城镇登记失业率(%) Unemployment Rate in Urban Areas
1978	1794.96	312.89	183.14	129.75		1482.07	7.2
1979	1829.90	339.91	196.78	143.13		1489.99	3.7
1980	1856.42	359.73	208.50	151.23		1496.69	2.7
1981	1954.53	397.35	223.62	155.73		1575.18	1.3
1982	2021.74	374.33	232.29	142.04		1647.41	2.4
1983	2141.16	382.75	237.68	145.07		1758.41	1.8
1984	2248.91	402.51	228.26	172.72	1.53	1846.40	1.1
1985	2318.56	426.57	240.71	183.81	2.05	1891.99	0.8
1986	2386.42	443.04	251.92	188.73	2.39	1943.38	1.2
1987	2444.73	459.65	263.46	192.97	3.22	1985.08	1.6
1988	2502.73	475.74	274.30	196.97	4.47	2026.99	1.5
1989	2522.86	470.12	274.95	189.34	5.83	2052.74	2.1
1990	2554.46	476.02	280.87	189.12	6.03	2078.44	2.2
1991	2579.36	492.81	293.41	191.09	8.31	2080.20	2
1992	2600.38	491.37	297.96	181.62	11.79	2103.33	2.4
1993	2615.89	502.36	300.59	176.12	25.65	2105.20	2.6
1994	2640.51	500.88	294.13	170.42	36.33	2106.78	2.6
1995	2621.47	498.61	294.59	161.89	42.13	2111.89	2.8
1996	2625.06	495.35	290.22	156.25	48.88	2119.20	2.6
1997	2619.66	482.26	285.05	144.53	52.68	2126.47	3
1998	2612.54	455.80	256.61	102.94	96.25	2144.42	3.3
1999	2625.17	427.45	233.15	80.21	114.09	2184.58	3.4
2000	2726.09	398.53	208.19	58.93	131.41	2314.70	3.4
2001	2796.65	372.39	185.36	41.28	145.75	2409.63	3.7
2002	2858.56	367.14	179.67	35.49	151.98	2466.84	4
2003	2918.74	373.21	170.40	30.53	172.28	2517.93	3.7
2004	2991.95	447.47	176.44	36.05	234.98	2527.39	4.1
2005	3100.76	522.93	177.93	31.17	313.83	2569.64	3.7
2006	3172.38	590.47	182.27	28.51	379.70	2561.54	3.51
2007	3405.01	641.17	185.94	27.68	427.56	2738.32	3.27
2008	3486.53	689.35	186.98	25.30	477.07	2695.33	3.49
2009	3591.98	749.57	191.00	28.10	530.44	2755.07	3.26
2010	3636.02	812.14	196.48	27.60	588.06	2724.12	3.20
2011	3674.11	882.51	195.55	26.54	660.43	2696.94	3.12
2012	3691.24	1022.32	211.20	24.26	786.85	2663.08	3.01
2013	3708.73	1020.58	200.23	20.91	799.44	2658.66	3.01
2014	3714.15	1051.02	202.00	19.20	829.83	2640.01	2.96
2015	3733.65	1027.53	206.17	14.81	806.55	2660.21	2.93
2016	3760.00	1003.06	205.40	14.45	783.21	2714.26	2.87
2017	3796.00	993.49	207.01	15.02	771.46	2738.69	2.73

注:城镇登记失业人员、城镇登记失业率数据来自社会保障部门。
The data of unemployed persons in urban areas and unemployed rate in urban areas refer to the data from the social security department.

2-8 分行业就业人员总数(年末数)
Number of Employed Persons by Sector(Year-end)

单位:万人(10000 persons)

行业	Sector	2013	2014	2015	2016	2017
总 计	Total	3708.73	3714.15	3733.65	3760.00	3796.00
农、林、牧、渔业	Farming, Forestry, Animal Husbandryand Fishery	506.95	501.73	492.69	466.24	447.90
采矿业	Mining and Quarrying	3.97	3.08	2.61	2.23	1.77
制造业	Manufacturing	1454.81	1443.27	1400.68	1373.71	1339.24
电力、热力、燃气及水生产和供应业	Electricity, Heat, Gas and Water Production and Supply	15.83	15.80	13.49	14.58	14.99
建筑业	Construction	378.82	384.17	387.51	391.72	398.59
批发和零售业	Wholesale and Retail Sale Trade	486.95	490.32	517.26	538.41	550.65
交通运输、仓储及邮政业	Transportation, Storage and Post	141.38	145.69	151.35	157.92	166.07
住宿和餐饮业	Hotels and Catering Services	119.18	110.78	112.47	115.35	119.88
信息传输、软件和信息技术服务业	Information Transmission, Software and Information Technology Services	40.75	45.29	58.47	73.57	90.67
金融业	Finance	38.64	39.36	44.19	48.61	50.50
房地产业	Real Estate	39.06	40.33	42.88	45.16	49.28
租赁与商务服务业	Leasing and Commercial Services	93.98	95.14	98.76	102.15	118.79
科学研究和技术服务业	Scientific Research and Technic Services	31.96	33.25	36.53	42.83	47.52
水利、环境和公共设施管理业	Water Conservancy, Environment and Public Facilities Management	16.51	17.89	18.23	20.73	21.05
居民服务、修理和其他服务业	Resident Services, Repair and Other Services	120.36	123.82	127.78	131.56	136.03
教育	Education	69.32	71.21	72.53	73.77	77.18
卫生和社会工作	Health Care and Social Work	41.48	42.73	46.88	49.75	52.88
文化、体育与娱乐业	Culture, Sports and Recreation	18.40	18.85	19.57	21.14	21.86
公共管理、社会保障和社会组织	Public Management, Social Security and Social Organization	90.38	91.43	89.77	90.57	91.15

2-9 按行业和经济类型分的非私营单位就业人员总数(年末数)
Number of Employed Persons in Non Private Units by Sector and Type of Ownership (Year-end)

单位:万人(10000 persons)

行业	Sector	合计 Total			国有单位 State-owned Units		
		2015	2016	2017	2015	2016	2017
总　计	**Total**	**1083.41**	**1060.95**	**1054.50**	**219.56**	**218.89**	**219.95**
农、林、牧、渔业	Farming, Forestry, Animal Husbandryand Fishery	0.47	0.43	0.46	0.34	0.30	0.30
采矿业	Mining and Quarrying	0.70	0.60	0.47	0.10	0.06	0.05
制造业	Manufacturing	330.60	315.91	315.02	1.56	1.71	1.33
电力、热力、燃气及水生产和供应业	Electricity, Heat, Gas and Water Production and Supply	10.98	11.96	12.34	4.09	4.92	4.46
建筑业	Construction	323.42	310.12	288.34	2.11	2.17	2.05
批发和零售业	Wholesale and Retail Sale Trade	42.10	37.63	38.26	2.40	1.40	1.29
交通运输、仓储和邮政业	Transportation, Storage and Post	31.96	31.53	31.78	7.17	6.32	6.81
住宿和餐饮业	Hotels and Catering Services	13.50	13.45	14.02	1.02	1.03	0.95
信息传输、软件和信息技术服务业	Information Transmission, Software and Information Technology	17.06	18.61	23.02	0.86	0.91	0.71
金融业	Finance	42.30	46.38	48.45	5.12	4.20	2.87
房地产业	Real Estate	20.05	20.88	21.62	0.99	0.93	0.95
租赁和商务服务业	Leasing and Commercial Services	27.91	28.95	30.15	7.86	8.14	7.36
科学研究和技术服务业	Scientific Research and Technic Services	16.15	18.61	18.96	6.65	6.43	6.62
水利、环境和公共设施管理业	Water Conservancy, Environment and Public Facilities Management	11.56	10.65	10.26	7.02	6.22	5.90
居民服务、修理和其他服务业	Resident Services, Repair and Other Services	2.48	2.25	2.58	0.62	0.62	0.52
教育	Education	70.94	71.40	74.33	60.85	61.64	63.29
卫生和社会工作	Health Care and Social Work	43.73	44.29	46.05	38.86	39.35	40.66
文化、体育和娱乐业	Culture, Sports and Recreation	7.41	6.82	6.69	5.08	4.84	4.63
公共管理、社会保障和社会组织	Public Management, Social Security and Social Organization	70.09	70.47	71.70	66.86	67.71	69.21

续表 Continued 单位:万人(10000 persons)

行业	Sector	集体单位 Collective Owned Units			其它单位 Others		
		2015	2016	2017	2015	2016	2017
总 计	**Total**	**15.53**	**14.90**	**15.47**	**848.31**	**827.16**	**819.09**
农、林、牧、渔业	Farming, Forestry, Animal Husbandryand Fishery			0.01	0.13	0.12	0.16
采矿业	Mining and Quarrying	0.06	0.04		0.55	0.50	0.42
制造业	Manufacturing	0.57	0.48	0.33	328.47	313.73	313.36
电力、热力、燃气及水生产和供应业	Electricity, Heat, Gas and Water Production and Supply	0.21	0.19	0.19	6.68	6.85	7.69
建筑业	Construction	7.70	8.03	9.07	313.60	299.92	277.22
批发和零售业	Wholesale and Retail Sale Trade	0.49	0.44	0.33	39.21	35.80	36.63
交通运输、仓储和邮政业	Transportation, Storage and Post	0.34	0.32	0.58	24.45	24.89	24.39
住宿和餐饮业	Hotels and Catering Services	0.19	0.16	0.14	12.28	12.26	12.93
信息传输、软件和信息技术服务业	Information Transmission, Software and Information Technology	0.11	0.08	0.07	16.09	17.62	22.24
金融业	Finance	0.48	0.38	0.27	36.70	41.80	45.32
房地产业	Real Estate	0.27	0.32	0.22	18.78	19.63	20.44
租赁和商务服务业	Leasing and Commercial Services	1.73	1.27	1.07	18.32	19.54	21.73
科学研究和技术服务业	Scientific Research and Technic Services	0.20	0.20	0.22	9.30	11.98	12.12
水利、环境和公共设施管理业	Water Conservancy, Environment and Public Facilities Management	0.29	0.20	0.17	4.25	4.23	4.20
居民服务、修理和其他服务业	Resident Services, Repair and Other Services	0.15	0.15	0.17	1.71	1.49	1.89
教育	Education	1.29	1.23	1.30	8.81	8.53	9.74
卫生和社会工作	Health Care and Social Work	1.36	1.30	1.25	3.51	3.63	4.14
文化、体育和娱乐业	Culture, Sports and Recreation	0.03	0.06	0.03	2.30	1.92	2.03
公共管理、社会保障和社会组织	Public Management, Social Security and Social Organization	0.06	0.05	0.05	3.17	2.71	2.44

2-10 分行业非私营单位就业人员总数(2017 年底)
Number of Employed Persons in Non Private Units by Sector (End of 2017)

单位:万人(10000 persons)

行业	Sector	单位就业人员 Employed Persons	#女性 Feamle	在岗职工合计 Fully employed Staff and Workers	其他就业人员 Others
总计	**Total**	**1054.50**	**360.89**	**993.50**	**61.00**
农、林、牧、渔业	Farming, Forestry, Animal Husbandry and Fishery	0.46	0.11	0.39	0.08
采矿业	Mining and Quarrying	0.47	0.08	0.45	0.03
制造业	Manufacturing	315.02	128.88	310.56	4.47
电力、热力、燃气及水生产和供应业	Electricity, Heat, Gas and Water Production and Supply	12.34	2.94	11.92	0.42
建筑业	Construction	288.34	21.40	270.38	17.96
批发和零售业	Wholesale and Retail Sale Trade	38.26	19.96	36.62	1.63
交通运输、仓储和邮政业	Transportation, Storage and Post	31.78	8.17	30.73	1.05
住宿和餐饮业	Hotels and Catering Services	14.02	7.85	11.94	2.08
信息传输、软件和信息技术服务业	Information Transmission, Software and Information Technology Services	23.02	8.68	22.84	0.18
金融业	Finance	48.45	29.01	32.28	16.18
房地产业	Real Estate	21.62	8.74	19.72	1.89
租赁和商务服务业	Leasing and Commercial Services	30.15	8.66	28.60	1.55
科学研究和技术服务业	Scientific Research and Technic Services	18.96	6.35	18.14	0.82
水利、环境和公共设施管理业	Water Conservancy, Environment and Public Facilities Management	10.26	4.14	9.14	1.12
居民服务、修理和其他服务业	Resident Services, Repair and Other Services	2.58	1.01	2.42	0.16
教育	Education	74.33	47.60	69.91	4.42
卫生和社会工作	Health Care and Social Work	46.05	31.48	43.73	2.32
文化、体育和娱乐业	Culture, Sports and Recreation	6.69	3.28	5.90	0.79
公共管理、社会保障和社会组织	Public Management ,Social Security and Social Organization	71.70	22.55	67.86	3.84

注：在岗职工人数包含劳务派遣人数，以后各表同。
The number of employed staff workers include the labor dispatch staff, The same applies to the relevant tables following.

2-11 分行业国有单位就业人员总数(2017年底)
Number of Employed Persons in State-owned Units by Sector(End of 2017)

单位:万人(10000 persons)

行业	Sector	单位就业人员 Employed Persons	#女性 Feamle	在岗职工合计 Fully Employed Staff and Workers	其他就业人员 Others
总计	**Total**	**219.95**	**104.02**	**207.01**	**12.94**
农、林、牧、渔业	Farming, Forestry, Animal Husbandry and Fishery	0.30	0.06	0.24	0.06
采矿业	Ming and Quarrying	0.05	0.01	0.04	0.01
制造业	Manufacturing	1.33	0.39	1.30	0.03
电力、热力、燃气及水生产和供应业	Electricity, Heat, Gas and Water Production and Supply	4.46	0.96	4.22	0.25
建筑业	Construction	2.05	0.17	1.51	0.55
批发和零售业	Wholesale and Retail Trade	1.29	0.38	1.27	0.03
交通运输、仓储及邮政业	Transportation, Storage and Post	6.81	1.96	6.57	0.24
住宿和餐饮业	Hotels and Catering Services	0.95	0.49	0.89	0.06
信息传输、软件和信息技术服务业	Information Transmission, Software and Information Technology Services	0.71	0.26	0.69	0.02
金融业	Finance	2.87	1.52	2.55	0.32
房地产业	Real Estate	0.95	0.38	0.82	0.13
租赁与商务服务业	Leasing and Commercial Services	7.36	1.40	7.17	0.19
科学研究和技术服务业	Scientific Research and Technic Services	6.62	2.04	6.32	0.29
水利、环境和公共设施管理业	Water Conservancy, Environment and Public Facilities Management	5.90	2.50	5.16	0.74
居民服务、修理和其他服务业	Resident Services, Repair and Other Services	0.52	0.17	0.47	0.05
教育	Education	63.29	39.74	59.55	3.74
卫生和社会工作	Health Care and Social Work	40.66	27.85	38.70	1.96
文化、体育与娱乐业	Culture, Sports and Recreation	4.63	2.26	3.98	0.64
公共管理、社会保障和社会组织	Public Management ,Social Security and Social Organization	69.21	21.48	65.57	3.64

2－12 分行业集体单位就业人员总数(2017 年底)

Number of Employed Persons in Collectively Owned Units by Sector(End of 2017)

单位:万人(10000 persons)

行业	Sector	单位就业人员 Employed Persons	#女性 Feamle	在岗职工合计 Fully employed Staff and Workers	其他就业人员 Others
总计	**Total**	**15.47**	**4.09**	**15.03**	**0.44**
农、林、牧、渔业	Farming, Forestry, Animal Husbandry and Fishery	0.01		0.01	
采矿业	Mining and Quarrying				
制造业	Manufacturing	0.33	0.14	0.31	0.02
电力、热力、燃气及水生产和供应业	Electricity, Heat, Gas and Water Production and Supply	0.19	0.06	0.18	0.01
建筑业	Construction	9.07	0.81	9.01	0.06
批发和零售业	Wholesale and Retail Sale Trade	0.33	0.15	0.27	0.06
交通运输、仓储和邮政业	Transportation, Storage and Post	0.58	0.07	0.57	0.01
住宿和餐饮业	Hotels and Catering Services	0.14	0.08	0.13	0.01
信息传输、软件和信息技术服务业	Information Transmission, Software and Information Technology Services	0.07	0.03	0.07	
金融业	Finance	0.27	0.12	0.27	
房地产业	Real Estate	0.22	0.07	0.18	0.04
租赁和商务服务业	Leasing and Commercial Services	1.07	0.50	1.02	0.05
科学研究和技术服务业	Scientific Research and Technic Services	0.22	0.07	0.20	0.02
水利、环境和公共设施管理业	Water Conservancy, Environment and Public Facilities Management	0.17	0.06	0.17	
居民服务、修理和其他服务业	Resident Services, Repair and Other Services	0.17	0.05	0.16	0.01
教育	Education	1.30	0.98	1.23	0.07
卫生和社会工作	Health Care and Social Work	1.25	0.87	1.17	0.08
文化、体育和娱乐业	Culture, Sports and Recreation	0.03	0.02	0.03	
公共管理、社会保障和社会组织	Public Management ,Social Security and Social Organization	0.05	0.01	0.05	

2-13 分行业其他单位就业人员总数(2017 年底)
Number of Employed Persons in Other Ownership Units in Urban Area by Sector(End of 2017)

单位:万人(10000 persons)

行业	Sector	单位就业人员 Employed Persons	#女性 Feamle	在岗职工合计 Fully employed Staff and Workers	其他就业人员 Others
总计	**Total**	**819.09**	**252.78**	**771.47**	**47.62**
农、林、牧、渔业	Farming, Forestry, Animal Husbandry and Fishery	0.16	0.04	0.13	0.03
采矿业	Mining and Quarrying	0.42	0.07	0.41	0.01
制造业	Manufacturing	313.36	128.36	308.95	4.41
电力、热力、燃气及水生产和供应业	Electricity, Heat, Gas and Water Production and Supply	7.69	1.91	7.53	0.16
建筑业	Construction	277.22	20.43	259.86	17.36
批发和零售业	Wholesale and Retail Sale Trade	36.63	19.44	35.09	1.54
交通运输、仓储和邮政业	Transportation, Storage and Post	24.39	6.14	23.58	0.81
住宿和餐饮业	Hotels and Catering Services	12.93	7.28	10.92	2.01
信息传输、软件和信息技术服务业	Information Transmission, Software and Information Technology Services	22.24	8.39	22.08	0.17
金融业	Finance	45.32	27.37	29.46	15.86
房地产业	Real Estate	20.44	8.29	18.72	1.73
租赁和商务服务业	Leasing and Commercial Services	21.73	6.76	20.42	1.31
科学研究和技术服务业	Scientific Research and Technic Services	12.12	4.24	11.62	0.51
水利、环境和公共设施管理业	Water Conservancy, Environment and Public Facilities Management	4.20	1.57	3.82	0.38
居民服务、修理和其他服务业	Resident Services, Repair and Other Services	1.89	0.79	1.78	0.11
教育	Education	9.74	6.87	9.13	0.61
卫生和社会工作	Health Care and Social Work	4.14	2.77	3.85	0.28
文化、体育和娱乐业	Culture, Sports and Recreation	2.03	1.00	1.88	0.15
公共管理、社会保障和社会组织	Public Management, Social Security and Social Organization	2.44	1.06	2.23	0.21

2-14 按三次产业分的就业人员总数(年底数)
Number of Employed Persons by Type of Industry(Year-end)

年份 Year	就业人员总数(万人)Total(10000 persons)			构成(以合计为100)Composition(Total=100)		
	第一产业 Primary Industry	第二产业 Secondary Industry	第三产业 Tertiary Industry	第一产业 Primary Industry	第二产业 Secondary Industry	第三产业 Tertiary Industry
1985	1273.25	735.22	310.09	54.90	31.70	13.40
1986	1275.22	765.13	346.07	53.40	32.10	14.50
1987	1272.01	802.04	370.68	52.00	32.80	15.20
1988	1282.16	803.67	416.90	51.20	32.10	16.70
1989	1330.74	770.12	422.00	52.70	30.50	16.70
1990	1358.28	762.48	433.70	53.20	29.80	17.00
1991	1366.99	770.86	441.51	53.00	29.90	17.10
1992	1359.49	770.81	470.08	52.30	29.60	18.10
1993	1248.22	886.90	480.77	47.70	33.90	18.40
1994	1193.56	917.87	529.08	45.20	34.80	20.00
1995	1152.15	882.82	586.50	44.00	33.70	22.30
1996	1129.34	886.02	609.70	43.00	33.80	23.20
1997	1113.27	881.42	624.97	42.50	33.60	23.90
1998	1108.81	854.14	649.59	42.40	32.70	24.90
1999	1078.16	784.29	762.73	41.00	29.90	29.10
2000	969.97	966.30	789.82	35.58	35.45	28.97
2001	935.24	1009.55	851.86	33.44	36.10	30.46
2002	885.29	1070.13	903.14	30.97	37.44	31.59
2003	826.03	1201.30	891.41	28.30	41.20	30.50
2004	779.65	1304.94	907.36	26.06	43.61	30.33
2005	759.53	1397.69	943.54	24.50	45.07	30.43
2006	717.81	1452.29	1002.28	22.63	45.78	31.59
2007	683.32	1592.84	1128.85	20.07	46.78	33.15
2008	670.16	1660.04	1156.30	19.22	47.61	33.17
2009	657.95	1726.06	1207.97	18.32	48.05	33.63
2010	581.87	1810.36	1243.79	16.00	49.79	34.21
2011	535.27	1868.83	1270.01	14.57	50.86	34.57
2012	522.01	1880.92	1288.31	14.14	50.96	34.90
2013	506.95	1853.43	1348.35	13.67	49.97	36.36
2014	501.73	1846.32	1366.09	13.51	49.71	36.78
2015	492.69	1804.29	1436.67	13.20	48.32	38.48
2016	466.24	1782.24	1511.52	12.40	47.40	40.20
2017	447.90	1754.59	1593.51	11.80	46.22	41.98

2-15 分行业非私营单位女性就业人员(年末数)
Number of Female Employed Persons in Non Private Units by Sector (year-end)

单位:万人(10000 persons)

行业	Sector	合 计 Total 2015	2016	2017	国有单位 State-owned Units 2015	2016	2017
总 计	**Total**	**356.37**	**353.96**	**360.89**	**98.75**	**101.11**	**104.02**
农、林、牧、渔业	Farming, Forestry, Animal Husbandryand Fishery	0.12	0.11	0.11	0.08	0.07	0.06
采矿业	Mining and Quarrying	0.12	0.10	0.08	0.02	0.01	0.01
制造业	Manufacturing	141.02	131.94	128.88	0.45	0.45	0.39
电力、热力、燃气及水生产和供应业	Electricity, Heat, Gas and Water Production and Supply	2.65	2.93	2.94	0.85	1.09	0.96
建筑业	Construction	22.36	22.50	21.40	0.19	0.19	0.17
批发和零售业	Wholesale and Retail Sale Trade	21.55	19.28	19.96	0.62	0.41	0.38
交通运输、仓储和邮政业	Transportation, Storage and Post	8.10	8.22	8.17	1.86	1.86	1.96
住宿和餐饮业	Hotels and Catering Services	7.36	7.32	7.85	0.56	0.52	0.49
信息传输、软件和信息技术服务业	Information Transmission, Software and Information Technology Services	6.78	7.17	8.68	0.33	0.33	0.26
金融业	Finance	24.35	27.14	29.01	2.74	2.24	1.52
房地产业	Real Estate	7.50	7.85	8.74	0.41	0.37	0.38
租赁和商务服务业	Leasing and Commercial Services	7.39	8.32	8.66	1.47	1.48	1.40
科学研究和技术服务业	Scientific Research and Technic Services	4.80	6.25	6.35	2.00	1.97	2.04
水利、环境和公共设施管理业	Water Conservancy, Environment and Public Facilities Management	4.54	4.27	4.14	2.78	2.55	2.50
居民服务、修理和其他服务业	Resident Services, Repair and Other Services	1.15	0.98	1.01	0.17	0.17	0.17
教育	Education	43.63	44.85	47.60	36.75	38.03	39.74
卫生和社会工作	Health Care and Social Work	29.10	30.04	31.48	25.94	26.73	27.85
文化、体育和娱乐业	Culture, Sports and Recreation	3.42	3.33	3.28	2.30	2.40	2.26
公共管理、社会保障和社会组织	Public Management, Social Security and Social Organization	20.43	21.35	22.55	19.23	20.25	21.48

续表 Continued 单位:万人(10000 persons)

行业	Sector	集体单位 Collective Owned Units			其他单位 Others		
		2015	2016	2017	2015	2016	2017
总　计	**Total**	**4.50**	**4.27**	**4.09**	**253.12**	**248.58**	**252.78**
农、林、牧、渔业	Farming, Forestry, Animal Husbandryand Fishery				0.04	0.04	0.04
采矿业	Mining and Quarrying				0.09	0.09	0.07
制造业	Manufacturing	0.24	0.19	0.14	140.34	131.30	128.36
电力、热力、燃气及水生产和供应业	Electricity, Heat, Gas and Water Production and Supply	0.06	0.06	0.06	1.74	1.78	1.91
建筑业	Construction	0.79	0.80	0.81	21.37	21.51	20.43
批发和零售业	Wholesale and Retail Sale Trade	0.23	0.20	0.15	20.70	18.67	19.44
交通运输、仓储和邮政业	Transportation, Storage and Post	0.08	0.07	0.07	6.16	6.29	6.14
住宿和餐饮业	Hotels and Catering Services	0.12	0.09	0.08	6.69	6.71	7.28
信息传输、软件和信息技术服务业	Information Transmission, Software and Information Technology Services	0.05	0.03	0.03	6.40	6.81	8.39
金融业	Finance	0.23	0.18	0.12	21.38	24.72	27.37
房地产业	Real Estate	0.09	0.12	0.07	7.00	7.36	8.29
租赁和商务服务业	Leasing and Commercial Services	0.53	0.49	0.50	5.40	6.35	6.76
科学研究和技术服务业	Scientific Research and Technic Services	0.06	0.07	0.07	2.75	4.21	4.24
水利、环境和公共设施管理业	Water Conservancy, Environment and Public Facilities Management	0.10	0.07	0.06	1.65	1.66	1.57
居民服务、修理和其他服务业	Resident Services, Repair and Other Services	0.04	0.04	0.05	0.94	0.77	0.79
教育	Education	0.92	0.90	0.98	5.97	5.92	6.87
卫生和社会工作	Health Care and Social Work	0.92	0.90	0.87	2.25	2.41	2.77
文化、体育和娱乐业	Culture, Sports and Recreation	0.02	0.03	0.02	1.07	0.91	1.00
公共管理、社会保障和社会组织	Public Management, Social Security and Social Organization	0.02	0.01	0.01	1.18	1.08	1.06

2－16 按行业和经济类型分的非私营单位工业、建筑业企业就业人员人数(年底数)

Number of Currently Employed Persons Non privite in Industry and Construction Enterprises by Sector and Type of Ownership(Year－end)

单位:万人(10000 persons)

分类	Category	2015	2016	2017
总　计	**Total**	**665.69**	**638.59**	**616.17**
采矿业	**Mining and Quarrying**	**0.70**	**0.60**	**0.47**
按经济类型分组	**By Ownership**			
国有经济单位	State－owned Units	0.09	0.06	0.05
集体经济单位	Collective Owned Units	0.06	0.04	
其他各种经济类型	Units of Other Types of Ownership	0.55	0.50	0.42
按行业分组	**By Sector**			
煤炭开采和洗选业	Coal Mining and Dressing			
石油和天然气开采业	Petroleum and Natural Gas Extraction			
黑色金属矿采选业	Ferrous Metals Mining and Dressing	0.12	0.10	0.09
有色金属矿采选业	Nonferrous Metals Mining and Dressing	0.11	0.10	0.10
非金属矿采选业	Nonmetal Minerals Mining and Dressing	0.47	0.40	0.28
开采辅助活动	Supplementary Activities for Mining			
其他采矿业	Other Minerals Mining and Dressing			
制造业	**Manufacturing**	**330.60**	**315.91**	**315.02**
按经济类型分组	**By Ownership**			
国有经济单位	State－owned Units	1.56	1.71	1.33
集体经济单位	Collective Owned Units	0.57	0.48	0.33
其他各种经济类型单位	Units of Other Types of Ownership	328.47	313.73	313.36
按行业分组	**By Sector**			
食品加工业	Non－staple Food Processing	3.96	3.53	3.53
食品制造业	Food Manufacturing	5.24	5.32	4.99
酒、饮料和精制茶制造业	Wine, Soft Drinks and Refined Tea Manufacturing	3.28	2.98	2.61
烟草制品业	Tobacco Processing	0.42	0.41	0.40
纺织业	Textile Industry	28.17	26.25	23.31
纺织服装、服饰业	Garments and Apparel Industry	29.61	26.61	23.52
皮革、毛皮、羽毛及其制品和制鞋业	Leather,Furs,Down and Related Production,Shoes Manufacturing	11.95	11.04	9.20
木材加工及木、竹、藤、棕、草制品业	Timber Processing,Bamboo,Cane Palm Fiber and Straw Production	1.76	1.64	1.67
家具制造业	Furniture Manufacturing	9.48	9.30	10.18
造纸及纸制品业	Papermaking and Paper Production	5.43	5.26	4.99
印刷和记录媒介复制业	Printing and Record Medium Reproduction	3.00	2.66	2.87
文教、工美、体育和娱乐用品制造业	Cultural and Educational ,Arts and Crafts,Sports and Entertainment Goods	8.48	7.88	7.66
石油加工、炼焦及核燃料加工业	Petroleum Processing,Cooking and Nuclear Fuel Processing	0.93	0.99	1.15

续表 Continued 单位:万人(10000 persons)

分类	Category	2015	2016	2017
化学原料及化学制品制造业	Raw Chemical Materials and Chemical Production	14.67	14.24	13.76
医药制造业	Medical and Pharmaceutical Production	10.18	10.33	10.34
化学纤维制造业	Chemical Fiber	6.92	6.16	5.62
橡胶和塑料制品业	Rubber and Plastic Production	14.14	13.97	14.58
非金属矿物制品业	Nonmetal Mineral Production	8.49	7.77	7.28
黑色金属冶炼及压延加工业	Smelting and Pressing of Ferrous Metals	5.88	5.45	5.21
有色金属冶炼及压延加工业	Smelting and Pressing of Nonferrous Metals	3.93	3.72	3.43
金属制品业	Metal Production	12.05	11.29	12.49
通用设备制造	Equipment in Common Use	29.10	28.05	29.57
专用设备制造业	Special Purpose Equipment	11.68	10.67	11.66
汽车制造业	Automotive Manufacturing	21.28	21.25	23.56
铁路、船舶、航空航天和其他运输设备制造业	Railway, Shipbuilding, Aerospace and other Transport Equipment	4.82	4.53	3.87
电气机械及器材制造业	Electric Equipment and Machinery	37.38	35.93	37.86
计算机、通信和其他电子设备制造业	Computers, Communications and Other Electronic Equipment Manufacturing	25.94	26.26	27.56
仪器仪表制造业	Instruments Manufacturing	8.00	7.68	7.92
其他制造业	Other Manufacturing	2.94	3.14	2.55
废弃资源综合利用业	Comprehensive Utilization of Waste Resources	0.85	1.06	0.99
金属制品、机械和设备修理业	Metal Products, Machinery and Equipment Repair Industry	0.64	0.57	0.69
电力、热力、燃气及水生产和供应业	**Electricity, Heating Power, Gas and Water Production and Supply**	**10.98**	**11.96**	**12.34**
按经济类型分组	**By Ownership**			
国有经济单位	State - Owned Units	4.09	4.92	4.46
集体经济单位	Collective Owned Units	0.21	0.19	0.19
其他各种经济类型单位	Units of Other Types of Ownership	6.68	6.85	7.69
按行业分组	By Sector			
电力、热力生产和供应业	Production and Supply of Electricity and Heating Power	7.20	8.19	8.52
煤气生产和供应业	Production and Supply of Gas	0.78	0.80	0.84
水的生产和供应业	Production and Supply of Water	3.00	2.97	2.98
建筑业	**Construction**	**323.41**	**310.12**	**288.34**
按经济类型分组	**By Ownership**			
国有经济单位	State - Owned Units	2.11	2.17	2.05
集体经济单位	Collective Owned Units	7.70	8.03	9.07
其他各种经济类型单位	Units of Other Types of Ownership	313.60	299.92	277.22

2-17 分行业私营单位就业人员人数(年底数)
Employed Persons in Private Owned Units by Sector(Year-end)

单位:万人(10000 persons)

行业	Sector	合计 Total			规上私营 Private Owned Units Above Designated Size			规下私营 Private Owned Units Under Designated Size		
		2015	2016	2017	2015	2016	2017	2015	2016	2017
总 计	**Total**	**1621.29**	**1678.16**	**1740.27**	**961.47**	**990.94**	**1031.94**	**659.82**	**687.22**	**708.33**
农、林、牧、渔业	Farming, Forestry, Animal Husbandryand Fishery	9.98	12.16	13.77	0.05	0.03	0.05	9.93	12.14	13.72
采矿业	Mining and Quarrying	1.96	2.06	1.44	0.83	0.81	0.66	1.13	1.25	0.78
制造业	Manufacturing	749.44	730.44	714.87	370.06	373.19	365.94	379.38	357.25	348.93
电力、热力、燃气及水生产和供应业	Electricity, Heat, Gas and Water Production and Supply	2.39	2.29	2.41	0.69	0.79	0.78	1.70	1.50	1.63
建筑业	Construction	489.37	507.68	541.26	471.96	483.46	512.35	17.41	24.22	28.91
批发和零售业	Wholesale and Retail Sale Trade	157.63	170.02	175.20	36.55	39.67	42.27	121.08	130.35	132.93
交通运输、仓储和邮政业	Transportation, Storage and Post	23.51	27.32	30.57	13.46	14.93	16.07	10.05	12.39	14.50
住宿和餐饮	Hotels and Catering Services	24.12	25.69	28.19	13.24	13.03	13.44	10.88	12.66	14.75
信息传输、软件和信息技术服务业	Information Transmission, Software and Information Technology Services	16.47	25.95	33.04	4.64	6.89	8.86	11.83	19.05	24.18
金融业	Finance	1.58	1.68	2.29	0.41	0.38	0.70	1.17	1.30	1.59
房地产业	Real Estate	24.18	28.26	31.55	13.16	14.81	16.85	11.02	13.44	14.70
租赁和商务服务业	Leasing and Commercial Services	63.99	72.57	86.23	19.19	22.99	33.02	44.80	49.58	53.21
科学研究和技术服务业	Scientific Research and Technic Services	19.05	27.58	32.30	5.82	6.12	6.80	13.23	21.46	25.50
水利、环境和公共设施管理业	Water Conservancy, Environment and Public Facilities Management	5.70	7.10	6.28	2.93	4.62	3.48	2.77	2.48	2.80
居民服务、修理和其他服务业	Resident Services, Repair and Other Services	13.87	15.21	16.64	3.35	3.60	4.12	10.52	11.62	12.52
教育	Education	6.78	7.35	7.68	1.88	1.79	1.71	4.90	5.56	5.97
卫生和社会工作	Health Care and Social Work	3.43	4.42	5.65	1.72	2.16	2.81	1.71	2.26	2.84
文化、体育和娱乐业	Culture, Sports and Recreation	7.84	10.38	10.91	1.53	1.67	2.02	6.31	8.71	8.88
公共管理、社会保障和社会组织	Public Management, Social Security and Social Organization									

2-18 各市非私营企业年末单位就业人员
Employed Persons in Non Private Enterprises by City(Year-end)

单位:万人(10000 persons)

城市	City	年末单位就业人员 Number of Employed Persons at the Year-end			#在岗职工 Fully Employed Staff and Workers			#其他就业人员 Others		
		2015	2016	2017	2015	2016	2017	2015	2016	2017
全　省	**Total**	**880.43**	**857.84**	**847.24**	**837.28**	**812.57**	**798.10**	**43.15**	**45.27**	**49.14**
杭州市	Hangzhou	241.87	243.60	239.35	227.88	229.07	225.35	13.99	14.53	14.01
宁波市	Ningbo	139.28	124.33	133.94	131.68	116.41	125.10	7.60	7.92	8.84
温州市	Wenzhou	79.46	78.12	90.77	74.48	73.90	84.86	4.98	4.22	5.90
嘉兴市	Jiaxing	65.04	65.98	64.16	63.00	63.33	61.10	2.04	2.65	3.07
湖州市	Huzhou	40.71	40.70	40.72	36.86	36.44	35.89	3.85	4.26	4.83
绍兴市	Shaoxing	123.31	121.30	104.07	120.73	118.83	101.85	2.58	2.47	2.22
金华市	Jinhua	74.66	72.91	56.67	72.44	70.32	53.63	2.22	2.59	3.04
衢州市	Quzhou	12.75	12.67	12.19	11.44	11.09	10.58	1.31	1.58	1.61
舟山市	Zhoushan	12.07	12.37	12.12	11.16	11.29	11.02	0.91	1.08	1.09
台州市	Taizhou	82.50	75.53	82.61	79.67	72.58	79.36	2.83	2.96	3.25
丽水市	Lishui	8.24	7.98	8.55	7.43	6.95	7.27	0.81	1.03	1.28

2－19 各市国有控股企业年末单位就业人员
Employed Persons in Enterprises State－owned and State－Holding by City(Year－end)

单位:万人(10000 persons)

城市	City	年末单位就业人员 Number of Employed Persons at the Year－end			#在岗职工 Fully Employed Staff and Workers			#其他就业人员 Others		
		2015	2016	2017	2015	2016	2017	2015	2016	2017
全　省	**Total**	**140.87**	**141.56**	**147.85**	**125.55**	**125.02**	**129.83**	**15.32**	**16.55**	**18.02**
杭州市	Hangzhou	50.30	49.72	53.49	46.24	45.03	48.69	4.06	4.68	4.80
宁波市	Ningbo	22.73	22.34	22.96	20.53	19.84	20.27	2.20	2.50	2.69
温州市	Wenzhou	14.38	13.34	15.98	10.86	10.70	12.58	3.53	2.63	3.40
嘉兴市	Jiaxing	10.26	10.23	9.87	9.70	9.65	9.26	0.56	0.58	0.61
湖州市	Huzhou	5.27	5.29	5.52	4.69	4.62	4.73	0.58	0.67	0.79
绍兴市	Shaoxing	7.81	7.64	7.25	7.29	7.04	6.71	0.52	0.60	0.55
金华市	Jinhua	7.78	8.17	8.57	7.12	7.08	7.49	0.66	1.08	1.08
衢州市	Quzhou	5.07	5.09	4.64	4.21	4.06	3.69	0.87	1.02	0.95
舟山市	Zhoushan	5.10	5.23	5.48	4.74	4.79	4.93	0.36	0.44	0.55
台州市	Taizhou	8.16	8.57	8.10	6.86	7.10	6.59	1.31	1.47	1.51
丽水市	Lishui	3.50	3.61	3.91	2.82	2.74	2.83	0.67	0.87	1.09

2-20 各市事业年末单位就业人员
Employed Persons in Institations by City(Year-end)

单位:万人(10000 persons)

城市	City	年末单位就业人员 Number of Employed Persons at the Year-end			#在岗职工 Fully Employed Staff and Workers			#其他就业人员 Others		
		2015	2016	2017	2015	2016	2017	2015	2016	2017
全　省	**Total**	**131.57**	**131.70**	**133.51**	**123.30**	**123.44**	**125.54**	**8.27**	**8.26**	**7.97**
杭州市	Hangzhou	31.76	31.83	32.15	29.13	29.36	30.04	2.63	2.46	2.10
宁波市	Ningbo	18.66	18.53	18.30	17.62	17.56	17.26	1.04	0.98	1.03
温州市	Wenzhou	16.33	16.09	16.98	15.62	15.43	16.27	0.71	0.66	0.71
嘉兴市	Jiaxing	9.70	9.95	10.29	9.23	9.47	9.74	0.47	0.48	0.54
湖州市	Huzhou	6.11	6.26	6.34	5.65	5.78	5.85	0.46	0.48	0.49
绍兴市	Shaoxing	10.52	10.61	10.98	9.86	9.87	10.21	0.66	0.74	0.77
金华市	Jinhua	11.89	11.82	11.99	11.33	11.20	11.42	0.56	0.62	0.57
衢州市	Quzhou	4.69	4.72	4.85	4.28	4.31	4.47	0.41	0.41	0.38
舟山市	Zhoushan	3.47	3.45	3.40	3.34	3.31	3.28	0.13	0.14	0.12
台州市	Taizhou	12.42	12.30	12.09	11.30	11.14	10.96	1.12	1.16	1.13
丽水市	Lishui	6.02	6.13	6.15	5.93	6.00	6.03	0.09	0.13	0.12

2-21 各市机关年末单位就业人员
Employed Persons in Government Agencies by City(Year-end)

单位:万人(10000 persons)

城市	City	年末单位就业人员 Number of Employed Persons at the Year-end			#在岗职工 Fully Employed Staff and Workers			#其他就业人员 Others		
		2015	2016	2017	2015	2016	2017	2015	2016	2017
全　省	**Total**	**57.90**	**58.59**	**59.44**	**54.37**	**55.10**	**56.42**	**3.53**	**3.49**	**3.01**
杭州市	Hangzhou	10.59	10.68	10.65	10.05	10.05	10.11	0.54	0.63	0.54
宁波市	Ningbo	7.83	8.04	7.90	7.26	7.47	7.34	0.56	0.57	0.55
温州市	Wenzhou	9.23	8.98	9.60	8.55	8.43	9.12	0.68	0.55	0.48
嘉兴市	Jiaxing	3.24	3.34	3.27	3.14	3.26	3.16	0.11	0.08	0.10
湖州市	Huzhou	2.81	2.85	2.91	2.69	2.74	2.81	0.12	0.11	0.10
绍兴市	Shaoxing	3.95	4.14	4.31	3.64	3.80	4.03	0.31	0.34	0.29
金华市	Jinhua	5.88	5.98	5.95	5.47	5.72	5.79	0.40	0.26	0.17
衢州市	Quzhou	3.06	3.07	3.16	2.76	2.77	2.97	0.30	0.30	0.18
舟山市	Zhoushan	2.04	2.08	2.14	1.97	2.02	2.08	0.07	0.06	0.06
台州市	Taizhou	5.68	5.69	5.79	5.29	5.17	5.31	0.38	0.52	0.48
丽水市	Lishui	3.60	3.73	3.76	3.55	3.67	3.70	0.05	0.06	0.06

2-22 分行业年末非私营单位专业技术人员
Specialized Technical Personnel in in Non Private Units by Sector(Year-End)

单位:万人(10000 persons)

行业	Sector	合计 Total		#国有单位 State-owned Units		#集体单位 Collective owned Units	
		2016	2017	2016	2017	2016	2017
总 计	**Total**	**246.12**	**248.11**	**101.83**	**103.02**	**3.68**	**3.51**
农、林、牧、渔业	Farming, Forestry, Animal Husbandry and Fishery	0.08	0.09	0.07	0.07		
采矿业	Ming and Quarrying	0.11	0.08			0.01	
制造业	Manufacturing	42.40	41.85	0.28	0.22	0.08	0.05
电力、热力、燃气及水生产和供应业	Electricity, Heat, Gas and Water Production and Supply	2.68	2.94	1.17	1.10	0.03	0.04
建筑业	Construction	44.66	42.31	0.46	0.42	1.06	1.02
批发和零售业	Wholesale and Retail Sale Trade	4.55	5.13	0.16	0.25	0.04	0.03
交通运输、仓储及邮政业	Transportion, Storage and Post	3.53	3.57	0.69	0.71	0.08	0.10
住宿和餐饮业	Hotels and Catering Services	0.84	1.10	0.07	0.07	0.02	0.01
信息传输、软件和信息技术服务业	Information Transmission, Software and Information Technology Services	9.53	10.69	0.46	0.34	0.01	0.02
金融业	Finance	19.25	17.03	2.24	0.90	0.25	0.15
房地产业	Real Estate	3.24	3.65	0.22	0.24	0.04	0.04
租赁和商务服务业	Leasing and Commercial Services	3.92	3.97	0.78	0.86	0.10	0.07
科学研究和技术服务业	Scientific Research and Technic Services	10.00	10.55	4.35	4.38	0.12	0.12
水利、环境和公共设施管理业	Water Conservancy, Environment and Public Facilities Management	1.51	1.44	0.75	0.77	0.01	0.01
居民服务、修理和其他服务业	Resident Services, Repair and Other Services	0.23	0.25	0.10	0.09	0.01	0.04
教育	Education	53.13	54.54	47.54	48.06	0.77	0.81
卫生和社会工作	Health Care and Social Work	34.99	35.94	31.74	32.38	1.04	0.98
文化、体育和娱乐业	Culture, Sports and Recreation	3.24	3.32	2.78	2.75	0.01	0.01
公共管理、社会保障和社会组织	Public Management, Social Security and Social Organization	8.22	9.66	7.98	9.41	0.01	0.01

2－23 分行业非私营单位职工素质情况(2017 年底)
The Education Level of the Staff and Workers in Non Privite Units by Sector(2017, Year－end

单位:万人(10000 persons)

行业	Sector	单位就业人员文化程度 The Education Level of the Employed Persons in Units				单位就业人员中专业技术人员 Professional and Technical Personnel	单位就业人员中技术工人 Skilled Workers
		大学本科及以上 Bachelor's Degree or above	大专 College Degree	中专及高中 Technical Secondary School and High School	初中及以下 Junior High School and Below		
总　计	**Total**	**252.51**	**165.44**	**255.57**	**380.98**	**248.11**	**341.40**
农、林、牧、渔业	Farming, Forestry, Animal Husbandry and Fishery	0.06	0.08	0.12	0.20	0.09	0.12
采矿业	Ming and Quarrying	0.03	0.05	0.11	0.28	0.08	0.19
制造业	Manufacturing	34.14	42.52	91.74	146.62	41.85	145.03
电力、热力、燃气及水生产和供应业	Electricity, Heat, Gas and Water Production and Supply	4.87	3.29	2.74	1.44	2.94	5.80
建筑业	Construction	14.37	26.22	80.20	167.56	42.31	152.22
批发和零售业	Wholesale and Retail Trade	8.48	9.81	11.75	8.21	5.13	4.15
交通运输、仓储及邮政业	Transport, Storage and Post	5.31	7.84	9.96	8.67	3.57	13.28
住宿和餐饮业	Hotels and Catering Services	0.97	2.42	4.80	5.82	1.10	1.33
信息传输、软件和信息技术服务业	Information Transmission, Software and Information Technology Services	15.03	5.46	2.06	0.47	10.69	1.58
金融业	Finance	25.50	11.14	11.00	0.82	17.03	1.75
房地产业	Real Estate	4.30	4.67	5.74	6.90	3.65	0.93
租赁和商务服务业	Leasing and Commercial Services	5.93	5.49	8.76	9.98	3.97	4.13
科学研究和技术服务业	Scientific Research and Technic Services	10.26	3.64	1.95	3.11	10.55	1.21
水利、环境和公共设施管理业	Water Conservancy, Environment and Public Facilities Management	1.51	1.43	1.73	5.60	1.44	2.06
居民服务、修理和其他服务业	Resident Services, Repair and Other Services	0.29	0.37	0.59	1.32	0.25	0.36
教育	Education	51.98	10.49	5.64	6.21	54.54	2.32
卫生和社会工作	Health Care and Social Work	25.45	11.48	5.69	3.43	35.94	1.80
文化、体育和娱乐业	Culture, Sports and Recreation	3.36	1.66	1.09	0.58	3.32	0.37
公共管理、社会保障和社会组织	Public Management, Social Security and Social Organization	40.67	17.38	9.88	3.78	9.66	2.77

2-24 社会保险参保人员基本情况(2013-2017)
Basic Statistics of Persons Participating in Social Insurance(2013-2017)

单位:万人(10000 persons)

项目	Item	2013	2014	2015	2016	2017
参加基本养老保险人数	The Number of Persons Participating in Endowment Insurance	3731.23	3890.14	3790.17	3740.06	3913.07
参加基本医疗保险人数	The Number of Persons Participating in Insurance for Medical Care	4121.11	4847.59	4964.14	5178.11	5251.64
参加工伤保险人数	The Number of Persons Participating in Work-Related Injury Insurance	1826.06	1899.41	1930.12	1880.72	1977.17
参加生育保险人数	The Number of Persons Participating in Childbirth Insurance	1173.09	1248.94	1285.18	1294.36	1392.97
参加失业保险人数	The Number of Persons Participating in Unemployment Insurance	1144.53	1210.13	1260.25	1317.00	1382.85

2-25 六次人口普查基本情况
Basic Statistics on National Population Census

项目	Item	第一次 The First Time	第二次 The Second Time	第三次 The Third Time	第四次 The Fourth Time	第五次 The Fifth Time	第六次 The Sixth Time
总户数(万户)	**Total Family Households(10000 Households)**	**579.16**	**656.63**	**960.36**	**1176.77**	**1478.97**	**1885.37**
平均每户人数(人)	Average Size of Family Households	3.87	4.31	3.96	3.46	3.00	2.62
总人口(万人)	**Total Population(10000 persons)**	**2241.57**	**2831.86**	**3888.46**	**4144.59**	**4593.06**	**5442.69**
按性别分	**By Gender**						
男	Male	1178.00	1479.06	2016.70	2136.48	2358.15	2796.57
女	Female	1063.00	1352.80	1871.76	2008.11	2234.91	2646.12
按城乡分	**By Residence**						
市镇人口	Urban	289.27	306.86	999.69	1516.57	2235.66	3354.06
乡村人口	Rural	1925.30	2525.00	2888.77	2628.02	2357.40	2088.63
按民族分	**By Nationality**						
汉族	The Han Nationality	2233.22	2821.19	3872.30	4123.45	4553.52	5321.22
少数民族	Minority Nationality	8.35	10.67	16.16	21.14	39.54	121.47
畲族	The She Nationality	5.27	10.06	14.83	17.27	17.10	16.63
苗族	The Miao Nationality	2.84	0.04	0.05	0.32	5.34	30.91
回族	The Hui Nationality	0.19	0.38	0.94	1.72	1.96	3.82
满族	The Man Nationality	0.04	0.09	0.12	0.27	0.51	1.13
蒙古族	The MengGu Nationality		0.02	0.02	0.06	0.36	0.69
壮族	The Zhuang Nationality		0.03	0.11	0.77	1.90	7.28
按文化程度分	**By Eductional Level**						
大学	University		8.05	18.21	48.50	146.79	507.78
高中	Senior Secondary School		31.86	202.19	290.37	495.36	738.12
初中	Junior Secondary School		120.27	691.55	983.98	1531.94	1996.41
小学	Primary School		809.63	1531.44	1643.92	1683.34	1568.54
文盲、半文盲(15岁及15岁以上)	Illiterate and Semiliterate(15 years old and over)			930.67	723.64	321.85	306.10

浙/江/统/计/年/鉴

主要统计指标解释

■ 人口数

指一定时点、一定地区范围内的有生命的个人的总和。

年度统计的年末人口数是指每年12月31日24时的人口数。

■ 出生率(又称粗出生率)

指一定时期内(通常为一年)平均每千人所出生的人数的比率,一般用千分率表示。计算公式:

$$出生率=\frac{年出生人数}{年平均人数}\times 1000‰$$

出生人数是指活产婴儿,即胎儿脱离母体时(不管怀孕月数),有过呼吸或其他生命现象。

年平均人数是年初、年底人口数的平均数,也可用年中人口数代替。

■ 死亡率(又称粗死亡率)

指一定时期内(通常为一年)一定地区的死亡人数与同期平均人数(或期中人数)之比,一般用千分率表示。计算公式:

$$死亡率=\frac{年死亡人数}{年平均人数}\times 1000‰$$

■ 人口自然增长率

指一定时期内(通常为一年)人口自然增加数(出生人数减死亡人数)与该时期内平均人数(或期中人数)之比,一般用千分率表示。计算公式:

$$人口自然增长率=\frac{本年出生人数-本年死亡人数}{年平均人数}\times 1000‰$$

$$人口自然增长率=人口出生率-人口死亡率$$

■ 从业人员

指从事一定社会劳动并取得劳动报酬或经营收入的人员。包括:

(1)在岗职工

(2)再就业的离退休人员

(3)私营业主

(4)个体户主

(5)私营和个体从业人员

(6)乡镇企业从业人员

(7)农村从业人员

(8)其他从业人员(包括民办教师、宗教职业者等)。

这一指标反映了一定时期内全部劳动力资源的实际利用情况,是研究我省基本省情省力的重要指标。

■ 各单位从业人员

指在各级国家机关、政党机关、社会团体及企业、事业单位中工作,并取得工资或其他劳动报酬的全部人员。包括:在岗职工、再就业的离退休人员、民办教师以及在各单位中工作的外方人员和港澳台方人员、兼职人员、借用的外单位人员和第二职业者。不包括离开本单位仍保留劳动关系的职工。各单位的从业人员反映了各单位实际参加生产或工作的全部劳动力。

■ 城镇私营和个体从业人员

城镇私营从业人员指在工商行政管理部门注册登记,其经营地址设在县城关镇(含城关镇)以上的私营企业从业人员;包括私营企业投资者和雇工。城镇个体从业的人员指在工商管理部门注册登记,并持有城镇户口或在城镇长期居住,经批准从事个体工商经营的从业人员;包括个体经营者和在个体工商户劳动的家庭帮工和雇工。

■ 城镇登记失业人员

指有非农业户口,在一定的劳动年龄内,有劳动能力,无业而要求就业,并在当地就业服务机构进行求职登记的人员。

■ 城镇登记失业率

指城镇登记失业人数同城镇单位从业人数、城镇私营企业及个体从业人数和城镇登记失业人数之和的比。计算公式为:

2017　102.1　101.4　101.8　99.1　104.8　109.6　105.8

主要统计指标解释

城镇登记失业率 =

$$\frac{\text{城镇登记失业人数}}{\text{城镇单位从业人数}+\text{城镇私营企业及个体从业人员}+\text{城镇登记失业人数}}\times 100\%$$

■ 职　工

指在国有经济、城镇集体经济、联营经济、股份制经济、外商和港、澳、台投资经济、其他经济单位及其附属机构工作,并由其支付工资的各类人员,不包括返聘的离退休人员、民办教师、在国有经济单位工作的外方人员和港、澳、台人员(1998年以后的数据均为在岗职工数据,其他相关指标如职工工资总额,职工平均工资等指标也从1998年按此口径进行了相应的调整)。

■ 国有单位职工

指在国有经济单位及其附属机构工作,并由其支付工资的各类人员。

■ 城镇集体单位职工

指在城镇集体经济单位及其管理部门工作,并由其支付工资的各类人员。

■ 其他单位职工

指在联营经济、股份制经济、外商投资经济、港、澳、台投资经济单位工作,并由其支付工资的各类人员。

■ 在岗职工

指在本单位工作并由单位支付工资的人员,以及有工作岗位,但由于学习、病伤、产假等原因暂未工作,仍由单位支付工资的人员。

ZHEJIANG STATISTICAL YEARBOOK

Explanatory Notes on Main Statistical Indicators

□ Total Population

refers to the total number of people alive at a certain point of time within a given area.

The annual statistics on total population is taken at midnight, the 31st of December.

□ Birth Rate (or Crude Birth Rate)

refers to the ratio of the number of births to the average population during a certain period of time (usually a year), which is often expressed in ‰. The following formula is used:

$$\text{Birth Rate} = \frac{\text{Number of Births}}{\text{Average Number of Population}} \times 1000‰$$

Number of Births refers to live births, i. e. the births when babies had showed any vital phenomena regardless of the length of pregnancy.

Annual Average Number of Population is the average of the number of population at the beginning of the year and that at the end of the year. Sometimes it is substituted for with the mid - year population.

□ Death Rate (or Crude Death Rate)

refers to the ratio of the number of deaths to the average population (or mid - year population) during a certain period of time (usually a year), which is often expressed in ‰. The following formula is uesd:

$$\text{Death Rate} = \frac{\text{Number of Deaths}}{\text{Annual Average Number of Population}} \times 1000‰$$

□ Natural Growth Rate of Population

refers to the ratio of natural increase in population (number of births minus number of deaths) in a certain period of time (usually a year) to the average population (or mid - year population) of the same period, which is often expressed in ‰. The following formulas are applied:

$$\text{Natural Growth of Population} = \frac{\text{Number of Births} - \text{Number of Deaths}}{\text{Average Number of Population}} \times 1000‰$$

$$\text{Natural Growth of Population} = \text{Birth Rate} - \text{Death Rate}$$

□ Employed Persons

refers to the persons who are engaged in social labour and receive remuneration payment or earn business income, including:

(1) total staff and workers,

(2) re-employed retirees,

(3) employers of private enterprises,

(4) self-employed workers,

(5) employees in private enterprises and individual economy,

(6) employees in town enterprises,

(7) employed persons in the rural areas,

(8) other employed persons (including teachers in the schools run by the local people, people engaged in religious profession, etc.).

This indicator reflacts the actual utilization of total labour force during a certain period of time and is often used for the research on provincial economic situation and power.

□ Persons Employed in Various Units

refer to all the persons working in government agencies of various levels, political and party organizations, social organizations, enteprises and institutions, and receiving wages or other forms of payment. they include fully - employed staff and workers, reemployed retirees, teachers in schools run by local people, foreigners and Chinese compatriots from Hong Kong, Macao, Taiwan working in various units, parttime employees, employees of other units working temporarily at current posts, and employees holding the second job, but exclude staff and workers who have left their working units while keeping their labour contract (employment relation) unchanged. This indicator reflacts the total number of laborers actually engaged in production or other operations in various units.

EXPLANATORY NOTES ON MAIN STATISTICAL INDICATORS

□ Persons Employed in private Enterprrises and Selfemployed Individuals in Urban Areas

Persons employed in private enterprises refer to the persons employed in the private enterprises which have been registered at the departments of industrial and commercial administration and are situated at a country town(i. e. a town where the country government is located) for business operationor at urban areas with the level higher than a country town. The selfemployed individuals in urban areas refer to persons who hold the certificates of resience in urban areas or have resided in the urban areas for a long time and have been registered at the department of industrial and commercial administration and approved to be engaged in individual industrial or commercial business including selfemployed persons as well as helpers and hire labourers who work in the indvidual households engaged in industrial or commercial business.

□ Registered Urban Unemployed Persons

The registered unemployed persons in urban areas refer to persons who are registered as permanent residents in urban areas engaged in nonagricultural activities, aged within the range of working age, capable to labour, unemployed but desirous to be employed and have been registered at the local government service agencies to apply for a job.

□ Registered Urban Unemployment Rate

Registered unemployment rate in urban areas refers to the ratio of the number of the registered unemployed persons to the sum of the number of the person employed in various units and in private enterprises in urban areas, urban selfemployed individuals and the registered urban unemployed persons. The formula is as follows:

Registered urban unemployment rate = 100% × (number of registered urban unemployed persons)/ (number of persons employed in urban units + number of persons employed in urban private enterprises + and selfemployed individual in urban Areas + number of registered urban unemployed persons)

□ Staff and Workers

refer to the persons who work in (and receive payment therefrom) enterprises and institutions of state ownership, collective ownership, joint ownership, share holding, foreign ownership, and ownership by entrepreneurs from Hong Kong, Macao, and Taiwan, and other types of ownership and their affiliated units, excluding the retired persons invited to work in the units again, teachers in the schools run by the local people and foreigners and persons coming from Hong Kong, Macao and Taiwan and working in the state - owned economic units. (Number of staff and workers in this yearbook include only fully employed staff and worker, excluding those who have left their working units while keeping their labour contract employment relation unchanged).

□ Staff and Workers in State - owned Economic Units

refer to the person who work in the state - owned economic units or their attached units and are listed in their payrolls.

□ Staff and Workers in Collective Owned Units

refer to the persons who work in collective owned units in urban areas and their administration departments and recieve payment therefrom.

□ Staff and Workers in Units of Other types of Ownership

refer to those who work in (and receive payment therefrom) enterprises and institutions of joint ownership, share holding, foreign ownership, and ownership by enterpreneurs from Hong Kong, Macao and Taiwan.

□ Fully Employed Staff and Workers

refers to persons who work in, and receive wages from their working units, as well.

2018
浙江统计年鉴
ZHEJIANG STATISTICAL YEARBOOK

 CHAPTER 3

固定资产投资
Investment in Fixed Assets

3－1 固定资产投资(1978－2017年)
Investment in Fixed Assets(1978－2017)

单位:亿元(100 million yuan)

年份 Year	全社会投资 Total Investment	固定资产投资 Investment in Fixed Assets	投资项目投资 Investment In Projects	房地产开发投资 Real Estate Development
1978	23.23			
1979	26.11			
1980	33.25			
1981	34.16			
1982	41.72			
1983	44.04			
1984	64.89			
1985	102.20			
1986	127.39			
1987	156.20			
1988	188.95			
1989	179.49			
1990	186.96			9.54
1991	239.75			11.73
1992	361.18			24.23
1993	683.83			93.15
1994	1006.39			155.82
1995	1357.90			246.38
1996	1617.53			243.54
1997	1694.57			215.44
1998	1847.93			226.69
1999	1886.04			271.99
2000	2267.22			362.18
2001	2776.69			544.91
2002	3596.31			728.80
2003	4993.57	4180.38	3200.33	980.05
2004	6059.78	5384.38	4031.31	1353.07
2005	6696.25	6138.39	4681.90	1456.49
2006	7593.66	6964.28	5390.01	1574.28
2007	8420.43	7704.90	5883.23	1821.67
2008	9323.00	8550.71	6527.59	2023.12
2009	10742.32	9906.46	7652.19	2254.27
2010	12376.04	11451.98	8426.55	3025.43
2011		14077.25	9602.90	4474.35
2012		17095.96	11869.69	5226.27
2013		20194.07	13977.82	6216.25
2014		23554.76	16292.38	7262.38
2015		26664.72	19552.79	7111.93
2016		29571.00	22101.63	7469.37
2017		31125.99	22899.21	8226.78

注：固定资产投资口径范围为计划总投资500万元及以上的投资项目和全部房地产开发投资;2017年比上年增长按可比口径计算，以后各表同。
Investment in Fixed Assets are those with planned investment from investment in projects over 5 million yuan and total real estate development investment. Growth rates in 2017 are calculated at comparable price . The same applies to the relevant tables following.

3-2 固定资产投资按产业划分及重点领域投资(2012-2017年)
Investment in Fixed Assets by Industrial Division and Investment in Key Areas(2012-2017)

单位:亿元(100 million yuan)

指标	Item	2012	2013	2014	2015	2016	2017
固定资产投资	Investment in Fixed Assets	17096.00	20194.07	23554.76	26664.72	29571.00	31125.99
按投资主体划分	**by Ownership**						
国有投资	State-owned	5368.00	6365.90	7250.86	9002.37	11425.04	11540.06
非国有投资	Non-state-owned	11728.00	13828.17	16303.90	17662.35	18145.96	19585.93
民间投资	Nongovernmental	10565.00	12307.72	14757.84	16109.06	16441.16	18152.12
按项目划分	**by Project**						
项目投资	Project	11870.00	13977.82	16292.38	19552.79	22101.63	22899.21
基础设施投资	Infrastucture	3963.00	4718.09	5741.56	7417.75	9365.48	10173.25
房地产开发投资	Real Estate Development	5226.00	6216.25	7262.38	7111.93	7469.37	8226.78
住宅投资	Residential Building	3437.00	4089.22	4594.17	4450.73	4806.64	5645.98
按产业划分	**by Industrial Division**						
农业投资	Primary Industry Investment	158.00	200.98	263.51	339.18	386.25	353.90
工业投资	Industry Investment	6066.00	7024.89	7878.85	8747.33	9097.10	9301.94
工业技改投资	Industrial Investment, Technical	3706.00	4663.99	5419.68	6701.21	7126.14	7021.19
制造业投资	Manufacturing Investment	5305.00	6133.89	6821.48	7579.14	7822.10	7988.80
高技术产业投资	High Technology Industry Investment	455.00	558.32	616.14	735.35	850.87	904.11
装备制造业投资	Investment in the Equipment Manufacturing Industry	2506.00	3004.81	3189.78	3657.74	3857.61	3926.90
战略性新兴产业投资	Strategic Emerging Industry Investment	1652.00	1887.23	2197.92	2545.28	2745.28	2850.15
服务业投资	Investment in Service Industry	10844.00	13009.54	15458.38	17651.74	20075.62	21553.17
信息传输、软件和信息技术服务业	Investment in Information Transmission, Software and Information Technology Services	111.00	136.00	210.35	275.18	318.79	336.91
重点领域投资	**Investment in Key Areas**						
重大基础设施投资	Major Infrastructure Investment	1597.00	1922.85	2199.41	2954.65	3998.02	4472.89
重大产业项目投资	Investment in Major Industrial Projects	4494.00	5490.45	6407.13	8158.88	9592.66	10650.39
水利、环境和公共设施管理业	Water, Environmental and Public Facilities Management	1384.00	1759.15	2229.35	3092.03	4361.45	4702.54
生态保护和环境治理业	Ecological Protection and Environmental Governance	31.00	61.54	114.72	217.14	329.74	390.28
高新技术产业投资	Investment in High and New Technology Industry	1440.00	1938.46	2261.08	2760.73	3156.79	3325.23
高新技术产业(制造业)投资	Investment in High and New Technology Industry(Manufacturing Industry)	1234.00	1645.54	1828.83	2162.41	2365.07	2464.26
高技术服务业投资	High Technology Service Industry Investment	206.00	292.92	432.25	598.33	791.72	860.97
商品房销售面积(万平方米)	Sales Area of Commercial Housing(10000sq. m)	4005.00	4886.99	4676.83	5985.30	8636.79	9599.67
商品房销售额	Sales of Commercial Housing	4263.00	4513.88	4172.58	5519.27	8280.85	12339.99

3-3 固定资产投资完成情况(2013-2017年) Investment In Fixed Assets (2013-2017)

单位:亿元(100 million yuan)

指标	Item	2013	2014	2015	2016	2017
投资额	**Total Investment**	**20194.07**	**23554.76**	**26664.72**	**29571.00**	**31125.99**
投资项目	Projects	13977.82	16292.38	19552.79	22101.63	22899.21
房地产开发	Real Estate Development	6216.25	7262.38	7111.93	7469.37	8226.78
按登记注册类型分	**by Registered Type**					
内资	Domestic Funds	18258.69	21557.78	24619.71	27358.92	29275.49
国有	State-owned	4628.76	5225.64	6289.19	5358.82	5315.11
集体	Collective Owned	695.39	945.49	886.87	601.84	508.73
股份合作	Share-cooperations	48.77	71.03	72.33	41.57	43.12
国有联营	State Joint	10.39	22.08	26.05	18.04	22.51
集体联营	Collective Joint	1.13	4.75	4.25	7.43	3.55
国有与集体联营	State-collective Joint	8.72	6.82	21.37	4.83	4.41
其他联营	Other Joint	0.65	1.89	2.07	5.35	1.26
国有独资公司	State Sole Funds	782.25	973.00	1271.25	2999.18	3214.53
其他有限责任公司	Other Limited Liability Corporations	5628.67	6456.80	6873.01	7620.07	7402.70
股份有限公司	Share-holding Corporations Ltd.	673.73	684.13	669.49	679.86	749.89
私营	Private	5513.15	6841.46	7714.47	9201.28	11321.62
其他	Others	267.07	324.68	789.36	820.65	688.07
港澳台商投资	Investment from HongKong, Macao and Taiwan	1126.59	1200.62	1186.05	1350.56	1159.16
外商投资	Investment from Foreign	757.64	741.43	800.72	783.09	621.74
个体经营	Individual	51.15	54.80	58.24	78.44	69.60
按国有及非国有情况分	**by State and Non-state Owned**					
国有及国有控股企业投资	State-owned and State-holding	6365.90	7250.86	9002.37	11425.04	11540.06
非国有投资	Non-state-owned	13828.17	16303.90	17662.35	18145.96	19585.93
#民间投资	Nongovernmental	12307.72	14757.84	16109.06	16441.16	18152.12

续表 Continued 单位:亿元(100 million yuan)

指标	Item	2013	2014	2015	2016	2017
按构成分	**by Structure**					
建筑工程	Construction	10610.78	12455.77	14682.79	16092.21	16539.32
安装工程	Installation	1095.94	1253.51	1422.80	1757.61	1545.73
设备工器具购置	Purchase of Equipment and Tools	3350.52	4038.88	4576.78	4939.44	5172.47
购置旧设备	Purchase of Old Equipment	7.62	8.70	10.62	13.27	15.39
用于更新的设备	Renewal of Equipment	471.49	539.85	592.61		
其他费用	Others	5136.83	5806.61	5982.34	6781.75	7868.48
旧建筑物购置费	Purchase of Old Buildings	29.29	21.34	25.91	38.42	42.72
土地购置费	Purchase of Land	3374.83	4021.57	3944.58	4623.51	5995.47
施工项目个数(万个)	Projects under Construction(10000 units)	4.35	4.70	4.80	5.18	5.01
全投项目个数(万个)	Projects Completed and Put into Use(10000 units)	2.23	2.76	3.09	3.51	3.18
房屋施工面积(万平方米)	Floor Space under Construction(10000sq. m)	83084.50	89275.10	87972.89	73344.30	76593.13
房屋竣工面积(万平方米)	Floor Space Completed(10000sq. m)	18881.84	19376.74	19046.51	17675.08	21035.31
新增固定资产	Newly Increased Fixed Assets	11104.63	15019.67	17414.42	18977.78	18278.21
资金来源合计	**Source of Funds**	**27001.32**	**30480.32**	**32785.55**	**35701.88**	
上年末结余资金	Surplus Funds Last Year	3608.17	4504.83	4686.36	4294.91	4825.45
本年资金来源小计	Funds This Year	23393.15	25975.49	28099.19	31406.97	34167.49
#国家预算内资金	State Budgetary Appropriations	1188.62	1407.59	1660.40	1702.34	2736.25
国内贷款	Domestic Loans	3190.02	3615.22	3038.89	3527.22	4172.44
债券	Debenture	10.65	9.05	9.84	59.13	36.86
利用外资	Foreign Investment	244.21	214.59	160.39	172.05	73.81
自筹资金	Fundraising	13728.10	16231.41	17877.62	18406.25	18657.81
其他资金	Others	5031.54	4497.64	5352.04	7539.98	8490.33

3-4 分行业施工和投产项目个数
Number of Projects Under Construction and Put Into Use by Sector

指标	Item	施工项目个数(个) Number of Projects under Construction (units)		投产项目个数(个) Number of Projects Completed and Put Into Use (units)		项目建成投产率(%) Rate of Projects Completed and Put Into Use (%)	
		2016	2017	2016	2017	2016	2017
总计	**Total**	**51754**	**50136**	**35084**	**31811**	**67.8**	**63.4**
第一产业	Primary Industry	1972	1844	1391	1350	70.5	73.2
第二产业	Secondary Industry	25375	23950	19670	17038	77.5	71.1
第三产业	Tertiary Industry	24407	24342	14023	13423	57.5	55.1
按国民经济行业分组	**by Sector**						
农林牧渔业	**Farming, Forestry, Animal Husbandry and Fishery**	**1972**	**1844**	**1391**	**1350**	**70.5**	**73.2**
农业	Farming	982	1044	647	747	65.9	71.6
林业	Forestry	93	67	72	45	77.4	67.2
畜牧业	Animal Husbandry	114	150	79	93	69.3	62.0
渔业	Fishery	163	139	143	144	87.7	103.6
农、林、牧、渔服务业	Services	620	444	450	321	72.6	72.3
采矿业	**Mining and Quarrying**	**128**	**86**	**97**	**70**	**75.8**	**81.4**
煤炭开采和洗选业	Goal Mining and Dressing	2	1	1	1	50.0	100.0
石油和天然气开采业	Petroleum and Natural Gas Extraction	1		1		100.0	
黑色金属矿采选业	Ferrous Metals Mining and Dressing						
有色金属矿采选业	Nonferrous Metals Mining and Dressing	7	4	5	3	71.4	75.0
非金属矿采选业	Nonmetal Minerals Mining and Dressing	111	78	85	65	76.6	83.3
开采辅助活动	Supplementary Activities for Mining	1		2		200.0	
其他采矿业	Other Minerals Mining and Dressing	6	3	3	1	50.0	33.3
制造业	**Manufacturing**	**22949**	**21478**	**18245**	**15431**	**79.5**	**71.8**
农副食品加工业	Non-staple Food Processing	377	354	291	238	77.2	67.2
食品制造业	Food Manufacturing	265	247	187	163	70.6	66.0
酒、饮料和精制茶制造业	Wine, Soft Drinks and Refined Tea Manufacturing	176	156	108	94	61.4	60.3
烟草制品业	Tobacco Production	3	3	1	2	33.3	66.7
纺织业	Textile Industry	2052	1773	1938	1471	94.4	83.0
纺织服装、服饰业	Garments and Apparel Industryindustry	704	659	677	520	96.2	78.9

续表 1 Continued

指标	Item	施工项目个数(个) Number of Projects under Construction (units)		投产项目个数(个) Number of Projects Completed and Put Into Use (units)		项目建成投产率(%) Rate of Projects Completed and Put Into Use (%)	
		2016	2017	2016	2017	2016	2017
皮革、毛皮、羽毛及其制品和制鞋业	Leather, Furs, Down and Related Production, Shoes Manufacturing	653	583	617	482	94.5	82.7
木材加工及木、竹、藤、棕、草制品业	Timber Processing, Bamboo, Cane Palm Fiber and Straw Production Timber Processing, Bamboo, Cane Palm Fiber and Straw Production	358	315	272	205	76.0	65.1
家具制造业	Furniture Manufacturing	462	487	357	401	77.3	82.3
造纸及纸制品业	Papermaking and Paper Production	448	418	383	351	85.5	84.0
印刷和记录媒介复制业	Printing and Record Medium Reproduction	276	259	314	337	113.8	130.1
文教、工美、体育和娱乐用品制造业	Cultural and Educational, Arts and Crafts, Sports and Chemical Production	693	683	532	499	76.8	73.1
石油加工、炼焦及核燃料加工业	Petroleum Processing, Cooking and Nuclear Fuel Processing	78	77	43	40	55.1	51.9
化学原料及化学制品制造业	Raw Chemical Materials and Chemical Production	1051	837	749	570	71.3	68.1
医药制造业	Medical and Pharmaceutical Production	499	405	296	221	59.3	54.6
化学纤维制造业	Chemical Fiber	266	224	222	169	83.5	75.4
橡胶和塑料制品业	Rubber and Plastic Production	1426	1435	1169	1070	82.0	74.6
非金属矿物制品业	Nonmetal Mineral Production	925	993	749	745	81.0	75.0
黑色金属冶炼及压延加工业	Smelting and Pressing of Ferrous MetalsMetals	275	248	226	202	82.2	81.5
有色金属冶炼及压延加工业	Smelting and Pressing of Nonferrous Metals	298	271	235	155	78.9	57.2
金属制品业	Metal Production	1576	1433	1310	1127	83.1	78.6
通用设备制造业	Ordinary Machinery	2575	2324	2016	1668	78.3	71.8
专用设备制造业	For Special Purpose Equipment Manufacturing	1422	1280	1047	931	73.6	72.7
汽车制造业	Automotive Manufacturing	1576	1592	1088	969	69.0	60.9
铁路、船舶、航空航天和其他运输设备制造业	Railway, Shipbuilding, Aerospace and other Transport Equipment	395	336	274	218	69.4	64.9
电气机械及器材制造业	Electric Equipment and Machinery	2524	2329	2013	1463	79.8	62.8
计算机、通信和其他电子设备制造业	Computers, Communications and Other Electronic Equipment Manufacturing	864	881	593	550	68.6	62.4

续表 2 Continued

指标	Item	施工项目个数(个) Number of Projects under Construction (units)		投产项目个数(个) Number of Projects Completed and Put Into Use (units)		项目建成投产率(%) Rate of Projects Completed and Put Into Use (%)	
		2016	2017	2016	2017	2016	2017
仪器仪表制造业	Instruments Manufacturing	309	349	230	218	74.4	62.5
其他制造业	Other Manufacturing	286	397	218	280	76.2	70.5
废弃资源综合利用业	Comprehensive Utilization of Waste Resource	99	102	64	57	64.6	55.9
金属制品、机械和设备修理业	Metal Products,Machinery and Equipment Repair Industry	38	28	26	15	68.4	53.6
电力、热力、燃气及水生产和供应业	**Electricity,Heating Power, Gas and Water Production and Supply**	**2240**	**2282**	**1301**	**1473**	**58.1**	**64.5**
电力、热力生产和供应业	Production and Supply of Electricity and Heating Power	1154	1275	718	877	62.2	68.8
燃气生产和供应业	Production and Supply of Gas	128	124	48	65	37.5	52.4
水的生产和供应业	Production and Supply of Water	958	883	535	531	55.8	60.1
建筑业	**Construction**	**58**	**104**	**27**	**64**	**46.6**	**61.5**
房屋建筑业	Housing	10	11	4	8	40.0	72.7
土木工程建筑业	Civil Engineering	35	80	20	50	57.1	62.5
建筑安装业	Installation	3	5	1	2	33.3	40.0
建筑装饰和其他建筑业	Building Decoration and Others	10	8	2	4	20.0	50.0
批发和零售业	**Wholesale and Retail Trade**	**793**	**572**	**476**	**343**	**60.0**	**60.0**
批发业	Wholesale	300	242	155	145	51.7	59.9
零售业	Retail Sale	493	330	321	198	65.1	60.0
交通运输、仓储和邮政业	**Transport,Storage and Post**	**2997**	**2993**	**1631**	**1587**	**54.4**	**53.0**
铁路运输业	Railway Transport	39	44	7	9	17.9	20.5
道路运输业	Highway Transport	2414	2438	1234	1255	51.1	51.5
水上运输业	Waterway Transport	171	180	198	157	115.8	87.2
航空运输业	Air Transport	29	26	19	19	65.5	73.1
管道运输业	Pipeline Transport	15	11	10	6	66.7	54.5
装卸搬运和运输代理业	Carrying and Transportation Agents	33	29	25	17	75.8	58.6
仓储业	Storage	269	241	118	100	43.9	41.5
邮政业	Postal Services	27	24	20	24	74.1	100.0

续表 3 Continued

指标	Item	施工项目个数(个) Number of Projects under Construction (units)		投产项目个数(个) Number of Projects Completed and Put Into Use (units)		项目建成投产率(%) Rate of Projects Completed and Put Into Use (%)	
		2016	2017	2016	2017	2016	2017
住宿和餐饮业	**Hotels and Catering Services**	**652**	**720**	**362**	**416**	**55.5**	**57.8**
住宿业	Hotels	521	601	274	344	52.6	57.2
餐饮业	Catering Services	131	119	88	72	67.2	60.5
信息传输、软件和信息技术服务业	**Information Transmission, Software and Information Technology Services**	**293**	**218**	**187**	**142**	**63.8**	**65.1**
电信、广播电视和卫星传输服务	Telecommunication, Radio and Television , Satellite Transmission Services	150	85	102	65	68.0	76.5
互联网和相关服务	Internet and Related Services	33	28	23	20	69.7	71.4
软件和信息技术服务业	Software and Information Technology Services	110	105	62	57	56.4	54.3
金融业	**Banking**	**125**	**95**	**121**	**54**	**96.8**	**56.8**
货币金融服务	Monetary and Financial Services	105	84	111	48	105.7	57.1
资本市场服务	Capital Market Services	10	6	5	3	50.0	50.0
保险业	Insurance	5	3	2	2	40.0	66.7
其他金融业	Others	5	2	3	1	60.0	50.0
房地产业	**Real Estate**	**3260**	**2870**	**1877**	**1467**	**57.6**	**51.1**
房地产业	Real Estate	3260	2870	1877	1467	57.6	51.1
租赁和商务服务业	**Renting and Business Services**	**916**	**877**	**543**	**474**	**59.3**	**54.0**
租赁业	Leasing	13	23	26	33	200.0	143.5
商务服务业	Commercial Services	903	854	517	441	57.3	51.6
科学研究和技术服务业	**Scientific Research and Technical Services**	**252**	**270**	**165**	**149**	**65.5**	**55.2**
研究与试验发展	Research and Experiment Development	48	52	28	26	58.3	50.0
专业技术服务业	Technical Services	134	113	99	71	73.9	62.8
科技推广和应用服务业	Promotion and Application of Science and Technology Services	70	105	38	52	54.3	49.5
水利、环境和公共设施管理业	**Water Conservancy, Environment and Public Facilities Management**	**10981**	**12021**	**6426**	**6901**	**58.5**	**57.4**
水利管理业	Water Conservancy	1372	1211	765	724	55.8	59.8
生态保护和环境治理业	Ecological Protection and Environmental Management	1045	1321	607	771	58.1	58.4

续表 4 Continued

指标	Item	施工项目个数(个) Number of Projects under Construction (units)		投产项目个数(个) Number of Projects Completed and Put Into Use (units)		项目建成投产率(%) Rate of Projects Completed and Put Into Use (%)	
		2016	2017	2016	2017	2016	2017
公共设施管理业	Public Facilities	8564	9489	5054	5406	59.0	57.0
居民服务、修理和其他服务业	**Service for the Residents, Repair and Others**	**377**	**277**	**249**	**179**	**66.0**	**64.6**
居民服务业	Resident Services	254	220	169	145	66.5	65.9
机动车、电子产品和日用产品修理业	Motor Vehicles, Electronics and Household Goods Repair Industry	44	13	41	6	93.2	46.2
其他服务业	Other Services	79	44	39	28	49.4	63.6
教育	**Education**	**1297**	**1268**	**591**	**530**	**45.6**	**41.8**
教育	Education	1297	1268	591	530	45.6	41.8
卫生和社会工作	**Health Care and Social Work**	**603**	**587**	**315**	**293**	**52.2**	**49.9**
卫生	Health Care	404	412	202	207	50.0	50.2
社会工作	Social Work	199	175	113	86	56.8	49.1
文化、体育和娱乐业	**Culture, Sports and Recreation**	**942**	**936**	**533**	**533**	**56.6**	**56.9**
新闻和出版业	News and Publishing	5	5		2		40.0
广播、电视、电影和影视录音制作业	Television, Radio, Film and Television Sound Recording Production	55	53	30	40	54.5	75.5
文化艺术业	Culture and Arts	600	612	352	340	58.7	55.6
体育	Sports	142	136	69	72	48.6	52.9
娱乐业	Recreation	140	130	82	79	58.6	60.8
公共管理、社会保障和社会组织	**Public Administration, Social Security and Social Organization**	**918**	**638**	**547**	**355**	**59.6**	**55.6**
中国共产党机关	Communist Party Agencies	7		7		100.0	
国家机构	Government Agencies	577	463	291	238	50.4	51.4
人民政协、民主党派	The CPPCC, Democratic Parties	1	3		3		100.0
社会保障	Social Security	2	1	2		100.0	
群众团体、社会团体和其他成员组织	Mass Organizations, Social Groups and Other Members of the Organization	109	83	71	52	65.1	62.7
基层群众自治组织	Mass Grassroot Organizations	222	88	176	62	79.3	70.5

3－5 分行业固定资产投资和新增固定资产
Investment and Newly Increased Fixed Assets by Sector

指标	Item	投资额（亿元） Investment (100 million yuan)		新增固定资产（亿元） Newly Increased Fixed Assets (100 million yuan)		固定资产交付使用率(%) Rate of Fixed Put into Use (%)	
		2016	2017	2016	2017	2016	2017
总计	**Total**	**29571.00**	**31125.99**	**18977.78**	**18278.21**	**64.0**	**58.7**
第一产业	Primary Industry	386.25	264.90	289.07	301.87	75.0	114.0
第二产业	Secondary Industry	9109.14	9307.92	6841.82	6435.54	75.0	69.1
#工业技改投资	Industrial investment, technical	7126.14	7021.19	5508.32	5191.55	77.0	73.9
#装备制造业投资	Investment in the equipment manufacturing industry	3857.61	3926.90	2877.73	2577.08	75.0	65.6
高新技术产业投资	High－tech industry investment	2365.07	2464.26	1716.90	1628.24	73.0	66.1
战略性新兴产业投资	Strategic emerging industry investment	2745.28	2850.15	1888.56	1862.91	69.0	65.4
第三产业	Tertiary Industry	20075.62	21553.17	11846.89	11540.80	59.0	53.5
#高技术服务业投资	High technology service industry investment	791.72	860.97	485.28	521.51	61.0	60.6
按国民经济行业分组	**by Sector**						
农林牧渔业	**Farming, Forestry, Animal Husbandry and Fishery**	**386.25**	**353.90**	**289.07**	**301.87**	**75.0**	**85.3**
农业	Farming	177.98	194.13	126.16	149.97	71.0	77.3
林业	Forestry	17.86	9.97	15.71	7.47	88.0	75.0
畜牧业	Animal Husbandry	20.02	25.31	16.64	18.65	83.0	73.7
渔业	Fishery	47.74	35.50	30.98	31.08	65.0	87.6
农、林、牧、渔服务业	Services	122.64	88.99	99.58	94.69	81.0	106.4
采矿业	**Mining and Quarrying**	**58.62**	**32.46**	**40.66**	**35.13**	**69.0**	**108.2**
煤炭开采和洗选业	Coal Mining and Dressing	0.07	0.10	0.02	0.08	35.0	83.8
石油和天然气开采业	Petroleum and Natural Gas Extraction	0.16		0.13		81.0	
黑色金属矿采选业	Ferrous Metals Mining and Dressing						
有色金属矿采选业	Nonferrous Metals Mining and Dressing	1.12	0.51	2.13	0.22	191.0	43.5
非金属矿采选业	Nonmetal Minerals Mining and Dressing	53.49	31.01	36.40	34.83	68.0	112.3
开采辅助活动	Supplementary Activities for Mining	0.32		0.32		100.0	
其他采矿业	Other Minerals Mining and Dressing	3.47	0.85	1.66		48.0	
制造业	**Manufacturing**	**7822.10**	**7988.80**	**6020.59**	**5560.90**	**77.0**	**69.6**
农副食品加工业	Non－staple Food Processing	129.97	129.35	78.52	91.93	60.0	71.1
食品制造业	Food Manufacturing	81.60	78.74	80.40	42.39	99.0	53.8
酒、饮料和精制茶制造业	Wine, Soft Drinks and Refined Tea Manufacturing	57.21	53.93	35.45	33.20	62.0	61.6
烟草制品业	Tobacco Production	13.13	6.71	1.59	20.53	12.0	306.1
纺织业	Textile Industry	641.72	645.27	514.37	459.34	80.0	71.2

续表 1　Continued

指标	Item	投资额(亿元) Investment (100 million yuan)		新增固定资产(亿元) Newly Increased Fixed Assets (100 million yuan)		固定资产交付使用率(%) Rate of Fixed Put into Use (%)	
		2016	2017	2016	2017	2016	2017
纺织服装、服饰业	Garments and Apparel Industryindustry	196.98	231.08	159.88	174.85	81.0	75.7
皮革、毛皮、羽毛及其制品和制鞋业	Leather, Furs, Down and Related Production, Shoes Manufacturing	125.17	136.34	98.34	103.52	79.0	75.9
木材加工及木、竹、藤、棕、草制品业	Timber Processing, Bamboo, Cane Palm Fiber and Straw Production	83.76	84.26	63.27	51.97	76.0	61.7
家具制造业	Furniture Manufacturing	120.76	146.49	98.26	121.45	81.0	82.9
造纸及纸制品业	Papermaking and Paper Production	163.89	149.77	154.82	111.74	94.0	74.6
印刷和记录媒介复制业	Printing and Record Medium Reproduction	87.18	87.87	73.58	78.51	84.0	89.3
文教、工美、体育和娱乐用品制造业	Cultural and Educational, Arts and Crafts, Sports and Entertainment Goods	191.19	197.07	130.98	150.51	69.0	76.4
石油加工、炼焦及核燃料加工业	Raw Chemical Materials and Chemical Production	88.07	82.71	147.77	98.25	168.0	118.8
化学原料及化学制品制造业	Raw Chemical Materials and Chemical Production	530.36	526.04	375.71	373.98	71.0	71.1
医药制造业	Medical and Pharmaceutical Production	233.61	196.97	175.66	140.10	75.0	71.1
化学纤维制造业	Chemical Fiber	151.05	158.53	106.75	91.88	71.0	58.0
橡胶和塑料制品业	Rubber and Plastic Production	399.74	418.24	318.87	325.04	80.0	77.7
非金属矿物制品业	Nonmetal Mineral Production	313.10	379.26	271.14	271.85	87.0	71.7
黑色金属冶炼及压延加工业	Smelting and Pressing of Ferrous MetalsMetals	103.79	99.53	78.23	72.48	75.0	72.8
有色金属冶炼及压延加工业	Smelting and Pressing of Nonferrous Metals	109.24	97.30	86.42	68.13	79.0	70.0
金属制品业	Metal Production	421.86	391.46	351.75	312.66	83.0	79.9
通用设备制造业	Ordinary Machinery	755.43	720.68	578.34	501.72	77.0	69.6
专用设备制造业	Equipment Manufacturing	429.08	436.05	318.41	335.11	74.0	76.9
汽车制造业	Automotive Manufacturing	816.74	890.15	641.09	540.53	78.0	60.7
铁路、船舶、航空航天和其他运输设备制造业	Transport Equipment	174.05	129.61	118.67	81.44	68.0	62.8

续表 2 Continued

指标	Item	投资额(亿元) Investment (100 million yuan)		新增固定资产(亿元) Newly Increased Fixed Assets (100 million yuan)		固定资产交付使用率(%) Rate of Fixed Put into Use (%)	
		2016	2017	2016	2017	2016	2017
电气机械及器材制造业	Electric Equipment and Machinery	803.69	845.66	583.80	498.95	73.0	59.0
计算机、通信和其他电子设备制造业	Computers, Communications and Other Electronic Equipment Manufacturing	356.16	382.53	216.43	215.04	61.0	56.2
仪器仪表制造业	Instruments Manufacturing	85.23	118.05	46.41	87.62	54.0	74.2
其他制造业	Other Manufacturing	105.86	113.11	67.85	77.44	64.0	68.5
废弃资源综合利用业	Comprehensive Utilization of Waste Resources	37.09	43.32	24.99	24.72	67.0	57.1
金属制品、机械和设备修理业	Metal Products, Machinery and Equipment Repair Industry	15.37	12.71	22.84	4.02	149.0	31.6
电力、热力、燃气及水生产和供应业	**Electricity, Heating Power, Gas and Water Production and Supply**	**1216.37**	**1280.68**	**773.25**	**828.43**	**64.0**	**64.7**
电力、热力生产和供应业	Production and Supply of Electricity and Heating Power	827.06	893.12	535.26	570.73	65.0	63.9
燃气生产和供应业	Production and Supply of Gas	82.93	54.18	27.02	47.01	33.0	86.8
水的生产和供应业	Production and Supply of Water	306.39	333.38	210.97	210.69	69.0	63.2
建筑业	**Construction**	**12.04**	**18.70**	**7.31**	**11.08**	**61.0**	**59.2**
房屋建筑业	Housing	2.15	3.12	1.84	1.95	86.0	62.5
土木工程建筑业	Civil Engineering	7.97	12.90	5.09	8.13	64.0	63.0
建筑安装业	Installation	0.16	0.65	0.11	0.53	71.0	81.7
建筑装饰和其他建筑业	Building Decoration and Others	1.75	2.03	0.27	0.47	15.0	22.9
批发和零售业	**Wholesale and Retail Trade**	**370.27**	**276.08**	**241.98**	**215.80**	**65.0**	**78.2**
批发业	Wholesale	167.90	135.53	102.00	89.79	61.0	66.3
零售业	Retail Sale	202.37	140.56	139.98	126.02	69.0	89.7
交通运输、仓储和邮政业	**Transport, Storage and Post**	**2577.43**	**2966.00**	**1241.22**	**1215.38**	**48.0**	**41.0**
铁路运输业	Railway Transport	179.01	190.53	40.13	22.54	22.0	11.8
道路运输业	Highway Transport	1844.02	2233.48	828.32	813.39	45.0	36.4
水上运输业	Waterway Transport	218.23	205.13	148.73	198.24	68.0	96.6
航空运输业	Air Transport	63.25	65.88	39.44	37.78	62.0	57.3
管道运输业	Pipeline Transport	17.94	9.28	33.86	3.53	189.0	38.0

续表 3 Continued

指标	Item	投资额（亿元）Investment (100 million yuan) 2016	2017	新增固定资产（亿元）Newly Increased Fixed Assets (100 million yuan) 2016	2017	固定资产交付使用率（%）Rate of Fixed Put into Use (%) 2016	2017
装卸搬运和运输代理业	Carrying and Transportation Agents	21.86	26.60	20.51	11.40	94.0	42.8
仓储业	Storage	214.03	211.25	120.16	104.52	56.0	49.5
邮政业	Postal Services	19.10	23.84	10.09	23.97	53.0	100.6
住宿和餐饮业	**Hotels and Catering Services**	**295.11**	**331.35**	**158.91**	**183.39**	**54.0**	**55.3**
住宿业	Hotels	264.14	293.05	134.64	162.04	51.0	55.3
餐饮业	Catering Services	30.97	38.30	24.28	21.35	78.0	55.7
信息传输、软件和信息技术服务业	**Information Transmission, Software and Information Technology Services**	**318.79**	**336.91**	**179.81**	**182.55**	**56.0**	**54.2**
电信、广播电视和卫星传输服务	Telecommunication, Radio and Television, Satellite Transmission Services	164.27	131.32	54.78	36.46	33.0	27.8
互联网和相关服务	Internet and Related Services	56.59	103.49	55.41	93.78	98.0	90.6
软件和信息技术服务业	Software and Information Technology Services	97.92	102.09	69.62	52.31	71.0	51.2
金融业	**Banking**	**88.94**	**57.66**	**55.82**	**63.59**	**63.0**	**110.3**
货币金融服务	Monetary and Financial Services	75.87	41.35	49.72	50.18	66.0	121.4
资本市场服务	Capital Market Services	4.63	8.71	0.77	6.56	17.0	75.4
保险业	Insurance	5.85	3.41	0.14	0.30	2.0	8.7
其他金融业	Others	2.59	4.18	5.19	6.55	200.0	156.5
房地产业	**Real Estate**	**9683.81**	**10468.60**	**5538.64**	**5494.70**	**57.0**	**52.5**
房地产业	Real Estate	9683.81	10468.60	5538.64	5494.70	57.0	52.5
租赁和商务服务业	**Renting and Business Services**	**645.94**	**668.28**	**418.53**	**403.52**	**65.0**	**60.4**
租赁业	Leasing	19.69	25.73	17.37	20.52	88.0	79.7
商务服务业	Commercial Services	626.25	642.55	401.15	383.00	64.0	59.6
科学研究和技术服务业	**Scientific Research and Technical Services**	**141.29**	**131.85**	**101.33**	**93.76**	**72.0**	**71.1**
研究与试验发展	Research and Experiment Development	30.04	50.26	17.23	23.27	57.0	46.3
专业技术服务业	Technical Services	57.68	35.62	57.99	28.82	101.0	80.9
科技推广和应用服务业	Promotion and Application of Science and Technology Services	53.57	45.97	26.10	41.68	49.0	90.7

续表 4　Continued

指标	Item	投资额（亿元）Investment (100 million yuan)		新增固定资产（亿元）Newly Increased Fixed Assets (100 million yuan)		固定资产交付使用率(%) Rate of Fixed Put into Use (%)	
		2016	2017	2016	2017	2016	2017
水利、环境和公共设施管理业	**Water Conservancy, Environment and Public Facilities Management**	**4361.45**	**4702.54**	**2961.10**	**2779.22**	**68.0**	**59.1**
水利管理业	Water Conservancy	652.88	633.17	479.86	316.05	73.0	49.9
生态保护和环境治理业	Ecological Protection and Environmental Management	329.74	390.28	220.71	242.17	67.0	62.0
公共设施管理业	Public Facilities	3378.82	3679.08	2260.53	2220.99	67.0	60.4
居民服务、修理和其他服务业	**Service for the Residents, Repair and Others**	**119.80**	**85.50**	**63.61**	**56.87**	**53.0**	**66.5**
居民服务业	Resident Services	77.25	52.51	42.44	42.97	55.0	81.8
机动车、电子产品和日用产品修理业	Motor Vehicles, Electronics and Household Goods Repair Industry	7.36	3.27	6.55	0.65	89.0	20.0
其他服务业	Other Services	35.18	29.72	14.62	13.24	42.0	44.6
教育	**Education**	**506.79**	**517.47**	**284.34**	**302.45**	**56.0**	**58.4**
教育	Education	506.79	517.47	284.34	302.45	56.0	58.4
卫生和社会工作	**Health Care and Social Work**	**273.08**	**275.81**	**120.38**	**195.78**	**44.0**	**71.0**
卫生	Health Care	207.25	204.65	87.56	146.42	42.0	71.5
社会工作	Social Work	65.84	71.16	32.82	49.36	50.0	69.4
文化、体育和娱乐业	**Culture, Sports and Recreation**	**390.02**	**484.59**	**258.34**	**221.66**	**66.0**	**45.7**
新闻和出版业	News and Publishing	3.53	2.70		1.81		67.0
广播、电视、电影和影视录音制作业	Television, Radio, Film and Television Sound Recording Production	31.20	22.17	16.02	18.20	51.0	82.1
文化艺术业	Culture and Arts	199.48	255.49	149.43	128.92	75.0	50.5
体育	Sports	101.25	92.94	53.24	45.24	53.0	48.7
娱乐业	Recreation	54.56	111.29	39.65	27.49	73.0	24.7
公共管理、社会保障和社会组织	**Public Administration, Social Security and Social Organization**	**302.89**	**148.83**	**222.88**	**132.12**	**74.0**	**88.8**
中国共产党机关	Communist Party Agencies	0.85		0.85		100.0	
国家机构	Government Agencies	188.56	106.54	127.79	85.09	68.0	79.9
人民政协、民主党派	The CPPCC, Democratic Parties	0.05	0.29		0.29		100.0
社会保障	Social Security	0.83	0.04	0.83		100.0	
群众团体、社会团体和其他成员组织	Mass Organizations, Social Groups and Other Members of the Organization	32.80	20.41	25.40	19.91	77.0	97.6
基层群众自治组织	Mass Grassroot Organizations	79.80	21.55	68.02	26.84	85.0	124.5

3-6 分行业施工和竣工面积(2017年)
Floor Space of Buildings Under Construction and Completed by Sector(2017)

指标	Item	房屋施工面积(万平方米) Floor Space of Buildings Under Construction (10000sq. m)	住宅 Residential Buildings	房屋竣工面积(万平方米) Floor Space of Buildings Completed (10000sq. m)	住宅 Residential Buildings	房屋建筑面积竣工率(%) Rate of Floor Space of Buildings Completed (%)	住宅 Residential Buildings
总计	**Total**	**76593.13**	**28594.88**	**21035.31**	**5774.45**	**27.46**	**20.19**
第一产业	Primary Industry	157.99	2.00	93.06	1.27	58.90	63.61
第二产业	Secondary Industry	13179.31	64.92	6009.66	17.61	45.60	27.13
第三产业	Tertiary Industry	63255.83	28527.97	14932.59	5755.57	23.61	20.18
按国民经济行业分组	**by Sector**						
农林牧渔业	**Farming, Forestry, Animal Husbandry and Fishery**	**157.99**	**2.00**	**93.06**	**1.27**	**58.90**	**63.61**
农业	Farming	82.10	1.35	48.42	0.70	58.98	51.36
林业	Forestry	3.02	0.07	3.01	0.07	99.50	100.00
牧业	Animal Husbandry	39.72	0.26	27.78	0.26	69.95	100.00
渔业	Fishery	7.55	0.13	6.39	0.12	84.61	87.35
农、林、牧、渔服务业	Services	25.60	0.19	7.46	0.14	29.13	72.54
采矿业	**Mining and Quarrying**	**7.64**		**7.26**		**95.00**	
煤炭开采和洗选业	Coal Mining and Dressing						
石油和天然气开采业	Petroleum and Natural Gas Extraction						
黑色金属矿采选业	Ferrous Metals Mining and Dressing						
有色金属矿采选业	Nonferrous Metals Mining and Dressing						
非金属矿采选业	Nonmetal Minerals Mining and Dressing	7.64		7.26		95.00	
开采辅助活动	Supplementary Activities for Mining						
其他采矿业	Other Minerals Mining and Dressing						
制造业	**Manufacturing**	**12841.70**	**61.14**	**5834.02**	**14.34**	**45.43**	**23.46**
农副食品加工业	Non-staple Food Processing	224.21	1.18	52.15	1.18	23.26	100.00
食品制造业	Food Manufacturing	118.34	2.14	39.23	1.80	33.15	84.11
酒、饮料和精制茶制造业	Wine, Soft Drinks and Refined Tea Manufacturing	123.30	0.31	48.46	0.31	39.31	100.00
烟草制品业	Tobacco Production	31.41		31.13		99.11	
纺织业	Textile Industry	1237.48	4.02	585.52	0.94	47.32	23.41
纺织服装、服饰业	Garments and Apparel Industryindustry	558.94	0.73	356.73		63.82	

续表 1 Continued

指标	Item	房屋施工面积（万平方米）Floor Space of Buildings Under Construction (10000sq. m)	住宅 Residential Buildings	房屋竣工面积（万平方米）Floor Space of Buildings Completed (10000sq. m)	住宅 Residential Buildings	房屋建筑面积竣工率（%）Rate of Floor Space of Buildings Completed (%)	住宅 Residential Buildings
皮革、毛皮、羽毛及其制品和制鞋业	Leather, Furs, Down and Related Production, Shoes Manufacturing	389.56	10.00	232.63		59.72	
木材加工及木、竹、藤、棕、草制品业	Timber Processing, Bamboo, Cane Palm Fiber and Straw Production	117.24	0.03	44.32	0.03	37.80	100.00
家具制造业	Furniture Manufacturing	222.13	0.12	149.31	0.12	67.22	100.00
造纸及纸制品业	Papermaking and Paper Production	132.13	1.57	87.71		66.38	
印刷和记录媒介复制业	Printing and Record Medium Reproduction	106.61		86.72		81.34	
文教、工美、体育和娱乐用品制造业	Cultural and Educational, Arts and Crafts, Sports and Entertainment Goods	414.86	2.32	189.20	0.79	45.61	34.25
石油加工、炼焦及核燃料加工业	Petroleum Processing, Cooking and Nuclear Fuel Processing	9.65		4.00		41.44	
化学原料及化学制品制造业	Raw Chemical Materials and Chemical Production	379.30	0.19	184.29	0.08	48.59	42.11
医药制造业	Medical and Pharmaceutical Production	237.92		122.97		51.68	
化学纤维制造业	Chemical Fiber	105.57		47.36		44.86	
橡胶和塑料制品业	Rubber and Plastic Production	587.99	2.75	334.12	0.44	56.82	16.00
非金属矿物制品业	Nonmetal Mineral Production	429.08	1.13	239.91	1.13	55.91	100.00
黑色金属冶炼及压延加工业	Smelting and Pressing of Ferrous MetalsMetals	63.81	0.98	39.60	0.60	62.06	61.00
有色金属冶炼及压延加工业	Smelting and Pressing of Nonferrous Metals	133.80	0.34	61.00	0.34	45.59	100.00
金属制品业	Metal Production	619.12	1.17	407.35	1.17	65.79	100.00
通用设备制造业	Ordinary Machinery	1354.44	7.22	522.37	2.14	38.57	29.64
专用设备制造业	For Special Purpose Equipment Manufacturing	879.55	2.35	430.16	1.65	48.91	70.33
汽车制造业	Automotive Manufacturing	889.43	12.38	412.91	0.35	46.42	2.84
铁路、船舶、航空航天和其他运输设备制造业	Railway, Shipbuilding, Aerospace and other Transport Equipment	190.40	0.39	77.79	0.39	40.86	100.00
电气机械及器材制造业	Electric Equipment and Machinery	1734.23	8.95	516.66		29.79	
计算机、通信和其他电子设备制造业	Computers, Communications and Other Electronic Equipment Manufacturing	797.58	0.88	216.72	0.88	27.17	99.43

续表 2 Continued

指标	Item	房屋施工面积(万平方米) Floor Space of Buildings Under Construction (10000sq. m)	住宅 Residential Buildings	房屋竣工面积(万平方米) Floor Space of Buildings Completed (10000sq. m)	住宅 Residential Buildings	房屋建筑面积竣工率(%) Rate of Floor Space of Buildings Completed (%)	住宅 Residential Buildings
仪器仪表制造业	Instruments Manufacturing	382.28		155.49		40.68	
其他制造业	Other Manufacturing	338.56		144.02		42.54	
废弃资源综合利用业	Comprehensive Utilization of Waste Resources	22.84		14.02		61.39	
金属制品、机械和设备修理业	Metal Products, Machinery and Equipment Repair Industry	9.93		0.17		1.74	
电力、热力、燃气及水生产和供应业	**Electricity, Heating Power, Gas and Water Production and Supply**	**298.61**	**0.46**	**158.51**	**0.25**	**53.08**	**55.35**
电力、热力生产和供应业	Production and Supply of Electricity and Heating Power	240.97	0.46	135.65	0.25	56.29	55.35
燃气生产和供应业	Production and Supply of Gas	2.62		1.72		65.74	
水的生产和供应业	Production and Supply of Water	55.02		21.13		38.41	
建筑业	**Construction**	**31.36**	**3.32**	**9.87**	**3.02**	**31.48**	**91.00**
房屋建筑业	Housing	5.80	0.30	2.89		49.83	
土木工程建筑业	Civil Engineering	10.65	1.52	2.98	1.52	27.99	100.00
建筑安装业	Installation	1.40		1.40		100.00	
建筑装饰和其他建筑业	Building Decoration and Others	13.52	1.50	2.60	1.50	19.27	100.00
批发和零售业	**Wholesale and Retail Trade**	**2203.63**	**14.30**	**363.78**	**7.35**	**16.51**	**51.41**
批发业	Wholesale	1822.84	0.20	178.24	0.20	9.78	100.00
零售业	Retail Sale	380.79	14.10	185.55	7.15	48.73	50.72
交通运输、仓储和邮政业	**Transport, Storage and Post**	**819.38**	**2.47**	**313.65**	**1.12**	**38.28**	**45.21**
铁路运输业	Railway Transport	5.35		3.23		60.42	
道路运输业	Highway Transport	289.85	2.47	102.67	1.12	35.42	45.21
水上运输业	Waterway Transport	30.25		11.87		39.23	
航空运输业	Air Transport	11.06		2.51		22.65	
管道运输业	Pipeline Transport						
装卸搬运和运输代理业	Carrying and Transportation Agents	34.81		5.19		14.90	
仓储业	Storage	386.04		143.82		37.26	
邮政业	Postal Services	62.02		44.37		71.55	

续表 3 Continued

指标	Item	房屋施工面积（万平方米）Floor Space of Buildings Under Construction (10000sq. m)	住宅 Residential Buildings	房屋竣工面积（万平方米）Floor Space of Buildings Completed (10000sq. m)	住宅 Residential Buildings	房屋建筑面积竣工率（%）Rate of Floor Space of Buildings Completed (%)	住宅 Residential Buildings
住宿和餐饮业	**Hotels and Catering Services**	**442.98**	**58.83**	**144.51**	**7.14**	**32.62**	**12.13**
住宿业	Hotels	391.59	57.24	127.73	7.14	32.62	12.47
餐饮业	Catering Services	51.39	1.59	16.78		32.65	
信息传输、软件和信息技术服务业	**Information Transmission, Software and Information Technology Services**	**294.91**	**0.98**	**58.32**		**19.78**	
电信、广播电视和卫星传输服务	Telecommunication, Radio and Television, Satellite Transmission Services	3.68		0.56		15.29	
互联网和相关服务	Internet and Related Services	18.12		5.29		29.18	
软件和信息技术服务业	Software and Information Technology Services	273.11	0.98	52.48		19.21	
金融业	**Banking**	**295.23**	**0.15**	**78.52**		**26.60**	
货币金融服务	Monetary and Financial Services	194.82	0.15	51.50		26.43	
资本市场服务	Capital Market Services	37.68		13.75		36.50	
保险业	Insurance	43.59		0.75		1.73	
其他金融业	Others	19.14		12.52		65.38	
房地产业	**Real Estate**	**52558.14**	**28156.52**	**11591.78**	**5633.61**	**22.06**	**20.01**
房地产业	Real Estate	52558.14	28156.52	11591.78	5633.61	22.06	20.01
租赁和商务服务业	**Renting and Business Services**	**1370.78**	**59.21**	**434.05**	**5.54**	**31.66**	**9.36**
租赁业	Leasing	0.91		0.74		80.60	
商务服务业	Commercial Services	1369.86	59.21	433.32	5.54	31.63	9.36
科学研究和技术服务业	**Scientific Research and Technical Services**	**236.86**	**3.71**	**83.98**		**35.46**	
研究与试验发展	Research and Experiment Development	122.57	2.88	28.24		23.04	
专业技术服务业	Technical Services	66.14		22.66		34.26	
科技推广和应用服务业	Promotion and Application of Science and Technology Services	48.14	0.83	33.08		68.71	
水利、环境和公共设施管理业	**Water Conservancy, Environment and Public Facilities Management**	**1181.39**	**135.83**	**608.04**	**64.74**	**51.47**	**47.67**
水利管理业	Water Conservancy	9.72	0.53	5.60	0.53	57.65	99.81
生态保护和环境治理业	Ecological Protection and Environmental Management	42.45	0.25	31.94	0.05	75.26	20.00

续表 4 Continued

指标	Item	房屋施工面积(万平方米) Floor Space of Buildings Under Construction (10000sq. m)	住宅 Residential Buildings	房屋竣工面积(万平方米) Floor Space of Buildings Completed (10000sq. m)	住宅 Residential Buildings	房屋建筑面积竣工率(%) Rate of Floor Space of Buildings Completed (%)	住宅 Residential Buildings
公共设施管理业	Public Facilities	1129.22	135.05	570.50	64.17	50.52	47.52
居民服务、修理和其他服务业	**Service for the Residents, Repair and Others**	**78.11**	**6.50**	**53.49**	**6.08**	**68.48**	**93.47**
居民服务业	Resident Services	55.71	0.70	41.64	0.28	74.75	39.49
机动车、电子产品和日用产品修理业	Motor Vehicles, Electronics and Household Goods Repair Industry	7.34		0.44		5.94	
其他服务业	Other Services	15.05	5.80	11.41	5.80	75.81	100.00
教育	**Education**	**1757.72**	**42.11**	**600.58**	**3.53**	**34.17**	**8.39**
教育	Education	1757.72	42.11	600.58	3.53	34.17	8.39
卫生和社会工作	**Health Care and Social Work**	**1073.96**	**21.03**	**246.72**	**10.84**	**22.97**	**51.53**
卫生	Health Care	904.53	11.98	177.38	8.13	19.61	67.88
社会工作	Social Work	169.43	9.06	69.34	2.71	40.93	29.91
文化、体育和娱乐业	**Culture, Sports and Recreation**	**512.83**	**14.02**	**176.91**	**4.72**	**34.50**	**33.64**
新闻和出版业	News and Publishing	21.64		2.36		10.90	
广播、电视、电影和影视录音制作业	Television, Radio, Film and Television Sound Recording Production	37.55		21.64		57.65	
文化艺术业	Culture and Arts	308.13	11.83	119.36	2.73	38.74	23.07
体育	Sports	108.67	0.20	19.86		18.28	
娱乐业	Recreation	36.83	1.99	13.69	1.99	37.16	100.00
公共管理、社会保障和社会组织	**Public Administration, Social Security and Social Organization**	**429.93**	**12.30**	**178.24**	**10.91**	**41.46**	**88.68**
中国共产党机关	Communist Party Agencies						
国家机构	Government Agencies	324.46	5.94	112.96	5.17	34.81	87.07
人民政协、民主党派	The CPPCC, Democratic Parties						
社会保障	Social Security						
群众团体、社会团体和其他成员组织	Mass Organizations, Social Groups and Other Members of the Organization	26.57	2.11	17.98	1.92	67.69	91.01
基层群众自治组织	Mass Grassroot Organizations	78.91	4.24	47.30	3.81	59.94	89.78

3－7 国有及国有控股经济分行业投资和资金来源
Investment and Sources of Funds in State－owned and State－holding Units by Sector

单位:亿元(100 million yuan)

指标	Item	2014	2015	2016	2017
投资总计	**Total investment**	**7250.86**	**9002.37**	**11425.04**	**11540.06**
第一产业	Primary Industry	88.90	119.74	139.66	118.47
第二产业	Secondary Industry	1237.98	1330.41	1455.87	1329.60
第三产业	Tertiary Industry	5923.98	7552.22	9829.51	10091.99
按国民经济行业分组	**By Sector**				
农林牧渔业	**Farming, Forestry, Animal Husbandry and Fishery**	**88.90**	**119.74**	**139.66**	**118.47**
农业	Farming	23.44	31.86	36.41	43.76
林业	Forestry	6.31	6.51	8.42	4.48
牧业	Animal Husbandry	0.67	2.79	1.59	2.39
渔业	Fishery	3.43	1.17	14.48	2.39
农、林、牧、渔服务业	Services	55.05	77.41	78.75	65.45
采矿业	**Ming and Quarrying**	**2.68**	**10.23**	**13.97**	**1.60**
煤炭开采和洗选业	Coal Mining and Dressing				
石油和天然气开采业	Petroleum and Natural Gas Extraction				
黑色金属矿采选业	Ferrous Metals Mining and Dressing				
有色金属矿采选业	Nonferrous Metals Mining and Dressing				
非金属矿采选业	Nonmetal Minerals Mining and Dressing	2.60	10.23	12.06	1.60
开采辅助活动	Supplenmentary Activities for Mining	0.08			
其他采矿业	Other Minerals Mining and Dressing			1.91	
制造业	**Manufacturing**	**422.69**	**524.29**	**593.62**	**483.91**
农副食品加工业	Non－staple Food Processing	18.25	23.40	29.54	21.04
食品制造业	Food Manufacturing	1.41	1.67	2.03	5.28
酒、饮料和精制茶制造业	Wine, Soft Drinks and Refined Tea Manufacturing	3.26	2.15	2.96	1.93
烟草制品业	Tobacco Processing	20.11	22.93	13.13	6.71
纺织业	Textile Industry	8.19	9.37	6.09	7.72
纺织服装、服饰业	Garments and Apparel Industryindustry	1.53	0.25	1.78	8.87
皮革、毛皮、羽毛(绒)及其制品业	Leather, Furs, Down and Related Production, Shoes Manufacturing	2.30	2.64	3.21	5.61
木材加工及木、竹、藤、棕、草制品业	Timber Processing, Bamboo, Cane Palm Fiber and Straw Production	0.21	0.52	0.92	0.47
家具制造业	Furniture Manufacturing	0.47			0.30
造纸及纸制品业	Papermaking and Paper Products	0.72	0.30	4.69	0.58
印刷业和记录媒介的复制	Printing and Record Medium Reproduction	2.42	0.17	0.20	1.43
文教、工美、体育和娱乐用品制造业	Cultural and Educational, Arts and Crafts, Sports and Entertainment Goods	2.63	7.56	14.98	13.20

续表 1 Continued 单位:亿元(100 million yuan)

指标	Item	2014	2015	2016	2017
石油加工、炼焦及核燃料加工业	Petroleum Processing,Cooking and Nuclear Fuel Processing	53.45	63.66	67.22	26.73
化学原料及化学制品制造业	Raw Chemical Materials and Chemical Products	42.38	32.85	28.10	17.05
医药制造业	Medical and Pharmaceutical Production	22.60	28.28	29.06	28.35
化学纤维制造业	Chemical Fiber	1.57	8.06	2.46	1.53
橡胶和塑料制品业	Rubber and Plastic Production	17.42	4.81	3.57	11.27
非金属矿物制品业	Nonmetal Mineral Production	19.96	21.98	30.36	21.56
黑色金属冶炼及压延加工业	Smelting and Pressing of Ferrous Metals	13.70	15.05	7.54	9.21
有色金属冶炼及压延加工业	Smelting and Pressing of Nonferrous Metals	4.35	1.00	8.03	6.43
金属制品业	Metal Production	5.45	11.28	27.81	11.23
通用设备制造业	Ordinary Machinery	17.54	20.65	25.36	20.35
专用设备制造业	For Special Purpose Equipment Manufacturing	32.13	58.38	31.53	46.94
汽车制造业	Automotive Manufacturing	14.13	17.95	43.29	34.77
铁路、船舶、航空航天和其他运输设备制造业	Railway, Shipbuilding,Aerospace and other Transport Equipment	40.98	58.65	42.72	34.17
电气机械及器材制造业	Electric Equipment and Machinery	11.97	26.59	34.58	31.71
计算机、通信和其他电子设备制造业	Computers,Communications and Other Electronic Equipment Manufacturing	28.04	35.28	72.06	59.14
仪器仪表制造业	Instruments Manufacturing	2.95	5.93	5.78	7.13
其他制造业	Other Manufacturing	14.67	33.37	40.30	34.47
废弃资源综合利用业	Comprehensive Utilization of Waste Resources	10.82	3.46	7.64	3.68
金属制品、机械和设备修理业	Metal products, machinery and Equipment Repair Industry	7.09	6.12	6.69	5.05
电力、燃气及水的生产和供应业	**Electricity,Heating Power,Gas and Water Production and Supply**	**785.55**	**762.95**	**842.30**	**834.56**
电力、热力的生产和供应业	Production and Supply of Electricity and Heating Power	570.82	524.81	532.04	529.33
燃气生产和供应业	Production and Supply of Gas	49.79	32.60	49.78	23.93
水的生产和供应业	Production and Supply of Water	164.94	205.54	260.49	281.30
建筑业	**Construction**	**27.07**	**32.94**	**5.97**	**9.53**
房屋建筑业	Housing	1.38	1.49	0.02	0.46
土木工程建筑业	Civil Engineering	24.60	28.16	5.36	8.63
建筑安装业	Installation	0.05	0.86		0.16
建筑装饰和其他建筑业	Building Decoration and Others	1.03	2.43	0.58	0.28
批发和零售业	**Wholesale and Retail Trade**	**80.82**	**78.04**	**92.03**	**67.82**
批发业	Wholesale	47.50	39.25	49.73	37.88
零售业	Retail Sale	33.33	38.79	42.31	29.93
交通运输、仓储和邮政业	**Transport,Storage and Post**	**1364.81**	**1862.26**	**2187.38**	**2539.72**

续表 2 Continued　　单位:亿元(100 million yuan)

指标	Item	2014	2015	2016	2017
铁路运输业	Railway Transport	124.53	201.69	175.62	189.24
道路运输业	Highway Transport	1013.06	1382.14	1692.03	2053.99
水上运输业	Waterway Transport	86.51	125.91	154.28	161.10
航空运输业	Air Transport	39.23	35.47	41.74	45.16
管道运输业	Pipeline Transport	19.34	14.70	17.03	3.39
装卸搬运和运输代理业	Carrying and Transportation Agents	13.03	7.04	12.44	5.02
仓储业	Storage	66.81	91.64	92.25	81.33
邮政业	Postal Services	2.30	3.67	1.99	0.49
住宿和餐饮业	**Hotels and Catering Services**	**29.78**	**40.22**	**50.76**	**25.51**
住宿业	Hotels	26.88	29.78	46.40	22.85
餐饮业	Catering Services	2.90	10.44	4.36	2.66
信息传输、软件和信息技术服务业	**Information Transmission,Software and Information Technology Services**	**104.53**	**154.72**	**97.63**	**85.46**
电信、广播电视和卫星传输服务	Telecommunication,Radio and Television ,Satellite Transmission Services	69.41	80.81	68.89	45.29
互联网和相关服务	Internet and Related Services	25.35	60.63	2.53	6.53
软件和信息技术服务业	Software and Information Technology Services	9.77	13.27	26.22	33.65
金融业	**Banking**	**32.23**	**59.46**	**40.15**	**24.16**
货币金融服务	Monetary and Financial Services	27.57	44.02	32.51	17.42
资本市场服务	Capital market services	1.31	10.69	2.06	3.32
保险业	Insurance	2.15	2.72	5.20	3.41
其他金融业	Others	1.21	2.03	0.39	
房地产业	**Real Estate**	**1582.86**	**1798.04**	**2222.53**	**2163.87**
房地产业	Real Estate	1582.86	1798.04	2222.53	2163.87
租赁和商务服务业	**Renting and Business Services**	**134.49**	**212.46**	**311.64**	**278.29**
租赁业	Leasing	0.94	5.28	8.27	0.81
商务服务业	Commercial Services	133.55	207.18	303.37	277.48
科学研究和技术服务业	**Scientific Research and Technical Services**	**55.32**	**49.03**	**86.27**	**64.56**
研究与试验发展	Research and Experiment Development	12.80	9.41	18.15	28.25
专业技术服务业	Technical Services	34.97	29.93	40.51	20.97
科技推广和应用服务业	Promotion and Application of Science and Technology Services	7.55	9.69	27.61	15.34
水利、环境和公共设施管理业	**Water Conservancy,Environment and Public Facilities Management**	**1859.13**	**2519.47**	**3680.18**	**3868.32**
水利管理业	Water Conservancy	406.28	474.85	598.43	589.04
生态保护和环境治理业	Ecological Protection and Environmental Management	95.77	183.24	274.40	331.58
公共设施管理业	Public Facilities	1357.09	1861.37	2807.35	2947.71

续表 3 Continued 单位:亿元(100 million yuan)

指标	Item	2014	2015	2016	2017
居民服务、修理和其他服务业	**Service for the Residents, Repair and Others**	**27.11**	**28.53**	**67.81**	**36.81**
居民服务业	Resident Services	21.30	19.61	41.70	26.11
机动车、电子产品和日用产品修理业	Motor Vehicles, Electronics and Household Goods Repair Industry	3.44	1.73	2.09	0.43
其他服务业	Other Services	2.37	7.19	24.02	10.27
教育	**Education**	**276.65**	**326.97**	**433.36**	**440.26**
教育	Education	276.65	326.97	433.36	440.26
卫生和社会工作	**Health Care and Social Work**	**114.41**	**133.49**	**175.89**	**163.35**
卫生	Health Care	93.71	114.63	144.46	141.16
社会工作	Social work	20.70	18.86	31.43	22.19
文化、体育和娱乐业	**Culture, Sports and Recreation**	**134.92**	**140.78**	**189.51**	**220.62**
新闻和出版业	News and Publishing	5.26	3.39	3.53	2.70
广播、电视、电影和影视录音制作业	Television, Radio, Film and Television Sound Recording Production	11.93	12.52	8.28	5.37
文化艺术业	Culture and Arts	72.86	88.27	106.81	133.59
体育	Sports	39.76	33.26	61.52	63.03
娱乐业	Recreation	5.12	3.34	9.37	15.93
公共管理、社会保障和社会组织	**Public Administration, Social Security and Social Organization**	**126.92**	**148.75**	**194.36**	**113.25**
中国共产党机关	Communist Party Agencies	0.62		0.81	
国家机构	Government Agencies	114.60	129.06	177.64	102.78
人民政协、民主党派	The CPPCC, Democratic Parties				0.29
社会保障	Social Security	0.97	0.91	0.18	0.04
群众团体、社会团体和其他成员组织	Mass Organizations, Social Groups and Other Members of the Organization	9.17	9.50	5.58	6.89
基层群众自治组织	Mass Grassroot Organizations	1.56	9.28	10.15	3.25
自年初累计资金来源合计	**Source of Funds**	**8541.29**	**9779.89**	**11779.31**	
上年末结余资金	Surplus Funds Last Year	741.58	823.81	1058.63	1020.04
本年资金来源小计	Funds This Year	7799.71	8956.09	10720.69	10837.72
#国家预算内资金	State Budgetary Appropriations	1306.91	1518.31	1619.72	2611.23
国内贷款	Domestic Loans	1468.87	1354.56	1731.19	1830.69
债券	Debenture	8.20	8.14	59.12	34.50
利用外资	Foreign Investment	0.76	5.05	1.64	4.76
自筹资金	Fundraising	4315.89	5406.58	6077.26	5238.85
其他资金	Others	699.07	663.45	1231.76	1117.70

3-8 非国有经济分行业投资和资金来源
Investment and Sources of Funds in Non-state-owned Units by Sector

单位:亿元(100 million yuan)

指标	Item	2014	2015	2016	2017
投资总计	**Total investment**	**16303.90**	**17662.35**	**18145.96**	**19585.93**
第一产业	Primary Industry	174.61	219.44	246.59	235.43
第二产业	Secondary Industry	6691.06	7472.21	7653.27	7991.03
第三产业	Tertiary Industry	9438.23	9970.70	10246.11	11359.47
按国民经济行业分组	**By Sector**				
农林牧渔业	**Farming, Forestry, Animal Husbandry and Fishery**	**174.61**	**219.44**	**246.59**	**235.43**
农业	Farming	91.23	124.43	141.56	150.37
林业	Forestry	8.41	11.11	9.44	5.49
牧业	Animal Husbandry	14.65	20.43	18.43	22.92
渔业	Fishery	37.25	26.06	33.26	33.11
农、林、牧、渔服务业	Services	23.06	37.41	43.89	23.54
采矿业	**Ming and Quarrying**	**42.42**	**49.08**	**44.65**	**30.86**
煤炭开采和洗选业	Coal Mining and Dressing	0.55	0.05	0.07	0.10
石油和天然气开采业	Petroleum and Natural Gas Extraction			0.16	
黑色金属矿采选业	Ferrous Metals Mining and Dressing	0.62			
有色金属矿采选业	Nonferrous Metals Mining and Dressing	2.83	0.49	1.12	0.51
非金属矿采选业	Nonmetal Minerals Mining and Dressing	36.60	47.49	41.43	29.41
开采辅助活动	Supplenmentary Activities for Mining	0.37	0.75	0.32	
其他采矿业	Other Minerals Mining and Dressing	1.45	0.30	1.55	0.85
制造业	**Manufacturing**	**6398.79**	**7054.85**	**7228.48**	**7504.89**
农副食品加工业	Non-staple Food Processing	104.35	118.97	100.43	108.31
食品制造业	Food Manufacturing	65.28	64.96	79.57	73.46
酒、饮料和精制茶制造业	Wine, Soft Drinks and Refined Tea Manufacturing	39.32	63.13	54.25	52.00
烟草制品业	Tobacco Processing	0.18	0.25		
纺织业	Textile Industry	584.03	602.00	635.63	637.54
纺织服装、服饰业	Garments and Apparel Industryindustry	166.17	181.61	195.20	222.21
皮革、毛皮、羽毛(绒)及其制品业	Leather, Furs, Down and Related Production, Shoes Manufacturing	107.52	117.64	121.96	130.73
木材加工及木、竹、藤、棕、草制品业	Timber Processing, Bamboo, Cane Palm Fiber and Straw Production	64.01	78.79	82.84	83.79
家具制造业	Furniture Manufacturing	115.28	126.23	120.75	146.19
造纸及纸制品业	Papermaking and Paper Products	182.67	184.25	159.20	149.18
印刷业和记录媒介的复制	Printing and Record Medium Reproduction	65.70	67.49	86.98	86.44
文教、工美、体育和娱乐用品制造业	Cultural and Educational, Arts and Crafts, Sports and Entertainment Goods	134.04	171.63	176.21	183.87

续表 1 Continued 单位:亿元(100 million yuan)

指标	Item	2014	2015	2016	2017
石油加工、炼焦及核燃料加工业	Petroleum Processing, Cooking and Nuclear Fuel Processing	22.34	26.66	20.86	55.98
化学原料及化学制品制造业	Raw Chemical Materials and Chemical Products	477.69	471.76	502.26	508.99
医药制造业	Medical and Pharmaceutical Production	169.85	200.22	204.55	168.63
化学纤维制造业	Chemical Fiber	165.07	184.68	148.59	157.00
橡胶和塑料制品业	Rubber and plastic production	314.21	346.73	396.17	406.97
非金属矿物制品业	Nonmetal Mineral Production	274.60	305.57	282.75	357.70
黑色金属冶炼及压延加工业	Smelting and Pressing of Ferrous Metals	108.70	94.56	96.25	90.32
有色金属冶炼及压延加工业	Smelting and Pressing of Nonferrous Metals	111.19	117.71	101.21	90.86
金属制品业	Metal Production	371.98	435.32	394.06	380.23
通用设备制造业	Ordinary Machinery	675.69	721.88	730.08	700.33
专用设备制造业	For Special Purpose Equipment Manufacturing	406.06	426.63	397.55	389.11
汽车制造业	Automotive Manufacturing	577.27	733.34	773.45	855.38
铁路、船舶、航空航天和其他运输设备制造业	Railway, Shipbuilding, Aerospace and other Transport Equipment	106.64	91.95	131.33	95.44
电气机械及器材制造业	Electric Equipment and Machinery	584.90	649.21	769.11	813.95
计算机、通信和其他电子设备制造业	Computers, Communications and Other Electronic Equipment Manufacturing	217.87	271.02	284.11	323.39
仪器仪表制造业	Instruments Manufacturing	78.59	80.43	79.45	110.91
其他制造业	Other Manufacturing	50.27	79.07	65.56	78.64
废弃资源综合利用业	Comprehensive Utilization of Waste Resources	46.83	34.01	29.45	39.64
金属制品、机械和设备修理业	Metal products, machinery and Equipment Repair Industry	10.52	7.14	8.67	7.67
电力、燃气及水的生产和供应业	**Electricity, Heating Power, Gas and Water Production and Supply**	**226.72**	**345.93**	**374.07**	**446.12**
电力、热力的生产和供应业	Production and Supply of Electricity and Heating Power	169.11	250.91	295.02	363.79
燃气生产和供应业	Production and Supply of Gas	14.98	20.12	33.15	30.26
水的生产和供应业	Production and Supply of Water	42.63	74.90	45.90	52.07
建筑业	**Construction**	**23.13**	**22.35**	**6.07**	**9.17**
房屋建筑业	Housing	7.79	2.07	2.13	2.66
土木工程建筑业	Civil Engineering	13.67	10.90	2.61	4.27
建筑安装业	Installation	0.18	0.39	0.16	0.49
建筑装饰和其他建筑业	Building Decoration and Others	1.50	8.98	1.17	1.75
批发和零售业	**Wholesale and Retail Trade**	**346.71**	**332.66**	**278.24**	**208.26**
批发业	Wholesale	162.74	144.02	118.17	97.64
零售业	Retail Sale	183.97	188.65	160.07	110.62
交通运输、仓储和邮政业	**Transport, Storage and Post**	**364.43**	**449.14**	**390.05**	**426.28**

续表 2 Continued 单位:亿元(100 million yuan)

指标	Item	2014	2015	2016	2017
铁路运输业	Railway Transport		13.09	3.40	1.30
道路运输业	Highway Transport	133.07	170.17	151.98	179.50
水上运输业	Waterway Transport	71.53	99.07	63.95	44.03
航空运输业	Air Transport	13.60	15.35	21.51	20.72
管道运输业	Pipeline Transport	1.89	0.75	0.92	5.89
装卸搬运和运输代理业	Carrying and Transportation Agents	15.75	14.10	9.42	21.58
仓储业	Storage	117.31	127.32	121.78	129.91
邮政业	Postal Services	11.27	9.29	17.10	23.35
住宿和餐饮业	**Hotels and Catering Services**	**224.20**	**192.05**	**244.35**	**305.84**
住宿业	Hotels	186.89	162.64	217.74	270.20
餐饮业	Catering Services	37.31	29.41	26.61	35.64
信息传输、软件和信息技术服务业	**Information Transmission,Software and Information Technology Services**	**105.82**	**120.47**	**221.16**	**251.45**
电信、广播电视和卫星传输服务	Telecommunication,Radio and Television ,Satellite Transmission Services	14.11	12.39	95.39	86.03
互联网和相关服务	Internet and Related Services	16.26	31.07	54.06	96.97
软件和信息技术服务业	Software and Information Technology Services	75.45	77.01	71.71	68.45
金融业	**Banking**	**60.28**	**42.70**	**48.79**	**33.50**
货币金融服务	Monetary and Financial Services	47.08	30.23	43.36	23.94
资本市场服务	Capital Market Services	8.07	10.50	2.57	5.38
保险业	Insurance	0.06	0.33	0.66	
其他金融业	Others	5.08	1.64	2.21	4.18
房地产业	**Real Estate**	**7219.84**	**7309.50**	**7461.28**	**8304.73**
房地产业	Real Estate	7219.84	7309.50	7461.28	8304.73
租赁和商务服务业	**Renting and Business Services**	**312.36**	**359.24**	**334.29**	**389.99**
租赁业	Leasing	26.77	29.50	11.42	24.92
商务服务业	Commercial Services	285.59	329.74	322.88	365.07
科学研究和技术服务业	**Scientific Research and Technical Services**	**36.17**	**50.87**	**55.02**	**67.29**
研究与试验发展	Research and Experiment Development	12.66	17.00	11.90	22.01
专业技术服务业	Technical Services	11.43	13.60	17.16	14.65
科技推广和应用服务业	Promotion and Application of Science and Technology Services	12.09	20.27	25.96	30.63
水利、环境和公共设施管理业	**Water Conservancy,Environment and Public Facilities Management**	**370.21**	**572.56**	**681.27**	**834.22**
水利管理业	Water Conservancy	66.53	63.32	54.46	44.13
生态保护和环境治理业	Ecological Protection and Environmental Management	18.95	33.90	55.34	58.71
公共设施管理业	Public Facilities	284.73	475.34	571.47	731.38

续表 3 Continued 单位:亿元(100 million yuan)

指标	Item	2014	2015	2016	2017
居民服务、修理和其他服务业	**Service for the Residents, Repair and Others**	**22.43**	**39.08**	**51.99**	**48.70**
居民服务业	Resident Services	14.35	25.03	35.56	26.40
机动车、电子产品和日用产品修理业	Motor Vehicles, Electronics and Household Goods Repair Industry	2.42	5.32	5.27	2.84
其他服务业	Other Services	5.66	8.74	11.16	19.46
教育	**Education**	**63.98**	**73.94**	**73.43**	**77.20**
教育	Education	63.98	73.94	73.43	77.20
卫生和社会工作	**Health Care and Social Work**	**60.98**	**85.96**	**97.20**	**112.46**
卫生	Health Care	31.71	52.37	62.79	63.50
社会工作	Social work	29.27	33.59	34.41	48.96
文化、体育和娱乐业	**Culture, Sports and Entertainment**	**149.70**	**170.67**	**200.51**	**263.97**
新闻和出版业	News and Publishing				
广播、电视、电影和影视录音制作业	Television, Radio, Film and Television Sound Recording Production	13.39	21.24	22.91	16.80
文化艺术业	Culture and Arts	62.55	65.96	92.67	121.90
体育	Sports	20.66	23.08	39.73	29.91
娱乐业	Recreation	53.10	60.39	45.19	95.36
公共管理、社会保障和社会组织	**Public Administration, Social Security and Social Organization**	**101.10**	**171.86**	**108.53**	**35.58**
中国共产党机关	Communist Party Agencies			0.04	
国家机构	Government Agencies	6.90	8.68	10.92	3.76
人民政协、民主党派	The CPPCC, Democratic Parties	0.15		0.05	
社会保障	Social security	5.12	1.17	0.66	
群众团体、社会团体和其他成员组织	Mass Organizations, Social Groups and Other Members of the Organization	16.64	25.26	27.22	13.52
基层群众自治组织	Mass Grassroot Organizations	72.30	136.75	69.65	18.30
自年初累计资金来源合计	**Source of Funds**	**21939.03**	**23005.66**	**23922.57**	
上年末结余资金	Surplus Funds Last Year	3763.25	3862.56	3236.28	3807.21
本年资金来源小计	Funds This Year	18175.78	19143.11	20686.28	23339.79
#国家预算内资金	State Budgetary Appropriations	100.68	142.09	82.62	125.48
国内贷款	Domestic Loans	2146.35	1684.34	1796.02	2341.99
债券	Debenture	0.85	1.70	0.01	2.36
利用外资	Foreign Investment	213.83	155.35	170.42	69.05
自筹资金	Fundraising	11915.51	12471.04	12328.99	13425.64
其他资金	Others	3798.56	4688.59	6308.22	7375.27

3-9 港澳台经济分行业投资和资金来源
Investment and Sources of Funds in HongKong,Macao and Taiwan Units by Sector

单位:亿元(100 million yuan)

指标	Item	2014	2015	2016	2017
投资总计	**Total investment**	**1200.62**	**1186.05**	**1350.56**	**1159.16**
第一产业	Primary Industry	1.48	2.23	1.64	2.68
第二产业	Secondary Industry	479.00	498.78	457.85	520.42
第三产业	Tertiary Industry	720.15	685.03	891.07	636.06
按国民经济行业分组	**By Sector**				
农林牧渔业	**Farming,Forestry,Animal Husbandry and Fishery**	**1.48**	**2.23**	**1.64**	**2.68**
农业	Farming	1.48	1.75	0.73	2.20
林业	Forestry		0.44	0.73	
牧业	Animal Husbandry		0.05		
渔业	Fishery			0.06	0.33
农、林、牧、渔服务业	Services			0.12	0.15
采矿业	**Ming and Quarrying**				
煤炭开采和洗选业	Coal Mining and Dressing				
石油和天然气开采业	Petroleum and Natural Gas Extraction				
黑色金属矿采选业	Ferrous Metals Mining and Dressing				
有色金属矿采选业	Nonferrous Metals Mining and Dressing				
非金属矿采选业	Nonmetal Minerals Mining and Dressing				
开采辅助活动	Supplenmentary Activities for Mining				
其他采矿业	Other Minerals Mining and Dressing				
制造业	**Manufacturing**	**441.05**	**482.95**	**436.56**	**491.71**
农副食品加工业	Non-staple Food Processing	3.56	1.95	0.57	0.72
食品制造业	Food Manufacturing	2.75	2.86	4.70	5.38
酒、饮料和精制茶制造业	Wine, Soft Drinks and Refined Tea Manufacturing	3.06	5.29	5.44	2.03
烟草制品业	Tobacco Processing	0.18	0.25		
纺织业	Textile Industry	37.59	30.30	29.76	46.29
纺织服装、服饰业	Garments and Apparel Industryindustry	9.53	18.60	19.99	34.62
皮革、毛皮、羽毛(绒)及其制品业	Leather,Furs,Down and Related Production,Shoes Manufacturing	5.81	3.45	5.25	2.58
木材加工及木、竹、藤、棕、草制品业	Timber Processing,Bamboo,Cane Palm Fiber and Straw Production	3.02	1.79	1.45	0.46
家具制造业	Furniture Manufacturing	9.26	5.60	5.37	8.51
造纸及纸制品业	Papermaking and Paper Products	4.81	14.06	10.27	14.11
印刷业和记录媒介的复制	Printing and Record Medium Reproduction	1.93	2.38	2.42	1.18
文教、工美、体育和娱乐用品制造业	Cultural and Educational,Arts and Crafts, Sports and Entertainment Goods	5.04	8.89	5.05	7.09

续表 1 Continued 单位:亿元(100 million yuan)

指标	Item	2014	2015	2016	2017
石油加工、炼焦及核燃料加工业	Petroleum Processing, Cooking and Nuclear Fuel Processing	25.67	52.80	30.66	2.94
化学原料及化学制品制造业	Raw Chemical Materials and Chemical Products	74.82	45.39	50.15	63.01
医药制造业	Medical and Pharmaceutical Production	7.01	6.37	7.07	7.21
化学纤维制造业	Chemical Fiber	29.36	21.42	10.22	11.44
橡胶和塑料制品业	Rubber and Plastic Production	12.93	19.60	18.81	16.96
非金属矿物制品业	Nonmetal Mineral Production	12.75	7.94	10.06	14.68
黑色金属冶炼及压延加工业	Smelting and Pressing of Ferrous Metals	2.83	0.17	4.42	15.85
有色金属冶炼及压延加工业	Smelting and Pressing of Nonferrous Metals	3.33	10.79	3.59	5.04
金属制品业	Metal Production	10.53	16.70	19.39	17.17
通用设备制造业	Ordinary Machinery	30.23	32.01	39.15	35.45
专用设备制造业	For Special Purpose Equipment Manufacturing	42.05	42.78	30.42	32.83
汽车制造业	Automotive Manufacturing	49.52	57.91	48.98	62.07
铁路、船舶、航空航天和其他运输设备制造业	Railway, Shipbuilding, Aerospace and other Transport Equipment	1.72	1.63	2.45	0.38
电气机械及器材制造业	Electric Equipment and Machinery	25.13	39.86	44.70	48.36
计算机、通信和其他电子设备制造业	Computers, Communications and Other Electronic Equipment Manufacturing	19.30	17.94	16.88	26.90
仪器仪表制造业	Instruments Manufacturing	3.03	4.32	4.10	4.20
其他制造业	Other Manufacturing	1.15	1.24	3.43	3.15
废弃资源综合利用业	Comprehensive Utilization of Waste Resources	2.15	7.98	0.46	0.32
金属制品、机械和设备修理业	Metal products, machinery and Equipment Repair Industry	0.98	0.68	1.32	0.80
电力、燃气及水的生产和供应业	**Electricity, Heating Power, Gas and Water Production and Supply**	**37.95**	**15.83**	**21.29**	**28.52**
电力、热力的生产和供应业	Production and Supply of Electricity and Heating Power	26.01	14.33	17.66	24.30
燃气生产和供应业	Production and Supply of Gas	10.98	1.50	1.71	1.21
水的生产和供应业	Production and Supply of Water	0.97		1.91	3.01
建筑业	**Construction**				**0.19**
房屋建筑业	Housing				
土木工程建筑业	Civil Engineering				
建筑安装业	Installation				0.19
建筑装饰和其他建筑业	Building Decoration and Others				
批发和零售业	**Wholesale and Retail Trade**	**13.17**	**14.24**	**4.92**	**6.89**
批发业	Wholesale	1.29	1.62	2.31	1.87
零售业	Retail Sale	11.88	12.61	2.62	5.02
交通运输、仓储和邮政业	**Transport, Storage and Post**	**24.79**	**11.16**	**86.10**	**52.60**

续表 2 Continued 单位:亿元(100 million yuan)

指标	Item	2014	2015	2016	2017
铁路运输业	Railway Transport				
道路运输业	Highway Transport	4.29	0.20	12.16	7.10
水上运输业	Waterway Transport	5.62	6.87	14.07	4.10
航空运输业	Air Transport	3.17	0.94	10.27	1.58
管道运输业	Pipeline Transport			1.70	0.43
装卸搬运和运输代理业	Carrying and Transportation Agents			2.52	
仓储业	Storage	11.72	3.15	45.38	39.40
邮政业	Postal Services				
住宿和餐饮业	**Hotels and Catering Services**	**8.98**	**9.88**	**4.05**	**5.63**
住宿业	Hotels	7.41	7.08	4.05	5.42
餐饮业	Catering Services	1.57	2.79		0.21
信息传输、软件和信息技术服务业	**Information Transmission, Software and Information Technology Services**	**45.23**	**76.86**	**147.86**	**192.02**
电信、广播电视和卫星传输服务	Telecommunication, Radio and Television, Satellite Transmission Services	4.73	4.13	92.72	84.34
互联网和相关服务	Internet and Related Services	32.89	62.26	47.61	87.56
软件和信息技术服务业	Software and Information Technology Services	7.62	10.47	7.53	20.11
金融业	**Banking**	**2.92**	**1.53**	**14.61**	**0.76**
货币金融服务	Monetary and Financial Services	0.81	0.12	12.68	
资本市场服务	Capital market services			0.45	
保险业	Insurance				
其他金融业	Others	2.11	1.41	1.47	0.76
房地产业	**Real Estate**	**585.11**	**544.53**	**591.40**	**345.96**
房地产业	Real Estate	585.11	544.53	591.40	345.96
租赁和商务服务业	**Renting and Business Services**	**27.03**	**17.18**	**16.56**	**10.43**
租赁业	Leasing	0.91	9.06	3.85	0.58
商务服务业	Commercial Services	26.12	8.12	12.71	9.85
科学研究和技术服务业	**Scientific Research and Technical Services**	**0.63**	**1.18**	**6.42**	**0.41**
研究与试验发展	Research and Experiment Development	0.63	0.02		0.17
专业技术服务业	Technical Services		0.30		
科技推广和应用服务业	Promotion and Application of Science and Technology Services		0.86	6.42	0.24
水利、环境和公共设施管理业	**Water Conservancy, Environment and Public Facilities Management**	**1.32**	**1.65**	**14.74**	**16.85**
水利管理业	Water Conservancy		0.19		
生态保护和环境治理业	Ecological Protection and Environmental Management			1.65	0.24
公共设施管理业	Public Facilities	1.32	1.46	13.09	16.61

续表 3 Continued 单位:亿元(100 million yuan)

指标	Item	2014	2015	2016	2017
居民服务、修理和其他服务业	**Service for the Residents, Repair and Others**	**0.01**	**0.42**	**2.35**	**2.31**
居民服务业	Resident Services			2.08	2.30
机动车、电子产品和日用产品修理业	Motor Vehicles, Electronics and Household Goods Repair Industry				
其他服务业	Other Services	0.01	0.42	0.26	
教育	**Education**	**1.33**	**1.68**	**0.04**	**0.37**
教育	Education	1.33	1.68	0.04	0.37
卫生和社会工作	**Health Care and Social Work**	**2.82**	**0.59**	**0.81**	**0.34**
卫生	Health Care	1.69	0.59	0.81	0.34
社会工作	Social work	1.13			
文化、体育和娱乐业	**Culture, Sports and Recreation**	**6.79**	**4.08**	**1.21**	**1.49**
新闻和出版业	News and Publishing				
广播、电视、电影和影视录音制作业	Television, Radio, Film and Television Sound Recording Production	0.85			
文化艺术业	Culture and Arts	0.47	0.31	0.66	0.64
体育	Sports	0.15	0.11	0.37	0.07
娱乐业	Recreation	5.32	3.66	0.19	0.78
公共管理、社会保障和社会组织	**Public Administration, Social Security and Social Organization**		**0.06**		
中国共产党机关	Communist Party Agencies				
国家机构	Government Agencies		0.06		
人民政协、民主党派	The CPPCC, Democratic Parties				
社会保障	Social security				
群众团体、社会团体和其他成员组织	Mass Organizations, Social Groups and Other Members of the Organization				
基层群众自治组织	Mass Grassroot Organizations				
自年初累计资金来源合计	**Source of Funds**	**1911.13**	**1896.38**	**1982.27**	
上年末结余资金	Surplus Funds Last Year	634.76	604.32	470.32	502.18
本年资金来源小计	Funds This Year	1276.37	1292.06	1511.95	1406.98
#国家预算内资金	State Budgetary Appropriations	0.20	0.05	2.23	3.03
国内贷款	Domestic Loans	195.71	184.65	118.82	93.27
债券	Debenture	0.80			
利用外资	Foreign Investment	123.00	57.27	76.14	13.77
自筹资金	Fundraising	641.96	665.15	762.55	763.78
其他资金	Others	314.70	384.94	552.21	533.14

3-10 外商经济分行业投资和资金来源
Investment and Sources of Funds in Foreign-owned Units by Sector

单位:亿元(100 million yuan)

指标	Item	2014	2015	2016	2017
投资总计	**Total investment**	**741.43**	**800.72**	**783.09**	**621.74**
第一产业	Primary Industry	0.59	3.44	0.95	0.44
第二产业	Secondary Industry	454.79	545.04	537.64	457.11
第三产业	Tertiary Industry	286.05	252.24	244.50	164.19
按国民经济行业分组	**By Sector**				
农林牧渔业	**Farming,Forestry,Animal Husbandry and Fishery**	**0.59**	**3.44**	**0.95**	**0.44**
农业	Farming	0.15	0.46	0.32	0.25
林业	Forestry	0.32	0.34		
畜牧业	Animal Husbandry		2.22		0.19
渔业	Fishery				
农林牧渔服务业	Services	0.13	0.43	0.63	
采矿业	**Ming and Quarrying**	**0.43**	**0.53**	**1.07**	
煤炭开采和选洗业	Coal Mining and Dressing				
石油和天然气开采业	Petroleum and Natural Gas Extraction				
黑色金属矿采选业	Ferrous Metals Mining and Dressing				
有色金属矿采选业	Nonferrous Metals Mining and Dressing				
非金属矿采选业	Nonmetal Minerals Mining and Dressing	0.43	0.53	1.07	
开采辅助活动	Supplenmentary Activities for Mining				
其他采矿业	Other Minerals Mining and Dressing				
制造业	**Manufacturing**	**442.56**	**529.58**	**510.76**	**435.37**
农副食品加工业	Non-staple Food Processing	6.57	11.12	10.99	5.59
食品制造业	Food Manufacturing	14.01	17.20	9.41	8.74
酒、饮料和精制茶制造业	Wine, Soft Drinks and Refined Tea Manufacturing	10.04	16.34	11.01	5.59
烟草制品业	Tobacco Processing				
纺织业	Textile Industry	24.72	16.48	21.85	16.93
纺织服装、服饰业	Garments and Apparel Industryindustry	7.35	8.07	8.10	7.97
皮革、毛皮、羽毛及其制品和制鞋业	Leather,Furs,Down and Related Production,Shoes Manufacturing	2.13	2.42	4.28	0.95
木材加工及木、竹、藤、棕、草制品业	Timber Processing,Bamboo,Cane Palm Fiber and Straw Production	1.76	2.28	3.21	3.17
家具制造业	Furniture Manufacturing	2.01	2.69	7.56	6.47
造纸及纸制品业	Papermaking and Paper Products	23.73	10.76	10.79	7.83
印刷和记录媒介复制业	Printing and Record Medium Reproduction	0.26	1.16	1.17	0.55
文教、工美、体育和娱乐用品制造业	Cultural and Educational,Arts and Crafts,Sports and Entertainment Goods	7.94	13.93	18.23	4.13

续表 1 Continued 单位:亿元(100 million yuan)

指标	Item	2014	2015	2016	2017
石油加工、炼焦及核燃料加工业	Petroleum Processing, Cooking and Nuclear Fuel Processing				
化学原料及化学制品制造业	Raw Chemical Materials and Chemical Products	41.17	32.63	49.11	24.04
医药制造业	Medical and Pharmaceutical Production	10.59	12.41	15.17	30.49
化学纤维制造业	Chemical Fiber	7.66	2.94	9.81	26.36
橡胶和塑料制品业	Rubber and Plastic Production	14.32	17.75	23.87	16.36
非金属矿物制品业	Nonmetal Mineral Production	7.13	6.48	5.38	6.87
黑色金属冶炼及压延加工业	Smelting and Pressing of Ferrous Metals	0.40	1.91	2.09	1.79
有色金属冶炼及压延加工业	Smelting and Pressing of Nonferrous Metals	3.17	2.91	14.92	7.71
金属制品业	Metal Production	19.67	11.90	12.56	12.76
通用设备制造业	Ordinary Machinery	34.53	25.17	30.15	27.74
专用设备制造业	For Special Purpose Equipment Manufacturing	19.03	16.50	16.07	10.54
汽车制造业	Automotive Manufacturing	126.37	214.28	97.05	82.11
铁路、船舶、航空航天和其他运输设备制造业	Railway, Shipbuilding, Aerospace and other Transport Equipment	8.59	4.47	29.31	3.25
电气机械及器材制造业	Electric Equipment and Machinery	22.33	34.45	33.96	60.80
计算机、通信和其他电子设备制造业	Computers, Communications and Other Electronic Equipment Manufacturing	16.25	33.73	53.86	46.27
仪器仪表制造业	Instruments Manufacturing	10.12	8.96	5.81	6.27
其他制造业	Other Manufacturing		0.28	3.74	3.90
废弃资源综合利用业	Comprehensive Utilization of Waste Resources	0.61	0.10	1.24	0.17
金属制品、机械和设备修理业	Metal products, machinery and Equipment Repair Industry	0.08	0.25	0.04	0.02
电力、热力、燃气及水生产和供应业	**Electricity, Heating Power, Gas and Water Production and Supply**	**11.80**	**14.93**	**25.81**	**21.73**
电力、热力生产和供应业	Production and Supply of Electricity and Heating Power	8.81	11.01	21.41	18.49
燃气生产和供应业	Production and Supply of Gas	1.61	3.25	2.57	2.68
水的生产和供应业	Production and Supply of Water	1.38	0.66	1.84	0.56
建筑业	**Construction**				
房屋建筑业	Housing				
土木工程建筑业	Civil Engineering				
建筑安装业	Installation				
建筑装饰和其他建筑业	Building Decoration and Others				
批发和零售业	**Wholesale and Retail Trade**	**11.55**	**14.61**	**13.00**	**6.20**
批发业	Wholesale	2.11	2.58	6.45	1.79
零售业	Retail Sale	9.44	12.03	6.55	4.42
交通运输、仓储和邮政业	**Transport, Storage and Post**	**38.60**	**31.24**	**5.60**	**12.53**

续表 2 Continued 单位:亿元(100 million yuan)

指标	Item	2014	2015	2016	2017
铁路运输业	Railway Transport				
道路运输业	Highway Transport	1.40	1.48		0.50
水上运输业	Waterway Transport	3.67	2.43	0.93	1.52
航空运输业	Air Transport	11.10	2.98		
管道运输业	Pipeline Transport	0.27	0.48	0.22	0.13
装卸搬运和运输代理业	Carrying and Transportation Agents				
仓储业	Storage	22.17	23.87	4.46	10.39
邮政业	Postal Services				
住宿和餐饮业	**Hotels and Catering Services**	**6.09**	**9.80**	**6.29**	**6.83**
住宿业	Hotels	6.09	9.80	6.29	6.83
餐饮业	Catering Services				
信息传输、软件和信息技术服务业	**Information Transmission, Software and Information Technology Services**	**7.40**	**5.19**	**3.49**	**2.96**
电信、广播电视和卫星传输服务	Telecommunication, Radio and Television, Satellite Transmission Services	2.62	0.35		0.39
互联网和相关服务	Internet and Related Services				0.43
软件和信息技术服务业	Software and Information Technology Services	4.78	4.84	3.49	2.14
金融业	**Banking**	**0.65**	**0.74**	**0.26**	
货币金融服务	Monetary and Financial Services	0.65	0.74	0.26	
资本市场服务	Capital market services				
保险业	Insurance				
其他金融业	Others				
房地产业	**Real Estate**	**187.17**	**163.80**	**206.26**	**121.00**
房地产业	Real Estate	187.17	163.80	206.26	121.00
租赁和商务服务业	**Renting and Business Services**	**9.43**	**8.47**	**1.95**	**4.64**
租赁业	Leasing	0.54	0.22		0.65
商务服务业	Commercial Services	8.89	8.25	1.95	3.99
科学研究和技术服务业	**Scientific Research and Technical Services**	**5.73**	**9.67**	**2.57**	**1.22**
研究与试验发展	Research and Experiment Development	2.43	3.37	1.78	0.24
专业技术服务业	Technical Services	0.32	0.41	0.45	0.14
科技推广和应用服务业	Promotion and Application of Science and Technology Services	2.98	5.90	0.35	0.85
水利、环境和公共设施管理业	**Water Conservancy, Environment and Public Facilities Management**	**11.93**	**4.19**	**2.20**	**5.49**
水利管理业	Water Conservancy	10.08	0.14		
生态保护和环境治理业	Ecological Protection and Environmental Management	0.16		0.74	2.09
公共设施管理业	Public Facilities	1.69	4.05	1.46	3.41

续表 3　Continued　　单位:亿元(100 million yuan)

指标	Item	2014	2015	2016	2017
居民服务、修理和其他服务业	**Service for the Residents,Repair and Others**	**0.06**			
居民服务业	Resident Services	0.06			
机动车、电子产品和日用产品修理业	Motor Vehicles, Electronics and Household Goods Repair Industry				
其他服务业	Other Services				
教育	**Education**	**0.56**	**1.94**	**0.05**	
教育	Education	0.56	1.94	0.05	
卫生和社会工作	**Health Care and Social Work**	**0.10**			**0.92**
卫生	Health Care	0.10			0.92
社会工作	Social work				
文化、体育和娱乐业	**Culture,Sports and Recreation**	**6.76**	**2.43**	**2.84**	**2.39**
新闻和出版业	News and Publishing				
广播、电视、电影和影视录音制作业	Television, Radio, Film and Television Sound Recording Production				
文化艺术业	Culture and Arts			0.39	
体育	Sports			1.72	2.39
娱乐业	Recreation	6.76	2.43	0.73	
公共管理、社会保障和社会组织	**Public Administration,Social Security and Social Organization**	**0.01**	**0.17**		
中国共产党机关	Communist Party Agencies				
国家机构	Government Agencies				
人民政协、民主党派	The CPPCC, Democratic Parties				
社会保障	Social Security				
群众团体、社会团体和其他成员组织	Mass Organizations, Social Groups and Other Members of the Organization	0.01			
基层群众自治组织	Mass Grassroot Organizations		0.17		
自年初累计资金来源合计	**Source of Funds**	**885.43**	**1016.36**	**1027.19**	
上年末结余资金	Surplus Funds Last Year	151.95	172.06	228.27	142.74
本年资金来源小计	Funds This Year	733.48	844.30	798.93	672.79
#国家预算内资金	State Budgetary Appropriations	0.85	0.11	0.04	1.38
国内贷款	Domestic Loans	53.97	35.91	73.99	58.76
债券	Debenture				
利用外资	Foreign Investment	71.51	80.70	87.61	35.43
自筹资金	Fundraising	504.11	591.23	475.64	454.77
其他资金	Others	103.04	136.35	161.65	122.45

3-11 私营个体经济分行业投资和资金来源
Investment and Sources of Funds in Private-owned Units by Sector

单位:亿元(100 million yuan)

指标	Item	2014	2015	2016	2017
投资总计	**Total investment**	**6896.26**	**7772.71**	**9279.72**	**11391.22**
第一产业	Primary Industry	74.17	108.19	136.52	142.60
第二产业	Secondary Industry	3466.99	4154.63	4861.41	5171.51
第三产业	Tertiary Industry	3355.11	3509.88	4281.78	6077.11
按国民经济行业分组	**By Sector**				
农林牧渔业	**Farming, Forestry, Animal Husbandry and Fishery**	**74.17**	**108.19**	**136.52**	**142.60**
农业	Farming	41.83	66.10	83.50	95.17
林业	Forestry	3.72	3.73	4.49	3.37
牧业	Animal Husbandry	7.91	9.48	11.46	14.91
渔业	Fishery	13.47	12.55	17.32	18.71
农、林、牧、渔服务业	Services	7.23	16.33	19.74	10.43
采矿业	**Ming and Quarrying**	**30.73**	**29.96**	**32.20**	**22.89**
煤炭开采和洗选业	Coal Mining and Dressing	0.51	0.05	0.07	0.10
石油和天然气开采业	Petroleum and Natural Gas Extraction				
黑色金属矿采选业	Ferrous Metals Mining and Dressing	0.43			
有色金属矿采选业	Nonferrous Metals Mining and Dressing	2.27	0.35	0.76	0.19
非金属矿采选业	Nonmetal Minerals Mining and Dressing	25.76	28.51	30.51	22.05
开采辅助活动	Supplenmentary Activities for Mining	0.31	0.75	0.32	
其他采矿业	Other Minerals Mining and Dressing	1.45	0.30	0.54	0.55
制造业	**Manufacturing**	**3336.30**	**3962.50**	**4631.25**	**4903.35**
农副食品加工业	Non-staple Food Processing	53.60	68.97	62.58	75.95
食品制造业	Food Manufacturing	33.16	32.15	50.24	51.08
酒、饮料和精制茶制造业	Wine, Soft Drinks and Refined Tea Manufacturing	14.46	22.22	26.17	28.31
烟草制品业	Tobacco Processing				
纺织业	Textile Industry	335.54	363.90	460.91	481.53
纺织服装、服饰业	Garments and Apparel Industryindustry	97.10	110.42	141.03	158.46
皮革、毛皮、羽毛(绒)及其制品业	Leather, Furs, Down and Related Production, Shoes Manufacturing	70.13	83.96	85.68	108.47
木材加工及木、竹、藤、棕、草制品业	Timber Processing, Bamboo, Cane Palm Fiber and Straw Production	42.61	51.44	68.28	69.02
家具制造业	Furniture Manufacturing	64.18	75.37	88.77	114.03
造纸及纸制品业	Papermaking and Paper Products	104.48	101.33	105.22	99.10
印刷业和记录媒介的复制	Printing and Record Medium Reproduction	31.05	48.50	61.26	67.57
文教、工美、体育和娱乐用品制造业	Cultural and Educational, Arts and Crafts, Sports and Entertainment Goods	88.69	120.66	129.35	154.38

续表 1 Continued 单位:亿元(100 million yuan)

指标	Item	2014	2015	2016	2017
石油加工、炼焦及核燃料加工业	Petroleum Processing, Cooking and Nuclear Fuel Processing	11.35	11.96	7.70	6.37
化学原料及化学制品制造业	Raw Chemical Materials and Chemical Products	167.16	207.76	279.62	221.80
医药制造业	Medical and Pharmaceutical Production	40.65	67.66	119.63	81.14
化学纤维制造业	Chemical Fiber	51.81	74.57	74.29	75.98
橡胶和塑料制品业	Rubber and Plastic Production	187.80	209.67	298.67	319.11
非金属矿物制品业	Nonmetal Mineral Production	168.33	194.36	225.31	272.75
黑色金属冶炼及压延加工业	Smelting and Pressing of Ferrous Metals	65.07	62.43	71.26	59.02
有色金属冶炼及压延加工业	Smelting and Pressing of Nonferrous Metals	74.42	77.33	59.35	61.07
金属制品业	Metal Production	228.67	303.14	293.69	307.18
通用设备制造业	Ordinary Machinery	375.39	450.89	493.99	497.87
专用设备制造业	For Special Purpose Equipment Manufacturing	203.16	247.76	268.44	283.80
汽车制造业	Automotive Manufacturing	229.50	290.41	357.94	481.34
铁路、船舶、航空航天和其他运输设备制造业	Railway, Shipbuilding, Aerospace and other Transport Equipment	52.50	47.24	67.82	70.74
电气机械及器材制造业	Electric Equipment and Machinery	361.22	400.22	489.42	456.47
计算机、通信和其他电子设备制造业	Computers, Communications and Other Electronic Equipment Manufacturing	93.18	130.67	132.46	135.14
仪器仪表制造业	Instruments Manufacturing	36.91	42.49	44.51	77.90
其他制造业	Other Manufacturing	23.75	43.93	39.49	50.94
废弃资源综合利用业	Comprehensive Utilization of Waste Resources	27.17	18.53	23.03	30.37
金属制品、机械和设备修理业	Metal products, machinery and Equipment Repair Industry	3.26	2.56	5.13	6.44
电力、燃气及水的生产和供应业	**Electricity, Heating Power, Gas and Water Production and Supply**	**89.21**	**156.51**	**194.14**	**240.78**
电力、热力的生产和供应业	Production and Supply of Electricity and Heating Power	68.40	131.40	167.53	213.85
燃气生产和供应业	Production and Supply of Gas	8.24	5.46	4.13	3.44
水的生产和供应业	Production and Supply of Water	12.57	19.65	22.48	23.50
建筑业	**Construction**	**10.75**	**5.67**	**3.83**	**4.49**
房屋建筑业	Housing	4.64	1.05	1.30	1.68
土木工程建筑业	Civil Engineering	5.38	2.54	1.74	1.05
建筑安装业	Installation	0.18	0.39	0.11	0.01
建筑装饰和其他建筑业	Building Decoration and Others	0.55	1.68	0.68	1.75
批发和零售业	**Wholesale and Retail Trade**	**182.70**	**172.19**	**165.23**	**131.48**
批发业	Wholesale	103.12	91.31	75.51	66.57
零售业	Retail Sale	79.59	80.88	89.72	64.91
交通运输、仓储和邮政业	**Transport, Storage and Post**	**135.69**	**159.83**	**185.77**	**203.03**

续表 2 Continued 单位:亿元(100 million yuan)

指标	Item	2014	2015	2016	2017
铁路运输业	Railway Transport			3.40	0.25
道路运输业	Highway Transport	38.43	33.51	56.76	65.44
水上运输业	Waterway Transport	37.31	49.42	35.62	26.90
航空运输业	Air Transport	1.90	11.31	18.67	19.24
管道运输业	Pipeline Transport				0.87
装卸搬运和运输代理业	Carrying and Transportation Agents	5.54	9.91	5.79	17.90
仓储业	Storage	43.14	48.16	50.24	56.60
邮政业	Postal Services	9.37	7.52	15.28	15.83
住宿和餐饮业	**Hotels and Catering Services**	**118.11**	**105.51**	**183.35**	**230.65**
住宿业	Hotels	96.09	85.27	167.46	207.25
餐饮业	Catering Services	22.02	20.24	15.89	23.41
信息传输、软件和信息技术服务业	**Information Transmission, Software and Information Technology Services**	**34.85**	**37.63**	**41.52**	**37.64**
电信、广播电视和卫星传输服务	Telecommunication, Radio and Television, Satellite Transmission Services	2.31	1.23	0.89	0.55
互联网和相关服务	Internet and Related Services	3.36	5.77	4.44	3.74
软件和信息技术服务业	Software and Information Technology Services	29.19	30.62	36.19	33.35
金融业	**Banking**	**2.27**	**4.34**	**2.82**	**5.34**
货币金融服务	Monetary and Financial Services	0.06	2.53	2.33	2.08
资本市场服务	Capital market services	1.10	1.58		3.26
保险业	Insurance			0.49	
其他金融业	Others	1.11	0.23		
房地产业	**Real Estate**	**2575.66**	**2570.69**	**3075.69**	**4677.64**
房地产业	Real Estate	2575.66	2570.69	3075.69	4677.64
租赁和商务服务业	**Renting and Business Services**	**125.11**	**163.72**	**177.66**	**204.49**
租赁业	Leasing	4.51	0.55	8.54	21.25
商务服务业	Commercial Services	120.61	163.18	169.12	183.24
科学研究和技术服务业	**Scientific Research and Technical Services**	**13.46**	**23.04**	**32.65**	**49.28**
研究与试验发展	Research and Experiment Development	6.02	9.22	9.53	18.25
专业技术服务业	Technical Services	5.13	6.53	7.73	9.73
科技推广和应用服务业	Promotion and Application of Science and Technology Services	2.31	7.28	15.39	21.30
水利、环境和公共设施管理业	**Water Conservancy, Environment and Public Facilities Management**	**64.77**	**131.72**	**220.04**	**311.21**
水利管理业	Water Conservancy	9.78	15.01	10.74	5.28
生态保护和环境治理业	Ecological Protection and Environmental Management	1.62	14.54	17.56	18.80
公共设施管理业	Public Facilities	53.37	102.18	191.73	287.14

续表 3 Continued　　单位:亿元(100 million yuan)

指标	Item	2014	2015	2016	2017
居民服务、修理和其他服务业	**Service for the Residents, Repair and Others**	**9.28**	**10.44**	**20.37**	**29.58**
居民服务业	Resident Services	3.21	3.23	10.57	10.73
机动车、电子产品和日用产品修理业	Motor Vehicles, Electronics and Household Goods Repair Industry	2.07	5.20	4.29	2.70
其他服务业	Other Services	3.99	2.01	5.51	16.14
教育	**Education**	**20.77**	**26.25**	**23.57**	**27.13**
教育	Education	20.77	26.25	23.57	27.13
卫生和社会工作	**Health Care and Social Work**	**17.20**	**34.17**	**56.76**	**69.93**
卫生	Health Care	9.17	21.92	39.52	36.55
社会工作	Social work	8.04	12.25	17.25	33.38
文化、体育和娱乐业	**Culture, Sports and Recreation**	**53.36**	**67.96**	**95.35**	**98.20**
新闻和出版业	News and Publishing				
广播、电视、电影和影视录音制作业	Television, Radio, Film and Television Sound Recording Production	4.37	7.44	11.13	9.10
文化艺术业	Culture and Arts	23.69	19.04	26.77	41.34
体育	Sports	13.58	12.06	30.34	21.00
娱乐业	Recreation	11.73	29.41	27.11	26.77
公共管理、社会保障和社会组织	**Public Administration, Social Security and Social Organization**	**1.85**	**2.41**	**1.01**	**1.50**
中国共产党机关	Communist Party Agencies				
国家机构	Government Agencies	0.95	0.33	0.32	
人民政协、民主党派	The CPPCC, Democratic Parties				
社会保障	Social Security				
群众团体、社会团体和其他成员组织	Mass Organizations, Social Groups and Other Members of the Organization	0.82	1.85	0.69	1.22
基层群众自治组织	Mass Grassroot Organizations	0.08	0.23		0.29
自年初累计资金来源合计	**Source of Funds**	**8580.64**	**9487.54**	**11423.14**	
上年末结余资金	Surplus Funds Last Year	981.82	1277.27	1212.84	1590.36
本年资金来源小计	Funds This Year	7598.81	8210.27	10210.29	13325.42
#国家预算内资金	State Budgetary Appropriations	16.26	23.86	12.00	29.49
国内贷款	Domestic Loans	792.22	588.37	809.57	1612.09
债券	Debenture	0.05	0.44	0.01	1.42
利用外资	Foreign Investment	7.49	6.02	4.25	8.51
自筹资金	Fundraising	5442.92	5911.66	6929.34	8029.44
其他资金	Others	1339.87	1679.92	2455.11	3644.46

3-12 房地产开发投资主要指标(2012-2017年)
Main Indicators of Investment in Real Estate Development(2012-2017)

单位:亿元(100 million yuan)

指标	Item	2012	2013	2014	2015	2016	2017
开发投资额	**Development**	**5226.27**	**6216.25**	**7262.38**	**7111.93**	**7469.37**	**8226.78**
按登记注册类型分	**By Registered Type**						
内资	Domestic Funded Enterprises	4745.12	5572.01	6494.68	6416.91	6677.85	7766.84
国有	State-owned Enterprises	182.45	65.16	41.61	32.50	37.75	15.70
集体	Collective Owned Enterprises	13.22	11.26	3.01	2.90	4.37	0.19
股份合作	Cooperative Enterprises	4.65	2.53	1.76	15.34	6.24	2.27
国有联营	State Joint Ownership Enterprises	8.75	4.70	2.86	4.77	2.92	0.65
集体联营	Collective Joint Ownership Enterprises						
国有与集体联营	State-collective Joint Enterprises	0.01	0.03	0.31	0.07		
其他联营	Other Joint Ownership Enterprises						
国有独资公司	State Sole Funded Corporations	127.86	222.65	323.86	207.55	245.30	226.43
其他有限责任公司	Other Limited Liability Corporations	2434.18	3007.79	3554.18	3590.13	3369.51	2907.46
股份有限公司	Share-holding Corporations Ltd.	79.67	92.83	76.50	52.37	68.40	123.35
私营	Private Enterprises	1893.57	2163.35	2488.48	2504.58	2936.63	4479.42
其他	Others	0.76	1.74	2.12	6.69	6.73	11.37
港澳台商投资	Funded by Enterpreneurs From Hong Kong Macao and Taiwan	350.09	496.20	583.07	538.41	589.40	344.45
外商投资企业	Foreign Funded Enterprises	131.05	148.04	184.49	156.61	202.13	115.49
按构成分	**By Structure**						
建筑工程	Construction	2465.27	3036.79	3499.23	3449.34	3572.40	3679.05
安装工程	Installation	279.49	352.91	435.84	473.19	593.41	506.75
设备工器具购置	Purchase of Equipment and Instruments	41.58	64.71	67.99	62.38	86.69	82.45
其他费用	Others	2439.92	2761.84	3259.31	3127.01	3216.87	3958.53
旧建筑物购置费	Purchase of Old Buildings	0.54	6.93	0.80	1.34	1.98	6.43
土地购置费	Purchase of Land	1948.75	2121.73	2680.59	2510.48	2634.37	3353.67

续表 Continued 单位:亿元(100 million yuan)

指标	Item	2012	2013	2014	2015	2016	2017
按用途分	**By Purpose**						
住宅	Residential Buildings	3436.74	4089.22	4594.17	4450.73	4806.64	5645.98
#别墅、高档公寓	Villas and High - grade	305.59	362.51	384.16	352.44	273.58	386.80
办公楼	Office Buildings	305.85	377.43	487.62	513.31	480.98	439.65
商业营业用房	Commercial Buildings	584.99	717.54	949.34	1021.09	984.91	942.08
其他	Others	898.68	1032.07	1231.25	1126.79	1196.84	1199.07
新增固定资产	Newly Increased Fixed Assets	1652.96	2047.76	3101.61	3162.39	4039.16	3891.39
购置的土地面积(万平方米)	Land Space Purchased(10000sq. m)	1256.11	1760.73	1887.92	1012.58	1302.96	2248.87
施工面积(万平方米)	Floor Space Under Construction (10000sq. m)	33422.97	37647.24	42144.35	41687.33	41609.78	41236.24
#住宅	Residential Buildings	21656.38	23828.31	25874.49	25117.15	24709.37	24760.01
竣工面积(万平方米)	Floor Space Completed(10000sq. m)	4292.94	4692.34	6390.17	5892.86	7925.40	6884.18
#住宅	Residential Buildings	2917.26	3187.62	4158.30	3938.03	5091.95	4338.91
销售面积(万平方米)	Floor Space of Selling House(10000sq. m)	4005.29	4886.99	4676.83	5985.30	8636.79	9599.67
#住宅	Residential Buildings	3316.23	4097.63	3941.49	5131.88	7234.19	7669.70
资金来源情况	Source of Funds	8985.21	11772.63	12632.01	12452.35	14068.63	
上年末结余资金	Surplus Funds Last Year	2454.34	2914.38	3675.70	3776.77	3209.06	3979.72
本年资金来源小计	Funds This Year	6530.86	8858.25	8956.31	8675.58	10859.57	13034.21
#国家预算内资金	State Budgetary Appropriations						
国内贷款	Domestic Loans	1125.48	1590.65	1817.77	1274.79	1541.37	2052.03
债券	Debenture						
利用外资	Foreign Investment	16.00	47.03	71.68	15.65	32.33	13.15
自筹资金	Fundraising	2178.56	2765.07	3202.31	2659.44	2672.05	3485.93
其他资金	Others	3210.82	4455.49	3864.55	4725.70	6613.82	7483.09

3-13 按资质等级分的房地产开发投资(2017年)
Investment in Real Estate Development by Classification(2017)

单位:亿元(100 million yuan)

指标	Item	投资额 Investment	一级 The First Grade	二级 The Second Grade	三级 The Third Grade
开发投资额	**Development**	**8226.78**	**117.39**	**347.40**	**1065.30**
按登记注册类型分	**By Registered Type**				
内资	Domestic Funded Enterprises	7766.84	114.36	340.91	987.86
国有	State - owned Enterprises	15.70		0.67	10.46
集体	Collective Owned Enterprises	0.19		0.18	
股份合作	Cooperative Enterprises	2.27			0.12
国有联营	State Joint Ownership Enterprises	0.65	0.65		
集体联营	Collective Joint Ownership Enterprises				
国有与集体联营	State - collective Joint Enterprises				
其他联营	Other Joint Ownership Enterprises				
国有独资公司	State Sole Funded Corporations	226.43	2.59	22.01	74.68
其他有限责任公司	Other Limited Liability Corporations	2907.46	40.19	182.57	450.81
股份有限公司	Share - holding Corporations Ltd.	123.35	9.86	1.98	26.68
私营	Private Enterprises	4479.42	61.06	133.50	425.12
其他	Others	11.37			
港澳台商投资	Funded by Entrepreneurs From Hong Kong Macao and Taiwan	344.45	3.03	0.13	58.44
外商投资	Foreign Funded Enterprises	115.49		6.36	19.00
按构成分	**By Structure**				
建筑工程	Construction	3679.05	57.53	220.79	571.03
安装工程	Installation	506.75	9.44	26.30	73.69
设备工器具购置	Purchase of Equipment and Instruments	82.45	1.61	3.83	8.39
其他费用	Others	3958.53	48.80	96.48	412.19
旧建筑物购置费	Purchase of Old Buildings	6.43		1.95	1.74
土地购置费	Purchase of Land	3353.67	39.86	69.13	329.86

续表 Continued　　单位:亿元(100 million yuan)

指标	Item	投资额 Investment	一级 The First Grade	二级 The Second Grade	三级 The Third Grade
按用途分	**By Purpose**				
住宅	Residential Buildings	5645.98	82.62	230.79	763.11
别墅、高档公寓	Villas and High - grade	386.80	6.20	10.31	82.84
办公楼	Office Buildings	439.65	2.60	9.54	39.76
商业营业用房	Commercial Buildings	942.08	4.60	40.26	91.39
其他	Others	1199.07	27.57	66.81	171.04
新增固定资产	Newly Increased Fixed Assets	3891.39	92.86	362.26	710.01
购置的土地面积(万平方米)	Land Space Purchased(10000sq. m)	2248.87	58.42	118.07	120.96
施工面积(万平方米)	Floor Space Under Construction(10000sq. m)	41236.24	816.84	3624.08	6981.65
#住宅	Residential Buildings	24760.01	553.60	2456.76	4469.77
竣工面积(万平方米)	Floor Space Completed(10000sq. m)	6884.18	180.02	691.62	1258.07
#住宅	Residential Buildings	4338.91	125.72	472.14	853.40
销售面积(万平方米)	Floor Space of Selling House(10000sq. m)	9599.67	216.96	741.27	1566.97
#住宅	Residential Buildings	7669.70	179.02	608.98	1326.76
资金来源情况	**Source of Funds**				
上年末结余资金	Surplus Funds Last Year	3979.72	85.29	212.40	685.26
本年资金来源小计	Funds This Year	13034.21	228.81	667.73	1738.86
#国家预算内资金	State Budgetary Appropriations				
国内贷款	Domestic Loans	2052.03	23.40	66.12	243.79
债券	Debenture				
利用外资	Foreign Investment	13.15			0.01
自筹资金	Fundraising	3485.93	30.56	103.58	421.60
其他资金	Others	7483.09	174.85	498.03	1073.45

3-14 各市固定资产投资完成情况(2017 年) Investment In Fixed Assets by City(2017)

城市	City	投资额(亿元) Investment (100 million yuan)	#投资项目 Projects	#房地产开发 Real Estate Development	施工项目个数(个) Projects Under Construction (unit)
合计	**Total**	**31125.99**	**22899.21**	**8226.78**	**50136**
杭州市	Hangzhou	5856.65	3122.64	2734.00	5717
宁波市	Ningbo	5009.58	3635.11	1374.47	5194
温州市	Wenzhou	4178.49	3154.33	1024.16	9749
嘉兴市	Jiaxing	3009.64	2285.84	723.81	6002
湖州市	Huzhou	1730.98	1429.81	301.17	2573
绍兴市	Shaoxing	3115.67	2437.60	678.07	4119
金华市	Jinhua	2200.52	1828.88	371.63	4594
衢州市	Quzhou	1047.78	889.24	158.54	2807
舟山市	Zhoushan	1450.31	1240.88	209.43	1272
台州市	Taizhou	2518.26	2057.24	461.03	5250
丽水市	Lishui	903.84	713.37	190.46	2857

续表 Continued

城市	City	全投项目个数(个) Projects Completed and Put Into Use (unit)	房屋施工面积(平方米) Floor Space Under Construction (sq. m)	房屋竣工面积(平方米) Floor Space Completed (sq. m)	新增固定资产(亿元) Newly increased Fixed Assets (100 million yuan)
合计	**Total**	**31811**	**765931332**	**210353080**	**18278.21**
杭州市	Hangzhou	3643	188074404	49533427	3299.15
宁波市	Ningbo	2997	124828621	26243294	2753.52
温州市	Wenzhou	6045	114879105	31438769	2395.94
嘉兴市	Jiaxing	4587	75335268	19031262	1879.77
湖州市	Huzhou	1470	40007662	9691256	930.96
绍兴市	Shaoxing	2985	72002094	26091911	1907.82
金华市	Jinhua	3046	48657161	17952142	1314.64
衢州市	Quzhou	1623	18223347	7648411	736.84
舟山市	Zhoushan	769	11397802	3045282	1029.18
台州市	Taizhou	2846	55838311	15132597	1450.09
丽水市	Lishui	1800	16687557	4544729	580.29

3－15 各市按资质等级分的房地产开发企业个数
Number of Enterprises for Real Estate Development by Classification and by City

单位:个(unit)

城市	City	合计 Total		一级企业 The First Enterprises		二级企业 The Second Enterprises		三级企业 The Third Enterprises		四级企业 The Fourth Enterprises		暂定 Undefined Enterprises		其他 Others	
		2016	2017	2016	2017	2016	2017	2016	2017	2016	2017	2016	2017	2016	2017
合　计	**Total**	**6274**	**6336**	**123**	**118**	**503**	**451**	**1343**	**1268**	**656**	**621**	**2639**	**2679**	**1010**	**1197**
杭州市	Hangzhou	1638	1656	47	47	124	112	198	179	56	57	776	792	437	469
宁波市	Ningbo	773	785	19	15	50	40	302	345	48	41	258	231	96	113
温州市	Wenzhou	675	717	4	4	103	97	157	135	22	25	299	336	90	120
嘉兴市	Jiaxing	609	603	7	7	22	17	88	67	84	79	270	233	138	198
湖州市	Huzhou	385	401	1	2	16	16	40	36	162	165	130	134	36	48
绍兴市	Shaoxing	748	739	16	16	46	43	130	114	59	51	400	398	97	117
金华市	Jinhua	442	420	9	9	43	33	89	85	85	68	179	179	37	46
衢州市	Quzhou	237	231	7	7	32	27	55	44	82	76	60	71	1	6
舟山市	Zhoushan	214	198	2	1	15	15	138	128	26	24	19	18	14	12
台州市	Taizhou	408	425	7	5	37	34	117	106	26	28	188	220	33	32
丽水市	Lishui	145	161	4	5	15	17	29	29	6	7	60	67	31	36

3－16 各市按登记注册类型分的房地产开发企业个数
Number of Enterprises for Real Estate Development by Registered Type and by City

单位:个(unit)

城市	City	合计 Total		国有 State－owned		集体 Collective Owned		股份合作 Share－cooperations		国有独资公司 State Sole Funds	
		2016	2017	2016	2017	2016	2017	2016	2017	2016	2017
合　计	**Total**	**6274**	**6336**	**50**	**37**	**12**	**9**	**6**	**4**	**137**	**145**
杭州市	Hangzhou	1638	1656	9	6					38	38
宁波市	Ningbo	773	785	4	2					34	31
温州市	Wenzhou	675	717	7	6	6	5	5	3	16	20
嘉兴市	Jiaxing	609	603	1	1	1	1		1	12	12
湖州市	Huzhou	385	401	7	7	1	1			5	4
绍兴市	Shaoxing	748	739	6	3	4	2			6	10
金华市	Jinhua	442	420	5	4					9	10
衢州市	Quzhou	237	231	4	2					1	3
舟山市	Zhoushan	214	198	4	3					5	5
台州市	Taizhou	408	425	3	3			1		11	12
丽水市	Lishui	145	161								

续表　Continued　　单位:个(unit)

城市	City	其他有限责公司 Other Limited Liability Corporations Ltd.		股份有限公司 Share－holding Corporations Ltd.		私营 Private		港澳台商投资 Investment from HongKong, Macao and Taiwan		外商投资 Investment from Foreign	
		2016	2017	2016	2017	2016	2017	2016	2017	2016	2017
合　计	**Total**	**2533**	**2399**	**71**	**79**	**3109**	**3336**	**230**	**220**	**120**	**103**
杭州市	Hangzhou	885	859	21	22	539	586	107	110	36	34
宁波市	Ningbo	237	256	12	13	407	403	48	49	31	31
温州市	Wenzhou	314	300	10	14	300	354	5	6	12	9
嘉兴市	Jiaxing	183	149	5	4	352	398	37	27	18	10
湖州市	Huzhou	168	159	11	11	174	199	14	13	4	4
绍兴市	Shaoxing	263	254	8	8	451	456	3	1	6	5
金华市	Jinhua	106	89	2	2	310	307	7	6	3	2
衢州市	Quzhou	29	29	2	2	200	195				
舟山市	Zhoushan	131	105			71	81	1	1	2	3
台州市	Taizhou	205	192		1	176	208	6	5	6	4
丽水市	Lishui	12	7		2	129	149	2	2	2	1

3-17 各市按资质等级分的房地产开发就业人员数
Number of Employed Persons In Real Estate Development by Classification Type and by City

单位:人(person)

城市	City	合计 Total		一级企业 The First Enterprises		二级企业 The Second Enterprises		三级企业 The Third Enterprises		四级企业 The Fourth Enterprises		暂定 Undefined Enterprised		其他 Others	
		2016	2017	2016	2017	2016	2017	2016	2017	2016	2017	2016	2017	2016	2017
合　计	**Total**	**116332**	**108621**	**6352**	**5789**	**14479**	**12475**	**24898**	**22825**	**9412**	**8270**	**49181**	**45645**	**12010**	**13578**
杭州市	Hangzhou	32312	31249	2935	2780	3394	2996	4173	3441	720	604	15847	15003	5243	6425
宁波市	Ningbo	15909	14113	968	878	1586	1090	5879	6352	701	391	5379	4192	1396	1210
温州市	Wenzhou	13057	12677	68	68	2918	2476	2901	2416	356	477	5875	6175	939	1065
嘉兴市	Jiaxing	10809	9350	288	244	603	548	1712	1551	1438	1492	5204	3951	1564	1525
湖州市	Huzhou	7132	5902	329	330	1101	1102	715	639	2497	2055	2039	1384	451	392
绍兴市	Shaoxing	11221	10593	679	518	1027	943	2037	1591	894	682	5553	5558	1031	1301
金华市	Jinhua	7788	7096	305	289	1107	777	1876	1737	1052	875	3092	3021	356	397
衢州市	Quzhou	2943	2934	226	215	509	418	615	522	902	934	670	792	21	53
舟山市	Zhoushan	3670	3305	46	11	565	494	2144	1993	289	187	538	498	88	122
台州市	Taizhou	8504	8364	349	270	1258	1204	2153	1961	430	428	3760	3885	554	616
丽水市	Lishui	2987	3038	159	186	411	427	693	622	133	145	1224	1186	367	472

3-18 各市按登记注册类型分的房地产开发就业人员数
Number of Employed Persons In Real Estate Development by Registered Type and by City

单位:人(person)

城市	City	合计 Total		国有 State - owned		集体 Collective Owned		股份合作 Share - cooperations		国有独资公司 State Sole Funds	
		2016	2017	2016	2017	2016	2017	2016	2017	2016	2017
合 计	**Total**	**116332**	**108621**	**1790**	**1423**	**159**	**97**	**159**	**56**	**3297**	**3744**
杭州市	Hangzhou	32312	31249	181	113					854	1065
宁波市	Ningbo	15909	14113	175	50					822	701
温州市	Wenzhou	13057	12677	158	149	101	83	118	56	776	909
嘉兴市	Jiaxing	10809	9350	21	18	6				313	319
湖州市	Huzhou	7132	5902	858	795	5	4			35	80
绍兴市	Shaoxing	11221	10593	135	52	47	10			101	106
金华市	Jinhua	7788	7096	57	60					148	186
衢州市	Quzhou	2943	2934	55	41					2	18
舟山市	Zhoushan	3670	3305	103	95					78	172
台州市	Taizhou	8504	8364	47	50			41		168	188
丽水市	Lishui	2987	3038								

续表 Continued

单位:人(person)

城市	City	其他有限责任公司 Other Limited Liability Corporations		股份有限公司 Share - holding Corporations Ltd.		私营 Private		港澳台商投资 Investment from Hongkong, Macao and Taiwan		外商投资 Investment from Foreign	
		2016	2017	2016	2017	2016	2017	2016	2017	2016	2017
合 计	**Total**	**49299**	**45343**	**2315**	**2027**	**49751**	**47863**	**5952**	**5561**	**3142**	**2149**
杭州市	Hangzhou	18165	17264	847	733	8229	8530	2723	2641	1251	875
宁波市	Ningbo	4891	4989	338	350	7531	5774	1255	1438	897	811
温州市	Wenzhou	5940	5490	252	349	5476	5468	145	124	91	49
嘉兴市	Jiaxing	3352	2531	86	92	5355	5505	1120	709	556	176
湖州市	Huzhou	2836	2289	632	216	2095	1891	285	264	57	33
绍兴市	Shaoxing	4539	4200	68	97	6074	6000	144	93	53	35
金华市	Jinhua	1957	1666	57	61	5479	5046	59	47	31	30
衢州市	Quzhou	385	395	35	34	2449	2446				
舟山市	Zhoushan	2433	1946			1016	1047	23	22	17	23
台州市	Taizhou	4526	4412		4	3397	3425	152	182	173	103
丽水市	Lishui	275	161		91	2650	2731	46	41	16	14

3－19 各市按资质等级分的房地产开发投资额
Investment In Real Estate Development by Classification and by City

单位:亿元(100 million yuan)

城市	City	合计 Total		一级企业 The First Enterprises		二级企业 The Second Enterprises		三级企业 The Third Enterprises		四级企业 The Fourth Enterprises		暂定 Undefined Enterprises		其他 Others	
		2016	2017	2016	2017	2016	2017	2016	2017	2016	2017	2016	2017	2016	2017
合　计	**Total**	**7469.37**	**8226.78**	**179.62**	**117.39**	**432.31**	**347.40**	**1053.45**	**1065.30**	**259.21**	**240.70**	**3829.21**	**3665.39**	**1715.56**	**2790.43**
杭州市	Hangzhou	2606.41	2734.00	28.37	12.78	75.45	65.04	93.41	69.11	2.26	2.20	1387.36	1131.28	1019.57	1453.59
宁波市	Ningbo	1270.33	1374.47	49.71	36.12	34.47	28.82	528.98	640.60	28.35	11.61	457.95	380.82	170.89	276.50
温州市	Wenzhou	902.01	1024.16	7.33	2.27	118.57	63.63	65.16	29.69	3.72	4.13	592.69	653.76	114.53	270.68
嘉兴市	Jiaxing	478.40	723.81	6.48	12.30	26.81	47.76	45.53	30.42	41.62	49.41	242.39	266.35	115.57	317.38
湖州市	Huzhou	274.22	301.17	2.89	0.65	25.27	14.41	23.49	21.30	89.83	87.61	88.99	98.87	43.76	78.33
绍兴市	Shaoxing	641.19	678.07	21.94	7.58	16.41	6.71	54.32	34.95	14.52	13.45	415.48	421.62	118.53	193.75
金华市	Jinhua	408.85	371.63	17.60	17.37	36.52	13.44	39.17	31.48	31.48	16.17	242.12	213.95	41.95	79.24
衢州市	Quzhou	124.25	158.54	8.84	8.82	14.59	13.42	13.22	11.91	16.00	27.71	71.59	96.69		
舟山市	Zhoushan	171.89	209.43			19.72	28.12	95.85	138.90	24.52	22.48	23.42	6.76	8.38	13.18
台州市	Taizhou	424.21	461.03	30.77	15.25	53.96	50.71	61.13	45.19	4.14	2.99	238.96	301.21	35.24	45.67
丽水市	Lishui	167.61	190.46	5.69	4.25	10.55	15.36	33.21	11.74	2.76	2.93	68.26	94.08	47.15	62.11

3－20 各市按登记注册类型分的房地产开发投资额
Investment In Real Estate Development by Registered Type and by City

单位:亿元(100 million yuan)

城市	City	合计 Total		国有 State－owned		集体 Collective Owned		股份合作 Share－cooperation		国有独资公司 State Sole Funds	
		2016	2017	2016	2017	2016	2017	2016	2017	2016	2017
合　计	**Total**	**7469.4**	**8226.8**	**37.8**	**15.7**	**6.2**	**0.2**	**6.2**	**2.3**	**245.3**	**226.4**
杭州市	Hangzhou	2606.4	2734.0	16.5	3.1					62.4	54.8
宁波市	Ningbo	1270.3	1374.5	4.7						71.5	52.8
温州市	Wenzhou	902.0	1024.2			0.3	0.2	0.3	0.1	21.0	18.4
嘉兴市	Jiaxing	478.4	723.8	3.8	1.0				2.1	16.8	4.6
湖州市	Huzhou	274.2	301.2	6.1	5.7					15.3	16.1
绍兴市	Shaoxing	641.2	678.1	3.4						28.8	22.4
金华市	Jinhua	408.9	371.6	1.0	1.5					11.3	14.2
衢州市	Quzhou	124.3	158.5	0.8							0.9
舟山市	Zhoushan	171.9	209.4	0.8	3.4					16.5	36.0
台州市	Taizhou	424.2	461.0	0.7	1.1	5.9		5.9		1.7	6.3
丽水市	Lishui	167.6	190.5								

续表 Continued

单位:亿元(100 million yuan)

城市	City	其他有限责任公司 Other Limited Liability Corporations		股份有限公司 Share－holding Corporations Ltd.		私营 Private		港澳台商投资 Investment from HongKong, Macao and Taiwan		外商投资 Investment from Foreign	
		2016	2017	2016	2017	2016	2017	2016	2017	2016	2017
合　计	**Total**	**3369.5**	**2907.5**	**68.4**	**123.4**	**2936.6**	**4479.4**	**589.4**	**344.4**	**202.1**	**115.5**
杭州市	Hangzhou	1382.5	1195.3	19.1	30.5	686.0	1233.3	348.9	180.3	91.1	36.8
宁波市	Ningbo	482.3	457.5	9.4	31.5	467.0	671.7	159.5	95.0	75.9	65.9
温州市	Wenzhou	473.9	361.8	9.1	17.5	386.9	621.1	5.4	5.1	2.8	
嘉兴市	Jiaxing	170.4	142.5	6.5	13.6	224.8	524.3	47.7	32.1	8.4	3.5
湖州市	Huzhou	136.7	99.2	13.7	14.8	93.2	142.6	5.9	10.1	0.1	0.6
绍兴市	Shaoxing	300.7	242.7	6.0	5.3	281.7	390.2	12.7	17.4	0.1	
金华市	Jinhua	110.3	119.5	2.5	2.5	282.8	232.9	0.7	0.2	0.3	0.8
衢州市	Quzhou	17.2	12.3	2.2	3.2	103.8	142.2				
舟山市	Zhoushan	83.2	87.6			70.7	82.4	0.8			
台州市	Taizhou	188.7	172.4			197.0	269.8	6.7	3.6	23.6	7.9
丽水市	Lishui	23.7	16.7		4.3	142.8	168.9	1.1	0.7		

3－21 各市房地产开发企业建造的商品房屋面积和价格
Floor Space and Price of Building for Real Estate Development by City

城市	City	施工面积（万平方米）Floor Space of Buildings Under Construction (10000sq. m)		竣工面积（万平方米）Floor Space of Buildings Completed (10000sq. m)		房屋面积竣工率（%）Rate of Floor Space of Buildings Completed(%)		竣工房屋价值（万元）Value of Buildings Completed (10000 yuan)		竣工房屋造价（元/平方米）Cost of Buildings Completed (yuan/sq. m)	
		2016	2017	2016	2017	2016	2017	2016	2017	2016	2017
合　计	**Total**	**41609.8**	**41236.2**	**7925.4**	**6884.2**	**19.0**	**16.7**	**30796117**	**28097354**	**3886**	**4081**
杭州市	Hangzhou	11563.0	11522.5	1923.0	2085.6	16.6	18.1	7405055	8841612	3851	4239
宁波市	Ningbo	6565.3	6833.1	1097.2	1032.6	16.7	15.1	4328685	4392200	3945	4253
温州市	Wenzhou	4723.7	4720.6	770.9	680.8	16.3	14.4	3448579	3070235	4473	4509
嘉兴市	Jiaxing	4401.2	4337.2	1078.1	712.6	24.5	16.4	4262017	2393889	3953	3359
湖州市	Huzhou	2125.7	2193.6	443.1	342.1	20.8	15.6	1659139	1390238	3744	4063
绍兴市	Shaoxing	3607.1	3200.2	1146.9	588.7	31.8	18.4	4106451	2139288	3580	3634
金华市	Jinhua	2586.4	2341.6	271.4	337.2	10.5	14.4	1152532	1798427	4247	5333
衢州市	Quzhou	822.6	870.4	251.6	243.4	30.6	28.0	584902	576134	2325	2367
舟山市	Zhoushan	795.0	752.8	200.5	190.2	25.2	25.3	1062821	956692	5301	5030
台州市	Taizhou	3345.6	3323.1	561.4	448.8	16.8	13.5	2162909	1787357	3853	3983
丽水市	Lishui	1074.1	1141.1	181.4	222.1	16.9	19.5	623027	751282	3435	3382

3－22 各市房地产开发企业建造的住宅面积和价格
Floor Space and Price of Residential Buildings for Real Estate Development by City

城市	City	施工面积（万平方米）Floor Space of Buildings Under Construction (10000 sq. m)		竣工面积（万平方米）Floor Space of Buildings Completed		房屋面积竣工率（%）Rate of Floor Space of Buildings Completed(%)		竣工房屋价值（万元）Value of Buildings Completed (10000 yuan)		竣工房屋造价（元/平方米）Cost of Buildings Completed (yuan/sq. m)	
		2016	2017	2016	2017	2016	2017	2016	2017	2016	2017
合　计	**Total**	**24709.4**	**24760.0**	**5092.0**	**4338.9**	**20.6**	**17.5**	**20402447**	**18348230**	**4007**	**4229**
杭州市	Hangzhou	6000.6	5939.3	1113.4	1170.8	18.6	19.7	4387923	5119365	3941	4373
宁波市	Ningbo	3501.9	3758.1	651.6	622.1	18.6	16.6	2631546	2864724	4039	4605
温州市	Wenzhou	3108.2	3085.5	534.0	457.1	17.2	14.8	2519277	2081888	4718	4555
嘉兴市	Jiaxing	2741.2	2859.4	702.6	451.1	25.6	15.8	2795956	1556303	3979	3450
湖州市	Huzhou	1473.7	1579.4	305.4	246.2	20.7	15.6	1261104	1002718	4129	4073
绍兴市	Shaoxing	2389.4	2164.3	811.5	414.0	34.0	19.1	2941357	1523913	3625	3681
金华市	Jinhua	1643.6	1459.4	202.3	231.7	12.3	15.9	941371	1224461	4653	5285
衢州市	Quzhou	525.1	584.4	161.7	154.3	30.8	26.4	372955	351910	2306	2281
舟山市	Zhoushan	510.8	529.1	133.8	143.7	26.2	27.2	708135	778360	5292	5418
台州市	Taizhou	2111.1	2052.1	356.6	289.1	16.9	14.1	1437674	1266961	4032	4382
丽水市	Lishui	703.8	749.1	119.2	159.0	16.9	21.2	405149	577627	3399	3633

3-23 各市房地产开发企业商品房屋销售面积和销售额
Floor Space and Total Sales of Commercial for Real Estate Development Entterprises by City

城市	City	销售面积（万平方米）Floor Space Sold of Commercial Houses (10000 sq. m)				销售额（万元）Total Sales of Commercial Houses (10000 yuan)			
		2014	2015	2016	2017	2014	2015	2016	2017
合 计	**Total**	**4676.8**	**5985.3**	**8636.8**	**9599.7**	**49229999**	**62994582**	**96050986**	**123399916**
杭州市	Hangzhou	1121.1	1481.4	2326.7	2053.7	15583870	21367755	36654771	41801134
宁波市	Ningbo	726.4	1007.2	1336.9	1543.6	7805375	10785467	15011392	20567739
温州市	Wenzhou	420.2	525.6	773.8	1070.3	5899066	6614032	10117930	13172903
嘉兴市	Jiaxing	497.3	640.6	1144.6	1058.8	3539594	4602295	8729286	11390954
湖州市	Huzhou	304.9	399.3	557.0	743.9	1999709	2748149	3868690	6213955
绍兴市	Shaoxing	531.7	677.8	772.6	1038.7	4402596	5487042	6141937	9345384
金华市	Jinhua	336.6	352.4	425.7	489.7	3540347	3712567	4064216	5512741
衢州市	Quzhou	166.8	172.7	244.1	287.5	1091492	1112445	1847824	2760648
舟山市	Zhoushan	91.7	103.9	152.5	218.3	1021884	963745	1480084	2671510
台州市	Taizhou	344.6	442.0	662.1	829.4	3070081	3969866	6057732	7521414
丽水市	Lishui	135.4	182.4	240.6	265.7	1275985	1631219	2077124	2441534

3-24 各市房地产开发企业住宅销售面积和销售额
Floor Space and Total Sales of Residential Buildings for Real Estate Development Enterprises by City

城市	City	销售面积（万平方米）Floor Space Sold of Commercial Houses (10000sq. m)				销售额（万元）Total Sales of Commercial Houses (10000yuan)			
		2014	2015	2016	2017	2014	2015	2016	2017
合 计	**Total**	**3941.5**	**5131.9**	**7234.2**	**7669.7**	**41725801**	**55192684**	**82808481**	**103003358**
杭州市	Hangzhou	950.7	1291.6	1887.1	1519.7	13349130	19051380	30596076	32257549
宁波市	Ningbo	595.2	846.9	1126.1	1283.7	6481530	9334646	13218029	18157835
温州市	Wenzhou	383.5	456.9	642.8	802.7	5308618	5771593	9095124	11224935
嘉兴市	Jiaxing	406.1	550.8	987.6	890.9	2841805	3956522	7714651	9962583
湖州市	Huzhou	260.0	346.1	489.8	639.2	1639940	2370634	3320820	5405946
绍兴市	Shaoxing	442.9	594.6	667.7	849.4	3578962	4872568	5419456	8008395
金华市	Jinhua	295.0	325.3	377.4	428.4	3020619	3375639	3540094	4726309
衢州市	Quzhou	138.8	131.4	196.2	220.4	923756	895574	1521590	2322201
舟山市	Zhoushan	78.5	90.5	136.5	203.5	850448	851195	1333175	2494459
台州市	Taizhou	272.5	352.1	531.3	622.8	2636502	3424699	5289852	6393626
丽水市	Lishui	118.2	145.6	191.8	209.0	1094491	1288234	1759614	2049520

3-25 主要年份基础设施投资
Investment in Infrastucture

单位:亿元(100 million yuan)

年份 Year	基础设施投资合计 Total Investment in Infrastructure	#水利、环境和公共设施 Water, Environment and Public Facilities	#电力、燃气及水的生产供应业 Production and Supply of Electricity, Gas and Water	#交通运输 Transportation	#邮电通信 Post & Telecommuni-cations	#教育设施 Education Facilities	#卫生设施 Sanitary Facilities
1990	37.58		15.67	10.18	2.96		
1995	230.39		72.03	68.40	23.75		
2000	876.33		214.22	221.65	127.53		
2001	999.28		191.84	223.18	155.60		
2002	1066.80		188.28	227.28	95.49		
2003	1360.40	558.85	239.25	295.54	88.09	114.66	26.76
2004	1724.69	521.36	429.63	476.16	102.98	122.98	30.34
2005	1981.97	518.81	544.79	641.36	94.18	102.21	31.63
2006	2226.57	608.49	533.97	777.44	97.64	95.82	50.03
2007	2215.00	643.73	568.29	673.05	119.25	93.29	42.56
2008	2373.06	816.69	501.74	740.80	125.91	101.54	49.38
2009	2894.97	952.06	579.61	979.63	139.63	120.72	63.17
2010	3038.58	1020.94	585.25	1040.68	144.58	123.00	72.48
2011	3359.09	1193.45	620.38	1102.93	123.31	150.06	79.19
2012	3963.35	1383.57	727.92	1330.30	58.22	199.83	102.52
2013	4718.09	1759.15	845.89	1450.34	62.35	253.33	118.52
2014	5741.56	2229.35	1012.27	1729.24	83.52	340.63	125.42
2015	7417.75	3092.03	1108.87	2311.40	93.20	400.91	167.00
2016	9365.48	4361.45	1216.37	2577.43	164.27	506.79	207.25
2017	10173.25	4702.54	1280.68	2966.00	131.32	517.47	204.65

注：2003 年以前为城镇以上范围,2003 年(含)以后为限额以上(2011 年起更名为固定资产投资)范围。
The figures in this table refer to the investment at town level and above before 2003, while above designated size since 2003(as those refer to investment in fixed assets since 2011).

浙/江/统/计/年/鉴

主要统计指标解释

■ 全社会固定资产投资额

固定资产投资额是以货币表现的建造和购置固定资产活动的工作量，它是反映固定资产投资规模、速度、比例关系和使用方向的综合性指标。全社会固定资产投资包括国有经济单位投资、城乡集体经济单位投资、其他各种经济类型的单位投资和城乡居民个人投资。按照我国现行计划管理体制，全社会固定资产投资总额分为基本建设、更新改造、房地产开发投资和其他固定资产投资四个部分；城乡集体经济单位投资包括城镇集体所有制单位投资和农村集体所有制单位投资；其他各种经济类型单位投资包括联营经济、股份制经济、中外合资经营、中外合作经营、外资、与大陆合资经营、与大陆合作经营、港澳台独资及其他经济的单位投资。城乡居民个人投资包括城市、县城、镇、工矿区所辖范围内的个人建房和农村个人建房及购买生产性固定资产的投资。

■ 房地产开发投资

包括各种经济类型的房地产开发公司、商品房建设公司及其他房地产开发单位统一开发的包括统代建、拆迁还建的住宅、厂房、仓库、饭店、宾馆、度假村、写字楼、办公楼等房屋建筑物和配套的服务设施、土地开发工程，如道路、给水、排水、供电、供热、通讯、平整场地等基础设施工程的投资。包括非房地产企业实际从事房地产开发或经营活动，不包括单纯的土地交易活动。

■ 施工项目

指报告期内曾进行建筑或安装工程施工活动的建设项目。包括报告期内新开工项目、报告期以前开工跨入报告期继续施工的项目以及报告期施工过并在报告期内全部建设投产或停缓建的项目。

■ 全部建成投产项目

工业项目是指设计文件规定形成生产能力的主体工程及其相应配套的辅助设施全部建成，经负荷试运转，证明具备生产设计规定合格产品的条件，并经过验收鉴定合格或达到竣工验收标准，与生产性工程配套的生产福利设施可以满足近期正常生产的需要，正式移交生产的建设项目。非工业项目是指设计文件规定的主体工程和相应的配套工程全部建成，能够发挥设计规定的全部效益，经验收鉴定合格或达到竣工验收标准，正式移交使用的建设项目。

■ 施工和竣工房屋建筑面积

房屋建筑面积是从房屋外墙线算起的各层平面面积的总和，包括房屋结构（如柱、墙）占用的面积和地下室面积。多层建筑按各自然层面积总和计算，包括房屋内的楼隔层，突出墙面的眺望间、门斗、有柱雨罩的面积。不包括突出墙面结构的构件、艺术装饰等所占的面积，如台阶等。凹阳台、挑阳台按其水平投影面积一半计算建筑面积。

■ 新增固定资产

指通过投资活动所形成的新的固定资产价值。包括已经建成投入生产或交付使用的工程价值和达到固定资产标准的设备、工具、器具的价值及有关应摊入的费用。它是以价值形式表示的固定资产投资成果的综合性指标，可以综合反映不同时期、不同部门、不同地区的固定资产投资成果。

ZHEJIANG STATISTICAL YEARBOOK

Explanatory Notes on Main Statistical Indicators

□ Total Investmentin in Fixed Assets

Amount of investment in fixed assets refers to the volume of activities in construction and purchases of fixed assets in monetary terms. It is a comprehensive indicator which shows the size, pace, proportional relations and use orientation of the investment in fixed assets. Total investment in fixed assets in the whole country includes the investment by the state-owned units, the investment by the urban and rural collective units, the investment by the units of other types of ownership and the investment by the individuals in the urban and rural areas. According to China's current planning management system, the investment in fixed assets in the whole country is classified into the following four parts: investment in capital construction, investment in innovation, investment in real estates development and other investment in fixed assets. The investment by the urban and rural collective units includes the investment by the urban collective units and the investment by the rural collective units. The investment by the units of other types of ownership includes the investment by the units of joint - owned economy, share - holding economy, Sino - foreign joint economy, Sino - foreign cooperative economy, economy exclusively with foreign investment, Mainland - Hong kong or Mainland - Macao or Mainland - Taiwan joint economy, Mainland - Hong kong or Mainland - Macao or Mainland - Taiwan coope rative economy, and economy exclusively with investment of Hong Kong or Macao or Taiwan. The investment by the individuals in the urban and rural areas includes the investment in personal house building in the areas under the jurisdiction of city, county, town and special industrial and mining areas as well as the investment in personal house building and purchase of productive fixed assets in the rural areas.

□ Investment in Real Estate Development

It includes the investment by the real estate development companies, commercial buildings construction companies and other real estate development units of various types of ownership in the construction of house buildings, such as residential buildings, factory buildings, warehouses, hotels, guesthouses, holiday villages, office buildings, and the complementary service facilities and land development projects, such as roads, watersupply, water drainage, power supply, heating, telecommunications, land levelling and other projects of infrastructure. It covers the activities of the non - real estate companies in real estate development or management, but excludes the activities in simple land transactions.

□ Projects Under Construction

refer to projects having construction and installation activities undertaken in the reference period, including projects started in the reference period, or continued from the previous period, or completed and put into production or suspended in the reference period.

□ Projects Completed and Put into Use

Industrial projects refer to the major projects and accessory facilities completed which result in forming production capacity and have been checked and accepted while the living and welfare facilities have been completed and can ensure normal production and formally put into production. Non - industrial projects refer to the major projects and accessory facilities completed which possess the disigned capacity and have been checked, accepted and formally put into production.

□ Floor Space of Buildings Under Construction and Completed

refers to total floor space in each story of buildings calculated from the outside line of building walls, including the space occupied by constructions like pillars or walls and basements. The floor space of multi - story building includes the total floor space of each story, including area

EXPLANATORY NOTES ON MAIN STATISTICAL INDICATORS

occupied by separating walls, watching rooms, doorways, and pillars, but excluding protruding wall structures, artistic decoration, etc. (for example, flight of steps). The space of recessed verand and tantilevered balcony is counted by half of the projection area.

□ Newly Increased Fixed Assets

refer to the newly increased value of fixed assets through investment, including the value of projects completed and put into production, the value of equipment, tools, and vessels considered as fixed assets, as well as the relevant expenses as investment in fixed assets. This is a comprehensive indicator of investment in fixed assets, reflecting the achievements of investment in fixed assets in different periods, different sectors, and different regions.

2018
浙江统计年鉴
ZHEJIANG STATISTICAL YEARBOOK

价 格
Prices

4－1 各种价格总指数(1978－2017)
General Price Indinces(1978－2017)

(上年＝100)(preceding year＝100)

年份 Year	居民消费价格指数 General Consumer Price Index	商品零售价格指数 General Retail Price Index of Commodities	农业生产资料价格指数 Price Indices of Agricultural Means of Production	农产品生产者价格指数 Producer Price Indices for Agriculture Products	工业生产者出厂价格指数 Producer Price Indices for Manufactured Goods	工业生产者购进价格指数 Producer Purchasing Price Indinces	固定资产投资价格指数 Price Indinces of Fixed Assets
1978		100.1					
1979		102.1					
1980		108.0					
1981		101.5					
1982		100.9					
1983		102.0	103.2				
1984	103.0	103.4	108.5				
1985	114.8	114.0	108.7				
1986	106.2	106.0	105.3				
1987	108.8	109.5	111.1				
1988	121.5	122.1	121.0				
1989	118.2	117.8	117.4				
1990	102.1	101.6	104.0		100.4	104.7	
1991	103.5	103.0	103.1		101.8	102.7	
1992	107.5	106.6	103.7		104.8	106.3	
1993	119.8	116.7	113.3		117.3	126.3	136.0
1994	124.8	121.7	126.5		117.5	124.8	112.5
1995	116.6	113.5	129.8		112.3	119.2	107.2
1996	107.9	105.8	106.7		99.5	98.2	101.3
1997	102.8	100.3	99.7		99.2	96.5	99.5
1998	99.7	98.4	92.4		95.6	92.6	97.6
1999	98.8	97.7	95.8		96.8	96.2	98.2
2000	101.0	99.0	100.4		101.1	107.2	100.3
2001	99.8	98.1	99.7		98.3	99.6	100.4
2002	99.1	98.7	99.5	101.7	96.9	97.5	100.4
2003	101.9	99.6	102.9	101.5	100.6	105.8	103.5
2004	103.9	102.7	113.2	119.0	105.0	113.4	105.9
2005	101.3	100.9	105.8	105.9	102.3	105.4	100.3
2006	101.1	100.8	99.6	102.7	103.8	105.6	101.5
2007	104.2	103.8	107.3	108.6	102.4	105.3	104.3
2008	105.0	106.3	118.9	112.9	104.3	110.6	109.3
2009	98.5	98.8	95.9	100.3	94.9	92.6	96.7
2010	103.8	103.9	102.9	114.8	106.2	112.0	104.7
2011	105.4	105.5	110.8	113.6	105.0	108.3	107.5
2012	102.2	101.9	104.2	104.3	97.3	96.7	99.2
2013	102.3	101.0	102.8	103.0	98.2	97.7	100.0
2014	102.1	100.9	99.8	99.5	98.8	98.2	100.6
2015	101.4	99.9	100.9	102.0	96.4	94.5	97.4
2016	101.9	101.0	99.5	104.5	98.3	97.8	99.5
2017	102.1	101.4	101.8	99.1	104.8	109.6	105.8

4-2 居民消费和商品零售价格指数(1986-2017年)
General Consumer Price Index and General Retail(1986-2017)

(1985年=100)(1985=100)

年份 Year	居民消费价格指数 General Consumer Price Index			商品零售价格指数 General Retail Price Index of Commodities
	全省 Total	城市 Urban Areas	农村 Rural Areas	
1986	106.2	106.3	106.1	106.0
1987	115.5	117.9	112.9	116.1
1988	140.4	145.5	135.2	141.7
1989	165.9	169.9	161.8	166.9
1990	169.4	173.5	165.0	169.6
1991	175.4	183.2	167.5	174.7
1992	188.5	200.0	175.5	186.2
1993	225.8	242.9	206.0	217.3
1994	281.8	302.8	257.3	264.5
1995	328.6	354.3	299.5	300.2
1996	354.6	389.1	320.5	317.6
1997	364.5	405.0	327.2	318.6
1998	363.4	407.0	324.9	313.5
1999	359.1	405.0	320.1	306.3
2000	362.6	408.6	323.6	303.2
2001	361.9	407.0	323.6	297.4
2002	358.6	402.1	321.3	293.5
2003	365.4	404.1	330.6	292.3
2004	379.7	415.4	345.8	300.2
2005	384.6	421.6	349.9	302.9
2006	388.8	426.2	353.4	305.3
2007	405.1	442.8	368.9	316.9
2008	425.4	464.1	388.5	336.9
2009	419.0	458.1	381.5	332.9
2010	434.9	476.4	395.6	345.9
2011	458.4	501.6	417.8	364.9
2012	468.4	512.4	427.2	371.7
2013	479.2	524.0	437.4	375.4
2014	489.0	534.6	447.0	378.8
2015	495.9	542.1	453.4	378.5
2016	505.6	552.9	461.6	382.3
2017	516.3	564.7	471.1	387.7

4-3 居民消费和商品零售定基价格指数(2017年)
Fixed Base Price Index for Consumer Price and Retail Price of Commodities(2017)

年份 Year	居民消费价格指数 General Consumer Price Index			商品零售价格指数 General Retail Price Index of Commodities
	全省 Total	城市 Urban Areas	农村 Rural Areas	
1978 = 100		802.3		526.3
1980 = 100		718.5		477.4
1985 = 100	516.3	564.7	471.1	387.6
1990 = 100	304.8	326.0	285.4	228.5
1991 = 100	294.3	308.7	281.3	221.8
1992 = 100	273.8	282.7	268.4	208.1
1993 = 100	228.6	232.9	228.6	178.3
1994 = 100	183.1	186.8	183.0	146.5
1995 = 100	157.1	159.6	157.2	129.1
1996 = 100	145.6	145.2	147.0	122.1
1997 = 100	142.0	139.5	144.0	121.7
1998 = 100	142.3	138.8	145.2	123.8
1999 = 100	143.8	139.5	147.2	126.5
2000 = 100	142.5	138.2	145.8	127.9
2001 = 100	142.8	138.8	145.8	130.5
2002 = 100	144.1	140.6	146.5	132.0
2003 = 100	141.4	139.7	142.7	132.4
2004 = 100	136.0	136.0	136.2	129.1
2005 = 100	134.2	134.0	134.5	128.0
2006 = 100	132.8	132.5	133.4	126.9
2007 = 100	127.4	127.4	127.7	122.2
2008 = 100	121.4	121.6	121.2	115.0
2009 = 100	123.2	123.4	123.5	116.4
2010 = 100	118.7	118.6	119.1	112.1
2011 = 100	112.6	112.7	112.8	106.3
2012 = 100	110.2	110.2	110.2	104.3
2013 = 100	107.7	107.8	107.7	103.2
2014 = 100	105.5	105.6	105.4	102.3
2015 = 100	104.1	104.1	103.8	102.4
2016 = 100	102.1	102.1	102.0	101.4

4-4 城乡居民消费价格分类指数(2017) Consumer Price Indinces by Urben and Rural Areas(2017)

(上年=100)(preceding year=100)

项目	Item	全省 Total	城市 Urban Areas	农村 Rural Areas
居民消费价格总指数	**General Consumer Price Index**	**102.1**	**102.1**	**102.0**
服务价格指数	**Price Index of Services**	**103.6**	**103.6**	**103.3**
消费品价格指数	**Price Index of Consumer Goods**	**101.2**	**101.1**	**101.3**
扣除食品和能源价格指数	**Price Index Excluding Food and Energy**	**102.6**	**102.6**	**102.8**
食品烟酒	**Food,Tobacco and Liquor**	**100.3**	**100.4**	**100.0**
1.食品	Food	99.1	99.2	98.9
(1)粮食	Grain	101.3	101.1	101.9
(2)薯类	Tubers	98.6	98.1	100.2
(3)豆类	Beans	101.3	101.6	100.5
(4)食用油	Edible Oil	99.7	100.0	99.1
(5)菜	Vegetables	90.7	90.6	90.9
#鲜菜	Fresh Vegetables	89.4	89.4	89.7
(6)畜肉类	Livestock Meat	96.1	96.5	95.2
#猪肉	Pork	94.3	94.5	93.9
(7)禽肉类	Poultry	100.5	100.1	101.4
(8)水产品	Aquatic Production	105.7	105.9	104.9
(9)蛋类	Eggs	97.0	97.2	96.1
(10)奶类	Dairy	100.7	101.0	99.6
(11)干鲜瓜果类	Dried and Fresh,Melons and Fruits	101.3	101.0	102.7
#鲜瓜果	Fresh Melons and Fruits	102.4	102.0	104.3
(12)糖果糕点类	Candy and Pastry	102.1	102.3	101.8
(13)调味品	Condiment	102.4	101.9	103.7
(14)其他食品类	Other Foods and Foods Processing Services	100.2	99.9	101.2
2.茶及饮料	Tea and Beverage	102.2	101.9	102.9
3.烟酒	Tobacco and Liquor	100.8	101.0	100.5
(1)烟草	Tobacco	100.1	100.2	100.0
(2)酒类	Liquor	102.4	102.8	101.5
4.在外餐饮	Outside Catering	103.3	103.2	103.7

续表 Continued (上年=100)(preceding year=100)

项目	Item	全省 Total	城市 Urban Areas	农村 Rural Areas
衣着	**Clothing**	**101.9**	**101.6**	**103.1**
1. 服装	Garments	102.3	101.9	103.9
2. 服装材料	Clothing Materials	105.3	105.5	104.7
3. 其他衣着及配件	Other Clothing and Accessories	99.4	99.0	100.5
4. 衣着加工服务费	Clothing Processing Service Fee	102.3	101.8	103.8
5. 鞋类	Shoes	100.6	100.6	100.7
居住	**Residence**	**105.1**	**105.1**	**105.1**
1. 租赁房房租	Rent	106.7	106.8	106.2
2. 住房保养维修及管理	Housing Maintenance and Management	103.0	102.8	103.7
3. 水电燃料	Water, Electricity and Fuels	103.4	103.4	103.4
4. 自有住房	Personal Housing	105.9	105.9	106.1
生活用品及服务	**Articles for Daily Use and Services**	**100.7**	**100.5**	**101.5**
1. 家具及室内装饰品	Furniture and Interior Decorations	101.0	101.1	100.6
2. 家用器具	Home Appliances	99.1	98.4	101.2
3. 家用纺织品	Home Textiles	99.3	99.4	99.0
4. 家庭日用杂品	Daily Groceries	101.3	101.2	101.7
5. 个人护理用品	Personal Care Pr	100.7	100.5	101.7
6. 家庭服务	Home Service	104.9	104.4	108.6
交通和通信	**Transportation and Communication**	**101.3**	**101.1**	**101.7**
1. 交通	Transportation	102.4	102.4	102.3
2. 通信	Communication	99.0	98.6	100.5
教育文化和娱乐	**Education, Culture and Recreational Articles**	**102.7**	**102.8**	**102.2**
1. 教育	Education	102.8	102.9	102.4
2. 文化娱乐	Culture and Recreational Articles	102.6	102.7	101.7
医疗保健	**Health Care**	**102.3**	**102.6**	**101.5**
1. 药品及医疗器具	Drugs and Medical Devices	106.2	106.5	104.9
2. 医疗服务	Medical Service	100.2	100.2	100.2
其他用品和服务	**Other Supplies and Services**	**101.1**	**100.8**	**102.3**
1. 其他用品类	Other Supplies	100.5	99.8	103.4
2. 其他服务类	Other Services	101.5	101.5	101.5

4-5 城乡商品零售价格分类指数(2017年)
General Retail Price Index of Commodities by Urban and Rural Areas(2017)

(上年=100)(preceding year=100)

项目	Item	全省 Total	城市 Urban Areas	农村 Rural Areas
商品零售价格指数	**General Retail Price Indices**	**101.4**	**101.3**	**101.7**
食品	**Food**	**100.1**	**100.1**	**99.8**
粮食	Grain	101.2	101.0	102.1
食用油	Edible Oil	100.0	100.2	99.3
菜	Vegetable	90.8	90.7	91.3
畜肉类	Livestock Meat	96.1	96.4	94.8
禽肉类	Poultry	100.3	100.0	101.8
水产品	Aquatic Production	105.9	106.0	105.6
蛋类	Eggs	97.1	97.3	96.3
饮料、烟酒	**Beverages,Tobacco and Liquor**	**101.1**	**101.2**	**100.9**
茶及饮料	Beverages	102.0	101.9	102.3
烟草	Tobacco	100.2	100.2	100.1
酒类	Liquor	102.2	102.4	101.4
服装、鞋帽	**Garments,Shoes and Hats**	**101.8**	**101.7**	**102.5**
服装	Garments	102.3	102.0	103.5
鞋袜帽	Shoes,Stockings and Hats	100.6	100.9	99.5
其他衣着配件	Other	98.4	98.2	99.5
纺织品	**Textiles**	**100.8**	**101.1**	**99.6**
服装材料	Clothing Materials	106.4	107.0	103.3
床上用品	Bed Articles	99.0	99.1	98.3
家用电器及音像器材	**Household Appliances and Audiovisual Equipment**	**98.4**	**98.0**	**100.4**
家庭设备	Household Facilities	99.1	98.7	101.0
文娱用耐用消费品	Durable Consumer Goods for Recreation Use	96.9	96.3	99.2
专业音像器材	Audiovisual Equipment	99.0	98.7	100.8
文化办公用品	**Culture and Official Articles**	**99.2**	**98.8**	**101.6**
日用品	**Articles for Daily Use**	**100.5**	**100.3**	**101.5**
日用百货	General Merchandise	101.3	101.1	101.9
厨具餐具茶具	Kitchenware, Tableware, Tea Set	100.3	99.7	103.1
清洗用品	Cleaning Supplies	101.2	101.2	100.8
其它日用品	Others for Daily Use	98.8	98.5	99.9

续表 Continued (上年=100)(preceding year=100)

项目	Item	全省 Total	城市 Urban Areas	农村 Rural Areas
体育娱乐用品	**Sports and Recreation**	**100.1**	**100.2**	**99.6**
体育户外用品	Sports Outdoor Products	100.1	100.2	99.5
娱乐用品	Recreation Goods	100.1	100.1	99.6
交通、通信用品	**Transportation and Communication Articles**	**98.8**	**98.7**	**99.7**
交通运输机械	Transportation Mechanism	99.4	99.4	99.3
通信器材	Communication Appliance	96.5	95.5	100.9
家具	**Furniture**	**101.3**	**101.4**	**100.6**
化妆品	**Cosmetics**	**100.9**	**100.8**	**101.9**
金银饰品	**Jewelry**	**101.5**	**100.8**	**106.5**
中西药品及医疗保健用品	**Traditional Chinese – Westen Medicines and Medical Health Articles**	**106.5**	**106.7**	**105.8**
医疗卫生器具	Medical Appliance	101.2	101.1	101.8
中药	Traditional Chinese Medicine	106.6	106.7	105.8
西药	Westen Medicines	106.2	106.6	104.3
保健器具及用品	Health Care Appliances and Articles	107.9	107.6	110.2
书报杂志及电子出版物	**Newspaper, Magazines and Electronic Publication**	**101.1**	**101.0**	**101.5**
教材及参考书	Teaching Materials and Reference Books	99.4	99.2	100.6
书报杂志	Newspaper and Magazines	102.6	102.6	102.6
计算机办公软件	Office Software	100.7	100.7	100.7
燃料	**Fuels**	**108.6**	**108.9**	**107.2**
煤炭及制品	Coal and Its Products	107.9	108.8	104.3
石油及制品	Petroleum and Its Products	108.7	108.9	107.6
建筑材料及五金电料	**Building Materials and Hardware and Electric Materials**	**102.3**	**102.2**	**102.8**
建筑装璜材料	Building Decoration Materials	102.8	102.8	102.8
五金水暖	Hardware and Plumbing Materials	101.1	100.8	102.6

4-6 农业生产资料价格分类指数(2008-2017年)
Price Index of Agricultural Means of Production by Category(2008-2017)

(上年=100)(preceding year=100)

项目	Item	2008	2009	2010	2011	2012	2013	2014	2015	2016	2017
农业生产资料价格指数	**Price Indices of Agricultural Means of Production**	**118.9**	**95.9**	**102.9**	**110.8**	**104.2**	**102.8**	**99.8**	**100.9**	**99.5**	**101.8**
农用手工工具	Agricultural hand tools	110.4	104.5	101.9	106.3	103.1	104.1	101.3	100.6	100.6	105.7
饲料	Forage	113.4	97.8	108.7	107.5	107.6	105.2	100.6	97.6	94.1	100.3
仔畜幼禽及产品畜	Livestock Production	114.3	79.1	93.0	160.4	89.5	101.8	93.3	118.6	116.8	97.0
半机械化农具	Semi-mechanized Farm Tools	111.3	100.4	101.5	104.6	104.1	101.1	100.5	99.9	99.8	101.2
机械化农具	Mechanized Farm Tools	114.2	98.8	100.9	104.1	101.3	100.3	100.1	99.9	100.1	100.6
化学肥料	Chemical Fertilizer	138.4	93.2	101.3	113.4	103.5	98.3	94.6	99.7	98.1	103.9
农药及农药器械	Pesticide and Its Appliances	105.9	98.4	98.9	100.8	100.4	100.7	101.1	100.9	100.8	101.7
化学农药	Chemical Pesticide	106.4	98.4	98.9	100.9	100.3	100.6	101.1	100.9	100.8	101.8
农药器械	Pesticide Appliances	100.7	99.1	99.3	100.3	101.5	101.5	100.3	100.7	100.3	99.6
农用机油	Oil for Farm Machinery	111.8	92.0	108.1	109.4	103.2	99.8	98.3	89.4	99.2	107.9
其它农业生产资料	Others	102.5	99.8	103.5	106.1	101.5	102.8	102.0	100.8	102.2	103.3
农业生产服务	Agricultural Production Service	107.0	102.1	101.0	105.1	111.0	106.7	106.4	104.1	102.3	102.4

注：该表中"仔畜幼禽及产品畜"类在2015年及以前年份称"产品畜"，与2016年(含)后不可比。
The definiton of livestock production has been changed since 2016.

4-7 各市、县居民消费价格指数(2017年)
Residents Consumer Price Indices by City and County(2017)

(上年=100)(preceding year=100)

市(县)名称	City(County)	居民消费价格指数 Consumer Price Index	食品烟酒 Food Or Smoke Wine	食品 Food	粮食 Grain	菜 Vegetables	畜肉类 Livestock Meat
杭州市	Hangzhou	102.5	100.9	99.4	100.5	90.2	97.6
宁波市	Ningbo	101.8	100.3	99.3	101.6	91.8	96.0
温州市	Wenzhou	102.4	100.4	99.2	100.9	90.1	98.2
嘉兴市	Jiaxing	102.2	100.5	99.0	101.1	89.4	98.3
湖州市	Huzhou	101.8	100.3	99.7	99.9	93.5	97.4
绍兴市	Shaoxing	101.8	99.2	97.5	101.2	88.5	92.5
金华市	Jinhua	101.9	100.2	99.6	102.3	93.7	94.8
衢州市	Quzhou	101.9	99.7	99.0	102.5	90.5	92.9
舟山市	Zhoushan	101.7	100.2	99.7	100.4	90.9	94.6
台州市	Taizhou	102.4	100.6	99.2	101.9	90.0	95.2
丽水市	Lishui	101.5	100.0	98.5	101.5	88.8	94.8
萧山区	Xiaoshan	102.7	100.6	99.3	101.5	90.7	96.4
建德市	Jiande	101.4	99.7	98.9	102.4	89.7	94.2
宁海县	Ninghai	102.1	100.9	100.4	102.3	93.5	97.8
瑞安市	Ruian	102.6	100.2	100.1	102.1	90.9	99.0
海宁市	Haining	101.9	99.6	99.1	102.2	90.9	94.6
桐乡市	Tongxiang	101.9	99.8	98.1	101.3	92.4	93.9
安吉县	Anji	101.6	100.1	97.2	102.5	84.3	92.4
新昌县	Xinchang	101.4	99.1	98.2	102.5	94.4	93.9
兰溪市	Lanxi	101.9	100.4	98.8	102.0	93.0	93.1
义乌市	Yiwu	101.1	100.5	99.4	103.7	92.6	93.9
江山市	Jiangshan	101.8	98.6	97.2	101.5	92.9	92.9
临海市	Linhai	101.7	98.9	97.4	100.7	89.3	92.2
龙泉市	Longquan	101.2	99.0	98.2	101.4	88.2	91.9

续表 1 Continued (上年 = 100)(preceding year = 100)

市(县)名称	City(County)	禽肉类 Poultry	水产品 Aquatic Production	蛋类 Eggs	奶类 Dairy	衣着 Clothing	居住 Residence
杭州市	Hangzhou	98.6	107.9	97.9	100.3	100.0	105.7
宁波市	Ningbo	101.3	104.0	97.1	102.8	100.2	104.6
温州市	Wenzhou	100.5	106.7	97.7	100.1	101.8	106.6
嘉兴市	Jiaxing	101.1	105.4	94.5	103.1	101.2	106.6
湖州市	Huzhou	97.9	107.3	97.4	100.2	101.1	105.1
绍兴市	Shaoxing	101.5	106.1	97.7	98.7	112.3	102.5
金华市	Jinhua	100.2	104.4	96.2	102.6	102.4	103.0
衢州市	Quzhou	102.0	105.2	96.9	102.9	101.5	104.7
舟山市	Zhoushan	101.0	105.1	97.6	99.5	102.1	103.6
台州市	Taizhou	101.2	104.4	96.8	101.6	102.5	105.1
丽水市	Lishui	98.9	103.7	96.2	99.3	100.8	101.9
萧山区	Xiaoshan	103.8	106.3	95.5	98.5	103.4	106.9
建德市	Jiande	102.6	107.7	96.9	99.3	101.2	103.8
宁海县	Ninghai	98.4	108.4	97.3	100.6	102.2	104.9
瑞安市	Ruian	100.1	104.0	94.6	99.6	104.4	106.8
海宁市	Haining	102.7	107.0	96.3	99.5	101.5	104.4
桐乡市	Tongxiang	98.0	104.4	93.3	98.5	101.3	102.0
安吉县	Anji	98.6	107.3	94.4	101.1	101.8	103.9
新昌县	Xinchang	100.4	102.8	97.6	97.4	105.0	102.9
兰溪市	Lanxi	104.2	105.8	95.6	102.2	107.9	103.2
义乌市	Yiwu	104.4	109.2	97.8	99.9	100.6	100.7
江山市	Jiangshan	100.7	100.4	96.9	98.6	99.8	106.9
临海市	Linhai	100.4	101.1	98.8	99.7	102.3	105.6
龙泉市	Longquan	103.7	101.2	98.1	100.7	108.2	103.1

续表 2 Continued (上年 = 100)(preceding year = 100)

市(县)名称	City(County)	生活用品及服务 Articles for Daily Use and Services	交通和通信 Transportation and Communication	教育文化和娱乐 Education, Culture and Recreational Articles	医疗保健 Health Care Articles	其他用品和服务 Other Supplies and Services
杭州市	Hangzhou	100.2	101.5	104.1	101.7	101.4
宁波市	Ningbo	100.0	101.0	102.5	103.5	100.7
温州市	Wenzhou	99.9	101.5	101.3	102.4	100.8
嘉兴市	Jiaxing	99.4	100.5	102.4	102.6	100.7
湖州市	Huzhou	100.5	100.1	101.8	102.8	100.6
绍兴市	Shaoxing	101.6	100.1	101.8	103.0	100.6
金华市	Jinhua	101.7	101.5	103.6	103.4	99.7
衢州市	Quzhou	100.2	101.3	103.9	102.4	100.5
舟山市	Zhoushan	100.9	100.8	101.9	104.1	100.8
台州市	Taizhou	102.9	101.1	103.9	101.2	100.6
丽水市	Lishui	99.5	102.2	103.9	104.1	101.2
萧山区	Xiaoshan	101.7	101.9	101.8	101.6	101.9
建德市	Jiande	100.2	102.3	100.9	101.5	101.5
宁海县	Ninghai	101.3	100.9	102.4	101.0	102.7
瑞安市	Ruian	102.5	101.6	102.3	101.1	101.4
海宁市	Haining	101.4	101.9	103.4	102.8	101.7
桐乡市	Tongxiang	100.9	105.1	104.7	101.0	101.8
安吉县	Anji	100.9	101.3	101.5	101.9	104.1
新昌县	Xinchang	98.3	101.4	103.8	100.8	101.4
兰溪市	Lanxi	103.3	100.4	100.9	102.0	101.7
义乌市	Yiwu	101.0	101.9	101.9	102.2	103.7
江山市	Jiangshan	101.2	101.3	102.5	101.7	102.3
临海市	Linhai	101.4	101.3	101.5	101.4	105.4
龙泉市	Longquan	99.2	99.0	102.3	101.7	102.0

4-8 各市、县商品零售价格指数和农业生产资料价格指数(2017年)
General Price Index of Commodities and Agricultural Means of Production by City and County (2017)

(上年=100)(preceding year=100)

市(县)名称	City(County)	商品零售价格指数 General Retail Price Index of Commodities	食品 Food	饮料、烟酒 Beverages, Tobacco and Liquor	服装、鞋帽 Garments, Shoes and Hats	纺织品 Textiles	家用电器及音响器材 Household Appliances and Audio Eqiupment
杭州市	Hangzhou	101.0	100.6	101.3	99.9	105.3	98.5
宁波市	Ningbo	101.1	99.9	100.9	100.2	98.9	95.7
温州市	Wenzhou	101.5	99.8	101.8	101.7	100.9	99.6
嘉兴市	Jiaxing	101.1	100.1	102.0	101.1	96.6	96.1
湖州市	Huzhou	101.4	100.3	99.9	101.0	95.4	98.7
绍兴市	Shaoxing	101.8	98.8	100.8	112.6	102.5	97.8
金华市	Jinhua	102.1	100.2	99.9	102.3	102.2	98.4
衢州市	Quzhou	101.0	99.6	102.4	101.3	101.7	96.6
舟山市	Zhoushan	101.7	99.8	101.3	102.1	101.6	98.1
台州市	Taizhou	101.5	99.9	101.4	102.5	98.0	100.2
丽水市	Lishui	101.7	99.5	100.4	100.8	98.9	93.4
萧山区	Xiaoshan	101.9	100.2	100.9	103.4	100.5	101.0
建德市	Jiande	100.8	99.9	99.8	101.2	97.3	98.5
宁海县	Ninghai	101.6	100.9	100.9	102.1	100.7	98.3
瑞安市	Ruian	102.0	100.4	101.6	104.4	101.4	102.4
海宁市	Haining	101.8	99.7	100.3	101.3	100.6	99.0
桐乡市	Tongxiang	101.2	99.4	100.4	101.2	98.5	100.7
安吉县	Anji	101.6	98.8	104.9	101.8	101.1	100.8
新昌县	Xinchang	101.4	98.8	100.8	104.8	93.6	101.0
兰溪市	Lanxi	102.2	100.2	100.7	107.5	108.2	99.7
义乌市	Yiwu	102.1	100.5	100.7	100.6	97.8	99.7
江山市	Jiangshan	100.6	98.1	100.9	99.8	99.3	102.9
临海市	Linhai	101.1	98.5	100.6	102.2	97.3	100.6
龙泉市	Longquan	101.0	98.8	100.3	108.4	101.3	96.8

续表 1 Continued (上年=100)(preceding year=100)

市(县)名称	City(County)	文化办公用品 Culture and Official Articles	日用品 Articles for Daily Use	体育娱乐用品 Sports and Recreation	交通、通信用品 Transportation and Communication Articles	家具 Furniture	化妆品 Cosmetics
杭州市	Hangzhou	97.8	99.2	100.7	99.7	100.7	99.9
宁波市	Ningbo	99.5	100.4	98.1	97.8	102.2	102.3
温州市	Wenzhou	98.7	101.6	100.1	98.8	99.3	99.4
嘉兴市	Jiaxing	94.8	99.5	100.6	98.3	100.8	101.5
湖州市	Huzhou	100.0	101.8	99.4	98.3	100.2	99.0
绍兴市	Shaoxing	100.1	98.5	101.5	96.5	105.6	102.5
金华市	Jinhua	98.9	100.4	100.6	100.1	101.9	102.3
衢州市	Quzhou	99.9	101.4	102.5	97.6	99.4	101.0
舟山市	Zhoushan	97.7	102.0	101.2	97.8	101.8	101.9
台州市	Taizhou	99.9	101.4	102.6	98.8	103.1	99.8
丽水市	Lishui	99.4	100.1	96.7	99.8	104.7	108.9
萧山区	Xiaoshan	103.6	102.5	100.6	99.7	101.0	101.0
建德市	Jiande	100.4	101.1	98.3	97.5	102.0	99.2
宁海县	Ninghai	101.0	101.9	94.9	98.5	104.1	100.7
瑞安市	Ruian	102.0	100.7	99.6	99.8	100.0	104.2
海宁市	Haining	100.4	102.6	95.7	98.5	99.3	109.0
桐乡市	Tongxiang	99.5	100.1	98.9	101.9	100.2	99.9
安吉县	Anji	100.2	102.7	103.0	99.0	99.4	98.5
新昌县	Xinchang	100.8	97.8	100.9	100.0	99.3	98.7
兰溪市	Lanxi	98.8	104.0	100.7	98.8	99.8	98.5
义乌市	Yiwu	103.7	101.5	102.3	101.5	99.8	102.2
江山市	Jiangshan	98.4	100.7	99.8	96.8	100.0	101.5
临海市	Linhai	101.7	100.8	99.6	98.0	103.1	100.3
龙泉市	Longquan	100.1	99.2	101.3	96.8	100.2	99.3

续表 2 Continued (上年 = 100)(preceding year = 100)

市(县)名称	City(County)	金银饰品 Jewelry	中西药品及医疗保健用品 Traditional Chinese Westen Medicines and Medicines and Health Care	书报杂志及电子出版物 Newspaper, Magazines and Electronic Publication	燃料 Fuels	建筑材料及五金电料 Building Materials and Hardware and Electric Item	农业生产资料价格指数 Price Indices of Agricultural Means of Production
杭州市	Hangzhou	100.8	104.4	100.9	106.8	100.4	
宁波市	Ningbo	100.8	109.0	100.2	109.8	101.9	
温州市	Wenzhou	100.9	106.5	100.9	109.5	101.6	
嘉兴市	Jiaxing	100.9	107.6	101.3	108.9	104.4	
湖州市	Huzhou	100.8	107.4	100.9	108.8	103.5	
绍兴市	Shaoxing	100.8	108.2	101.1	109.4	102.6	
金华市	Jinhua	100.9	108.9	101.5	109.1	104.7	
衢州市	Quzhou	100.8	105.9	101.2	107.7	103.8	
舟山市	Zhoushan	100.8	108.9	101.1	107.9	108.0	
台州市	Taizhou	100.8	102.9	101.4	110.4	102.6	
丽水市	Lishui	100.9	109.0	101.1	110.1	105.0	
萧山区	Xiaoshan	106.1	104.9	100.9	107.0	102.9	101.9
建德市	Jiande	106.5	106.1	101.7	106.5	101.1	98.8
宁海县	Ninghai	106.4	103.1	101.8	108.2	107.3	102.0
瑞安市	Ruian	106.2	103.8	101.5	108.4	101.6	102.1
海宁市	Haining	106.4	109.8	102.2	107.6	101.8	102.8
桐乡市	Tongxiang	106.3	104.3	101.3	104.5	100.8	100.4
安吉县	Anji	106.1	106.3	101.0	107.7	102.3	100.8
新昌县	Xinchang	106.4	103.5	102.6	109.3	104.2	100.9
兰溪市	Lanxi	106.4	105.0	101.6	105.4	105.5	105.7
义乌市	Yiwu	106.5	108.6	101.2	107.7	102.0	104.2
江山市	Jiangshan	106.3	106.3	101.2	106.9	102.5	98.0
临海市	Linhai	106.3	104.6	102.1	108.2	105.8	102.3
龙泉市	Longquan	106.4	105.5	101.3	107.4	102.7	102.5

4-9 分月消费和零售价格指数(2017年)
Consumer Price Index and Retail Price Index of Commodities by Month(2017)

(上年同期=100)(preceding period=100)

项目	Item	1月	2月	3月	4月	5月	6月
居民消费价格指数	**Consumer Price Index**	**102.8**	**101.3**	**101.6**	**101.9**	**102.4**	**102.2**
城市	Urban Areas	102.9	101.4	101.6	101.9	102.4	102.3
农村	Rural Areas	102.6	101.2	101.5	101.8	102.2	102.0
#服务项目价格指数	**Services Price Index**	**103.1**	**102.3**	**102.9**	**103.2**	**103.1**	**103.6**
城市	Urban Areas	103.3	102.3	102.8	103.3	103.1	103.6
农村	Rural Areas	102.5	102.1	103.0	103.2	103.2	103.4
商品零售价格指数	**Retail Price Index of Commodities**	**102.3**	**101.3**	**101.4**	**101.5**	**102.0**	**101.5**
城市	Urban Areas	102.4	101.4	101.4	101.6	102.0	101.4
农村	Rural Areas	102.2	101.1	101.1	101.4	101.9	101.7
农业生产资料价格指数	**Price Index of Agricultural Means of Production**	**102.2**	**102.5**	**102.9**	**102.9**	**102.5**	**101.4**

续表 Continued

(上年同期=100)(preceding period=100)

项目	Item	7月	8月	9月	10月	11月	12月
居民消费价格指数	**Consumer Price Index**	**102.1**	**102.2**	**102.0**	**102.4**	**102.2**	**102.4**
城市	Urban Areas	102.2	102.2	101.9	102.3	102.2	102.4
农村	Rural Areas	101.9	102.2	102.1	102.6	102.2	102.4
#服务项目价格指数	**Services Price Index**	**103.8**	**104.1**	**104.0**	**104.2**	**104.3**	**104.2**
城市	Urban Areas	103.9	104.2	104.1	104.3	104.4	104.3
农村	Rural Areas	103.6	103.7	103.7	103.9	103.9	103.9
商品零售价格指数	**Retail Price Index of Commodities**	**101.0**	**101.0**	**100.8**	**101.4**	**101.2**	**101.5**
城市	Urban Areas	100.9	100.9	100.7	101.2	101.0	101.3
农村	Rural Areas	101.3	101.8	101.7	102.2	101.8	102.1
农业生产资料价格指数	**Price Index of Agricultural Means of Production**	**101.0**	**101.0**	**100.7**	**101.1**	**101.5**	**101.6**

4-10 固定资产投资价格指数(2008-2017年) Price Indinces of Investment in Fixed Assets(2008-2017)

(上年=100)(preceding year=100)

项目	Item	2008	2009	2010	2011	2012	2013	2014	2015	2016	2017
固定资产投资价格指数	**Price Index of Investment in Fixed Assets**	**109.3**	**96.7**	**104.7**	**107.5**	**99.2**	**100.0**	**100.6**	**97.4**	**99.5**	**105.8**
建筑安装工程	**Construction and Installation**	**113.7**	**94.6**	**106.7**	**111.4**	**98.6**	**99.5**	**100.3**	**95.4**	**99.3**	**109.3**
#人工费	Manpower	115.5	107.7	109.2	115.5	110.9	109.6	106.2	104.4	103.6	103.2
机械使用费	Using Expenses of Machanism	104.6	101.9	102.7	105.3	103.2	102.0	101.7	100.8	100.6	101.4
材料费	Materials	114.5	90.8	106.7	111.3	95.0	96.4	98.5	91.9	97.7	112.6
钢材	Steel Products	123.2	82.6	107.1	111.1	90.7	92.8	93.5	84.6	97.1	125.4
木材	Timber	109.3	100.9	103.8	107.9	103.2	101.2	101.0	100.1	100.3	102.7
水泥	Cement	108.4	96.1	109.6	115.2	91.9	96.6	102.2	93.8	96.7	107.2
地方材料	Local Materials	107.4	101.3	106.3	111.5	101.2	100.0	103.2	98.1	98.4	104.8
化工材料	Chemical Materials	109.8	99.0	105.3	107.6	102.6	100.7	100.0	94.3	96.4	104.1
电料	Electrical Material	104.7	96.1	106.5	108.1	100.2	99.8	100.4	97.9	99.4	104.5
其他材料	Others	104.1	100.3	103.0	105.2	101.5	100.5	100.7	99.7	99.8	102.3
设备、工器具购置	**Purchase of Equipment, Tools and Instruments**	**101.2**	**96.2**	**101.3**	**101.6**	**98.5**	**98.7**	**99.5**	**99.2**	**98.9**	**100.7**
其他费用投资	**Others**	**106.6**	**102.5**	**102.6**	**103.1**	**101.5**	**102.3**	**102.0**	**100.9**	**100.5**	**101.2**

4-11 工业生产者出厂价格指数(2008-2017年)
Producer Price Indices for Manufactured Goods(2008-2017)

(上年=100)(preceding year=100)

项目	Item	2008	2009	2010	2011	2012	2013	2014	2015	2016	2017
全 省	**Zhejiang**	**104.3**	**94.9**	**106.2**	**105.0**	**97.3**	**98.2**	**98.8**	**96.40**	**98.30**	**104.80**
轻工业	**Light Industry**	**103.6**	**96.4**	**104.8**	**105.1**	**98.1**	**99.2**	**99.4**	**98.2**	**99.1**	**103.5**
以农产品为原料	Using Farm Products as Raw Materials	103.1	97.9	104.8	105.5	99.5	99.9	99.7	99.2	99.6	102.8
以非农产品为原料	Using Non-farm Products as Raw Materials	104.0	95.1	104.9	104.6	96.0	98.1	98.8	96.7	98.4	104.4
重工业	**Heavy Industry**	**105.3**	**92.6**	**108.2**	**104.9**	**96.7**	**97.5**	**98.5**	**95.1**	**97.8**	**105.6**
采掘	Mining and Quarrying Industry	110.1	94.6	116.5	115.3	99.5	100.0	102.8	94.2	97.0	106.5
原料	Raw Material Industry	107.4	93.5	110.2	106.9	97.8	97.6	98.2	92.5	96.3	107.4
加工	Manufacturing Industry	104.0	92.1	106.9	104.0	96.3	97.4	98.6	96.2	98.4	104.9
生产资料	**Means of Production**	**104.8**	**93.4**	**107.9**	**105.5**	**96.3**	**97.6**	**98.5**	**95.2**	**97.6**	**106.2**
采掘	Mining and Quarrying Industry	110.1	94.6	116.5	115.3	99.5	100.0	102.8	94.2	97.0	106.5
原料	Raw Material Industry	105.0	92.6	112.2	108.3	95.8	97.3	97.5	91.9	95.9	109.1
加工	Manufacturing Industry	104.7	93.7	106.3	104.5	96.4	97.8	98.8	96.5	98.3	105.1
生活资料	**Means of Subsistence**	**102.8**	**98.6**	**101.7**	**103.5**	**100.0**	**99.6**	**99.8**	**99.6**	**100.2**	**100.7**
食品	Food	105.8	99.6	103.4	105.6	100.9	100.1	100.3	99.4	100.7	100.6
衣着	Clothing	101.4	99.2	101.6	104.6	101.1	100.5	99.8	100.5	100.6	100.8
一般日用品	Articles for Daily Use	103.2	97.3	101.8	102.6	98.9	98.6	99.5	98.8	100.2	100.7
耐用消费品	Durable Consumer Goods	102.0	98.9	100.2	101.2	99.6	99.4	99.8	99.6	99.3	100.7
分部门	**Subsector**										
冶金工业	Metallurgical Industry	106.3	85.9	115.0	107.2	92.5	94.6	96.1	91.4	99.0	117.4
电力工业	Power Industry	100.9	101.5	102.0	102.9	103.3	100.8	100.6	98.5	97.8	99.5
煤炭及炼焦工业	Coal Industry	107.7	99.3	107.2	108.2	102.0	90.6	85.9	82.5		
石油工业	Petroleum Industry	123.8	88.8	119.7	115.0	102.1	97.4	96.5	77.1	90.6	109.3
化学工业	Chemical Industry	104.3	89.9	110.2	107.5	93.6	96.5	97.8	93.7	96.4	108.4
机械工业	Machinery Industry	103.2	95.6	102.5	101.8	97.6	98.1	99.0	98.3	98.6	100.6
建筑材料工业	Building Materials Industry	109.6	97.2	108.6	111.7	94.0	98.8	102.6	93.6	98.3	109.6
森林工业	Timber Industry	102.2	99.3	102.8	102.7	101.1	100.3	101.7	99.9	99.8	101.3
食品工业	Food Industry	106.4	99.3	104.0	106.0	101.3	100.4	100.3	99.2	100.4	100.5
纺织工业	Textile Industry	101.9	97.0	108.5	106.9	97.6	99.8	99.7	98.5	98.2	102.9
缝纫工业	Tailoring Industry	101.7	99.3	101.7	105.0	100.8	100.3	99.6	100.6	100.6	100.8
皮革工业	Leather Industry	102.3	98.2	101.4	103.8	102.7	101.8	100.5	100.0	100.2	100.8
造纸工业	Paper Industry	108.4	93.3	105.4	102.4	96.6	96.4	98.2	97.3	99.9	115.5
文教艺术品工业	Cultural, Educational & Handicrafts Articles Industry	102.1	98.4	100.4	102.2	100.0	99.4	100.2	100.4	99.8	101.8
其他工业	Others	103.6	97.9	102.7	103.3	100.2	100.2	98.8	98.8	102.3	102.0

4－12 按行业分的工业生产者出厂价格指数(2015－2017年)
Producer Price Indices for Manufactured Goods by Sector(2015－2017)

(上年＝100)(preceding year＝100)

项目	Item	2015	2016	2017
总指数	**General Index**	**96.4**	**98.3**	**104.8**
黑色金属矿采选业	Ferrous Metals Mining and Dressing	72.0	98.3	114.9
有色金属矿采选业	Nonferrous Metals Mining and Dressing	91.6	95.7	113.6
非金属矿采选业	Nonmetal Minerals Mining and Dressing	99.2	97.1	104.5
农副食品加工业	Non－staple Food Processing	98.3	100.7	100.7
食品制造业	Food Manufacturing	99.7	98.7	101.4
酒、饮料和精制茶制造业	Wine, Soft Drinks and Refined Tea Manufacturing	99.4	100.0	100.2
烟草制品业	Tobacco Processing	100.0	100.2	100.0
纺织业	Textile Industry	98.8	98.5	102.8
纺织服装、鞋帽制造业	Garments and Apparel Industry	101.2	101.5	99.9
皮革、毛皮、羽毛及其制品和制鞋业	Leather,Furs,Down and Related Production, Shoes Manufacturing	99.8	100.0	101.2
木材加工和木、竹、藤、棕、草制品业	Timber Processing,Bamboo,Cane Palm Fiber and Straw Production	99.7	98.9	101.1
家具制造业	Furniture Manufacturing	100.3	101.5	101.7
造纸和纸制品业	Papermaking and Paper Production	97.2	99.9	115.5
印刷和记录媒介复制业	Printing and Record Medium Reproduction	100.3	98.7	101.6
文教、工美、体育和娱乐用品制造业	Cultural and Educational,Arts and Crafts,Sports and Entertainment Goods	99.0	103.0	102.0
石油加工、炼焦和核燃料加工业	Petroleum Processing,Cooking and Nuclear Fuel Processing	75.6	91.2	112.6
化学原料和化学制品制造业	Raw Chemical Materials and Chemical Production	93.1	96.1	111.6
医药制造业	Medical and Pharmaceutical Production	98.1	99.0	98.6
化学纤维制造业	Chemical Fiber	89.6	95.1	114.7
橡胶和塑料制品业	Rubber and Plastic Production	96.0	97.3	102.7
非金属矿物制品业	Nonmetal Mineral Production	93.8	98.3	109.2
黑色金属冶炼和压延加工业	Smelting and Pressing of Ferrous Metals	87.0	101.2	123.5
有色金属冶炼和压延加工业	Smelting and Pressing of Nonferrous Metals	91.6	96.5	123.3
金属制品业	Metal Production	97.1	98.6	105.8
通用设备制造业	Equipment in Common Use	98.3	98.2	101.5
专用设备制造业	Special Purpose Equipment	99.0	98.9	100.0
汽车制造业	Automotive Manufacturing	98.6	98.6	99.5
铁路、船舶、航空航天和其他运输设备制造业	Railway, Shipbuilding, Aerospace and other Transport Equipment	99.5	100.0	101.3
电气机械和器材制造业	Electric Equipment and Machinery	97.5	97.8	101.6
计算机、通信和其他电子设备制造业	Computers, Communications and Other Electronic Equipment Manufacturing	98.2	99.4	98.5
仪器仪表制造业	Instruments Manufacturing	99.1	98.7	98.1
其他制造业	Other Manufacturing	99.2	100.4	101.9
废弃资源综合利用业	Comprehensive Utilization of Waste Resources	84.5	99.2	116.0
金属制品、机械和设备修理业	Metal Products,Machinery and Equipment Repair Industry	99.7	101.6	99.5
电力、热力生产和供应业	Production and Supply of Electricity and Heating Power	98.6	97.9	99.3
燃气生产和供应业	Production and Supply of Gas	89.3	88.2	96.6
水的生产和供应业	Production and Supply of Water	101.6	101.1	102.8

4-13 工业生产者购进价格分类指数(2008-2017年)
Producer Purchasing Price Indinces by Category(2008-2017)

(上年=100)(preceding=100)

项目	Item	2008	2009	2010	2011	2012	2013	2014	2015	2016	2017
总指数	**General Purchasing Price Index**	**110.6**	**92.6**	**112.0**	**108.3**	**96.7**	**97.7**	**98.2**	**94.5**	**97.8**	**109.6**
燃料动力类	Fuels and Motive Power	120.5	91.7	113.9	107.6	99.5	97.4	98.4	91.6	96.4	114.9
黑色金属材料类	Ferrous Metal Material	119.8	84.7	108.7	107.1	94.1	95.5	95.3	89.5	98.6	117.8
有色金属材料和电线类	Nofferrous Metal Materials and Electric Wire	94.1	83.4	125.2	111.7	92.6	94.3	96.4	92.1	97.0	117.5
化工原料类	Chemical Raw Materials	107.8	88.2	113.2	111.1	95.4	97.4	97.7	91.8	96.5	111.9
木材及纸浆类	Logging and Paper Pulp	106.2	96.4	106.7	103.8	96.9	98.1	98.8	99.4	99.8	109.0
建筑材料类及非金属矿类	Building Materials and Nonmetal Minerals	110.1	94.8	103.9	109.2	98.2	98.6	100.9	96.3	95.7	117.0
其他工业原材料及半成品类	Other Industrial Raw Materials	107.0	96.6	110.1	106.5	97.2	98.0	98.0	96.4	98.6	104.0
农副产品类	Farm Products	105.0	95.8	110.5	110.1	98.5	99.5	101.1	99.5	98.6	102.6
纺织原料类	Textile Raw Materials	101.9	97.8	110.5	109.7	97.1	100.3	99.9	98.3	98.9	102.6

浙/江/统/计/年/鉴

主要统计指标解释

■ 居民消费价格

是指城乡居民购买并用于日常生活消费的商品和服务项目的价格。按用途划分为食品烟酒、衣着、居住、生活用品及服务、交通和通信、教育文化和娱乐、医疗保健、其他用品和服务等8个大类的居民消费价格。居民消费价格调查的任务是调查、搜集和整理这些商品和服务项目的价格，并编制居民消费价格指数（英文名称：-Consumer Price Index 缩写：CPI），旨在反映一定时期内居民所消费商品及服务项目的价格水平变动趋势和变动程度。居民消费价格水平的变动率在一定程度上反映了通货膨胀（或紧缩）的程度。编制居民消费价格指数的目的，是了解各地价格变动的基本情况，分析研究价格变动对社会经济和居民生活的影响，满足各级政府制定政策和计划、进行宏观调控的需要，以及为国民经济核算提供参考依据。

■ 商品零售价格

是商品在流通过程中最后一个环节的价格，是工业、商业、餐饮业和其他零售企业向城乡居民、机关团体出售生活消费品和办公用品的价格。包括食品、饮料烟酒、服装鞋帽、纺织品、家用电器及音像器材、文化办公用品、日用品、体育娱乐用品、交通通信用品、家具、化妆品、金银饰品、中西药品及医疗保健用品、书报杂志及电子出版物、燃料、建筑材料及五金电料等16个大类，197个基本分类的商品零售价格。商品零售价格调查的任务是系统地调查、搜集和整理市场商品零售价格资料，编制商品零售价格指数（RPI），以此反映市场商品零售价格的变动趋势和变动程度。其目的在于掌握商品价格的变动趋势，为国家宏观调控和国民经济核算提供参考依据。

■ 农业生产资料价格

是农业生产资料在流通领域最后一个环节的价格，是工业、商业及其他单位和个人向农民出售农业生产资料（包括主要生产性服务，下同）的价格。包括农用手工工具、饲料、仔畜幼禽及产品畜、半机械化农具、机械化农具、化学肥料、农药及农药器械、农机用油、其他农用生产资料、农业生产服务等10个大类。农业生产资料价格调查的任务是系统地调查、搜集和整理市场上农业生产资料的价格，编制农业生产资料价格指数（AMPI），据此测定全国市场农业生产资料价格变动趋势和变动程度。其目的在于掌握农业生产资料的平均价格水平，为国家制定经济政策提供依据；同时，为研究城乡市场流通状况和国民经济核算提供参考依据。

■ 工业生产者价格

包括工业企业产品第一次出售时的出厂价格和企业作为中间投入的原材料、燃料、动力购进价格。工业生产者出厂价格调查37个工业行业大类，涵盖656个基本分类的3300多种工业产品的价格；工业生产者购进价格统计调查涵盖547个基本分类的2600多种工业产品的价格。工业生产者价格调查的任务是系统地调查、搜集各工业行业产品出厂价格和原材料购进价格，编制工业生产者出厂价格指数（PPI）和工业生产者购进价格指数(IPI),反映工业生产者价格变动趋势和变动程度。其目的在于及时、准确、科学地为国民经济核算、计算工业发展速度、宏观经济分析和调控、理顺价格体系等提供科学、准确的依据。

■ 固定资产投资价格

固定资产投资价格是构成固定资产投资额实体的实际购进价格或结算价格。包括构成当年建筑工程实体的钢材、木材、水泥、地方建筑材料、电料、化工材料等主要建筑材料价格；作为活劳动投入的劳动力价格(单位工资)和各种施工机械使用价格；设备工器具购置和其他费用投资价格。固定资产投资价格调查的任务是搜集全社会及各类工程固定资产投资经济活动中涉及的各种价格资料和费用资料，并掌握各种平均价格水平和费用标准。编制固定资产投资价格指数，其目的在于及时、准确地反映全社会及各类工程固定资产投资中涉及的各类投资品和取费项目价格的变动趋势和变动幅度，消除按现价计算的固定资产投资指标中的价格变动因素，真实地反映全社会及各类工程固定资产投资的规模、速度、结构和效益，为国家及各部门科学地制定、检查固定资产投资计划和进行国民经济核算提供科学的、可靠的依据。

主要统计指标解释

主要统计指标解释

■ 住宅销售价格指数

分为新建商品住宅销售价格指数和二手住宅销售价格指数。编制住宅销售价格指数其目的在于全面了解和掌握相关城市新建住宅和二手住宅销售价格及其变动情况，为做好国民经济核算和房地产市场调控工作、满足社会公众需要提供基础统计信息。

■ 农产品生产者价格

是指农产品生产者第一手（直接）出售其产品时实际获得的单位产品价格。全面收集农产品生产者价格资料，编制农产品生产者价格指数，其目的是客观反映农产品生产者价格水平和结构变动情况，满足农业与国民经济核算需要，为各级政府制定农业保护与农产品流通政策提供决策依据，向社会各界提供优质的农产品价格信息服务。

ZHEJIANG STATISTICAL YEARBOOK

Explanatory Notes on Main Statistical Indicators

□ Consumer Price

It refers to the price of goods and services purchased by urban and rural residents and used for daily consumption. Consumer prices are classified into eight categories by use: food, tobacco, wine, clothing, housing, household goods and services, transportation and communication, education, culture and entertainment, medical care, other goods and services. The task of the consumer price survey is to investigate, collect and sort out the prices of these goods and services, and to compile a consumer price index (CPI) to reflect the trend and degree of price changes of the goods and services consumed by the residents over a certain period of time. The rate of change in consumer prices reflects to a certain extent the extent of inflation (or contraction). The purpose of compiling the consumer price index is to understand the basic situation of price changes in various parts of the country, to analyze the impact of price changes on social economy and residents' lives, to meet the needs of governments at all levels in formulating policies and plans, and to carry out macro-control, and to provide a reference for national economic accounting

□ Retail Price of Commodities

It is the price of the last link in the circulation of commodities. it is the price of consumer goods and office supplies sold to urban and rural residents and government organizations by industry, commerce, catering and other retail enterprises. including food, beverage, tobacco and alcohol, clothing, shoes and hats, textiles, household appliances and audio-visual equipment, cultural office supplies, daily necessities, sports and entertainment products, traffic and communications supplies, furniture, cosmetics, gold and silver jewelry, Chinese and Western medicines and medical and health care supplies, books, newspapers, magazines and electronic publications, fuel, building materials and hardware electricity and so on 16 broad categories, 197 basic classification commodity retail price. the task of commodity retail price survey is to systematically investigate, collect and collate the data of commodity retail price in the market, and compile the commodity retail price index (RPI), so as to reflect the changing trend and degree of commodity retail price in the market. its purpose is to grasp the changing trend of commodity prices, and to provide a reference for national macro-control and national economic accounting.

□ Price of Agricultural Means of Production

It is the price of the last link in the circulation of agricultural means of production, and the price of the means of agricultural production (including the main productive services, the same below) sold to farmers by industrial, commercial and other units and individuals. it includes 10 categories, such as agricultural hand tools, feed, young poultry and livestock products, semi-mechanized farm tools, mechanized farm tools, chemical fertilizers, pesticides and pesticide appliances, agricultural machinery oil, other means of agricultural production, agricultural production services and so on. the task of the price survey of agricultural means of production is to systematically investigate, collect and sort out the prices of agricultural means of production in the market, compile the price index of agricultural means of production (AMPI), and then measure the trend and degree of change of the prices of agricultural means of production in the national market. the purpose is to grasp the average price level of agricultural means of production, to provide a basis for the state to formulate economic policies; at the same time, to provide a reference for the study of urban and rural market circulation and national economic accounting.

□ Industrial Producer Price

The price of industrial producers including industrial products for the first time at the time of the sale price and the enterprise as raw materials, fuel and power purchase price of intermediate inputs.industrial producer price survey of 37 industry categories, covering 656 basic classification of more

EXPLANATORY NOTES ON MAIN STATISTICAL INDICATORS

than 3300 kinds of industrial product prices; producer price survey covers 547 basic classification of more than 2600 kinds of industrial products price. industrial producer price survey is the task of systematically investigating and collecting the industrial product prices and raw material purchase price, factory price index of industrial producer (PPI) and industrial producer price index (IPI), reflecting the industrial producer prices trend and degree of changes. its purpose is to timely, accurately and scientifically for the national economic accounting, the calculation speed of industrial development, economic analysis and regulation, rationalize the price system so as to provide scientific and accurate basis.

□ Fixed Asset Investment Price

It constitutes the actual purchase price or settlement price of the entity of fixed assets investment. It includes the prices of the main building materials, such as steel, timber, cement, local building materials, electrical and chemical materials, which constitute the entity of the construction project in that year; the labor price (unit wage) as input of living labor and the use price of various construction machinery; the purchase price of equipment and appliances and the investment price of other expenses. the task of the fixed assets investment price survey is to collect all kinds of price data and expense data involved in the whole society and all kinds of Engineering fixed assets investment economic activities, and to grasp all kinds of average price level and expense standard. the purpose of compiling the fixed assets investment price index is to reflect the changing trend and range of the prices of all kinds of investment products and fee-collecting items involved in the fixed assets investment of the whole society and all kinds of projects in a timely and accurate manner, to eliminate the price variation factors in the fixed assets investment index calculated according to the present price, and to truly reflect the whole society. the scale, speed, structure and benefits of investment in fixed assets of various projects will provide a scientific and reliable basis for the state and various departments to formulate and examine investment plans for fixed assets and conduct national economic accounting.

□ Residential Sales Price Index

It is divided into newly built commercial housing sales price index and second-hand housing sales price index. the purpose of compiling housing sales price index is to fully understand and grasp the sales prices and their changes of new and second-hand housing in relevant cities, and to provide basic statistical information for national economic accounting, real estate market regulation and control, and meeting the needs of the public.

□ Producer Price of Agricultural Products

It refers to the actual unit price of a farm product producer who sells the product first hand (directly). The purpose of collecting price data of producers of agricultural products and compiling price index of producers of agricultural products is to objectively reflect the price level and structural changes of producers of agricultural products, to meet the needs of agricultural and national economic accounting, to provide decision-making basis for governments at all levels to formulate policies on agricultural protection and circulation of agricultural products, and to provide decision-making basis for all sectors of society. To provide quality information service for agricultural products

2018
浙江统计年鉴
ZHEJIANG STATISTICAL YEARBOOK

人民生活
People’s Livelihood

5－1 人民物质文化生活 People's Material and Cultural Life

项目		Item		2010	2011	2012	2013	2014	2015	2016	2017
城乡居民收入与支出	（元）	**Income and Expenditure of Urban and Rual Residents**	（yuan）								
农村居民人均可支配收入		Annual Per Capita Disposable Income of Rural Residents		11303	13071	14552	17494	19373	21125	22866	24956
农村居民人均消费支出		Annual Per Capita Living Expenditure of Rural Residents		8390	9644	10208	12803	14498	16108	17359	18093
城镇居民人均可支配收入		Annual Per Capita Disposable Income of Urban Residents		27359	30971	34550	37080	40393	43714	47237	51261
城镇居民人均消费支出		Annual Per Capita Expenditure of Urban Residents		17858	20437	21545	25254	27242	28661	30068	31924
居民消费水平	（元）	**Per Capita Consumption**	（yuan）	**18274**	**21346**	**22845**	**24771**	**26885**	**28712**	**30743**	**33851**
农村居民		Rural Residents		10273	12371	13724	15458	17281	19953	22028	23717
城镇居民		Urban Residents		23655	26856	28259	30101	32186	33359	35152	38730
居民生活质量		**Quality of Living**									
居民人均住房面积	（平方米）	Per Capita Floor Space of Residents Buildings	（sq. m）								
农村居民		Rural Areas		58.53	60.80	61.50	60.82	61.53	61.28	60.27	60.43
城镇居民		Urban Areas		35.29	36.90	37.10	38.82	40.89	40.53	40.87	41.51
交通		**Traffic**									
农村每百户拥有家用汽车	（辆）	Number of Household Cars Per 100 Households in Rural Areas	（unit）	7.79	13.40	15.20	18.86	19.18	25.41	30.17	33.35
城镇每百户拥有家用汽车	（辆）	Number of Household Cars Per 100 Households in Urban Areas	（unit）	26.43	33.73	36.50	38.87	43.45	47.90	53.29	55.54
储蓄		**Savings**									
城乡居民储蓄存款年末余额	（亿元）	Balance of Savings Deposit of Rural and Urban Residents	（100 million yuan）	20612	23470	26407	28923	30666	34219	38077	40192
平均每人储蓄存款余额	（元）	Per Capita Balance of Savings Deposits	（yuan）	37845	42962	48214	52606	55676	61778	68116	71049

续表　Continued

项目		Item		2010	2011	2012	2013	2014	2015	2016	2017
文化、教育及卫生		**Culture, Education and Public Health**									
农村每百户拥有彩色电视机	（台）	Number of Color Tv Sets Per 100 Households in Rural Areas	(unit)	161	168	172	151	157	161	170	176
城镇每百户拥有彩色电视机	（台）	Number of Color Tv Sets Per 100 Households in Urban Areas	(unit)	186	185	187	165	173	174	174	179
农村每百户拥有家用电脑	（台）	Number of Computer Per 100 Households in Rural Areas	(unit)	35.64	43.28	47.77	35.65	39.68	45.47	49.31	52.24
城镇每百户拥有家用电脑	（台）	Number of Computer Per 100 Households in Urban Areas	(unit)	89.84	103.57	106.38	89.56	96.01	95.68	93.01	95.60
每百人每天有报纸杂志	（台）	Daily Newspapers and Magazines Per 100 persons	(unit)	17.0	18.4	17.8	17.7	17.2	14.5	13.3	11.6
学龄儿童入学率	（%）	Enrollment Percentage of School age Children	(%)	99.99	99.99	99.99	99.99	99.99	99.99	99.99	99.99
每千人口拥有在校大学生数	（人）	Students Enrollment in University Per 1000 Persons	(person)	17.13	17.56	18.02	18.51	18.86	19.04	19.11	19.15
每千人口拥有医疗床位数	（张）	Number of Hospital Beds Per 1000 Persons	(Piece)	3.38	3.57	3.89	4.18	4.47	4.92	5.22	5.58
每千人口拥有医生数	（人）	Number of Doctors Per 1000 Persons	(person)	2.21	2.28	2.37	2.52	2.65	2.85	3.01	3.17
就业		**Employment**									
城镇登记失业率	（%）	Registered Unemployment Rate in Urban Areas	(%)	3.20	3.12	3.01	3.01	2.96	2.93	2.87	2.73
农村居民家庭每一劳动力负担人数	（人）	Number of Dependents Per Rural Laborer in Rural Households	(person)	1.35	1.37	1.37	1.54	1.56	1.58	1.57	1.58
城镇每一就业者负担人数	（人）	Number of Dependents Per Urban Employee	(person)	1.95	1.95	1.94	1.72	1.74	1.77	1.79	1.80
邮电通信		**Post and Telecommumication**									
电话普及率	（部/每人）	Telephone Popularization Rate	(set/person)	130.2	140.8	151.4	161.1	164.6	162.8	153.6	157.5
固定电话	（部/每人）	Fixed Telephones	(set/person)	36.9	35.6	34.2	32.4	30.0	27.2	23.2	21.7
移动电话	（部/每人）	Mobile Telephones	(set/person)	93.3	105.2	117.2	128.7	134.6	135.6	130.4	135.8

注：1、从2013年起，国家统计局开展了城乡一体化住户收支与生活状况调查，与2013年前的分城镇和农村住户调查的调查范围、调查方法、指标口径有所不同（以后各表同）。农村居民人均可支配收入2013年前为农村居民人均纯收入。
National Bureau of Statistics of China strted an integrated households income and expenditure survey, including both urban and rural households since 2013. The coverage, the methodology and definitions used in the survey has been changed compared with before. The same applies to the relevant tables following. The data of per capita disposable income of rural households refer to the per capita net income of rural households before 2013.
2、每百人每天拥有报纸、每千人口拥有医疗床位和拥有医生数均按常住人口计算。
Daily Newspapers and Magazines Per 100 Persons, Number of Hospital Beds and Number of Doctors Per 1000 Persons are calculated at permanent residence.

5－2 分行业全社会单位就业人员年平均工资
Average Wage of Employed Persons in the units By Sector

单位：元（yuan）

行业	Sector	全部单位 Average Wage of Employed Persons in Urban Units		非私营单位 Average Wage of Employed Persons In Urban Units without the Private		私营单位 Average Wage of Employed Persons In Urban Private Units	
		2016	2017	2016	2017	2016	2017
总计	**Total**	**56068**	**60665**	**73326**	**80750**	**45005**	**48289**
农、林、牧、渔业	Farming, Forestry, Animal Husbandry and Fishery	38164	45247	61992	65914	37295	44453
采矿业	Ming and Quarrying	42799	51010	48428	57590	41101	48843
制造业	Manufacturing	48539	51998	60390	65173	43381	46046
电力、热力、燃气及水生产和供应业	Electricity, Heat, Gas and Water Production and Supply	111050	116147	122323	127722	51896	53260
建筑业	Construction	47745	50042	50350	51879	46103	49065
批发和零售业	Wholesale and Retail Sale Trade	48822	52711	71347	77636	43674	47020
交通运输、仓储及邮政业	Transport, Storage and Post	67908	71654	83408	87811	49734	54573
住宿和餐饮业	Hotels and Catering Services	41404	42693	45713	47339	39143	40302
信息传输、软件和信息技术服务业	Information Transmission, Software and Information Technology Services	92223	104697	145657	165532	54290	63410
金融业	Finance	127849	129774	130813	132411	46995	74933
房地产业	Real Estate	58104	61059	71088	74546	48467	51698
租赁和商务服务业	Leasing and Business Services	54806	58115	65365	69885	50578	54142
科学研究和技术服务业	Scientific Research and Technic Services	75434	83061	99537	120521	59081	60952
水利、环境和公共设施管理业	Water Conservancy, Environment and Public Facilities Management	55573	58589	61104	66032	45354	45500
居民服务、修理和其他服务业	Resident Services, Repair and Other Services	40563	43408	58157	63285	37954	40210
教育	Education	97270	107478	102888	114415	41950	43525
卫生和社会工作	Health Care and Social Work	111668	123983	117116	131742	56087	60280
文化、体育和娱乐业	Culture, Sports and Recreation	62757	70629	97257	109932	39623	44535
公共管理、社会保障和社会组织	Public Management ,Social Security and Social Organization	108789	124495	108789	124495		

5-3 非私营单位就业人员工资总额(1985-2017年)
Total Wages of Employed Persons in Non Privite Units(1985-2017)

单位:亿元(100 million yuan)

年份 Year	工资总额 Total Wages of Staff and Workers	国有单位 State-owned Units	集体单位 Collective Owned Units	其他经济单位 Units of Other Types of Ownership
1985	47.85	28.69	18.91	0.25
1986	58.01	35.45	22.23	0.33
1987	66.62	40.68	25.44	0.50
1988	85.04	52.71	31.50	0.83
1989	94.46	59.08	34.17	1.21
1990	102.76	66.10	35.33	1.33
1991	115.98	74.42	39.39	2.17
1992	138.04	90.82	43.44	3.78
1993	192.98	123.08	58.80	11.10
1994	274.27	175.09	76.99	22.19
1995	324.25	201.67	90.46	32.12
1996	361.84	222.18	98.06	41.60
1997	402.01	251.85	100.13	50.03
1998	422.51	257.01	74.83	90.67
1999	456.04	273.77	66.23	116.04
2000	501.07	293.83	56.99	150.25
2001	589.48	351.40	47.61	190.47
2002	664.01	397.69	47.24	219.08
2003	797.54	469.63	49.68	278.23
2004	1016.42	573.10	60.76	382.56
2005	1311.93	676.28	59.54	576.11
2006	1591.84	762.03	61.34	768.47
2007	1937.41	886.50	67.71	983.20
2008	2359.05	990.08	72.33	1296.64
2009	2752.31	1128.21	82.18	1541.92
2010	3305.34	1269.78	97.32	1938.24
2011	4039.88	1398.77	110.22	2530.88
2012	5138.49	1590.88	114.86	3432.75
2013	5985.13	1715.04	116.95	4153.14
2014	6666.84	1874.46	113.39	4679.00
2015	7110.25	2116.96	85.49	4907.80
2016	7673.11	2371.38	83.90	5217.83
2017	8319.08	2670.84	84.54	5563.70

注：本表1985-2012年为单位在岗职工工资总额。
The data of this table refers to wages of currently employed staff and workers in units between 1985 and 2012.

5－4 非私营单位就业人员平均工资(1985－2017年)
Average Wage of Employed Persons in Non Privite Units(1985－2017)

单位:元(yuan)

年份 Year	平均工资 Average Wage	国有单位 State－owned Units	集体单位 Collective Owned Units	其他单位 Units of Other Types of Ownership
1985	1159	1226	1071	1247
1986	1346	1442	1271	1455
1987	1493	1584	1365	1635
1988	1841	1961	1667	2014
1989	2031	2158	1838	2209
1990	2220	2383	1964	2412
1991	2422	2583	2152	2831
1992	2884	3088	2507	3368
1993	3932	4168	3439	4544
1994	5597	6034	4671	6334
1995	6619	6952	5702	7813
1996	7413	7734	6414	8672
1997	8386	8847	7026	9584
1998	9259	10012	7230	9432
1999	10632	11684	8229	10167
2000	12414	13775	9479	11539
2001	15770	18926	11281	13508
2002	18227	22195	13281	14650
2003	20853	26651	15174	16036
2004	23101	32736	17265	16653
2005	25572	38313	19659	18813
2006	27567	42258	21856	20823
2007	30854	48130	25005	23597
2008	34146	53476	29137	26963
2009	37395	59550	31653	29618
2010	41505	65440	36038	33689
2011	46660	72383	41817	39165
2012	50813	76150	47562	44112
2013	56571	81157	52070	50390
2014	61572	87609	56684	55124
2015	66668	96633	55333	58989
2016	73326	109064	57061	64078
2017	80750	122415	59295	69739

注：本表1985－2012年为单位在岗职工平均工资。
The data of this table refers to the average wage of currently employed staff and workers between 1985 and 2012.

5-5 分行业非私营单位就业人员工资总额
Total Wages of Employed Persons in Non Privite Units by Sector

单位:亿元(100 million yuan)

行业	Sector	工资总额 Total Wages of Staff and Worker		国有单位 State-owned Units		集体单位 Urban Collective Owned Units		其他单位 Units of Other Types of Ownership	
		2016	2017	2016	2017	2016	2017	2016	2017
总计	**Total**	**7673.11**	**8319.08**	**2371.38**	**2670.84**	**83.90**	**84.54**	**5217.83**	**5563.70**
农、林、牧、渔业	Farming, Forestry, Animal Husbandry and Fishery	2.63	3.10	2.12	2.41	0.02	0.02	0.49	0.67
采矿业	Mining and Quarrying	2.98	2.78	0.25	0.22	0.08		2.65	2.55
制造业	Manufacturing	1900.02	2028.20	17.66	16.71	2.53	1.86	1879.83	2009.63
电力、热力、燃气及水生产和供应业	Electricity, Heat, Gas and Water Production and Supply	146.16	157.76	76.27	72.38	1.50	1.56	68.39	83.83
建筑业	Construction	1519.37	1416.74	11.22	12.08	33.89	34.96	1474.26	1369.70
批发和零售业	Wholesale and Retail Sale Trade	273.37	297.08	18.54	18.56	2.16	1.65	252.67	276.88
交通运输、仓储和邮政业	Transportation, Storage and Post	261.82	272.68	62.28	72.56	1.73	2.18	197.82	197.94
住宿和餐饮业	Hotels and Catering Services	60.94	66.41	5.59	5.99	0.70	0.60	54.65	59.81
信息传输、软件和信息技术服务业	Information Transmission, Software and Information Technology Services	263.14	366.81	9.73	8.01	0.56	0.51	252.85	358.30
金融业	Finance	583.64	631.13	67.73	43.54	4.79	2.76	511.13	584.83
房地产业	Real Estate	145.64	160.29	7.77	7.97	1.94	1.45	135.93	150.87
租赁和商务服务业	Leasing and Business Services	185.49	206.94	46.37	45.92	6.52	6.43	132.60	154.59
科学研究和技术服务业	Scientific Research and Technic Services	182.72	225.36	73.56	83.26	2.15	2.51	107.01	139.59
水利、环境和公共设施管理业	Water Conservancy, Environment and Public Facilities Management	64.56	67.96	39.22	40.89	0.81	0.77	24.53	26.31
居民服务、修理和其他服务业	Resident Services, Repair and Other Services	13.08	15.26	5.06	5.28	0.93	1.03	7.08	8.95
教育	Education	729.84	843.88	662.44	761.34	9.93	11.60	57.47	70.94
卫生和社会工作	Health Care and Social Work	508.28	594.86	466.97	545.36	12.79	13.92	28.52	35.58
文化、体育和娱乐业	Culture, Sports and Recreation	66.56	73.79	48.98	54.73	0.54	0.26	17.05	18.81
公共管理、社会保障和社会组织	Public Management, Social Security and Social Organization	762.87	888.04	749.63	873.64	0.33	0.48	12.91	13.92

5-6 分行业非私营单位就业人员平均工资
Average Wages of Employed Persons in Non Privite Units by Sector

单位:元(yuan)

行业	Sector	平均工资 Average Wages of Employed Persons in Urban Units		国有单位 State - owned Units		集体单位 Collective owned Units		其他单位 Units of Other Types of Ownership	
		2016	2017	2016	2017	2016	2017	2016	2017
总计	**Total**	**73326**	**80750**	**109064**	**122415**	**57061**	**59295**	**64078**	**69739**
农、林、牧、渔业	Farming, Forestry, Animal Husbandry and Fishery	61992	65914	69614	79274	48829	42500	42506	41459
采矿业	Mining and Quarrying	48428	57590	38759	37949	18272	38875	52258	60336
制造业	Manufacturing	60390	65173	104119	123985	52104	55653	60166	64927
电力、热力、燃气及水生产和供应业	Electricity, Heat, Gas and Water Production and Supply	122323	127722	154528	161519	78241	81794	100261	109142
建筑业	Construction	50350	51879	52978	60467	43030	44131	50528	52047
批发和零售业	Wholesale and Retail Sale Trade	71347	77636	131616	142701	49170	48286	69288	75599
交通运输、仓储和邮政业	Transportation, Storage and Post	83408	87811	96779	107708	54272	39289	80292	83305
住宿和餐饮业	Hotels and Catering Services	45713	47339	56909	62452	42901	43667	44848	46257
信息传输、软件和信息技术服务业	Information Transmission, Software and Information Technology Services	145657	165532	108585	111632	70521	73431	147952	167638
金融业	Finance	130813	132411	160998	153349	123309	101868	127713	131262
房地产业	Real Estate	71088	74546	82286	82711	62060	61275	70685	74313
租赁和商务服务业	Leasing and Business Services	65365	69885	57450	63365	52347	62068	69568	72480
科学研究和技术服务业	Scientific Research and Technic Services	99537	120521	114585	126672	106086	116343	91192	117202
水利、环境和公共设施管理业	Water Conservancy, Environment and Public Facilities Management	61104	66032	63318	69970	40806	45598	58783	61457
居民服务、修理和其他服务业	Resident Services, Repair and Other Services	58157	63285	81101	102545	63611	61550	47919	51758
教育	Education	102888	114415	108015	120899	81149	89827	68555	74740
卫生和社会工作	Health Care and Social Work	117116	131742	121061	136798	99895	112863	80424	87770
文化、体育和娱乐业	Culture, Sports and Recreation	97257	109932	100833	117972	92708	81952	88388	92098
公共管理、社会保障和社会组织	Public Management, Social Security and Social Organization	108789	124495	111268	126952	73133	92029	47677	56514

5-7 分行业非私营单位就业人员工资总额
Total Wages of Employed Persons in Non Privite Units by Sector

单位:亿元(100 million yuan)

行业	Sector	单位就业人员工资总额 The Total Wages		在岗职工工资总额 Wages of Staff and Workers at Work		其他就业人员工资总额 Wages of Other Employed Persons	
		2016	2017	2016	2017	2016	2017
总计	**Total**	**7673.11**	**8319.08**	**7387.12**	**8018.51**	**285.99**	**300.57**
农、林、牧、渔业	Farming, Forestry, Animal Husbandry and Fishery	2.63	3.10	2.55	2.86	0.08	0.23
采掘业	Ming and Quarrying	2.98	2.78	2.86	2.68	0.12	0.10
制造业	Manufacturing	1900.02	2028.20	1869.69	1999.55	30.34	28.65
电力、燃气及水的生产和供应业	Electricity, Heat, Gas and Water Production and Supply	146.16	157.76	143.86	155.22	2.30	2.54
建筑业	Construction	1519.37	1416.74	1436.38	1336.41	82.99	80.33
批发和零售业	Wholesale and Retail Trade	273.37	297.08	263.53	290.13	9.84	6.95
交通运输、仓储和邮政业	Transport, Storage and Post	261.82	272.68	257.76	268.11	4.07	4.57
住宿和餐饮业	Hotels and Catering Services	60.94	66.41	57.91	61.82	3.03	4.59
信息传输、软件和信息技术服务业	Information Transmission, Software and Information Technology Services	263.14	366.81	261.88	365.63	1.26	1.18
金融业	Banking	583.64	631.13	510.60	542.62	73.05	88.51
房地产业	Real Estate	145.64	160.29	138.92	152.33	6.72	7.96
租赁和商务服务业	Leasing and Business Services	185.49	206.94	180.20	201.00	5.29	5.94
科学研究和技术服务业	Scientific Research and Technic Services	182.72	225.36	177.59	220.00	5.12	5.36
水利、环境和公共设施管理业	Water Conservancy, Environment and Public Facilities Management	64.56	67.96	60.26	63.56	4.30	4.40
居民服务、修理和其他服务业	Resident Services, Repair and Other Services	13.08	15.26	12.61	14.68	0.47	0.58
教育	Education	729.84	843.88	713.00	825.30	16.84	18.59
卫生和社会工作	Health Care and Social Work	508.28	594.86	489.82	576.99	18.45	17.87
文化、体育和娱乐业	Culture, Sports and Recreation	66.56	73.79	61.82	68.07	4.75	5.72
公共管理、社会保障和社会组织	Public Management ,Social Security and Social Organization	762.87	888.04	745.90	871.54	16.97	16.50

注：在岗职工工资总额包含劳务派遣人员工资总额。Wages of Staff and workers at work include wages of dispatched workers.

5-8 分行业国有单位就业人员工资总额
Total Wages of Employed Persons in State-owned Units by Sector

单位:亿元(100 million yuan)

行业	Sector	单位就业人员工资总额 The Total Wages		在岗职工工资总额 Wages of Staff and Workers at Work		其他就业人员工资总额 Wages of Other Employed Persons	
		2016	2017	2016	2017	2016	2017
总计	**Total**	**2371.38**	**2670.84**	**2307.88**	**2605.58**	**63.50**	**65.26**
农、林、牧、渔业	Farming, Forestry, Animal Husbandry and Fishery	2.12	2.41	2.05	2.23	0.06	0.17
采掘业	Ming and Quarrying	0.25	0.22	0.18	0.18	0.06	0.05
制造业	Manufacturing	17.66	16.71	17.54	16.53	0.12	0.19
电力、燃气及水的生产和供应业	Electricity, Heat, Gas and Water Production and Supply	76.27	72.38	74.99	70.67	1.28	1.71
建筑业	Construction	11.22	12.08	8.51	9.17	2.72	2.92
批发和零售业	Wholesale and Retail Trade	18.54	18.56	18.36	18.45	0.17	0.11
交通运输、仓储和邮政业	Transport, Storage and Post	62.28	72.56	61.19	71.46	1.09	1.09
住宿和餐饮业	Hotels and Catering Services	5.59	5.99	5.41	5.76	0.18	0.23
信息传输、软件和信息技术服务业	Information Transmission, Software and Information Technology Services	9.73	8.01	9.63	7.92	0.10	0.08
金融业	Banking	67.73	43.54	67.04	42.19	0.69	1.34
房地产业	Real Estate	7.77	7.97	7.47	7.63	0.30	0.34
租赁和商务服务业	Renting and Business Services	46.37	45.92	45.63	45.17	0.75	0.76
科学研究和技术服务业	Scientific Research and Technic Services	73.56	83.26	71.82	81.47	1.74	1.78
水利、环境和公共设施管理业	Water Conservancy, Environment and Public Facilities Management	39.22	40.89	36.24	38.13	2.98	2.76
居民服务、修理和其他服务业	Resident Services, Repair and Other Services	5.06	5.28	4.81	5.05	0.26	0.23
教育	Education	662.44	761.34	648.06	746.10	14.38	15.25
卫生和社会工作	Health Care and Social Work	466.97	545.36	450.92	530.07	16.05	15.29
文化、体育和娱乐业	Culture, Sports and Recreation	48.98	54.73	44.72	49.63	4.26	5.10
公共管理、社会保障和社会组织	Public Management ,Social Security and Social Organization	749.63	873.64	733.31	857.76	16.32	15.88

注：在岗职工工资总额包含劳务派遣人员工资总额。Wages of Staff and workers at work include wages of dispatched workers.

5-9 分行业集体单位就业人员工资总额
Total Wages of Employed Persons in Collectively Owned Units by Sector

单位:亿元(100 million yuan)

行业	Sector	单位就业人员工资总额 The Total Wages 2016	2017	在岗职工工资总额 Wages of Staff and Workers at Work 2016	2017	其他就业人员工资总额 Wages of Other Employed Persons 2016	2017
总计	**Total**	**83.90**	**84.54**	**81.89**	**82.54**	**2.01**	**2.00**
农、林、牧、渔业	Farming, Forestry, Animal Husbandry and Fishery	0.02	0.02	0.02	0.02		
采矿业	Ming and Quarrying	0.08		0.08			
制造业	Manufacturing	2.53	1.86	2.45	1.72	0.08	0.14
电力、热力、燃气及水生产和供应业	Electricity, Heat, Gas and Water Production and Supply	1.50	1.56	1.48	1.52	0.02	0.03
建筑业	Construction	33.89	34.96	33.57	34.72	0.32	0.24
批发和零售业	Wholesale and Retail Trade	2.16	1.65	1.96	1.48	0.20	0.16
交通运输、仓储及邮政业	Transport, Storage and Post	1.73	2.18	1.69	2.14	0.04	0.04
住宿和餐饮业	Hotels and Catering Services	0.70	0.60	0.69	0.58	0.02	0.02
信息传输、软件和信息技术服务业	Information Transmission, Software and Information Technology Services	0.56	0.51	0.55	0.50	0.01	
金融业	Banking	4.79	2.76	4.79	2.76		
房地产业	Real Estate	1.94	1.45	1.82	1.32	0.12	0.12
租赁和商务服务业	Leasing and Business Services	6.52	6.43	6.34	6.29	0.18	0.14
科学研究和技术服务业	Scientific Research and Technic Services	2.15	2.51	2.10	2.44	0.05	0.07
水利、环境和公共设施管理业	Water Conservancy, Environment and Public Facilities Management	0.81	0.77	0.80	0.76		0.01
居民服务、修理和其他服务业	Resident Services, Repair and Other Services	0.93	1.03	0.90	1.00	0.03	0.03
教育	Education	9.93	11.60	9.58	11.17	0.35	0.43
卫生和社会工作	Health Care and Social Work	12.79	13.92	12.21	13.38	0.58	0.54
文化、体育和娱乐业	Culture, Sports and Recreation	0.54	0.26	0.53	0.25	0.01	0.01
公共管理、社会保障和社会组织	Public Management, Social Security and Social Organization	0.33	0.48	0.32	0.48	0.01	0.01

注：在岗职工工资总额包含劳务派遣人员工资总额。Wages of Staff and workers at work include wages of dispatched workers.

5-10 分行业其他单位就业人员工资总额
Total Wages of Employed Persons in Other Ownership Units by Sector

单位:亿元(100 million yuan)

行业	Sector	单位就业人员工资总额 The Total Wages		在岗职工工资总额 Wages of Staff and Workers at Work		其他就业人员工资总额 Wages of Other Employed Persons	
		2016	2017	2016	2017	2016	2017
总计	**Total**	**5217.83**	**5563.70**	**4997.36**	**5330.39**	**220.48**	**233.31**
农、林、牧、渔业	Farming, Forestry, Animal Husbandry and Fishery	0.49	0.67	0.47	0.61	0.02	0.06
采矿业	Ming and Quarrying	2.65	2.55	2.59	2.50	0.06	0.05
制造业	Manufacturing	1879.83	2009.63	1849.70	1981.30	30.13	28.32
电力、燃气及水的生产和供应业	Electricity, Heat, Gas and Water Production and Supply	68.39	83.83	67.39	83.03	1.01	0.80
建筑业	Construction	1474.26	1369.70	1394.30	1292.52	79.95	77.18
批发和零售业	Wholesale and Retail Trade	252.67	276.88	243.21	270.20	9.46	6.68
交通运输、仓储和邮政业	Transport, Storage and Post	197.82	197.94	194.88	194.50	2.93	3.44
住宿和餐饮业	Hotels and Catering Services	54.65	59.81	51.82	55.47	2.83	4.34
信息传输、软件和信息技术服务业	Information Transmission, Software and Information Technology Services	252.85	358.30	251.69	357.20	1.15	1.09
金融业	Banking	511.13	584.83	438.77	497.67	72.35	87.17
房地产业	Real Estate	135.93	150.87	129.63	143.38	6.30	7.50
租赁和商务服务业	Leasing and Business Services	132.60	154.59	128.24	149.55	4.36	5.04
科学研究和技术服务业	Scientific Research and Technic Services	107.01	139.59	103.68	136.08	3.33	3.51
水利、环境和公共设施管理业	Water Conservancy, Environment and Public Facilities Management	24.53	26.31	23.21	24.67	1.32	1.64
居民服务、修理和其他服务业	Resident Services, Repair and Other Services	7.08	8.95	6.90	8.63	0.18	0.32
教育	Education	57.47	70.94	55.35	68.03	2.12	2.91
卫生和社会工作	Health Care and Social Work	28.52	35.58	26.69	33.53	1.83	2.04
文化、体育和娱乐业	Culture, Sports and Recreation	17.05	18.81	16.56	18.20	0.48	0.61
公共管理、社会保障和社会组织	Public Management, Social Security and Social Organization	12.91	13.92	12.27	13.30	0.64	0.62

注：在岗职工工资总额包含劳务派遣人员工资总额。Wages of Staff and workers at work include wages of dispatched workers.

5－11 各市非私营单位就业人员工资总额和平均工资(2013－2017 年)
Total Wages and Average Wage of Employed Persons in Non Privite Units by City(2013－2017

地区	Region	2013	2014	2015	2016	2017
工资总额 (万元)	**Total Wages(10000 yuan)**	**59851327**	**66668444**	**71102468**	**71102468**	**83190835**
浙东北	**Eastern&Northern Region**	**42196921**	**47176109**	**50663444**	**54715732**	**59431527**
杭州市	Hangzhou	17582336	19822713	21523984	24176045	26467155
宁波市	Ningbo	10221512	11355837	11815059	11911980	13639931
嘉兴市	Jiaxing	4231466	4689598	5242770	5695926	6310640
湖州市	Huzhou	2416150	2712621	2927712	3182692	3388758
绍兴市	Shaoxing	6604486	7375487	7829320	8319735	7996955
舟山市	Zhoushan	1140971	1219854	1324597	1429354	1628088
浙西南	**Western&Southern Region**	**17387778**	**19145048**	**20320549**	**21687126**	**23487866**
温州市	Wenzhou	5495614	5980966	6390947	6884737	7926666
金华市	Jinhua	4652270	5211341	5623872	5847270	5441588
衢州市	Quzhou	1139344	1260715	1434840	1620174	1782380
台州市	Taizhou	5030192	5533806	5483918	5842063	6657745
丽水市	Lishui	1070359	1158219	1386972	1492882	1679487
平均工资 (元)	**Average Wage(yuan)**	**56571**	**61572**	**66668**	**73326**	**80750**
浙东北	**Eastern&Northern Region**	**58104**	**63776**	**69282**	**76212**	**84209**
杭州市	Hangzhou	63664	69209	76073	85022	93891
宁波市	Ningbo	60659	67759	72220	79963	86540
嘉兴市	Jiaxing	52945	58659	65799	71880	79823
湖州市	Huzhou	49890	54749	59013	62887	68135
绍兴市	Shaoxing	49033	53442	57058	61003	67033
舟山市	Zhoushan	61680	67016	72687	77723	89671
浙西南	**Western&Southern Region**	**52912**	**56350**	**60709**	**66509**	**72841**
温州市	Wenzhou	54590	58492	62472	67951	72403
金华市	Jinhua	51721	55268	58921	62631	71006
衢州市	Quzhou	55543	61010	69583	78350	87732
台州市	Taizhou	50515	52794	56007	63139	68496
丽水市	Lishui	59783	65349	75222	82057	89224

注：2012 年为单位在岗职工工资总额和平均工资。
The data of this table refers to the data of total wages and average wage of currently employed staff and workers in 2012.

5－12 各市非私营企业单位就业人员工资总额和平均工资
Total Wages and Average Wage of Employed Persons in Non Privite Enterprises by City

单位:亿元(100 million yuan)

城市	City	单位就业人员工资总额 Total wages of Employed Persons			#在岗职工工资总额 Wages of Staff and Workers at Work			单位就业人员平均工资(元) Average Wage of Employed Persons(yuan)		
		2015	2016	2017	2015	2016	2017	2015	2016	2017
全 省	**Total**	**5223.33**	**5518.50**	**5829.27**	**5021.67**	**5290.08**	**5586.27**	**60366**	**65329**	**70686**
杭州市	Hangzhou	1679.57	1865.05	2020.13	1605.60	1785.50	1945.82	71015	78323	86169
宁波市	Ningbo	895.90	877.19	1009.65	855.77	833.43	956.97	65722	72145	77210
温州市	Wenzhou	398.47	417.25	472.38	383.46	396.38	446.87	52757	55612	57979
嘉兴市	Jiaxing	389.83	416.77	440.73	376.99	401.37	423.06	59244	64061	68373
湖州市	Huzhou	209.93	222.62	230.64	193.29	203.08	212.69	52076	54125	57441
绍兴市	Shaoxing	635.23	661.49	605.52	624.27	649.63	594.00	52044	54662	58609
金华市	Jinhua	403.56	408.71	336.77	393.51	398.94	324.88	53145	55434	59051
衢州市	Quzhou	73.51	80.90	84.12	68.73	75.09	77.94	57933	63519	69314
舟山市	Zhoushan	76.45	81.02	89.39	73.21	76.86	84.86	64461	67497	74962
台州市	Taizhou	395.47	401.55	453.00	383.86	387.19	436.83	49775	54222	57657
丽水市	Lishui	53.57	53.14	59.80	51.17	49.84	55.21	64547	67683	71262

5－13 各市国有控股企业单位就业人员工资总额和平均工资
Total Wages and Average Wage of Employed Persons in Enterprises State－holding by city

单位:亿元(100 million yuan)

城市	City	单位就业人员工资总额 Total wages of Employed Persons			#在岗职工工资总额 Wages of Staff and Workers at Work			单位就业人员平均工资(元) Average Wage of Employed Persons(yuan)		
		2015	2016	2017	2015	2016	2017	2015	2016	2017
全 省	**Total**	**1220.22**	**1310.62**	**1453.87**	**1153.08**	**1221.32**	**1353.20**	**87769**	**93824**	**100283**
杭州市	Hangzhou	478.35	508.27	583.54	454.30	477.78	554.28	95254	103800	111758
宁波市	Ningbo	220.22	232.35	259.69	209.06	218.04	239.33	99220	106328	113901
温州市	Wenzhou	107.05	111.12	126.03	97.17	96.59	108.69	80268	83814	82217
嘉兴市	Jiaxing	81.49	87.23	91.65	79.02	83.91	87.94	80359	86501	93006
湖州市	Huzhou	42.26	44.09	49.40	39.51	40.23	44.61	78743	83895	90146
绍兴市	Shaoxing	59.63	62.12	64.34	57.85	59.44	61.62	75544	82007	90729
金华市	Jinhua	64.05	65.75	71.55	60.35	61.49	66.28	83533	81882	85681
衢州市	Quzhou	35.67	37.11	36.99	32.54	33.48	33.49	69985	72678	79298
舟山市	Zhoushan	37.31	40.08	46.16	35.96	37.96	43.78	74537	78414	85812
台州市	Taizhou	55.91	63.21	68.08	50.85	55.77	60.38	69439	74055	84432
丽水市	Lishui	26.80	26.46	29.83	24.99	23.85	26.21	75447	75441	79532

5－14 城乡居民家庭收入情况(1978－2017 年)
Income of Urban and Rural Households (1978－2017)

年份 Year	全体居民家庭 Urban and Rural Households		城镇居民家庭 Urban Households		农村居民家庭 Rural Households	
	人均可支配收入(元) Per Capita Disposable Income (yuan)	人均可支配收入指数(上年＝100) Growth Rate of Per Capita Disposable Income (Preceding year＝100)	人均可支配收入(元) Per Capita Disposable Income (yuan)	人均可支配收入指数(上年＝100) Growth Rate of Per Capita Disposable Income (Preceding year＝100)	人均可支配收入(元) Per Capita Disposable Income (yuan)	人均可支配收入指数(上年＝100) Growth Rate of Per Capita Disposable Income (Preceding year＝100)
1978			332		165	
1980			488		219	103.3
1981			523	105.4	286	129.0
1982			530	99.4	346	120.4
1983			551	101.2	359	102.3
1984			669	117.1	446	123.5
1985			904	117.4	549	112.5
1986			1104	114.9	609	105.0
1987			1228	100.3	725	113.6
1988			1589	104.9	902	108.1
1989			1797	96.8	1011	97.4
1990			1932	105.3	1099	102.7
1991			2143	105.0	1211	108.9
1992			2619	111.9	1359	108.8
1993			3626	114.0	1746	110.2
1994			5066	112.0	2225	104.1
1995			6221	105.0	2966	105.3
1996			6956	101.8	3463	106.1
1997			7359	101.6	3684	103.8
1998			7837	105.3	3815	104.7
1999			8428	108.0	3948	105.6
2000			9279	109.1	4254	107.8
2001			10465	113.3	4582	106.9
2002			11716	113.4	4940	108.4
2003			13180	111.9	5431	107.8
2004			14546	107.4	6096	107.4
2005			16294	110.4	6660	106.4
2006			18265	110.9	7335	109.3
2007			20574	108.4	8265	108.2
2008			22727	105.4	9258	106.2
2009			24611	109.7	10007	109.5
2010			27359	106.9	11303	108.6
2011			30971	107.5	13071	109.5
2012			34550	109.2	14552	108.8
2013	29775	107.7	37080	107.1	17494	108.1
2014	32658	107.4	40393	106.8	19373	108.3
2015	35537	107.3	43714	106.7	21125	107.5
2016	38529	106.4	47237	106.0	22866	106.3
2017	42046	106.9	51261	106.3	24956	107.0

注：1、从 2013 年起，国家统计局开展了城乡一体化住户收支与生活状况调查，与 2013 年前的分城镇和农村住户调查的调查范围、调查方法、指标口径有所不同(以后各表同)。
National Bureau of Statistics of China strted an integrated households income and expenditure survey, including both urban and rural households since 2013. The coverage, the methodology and definitions used in the survey has been changed compared with before. The same applies to the relevant tables following.
2、人均可支配收入指数扣除价格变动因素。
Growth rate of per capita disposable income was excluded price changes.
3、2012 年及以前农村居民人均可支配收入为人均纯收入。
The data of per capita disposable income of rural households refer to the per capita net income of rural households before 2013.

5-15 城乡居民家庭人均生活消费支出(1978-2017年)
Per Capita Annual Consumption Expenditures and Floor Space of Urban(1978-2017)

年份 Year	全体居民 Urban and Rural Households		城镇居民家庭 Urban Households		农村居民家庭 Rural Households	
	人均消费性支出(元) Per Capita Consumption Expenditure (yuan)	比上年增长(%) Increase over the Previous Year(%)	人均消费性支出(元) Per Capita Consumption Expenditure (yuan)	比上年增长(%) Increase over the Previous Year(%)	人均消费性支出(元) Per Capita Consumption Expenditure (yuan)	比上年增长(%) Increase over the Previous Year(%)
1978			301		157	
1980			428		192	9.7
1981			476	11.2	267	39.1
1982			471	-1.1	302	13.1
1983			484	2.8	326	7.9
1984			562	16.1	369	13.2
1985			795	41.5	474	28.5
1986			969	21.9	561	18.4
1987			1100	13.5	659	17.5
1988			1453	32.1	839	27.3
1989			1556	7.1	927	10.5
1990			1604	3.1	946	2.0
1991			1806	12.6	1027	8.6
1992			2154	19.3	1112	8.3
1993			2856	32.6	1263	13.6
1994			4079	42.8	1680	33.0
1995			5263	29.0	2378	41.5
1996			5764	9.5	2702	13.6
1997			6170	7.0	2839	5.1
1998			6218	0.8	2891	1.8
1999			6522	4.9	2806	-2.9
2000			7020	7.6	3231	15.1
2001			7952	13.3	3479	7.7
2002			8713	9.6	3693	6.2
2003			9713	11.5	4287	16.1
2004			10636	9.5	4659	8.7
2005			12254	15.2	5215	11.9
2006			13349	8.9	5762	10.5
2007			14091	5.6	6442	11.8
2008			15158	7.6	7072	9.8
2009			16683	10.1	7375	4.3
2010			17858	7.0	8390	13.8
2011			20437	14.4	9644	14.9
2012			21545	5.4	10208	5.8
2013	20610		25254	7.9	12803	10.4
2014	22552	9.4	27242	7.9	14498	13.2
2015	24117	6.9	28661	5.2	16108	11.1
2016	25527	5.8	30068	4.9	17359	7.8
2017	27079	6.1	31924	6.2	18093	4.2

5 - 16 城乡居民家庭基本情况(2015 - 2017 年)
Basic Statistics in Urban and Rural Households(2015 - 2017)

单位:%(%)

项目	Item	全体居民 Urban and Rural Households			城镇常住居民 Urban Households			农村常住居民 Rural Households		
		2015	2016	2017	2015	2016	2017	2015	2016	2017
基本情况	**Basic Statistics**									
常住人口(人/户)	Average Number of Permanent Residents(person/household)	2.86	2.92	2.96	2.85	2.88	2.93	2.89	3.00	3.03
#在校学生人数(人)	The Number of Students Enrolled (person)	0.45	0.46	0.47	0.44	0.45	0.46	0.47	0.48	0.49
常住就业人口(人/户)	Average Employed Persons (person/household)	1.69	1.71	1.73	1.61	1.61	1.63	1.83	1.91	1.92
常住人口就业面(%)	Percentage of Employed Persons (%)	58.96	58.50	58.29	56.40	55.72	55.60	63.46	63.51	63.27
就业者负担人数(包括就业者本人)(人/户)	Number of Persons Supported by Each Employed Person(person/household)	1.70	1.71	1.72	1.77	1.79	1.80	1.58	1.57	1.58
性别	**Sex**									
男性	Male	49.22	49.50	49.44	48.79	49.40	49.24	49.96	49.68	49.81
女性	Female	50.78	50.50	50.56	51.21	50.60	50.76	50.04	50.32	50.19
15 岁及以上常住成员受教育程度	**The Degree of Education of Households Members at the age of 15 and above**									
未上过学	Not on School	4.71	4.27	4.47	3.33	2.99	3.29	7.13	6.56	6.65
小学	Primary School	27.93	27.69	27.53	22.72	22.79	22.90	37.02	36.47	36.10
初中	Junior High School Degree	33.86	33.99	33.62	31.75	32.02	31.58	37.54	37.50	37.40
高中	High School Degree	16.35	16.49	16.44	18.86	18.38	18.32	11.96	13.10	12.96
大学专科	College Degree	9.20	8.91	9.16	12.01	11.46	11.55	4.29	4.35	4.75
大学本科	Bachelor's Degree	7.57	8.15	8.25	10.77	11.63	11.62	1.97	1.91	2.00
研究生	Graduate Degree	0.39	0.51	0.54	0.56	0.73	0.75	0.08	0.11	0.13
常住从业人员就业类型	**Households Employed Persons by Type of Employment**									
雇主	Employer	1.95	1.81	1.35	2.28	2.27	1.82	1.42	1.09	0.58
公职人员	Public Officer	2.18	1.91	1.75	3.35	2.96	2.67	0.35	0.24	0.26
事业单位人员	Business Unit Staff	5.69	6.04	5.79	8.89	9.40	9.07	0.69	0.74	0.44
国有企业雇员	State Owned Enterprise Employee	3.09	2.90	2.85	4.83	4.47	4.35	0.35	0.41	0.42
其他雇员	Other Employee	62.68	63.54	64.70	64.51	65.26	66.85	59.83	60.83	61.21
农业自营	Agricultural Self - employed	11.00	10.20	10.43	1.94	1.70	1.66	25.18	23.62	24.72
非农自营	Non - agricultural Self - employed	13.41	13.60	13.13	14.21	13.93	13.59	12.17	13.07	12.38
常住从业人员从事主要行业	**Households Employed Persons by Sector**									
第一产业	Primary Industry	12.22	11.47	11.54	2.53	2.40	2.45	27.39	25.79	26.35
第二产业	Secondary Industry	40.29	40.60	39.76	37.50	38.14	37.85	44.67	44.48	42.87
第三产业	Tertiary Industry	47.49	47.93	48.70	59.97	59.46	59.70	27.94	29.73	30.78
农业经营户占全部户比例	**Percentage of Agricultural management Households**	**18.75**	**21.24**	**21.76**	**3.61**	**6.38**	**7.09**	**45.75**	**49.08**	**49.90**

15－17 城乡居民人均可支配收入情况(2015－2017年)
Per Capita Disposable Income of Urban Households and Rural Households(2015－2017)

单位:元(yuan)

项目	Item	全体居民 Urban and Rural Households			城镇常住居民 Urban Households			农村常住居民 Rural Households		
		2015	2016	2017	2015	2016	2017	2015	2016	2017
可支配收入	**Per Capita Disposable Income**	**35537**	**38529**	**42046**	**43714**	**47237**	**51261**	**21125**	**22866**	**24956**
工资性收入	**Income of Wages and Salaries**	**20654**	**22207**	**24137**	**24948**	**26656**	**28818**	**13087**	**14204**	**15457**
工资	Wage	19560	21065	22877	23622	25159	27160	12402	13700	14934
实物福利	Benefit in Kind	134	181	211	178	243	286	57	70	72
其他	Others	960	961	1049	1148	1254	1371	628	434	452
经营净收入	**Net Business Income**	**6182**	**6589**	**7123**	**6646**	**7126**	**7669**	**5364**	**5622**	**6112**
第一产业净收入	Net Income from Primary Industry	712	777	851	199	207	262	1615	1802	1944
第二产业净收入	Net Income from Secondary Industry	1715	1631	1766	1897	1751	2001	1394	1416	1330
第三产业净收入	Net Income from Tertiary Industry	3755	4181	4506	4549	5168	5405	2355	2405	2839
财产净收入	**Net Income from Property**	**4079**	**4337**	**4742**	**6048**	**6381**	**6911**	**608**	**662**	**718**
利息净收入	Net Income from Interest	147	132	274	176	166	376	94	70	84
红利收入	Net Income from Bonus	540	711	663	731	936	877	203	305	266
储蓄性保险净收益	Net Income from Deposit Insurance	4	2	5	7	3	5		1	3
转让承包土地经营权租金净收入	Net Income from Transfer Contract Land Management Right	34	36	38	14	21	15	71	63	81
出租房屋净收入	Net Income from Rental Housing	1134	1180	1329	1652	1719	1910	221	209	251
出租其它资产净收入	Net Income from Other	20	9	17	20	8	13	19	10	24
自有住房折算净租金	Net Rent for Private Housing	2197	2256	2379	3444	3511	3661			
其他财产净收入	Net Income from Other Property	2	12	38	4	17	54		3	9

续表 Continued 单位:元(yuan)

项目	Item	全体居民 Urban and Rural Households			城镇常住居民 Urban Households			农村常住居民 Rural Households		
		2015	2016	2017	2015	2016	2017	2015	2016	2017
转移净收入	**Net Income from Transfer**	**4622**	**5396**	**6043**	**6073**	**7074**	**7863**	**2066**	**2378**	**2669**
转移性收入	**Income from Transfer**	**7158**	**8062**	**8702**	**8740**	**10186**	**10963**	**4370**	**4242**	**4509**
养老金或离退休金	Old - age Pension or Pension	5397	6390	6949	7160	8503	9206	2290	2590	2765
社会救济和补助	Social Relief and Subsidies	45	53	66	39	46	54	55	66	90
惠农补贴	Benefits of Agricultural Subsidies	22	15	13	16	6	5	32	33	27
政策性生活补贴	Living Allowance	66	55	57	79	66	69	44	37	34
报销医疗费	Reimbursement of Medical Expenses	365	366	427	412	445	500	282	226	293
外出从业人员寄回带回收入	Income from Out Employees	441	544	556	368	540	618	568	549	441
赡养收入	Maintenance Income	542	558	535	377	487	405	832	685	777
其他经常转移收入	Others	280	80	97	289	93	105	266	55	83
转移性支出	**Transfer Expenditure**	**2536**	**2666**	**2659**	**2667**	**3111**	**3100**	**2304**	**1864**	**1841**
个人所得税	Individual Income Tax	121	125	147	182	188	221	13	11	9
社会保障支出	Social Security Expenditure	2147	2293	2223	2140	2585	2504	2158	1769	1703
外来从业人员寄给家人的支出	Expenditure Sent by Foreign Employees	47	25	39	53	33	29	37	11	56
赡养支出	Maintenance Expenses	147	115	140	198	158	200	56	37	29
其他经常转移支出	Others	74	107	110	94	146	145	38	35	44

5－18 城乡居民人均生活消费支出情况(2015－2017年)
Per Capita Consumption Expenditure of Urban Households and Rural Households(2015－2017)

单位:元(yuan)

项目	Item	全体居民 Urban and Rural Households			城镇常住居民 Urban Households			农村常住居民 Rural Households		
		2015	2016	2017	2015	2016	2017	2015	2016	2017
居民生活消费支出	**Consumption Expenditure**	**24117**	**25527**	**27079**	**28661**	**30068**	**31924**	**16108**	**17359**	**18093**
#通过互联网购买的商品和服务	Goods and Services Purchased over the Internet	401	467	562	572	644	754	100	148	207
食品烟酒	**Food,Tobacco,Liquor**	**6976**	**7414**	**7751**	**8092**	**8467**	**8906**	**5008**	**5520**	**5608**
食品	Food	4741	5167	5235	5399	5752	5841	3582	4116	4112
烟酒	Tobacco,Liquor	788	750	806	800	743	819	767	762	783
饮料	Beverage	120	117	123	131	124	133	101	104	104
饮食服务	Catering Services	1327	1380	1586	1762	1849	2113	559	538	609
衣着	**Clothing**	**1647**	**1564**	**1586**	**2041**	**1904**	**1926**	**951**	**953**	**956**
衣类	Garments	1317	1246	1276	1642	1528	1563	746	739	743
鞋类	Shoes	329	318	310	399	376	362	205	214	213
居住	**Residence**	**5964**	**6133**	**6993**	**7231**	**7385**	**8413**	**3732**	**3882**	**4358**
租赁房房租	Housing Rent	348	348	434	500	487	609	79	98	110
住房维修及管理	Housing Maintenance and Management	671	626	1121	695	672	1347	628	543	703
水电燃料及其他	Hydropower and Other	771	815	886	858	918	963	618	630	743
自有住房折算租金	Converted Rent of its Own	4175	4344	4552	5178	5308	5495	2408	2611	2803
生活用品及服务	**Living Goods and Services**	**1159**	**1224**	**1346**	**1360**	**1421**	**1617**	**805**	**870**	**842**
家具及室内装饰品	Furniture and Interior Decoration	182	190	247	203	214	317	146	147	118
家用器具	Household Appliances	284	286	348	326	325	397	210	216	257
家用纺织品	Household Textiles	117	124	116	143	155	148	71	69	55
家庭日用杂品	Daily Sundry Goods	313	337	336	352	366	379	245	284	257
个人用品	Personal Items	205	213	229	266	261	282	98	125	132
家庭服务	Domestic Service	58	73	70	71	98	95	35	29	24
交通通信	**Transportations and Communications**	**3961**	**4377**	**4307**	**4753**	**5101**	**4956**	**2566**	**3076**	**3102**
交通	Transportation	3005	3413	3356	3631	4002	3869	1902	2354	2405
通信	Communications	956	964	951	1122	1099	1087	664	721	698
教育文化娱乐	**Educatrion,Cultural Services and Recreation**	**2428**	**2794**	**2845**	**2963**	**3452**	**3521**	**1486**	**1611**	**1591**
教育	Education	1335	1585	1654	1500	1816	1912	1045	1170	1176
文化娱乐	Cultural Services and Recreation	1093	1209	1190	1463	1636	1609	441	441	415
医疗保健	**Medical Care**	**1433**	**1507**	**1696**	**1539**	**1692**	**1872**	**1246**	**1173**	**1370**
医疗器具及药品	Medical Apparatus and Medicine	478	530	595	559	615	694	336	377	411
医疗服务	Medical Service	955	977	1101	980	1077	1178	910	797	959
其他用品及服务	**Other Supplies and Services**	**548**	**513**	**556**	**682**	**645**	**713**	**313**	**274**	**265**
其他用品	Other Supplies	319	283	304	383	350	386	206	161	154
其他服务	Other Services	229	230	252	299	295	327	107	113	112

15 - 19 城乡居民家庭耐用消费品拥有量(2015 - 2017 年)
Number of Duable Consumer Goods Owned Urban Households and Rural Households (2015 - 2017)

项目		Item		全体居民 Urban and Rural Households			城镇常住居民 Urban Households			农村常住居民 Rural Households		
				2015	2016	2017	2015	2016	2017	2015	2016	2017
每百户耐用消费品拥有量		Number of Duable Consumer Goods Owned Per 100 Households										
家用汽车	(辆)	Automobile	(unit)	39.8	45.2	47.9	47.9	53.3	55.5	25.4	30.2	33.3
摩托车	(辆)	Motorcycle	(unit)	20.0	17.9	17.7	13.7	11.1	11.8	31.3	30.7	29.0
电冰箱(柜)	(台)	Refrigerator	(unit)	95.7	98.9	101.1	96.4	97.9	100.3	94.5	100.7	102.7
洗衣机	(台)	Washing Machine	(unit)	83.2	86.4	88.9	88.0	90.2	92.5	74.7	79.3	82.0
热水器	(个)	Heater	(unit)	87.5	92.0	95.3	91.7	94.7	98.4	80.1	86.9	89.3
#太阳能热水器	(个)	Solar Heater	(unit)	32.6	35.7	37.6	27.2	28.7	30.7	42.4	48.8	51.0
空调	(台)	Air Conditioner	(unit)	154.5	169.3	176.1	185.0	199.0	206.0	100.2	113.6	118.8
彩色电视机	(台)	Colour Tv Set	(unit)	169.3	172.6	178.2	173.8	173.8	179.1	161.3	170.4	176.4
摄像机	(架)	Video Camera	(unit)	4.4	4.1		6.1	5.7		1.3	1.0	
照相机	(架)	Camera	(unit)	27.7	23.9	23.7	38.7	32.9	32.4	8.1	7.0	6.9
计算机	(台)	Computer	(unit)	77.6	77.8	80.7	95.7	93.0	95.6	45.5	49.3	52.2
#接入互联网的计算机	(台)	Computer access to the Internet	(unit)	68.8	69.4	71.7	85.8	83.2	85.8	38.5	43.6	44.8
中高档乐器	(架)	Medium or High Grade Musical Instrument	(unit)	3.1	3.9	4.9	4.4	5.5	6.9	0.8	0.9	1.0
固定电话	(部)	Telephone	(unit)	53.7	47.6	44.2	56.0	50.7	47.3	49.6	41.9	38.2
移动电话	(部)	Moble Phone	(unit)	224.2	233.1	239.9	228.6	234.8	242.3	216.4	230.0	235.2
#接入互联网的移动电话	(部)	Mobile Phone Access to the Internet	(unit)	115.8	138.6	153.6	135.4	155.8	170.5	80.8	106.5	121.2

5-20 城乡居民住房情况(2015-2017年)
Housing Conditions of Urban and Rural Residents(2015-2017)

项目	Item	全体居民 Urban and Rural Households			城镇常住居民 Urban Households			农村常住居民 Rural Households		
		2015	2016	2017	2015	2016	2017	2015	2016	2017
住房情况	**Houses**									
按居住空间样式分的户数比重(%)	**Proportion of Households by Living Space Style (%)**	**100.0**	**100.0**	**100.0**	**100.0**	**100.0**	**100.0**	**100.0**	**100.0**	**100.0**
单栋楼房	Single Building	48.2	50.0	49.9	28.2	31.7	32.1	83.8	84.3	84.3
单栋平房	Single-Storey House	5.8	5.0	4.9	3.7	3.0	2.8	9.6	8.7	8.8
单元房	Apartment	42.6	42.6	42.9	64.3	63.2	62.9	3.8	4.2	4.4
筒子楼或连片平房	Tongzilou or Contiguous Cottage	3.2	2.1	2.1	3.5	2.0	2.1	2.6	2.4	2.2
其他	Other	0.3	0.3	0.2	0.3	0.2	0.2	0.2	0.4	0.3
按房屋来源分的户数比重(%)	**Proportion of Households by Source of Housing(%)**	**100.0**	**100.0**	**100.0**	**100.0**	**100.0**	**100.0**	**100.0**	**100.0**	**100.0**
租赁住房	Rental Housing	13.0	11.5	11.1	17.7	15.1	14.7	4.7	4.8	4.3
自建住房	Self Built Housing	50.2	50.5	51.1	28.7	29.6	30.8	88.6	89.5	90.0
购买商品房	Commercial Housing	21.6	23.1	23.1	32.9	35.0	34.5	1.2	0.8	1.2
购买房改住房	Purchased Public Housing	6.1	5.9	5.8	9.4	8.8	8.6	0.4	0.5	0.4
购买保障性住房	Purchased Affordable Housing	0.7	0.6	0.5	0.9	0.8	0.8	0.2	0.2	0.1
拆迁安置房	Resettlement Housing	3.9	4.0	4.2	5.8	5.8	6.1	0.7	0.6	0.5
继承或获赠住房	Inheritance or Gift of Housing	1.5	1.5	1.5	0.7	0.8	0.8	3.0	2.9	2.9
其他	Others	2.9	2.9	2.7	3.9	4.1	3.8	1.2	0.7	0.5
按主要建筑材料分的户数比重(%)	**Proportion of Households by Main Building Materials(%)**	**100.0**	**100.0**	**100.0**	**100.0**	**100.0**	**100.0**	**100.0**	**100.0**	**100.0**
钢筋混凝土	Reinforced Concrete	39.0	44.1	44.3	49.5	54.9	55.1	20.2	23.9	23.8
砖混材料	Brick Material	48.4	44.9	45.2	45.4	40.8	40.9	53.8	52.6	53.4
砖瓦砖木	Brick and Tile	11.8	10.3	9.9	4.9	4.1	3.8	24.2	21.8	21.4
竹草土坯	Adobe	0.3	0.3	0.2	0.1			0.8	0.8	0.6
其他	Others	0.4	0.4	0.4	0.1	0.2	0.2	1.0	0.8	0.8

续表 Continued

项目	Item	全体居民 Urban and Rural Households			城镇常住居民 Urban Households			农村常住居民 Rural Households		
		2015	2016	2017	2015	2016	2017	2015	2016	2017
生活设施状况	**Living Facilities**									
主要饮用水来源(%)	**Proportion of Households by Major Sources of Drinking Water(%)**	**100.0**	**100.0**	**100.0**	**100.0**	**100.0**	**100.0**	**100.0**	**100.0**	**100.0**
经过净化处理的自来水	Purification Treatment of Tap Water	91.0	92.4	91.8	98.2	98.5	98.7	77.9	81.1	78.5
受保护的井水和泉水	Protected Wells and Springs	4.2	3.9	5.1	0.6	0.7	0.6	10.6	10.0	13.7
不受保护的井水和泉水	Unprotected Wells and Springs	2.0	1.6	1.3	0.1	0.2	0.2	5.2	4.4	3.4
江河湖泊水	Rivers and Lakes	1.2	0.9	1.0	0.3	0.3	0.3	2.6	2.1	2.4
其他饮用水来源	Others	1.7	1.1	0.8	0.7	0.4	0.3	3.6	2.4	2.0
住宅内厕所状况(%)	**Proportion of Households by Toilet Condition(%)**	**100.0**	**100.0**	**100.0**	**100.0**	**100.0**	**100.0**	**100.0**	**100.0**	**100.0**
水冲式卫生厕所	Sanitary Toilet with Water Flush	91.4	93.4	93.7	96.4	97.1	97.4	82.4	86.5	86.7
水冲式非卫生厕所	Insanitary Toilet with Water Flush	1.2	0.9	0.7	0.7	0.6	0.5	2.2	1.5	1.2
卫生旱厕	Sanitary Dry Toilet	1.3	1.1	1.1	0.2	0.2	0.3	3.3	2.9	2.7
普通旱厕	Ordinary Toilet	3.2	2.5	2.5	0.4	0.2	0.2	8.4	6.8	7.1
无厕所	Without the Toilet	2.8	2.0	1.9	2.3	1.9	1.6	3.7	2.4	2.4
主要炊用能源(%)	**Proportion of Households by Cooking Energy(%)**	**100.0**	**100.0**	**100.0**	**100.0**	**100.0**	**100.0**	**100.0**	**100.0**	**100.0**
天然气、煤气、液化石油气	Natural Gas, Coal Gas, Liquefied Petroleum Gas	93.3	92.0	94.1	95.3	94.3	95.0	89.8	87.6	92.2
煤炭	Coal	0.1			0.1			0.2		
电	Electrism	1.7	2.5	2.5	1.9	2.7	2.6	1.4	2.0	2.4
沼气	Biogas								0.1	
其他	Others	4.8	5.5	3.4	2.7	2.9	2.4	8.5	10.4	5.3

5-21 城乡居民人均收支情况(2015-2017年)
Per Capita Income and Consumption Expenditure of Urban and Rural Households(2015-2017)

项目	Item	全体居民			城镇常住居民			农村常住居民		
		2015	2016	2017	2015	2016	2017	2015	2016	2017
可支配收入(元)	**Per Capita Disposable Income (yuan)**	**35537**	**38529**	**42046**	**43714**	**47237**	**51261**	**21125**	**22866**	**24956**
工资性收入	Income of Wages and Salaries	20654	22207	24137	24948	26656	28818	13087	14204	15457
经营净收入	Net Business Income	6182	6589	7123	6646	7126	7669	5364	5622	6112
财产净收入	Net Income from Property	4079	4337	4742	6048	6381	6911	608	662	718
转移净收入	Net Income from Transfer	4622	5396	6043	6073	7074	7863	2066	2378	2669
生活消费支出(元)	**Per Capita Annual Consumption Expenditures(yuan)**	**24117**	**25527**	**27079**	**28661**	**30068**	**31924**	**16108**	**17359**	**18093**
#通过互联网购买商品及服务	Goods and Services Purchased over the Internet	401	467	562	572	644	754	100	148	207
食品烟酒	Food,Tobacco and Liquor	6976	7414	7751	8092	8467	8906	5008	5520	5608
衣着	Clothing	1647	1564	1586	2041	1904	1926	951	953	956
居住	Residence	5964	6133	6993	7231	7385	8413	3732	3882	4358
生活用品及服务	Living Goods and Services	1159	1224	1346	1360	1421	1617	805	870	842
交通通信	Transportations and Communications	3961	4377	4307	4753	5101	4956	2566	3076	3102
教育文化娱乐	Educatrion,Cultural Services and Recreation	2428	2794	2845	2963	3452	3521	1486	1611	1591
医疗保健	Medical Care	1433	1507	1696	1539	1692	1872	1246	1173	1370
其他用品和服务	Other Supplies and Services	548	513	556	682	645	713	313	274	265

5－22 各市城乡居民人均可支配收入情况(2015－2017 年)
Per Capita Disposable Income of Urban and Rural Households by City(2015－2017)

单位:元(yuan)

城市	City	全体居民 Urban and Rural Households			城镇常住居民 Urban Households			农村常住居民 Rural Households		
		2015	2016	2017	2015	2016	2017	2015	2016	2017
杭州市	Hangzhou	42642	46116	49832	48316	52185	56276	25719	27908	30397
宁波市	Ningbo	41373	44641	48233	47852	51560	55656	26469	28572	30871
温州市	Wenzhou	36459	39601	43185	44026	47785	51866	21235	22985	25154
嘉兴市	Jiaxing	37139	40118	43507	45499	48926	53057	26838	28997	31436
湖州市	Huzhou	34251	37193	40702	42238	45794	49934	24410	26508	28999
绍兴市	Shaoxing	38389	41506	45306	46747	50305	54445	25648	27744	30331
金华市	Jinhua	34378	37159	40629	43193	46554	50653	20297	21896	23922
衢州市	Quzhou	24460	26745	29378	33212	36188	39577	16884	18421	20225
舟山市	Zhoushan	38254	41564	45195	44845	48423	52516	25903	28308	30791
台州市	Taizhou	33788	36915	40439	43266	47162	51374	21225	23164	25369
丽水市	Lishui	24402	26757	29329	32875	35968	38996	15000	16459	18072

5－23 各市城乡居民人均生活消费支出情况(2015－2017 年)
Per Capita Annual Consumption Expenditures of Urban and Rural Households by City(2015－2017)

单位:元(yuan)

城市	City	全体居民 Urban and Rural Households			城镇常住居民 Urban Households			农村常住居民 Rural Households		
		2015	2016	2017	2015	2016	2017	2015	2016	2017
杭州市	Hangzhou	30181	31905	34146	33818	35686	38179	19334	20563	21983
宁波市	Ningbo	26056	27891	29316	29645	31584	33197	17800	19313	20239
温州市	Wenzhou	24799	26234	28627	29438	30965	33663	15464	16627	18169
嘉兴市	Jiaxing	22336	24137	25619	25544	28313	29875	17522	18864	20240
湖州市	Huzhou	22020	23217	24421	26815	27731	28962	16112	17609	18665
绍兴市	Shaoxing	23785	24541	26459	28156	28858	30879	17123	17787	19216
金华市	Jinhua	22670	24961	26661	27701	30311	32368	14634	16269	17149
衢州市	Quzhou	14697	15869	16794	19393	20877	21934	10632	11454	12181
舟山市	Zhoushan	25774	26911	28259	30128	30762	32218	17615	19468	20472
台州市	Taizhou	23822	25143	27129	28892	30021	32514	17102	18598	19709
丽水市	Lishui	18399	19933	21568	23556	25296	27017	12677	13936	15222

浙/江/统/计/年/鉴

主要统计指标解释

常住人口

指住户成员中，经常在家居住、或者调查期内居住时间超过一半的人员，以及本住户供养的学生。

可支配收入

指调查户在调查期内获得的、可用于最终消费支出和储蓄的总和，即调查户可以用来自由支配的收入。可支配收入既包括现金，也包括实物收入。按照收入的来源，可支配收入包含四项，分别为：工资性收入、经营净收入、财产净收入和转移净收入。

工资性收入

指就业人员通过各种途径得到的全部劳动报酬和各种福利，包括受雇于单位或个人、从事各种自由职业、兼职和零星劳动得到的全部劳动报酬和福利。

经营净收入

指住户或住户成员从事生产经营活动所获得的净收入，是全部经营收入中扣除经营费用、生产性固定资产折旧和生产税之后得到的净收入。

财产净收入

指住户或住户成员将其所拥有的金融资产、住房等非金融资产和自然资源交由其他机构单位、住户或个人支配而获得的回报并扣除相关的费用之后得到的净收入。财产净收入包括利息净收入、红利收入、储蓄性保险净收益、转让承包土地经营权租金净收入、出租房屋净收入、出租其他资产净收入和自有住房折算净租金等。财产净收入不包括转让资产所有权的溢价所得。

转移净收入

转移净收入=转移性收入-转移性支出

转移性收入

指国家、单位、社会团体对住户的各种经常性转移支付和住户之间的经常性收入转移。包括养老金或退休金、社会救济和补助、政策性生产补贴、政策性生活补贴、经常性捐赠和赔偿、报销医疗费、住户之间的赡养收入，以及本住户非常住成员寄回带回的收入等。转移性收入不包括住户之间的实物馈赠。

转移性支出

指调查户对国家、单位、住户或个人的经常性或义务性转移支付。包括缴纳的税款、各项社会保障支出、赡养支出、经常性捐赠和赔偿支出以及其他经常转移支出等。

消费支出

指住户用于满足家庭日常生活消费需要的全部支出，包括用于消费品的支出和用于服务性消费的支出。根据用途不同，消费支出可划分为食品烟酒、衣着、居住、生活用品及服务、交通通信、教育文化娱乐、医疗保健、其他用品及服务八大类。根据来源不同，消费支出可划分为现金消费支出、实物消费支出（含自产自用、来自单位、来自政府和其他社会组织）。

城乡一体化住户调查

从2013年度起，国家统计局实施了城乡一体化住户调查改革，统一了原分别组织的城镇住户调查和农村住户调查，规范了统计名称、统计分类和统计标准，并据此获得居民有关数据。实行城乡一体化住户调查，是全面、准确、及时了解全国和各地区城乡居民收入和消费及其他生活状况，监测居民收入分配格局和不同收入层次居民的生活质量，更好地满足研究制定城乡统筹政策和民生政策的客观需要，是调整国家收入分配格局，制定收入分配政策，构建和谐社会的必然要求，是提高住户调查数据质量的基本保障。是为国民经济核算和居民消费价格指数权重制定提供基础数据。

ZHEJIANG STATISTICAL YEARBOOK

Explanatory Notes on Main Statistical Indicators

□ Permanent Resident Population

It refers to members of household , those who often live at home, or more than half of the time spent in the survey period, as well as the students supported by the household.

□ Disposable Income

It refers to the sum of the final consumption expenditures and savings obtained by the households during the survey period, i.e. the households' discretionary income. disposable income includes both cash and physical income. according to the source of income, disposable income includes four items: wage income, net operating income, net property income and net transfer income.

□ Wage Income

It refers to the full remuneration and various benefits obtained by the employee through various means, including all the remuneration and benefits obtained by employing the unit or individual, engaging in various freelance occupations, part-time and sporadic work.

□ Net Operating Income

It refers to the net income of households or household members engaged in production and operation activities. It is the net income of all operating income after deducting operating expenses, depreciation of productive fixed assets and production tax.

□ Net Income of Property

It refers to the net income obtained by a household or a household member after the financial assets, housing and other non-financial assets and natural resources are transferred to the disposal of other institutional units, households or individuals and the relevant fees are deducted. Net property income includes net interest income, dividends income, net savings insurance income, net rental income from the transfer of contracted land management rights, net income from rental housing, net income from rental other assets and net rental of converted private housing. Net income does not include the premium of transferring assets ownership.

□ Net Income from Transfer

net income from transfer = transfer income – transfer expenditure

□ Transfer Income

It refers to various kinds of recurrent transfer payments and income transfers between households by the state, units and social organizations. These include pensions or pensions, social relief and subsidies, policy-based production subsidies, policy-based subsistence allowances, recurrent donations and compensation, reimbursement of medical expenses, maintenance income between households, and income returned by non-resident members of the household. Transfer income does not include physical gifts among households.

□ Transfer Expenditure

It refers to the regular or obligatory transfer payments made by the investigating households to the state, units, households or individuals. Including tax payment, social security expenditure, maintenance expenditure, recurrent donations and compensation expenditure and other recurrent transfer expenditure.

□ Consumption Expenditure

It refers to the total expenditure of households to meet their daily consumption needs, including expenditure on consumer goods and expenditure on service consumption. according to different uses, consumer spending can be divided into food, tobacco and alcohol, clothing, living goods and services, transportation and communications, education, culture and entertainment, health care, other goods and services. according to different sources, consumption expend–

EXPLANATORY NOTES ON MAIN STATISTICAL INDICATORS

iture can be divided into cash consumption expenditure, physical consumption expenditure (including self-produced, from the unit, from the government and other social organizations).

□ Integrated Household Survey

since 2013, the National Bureau of Statistics has implemented the reform of urban-rural integrated household survey, unified the urban household survey and rural household survey, standardized the statistical name, statistical classification and statistical standards, and obtained the relevant data of residents. implementing the urban-rural integrated household survey is to comprehensively, accurately and timely understand the income, consumption and other living conditions of urban and rural residents throughout the country and regions, to monitor the pattern of income distribution and the quality of life of residents at different income levels, and to better meet the objective needs of formulating urban-rural integrated policies and livelihood policies. the basic guarantee for improving the quality of household survey data is to rectify the national income distribution pattern, formulate income distribution policies and build a harmonious society. it provides basic data for national economic accounting and the establishment of consumer price index weights.

2018
浙江统计年鉴
ZHEJIANG STATISTICAL YEARBOOK

CHAPTER 6

农 业
Agriculture

6－1 农村基本情况(2012－2017 年)
Basic Statistics on Rural Areas(2012－2017)

指标		Item		2012	2013	2014	2015	2016	2017
农村基层组织		Rural Grass Roots Units							
乡镇政府	(个)	Number of Township and Town Governments	(unit)	929	910	887	906	929	915
#镇政府	(个)	Number of Town Governments	(unit)	650	643	629	641	655	641
村民委员会	(个)	Number of Villages' Committees	(unit)	28771	28342	27997	27901	27568	27458
农村住户数、人口、劳动力		Number of Rural Households, Population and Labour Force							
农村住户数	(万户)	Rural Households	(10000 households)	1257.09	1277.94	1275.31	1278.78	1266.04	1259.25
#农业生产户数	(万人)	Agricultural Producing	(10000 persons)	748.56	733.88				
农村人口	(万人)	Rural Population	(10000 persons)	3856.87	3993.86	3989.72	3996.02	3948.78	3938.29
农村劳动力资源	(万人)	Rural Labour Resource	(10000 persons)	2571.13	2662.73	2671.84	2652.38	2613.34	2598.44
农村劳动力	(万人)	Rural Labour Force	(10000 persons)	2380.24	2459.55	2444.71	2415.58	2360.20	2332.67
按性别分		By Sex							
男	(万人)	Male	(10000 persons)	1257.78	1295.88	1296.01	1284.90	1254.04	1239.37
女	(万人)	Female	(10000 persons)	1122.46	1163.67	1148.70	1130.70	1106.16	1093.30
农、林、牧、渔业增加值	(亿元)	The added value of agriculture, forestry, animal husbandry and fishery	(100 million yuan)	1667.88	1787.25	1806.60	1865.31	1925.48	1972.84
农业	(亿元)	Farming	(100 million yuan)	887.77	965.43	1000.66	1032.56	1047.08	1072.60
林业	(亿元)	Forestry	(100 million yuan)	103.76	103.32	107.31	109.25	114.15	122.82
牧业	(亿元)	Animal Husbandry	(100 million yuan)	248.72	247.42	212.50	190.42	203.24	165.63
渔业	(亿元)	Fishery	(100 million yuan)	402.61	444.17	456.71	500.68	525.95	572.88
服务业	(亿元)	Services	(100 million yuan)	25.03	26.90	29.42	32.40	35.05	38.91

注：1. 农村基层组织 2014 年起按照民政部门口径。
The rural grassroots organizations have been in accordance with the caliber of the civil affairs departments since 2014.
2. 2016 年、2017 年数据已与三农普数据衔接，后面各表同。
The data in 2016 and 2017 have been linked to the three agricultural census data. The same applies to the tables following.

6-2 农、林、牧、渔业总产值(1978-2017年) Gross Output Value of Farming,Forestry,Animal Husbandry and Fishery(1978-2017)

单位:亿元(100 million yuan)

年份 Year	农林牧渔业总产值 Total	农业产值 Farming	#种植业产值 Planting	林业产值 Forestry	牧业产值 Animal Husbandry	渔业产值 Fishery	农林牧渔服务产值 Services for Agriculture
1978	65.71	50.82	48.86	1.99	9.42	3.48	
1979	91.84	69.47	67.29	2.75	15.55	4.07	
1980	92.67	64.23	60.52	3.61	19.39	5.44	
1981	95.56	69.21	64.48	3.79	16.45	6.11	
1982	118.04	84.61	77.91	4.42	22.88	6.13	
1983	118.68	83.65	74.87	4.77	23.41	6.85	
1984	147.49	102.80	89.93	6.67	27.01	11.01	
1985	174.05	111.20	92.85	8.87	37.84	16.14	
1986	192.04	122.97	101.00	9.26	40.09	19.72	
1987	227.18	141.09	113.91	11.61	48.57	25.91	
1988	280.94	162.80	129.89	14.40	70.33	33.41	
1989	304.50	181.26	145.97	13.60	75.68	33.96	
1990	331.56	199.48	163.92	16.00	75.18	40.90	
1991	363.22	217.21	180.00	17.42	76.78	51.81	
1992	396.93	226.46	179.94	21.01	85.23	64.23	
1993	490.13	274.85	218.01	29.80	92.11	93.37	
1994	690.20	372.97	305.58	41.92	134.78	140.53	
1995	868.76	481.90	407.24	50.02	142.03	194.81	
1996	932.85	517.29	431.90	54.77	155.88	204.92	
1997	1004.88	516.21	426.56	59.26	190.03	239.38	
1998	1003.66	522.98	434.22	59.46	165.85	255.37	
1999	1005.22	519.00	431.57	62.31	157.00	266.91	
2000	1057.07	521.31	446.15	54.48	183.94	297.36	
2001	1053.57	488.59	471.52	60.20	195.94	308.84	
2002	1101.86	511.42	495.72	60.84	205.09	324.51	
2003	1184.04	529.44	515.24	65.67	233.01	337.11	18.81
2004	1332.27	592.59	578.22	78.36	277.89	361.99	21.44
2005	1428.28	654.81	640.20	83.51	285.95	380.81	23.20
2006	1422.60	684.00	669.44	86.04	279.01	347.53	26.03
2007	1597.15	735.92	721.63	95.47	367.60	369.90	28.27
2008	1780.01	813.10	796.12	106.95	418.86	407.82	33.28
2009	1873.40	879.05	864.47	117.64	404.88	435.48	36.35
2010	2172.86	1041.30	1041.30	119.35	448.42	522.18	41.61
2011	2534.90	1152.04	1152.04	134.07	546.33	655.75	46.71
2012	2658.66	1229.36	1229.36	142.14	549.04	687.05	51.08
2013	2837.39	1336.79	1336.79	141.54	546.18	757.97	54.91
2014	2844.59	1385.96	1385.96	147.00	472.23	779.36	60.04
2015	2933.44	1434.71	1434.71	151.63	426.18	855.86	65.06
2016	3038.49	1455.29	1455.29	158.15	455.60	899.07	70.39
2017	3093.36	1494.49	1494.49	170.16	371.29	979.28	78.14

注：1. 本表按当年价格计算。The data in this table are calculated at current price.
2. 2003年起农林牧渔业总产值中包括服务业产值。Gross output value includes services for agriculture since 2003.

6-3 农、林、牧、渔业总产值指数(1979-2017年)
Indices of Gross Output Value of Farming, Forestry, Animal Husbandry and Fishery (1979-2017)

(1978年=100)(1978=100)

年份 Year	农林牧渔业总产值 Total	农业产值 Farming	#种植业产值 Planting	林业产值 Forestry	牧业产值 Animal Husbandry	渔业产值 Fishery	农林牧渔服务业 Services for Agriculture
1979	112.26	109.58	110.04	109.95	131.12	93.69	
1980	109.85	105.62	103.41	115.71	133.27	94.59	
1981	110.78	107.65	104.36	115.71	128.88	96.69	
1982	128.98	127.88	123.64	113.26	148.37	102.71	
1983	124.88	122.05	114.82	116.93	149.42	99.70	
1984	145.51	145.51	132.39	149.29	156.79	116.48	
1985	151.17	146.44	125.92	155.09	176.43	136.74	
1986	159.30	152.77	126.90	149.90	185.83	162.85	
1987	164.65	158.47	125.65	161.50	181.27	184.84	
1988	168.39	162.26	122.63	157.53	189.10	182.79	
1989	170.76	166.71	124.53	152.65	185.44	182.16	
1990	175.37	170.34	128.84	166.08	187.23	198.14	
1991	186.67	181.51	137.66	185.57	192.05	217.84	
1992	193.70	179.20	129.00	198.03	209.41	251.91	
1993	202.65	184.90	127.48	240.93	203.50	286.54	
1994	221.50	191.86	127.47	283.27	204.03	383.96	
1995	242.72	205.46	135.15	302.47	202.14	482.07	
1996	258.08	221.62	142.54	319.98	203.38	516.58	
1997	270.66	223.18	142.51	340.13	222.24	570.26	
1998	280.94	223.98	143.15	328.23	230.46	640.51	
1999	294.15	233.77	153.57	351.75	242.33	669.03	
2000	307.67	230.70	150.09	391.15	265.45	741.95	
2001	322.75	240.16	160.75	414.23	288.28	769.40	
2002	336.31	155.05	171.36	417.96	300.39	787.87	
2003	348.29	267.73	180.78	429.21	306.42	811.56	
2004	363.75	171.10	190.00	458.00	310.38	848.84	109.84
2005	372.48	175.72	195.13	463.04	326.52	847.99	117.53
2006	385.52	183.80	202.34	488.51	311.42	870.04	125.87
2007	394.39	188.58	207.60	509.03	314.53	884.83	135.69
2008	412.57	198.08	217.73	554.03	323.49	918.72	152.16
2009	422.43	203.15	224.26	555.03	333.19	932.87	164.56
2010	434.76	204.96	226.26	527.72	344.92	1007.97	179.37
2011	448.24	208.75	230.45	542.39	350.06	1076.41	191.03
2012	456.49	211.11	233.05	538.97	356.64	1110.86	204.40
2013	458.36	212.71	234.82	545.22	344.48	1136.85	214.17
2014	462.76	220.37	243.27	553.67	314.92	1166.98	229.16
2015	468.13	227.84	251.52	577.15	273.16	1223.35	247.22
2016	479.79	235.56	260.05	584.25	255.92	1286.96	266.08
2017	490.77	245.78	271.33	622.57	228.83	1334.23	289.28

注:注:本表按可比价格计算。
The data in this table are calculated at comparable price.

6-4 农、林、牧、渔业分项产值(2011-2017年)
Gross Output Value of Farming, Forestry, Animal Husbandry and Fishery by Branch(2011-2017)

单位:亿元(100 million yuan)

指标	Item	2011	2012	2013	2014	2015	2016	2017
农林牧渔业总产值	**Total**	**2534.90**	**2658.66**	**2837.39**	**2844.59**	**2933.44**	**3038.49**	**3093.36**
农业产值	Farming	1152.04	1229.36	1336.79	1385.96	1434.71	1455.29	1494.49
农作物种植业产值	Planting	1152.04	1229.36	1336.79	1385.96	1434.71	1455.29	1494.49
#粮食	Grain	223.47	229.51	231.66	242.04	241.66	185.10	188.43
谷物	Cereal	192.58	194.24	197.13	204.90	202.83	156.75	160.11
豆类	Beans	15.25	16.77	19.55	20.16	20.70	15.98	16.15
薯类	Tubers	15.64	18.50	14.98	16.98	18.13	12.37	12.17
油料	Oil bearing Crops	18.38	19.49	24.17	21.34	21.95	21.08	21.35
棉花	Cotton	4.15	3.84	2.92	3.01	2.44	2.02	1.68
麻类	Fiber Crops	0.01	0.01	0.01	0.01	0.01	0.01	0.01
糖料	Sugar Crops	12.16	7.79	7.92	9.03	9.20	6.07	5.59
蔬菜	Vegetables	318.91	341.22	427.75	436.27	461.69	527.67	517.37
茶、桑、果	Tea, Mulberry, Fruit	334.64	366.12	388.50	400.78	412.13	416.57	456.07
其他农业产值	Other Farming	12.36	13.17	13.03	12.96	12.16	9.63	9.29
林业产值	**Forestry**	**134.07**	**142.14**	**141.54**	**147.00**	**151.63**	**158.15**	**170.16**
人造林木生长	Man made Forestry Growing	10.55	11.64	10.19	8.08	8.71	7.78	6.69
林产品	Forestry Production	50.13	54.93	56.95	70.65	74.11	86.07	106.43
竹木采运	Lumbering	58.09	58.70	57.28	52.49	53.04	47.38	40.40
牧业产值	**Animal Husbandry**	**546.33**	**549.04**	**546.18**	**472.23**	**426.18**	**455.60**	**371.29**
牲畜繁殖、增长增重	Breeding and Growthing of Domestic Animals	391.19	393.98	396.38	337.97	295.67	308.89	237.81
家禽饲养	Poultry Raising	54.23	57.96	53.66	44.42	44.30	54.01	45.14
活的畜禽产品	Live Livestock Production	44.99	47.25	47.76	44.44	41.50	43.12	38.22
其他动物饲养	Other Animals Raising	54.43	48.16	46.39	43.54	42.72	47.14	47.64
渔业产值	**Fishery**	**655.75**	**687.05**	**757.97**	**779.36**	**855.86**	**899.07**	**979.28**
海水产品	Seawater Aquatic Production	465.12	484.53	543.05	566.38	633.42	664.14	734.56
淡水产品	Freshwater Aquatic Production	190.64	202.52	214.92	212.98	222.44	234.93	244.72
服务业产值	Services for Agriculture	46.71	51.08	54.91	60.04	65.06	70.39	78.14

注：1. 本表按当年价格计算。The data in this table are calculated at current price.
2. 总产值中包括服务业产值。Total gross output value includes services for agriculture.

6-5 农、林、牧、渔业增加值(2011-2017年)
The Added Value of Farming, Forestry, Animal Husbandry and Fishery(2011-2017)

单位:亿元(100 million yuan)

指标	Item	2011	2012	2013	2014	2015	2016	2017
总产值	**Gross Output Value**	**2534.90**	**2658.67**	**2837.39**	**2844.59**	**2933.44**	**3038.49**	**3093.36**
中间消耗	**Intermediate Consumption**	**951.86**	**990.78**	**1050.14**	**1037.99**	**1068.13**	**1113.01**	**1120.52**
中间物质消耗	Intermediate Material Consumption	741.59	755.68	792.67	769.79	786.99	806.93	823.69
对非物质生产部门的劳务支出	Labour Service Expenditure of Non-material Productive Sectors	210.27	235.10	257.47	268.20	281.14	306.08	296.83
增加值	**Added Value**	**1583.04**	**1667.88**	**1787.25**	**1806.60**	**1865.31**	**1925.48**	**1972.84**
农业	Farming	831.66	887.77	965.43	1000.66	1032.56	1047.08	1072.60
林业	Forestry	97.60	103.76	103.32	107.31	109.25	114.15	122.82
牧业	Animal Husbandry	247.87	248.72	247.42	212.50	190.42	203.24	165.63
渔业	Fishery	383.02	402.61	444.17	456.71	500.68	525.95	572.88
服务业	Services	22.89	25.03	26.90	29.42	32.40	35.05	38.91

注：1. 农林牧渔业增加值中包括服务业增加值。Gross Output Value includes Services for agricultuer .
2. 农林牧渔业增加值已与农普数衔接。The gross output value are adjusted according to agricultural census result.

6-6 各市农、林、牧、渔业增加值(2017年)
The Added Value of Farming, Forestry, Animal Husbandry and Fishery by City (2017)

单位:亿元(100 million yuan)

地区	Region	农、林、牧、渔业增加值 Total	#农业增加值 Farming	#固定资产折旧 Depreciation of Fixed Assets	劳动者报酬 Compensation of Labourers	中间消耗 Intermediate Consumption
全省合计	**Total**	**1972.84**	**1072.60**	**185.91**	**1859.01**	**1120.52**
浙东北	**Eastern&Northern Region**	**1195.73**	**655.07**	**106.59**	**1133.01**	**670.63**
杭州市	Hangzhou	305.60	195.15	13.93	305.08	152.10
宁波市	Ningbo	307.06	168.10	15.90	300.41	157.45
嘉兴市	Jiaxing	123.81	84.44	13.60	115.16	71.52
湖州市	Huzhou	133.19	63.40	14.40	118.79	80.67
绍兴市	Shaoxing	197.79	136.66	15.01	184.18	96.83
舟山市	zhoushan	128.27	7.31	33.75	109.38	112.06
浙西南	**Western&Southern Region**	**717.14**	**398.86**	**77.97**	**666.66**	**441.88**
温州市	Wenzhou	142.75	77.20	16.42	130.33	77.14
金华市	Jinhua	139.04	99.56	14.62	127.83	76.30
其中:义乌市	Yiwu	21.16	17.61	2.12	19.18	9.18
衢州市	Quzhou	83.39	50.37	8.10	79.06	46.21
台州市	Taizhou	258.67	104.75	35.74	236.41	194.54
丽水市	Lishui	93.29	66.98	3.10	93.03	47.70

注：全省数为省级计算数,与分市相加不等。
The total is calculated by Provincial Bureau, it is not equal to the sum of regional figures by city.

6-7 农业机械年末拥有量(2011-2017年)
Possession of Major Agricultural Machinery(2011-2017年)

指标		Item		2011	2012	2013	2014	2015	2016	2017
农业机械总动力	**(万千瓦)**	**Total Power of Agri-cultural Machinery**	**(10000 kw)**	**2542.08**	**2587.92**	**2470.95**	**2436.95**	**2392.61**	**2327.00**	**2095.00**
耕作机械动力	**(万千瓦)**	**Mechanical Power of Cultivation**	**(10000 kw)**	**205.17**	**211.74**	**211.04**	**215.98**	**221.82**	**230.97**	**233.38**
大中型拖拉机	(台)	Large and Medium Sized Tractors	(unit)	9583	10742	11711	11967	12650	13974	14434
	(万千瓦)		(10000 kw)	37.29	43.26	48.15	51.21	56.15	63.88	67.13
农用小型拖拉机	(万台)	Mini tractors for Agriculture	(10000 units)	16.81	16.27	13.93	12.97	11.86	11.72	10.86
	(万千瓦)		(10000 kw)	150.53	144.46	125.93	118.22	110.05	106.89	98.74
收获机械动力	**(万千瓦)**	**Mechanical Power of Harvesting**	**(10000 kw)**	**244.16**	**237.40**	**222.53**	**171.34**	**179.33**	**157.79**	**141.44**
联合收割机	(台)	Combine Harvesters	(unit)	18399	18797	18374	18116	17829	18075	18069
	(万千瓦)		(10000 kw)	62.89	66.45	67.45	67.60	69.60	72.71	74.72
机动收割机(割晒机)	(台)	Motorized Harvesters	(unit)	106	102	406	399	375	360	360
机动脱粒机	(万台)	Motorized Thresher	(10000 units)	102.64	85.86	77.10	61.88	50.47	36.33	25.37
植保机械动力	**(万千瓦)**	**Mechanical Power of Plant Protection**	**(10000 kw)**	**47.72**	**49.65**	**50.54**	**51.32**	**51.10**	**51.60**	**52.56**
机动喷雾(粉)器	(万架)	Motorized Sprayer	(10000 units)	21.18	21.84	21.30	21.46	20.70	20.53	21.19
排灌机械动力	**(万千瓦)**	**Mechanical Power of Drainage and Irrigation**	**(10000 kw)**	**287.18**	**286.56**	**292.18**	**288.63**	**286.82**	**284.79**	**281.36**
柴油机	(万台)	Diesel Engines	(10000 units)	8.73	8.61	8.98	8.71	8.47	8.37	8.16
	(万千瓦)		(10000 kw)	40.90	40.73	41.46	41.11	41.61	40.95	40.27
电动机	(万台)	Electric Engines	(10000 units)	88.19	87.45	86.33	84.00	83.07	82.14	80.55
	(万千瓦)		(10000 kw)	237.58	236.89	239.66	236.41	234.55	233.14	230.27
农副产品加工机械动力	**(万千瓦)**	**Mechanical Power of Farm Sideline Production Manufacturing**	**(10000 kw)**	**138.03**	**135.79**	**135.18**	**132.85**	**131.45**	**130.34**	**126.70**
粮食加工机械	(万台)	Mechanical Power for Grain	(10000 units)	13.18	12.82	12.64	12.48	12.21	12.01	11.65
棉花加工机械	(万台)	Mechanical Power for Cotton	(10000 units)	0.50	0.50	0.43	0.39	0.44	0.42	0.40
油料加工机械	(万台)	Mechanical Power for Oil bearing	(10000 units)	0.89	0.93	0.92	0.88	0.87	0.87	0.86
运输机械动力	**(万千瓦)**	**Mechanical Power of Transportation**	**(10000 kw)**	**553.97**	**548.70**	**515.35**	**482.05**	**438.17**	**394.80**	**204.53**
渔业机械动力	**(万千瓦)**	**Mechanical Power of Fishery**	**(10000 kw)**	**439.87**	**455.86**	**458.42**	**469.73**	**467.37**	**466.84**	**450.80**
机动船	(万艘)	Motorized Boats	(10000 units)	5.02	4.96	4.67	4.40	4.11	3.97	3.40
	(万吨)		(10000 tons)	246.84	268.68	279.57	291.12	296.40	303.41	300.20
	(万千瓦)		(10000 kw)	439.87	455.86	458.42	469.73	467.37	466.84	450.80
其他农业机械动力	**(万千瓦)**	**Other Mechanical Power**	**(10000 kw)**	**625.98**	**662.22**	**585.71**	**625.05**	**616.55**	**609.87**	**604.23**

6-8 各市主要农业机械拥有量(2017 年末)
Possession of Major Agricultural Machinery by City (End of 2017)

地区	Region	农业机械总动力(万千瓦) Total Power of Agricultural Machinery (10000 kw)	耕作机械动力(万千瓦) Mechanical Power of Cultivation (10000 kw)	大中型拖拉机(台) Mini tractors	农用小型拖拉机 Mini tractors		收获机械动力(万千瓦) Mechanical Power of Harvesting (10000 kw)
					万台 (10000 units)	万千瓦 (10000 kw)	
全省合计	**Total**	**2072.27**	**233.38**	**14434**	**10.86**	**98.74**	**95.55**
浙东北	**Eastern & Northern Region**	**1150.44**	**119.23**	**9058**	**5.98**	**54.93**	**44.93**
杭州市	Hangzhou	255.77	21.95	1347	1.15	10.14	4.70
宁波市	Ningbo	269.10	28.30	2732	0.61	6.53	12.04
嘉兴市	Jiaxing	124.29	21.29	1804	1.14	10.39	5.49
湖州市	Huzhou	151.45	22.53	778	1.82	17.02	8.27
绍兴市	Shaoxing	212.88	23.50	2256	1.23	10.64	13.68
舟山市	Zhoushan	136.94	1.66	141	0.02	0.22	0.75
浙西南	**Western & Southern Region**	**921.84**	**114.15**	**5376**	**4.88**	**43.81**	**50.63**
温州市	Wenzhou	188.26	23.06	573	0.83	7.72	11.05
金华市	Jinhua	230.31	36.50	2217	1.97	16.99	15.54
其中:义乌市	Yiwu	22.72	3.39	335	0.10	0.93	0.65
衢州市	Quzhou	138.43	17.63	804	0.48	3.96	9.20
台州市	Taizhou	269.28	23.64	1694	1.08	10.53	13.60
丽水市	Lishui	95.55	13.33	88	0.53	4.60	1.24

续表 1 Continued

地区	Region	机动脱粒(打稻)机 Motorized Thresher (10000 kw)		植保机械动力(万千瓦) Mechanical Power of Plant Protection (10000 kw)	机动喷雾(粉)器 Moterized Sprayer		排灌机械动力(万千瓦) Mechanical Power of Drainage and Irrigation (10000 kw)
		万台 (10000 units)	万千瓦 (10000 kw)		(架) (unit)	(千瓦) (1000 kw)	
全省合计	**Total**	**25.37**	**45.89**	**52.56**	**211913**	**395441**	**281.36**
浙东北	**Eastern & Northern Region**	**15.72**	**23.36**	**19.31**	**97995**	**171720**	**167.92**
杭州市	Hangzhou	4.47	6.84	5.25	32522	50696	38.47
宁波市	Ningbo	0.29	0.80	5.72	27078	47200	30.84
嘉兴市	Jiaxing	8.34	12.03	2.41	11935	22169	30.99
湖州市	Huzhou	0.65	0.88	2.57	9749	23329	40.15
绍兴市	Shaoxing	1.86	2.65	3.18	15652	26960	24.88
舟山市	Zhoushan	0.11	0.18	0.18	1059	1366	2.60
浙西南	**Western & Southern Region**	**9.65**	**22.52**	**33.25**	**113918**	**223721**	**113.44**
温州市	Wenzhou	0.86	1.80	2.56	7631	19164	16.34
金华市	Jinhua	5.11	12.82	5.29	25368	43115	30.19
其中:义乌市	Yiwu	0.20	0.43	0.53	2395	5270	2.28
衢州市	Quzhou	1.43	3.11	13.20	38292	76451	29.41
台州市	Taizhou	1.04	1.91	8.60	34347	66856	27.99
丽水市	Lishui	1.21	2.88	3.60	8280	18135	9.51

续表 2 Continued

地区	Region	农副产品加工机械动力（万千瓦）Mechanical Power of Farm Sideline Production Manufacturing (10000 kw)	运输机械动力（万千瓦）Mechanical Power of Transpor－tation (10000 kw)	渔业机械动力（万千瓦）Mechanical Power of Fishery (10000 kw)	其他机械动力（万千瓦）Other Mechanical Power (10000 kw)
全省合计	**Total**	**126.70**	**204.53**	**428.07**	**161.22**
浙东北	**Eastern & Northern Region**	**61.58**	**100.69**	**245.13**	**111.71**
杭州市	Hangzhou	17.07	28.58	11.70	19.66
宁波市	Ningbo	11.96	26.21	77.20	32.77
嘉兴市	Jiaxing	6.79	10.99	9.35	11.53
湖州市	Huzhou	6.64	7.74	20.44	14.51
绍兴市	Shaoxing	18.18	24.80	6.60	31.42
舟山市	Zhoushan	0.94	2.37	119.84	1.82
浙西南	**Western & Southern Region**	**65.13**	**103.84**	**182.94**	**49.51**
温州市	Wenzhou	12.01	11.93	72.89	16.57
金华市	Jinhua	15.27	41.90	1.49	8.79
其中:义乌市	Yiwu	1.18	5.69	0.19	1.30
衢州市	Quzhou	11.98	15.66	1.08	3.56
台州市	Taizhou	11.65	27.97	106.99	15.10
丽水市	Lishui	14.23	6.38	0.50	5.49

6-9 农业机械化、电气化及化肥施用量(2011-2017年)
Agricultural Mechanization, Electrification, Chemical Fertilizer Applied(2011-2017)

指标	Item		2011	2012	2013	2014	2015	2016	2017
农业机械化	Agricultural Mechanization								
当年机耕地面积 (千公顷)	Area Sown by Machine at Current Year	(1000 hectares)	992.39	1008.82	1003.15	979.45	960.22	930.36	933.45
当年机械收获面积 (千公顷)	Mechanical Harvest Area at Current Year	(1000 hectares)	943.57	910.38	928.71	919.96	869.75	869.95	844.85
农村能源	**Energy in Rural Areas**								
农村用电量 (亿千瓦时)	Electricity Consumed	(100 Million kw.h)	848.00	869.87	904.91	905.34	905.56	926.09	976.65
乡村办水电站 (个)	Hydropower Stations Run by Township and Village	(units)	3189	3206	2943				
农业化肥施用量	**Agricultural Consumption of Chemical Fertilizers**								
按折纯量计算 (万吨)	Calculated by 100% Effective Component	(10000 tons)	92.05	92.15	92.43	89.62	87.52	84.48	82.63
每公顷播种面积施用量 (公斤)	Fertilizer Used per Hectare Sown Area	(kg)	368	376	378	370	359	347	335
农用塑料薄膜使用量 (万吨)	**Plastic Film Used for Agriculture**	**(10000 tons)**	**5.84**	**6.23**	**6.47**	**6.57**	**6.75**	**6.73**	**6.79**
农用柴油使用量 (万吨)	**Diesel Used for Agriculture**	**(10000 tons)**	**195.10**	**196.20**	**198.80**	**200.72**	**203.24**	**203.25**	**201.60**
农药使用量 (万吨)	**Pesticide Used**	**(10000 tons)**	**6.39**	**6.29**	**6.22**	**5.87**	**5.65**	**4.95**	**4.63**

6-10 各市农业机械化、农村能源及农业物资消耗情况(2017年)
Agricultural Mechanization,Energy and Material Consumption by City (2017)

地区	Region	农业机械化情况(千公顷) Conditions of Agricultural Mechanization(1000 ha)		农村用电量(亿千瓦小时) Electricity Consumed in Rural Areas (100 million kw.h)	农用塑料薄膜使用量(吨) Plastic Film Used for Agriculture (ton)	农用柴油使用量(吨) Diesel Used for Agriculture (ton)	农药使用量(吨) Pesticide Used (ton)
		机耕面积 Area Cultivated by Machine	机械收获面积 Area Harvested by Machine				
全省合计	**Total**	**1406.91**	**844.85**	**976.65**	**67891**	**2016045**	**46303**
浙东北	**Eastern & Northern Region**	**810.87**	**526.26**	**695.04**	**40084**	**1025890**	**28300**
杭州市	Hangzhou	159.88	64.98	113.96	10610	25810	6632
宁波市	Ningbo	220.04	95.85	178.13	12465	327855	5713
嘉兴市	Jiaxing	146.88	148.26	135.37	6105	15013	5977
湖州市	Huzhou	100.42	94.00	37.70	5336	27124	3760
绍兴市	Shaoxing	175.17	120.57	214.62	5187	13219	5771
舟山市	Zhoushan	8.48	2.60	15.25	381	616869	447
浙西南	**Western & Southern Region**	**596.03**	**318.59**	**281.61**	**27807**	**990155**	**18003**
温州市	Wenzhou	153.16	88.93	90.87	4088	278971	3789
金华市	Jinhua	126.71	66.31	58.10	6496	25838	4690
其中:义乌市	Yiwu	11.99	6.55	11.86	345	1974	430
衢州市	Quzhou	121.40	80.93	10.74	2537	16581	3785
台州市	Taizhou	128.75	69.24	115.66	10162	658892	3053
丽水市	Lishui	66.01	13.17	6.24	4524	9873	2686

6-11 各市农用化肥施用量
Chemical Fertilizer Applied by City

单位:万吨(10000 tons)

地区	Region	氮肥 Nitrogenous Fertilizer		磷肥 Phosphate Fertilizer		钾肥 Potash Fertilizer		复合肥 Compound Fertilizer	
		2016	2017	2016	2017	2016	2017	2016	2017
全省合计	**Total**	**44.19**	**42.90**	**9.71**	**9.34**	**6.58**	**6.56**	**24.00**	**23.83**
浙东北	**Eastern & Northern Region**	**25.64**	**24.81**	**4.76**	**4.48**	**2.83**	**2.73**	**12.36**	**12.23**
杭州市	Hangzhou	4.19	4.10	1.11	1.10	0.74	0.71	3.40	3.31
宁波市	Ningbo	4.45	4.09	1.30	1.11	0.81	0.75	4.06	4.05
嘉兴市	Jiaxing	7.50	7.45	1.14	1.10	0.53	0.53	0.88	0.89
湖州市	Huzhou	2.64	2.52	0.41	0.39	0.23	0.22	1.01	0.96
绍兴市	Shaoxing	6.62	6.43	0.77	0.75	0.51	0.51	2.85	2.87
舟山市	Zhoushan	0.24	0.22	0.04	0.03	0.01	0.01	0.16	0.16
浙西南	**Western & Southern Region**	**18.55**	**18.09**	**4.95**	**4.86**	**3.75**	**3.83**	**11.64**	**11.60**
温州市	Wenzhou	4.64	4.57	1.28	1.26	0.82	0.81	1.31	1.28
金华市	Jinhua	3.94	3.65	1.19	1.07	1.07	1.01	3.83	3.71
其中:义乌市	Yiwu	0.49	0.49	0.11	0.12	0.09	0.10	0.52	0.53
衢州市	Quzhou	3.28	3.23	0.74	0.75	0.75	0.73	1.55	1.55
台州市	Taizhou	4.33	4.35	0.86	0.91	0.52	0.67	3.06	3.08
丽水市	Lishui	2.35	2.30	0.88	0.87	0.60	0.62	1.89	1.97

注:农用化肥施用量按折纯量计算。
Chemical Fertilizer Applied are Calculated by 100% Effective Component.

6-12 农田水利建设(2011-2017年) Water Conservancy Facilities of Farmland(2011-2017)

指标		Item		2011	2012	2013	2014	2015	2016	2017
水库年末累计	**(座)**	**Total Number of Reservoirs**	**(set)**	**4243**	**4250**	**4331**	**4336**	**4334**	**4339**	**4326**
#大、中型水库(1000万立方米以上)	(座)	Large and Medium-sized Reservoirs(above 10 million cu. m level)	(set)	185	187	189	189	191	193	194
总库容量	(亿立方米)	Capacity	(100 million m)	398.92	400.07	445.00	444.00	444.17	444.59	446.90
塘坝	**(处)**	**Small Reservoirs**	**(place)**	**205204**	**204034**	**88339**	**88474**	**88883**	**88596**	**88540**
机电井	**(眼)**	**Motor-electric-pumped Well**	**(unit)**	**1996**	**1991**	**2991**	**2958**	**2926**	**2926**	**2633**
水闸	**(座)**	**Sluice**	**(set)**	**5322**	**5355**	**12873**	**13115**	**13226**	**13272**	**13333**

注：本表指标自2013年起统计口径进行了调整。The data of this table is adjusted since 2013.

6-13 农田水利、除涝和治理水土流失情况(2011-2017年) Water Conservation, Waterlogging and Soil Erosion Prevention and Limitation(2011-2017)

指标		Item		2011	2012	2013	2014	2015	2016	2017
有效灌溉面积	(千公顷)	Effective Irrigated Areas	(1000 ha)	1456.80	1471.02	1409.39	1425.37	1432.15	1446.31	1444.70
除涝面积	(千公顷)	Flooded or Water Logged Areas under Control	(1000 ha)	499.71	501.44	507.30	523.52	537.65	548.33	554.56
治理水土流失面积	(千公顷)	Area of Soil Erosion under Control	(1000 ha)	2457.64	2515.46	3645.69	3644.48	3655.40	3669.86	3721.06
堤塘长度	(公里)	Total Length of Dikes	(km)	14168	14572	17633	18012	18686	19179	19427

注：本表指标自2013年起统计口径进行了调整。The data of this table is adjusted since 2013.

6-14 各市水利设施和除涝及农田灌溉面积
Water Conservancy Facilities, Waterlogging Area under Control and Farmland Irrigated Areas by City

地区	Region	年末水库数(座) Number of Reservoirs (year end) (set)		水库总库容(亿立方米) Capacity of Reservoirs (100 million cu. m)		除涝面积(千公顷) Waterlogging Area under Control (1000 ha)		有效灌溉面积(千公顷) Effective Irrigated Areas (1000 ha)	
		2016	2017	2016	2017	2016	2017	2016	2017
全省合计	**Total**	**4339**	**4326**	**444.59**	**446.95**	**548.33**	**554.56**	**1446.31**	**1444.70**
浙东北	**Eastern & Northern Region**	**1980**	**1975**	**278.77**	**281.11**	**413.79**	**418.50**	**836.37**	**836.32**
杭州市	Hangzhou	639	637	236.71	236.70	59.93	59.66	156.56	157.06
宁波市	Ningbo	420	416	18.84	18.75	80.15	79.22	178.14	179.37
嘉兴市	Jiaxing	1	1	0.03	0.03	128.54	133.32	183.87	183.91
湖州市	Huzhou	157	157	8.92	8.92	96.90	98.02	137.23	133.58
绍兴市	Shaoxing	554	555	12.86	15.30	42.06	42.06	165.35	167.09
舟山市	Zhoushan	209	209	1.41	1.41	6.21	6.22	15.22	15.31
浙西南	**Western & Southern Region**	**2359**	**2351**	**165.82**	**165.84**	**134.54**	**136.06**	**609.94**	**608.38**
温州市	Wenzhou	332	329	26.81	26.80	68.13	71.40	115.17	115.51
金华市	Jinhua	821	817	19.05	19.00	12.36	12.36	168.03	169.58
其中:义乌市	Yiwu	105	105	2.31	2.31	0.37	0.37	18.12	18.08
衢州市	Quzhou	471	467	34.80	34.84	3.77	3.84	104.17	104.60
台州市	Taizhou	345	346	18.66	18.66	39.39	39.07	124.74	125.05
丽水市	Lishui	390	392	66.50	66.54	10.89	9.39	97.83	93.64

6－15 主要农作物播种面积(2011－2017 年)
Total Sown Area of Major Farm Crops(2011－2017)

单位:千公顷(1000 hectares)

指标	Item	2011	2012	2013	2014	2015	2016	2017
农作物播种面积	**Sown Area of Farm Crops**	**2272.53**	**2234.90**	**2198.99**	**2145.46**	**2141.51**	**2106.21**	**2142.12**
粮食作物	Grain Crops	1070.31	1043.07	1016.85	1005.59	989.70	951.36	977.19
#春粮	Spring Grain	154.99	147.36	147.14	156.09	161.13	145.32	162.28
秋粮	Autumn Grain	818.58	802.64	775.66	757.13	738.65	719.50	728.48
谷物	Cereal	902.56	854.53	832.08	815.99	800.90	757.99	784.86
稻谷	Rice	774.48	700.14	677.05	654.20	634.24	613.09	620.68
早稻及早中稻	Early Rice & Early Mid-rice	96.73	93.07	94.04	92.37	89.91	86.53	86.43
晚稻及迟中稻	Late Rice & Late Mid-rice	677.74	607.07	583.01	561.83	544.32	526.56	534.25
#单季晚稻	Single Season Rice	554.05	504.72	484.47	466.48	450.47	433.94	439.58
小麦	Wheat	76.66	79.47	81.45	89.53	98.96	85.32	103.67
大(元)麦	Barley	18.69	17.61	16.68	14.71	10.81	5.76	5.12
玉米	Corn	26.23	50.83	50.31	51.07	51.63	49.94	51.88
其他谷物	Other Cereal	6.50	6.48	6.59	6.48	5.26	3.88	3.50
豆类	Beans	94.55	111.11	108.88	114.78	114.92	114.38	108.25
大豆	Soybeans	49.51	85.24	84.55	85.10	86.27	83.82	80.41
其他小豆类	Other Beans	45.04	25.87	24.33	29.68	28.65	30.55	27.84
薯类	Yam	73.19	77.43	75.90	74.81	73.88	78.99	84.08
其中:马铃薯	Potato	45.48	40.47	40.31	39.99	39.38	41.87	44.99
油料	**Oil bearing Crops**	**195.99**	**189.38**	**183.42**	**145.00**	**146.09**	**126.00**	**122.29**
油菜籽	Rapeseeds	171.55	165.56	159.62	126.37	122.33	99.33	96.15
花生	Peanuts	19.00	18.53	18.39	14.21	18.24	17.33	17.14
棉花(皮棉)	**Cotton**	**15.36**	**13.80**	**12.09**	**9.92**	**7.38**	**5.62**	**4.53**
麻类	**Fiber Crops**	**0.10**	**0.11**	**0.09**	**0.09**	**0.07**	**0.06**	**0.04**
糖类	**Sugar Crops**	**11.33**	**11.01**	**10.31**	**10.10**	**9.96**	**6.27**	**5.71**
烟叶	**Tobacco**	**1.22**	**1.08**	**1.05**	**0.73**	**0.67**	**0.63**	**0.61**
药材类	**Medicinal Material**	**31.56**	**31.19**	**31.89**	**36.57**	**38.61**	**43.01**	**48.60**
蔬菜	**Vegetables**	**624.46**	**623.27**	**619.13**	**606.00**	**618.07**	**633.21**	**644.09**
果用瓜	**Melon as Fruit**	**105.97**	**101.41**	**101.04**	**95.74**	**100.20**	**101.85**	**102.13**
#西瓜	Watermelon	83.81	77.30	76.36	70.78	72.36	70.47	69.73
花卉苗木	**Flowers and Plants Nursery Stock**	**119.34**	**126.32**	**131.50**	**140.02**	**145.50**	**159.74**	**161.00**
其他农作物	**Other Farm Crops**	**96.89**	**94.26**	**91.62**	**95.70**	**85.26**	**78.46**	**75.90**
#绿肥	Green Manure	50.82	49.31	48.49	45.48	43.35	40.38	39.10

注:粮食、棉花、油料、糖类数据已与三农普数据衔接。后面各表同。
The data of grain, cotton, oil and sugar have been linked to three agricultural census data. The same applies to the tables following.

6-16 历年主要农作物播种面积(1978-2017年)
Total Sown Area of Major Farm Crops over the years(1978-2017)

单位:千公顷(1000 hectares)

年份 Year	农作物播种面积 Total Sown Area	#粮食作物 Grain Crops	油料 Oil-bearing Crops	棉花 Cotton	蔬菜 Vegetables
1978	4760.13	3472.20	207.20	85.13	126.80
1979	4731.60	3456.19	221.20	90.07	122.73
1980	4685.71	3424.40	245.60	107.27	129.33
1981	4644.13	3375.07	298.87	107.93	116.47
1982	4626.00	3437.47	253.73	106.73	124.67
1983	4578.07	3480.00	237.93	105.47	132.00
1984	4526.87	3482.53	223.93	104.80	148.40
1985	4451.70	3271.23	286.00	93.07	180.25
1986	4361.80	3166.25	294.20	80.53	199.26
1987	4374.27	3235.37	276.93	70.73	214.97
1988	4300.50	3209.85	273.40	69.00	226.61
1989	4312.87	3222.65	280.93	60.40	236.27
1990	4384.69	3266.00	302.05	68.67	248.39
1991	4379.53	3267.21	306.61	68.19	249.07
1992	4275.05	3164.20	304.08	71.09	250.02
1993	3926.16	2844.46	235.95	60.94	283.41
1994	3802.42	2741.04	235.42	61.66	298.85
1995	3923.04	2814.39	309.32	64.53	297.81
1996	3963.82	2877.17	295.71	66.71	313.12
1997	3944.16	2873.00	275.75	61.97	329.05
1998	3919.60	2799.51	281.88	62.84	368.04
1999	3899.49	2751.91	289.44	37.85	412.49
2000	3554.33	2300.26	315.58	26.58	568.86
2001	3245.93	1939.08	306.62	27.66	627.97
2002	3064.54	1718.39	289.07	18.73	696.99
2003	2834.39	1482.97	250.90	17.63	700.77
2004	2778.41	1505.37	237.25	18.77	661.02
2005	2837.94	1562.56	249.25	17.91	666.73
2006	2516.21	1304.52	175.28	18.05	647.70
2007	2444.23	1223.37	151.34	17.55	660.62
2008	2398.95	1189.26	190.78	17.71	617.36
2009	2385.26	1170.56	210.14	16.33	618.86
2010	2324.22	1115.40	208.75	15.76	618.59
2011	2458.88	1070.31	195.99	15.36	624.46
2012	2242.00	1043.07	189.38	13.80	623.27
2013	2206.54	1016.85	183.42	12.09	619.13
2014	2152.80	1005.59	145.00	9.92	606.00
2015	2147.90	989.70	146.09	7.38	618.07
2016	2130.14	951.36	126.00	5.62	633.21
2017	2142.11	977.19	122.29	4.53	644.09

6－17 主要农作物产量(1978－2017年)
Output of Major Farm Crops(1978－2017)

单位:万吨(10000 tons)

年份 Year	#粮食 Grain	棉花 Cotton	油料 Oil－bearing Crops	蔬菜 Vegetables	茶叶 Tea	水果 Fruit	#柑桔 Orange
1978	1467.20	7.26	22.06		5.87	14.61	6.78
1979	1611.30	6.69	27.03		6.55	22.45	11.24
1980	1435.50	8.29	28.86		7.54	22.50	9.14
1981	1419.20	6.81	39.99		8.93	22.79	12.06
1982	1712.10	9.76	38.62		10.71	25.80	12.85
1983	1583.70	9.37	29.76		10.20	28.30	17.18
1984	1817.15	13.29	33.89		9.56	30.66	17.85
1985	1621.29	8.13	44.19	100.26	9.31	135.38	28.54
1986	1605.09	7.56	42.94	753.99	10.43	52.05	36.15
1987	1588.99	6.54	39.66	756.29	11.59	70.95	54.91
1988	1553.64	4.37	43.06	761.63	12.82	51.60	28.60
1989	1554.28	4.19	38.28	776.85	11.78	98.75	72.47
1990	1586.10	6.42	48.35	736.63	11.70	180.91	79.73
1991	1640.00	7.53	45.56	740.15	11.41	134.49	106.42
1992	1553.50	5.96	50.08	689.38	11.94	102.37	73.85
1993	1436.18	5.79	38.57	771.46	12.23	273.55	113.52
1994	1404.00	5.54	34.59	819.60	10.69	295.40	139.27
1995	1430.90	6.25	50.00	823.51	10.21	335.39	170.03
1996	1516.77	6.84	52.11	888.17	9.90	342.18	180.41
1997	1493.53	4.76	48.88	895.04	10.17	388.95	210.51
1998	1435.20	6.49	35.55	1009.52	11.32	359.93	149.69
1999	1392.96	4.04	54.06	1127.45	11.77	428.55	212.01
2000	1217.00	2.92	57.88	1470.04	11.64	380.67	97.19
2001	1075.61	3.16	58.22	1634.13	12.06	516.64	163.81
2002	959.41	2.24	46.97	1765.28	13.85	500.90	164.28
2003	809.23	2.10	43.77	1780.19	13.27	568.38	176.66
2004	850.17	2.28	48.77	1749.76	13.87	632.07	200.99
2005	830.42	2.16	50.14	1741.82	14.44	577.96	148.11
2006	785.50	2.38	35.61	1716.61	15.24	644.00	180.35
2007	723.48	2.37	32.95	1718.06	16.02	690.28	198.56
2008	731.54	2.45	41.27	1755.87	16.23	747.92	238.36
2009	723.09	2.28	43.24	1764.76	16.74	712.41	197.54
2010	686.24	2.23	39.47	1788.81	16.27	701.31	190.78
2011	676.41	2.29	39.85	1815.61	16.97	712.36	194.44
2012	648.22	1.97	38.30	1819.81	17.48	703.84	193.56
2013	601.17	1.72	37.78	1764.29	16.86	715.65	193.03
2014	603.61	1.43	30.66	1762.79	16.54	714.84	200.93
2015	583.97	1.07	31.35	1806.94	17.25	740.86	207.79
2016	564.84	0.83	25.98	1865.09	17.22	724.32	178.69
2017	580.14	0.60	26.90	1910.45	17.83	751.29	186.79

6－18 主要农作物单位面积产量(1978－2017年)
Output of Major Farm Crops Per Hectare(1978－2017)

单位:公斤/公顷(kg/hectare)

年份 Year	粮食 Grain	谷物 Cereal	油料 Oil－bearing Crops	#油菜籽 Rapeseed	棉花 Cotton	糖类 Sugar Crops
1978	4226	4268	1065	1050		
1979	4662	4758	1222	1213		
1980	4192	4239	1175	1179		
1981	4205	4283	1338	1346		
1982	4981	5105	1522	1540		
1983	4551	4618	1251	1260		
1984	5218	5338	1513	1529		
1985	4956	5065	1545	1556		
1986	5069	5221	1460	1468		
1987	4911	5032	1432	1430		
1988	4840	4965	1575	1588		
1989	4823	4952	1363	1363		
1990	4856	5000	1601	1608	935	53796
1991	5020	5176	1486	1485	1104	55164
1992	4910	5062	1647	1647	838	52404
1993	5049	5253	1635	1623	950	54498
1994	5122	5369	1469	1440	898	52896
1995	5084	5299	1617	1599	968	55848
1996	5272	5517	1762	1748	1025	56349
1997	5199	5453	1772	1754	768	54564
1998	5127	5407	1261	1205	1033	57824
1999	5062	5330	1869	1844	1068	59073
2000	5294	5735	1834	1808	1100	60289
2001	5547	6082	1899	1869	1143	60956
2002	5583	6223	1625	1565	1195	61644
2003	5475	6166	1744	1682	1193	64529
2004	5648	6313	2056	2016	1213	58703
2005	5314	5920	2012	1967	1204	57278
2006	6021	6582	2032	1958	1300	60455
2007	5914	6406	2177	2111	1351	60352
2008	6151	6721	2163	2110	1385	61283
2009	6177	6736	2058	1993	1397	62013
2010	6152	6630	1890	1803	1412	61690
2011	6320	6798	2033	1958	1489	62759
2012	6215	6721	2022	1938	1429	63737
2013	5912	6424	2060	1984	1423	61955
2014	6003	6544	2115	2049	1438	62049
2015	5901	6428	2146	2053	1446	62432
2016	5937	6582	2062	1950	1470	65394
2017	5937	6542	2200	2101	1324	65636

6-19 主要农作物产量
Output of Major Farm Crops

指标	Item	2015		2016		2017	
		公顷产量（公斤）Output pe Hectare (kg)	总产量（万吨）Total Output (10000 tons)	公顷产量（公斤）Output pe Hectare (kg)	总产量（万吨）Total Output (10000 tons)	公顷产量（公斤）Output pe Hectare (kg)	总产量（万吨）Total Output (10000 tons)
粮食作物	**Grain Crops**	**5901**	**583.97**	**5937**	**564.84**	**5937**	**580.14**
#春粮	Spring Grain	3883	62.57	3347	48.64	3975	64.50
秋粮	Autumn Grain	6352	469.20	6406	460.91	6354	462.87
谷物	Cereal	6428	514.83	6582	498.92	6542	513.43
稻谷	Rice	7029	445.80	7256	444.83	7168	444.91
早稻	Early Rice	5806	52.21	6390	55.29	6105	52.77
晚稻及单季稻	Late Rice & Single Season Rice	7231	393.59	7398	389.54	7340	392.15
#单季晚稻	Single Season Rice	7462	336.14	7620	330.66	7590	333.64
小麦	Wheat	3909	38.68	3315	28.28	4043	41.92
大(元)麦	Barley	4575	4.94	3818	2.20	3853	1.97
玉米	Corn	4474	23.10	4382	21.88	4440	23.04
其他谷物	Other Cereal	4392	2.31	4427	1.72	4536	1.59
豆类	Beans	2619	30.10	2373	27.14	2529	27.38
大豆	Soybeans	2566	22.14	2428	20.36	2535	20.38
其他小豆类	Other Beans	2779	7.96	2221	6.79	2513	7.00
薯类	Yams	5285	39.04	4910	38.79	4677	39.32
其中:马铃薯	Potato	4158	16.37	3935	16.47	4148	18.66
油料	Oil bearing Crops	2146	31.35	2062	25.98	2200	26.90
油菜籽	Rapeseeds	2053	25.12	1950	19.37	2101	20.20
花生	Peanuts	2906	5.30	2890	5.01	2975	5.10
棉花(皮棉)	**Cotton**	**1446**	**1.07**	**1470**	**0.83**	**1324**	**0.60**
麻类	**Fiber Crops**	**3863**	**0.03**	**3419**	**0.02**	**3512**	**0.02**
糖类	**Sugar Crops**	**62432**	**62.16**	**65394**	**40.98**	**65636**	**37.50**
烟叶	**Tobacco**	**2295**	**0.15**	**2267**	**0.14**	**2217**	**0.14**
蔬菜	**Vegetables**	**29235**	**1806.94**	**29455**	**1865.09**	**29661**	**1910.45**
果用瓜	**Melon as Fruit**	**28029**	**280.85**	**28185**	**287.06**	**28718**	**293.30**
#西瓜	Watermelon	29855	216.02	30567	215.41	31066	216.62

6-20 各市粮食播种面积和产量 Sown Area and Output of Grain by City

地区	Region	2015			2016			2017		
		播种面积（千公顷）Sown Area (1000 ha)	公顷产（公斤）Output per Hectare (kg)	总产量（万吨）Total Output (10000 tons)	播种面积（千公顷）Sown Area (1000 ha)	公顷产（公斤）Output per Hectare (kg)	总产量（万吨）Total Output (10000 tons)	播种面积（千公顷）Sown Area (1000 ha)	公顷产（公斤）Output per Hectare (kg)	总产量（万吨）Total Output (10000 tons)
全省合计	**Total**	**989.70**	**5901**	**583.97**	**951.36**	**5937**	**564.84**	**977.19**	**5937**	**580.14**
浙东北	**Eastern & Northern Region**	**555.39**	**5991**	**332.75**	**530.62**	**6027**	**319.80**	**547.40**	**6027**	**329.90**
杭州市	Hangzhou	84.53	5571	47.09	84.97	5404	45.91	86.48	5465	47.26
宁波市	Ningbo	110.92	5562	61.69	106.11	5796	61.50	109.74	5805	63.70
嘉兴市	Jiaxing	151.11	6243	94.34	141.29	6244	88.22	148.37	6252	92.76
湖州市	Huzhou	80.00	6522	52.17	73.88	6517	48.15	75.08	6459	48.50
绍兴市	Shaoxing	124.13	6050	75.10	119.29	6159	73.47	122.60	6127	75.12
舟山市	Zhoushan	4.70	5013	2.36	5.08	5001	2.54	5.13	4974	2.55
浙西南	**Western & Southern Region**	**434.31**	**5784**	**251.23**	**420.73**	**5824**	**245.05**	**429.79**	**5822**	**250.24**
温州市	Wenzhou	107.57	5867	63.11	104.92	5813	60.99	107.41	5948	63.88
金华市	Jinhua	83.57	5775	48.26	80.67	5709	46.05	81.86	5671	46.42
其中:义乌市	Yiwu	7.51	5817	4.37	7.23	5750	4.16	7.87	5710	4.49
衢州市	Quzhou	91.68	6105	55.97	88.10	6296	55.47	90.11	6221	56.06
台州市	Taizhou	80.07	5963	47.75	79.78	6111	48.76	82.49	6042	49.84
丽水市	Lishui	71.41	5061	36.14	67.25	5023	33.78	67.92	5010	34.03

6－21 商品粮基地粮食播种面积和产量
Sown Area and Output of Grain in Commodity Grain Bases

地区	Region	2015			2016			2017		
		播种面积（千公顷）Sown Area (1000 ha	公顷产（公斤）Output per Hectare (kg)	总产量（万吨）Total Output (10000 tons)	播种面积（千公顷）Sown Area (1000 ha	公顷产（公斤）Output per Hectare (kg)	总产量（万吨）Total Output (10000 tons)	播种面积（千公顷）Sown Area (1000 ha	公顷产（公斤）Output per Hectare (kg)	总产量（万吨）Total Output (10000 tons)
全省合计	**Total**	**989.70**	**5901**	**583.97**	**951.36**	**5937**	**564.84**	**977.19**	**5937**	**580.14**
国家级小计	**Country Level**	**332.79**	**6073**	**202.10**	**312.73**	**6199**	**193.87**	**319.96**	**6191**	**198.08**
萧山区	Xiaoshan	12.84	5048	6.48	12.78	5115	6.54	12.74	5266	6.71
富阳区	Fuyang	14.53	6006	8.72	14.26	6227	8.88	15.11	6186	9.35
余杭区	Yuhang	12.79	6313	8.08	12.98	6562	8.52	14.15	6547	9.26
余姚市	Yuyao	25.32	6001	15.19	23.84	6303	15.03	24.43	6361	15.54
奉化区	Fenhua	9.41	5903	5.56	9.77	5992	5.85	10.19	5967	6.08
宁海县	Ninghai	16.10	5080	8.18	14.93	5425	8.10	16.67	5241	8.74
鄞州区	Yinzhou	22.41	6047	13.55	13.14	6443	8.46	12.43	6345	7.88
秀洲区	Xiuzhou	21.86	6586	14.40	21.69	6816	14.79	21.28	6663	14.18
嘉善县	Jiashan	18.79	6385	12.00	17.30	6404	11.08	20.07	6204	12.45
海盐县	Haiyan	26.69	5952	15.89	21.40	5961	12.76	22.31	6152	13.72
桐乡市	Tongxiang	19.69	6170	12.15	20.28	6099	12.37	19.78	6300	12.46
德清县	Deqing	6.71	6558	4.40	7.47	6449	4.82	7.08	6287	4.45
长兴县	ChangXing	29.82	6137	18.30	30.11	5994	18.05	29.06	6095	17.71
诸暨市	Zhuji	35.99	6436	23.16	34.89	6521	22.75	35.84	6466	23.17
柯桥区	Keqiao	13.91	6460	8.99	13.60	6493	8.83	13.85	6500	9.00
金东区	Jindong	2.28	5491	1.25	2.37	5144	1.22	2.14	5156	1.10
衢江区	Qujiang	21.25	6014	12.78	20.40	6242	12.73	20.75	6285	13.04
龙游县	Longyou	22.39	5816	13.02	21.52	6086	13.10	22.08	5984	13.21
省级小计	Province Level	136.98	5983	81.95	132.80	5976	79.36	134.82	6028	81.27
桐庐县	Tonglu	7.07	5528	3.91	7.11	5495	3.91	7.63	5679	4.33
瑞安市	Ruian	14.69	6341	9.32	14.34	6078	8.72	14.46	6129	8.86
海宁市	Haining	17.17	6531	11.21	16.99	6251	10.62	18.65	6302	11.75
安吉县	Anji	14.70	5747	8.45	13.87	5630	7.81	12.61	5851	7.37
嵊州市	Shengzhou	21.60	5827	12.59	20.85	5736	11.96	21.09	5822	12.28
武义县	Wuyi	10.77	5576	6.01	10.31	5605	5.78	10.59	5617	5.95
江山市	Jiangshan	25.19	6379	16.07	24.18	6523	15.77	24.70	6523	16.11
温岭市	Wenling	18.22	5867	10.69	17.92	6265	11.23	17.88	6166	11.02
松阳县	Songyang	7.57	4905	3.71	7.25	4947	3.59	7.23	4960	3.59

6-22 各市油菜籽播种面积和产量
Sown Area and Output of Repeseeds by City

地区	Region	2015			2016			2017		
		播种面积（千公顷）Sown Area (1000 ha)	公顷产（公斤）Output per Hectare (kg)	总产量（万吨）Total Output (10000 tons)	播种面积（千公顷）Sown Area (1000 ha)	公顷产（公斤）Output per Hectare (kg)	总产量（万吨）Total Output (10000 tons)	播种面积（千公顷）Sown Area (1000 ha)	公顷产（公斤）Output per Hectare (kg)	总产量（万吨）Total Output (10000 tons)
全省合计	Total	122.33	2053	25.12	99.58	1945	19.37	95.54	2114	20.20
浙东北	Eastern & Northern Region	78.43	2360	18.51	47.97	2183	10.47	45.28	2374	10.75
杭州市	Hangzhou	28.50	2324	6.62	20.15	2160	4.35	19.68	2400	4.72
宁波市	Ningbo	8.93	2314	2.07	5.48	2159	1.18	5.49	2389	1.31
嘉兴市	Jiaxing	15.79	2559	4.04	6.83	2451	1.67	5.17	2532	1.31
湖州市	Huzhou	9.76	2412	2.35	7.65	2129	1.63	7.42	2379	1.77
绍兴市	Shaoxing	14.28	2218	3.17	7.22	2084	1.51	6.89	2174	1.50
舟山市	Zhoushan	1.18	2195	0.26	0.64	2053	0.13	0.63	2292	0.14
浙西南	Western & Southern Region	79.71	1801	14.36	51.62	1724	8.90	50.26	1880	9.45
温州市	Wenzhou	8.84	1816	1.61	5.29	1719	0.91	5.30	1827	0.97
金华市	Jinhua	17.97	1876	3.37	14.03	1806	2.53	13.67	1944	2.66
其中:义乌市	Yiwu	0.81	2226	0.18	1.71	2411	0.41	1.74	2406	0.42
衢州市	Quzhou	37.55	1746	6.56	25.29	1680	4.25	24.55	1863	4.57
台州市	Taizhou	7.19	1877	1.35	4.94	1756	0.87	4.70	1859	0.87
丽水市	Lishui	8.16	1801	1.47	2.07	1630	0.34	2.04	1852	0.38

注：油菜籽已与三农普数据衔接。
The data of rapeseed has been linked to the three agricultural census data.

6-23 主要茶叶产区茶园面积和茶叶产量
Area of Tea Plantation and Output of Tea in Major Producing Regions

地区	Region	2015		2016		2017	
		茶园面积（公顷）Area of Tea Plantations (ha)	茶叶总产量（吨）Output of Tea (ton)	茶园面积（公顷）Area of Tea Plantations (ha)	茶叶总产量（吨）Output of Tea (ton)	茶园面积（公顷）Area of Tea Plantations (ha)	茶叶总产量（吨）Output of Tea (ton)
全省合计	**Total**	**194540**	**172530**	**196982**	**172185**	**198524**	**178308**
25个主产区小区	**25 Producing Regions**	**132298**	**139750**	**133316**	**140768**	**137051**	**148345**
杭州市区	Hangzhou District	10347	15928	10619	15662	14030	19273
建德市	Jiande	4107	2398	4140	2617	4136	2852
桐庐县	Tonglu	3855	2750	3927	3096	4083	3387
富阳区	Fuyang	3903	6827	4027	6469	4025	7018
临安区	Linan	3485	2540	3441	2409	3499	2546
淳安县	Chunan	12620	4523	12668	4366	12387	4591
宁波市区	Ningbo District	2580	2675	3328	3914	3243	3871
余姚市	Yuyao	3991	4826	3741	4796	3463	4300
奉化区	Fenghua	855	1242	826	1202	825	1177
安吉县	Anji	13398	4297	13476	4305	13567	3977
诸暨市	Zhuji	6713	12430	6730	12730	6735	12957
上虞区	Shangyu	1922	2485	1799	2557	1790	2795
嵊州市	Shengzhou	11714	19359	11750	18154	11721	18377
柯桥区	Keqiao	4599	7172	4584	7183	4534	7295
新昌县	Xinchang	6313	5870	6310	5886	6314	5720
金华市区	Jinhua District	1916	1855	1823	1849	1811	1716
东阳市	Dongyang	3222	1457	3227	1399	3219	1447
武义县	Wuyi	6689	12221	6739	12205	6895	12788
浦江县	Pujiang	2088	1151	2065	1137	2057	1057
衢州市区	Quzhou District	1558	1253	1545	1276	1509	1379
开化县	Kaihua	6876	2073	6790	2003	6861	2134
龙游县	Longyou	1379	2502	1393	2593	1564	3084
临海市	Linhai	2360	1081	2373	1096	2651	1203
松阳县	Songyang	7831	11326	7955	11913	8009	12438
遂昌县	Suichang	7977	9509	8040	9951	8123	10963

6－24 主要蚕茧产区桑园面积和蚕茧产量
Area of Mulberry Field and Output of Silk worm Cocoons in Major Producing Regions

地区	Region	2015		2016		2017	
		桑园面积(公顷) Area of Mulberry Field (ha)	蚕茧总产量(吨) Output of Silk－worm Cocoons (ton)	桑园面积(公顷) Area of Mulberry Field (ha)	蚕茧总产量(吨) Output of Silk－worm Cocoons (ton)	桑园面积(公顷) Area of Mulberry Field (ha)	蚕茧总产量(吨) Output of Silk－worm Cocoons (ton)
全省合计	**Total**	**53473**	**40177**	**49805**	**18556**	**46673**	**16300**
22个主产区小计	**22 Producing Regions**	**51680**	**40927**	**48062**	**19624**	**46299**	**17597**
杭州市区	Hangzhou District	1996	2127	1731	716	2583	971
建德市	Jiande	1367	925	1367	381	1371	368
桐庐县	Tonglu	1169	1627	1080	745	802	714
富阳区	Fuyang	987	1961	910	657	784	494
临安区	Linan	1508	2029	1011	508	997	449
淳安县	Chunan	6528	3718	6164	1132	5924	960
嘉兴市区	Jiaxing District	2283	1355	2008	690	1599	439
海宁市	Haining	4663	5001	4224	2687	3947	2463
海盐县	Haiyan	1932	1568	1704	871	1491	670
桐乡市	Tongxiang	7163	9454	6906	6128	6639	6018
湖州市区	Huzhou District	10416	4384	10271	2607	10195	2025
德清县	Deqing	3995	1879	3704	1096	3447	921
长兴县	Changxing	1151	1025	1131	610	1137	413
安吉县	Anji	889	596	774	167	773	180
诸暨市	Zhuji	516	331	487	27	474	19
上虞区	Shangyu	638	644	526	185	497	111
嵊州市	Shengzhou	1011	438	1011	180	1005	197
新昌县	Xinchang	799	409	704	146	593	103
兰溪市	Lanxi	859	238	658	1	658	1
浦江县	Pujiang	34	20	32		29	
临海市	Linhai	86	97	86	5	86	4
缙云县	Jinyun	1690	1101	1573	85	1268	77

注：2016年和2017年蚕茧已与三农普数据衔接。
Cocoon Output in 2016 and 2017 has been linked to three agricultural census data.

6-25 林业生产(2011-2017 年)
Basic Indicators on Forestry(2011-2017)

指标	Item	2011	2012	2013	2014	2015	2016	2017
造林面积 (千公顷)	Afforestation Area (1000 ha)	40.47	43.92	42.36	39.40	32.02	15.80	9.60
用材林	Timber Forest	2.67	5.33	3.27	4.93	3.87	2.17	1.99
经济林	Economic Forest	8.16	11.21	9.69	9.04	6.94	4.02	3.30
防护林	Shelter Forest	28.73	25.78	28.86	25.33	20.97	8.79	4.03
薪炭林	Fuel Forest		0.44	0.22				
特种用途林	Forest for Special Use	0.92	1.17	0.33	0.10	0.23	0.68	0.27
零星(四旁)植树 (万株)	Planting Trees Piecemeal (10000 trees)	2858.45	2945.95	2975.32	2602.90	2254.40	2423.08	1567.47
育苗面积 (千公顷)	Area of Growing Seedings (1000 ha)	113.61	123.03	124.78	119.27	125.54	114.82	124.13
迹地更新面积 (千公顷)	Area of Forest Updating (1000 ha)	13.03	13.85	13.69	14.34	11.94	10.63	8.45
主要林产品产量 (吨)	Output of Major Forest Production (ton)							
油茶籽	Tea oil Seeds	48860	61683	45681	58444	64353	51421	61039
竹笋干	Tallow - seeds	139823	141110	140040	159644	160779	159305	186580
山核桃	Walnuts	19618	16424	16333	18602	17968	20635	21141
板　栗	Chestnut	71575	83712	86587	91219	86827	69574	69720

6-26 水果生产
Basic Indicators on Fruits

指标	Item	2015		2016		2017	
		果园面积(千公顷) Area of Orchards (1000 Hectares)	产量(万吨) Total Output (10000 tons)	果园面积(千公顷) Area of Orchards (1000 Hectares)	产量(万吨) Total Output (10000 tons)	果园面积(千公顷) Area of Orchards (1000 Hectares)	产量(万吨) Total Output (10000 tons)
合计	**Total**	**332.54**	**740.86**	**327.66**	**724.32**	**325.71**	**751.29**
柑桔	Orange	101.23	207.79	93.49	178.69	91.45	186.79
梨	Pear	22.81	38.43	22.57	38.74	22.18	38.86
桃子	Peach	29.89	42.87	30.73	41.69	30.93	44.96
杨梅	Red Bayberry	89.42	52.45	89.20	58.12	88.96	58.44
枇杷	Loquat	12.81	7.36	12.91	5.13	13.33	7.86
柿子	Persimmon	6.94	4.96	6.93	5.29	6.93	5.67
果用瓜	Melon as Fruit		280.85		287.06		293.30
其他	Others	69.43	106.15	71.84	109.60	71.94	115.42

6-27 农产品人均产量(1978-2017年)
Per Capital Output of Agricultural Products(1978-2017)

单位:公斤(kg)

年份 Year	粮食 Grain	棉花 Cotton	油料 Oil-bearing Crops	糖料 Sugar Crops	茶叶 Tea	水果 Fruit	猪牛羊肉 Pork,Beef and Mutton	水产品 Aquatic Production
1978	393.44	1.95	5.92	17.20	1.57	3.92	11.33	23.47
1980	376.81	2.18	7.58	15.43	1.98	5.91	18.52	21.46
1985	404.18	2.03	11.02	27.43	2.32	11.12	19.10	26.13
1986	396.34	1.87	10.60	32.63	2.58	12.85	20.03	28.94
1987	387.97	1.60	9.68	26.56	2.83	17.32	18.60	30.52
1988	374.78	1.05	10.39	20.01	3.09	12.45	19.56	30.92
1989	371.01	1.00	9.14	16.74	2.81	23.57	19.67	30.84
1990	375.68	1.52	11.45	14.87	2.77	25.35	20.28	32.92
1991	386.05	1.77	10.72	16.19	2.69	31.66	20.13	35.57
1992	363.51	1.39	11.72	17.55	2.79	23.95	22.73	39.72
1993	334.03	1.35	8.97	18.43	2.84	34.63	22.74	44.02
1994	324.46	1.28	7.99	16.21	2.47	40.64	22.68	59.62
1995	328.53	1.43	11.48	15.11	2.34	49.28	23.61	73.03
1996	345.91	1.56	11.88	14.57	2.26	51.91	16.85	78.03
1997	338.58	1.08	11.08	13.61	2.31	61.07	18.44	90.61
1998	323.64	1.46	8.02	13.97	2.55	46.55	19.05	95.33
1999	312.52	0.91	12.14	15.94	2.64	62.64	19.27	99.33
2000	266.91	0.65	12.91	21.97	2.60	84.89	22.65	104.70
2001	228.64	0.67	12.38	22.53	2.56	109.82	23.65	100.51
2002	201.87	0.47	9.88	23.87	2.91	105.39	25.12	101.14
2003	168.01	0.44	9.09	25.73	2.76	118.00	25.37	100.24
2004	173.82	0.47	9.97	21.73	2.84	129.23	26.93	100.91
2005	167.49	0.44	10.11	18.15	2.91	116.57	26.31	97.57
2006	156.12	0.47	7.08	17.39	3.03	128.00	21.65	83.08
2007	140.35	0.46	6.44	17.01	3.13	135.00	22.39	81.19
2008	140.35	0.47	7.96	16.48	3.13	144.28	25.02	76.89
2009	137.06	0.43	8.25	15.52	3.19	135.85	24.97	81.92
2010	126.00	0.41	7.36	13.86	3.04	130.82	25.17	89.15
2011	123.82	0.42	7.31	13.04	3.11	130.59	25.45	94.56
2012	118.35	0.36	6.99	12.81	3.19	128.45	26.02	98.52
2013	109.34	0.31	6.87	11.62	3.07	130.17	27.63	100.19
2014	109.59	0.26	5.57	11.38	3.00	129.78	25.36	104.40
2015	105.43	0.19	5.66	11.22	3.11	133.75	20.12	108.68
2016	101.05	0.15	4.65	7.33	3.08	129.57	17.11	104.53
2017	102.55	0.11	4.76	6.63	3.15	132.81	15.38	105.08

6-28 牲畜饲养和畜产品产量(1978-2017年)
Number of Livestock and Output of Livestock Products(1978-2017)

年份 Year	大牲畜年底头数(万头) Large Animals (Year end) (10000 heads)	#牛(万头) Cattle and Buffaloes (10000 heads)	生猪年末存栏头数(万头) Number of Hogs (10000 heads)	羊年末存栏头数(万只) Number of Sheep and Goats (10000 heads)	猪、牛、羊肉产量(万吨) Output of Pork, Beef and Mutton (10000 tons)	#猪肉产量(万吨) Pork (10000 tons)
1978	82.60	82.60	1334.70	294.90	42.27	41.59
1979	84.80	84.80	1550.00	345.60	56.87	55.95
1980	83.00	83.00	1403.80	324.00	70.55	69.48
1981	82.70	82.70	1344.60	288.60	62.78	62.00
1982	82.70	82.70	1383.20	262.60	67.11	66.24
1983	80.60	80.60	1387.30	229.30	68.53	67.59
1984	78.40	78.40	1326.20	197.90	68.88	67.80
1985	76.10	76.10	1368.80	176.20	76.60	75.57
1986	75.81	75.81	1403.31	172.21	81.11	80.00
1987	74.73	74.73	1278.69	175.98	76.19	75.01
1988	71.11	71.11	1228.05	180.02	78.47	77.12
1989	69.29	69.29	1213.19	187.47	77.24	75.87
1990	68.01	68.01	1170.00	185.07	77.88	76.33
1991	65.05	65.05	1135.49	181.36	78.05	76.41
1992	60.50	60.50	1188.97	183.26	83.08	80.97
1993	54.07	54.07	1061.04	191.38	80.64	78.94
1994	50.72	50.72	989.84	205.98	78.95	76.46
1995	50.32	50.32	964.30	218.63	80.17	77.38
1996	49.48	49.48	892.68	221.31	76.31	73.47
1997	46.36	46.36	1010.06	214.55	81.33	78.40
1998	43.52	43.52	1040.56	207.58	84.48	81.38
1999	40.64	40.64	1024.36	218.95	85.87	82.55
2000	38.95	38.95	1146.88	233.51	101.57	98.03
2001	39.25	39.25	1175.10	245.02	111.28	107.39
2002	39.63	39.63	1139.17	258.61	119.40	115.09
2003	38.90	38.90	1132.38	262.90	122.22	117.24
2004	39.25	39.25	1125.27	256.72	131.72	126.43
2005	35.54	35.54	1213.15	222.35	130.44	125.14
2006	22.97	22.97	1003.00	123.90	108.94	105.61
2007	20.74	20.74	1039.10	111.90	114.50	111.40
2008	20.66	20.66	1161.85	111.35	129.67	126.85
2009	20.37	20.37	1225.80	111.55	130.95	128.17
2010	19.89	19.89	1248.40	111.67	134.90	131.90
2011	19.13	19.13	1281.93	109.45	138.82	135.83
2012	17.70	17.70	1338.30	107.18	142.53	139.71
2013	18.77	18.77	1287.53	129.12	151.89	148.71
2014	17.08	17.08	964.64	133.86	139.67	136.39
2015	16.42	16.42	730.19	139.37	111.46	107.96
2016	16.05	16.05	568.14	142.24	95.64	91.84
2017	14.90	14.90	542.55	133.80	86.99	83.31

注：2013年及以后年份数据已与三农普数衔接。
The data of this table has been linked to the three agricultural census data since 2013.

6-29 畜牧业生产(2011-2017年)
Basic Indicators on Animal Husbandry(2011-2017)

指标		Item		2011	2012	2013	2014	2015	2016	2017
生猪年末存栏头数(含未断奶小猪)	(万头)	Pigs(year-end)	(10000 heads)	1281.93	1338.30	1287.53	964.64	730.19	568.14	542.55
#能繁殖的母猪	(万头)	Reproducable	(10000 heads)	128.52	130.12	115.60	78.52	61.07	49.60	47.55
年内肥猪出栏头数	(万头)	Slaughtered Fattened Hogs	(10000 heads)	1929.91	1934.41	1895.10	1724.53	1315.63	1157.64	1022.42
生猪出栏率	(%)	Rate of Slaughtered Fattened Hogs	(%)	154.59	150.90	141.61	133.94	136.39	158.54	179.96
全年饲养量	(万头)	Number of Hogs Raised	(10000 heads)	3211.84	3272.71	3182.63	2689.17	2045.82	1725.78	1564.97
牛年末存栏头数	(万头)	Cattles(year-end)	(10000 heads)	19.13	17.70	18.77	17.08	16.42	16.05	14.90
良种及改良种乳牛	(万头)	Milch Cows of Fine Breed and Improved Varieties	(10000 heads)	6.08	5.67	4.95	4.37	4.12	3.68	3.27
牛年内出栏头数	(万只)	Slaughtered Cattles	(10000 heads)	8.00	8.48	8.80	8.71	8.95	9.52	8.79
牛奶产量	(万吨)	Milk	(10000 tons)	19.91	19.27	17.63	15.39	15.97	14.81	14.31
羊年末存栏只数	(万只)	Sheep and Goats (year-end)	(10000 heads)	109.45	107.18	129.12	133.86	139.37	142.24	133.80
羊年内出栏只数	(万只)	Slaughtered Sheep	(10000 heads)	111.64	103.35	123.05	124.84	137.35	150.23	141.95
猪、牛、羊肉产量	(万吨)	Output of Pork, Beef and Mutton	(10000 tons)	138.82	142.53	151.89	139.67	111.46	95.64	86.99
#猪肉产量	(万吨)	Pork	(10000 tons)	135.83	139.71	148.71	136.39	107.96	91.84	83.31
兔年末存栏只数	(万只)	Rabbits(year-end)	(10000 heads)	401.02	373.50	293.00	266.84	237.50	181.95	157.40
兔年内出栏只数	(万只)	Slaughtered Rabbits	(10000 heads)	537.00	550.08	457.81	427.23	399.81	342.40	285.98
家禽年末存栏只数	(万只)	Poultry(year-end)	(10000 heads)	12416.43	11446.07	11923.89	9888.70	9020.68	8071.80	7820.03
家禽年内出栏只数	(万只)	Slaughtered Poultry	(10000 heads)	24317.81	25151.23	24166.75	20434.20	18240.37	18294.39	17319.88
全年饲养量	(万只)	Poultry Raised	(10000 heads)	36734.24	36597.30	36090.64	30322.90	27261.05	26366.19	25139.91
禽蛋产量	(万吨)	Poultry Eggs	(10000 tons)	47.17	48.14	49.65	45.89	39.95	37.77	35.85
养蜂年末箱数	(万箱)	Number of Beehives	(10000 boxs)	87.61	86.07	84.56	88.39	93.29	94.46	102.04
蜂蜜产量	(万吨)	Honey	(10000 tons)	7.83	8.76	8.00	8.77	8.79	9.17	9.13
蜂皇浆产量	(吨)	Royal Jelly	(ton)	1937	1946	1928	2264	2187	2148	2202
蚕茧产量	(万吨)	Output of Silkworm Cocoon	(10000 tons)	6.53	6.11	3.68	2.96	2.38	1.86	1.63
全年饲养蚕种张数	(万张)	Number of Silkworm Cocoon	(10000 Pieces)	145.16	129.89	78.65	63.77	48.05	37.64	31.87

注：2013年及以后年份数据已与三农普数衔接。
The data of this table has been linked to the three agricultural census data since 2013.

6-30 水产品产量(1978-2017年)
Output of Aquatic Products(1978-2017)

单位:万吨(10000 tons)

年份 Year	水产品产量 Total Aquatic Production	海水产品产量 Seawater Aquatic Production	#养殖 Artificially Cultured	淡水产品产量 Freshwater Aquatic Production	#养殖 Artificially Cultured	远洋渔业产量 Deepsea Fishing Production
1978	87.52	81.69	3.56	5.83	4.90	
1979	81.13	74.77	3.90	6.36	5.19	
1980	81.79	75.03	6.60	6.76	6.67	
1981	84.28	76.85	4.13	7.43	6.17	
1982	87.69	78.91	4.82	8.78	7.43	
1983	83.25	73.46	6.21	9.79	8.32	
1984	95.28	83.26	7.86	12.02	10.29	
1985	104.82	89.04	9.60	15.78	13.73	
1986	117.21	97.36	10.57	19.85	17.74	
1987	124.98	102.84	11.86	22.14	19.65	
1988	128.20	104.31	12.33	23.89	21.28	
1989	129.20	104.50	13.13	24.70	22.08	
1990	138.98	113.17	13.81	25.80	23.00	
1991	151.09	123.53	15.20	27.56	24.75	
1992	169.75	140.20	17.34	29.54	26.68	
1993	189.29	156.06	19.05	33.23	29.92	
1994	258.02	222.30	24.68	35.72	32.07	
1995	318.07	278.70	31.69	39.37	34.43	
1996	342.14	299.23	39.51	42.91	37.00	
1997	377.68	331.97	38.90	45.71	38.66	
1998	422.73	372.80	46.49	49.93	42.62	
1999	442.73	389.41	58.17	53.32	45.61	
2000	469.51	410.46	70.88	59.05	51.42	
2001	472.85	406.96	77.66	65.89	58.17	
2002	480.68	409.33	85.15	71.35	63.21	
2003	482.82	406.00	91.85	76.82	68.26	
2004	493.53	414.98	92.94	78.55	69.45	
2005	483.77	402.37	88.11	81.40	72.07	
2006	433.85	360.80	76.32	73.05	65.03	15.84
2007	433.87	356.36	86.13	77.51	68.90	18.74
2008	418.79	337.60	83.08	81.19	73.09	20.20
2009	440.31	353.81	76.46	86.51	77.47	10.71
2010	477.95	381.23	82.57	96.72	87.50	16.56
2011	515.81	410.98	84.49	104.83	94.98	23.47
2012	539.58	431.24	86.14	108.34	98.38	29.09
2013	550.82	443.19	87.17	107.63	98.05	36.80
2014	575.06	468.22	89.79	106.84	97.74	54.15
2015	602.00	491.20	93.34	110.80	101.95	61.17
2016	584.35	470.08	97.19	114.27	105.13	41.44
2017	594.45	472.37	116.26	122.08	110.73	46.79

注：2016年及以后年份水产品产量已与三农普数据衔接。
The data of this table has been linked to the three agricultural census data since 2016.

6－31 渔业生产(2012－2017年)
Basic Indicators on Fishery(2012－2017)

单位:万吨(10000 tons)

指标	Item	2012	2013	2014	2015	2016	2017
水产品总产量	**Total Aquatic Production**	**539.58**	**550.82**	**575.06**	**602.00**	**584.35**	**594.45**
其中:远洋渔业产量	Among them:the pelagic fishery yield	29.09	36.80	54.15	61.17	41.44	46.79
海水产品产量	**Seawater Aquatic Production**	**431.24**	**443.19**	**468.22**	**491.20**	**470.08**	**472.37**
按生产性质分	By Production Character						
海洋捕捞(含远洋)	Catching in Ocean	345.11	356.02	378.42	397.85	372.89	356.13
海水养殖	Seawater Aquiculture	86.14	87.17	89.79	93.34	97.19	116.25
按类别分	By Category						
鱼类	Fishes	216.75	225.24	221.57	233.76	235.14	221.91
虾蟹类	Shrimps,Prawns and Crabs	94.12	98.03	103.36	103.94	99.32	92.24
贝类	Shell－fish	69.99	71.59	73.78	77.00	79.50	94.13
藻类	Algae	4.96	4.80	4.83	5.15	5.34	7.69
头足类	Shrimps,Prawns and crabs	41.27	42.33	55.68	63.36	40.51	46.07
其他海水产品	Others	4.16	6.17	9.00	7.99	10.27	10.33
淡水产品产量	**Freshwater Aquatic Production**	**108.34**	**107.63**	**106.84**	**110.80**	**114.26**	**122.08**
按生产性质分	By Production Character						
天然生产	Naturally Grown	9.96	9.58	9.10	8.84	9.13	11.35
淡水养殖	Freshwater Aquiculture	98.38	98.05	97.74	101.95	105.13	110.73
按类别分	By Category						
鱼类	Fishes	70.25	70.43	73.43	78.02	83.26	91.64
虾蟹类	Shrimps,Prawns and Crabs	15.61	14.69	13.14	13.34	13.20	13.87
贝类	Shell－fish	4.12	3.94	3.15	3.03	3.10	3.36
其它类	Others	18.36	18.58	17.12	16.40	14.70	13.21
在海水捕捞产品中	**Among Marine Fishing Production**						
大黄鱼	Big Yellow Croaker	0.39	0.04	0.04	0.04	0.05	0.04
小黄鱼	Small Yellow Croaker	10.34	8.82	9.47	10.40	10.19	10.17
带鱼	Hairtail	45.25	44.05	41.50	43.88	42.23	40.45
墨鱼	Cuttle Fish	2.33	2.42	2.65	2.87	3.10	3.82
海水养殖面积(千公顷)	**Seawater Aquiculture Area (1000 ha)**	**89.75**	**89.36**	**88.18**	**85.88**	**78.72**	**75.95**
淡水养殖面积(千公顷)	**Freshwater Aquiculture Area (1000 ha)**	**213.22**	**213.02**	**209.89**	**213.07**	**202.14**	**198.04**

注:2016年及以后年份水产品产量已与三农普数据衔接。
The data of this table has been linked to the three agricultural census data since 2016.

6－32 各市水产品产量(2017 年)
Output of Aquatic Products by City (2017)

单位:万吨(10000 tons)

地区	Region	水产品总产量 Total Output of Aquatic Production	海水产品产量 Seawater Aquatic Production	#鱼类 Fishes	淡水产品产量 Freshwater Aquatic Production	#鱼类 Fishes	远洋渔业产量 Deepsea Fishing Production
全省合计	**Total**	**594.45**	**472.37**	**221.91**	**122.08**	**91.64**	**46.79**
浙东北	**Eastern & Northern Region**	**357.24**	**261.94**	**122.48**	**95.30**	**68.25**	**45.11**
杭州市	Hangzhou	20.73	3.44	2.74	17.29	11.12	3.44
宁波市	Ningbo	100.03	91.97	49.76	8.06	5.72	3.19
嘉兴市	Jiaxing	15.67	0.16	0.04	15.51	7.85	
湖州市	Huzhou	42.31			42.31	35.14	
绍兴市	Huzhou	11.25	0.32	0.19	10.93	7.50	0.25
舟山市	Zhuoshan	167.25	166.05	69.75	1.20	0.92	38.23
浙西南	**Western & Southern Region**	**237.57**	**210.43**	**99.43**	**26.78**	**23.39**	**1.68**
温州市	Wenzhou	62.08	59.62	33.85	2.46	2.07	
金华市	Jinhua	8.24			8.24	7.22	
其中:义乌市	Yiwu	0.36			0.36	0.29	
衢州市	Quzhou	6.84			6.84	6.27	
台州市	Taizhou	157.87	150.81	65.58	7.06	5.78	1.68
丽水市	Lishui	2.18			2.18	2.05	

注: 全省水产品总产量为国家核定数;各市水产品总产量为省海洋与渔业局统计年报数(包括远洋)。
Data of total output of aquitic production is verified by national bureau of statistics of china;
Regional figures in this table are taken from the annual report of the bureau of seas and oceans and fishery(including deepsen fishing production).

6-33 平均每个农业劳动力提供的主要农产品产量(2011-2017年)
Output of Major Farm Products Provided by Per Rural Labour(2011-2017)

指标		Item		2011	2012	2013	2014	2015	2016	2017
粮食	(公斤)	Grain	(kg)	1096.7	1074.7	1019.1	1041.5	1009.0	978.9	1022.9
棉花	(公斤)	Cotton	(kg)	3.7	3.3	2.9	2.5	1.8	1.4	1.1
油菜籽	(公斤)	Rapeseeds	(kg)	64.6	63.5	64.0	52.9	54.2	45.0	47.4
蔬菜	(公斤)	Vegetables	(kg)	2943.8	3017.2	2935.7	3041.4	3122.1	3232.2	3368.4
茶叶	(公斤)	Tea	(kg)	27.5	29.0	28.6	28.5	29.8	29.8	31.4
柑桔	(公斤)	Oranges	(kg)	315.3	320.9	327.2	346.7	359.0	309.7	329.3
生猪	(头)	Hogs	(head)	3.1	3.2	3.2	3.0	2.3	2.0	1.8
猪牛羊肉	(公斤)	Pork, Beef and Mutton	(kg)	225.1	236.3	257.5	241.0	192.6	165.7	153.4
禽蛋	(公斤)	Poultry Eggs	(kg)	76.5	79.8	84.2	79.2	69.0	65.5	63.2
水产品	(公斤)	Aquatic Production	(kg)	836.3	894.6	933.8	992.2	1040.2	1012.7	1048.1

6-34 农业事业机构和服务组织(2011-2017年)
Institutions Rendering Agricultural Services(2011-2017)

指标		Item		2011	2012	2013	2014	2015	2016	2017
农业事业机构	**(个)**	**Institutions Engaged in Agricultural Undertaking**	**(unit)**							
乡镇农技服务站		Agricultural Technical Service Stations		1325	1273	1238	1231	1339	1278	1290
乡镇畜牧兽医站		Veterinary Stations		721	725	683	605	594	541	530
农业服务组织		Agricultural Service Organizations								
县(市)农技推广中心	(个)	Centres for Spreading Agricultural Technique	(unit)	90	90	80	87	83	86	85
乡镇农技站农业技术人员	(人)	Agricultural Technical Persons	(person)	9956	9661	10060	10090	10313	10487	9512
配有农技员的村数	(万个)	Villages with Agricultural Technical Persons	(10000 units)	2.27	2.34	2.18	2.08	2.13	2.14	2.10
村不脱产农民技术人员	(万人)	Technical Peasants Unreleased from Agricultural Production in Village	(10000 persons)	8.39	8.13	7.52	7.23	6.87	4.97	4.75
科技户	(万户)	Scientific and Technological Households	(10000 households)	7.43	7.82	7.11	7.12	6.78	6.09	5.75

浙／江／统／计／年／鉴

主要统计指标解释

■ 农林牧渔业总产值

是以货币表现的农、林、牧、渔业全部产品的总量，它反映一定时期内农业生产总规模和总成果。

农、林、牧、渔业的统计范围包括国有经济的各种专业农（农、林、牧、渔）场以及国家各级机关团体学校、部队；集体所有制的乡、镇、村各级办农场；工矿企业经营的农、林、牧、渔业，农村各种经济组织和农户经营的农林牧渔业和农民家庭兼营的商品性工业等。

■ 粮食产量

指全社会的产量。包括国有经济经营的、集体统一经营的和农民家庭经营的粮食产量，还包括工矿企业办的农场和其他生产单位的产量。粮食除包括稻、小麦、玉米、高粱、谷子及其他杂粮外，还包括薯类和豆类。其产量计算方法，豆类按去豆荚后的干豆计算；薯类（包括马铃薯）1963 年以前按每 4 公斤鲜薯折 1 公斤粮食计算，从 1964 年开始及以后改为按 5 公斤鲜薯折 1 公斤粮食计算。其他粮食一律按脱粒后的原粮计算。

■ 油料产量

指全部油料作物的生产量。包括花生、油菜籽、芝麻、向日葵籽、胡麻籽（亚麻籽）和其他油料。不包括大豆，也不包括木本油料和野生油料。花生以带壳干花生计算。

■ 水产品产量

指人工养殖的水产品和天然生长的水产品的捕捞量。包括海水的鱼类、虾蟹类、贝类和藻类以及内陆水域的鱼类、虾蟹类和贝类，不包括淡水生植物。

■ 猪、牛、羊肉产量

指当年出栏并已屠宰后除去头蹄下水后带骨肉（即胴体重）的重量。

■ 谷物

指籽实主要供作粮食的作物。这类作物包括稻谷、小麦、玉米、谷子、高粱和其他谷物，不包括豆类和薯类作物。

ZHEJIANG STATISTICAL YEARBOOK

Explanatory Notes on Main Statistical Indicators

□ Gross Output Value of Farming, Forestry, Animal Husbandry and Fishery

refers to the total volume of products of farming, forestry, animal husbandry and fishery in value terms, which reflects the total scale and total result of agricultural production during a given period of time.

The statistical coverage of farming, forestry, animal husbandry and fishery are as follows: In terms of ownership, China's agriculture includes specialized state farms (farming, forestry, animal husbandry, fishery), farms managed by various government agencies, organazations, schools, research institutions, and army; farms managed by rural collective organizations at levels of township, town, and village; farming, forestry, animal husbandry, fishery run by mining and industrial enterprises; farming, forestry, animal husbandry and fishery and some commodity industries run by various rural collective organizations and individual farmers.

□ Grain Yield

refers to the yield in the whole country including grains produced by state farms, collective units, industrial enterprises and mines. Grain includes rice, wheat, corn, sorghum, millet and other miscellaneous grains as well as tubers and beans. Output of beans refers to dry beans without pods. The output of tubers was converted into that of grain at the ratio 4: 1, I. e. Four kilograms of fresh tubers was equivalent to one kilogram of grain up to 1963. Since 1964 the ratio for conversion has been 5: 1. Output of all other grains refers to husked grain.

□ Yield of Oil – bearing Crops

refers to the total yield of oil-bearing crops of various kinds, including peanuts, (dry, in shell) rapeseeds, sesame, sunflower seeds, flax seeds, and other oil-bearing crops. Soybeans, oil-bearing woody plants, and wild oil – bearing crops are not included.

□ Output of Aquatic Products

refers to catches of both artificially cultured and naturally grown aquatic products, including fish, shrimps, crabs and shellfish in sea and inland water as well as seaweed. Freshwater plants are not included.

□ Output of Pork, Beef, and Mutton

refers to the meat of slaughtered hogs, cattle, sheep and goats with head, feet, and offal taken away.

□ Cereals

refer to seeds of various kinds of crops which are used mainly for grain. Cereals include paddy, wheat, maize, millet, Chinese sorghum, etc. , except beans and tubers.

工业和能源

Industry and Energy

7－1 规模以上工业企业数(2012－2017 年)
Number of Industrial Enterprises Above Designated Size(2012－2017)

单位:个(unit)

指标	Item	2012	2013	2014	2015	2016	2017
工业企业单位数	**Number of Industrial Enterprises**	**36496**	**39561**	**40841**	**41167**	**40128**	**39933**
按轻重工业分	**By Light and Heavy Industry**						
轻工业	Light Industry	17987	19497	20019	20244	19736	20407
重工业	Heavy Industry	18509	20064	20822	20923	20392	19526
按登记注册类型分	**By Registered Type**						
国有企业	State－owned Enterprises	228	122	107	105	91	74
集体企业	Collective Owned Enterprises	111	75	69	55	43	32
股份合作企业	Cooperative Enterprises	327	336	335	354	326	283
外商及港澳台商投资企业	Funded by Enterpreneurs From Hong Kong Macao and Taiwan	6651	6541	6237	5803	5322	4851
私营企业	Private	23959	26219	27557	28050	27502	27995
其他企业	Others	5206	6266	6535	6800	6844	6698
在总计中:国有及国有控股	**Enterprises with Sole Hong Kong,Macao and Taiwan**	**645**	**706**	**723**	**750**	**763**	**806**
按规模分	**By Size**						
大型企业	Large－sized Industrial Enterprises	592	601	598	593	596	569
中型企业	Medium－sized Industrial Enterprises	4648	4612	4421	4199	4149	4171
小型企业	Small－sized Enterprises	29892	32685	34020	34449	33571	33432
微型企业	Micro enterprises	1364	1663	1802	1926	1812	1761

注：规模以上工业为主营业务收入为 2000 万及以上工业企业，后面各表同。
Industrial enterprises above designated size refer to those with annual revenue from principal business over 20 million yuan. The same applies to the tables following.

7-2 规模以上工业企业总产值(2012-2017年)
Gross Output Value of Industrial Enterprises Above Dsignated Size(2012-2017)

单位:亿元(100 million yuan)

指标	Item	2012	2013	2014	2015	2016	2017
工业总产值	**Gross Industrial Output Value**	**59124.2**	**62980.3**	**67039.8**	**66819.0**	**68953.4**	**66328.0**
按轻重工业分	**By Light and Heavy Industry**						
轻工业	Light Industry	23228.2	24720.3	26039.8	26442.1	26915.7	25062.4
重工业	Heavy Industry	35896.0	38260.0	41000.0	40376.8	42037.7	41265.6
按注册登记注册类型分	**By Registered Type**						
国有企业	State-owned Enterprises	3831.6	3189.7	3243.6	3180.3	3254.3	2865.8
集体企业	Collective Owned Enterprises	91.7	52.3	55.8	35.8	33.7	26.6
股份合作企业	Cooperative Enterprises	163.6	173.7	180.1	187.9	181.7	167.5
外商及港澳台商投资企业	Foreign Funded Enterprises and Enterprises Funded by Entrepreneurs from Hong Kong, Macao & Taiwan	15309.9	15612.8	15993.6	14978.4	15032.2	14898.4
私营企业	Private Enterprises	24384.7	25792.1	27270.9	27789.1	28399.1	26430.1
其他企业	Others	15284.8	18159.0	20295.2	20647.5	22052.3	21939.6
在总计中:国有及国有控股	**State-owend and State-holding Enterprises**	**8384.5**	**9016.7**	**9498.9**	**9158.8**	**9431.5**	**10100.6**
按规模分	**By Size**						
大型企业	Large-sized Industrial Enterprises	15886.6	16734.0	16021.6	15815.6	16544.2	15868.0
中型企业	Medium-sized Industrial Enterprises	18522.5	18941.3	21135.7	20956.9	21781.3	20957.8
小型企业	Small-sized Enterprises	23532.7	25863.6	28049.8	28344.1	28812.1	27891.3
微型企业	Micro enterprises	1182.4	1441.5	1832.8	1702.4	1815.8	1611.0

7-3 按行业分的规模以上工业企业总产值
Gross Output Value of Industrial Enterprises by Sector Above Designated Size

单位:亿元(100 million yuan)

行业	Sector	工业总产值 Gross Industrial Output Value		
		2015	2016	2017
总计	**Total**	**66819.0**	**68953.4**	**66328.0**
按工业行业分	**By Sector**			
煤炭开采和洗选业	Coal mining and washing industry	0.5	0.4	0.7
黑色金属矿采选业	Ferrous Metals Mining and Dressing	10.6	7.6	5.8
有色金属矿采选业	Nonferrous Metals Mining and Dressing	24.3	17.6	10.3
非金属矿采选业	Nonmetal Minerals Mining and Dressing	144.5	158.5	125.3
农副食品加工业	Non-staple Food Processing	1061.7	1105.5	947.7
食品制造业	Food Manufacturing	549.5	553.5	506.5
酒、饮料和精制茶制造业	Wine, Soft Drinks and Refined Tea Manufacturing	470.9	480.2	430.7
烟草制品业	Tobacco Production	490.2	498.6	512.0
纺织业	Textile Industry	6026.5	6030.7	4875.0
纺织服装、服饰业	Garments and Apparel Industry	2532.9	2495.6	2248.2
皮革、毛皮、羽毛及其制品和制鞋业	Leather, Furs, Down and Related Production, Shoes Manufacturing	1469.0	1484.6	1082.3
木材加工及木、竹、藤、棕、草制品业	Timber Processing, Bamboo, Cane Palm Fiber and Straw Production	489.4	498.1	431.8
家具制造业	Furniture Manufacturing	891.6	1031.9	1001.5
造纸和纸制品业	Papermaking and Paper Production	1291.5	1352.3	1497.9
印刷和记录媒介复制业	Printing and Record Medium Reproduction	405.6	458.6	441.2
文教、工美、体育和娱乐用品制造业	Cultural and Educational, Arts and Crafts, Sports and Entertainment Goods	1476.8	1529.0	1242.6
石油、煤炭及其他燃料加工业	Oil, Coal and Other Fuel Processing	1509.2	1553.2	1475.6
化学原料和化学制品制造业	Raw Chemical Materials and Chemical Production	5398.3	5381.7	5524.0
医药制造业	Medical and Pharmaceutical Production	1279.4	1395.1	1343.1
化学纤维制造业	Chemical Fiber	2544.3	2466.9	2231.5

续表 Continued 单位:亿元(100 million yuan)

行业	Sector	工业总产值 Gross Industrial Output Value		
		2015	2016	2017
橡胶和塑料制品业	Rubber and Plastic Production	2832.4	2794.5	2545.7
非金属矿物制品业	Nonmetal Mineral Production	2007.2	1908.2	2008.9
黑色金属冶炼和压延加工业	Smelting and Pressing of Ferrous MetalsMetals	2243.0	2202.2	1750.5
有色金属冶炼和压延加工业	Smelting and Pressing of Nonferrous Metals	2496.4	2406.0	2289.6
金属制品业	Metal Production	2478.9	2483.9	2648.3
通用设备制造业	Ordinary Machinery	4289.7	4379.9	4496.5
专用设备制造业	For Special Purpose Equipment Manufacturing	1651.1	1701.8	1688.8
汽车制造业	Automobile manufacturing industry	3681.8	4588.3	5006.2
铁路、船舶、航空航天和其他运输设备制造业	Railway, Shipbuilding, Aerospace and other Transport Equipment	1375.4	1463.9	815.9
电气机械和器材制造业	Electric Equipment and Machinery	6302.9	6725.9	6526.2
计算机、通信和其他电子设备制造业	Computers,Communications and Other Electronic Equipment Manufacturing	2896.4	3291.9	3695.3
仪器仪表制造业	Instruments Manufacturing	840.1	813.7	825.6
其他制造业	Other Manufacturing	333.9	307.9	262.9
废弃资源综合利用业	Comprehensive Utilization of Waste Resources	336.1	260.3	267.6
金属制品、机械和设备修理业	Metal Products,Machinery and Equipment Repair Industry	82.2	91.8	83.2
电力、热力生产和供应业	Production and Supply of Electricity and Heating Power	4329.5	4446.2	4882.9
燃气生产和供应业	Production and Supply of Gas	415.9	408.6	402.5
水的生产和供应业	Production and Supply of Water	159.4	178.7	197.5

注：2017 年起行业分类采用 2017 年国民经济行业分类。后面各表同。
The industry classification is based on the 2017 national economic classification since 2017. The same applies to the tables following.

7-4 主要工业产品产量(2011-2017年) Output of Major Industrial Products(2011-2017)

产品名称		Item		2011	2012	2013	2014	2015	2016	2017
原煤	(万吨)	Coal	(10000 tons)	15.06	15.01					
配混合饲料	(万吨)	Forage	(10000 tons)	362.24	453.67	476.03	464.75	396.93	399.23	360.74
食用植物油	(万吨)	Edible Vegetables Oil	(10000 tons)	43.12	37.33	37.44	46.48	58.73	52.18	46.32
罐头	(万吨)	Canned Food	(10000 tons)	53.40	62.00	66.67	61.44	57.93	53.59	49.49
啤酒	(万千升)	Beer	(10000 kiloliter)	281.09	268.21	289.44	267.46	251.02	246.58	254.41
黄酒	(万千升)	Millet Wine	(10000 kiloliter)	66.20	58.64	65.22	71.01	64.73	61.33	55.64
软饮料	(万吨)	Soft Drink	(10000 tons)	856.17	904.37	863.69	859.97	769.46	842.63	793.92
卷烟	(万箱)	Cigarettes	(10000 cases)	885.18	901.10	923.47	931.02	948.33	915.80	957.02
纱	(万吨)	Yarn	(10000 tons)	198.77	231.23	239.10	229.98	220.04	215.80	190.42
布	(亿米)	Cloth	(100 million m)	146.13	143.22	153.47	156.25	152.76	149.20	137.44
毛线(绒线)	(吨)	Kniting Wool	(ton)	26504	35314	40858	42888	36206	34842	36428
呢绒	(万米)	Woolen Goods	(10000 m)	6343	6010	4188	8536	8463	7107	3909
丝	(吨)	Silk	(ton)	15162	14467	14293	15505	16060	14000	10570
丝织品	(亿米)	Silk-knit Goods	(100 million m)	1.98	2.08	2.20	2.16	2.15	2.05	1.87
机制纸	(万吨)	Machine-made Paper and Paperboard	(10000 tons)	1531.63	1627.95	1660.52	1693.70	1739.59	1889.76	1911.21
汽油	(万吨)	Gasoline	(10000 tons)	314.95	284.24	285.10	308.46	333.27	307.69	352.08
煤油	(万吨)	Kerosene	(10000 tons)	162.89	156.23	208.97	218.77	226.26	213.31	246.55
柴油	(万吨)	Diesel Oil	(10000 tons)	870.90	801.76	769.07	713.93	685.23	630.50	671.51
燃料油	(万吨)	Fuel Oil	(10000 tons)	157.82	115.55	104.12	98.85	110.50	108.74	139.63
焦炭	(万吨)	Coke	(10000 tons)	161.74	294.80	296.18	297.21	293.88	227.51	228.55
硫酸	(万吨)	Sulphuric Acid	(10000 tons)	102.48	98.98	109.55	176.55	165.24	168.36	267.31

续表 1 Continued

产品名称	Item	2011	2012	2013	2014	2015	2016	2017
烧碱（万吨）	Caustic Soda (10000 tons)	126.72	140.24	144.05	151.23	153.19	159.92	188.83
纯碱（万吨）	Soda Ash (10000 tons)	24.36	22.24	25.86	26.97	29.35	30.71	32.28
电石(碳化钙)（万吨）	Calcium Carbide (10000 tons)	5.29	4.94	9.44	0.40			
合成氨（万吨）	Synthetic Ammonia (10000 tons)	47.25	57.68	57.87	64.52	75.07	68.89	62.11
纯苯（吨）	Pure Benzene (ton)	410477	380190	399025	346035	384443	376562	460620
合成洗涤剂（吨）	Synthetic Detergents (ton)	689043	706976	736356	812524	695274	774037	941467
化学原料药（吨）	Chemical Raw Medicine (ton)	318002	277187	278856	308113	279809	270201	241628
中成药（吨）	Traditional Chinese Medicine (ton)	21384	19894	21167	25950	33217	36352	25323
化学纤维（万吨）	Chemical Fiber (10000 tons)	1505.54	1677.27	1839.31	1987.97	2186.42	2106.42	2055.70
#粘胶纤维（万吨）	Glutinous Fiber (10000 tons)	14.36	17.49	15.53	13.80	14.59	12.20	15.59
合成纤维（万吨）	Synthetic Fiber (10000 tons)	1468.66	1655.96	1822.83	1972.93	2170.83	2093.22	2038.40
轮胎外胎（万条）	Outer Cover of Type (10000 units)	9673.11	10207.54	10979.06	8925.94	6684.14	7577.77	7967.32
塑料制品（万吨）	Plastic Products (10000 tons)	845.74	948.54	940.38	1054.85	1041.17	1072.97	1035.52
水泥（万吨）	Cement (10000 tons)	12122.29	11539.61	12462.87	12367.51	11286.51	10796.54	11231.18
平板玻璃（万重量箱）	Plate Glass (10000 wt. case)	3995.69	2984.31	3591.22	3978.01	5317.89	5034.09	4480.29
生铁（万吨）	Pig Iron (10000 tons)	1002.17	1006.13	1059.79	1140.28	1072.49	847.98	855.54
钢（万吨）	Steel (10000 tons)	1329.93	1305.23	1733.15	1748.30	1594.92	1299.59	1090.68
成品钢材（万吨）	Steel Products (10000 tons)	3141.00	3361.33	3823.44	4170.99	4047.72	3760.90	3148.24
十种有色金属（万吨）	Ten Nonferrous Metal (10000 tons)	53.86	48.23	38.52	35.61	42.08	42.62	40.75
#铜（吨）	Copper (tons)	311492	293661	262167	298790	364041	374843	375704
锌（吨）	Zinc (tons)	71931	32596	44057	51112	55327	49466	28959
铝（吨）	Alumminium (tons)	153046	153394	77212	4240			

续表 2 Continued

产品名称	Item	2011	2012	2013	2014	2015	2016	2017
内燃机 （万千瓦）	Internal Combustion Engines(Commodity) (10000 kw)	3182.40	2807.03	4877.14	4712.31	5125.82	7024.83	12040.39
数控机床 （台）	Numerically Controlled Machine Tools (unit)	67237	45707	44976	50976	42555	46288	57173
大中型拖拉机 （台）	Large and Medium - sized Tractor (unit)	49073	33153	40284	34320	36084	26639	12905
小型拖拉机 （台）	Small - size Tractor (unit)	87146	71674	75722	77978	67707	58105	49428
汽车 （辆）	Motor Vehicle (unit)	306300	329819	373210	327238	428703	586495	845387
#轿车 （辆）	Car (unit)	301059	264504	274461	221312	326899	527748	618837
微型计算机设备（万台）	Microcomputer Equipment (10000 Set)	155	162	164	191	151	183	186
集成电路 （亿块）	Integrated Circuit (Billion block)	47	44	50	61	63	74	80
摩托车 （万辆）	Motorcycles (10000 units)	212.97	226.06	205.61	192.06	156.90	137.47	108.41
自行车 （万辆）	Bicycles (10000 units)	1534.95	1499.23	1405.93	1502.24	1028.82	958.24	720.13
发电设备 （万千瓦）	Generating Equipment (10000 kw)	483.44	460.82	513.51	486.36	525.62	514.21	516.00
交流电动机（万千瓦）	Alternating Current Motor (10000 kw)	3620.48	4204.93	4883.18	5622.90	5914.93	6124.00	5607.00
变压器 （万千伏安）	Transformer (10000 kev)	8818.31	8397.44	8977.53	11371.45	12796.09	11515.84	10307.00
家用洗衣机 （万台）	Household Washing Machines (10000 units)	1775.07	1906.43	1881.38	1592.39	1526.56	1396.80	1227.00
家用电冰箱 （万台）	Household Refrigerators (10000 units)	626.79	887.16	939.61	757.78	713.66	797.74	677.00
电风扇 （万台）	Electric Fan (10000 units)	952.72	893.58	815.07	639.09	649.56	785.09	959.00
房间空气调节器（万台）	House Air Conditioner (10000 units)	469.50	509.49	565.03	679.62	634.82	953.76	1485.00
灯泡 （亿只）	Bulb (100 millionm units)	34.21	30.58	37.38	32.52	28.35	42.88	21.58
彩色电视机 （万台）	Color TV Set (10000 units)	497.30	573.28	628.62	456.89	641.36	658.22	610.00
表 （万只）	Watch (10000 units)	76.96	91.18	99.81	106.01	101.86	80.94	65.00
发电量（亿千瓦小时）	Electricity (100 Million kw.h)	2774.18	2717.32	2883.60	2822.39	2905.26	3089.11	3259.00

注：本表统计范围为规模以上工业企业。
The data in this table refer to industrial enterprises above designated size.

7-5 规模以上工业企业主要指标(2014-2017年)
Principal Indicators of Industrial Enterprises Above Designated Sized(2014-2017)

单位:亿元(100 million yuan)

指标		Item	
企业单位数	(个)	Number of Enterprises	(Number)
#亏损企业单位数		Loss Enterprises	
工业总产值(当年价)		Gross Industrial Output Value(Current Price)	
出口交货值		Export delivery value	
平均用工人数	(万人)	Average Number of Staff and Workers	(10000 persons)
资产总计		Total Assets	
流动资产合计		Circulating Funds	
固定资产合计		Fixed Assets	
固定资产原值		Original Value of Fixed Assets	
固定资产净值		Net Value of fixed assets	
负债合计		Total Liabilities	
流动负债合计		Circulating Liabilities	
非流动负债合计		non-circulating liabilities	
所有者权益		Creditors' Equity	
实收资本		Total Capital Hold	
主营业务收入		Sales Revenue	
主营业务成本		Cost of Sales	
主营业务税金及附加		Sales Taxes and Extra Charges	
利润总额		Total Profits	
本年应交增值税		Value Added Taxes Payable	
利税总额		Total Profits and Taxes	

合计 Total				#国有 State - owned Units				#私营 Private Units			
2014	2015	2016	2017	2014	2015	2016	2017	2014	2015	2016	2017
40841	41167	40128	39933	107	105	91	74	27557	28050	27502	27995
4747	5360	4456	4559	3	8	1	4	2698	3133	2640	2815
67039.78	66818.95	68953.40	66328.04	3243.64	3180.26	3254.31	2865.79	27270.94	27789.07	28399.15	26430.14
11927.07	11440.24	11540.13	10934.64	10.08	7.96	8.65	3.96	4930.73	4899.51	4952.72	4724.42
722.78	705.17	690.30	670.51	8.47	6.91	6.26	4.98	364.25	362.50	353.86	354.35
64078.22	66626.71	69468.91	71263.09	2730.20	2681.80	2794.32	2465.02	23305.35	23666.27	23753.64	23253.84
36136.44	36808.14	38196.89	39320.70	422.85	335.18	336.71	219.63	14707.09	14545.88	14500.63	14394.09
17801.63	18480.92	18993.74	18337.58	1826.39	1749.39	2067.09	1702.16	5212.19	5494.02	5567.81	5359.60
27197.27	29154.42	30886.89	31522.26	2985.50	3184.04	3575.98	3495.63	7726.00	8415.41	8664.83	8698.42
16254.31	17041.79	17670.88	17643.89	1597.17	1678.28	1860.67	1709.95	4766.25	5109.81	5158.84	5172.96
37663.38	38086.78	38304.18	39123.28	1557.24	1520.26	1541.34	1418.15	15010.08	14832.02	14509.10	14635.69
32182.52	32484.81	32847.10	33707.22	934.63	839.19	858.72	763.19	13782.36	13611.69	13433.50	13626.39
4354.05	4555.31	4797.57	4848.15	622.05	679.08	682.31	652.91	662.09	688.51	735.68	701.25
26199.51	28430.76	30863.45	32080.14	1169.80	1161.54	1252.98	1046.87	8175.94	8768.22	9117.94	8595.61
12080.43	13569.82	16395.05	15624.27	139.11	698.24	443.99	548.35	3625.77	3898.49	4349.19	4530.69
64371.53	63214.41	65453.88	65760.08	3248.30	3175.99	3235.44	2861.76	26194.21	26363.46	26883.68	25814.26
54934.41	53346.93	54833.47	54851.25	2947.02	2876.92	2937.18	2706.55	22653.09	22671.38	23112.98	22149.63
720.20	819.44	856.44	922.24	106.14	106.09	116.66	11.95	128.02	141.58	153.69	151.46
3729.13	3839.99	4469.42	4605.41	81.81	78.21	101.62	75.15	1313.20	1366.49	1458.24	1307.97
1844.10	1893.70	2007.19	2097.42	105.55	111.62	127.79	90.12	712.96	720.73	740.44	755.72
6303.09	6575.72	7343.63	7637.42	294.25	300.73	347.67	177.65	2159.46	2235.29	2355.58	2219.18

7-6 按行业分的规模以上工业企业主要经济指标(2017年)
Main Indicators of Industrial Enterprises Above Designated Size by Sector((2017)

单位:亿元(100 million yuan)

行业	Sector	企业单位数(个) Number of Enterprises (unit)	#亏损企业(个) Loss (unit)	工业总产值 Gross Industrial Output Value	出口交货值 Export Delivery value
总计	**Total**	**39933**	**4559**	**66328.04**	**10934.64**
按登记注册类型分	**By Registered Type**				
#国有	#State - owned	74	4	2865.79	3.96
集体	Collective owned	32	3	26.58	0.22
私营	Private	27995	2815	26430.14	4724.42
港澳台商投资	Enterprises Funded by Entrepreneurs From Hong Kong,Macao and Taiwan	2518	489	7828.61	1612.65
外商投资	Foreign Funded Enterprises	2333	403	7069.82	1974.06
在总计中:轻工业	Light Industry	20407	2440	25062.42	5925.99
重工业	Heavy Industry	19526	2119	41265.63	5008.65
按工业行业分	**By Sector**				
煤炭开采和洗选业	Coal Mining and Dressing	2		0.71	
黑色金属矿采选业	Ferrous Metals Mining and Dressing	4	1	5.81	
有色金属矿采选业	Nonferrous Metals Mining and Dressing	10	1	10.34	
非金属矿采选业	Nonmetal Minerals Mining and Dressing	109	15	125.27	0.03
农副食品加工业	Non - staple Food Processing	690	106	947.67	162.71
食品制造业	Food Manufacturing	330	62	506.54	70.28
酒、饮料和精制茶制造业	Wine, Soft Drinks and Refined Tea Manufacturing	217	38	430.67	26.45
烟草制品业	Tobacco Processing	3		512.00	3.27
纺织业	Textile Industry	4573	419	4875.01	841.48
纺织服装、服饰业	Garments and Apparel Industry	2472	390	2248.21	832.60
皮革、毛皮、羽毛及其制品和制鞋业	Leather,Furs,Down and Related Production,Shoes Manufacturing	1546	137	1082.34	413.16
木材加工和木、竹、藤、棕、草制品业	Timber Processing,Bamboo,Cane Palm Fiber and Straw Production	475	40	431.81	106.60
家具制造业	Furniture Manufacturing	840	133	1001.45	524.59
造纸和纸制品业	Papermaking and Paper Production	904	100	1497.88	108.08
印刷和记录媒介复制业	Printing and Record Medium Reproduction	566	59	441.21	56.39
文教、工美、体育和娱乐用品制造业	Cultural and Educational ,Arts and Crafts,Sports and Entertainment Goods	1184	134	1242.62	477.28

续表 1 Continued 单位:亿元(100 million yuan)

行业	Sector	企业单位数(个) Number of Enterprises (unit)	#亏损企业(个) Loss (unit)	工业总产值 Gross Industrial Output Value	出口交货值 Export Delivery value
石油、煤炭及其他燃料加工业	Oil, Coal and Other Fuel Processing	60	7	1475.63	1.72
化学原料和化学制品制造业	Raw Chemical Materials and Chemical Production	1543	174	5523.97	463.16
医药制造业	Medical and Pharmaceutical Production	425	55	1343.13	266.66
化学纤维制造业	Chemical Fiber	570	54	2231.54	163.19
橡胶和塑料制品业	Rubber and Plastic Production	2439	277	2545.74	511.98
非金属矿物制品业	Nonmetal Mineral Production	1589	202	2008.89	109.39
黑色金属冶炼和压延加工业	Smelting and Pressing of Ferrous Metals	530	56	1750.45	48.93
有色金属冶炼和压延加工业	Smelting and Pressing of Nonferrous Metals	730	78	2289.57	137.53
金属制品业	Metal Production	2700	336	2648.30	716.22
通用设备制造业	Equipment in Common Use	4127	355	4496.51	969.83
专用设备制造业	Special Purpose Equipment	1717	182	1688.80	387.77
汽车制造业	Automotive Manufacturing	2025	175	5006.24	462.72
铁路、船舶、航空航天和其他运输设备制造业	Railway, Shipbuilding, Aerospace and other Transport Equipment	526	83	815.94	244.57
电气机械和器材制造业	Electric Equipment and Machinery	3975	489	6526.24	1503.97
计算机、通信和其他电子设备制造业	Computers, Communications and Other Electronic Equipment Manufacturing	1325	169	3695.33	1047.23
仪器仪表制造业	Instruments Manufacturing	550	45	825.65	169.33
其他制造业	Other Manufacturing	356	29	262.87	83.29
废弃资源综合利用业	Comprehensive Utilization of Waste Resources	140	40	267.57	1.66
金属制品、机械和设备修理业	Metal Products, Machinery and Equipment Repair Industry	44	13	83.17	22.58
电力、热力的生产和供应业	Production and Supply of Electricity and Heating Power	394	43	4882.93	
燃气生产和供应业	Production and Supply of Gas	85	13	402.54	
水的生产和供应业	Production and Supply of Water	158	49	197.49	

续表 2 Continued 单位:亿元(100 million yuan)

行业	Sector	资产总计 Total Assets	年末负债合计 Total Liabilities	所有者权益合计 Creditors´ Equity	实收资本 Total Capital Hold
总计	**Total**	**71263.09**	**39123.28**	**32080.14**	**15624.27**
按登记注册类型分	**By Registered Type**				
#国有	#State - owned	2465.02	1418.15	1046.87	548.35
集体	Collective owned	29.65	11.64	18.01	3.37
私营	Private	23253.84	14635.69	8595.61	4530.69
港澳台商投资	Enterprises Funded by Entrepreneurs From Hong Kong, Macao and Taiwan	8777.21	4424.14	4348.28	2361.26
外商投资	Foreign Funded Enterprises	7245.42	3629.54	3611.48	2015.21
在总计中:轻工业	Light Industry	25062.37	13691.58	11352.03	5048.89
重工业	Heavy Industry	46200.73	25431.71	20728.11	10575.39
按工业行业分	**By Sector**				
煤炭开采和洗选业	Coal Mining and Dressing	0.34	0.27	0.07	0.06
黑色金属矿采选业	Ferrous Metals Mining and Dressing	10.33	2.55	7.79	2.55
有色金属矿采选业	Nonferrous Metals Mining and Dressing	22.27	12.76	9.50	4.93
非金属矿采选业	Nonmetal Minerals Mining and Dressing	196.58	142.59	53.99	37.26
农副食品加工业	Non - staple Food Processing	836.93	485.63	349.50	182.05
食品制造业	Food Manufacturing	592.49	311.99	280.50	146.90
酒、饮料和精制茶制造业	Wine, Soft Drinks and Refined Tea Manufacturing	543.64	262.51	280.90	145.25
烟草制品业	Tobacco Processing	501.08	127.37	373.72	10.32
纺织业	Textile Industry	4300.94	2664.40	1633.75	829.99
纺织服装、服饰业	Garments and Apparel Industry	2217.52	1174.90	1039.66	472.36
皮革、毛皮、羽毛及其制品和制鞋业	Leather, Furs, Down and Related Production, Shoes Manufacturing	891.34	548.40	342.96	184.61
木材加工和木、竹、藤、棕、草制品业	Timber Processing, Bamboo, Cane Palm Fiber and Straw Production	344.39	193.96	149.79	75.58
家具制造业	Furniture Manufacturing	921.05	539.86	380.44	203.30
造纸和纸制品业	Papermaking and Paper Production	1601.72	974.68	624.13	322.67
印刷和记录媒介复制业	Printing and Record Medium Reproduction	489.29	264.55	224.74	122.76
文教、工美、体育和娱乐用品制造业	Cultural and Educational , Arts and Crafts, Sports and Entertainment Goods	1053.84	586.61	467.05	217.12

续表 3　Continued　　单位:亿元(100 million yuan)

行业	Sector	资产总计 Total Assets	年末负债合计 Total Liabilities	所有者权益合计 Creditors′ Equity	实收资本 Total Capital Hold
石油、煤炭及其他燃料加工业	Oil, Coal and Other Fuel Processing	896.78	433.10	463.68	388.18
化学原料和化学制品制造业	Raw Chemical Materials and Chemical Production	5976.16	2823.50	3160.43	1453.57
医药制造业	Medical and Pharmaceutical Production	2184.89	793.33	1391.56	422.54
化学纤维制造业	Chemical Fiber	2331.38	1309.64	1015.60	475.02
橡胶和塑料制品业	Rubber and Plastic Production	2403.99	1336.15	1067.43	506.94
非金属矿物制品业	Nonmetal Mineral Production	2422.77	1444.27	978.23	547.80
黑色金属冶炼和压延加工业	Smelting and Pressing of Ferrous Metals	1227.50	684.22	541.04	384.36
有色金属冶炼和压延加工业	Smelting and Pressing of Nonferrous Metals	1379.89	871.84	503.23	250.32
金属制品业	Metal Production	2434.04	1442.15	991.35	706.67
通用设备制造业	Equipment in Common Use	5411.74	2764.68	2613.08	1288.11
专用设备制造业	Special Purpose Equipment	2195.04	1200.18	994.45	431.76
汽车制造业	Automotive Manufacturing	6042.08	3704.91	2335.70	1042.64
铁路、船舶、航空航天和其他运输设备制造业	Railway, Shipbuilding, Aerospace and other Transport Equipment	1327.25	912.86	414.13	265.20
电气机械和器材制造业	Electric Equipment and Machinery	7179.70	3929.03	3249.76	1412.82
计算机、通信和其他电子设备制造业	Computers, Communications and Other Electronic Equipment Manufacturing	4216.55	2052.21	2163.17	858.65
仪器仪表制造业	Instruments Manufacturing	1188.92	492.33	696.59	267.49
其他制造业	Other Manufacturing	225.73	132.55	93.20	46.47
废弃资源综合利用业	Comprehensive Utilization of Waste Resources	191.92	142.00	50.00	41.15
金属制品、机械和设备修理业	Metal Products, Machinery and Equipment Repair Industry	160.03	109.29	50.74	43.58
电力、热力的生产和供应业	Production and Supply of Electricity and Heating Power	5821.63	3309.91	2511.59	1474.19
燃气生产和供应业	Production and Supply of Gas	397.54	255.06	142.47	105.67
水的生产和供应业	Production and Supply of Water	1123.83	687.05	434.22	253.42

续表 4 Continued 单位:亿元(100 million yuan)

行业	Sector	主营业务收入 Revenues in Main Business	主营业务成本 Costs in Main Business	主营业务税金及附加 Sales Taxes and Extra Charges in Main Business	销售费用 non-circulating liabilities
总计	**Total**	**65760.08**	**54851.25**	**922.24**	**1944.13**
按登记注册类型分	**By Registered Type**				
#国有	#State - owned	2861.76	2706.55	11.95	4.03
集体	Collective owned	25.19	20.79	0.09	1.77
私营	Private	25814.26	22149.63	151.46	675.78
港澳台商投资	Enterprises Funded by Entrepreneurs From Hong Kong, Macao and Taiwan	7861.02	6495.88	56.62	242.23
外商投资	Foreign Funded Enterprises	7139.44	5820.52	45.66	319.40
在总计中:轻工业	Light Industry	24469.64	20115.32	458.58	990.52
重工业	Heavy Industry	41290.44	34735.94	463.67	953.62
按工业行业分	**By Sector**				
煤炭开采和洗选业	Coal Mining and Dressing	0.71	0.55	0.02	0.03
黑色金属矿采选业	Ferrous Metals Mining and Dressing	5.83	5.27	0.07	0.29
有色金属矿采选业	Nonferrous Metals Mining and Dressing	8.74	5.97	0.17	0.09
非金属矿采选业	Nonmetal Minerals Mining and Dressing	123.41	92.14	3.27	2.87
农副食品加工业	Non - staple Food Processing	956.46	869.39	2.71	21.75
食品制造业	Food Manufacturing	497.98	391.15	3.07	35.19
酒、饮料和精制茶制造业	Wine, Soft Drinks and Refined Tea Manufacturing	444.68	324.01	11.13	58.74
烟草制品业	Tobacco Processing	479.98	106.88	308.41	13.28
纺织业	Textile Industry	4716.14	4124.89	24.56	68.94
纺织服装、服饰业	Garments and Apparel Industry	2174.73	1835.75	14.38	77.56
皮革、毛皮、羽毛及其制品和制鞋业	Leather, Furs, Down and Related Production, Shoes Manufacturing	1048.48	907.57	5.83	29.39
木材加工和木、竹、藤、棕、草制品业	Timber Processing, Bamboo, Cane Palm Fiber and Straw Production	424.45	358.91	3.07	13.40
家具制造业	Furniture Manufacturing	962.45	795.08	6.23	50.18
造纸和纸制品业	Papermaking and Paper Production	1435.56	1225.00	10.21	36.05
印刷和记录媒介复制业	Printing and Record Medium Reproduction	430.12	364.93	2.24	11.03
文教、工美、体育和娱乐用品制造业	Cultural and Educational ,Arts and Crafts, Sports and Entertainment Goods	1201.16	1013.83	6.76	41.66

续表 5 Continued 单位:亿元(100 million yuan)

行业	Sector	主营业务收入 Revenues in Main Business	主营业务成本 Costs in Main Business	主营业务税金及附加 Sales Taxes and Extra Charges in Main Business	销售费用 non－circulating liabilities
石油、煤炭及其他燃料加工业	Oil, Coal and Other Fuel Processing	1681.08	1266.24	197.81	5.03
化学原料和化学制品制造业	Raw Chemical Materials and Chemical Production	5927.67	5001.91	26.53	174.48
医药制造业	Medical and Pharmaceutical Production	1231.51	691.16	12.27	213.19
化学纤维制造业	Chemical Fiber	2219.84	2005.72	6.27	17.72
橡胶和塑料制品业	Rubber and Plastic Production	2500.10	2120.90	13.36	81.93
非金属矿物制品业	Nonmetal Mineral Production	1962.78	1621.66	12.26	81.71
黑色金属冶炼和压延加工业	Smelting and Pressing of Ferrous Metals	1759.67	1600.76	5.79	14.80
有色金属冶炼和压延加工业	Smelting and Pressing of Nonferrous Metals	2294.47	2141.77	4.38	14.39
金属制品业	Metal Production	2580.59	2216.87	14.42	67.58
通用设备制造业	Equipment in Common Use	4375.88	3527.17	26.60	151.14
专用设备制造业	Special Purpose Equipment	1657.53	1298.55	11.03	64.99
汽车制造业	Automotive Manufacturing	4951.57	3996.62	90.62	96.18
铁路、船舶、航空航天和其他运输设备制造业	Railway, Shipbuilding, Aerospace and other Transport Equipment	749.83	665.88	5.36	14.36
电气机械和器材制造业	Electric Equipment and Machinery	6418.68	5338.42	37.86	241.12
计算机、通信和其他电子设备制造业	Computers, Communications and Other Electronic Equipment Manufacturing	3687.40	2935.82	18.19	163.19
仪器仪表制造业	Instruments Manufacturing	795.84	565.56	5.54	45.95
其他制造业	Other Manufacturing	263.37	224.36	1.64	6.36
废弃资源综合利用业	Comprehensive Utilization of Waste Resources	270.07	245.13	1.30	3.02
金属制品、机械和设备修理业	Metal Products, Machinery and Equipment Repair Industry	60.27	49.38	0.77	1.09
电力、热力的生产和供应业	Production and Supply of Electricity and Heating Power	4859.01	4381.30	24.87	8.77
燃气生产和供应业	Production and Supply of Gas	407.64	375.20	1.31	6.50
水的生产和供应业	Production and Supply of Water	194.40	159.54	1.93	10.20

续表 6 Continued 单位:亿元(100 million yuan)

行业	Sector	管理费用 Creditors′ Equity	财务费用 Total Capital Hold	利润总额 Total Profits
总计	**Total**	**3513.85**	**825.30**	**4605.41**
按登记注册类型分	**By Registered Type**			
#国有	#State - owned	37.86	35.78	75.15
集体	Collective owned	1.47	0.11	1.46
私营	Private	1428.70	357.02	1307.97
港澳台商投资	Enterprises Funded by Entrepreneurs From Hong Kong, Macao and Taiwan	439.62	92.28	635.07
外商投资	Foreign Funded Enterprises	411.79	60.77	570.24
在总计中:轻工业	Light Industry	1381.55	327.77	1501.66
重工业	Heavy Industry	2132.30	497.54	3103.75
按工业行业分	**By Sector**			
煤炭开采和洗选业	Coal Mining and Dressing	0.03	0.01	0.09
黑色金属矿采选业	Ferrous Metals Mining and Dressing	0.84	0.03	-0.92
有色金属矿采选业	Nonferrous Metals Mining and Dressing	1.24	0.40	0.91
非金属矿采选业	Nonmetal Minerals Mining and Dressing	8.44	3.67	12.85
农副食品加工业	Non - staple Food Processing	27.85	10.29	32.42
食品制造业	Food Manufacturing	32.34	4.64	43.57
酒、饮料和精制茶制造业	Wine, Soft Drinks and Refined Tea Manufacturing	22.10	3.02	37.95
烟草制品业	Tobacco Processing	18.94	-0.19	37.00
纺织业	Textile Industry	209.23	70.91	243.37
纺织服装、服饰业	Garments and Apparel Industry	133.67	26.74	106.74
皮革、毛皮、羽毛及其制品和制鞋业	Leather, Furs, Down and Related Production, Shoes Manufacturing	57.90	13.57	39.15
木材加工和木、竹、藤、棕、草制品业	Timber Processing, Bamboo, Cane Palm Fiber and Straw Production	21.33	5.92	27.69
家具制造业	Furniture Manufacturing	62.23	14.63	49.74
造纸和纸制品业	Papermaking and Paper Production	63.51	30.81	100.67
印刷和记录媒介复制业	Printing and Record Medium Reproduction	28.93	6.03	23.56
文教、工美、体育和娱乐用品制造业	Cultural and Educational , Arts and Crafts, Sports and Entertainment Goods	71.54	17.23	62.30

续表 7 Continued 单位:亿元(100 million yuan)

行业	Sector	管理费用 Creditors' Equity	财务费用 Total Capital Hold	利润总额 Total Profits
石油、煤炭及其他燃料加工业	Oil, Coal and Other Fuel Processing	27.00	3.75	194.54
化学原料和化学制品制造业	Raw Chemical Materials and Chemical Production	255.84	63.24	478.26
医药制造业	Medical and Pharmaceutical Production	139.58	17.97	203.27
化学纤维制造业	Chemical Fiber	55.37	35.00	121.35
橡胶和塑料制品业	Rubber and Plastic Production	151.34	29.21	128.16
非金属矿物制品业	Nonmetal Mineral Production	93.47	28.38	147.10
黑色金属冶炼和压延加工业	Smelting and Pressing of Ferrous Metals	47.12	13.56	83.82
有色金属冶炼和压延加工业	Smelting and Pressing of Nonferrous Metals	47.64	23.77	82.36
金属制品业	Metal Production	149.77	36.23	118.79
通用设备制造业	Equipment in Common Use	341.81	54.01	352.56
专用设备制造业	Special Purpose Equipment	151.07	21.18	135.02
汽车制造业	Automotive Manufacturing	295.16	36.65	530.86
铁路、船舶、航空航天和其他运输设备制造业	Railway, Shipbuilding, Aerospace and other Transport Equipment	47.79	16.46	2.60
电气机械和器材制造业	Electric Equipment and Machinery	429.47	76.07	415.38
计算机、通信和其他电子设备制造业	Computers, Communications and Other Electronic Equipment Manufacturing	290.28	29.90	335.75
仪器仪表制造业	Instruments Manufacturing	90.16	7.30	101.95
其他制造业	Other Manufacturing	15.99	2.86	13.96
废弃资源综合利用业	Comprehensive Utilization of Waste Resources	7.36	3.47	12.17
金属制品、机械和设备修理业	Metal Products,Machinery and Equipment Repair Industry	5.78	2.62	1.31
电力、热力的生产和供应业	Production and Supply of Electricity and Heating Power	83.31	102.37	299.17
燃气生产和供应业	Production and Supply of Gas	9.12	2.72	20.39
水的生产和供应业	Production and Supply of Water	19.30	10.86	9.52

续表 8 Continued 单位:亿元(100 million yuan)

行业	Sector	利税总额 Total Profits and Taxes	本年应交增值税 Value Added Taxes Payable	平均用工人数(万人) Average Number of Employed Persons (10000 persons)
总计	**Total**	**7637.42**	**2097.42**	**670.51**
按登记注册类型分	**By Registered Type**			
#国有	#State - owned	177.65	90.12	4.98
集体	Collective owned	2.26	0.71	0.27
私营	Private	2219.18	755.72	354.35
港澳台商投资	Enterprises Funded by Entrepreneurs From Hong Kong, Macao and Taiwan	913.87	221.38	72.62
外商投资	Foreign Funded Enterprises	817.61	200.93	67.91
在总计中:轻工业	Light Industry	2822.62	858.41	341.18
重工业	Heavy Industry	4814.80	1239.01	329.34
按工业行业分	**By Sector**			
煤炭开采和洗选业	Coal Mining and Dressing	0.13	0.02	
黑色金属矿采选业	Ferrous Metals Mining and Dressing	-0.72	0.14	0.10
有色金属矿采选业	Nonferrous Metals Mining and Dressing	1.80	0.72	0.19
非金属矿采选业	Nonmetal Minerals Mining and Dressing	21.23	4.66	0.85
农副食品加工业	Non - staple Food Processing	46.97	11.74	7.55
食品制造业	Food Manufacturing	67.12	20.37	6.60
酒、饮料和精制茶制造业	Wine, Soft Drinks and Refined Tea Manufacturing	68.94	19.71	3.98
烟草制品业	Tobacco Processing	413.21	67.79	0.40
纺织业	Textile Industry	412.34	143.82	63.49
纺织服装、服饰业	Garments and Apparel Industry	195.70	74.28	47.87
皮革、毛皮、羽毛及其制品和制鞋业	Leather, Furs, Down and Related Production, Shoes Manufacturing	83.98	38.93	27.44
木材加工和木、竹、藤、棕、草制品业	Timber Processing, Bamboo, Cane Palm Fiber and Straw Production	44.85	14.01	5.90
家具制造业	Furniture Manufacturing	95.75	39.56	19.72
造纸和纸制品业	Papermaking and Paper Production	182.14	70.66	12.00
印刷和记录媒介复制业	Printing and Record Medium Reproduction	40.44	14.58	6.83
文教、工美、体育和娱乐用品制造业	Cultural and Educational ,Arts and Crafts, Sports and Entertainment Goods	104.12	34.86	20.15

续表 9 Continued　　单位:亿元(100 million yuan)

行业	Sector	利税总额 Total Profits and Taxes	本年应交增值税 Value Added Taxes Payable	平均用工人数(万人) Average Number of Employed Persons (10000 persons)
石油、煤炭及其他燃料加工业	Oil, Coal and Other Fuel Processing	457.91	65.53	1.12
化学原料和化学制品制造业	Raw Chemical Materials and Chemical Production	663.34	158.05	22.26
医药制造业	Medical and Pharmaceutical Production	290.92	75.17	13.48
化学纤维制造业	Chemical Fiber	163.74	35.99	10.56
橡胶和塑料制品业	Rubber and Plastic Production	212.34	70.60	33.16
非金属矿物制品业	Nonmetal Mineral Production	232.38	72.63	16.99
黑色金属冶炼和压延加工业	Smelting and Pressing of Ferrous Metals	126.58	36.75	6.92
有色金属冶炼和压延加工业	Smelting and Pressing of Nonferrous Metals	130.18	43.27	7.71
金属制品业	Metal Production	210.33	76.83	39.86
通用设备制造业	Equipment in Common Use	527.88	148.00	62.70
专用设备制造业	Special Purpose Equipment	204.78	58.47	25.36
汽车制造业	Automotive Manufacturing	777.34	154.63	45.00
铁路、船舶、航空航天和其他运输设备制造业	Railway, Shipbuilding, Aerospace and other Transport Equipment	25.32	17.17	9.33
电气机械和器材制造业	Electric Equipment and Machinery	634.60	180.15	78.54
计算机、通信和其他电子设备制造业	Computers, Communications and Other Electronic Equipment Manufacturing	452.05	97.85	40.52
仪器仪表制造业	Instruments Manufacturing	137.62	29.89	11.95
其他制造业	Other Manufacturing	24.47	8.81	5.76
废弃资源综合利用业	Comprehensive Utilization of Waste Resources	21.69	8.21	1.82
金属制品、机械和设备修理业	Metal Products,Machinery and Equipment Repair Industry	4.17	2.09	1.46
电力、热力的生产和供应业	Production and Supply of Electricity and Heating Power	514.90	188.06	9.47
燃气生产和供应业	Production and Supply of Gas	27.78	6.00	0.84
水的生产和供应业	Production and Supply of Water	19.09	7.42	2.66

7－7 按行业分的规模以上工业企业主要经济效益指标(2017 年)
Main Economic Beneficial Indicators of Industrial Enterprises Above Designated Size by Sector (2017)

行业	Sector
总计	**Total**
按登记注册类型分	**By Registered Type**
#国有	#State－owned
集体	Collective Owned
私营	Private
港澳台商投资	Enterprises Funded by Entrepreneurs From Hong Kong,Macao and Taiwan
外商投资	Foreign Funded Enterprises
在总计中:轻工业	Light Industry
重工业	Heavy Industry
按工业行业分	**By Sector**
煤炭开采和洗选业	Coal Mining and Dressing
黑色金属矿采选业	Ferrous Metals Mining and Dressing
有色金属矿采选业	Nonferrous Metals Mining and Dressing
非金属矿采选业	Nonmetal Minerals Mining and Dressing
农副食品加工业	Non－staple Food Processing
食品制造业	Food Manufacturing
酒、饮料和精制茶制造业	Wine, Soft Drinks and Refined Tea Manufacturing
烟草制品业	Tobacco Processing
纺织业	Textile Industry
纺织服装、服饰业	Garments and Apparel Industry
皮革、毛皮、羽毛及其制品和制鞋业	Leather,Furs,Down and Related Production,Shoes Manufacturing
木材加工和木、竹、藤、棕、草制品业	Timber Processing,Bamboo,Cane Palm Fiber and Straw Production
家具制造业	Furniture Manufacturing
造纸和纸制品业	Papermaking and Paper Production
印刷和记录媒介复制业	Printing and Record Medium Reproduction
文教、工美、体育和娱乐用品制造业	Cultural and Educational ,Arts and Crafts,Sports and Entertainment Goods

资产负债率(%) Asset Liability Ratio (%)	成本费用利润率(%) Profit Margin of the Cost and Expense (%)	每百元固定资产原值实现利税(元) Pre tax Profits per 100 Yuan Original Value of Fixed Assets(yuan)	每百元主营业务收入实现利税(元) Pre tax Profits per 100 Yuan Revenues in Main Business (yuan)	产品销售率(%) Rate of Production Sold (%)	出口交货值占工业销售(%) Export delivery value of the proportion of total sales value(%)	新产品产值率(%) New product ratio (%)
54.90	**7.29**	**24.23**	**11.61**	**97.57**	**16.90**	**33.42**
57.53	2.70	5.08	6.21	99.90	0.14	0.53
39.27	5.98	14.10	8.97	98.83	0.82	2.53
62.94	5.22	25.51	8.60	97.14	18.40	30.13
50.40	8.56	26.46	11.63	97.89	21.04	39.10
50.09	8.45	23.63	11.45	97.57	28.62	32.16
54.63	6.31	29.13	11.54	96.77	24.43	31.38
55.05	7.89	22.05	11.66	98.05	12.38	34.66
80.68	14.56	68.90	18.33	97.01		
24.63	-13.83	-10.62	-12.30	99.22		
57.32	11.78	23.55	20.66	100.36		1.17
72.54	11.93	38.24	17.21	95.69	0.02	5.84
58.03	3.46	17.50	4.91	95.59	17.96	12.61
52.66	9.27	23.28	13.48	96.14	14.43	23.36
48.29	8.75	21.74	15.50	94.80	6.48	16.18
25.42	7.56	302.15	86.09	95.69	0.67	1.08
61.95	5.38	19.43	8.74	97.23	17.75	28.40
52.98	5.10	28.22	9.00	96.03	38.57	32.09
61.53	3.85	32.03	8.01	97.33	39.22	28.57
56.32	6.89	42.78	10.57	98.35	25.10	27.72
58.61	5.31	34.02	9.95	95.98	54.58	36.47
60.85	7.26	23.00	12.69	98.71	7.31	30.52
54.07	5.65	17.27	9.40	97.59	13.10	24.10
55.66	5.42	28.01	8.67	96.97	39.61	38.46

续表 Continued

行业	Sector
石油、煤炭及其他燃料加工业	Oil, Coal and Other Fuel Processing
化学原料和化学制品制造业	Raw Chemical Materials and Chemical Production
医药制造业	Medical and Pharmaceutical Production
化学纤维制造业	Chemical Fiber
橡胶和塑料制品业	Rubber and Plastic Production
非金属矿物制品业	Nonmetal Mineral Production
黑色金属冶炼和压延加工业	Smelting and Pressing of Ferrous Metals
有色金属冶炼和压延加工业	Smelting and Pressing of Nonferrous Metals
金属制品业	Metal Production
通用设备制造业	Equipment in Common Use
专用设备制造业	Special Purpose Equipment
汽车制造业	Automotive Manufacturing
铁路、船舶、航空航天和其他运输设备制造业	Railway, Shipbuilding, Aerospace and other Transport Equipment
电气机械和器材制造业	Electric Equipment and Machinery
计算机、通信和其他电子设备制造业	Computers, Communications and Other Electronic Equipment Manufacturing
仪器仪表制造业	Instruments Manufacturing
其他制造业	Other Manufacturing
废弃资源综合利用业	Comprehensive Utilization of Waste Resources
金属制品、机械和设备修理业	Metal Products,Machinery and Equipment Repair Industry
电力、热力生产和供应业	Production and Supply of Electricity and Heating Power
燃气生产和供应业	Production and Supply of Gas
水的生产和供应业	Production and Supply of Water

资产负债率(%) Asset Liability Ratio (%)	成本费用利润率(%) Profit Margin of the Cost and Expense (%)	每百元固定资产原值实现利税(元) Pre tax Profits per 100 Yuan Original Value of Fixed Assets(yuan)	每百元主营业务收入实现利税(元) Pre tax Profits per 100 Yuan Revenues in Main Business (yuan)	产品销售率(%) Rate of Production Sold (%)	出口交货值占工业销售(%) Export delivery value of the proportion of total sales value(%)	新产品产值率(%) New product ratio (%)
48.30	14.78	74.56	27.24	100.35	0.12	14.61
47.25	8.44	25.78	11.19	98.44	8.52	31.35
36.31	18.67	41.62	23.62	92.65	21.43	38.73
56.17	5.50	16.15	7.38	97.40	7.51	38.59
55.58	5.30	19.36	8.49	98.23	20.47	26.79
59.61	7.95	22.27	11.84	98.13	5.55	19.58
55.74	4.89	18.75	7.19	98.71	2.83	30.74
63.18	3.29	36.97	5.67	98.14	6.12	26.23
59.25	4.75	24.17	8.15	97.23	27.82	26.40
51.09	8.52	30.71	12.06	96.79	22.28	40.58
54.68	8.71	28.95	12.35	96.18	23.87	42.84
61.32	11.65	50.49	15.70	98.02	9.43	55.64
68.78	0.33	5.07	3.38	96.76	30.98	44.31
54.72	6.44	36.30	9.89	97.78	23.57	47.77
48.67	9.59	44.99	12.26	97.12	29.18	62.58
41.41	14.14	54.26	17.29	96.56	21.24	50.49
58.72	5.56	29.82	9.29	97.02	32.66	23.43
73.99	4.58	40.16	8.03	100.65	0.62	8.53
68.29	2.21	4.79	6.92	99.59	27.26	0.14
56.86	6.49	6.57	10.60	99.11		0.67
64.16	5.12	9.66	6.82	98.52		0.09
61.13	4.58	2.34	9.82	97.70		1.71

7-8 按行业分的国有及国有控股工业企业主要指标(2017年)
Main Indicators of State-owned and State Holding Industrial Enterprises by Sector(2017)

单位:亿元(100 million yuan)

行业	Sector	企业单位数(个) Number of Enterprises (unit)	#亏损企业(个) Loss (unit)	工业总产值 Gross Industrial Output Value	出口交货值 Export Delivery value
总计	**Total**	**806**	**141**	**10100.55**	**323.03**
按登记注册类型分	**By Registered Type**				
#国有	#State-owned	74	4	2865.79	3.96
集体	Collective Owned				
私营	Private				
港澳台商投资	Enterprises Funded by Entrepreneurs From Hong Kong, Macao and Taiwan	30	5	822.50	58.20
外商投资	Foreign Funded Enterprises	43	6	341.04	20.07
在总计中:轻工业	Light Industry	135	25	861.42	53.09
重工业	Heavy Industry	671	116	9239.14	269.94
按工业行业分	**By Sector**				
煤炭开采和洗选业	Coal Mining and Dressing				
黑色金属矿采选业	Ferrous Metals Mining and Dressing				
有色金属矿采选业	Nonferrous Metals Mining and Dressing	2		1.20	
非金属矿采选业	Nonmetal Minerals Mining and Dressing	13	4	10.99	0.03
农副食品加工业	Non-staple Food Processing	20	3	39.29	8.51
食品制造业	Food Manufacturing	13	3	29.29	2.80
酒、饮料和精制茶制造业	Wine, Soft Drinks and Refined Tea Manufacturing	6		16.57	0.48
烟草制品业	Tobacco Processing	2		508.98	3.27
纺织业	Textile Industry	7	1	17.13	1.64
纺织服装、服饰业	Garments and Apparel Industry	16	4	15.85	3.38
皮革、毛皮、羽毛及其制品和制鞋业	Leather, Furs, Down and Related Production, Shoes Manufacturing	2	1	0.72	0.44
木材加工和木、竹、藤、棕、草制品业	Timber Processing, Bamboo, Cane Palm Fiber and Straw Production				
家具制造业	Furniture Manufacturing				
造纸和纸制品业	Papermaking and Paper Production	4	2	11.71	0.45
印刷和记录媒介复制业	Printing and Record Medium Reproduction	14	3	13.17	0.10
文教、工美、体育和娱乐用品制造业	Cultural and Educational, Arts and Crafts, Sports and Entertainment Goods	5		2.71	0.21

续表 1 Continued 单位:亿元(100 million yuan)

行业	Sector	企业单位数(个) Number of Enterprises (unit)	#亏损企业(个) Loss (unit)	工业总产值 Gross Industrial Output Value	出口交货值 Export Delivery value
石油、煤炭及其他燃料加工业	Oil, Coal and Other Fuel Processing	5		1243.24	1.31
化学原料和化学制品制造业	Raw Chemical Materials and Chemical Production	58	7	637.07	23.14
医药制造业	Medical and Pharmaceutical Production	23	3	122.47	28.23
化学纤维制造业	Chemical Fiber	3	1	9.38	0.64
橡胶和塑料制品业	Rubber and plastic production	8	1	234.67	54.42
非金属矿物制品业	Nonmetal Mineral Production	91	8	290.28	0.63
黑色金属冶炼和压延加工业	Smelting and Pressing of Ferrous Metals	6		241.73	3.59
有色金属冶炼和压延加工业	Smelting and Pressing of Nonferrous Metals	7	1	65.77	0.09
金属制品业	Metal Production	15	2	43.06	2.47
通用设备制造业	Equipment in Common Use	33	3	147.73	33.91
专用设备制造业	Special Purpose Equipment	18	5	48.11	6.19
汽车制造业	Automotive Manufacturing	14	3	411.25	0.73
铁路、船舶、航空航天和其他运输设备制造业	Railway, Shipbuilding, Aerospace and other Transport Equipment	9	1	48.04	19.54
电气机械和器材制造业	Electric Equipment and Machinery	31	4	178.80	2.83
计算机、通信和其他电子设备制造业	Computers, Communications and Other Electronic Equipment Manufacturing	26	5	652.38	120.17
仪器仪表制造业	Instruments Manufacturing	4		11.70	
其他制造业	Other Manufacturing				
废弃资源综合利用业	Comprehensive Utilization of Waste Resources	5	2	8.56	
金属制品、机械和设备修理业	Metal Products, Machinery and Equipment Repair Industry	5	1	11.13	3.82
电力、热力的生产和供应业	Production and Supply of Electricity and Heating Power	194	23	4545.41	
燃气生产和供应业	Production and Supply of Gas	40	9	305.20	
水的生产和供应业	Production and Supply of Water	106	40	174.78	

续表 2 Continued 单位:亿元(100 million yuan)

行业	Sector	资产总计 Total Assets	年末负债合计 Total Liabilities	所有者权益合计 Creditor' Equity	实收资本 Total Capital Hold
总计	**Total**	**11672.33**	**6416.93**	**5263.01**	**2904.61**
按登记注册类型分	**By Registered Type**				
#国有	#State - owned	2465.02	1418.15	1046.87	548.35
集体	Collective Owned				
私营	Private				
港澳台商投资	Enterprises Funded by Entrepreneurs From Hong Kong, Macao and Taiwan	965.11	439.54	525.57	231.67
外商投资	Foreign Funded Enterprises	379.79	190.08	189.71	163.01
在总计中:轻工业	Light Industry	1221.76	431.16	790.59	146.89
重工业	Heavy Industry	10450.57	5985.77	4472.41	2757.72
按工业行业分	**By Sector**				
煤炭开采和洗选业	Coal Mining and Dressing				
黑色金属矿采选业	Ferrous Metals Mining and Dressing				
有色金属矿采选业	Nonferrous Metals Mining and Dressing	5.23	1.48	3.76	3.29
非金属矿采选业	Nonmetal Minerals Mining and Dressing	32.99	29.44	3.55	5.12
农副食品加工业	Non - staple Food Processing	46.92	28.00	18.93	9.92
食品制造业	Food Manufacturing	25.37	13.36	12.01	5.71
酒、饮料和精制茶制造业	Wine, Soft Drinks and Refined Tea Manufacturing	51.12	9.99	41.13	13.24
烟草制品业	Tobacco Processing	498.23	126.15	372.08	9.76
纺织业	Textile Industry	29.00	16.96	12.05	5.35
纺织服装、服饰业	Garments and Apparel Industry	48.23	11.66	36.57	3.44
皮革、毛皮、羽毛及其制品和制鞋业	Leather, Furs, Down and Related Production, Shoes Manufacturing	0.42	0.25	0.17	0.07
木材加工和木、竹、藤、棕、草制品业	Timber Processing, Bamboo, Cane Palm Fiber and Straw Production				
家具制造业	Furniture Manufacturing				
造纸和纸制品业	Papermaking and Paper Production	34.37	16.16	18.20	9.19
印刷和记录媒介复制业	Printing and Record Medium Reproduction	22.50	9.42	13.09	6.89
文教、工美、体育和娱乐用品制造业	Cultural and Educational ,Arts and Crafts, Sports and Entertainment Goods	2.34	1.44	0.89	0.41

续表 3 Continued 单位:亿元(100 million yuan)

行业	Sector	资产总计 Total Assets	年末负债合计 Total Liabilities	所有者权益合计 Creditor' Equity	实收资本 Total Capital Hold
石油、煤炭及其他燃料加工业	Oil, Coal and Other Fuel Processing	610.92	253.46	357.45	324.89
化学原料和化学制品制造业	Raw Chemical Materials and Chemical Production	595.07	208.81	396.44	147.25
医药制造业	Medical and Pharmaceutical Production	398.27	162.68	235.59	56.12
化学纤维制造业	Chemical Fiber	15.46	4.65	10.80	8.47
橡胶和塑料制品业	Rubber and plastic production	218.33	143.67	74.67	13.77
非金属矿物制品业	Nonmetal Mineral Production	376.27	216.15	160.11	94.07
黑色金属冶炼和压延加工业	Smelting and Pressing of Ferrous Metals	185.03	71.48	113.56	138.38
有色金属冶炼和压延加工业	Smelting and Pressing of Nonferrous Metals	70.95	56.58	14.37	6.80
金属制品业	Metal Production	54.80	35.43	19.37	12.55
通用设备制造业	Equipment in Common Use	335.31	178.63	156.68	41.53
专用设备制造业	Special Purpose Equipment	115.04	80.07	34.97	14.43
汽车制造业	Automotive Manufacturing	515.44	475.46	39.99	173.19
铁路、船舶、航空航天和其他运输设备制造业	Railway, Shipbuilding, Aerospace and other Transport Equipment	107.80	85.15	22.65	19.62
电气机械和器材制造业	Electric Equipment and Machinery	162.43	116.79	45.64	22.42
计算机、通信和其他电子设备制造业	Computers, Communications and Other Electronic Equipment Manufacturing	757.85	352.20	405.65	147.00
仪器仪表制造业	Instruments Manufacturing	13.06	3.51	9.55	2.53
其他制造业	Other Manufacturing				
废弃资源综合利用业	Comprehensive Utilization of Waste Resources	11.00	7.27	3.74	2.02
金属制品、机械和设备修理业	Metal Products, Machinery and Equipment Repair Industry	27.67	16.05	11.62	11.95
电力、热力的生产和供应业	Production and Supply of Electricity and Heating Power	4967.16	2857.46	2109.70	1274.26
燃气生产和供应业	Production and Supply of Gas	295.59	195.04	100.55	87.49
水的生产和供应业	Production and Supply of Water	1034.96	631.83	400.56	231.60

续表 4 Continued 单位:亿元(100 million yuan)

行业	Sector	主营业务收入 Revenues in Main Business	主营业务成本 Costs in Main Business	主营业务税金及附加 Sales Taxes and Extra Charges in Main Business	销售费用 Selling Expens
总计	**Total**	**10255.96**	**8339.02**	**565.16**	**173.05**
按登记注册类型分	**By Registered Type**				
#国有	#State - owned	2861.76	2706.55	11.95	4.03
集体	Collective Owned				
私营	Private				
港澳台商投资	Enterprises Funded by Entrepreneurs From Hong Kong, Macao and Taiwan	846.96	623.48	17.07	32.39
外商投资	Foreign Funded Enterprises	348.30	295.71	2.04	7.68
在总计中:轻工业	Light Industry	831.59	362.32	312.56	50.23
重工业	Heavy Industry	9424.37	7976.70	252.60	122.82
按工业行业分	**By Sector**				
煤炭开采和洗选业	Coal Mining and Dressing				
黑色金属矿采选业	Ferrous Metals Mining and Dressing				
有色金属矿采选业	Nonferrous Metals Mining and Dressing	1.18	0.71	0.03	0.03
非金属矿采选业	Nonmetal Minerals Mining and Dressing	11.05	7.47	0.46	0.38
农副食品加工业	Non - staple Food Processing	48.99	44.05	0.17	1.01
食品制造业	Food Manufacturing	25.07	19.96	0.20	1.53
酒、饮料和精制茶制造业	Wine, Soft Drinks and Refined Tea Manufacturing	16.49	10.28	1.28	2.22
烟草制品业	Tobacco Processing	477.08	105.20	308.38	13.22
纺织业	Textile Industry	15.97	13.01	0.15	0.32
纺织服装、服饰业	Garments and Apparel Industry	15.65	8.44	0.23	0.18
皮革、毛皮、羽毛及其制品和制鞋业	Leather, Furs, Down and Related Production, Shoes Manufacturing	0.72	0.46	0.02	0.01
木材加工和木、竹、藤、棕、草制品业	Timber Processing, Bamboo, Cane Palm Fiber and Straw Production				
家具制造业	Furniture Manufacturing				
造纸和纸制品业	Papermaking and Paper Production	10.79	7.92	0.06	0.65
印刷和记录媒介复制业	Printing and Record Medium Reproduction	13.63	12.53	0.07	0.39
文教、工美、体育和娱乐用品制造业	Cultural and Educational, Arts and Crafts, Sports and Entertainment Goods	3.96	3.58	0.01	0.08

续表 5 Continued 单位:亿元(100 million yuan)

行业	Sector	主营业务收入 Revenues in Main Business	主营业务成本 Costs in Main Business	主营业务税金及附加 Sales Taxes and Extra Charges in Main Business	销售费用 Selling Expens
石油、煤炭及其他燃料加工业	Oil, Coal and Other Fuel Processing	1429.12	1046.42	191.63	2.52
化学原料和化学制品制造业	Raw Chemical Materials and Chemical Production	632.87	471.68	4.82	8.91
医药制造业	Medical and Pharmaceutical Production	118.56	62.65	1.41	26.57
化学纤维制造业	Chemical Fiber	9.83	7.47	0.11	0.24
橡胶和塑料制品业	Rubber and plastic production	260.61	227.72	1.15	13.91
非金属矿物制品业	Nonmetal Mineral Production	289.48	225.90	2.45	12.60
黑色金属冶炼和压延加工业	Smelting and Pressing of Ferrous Metals	258.84	228.10	1.38	0.44
有色金属冶炼和压延加工业	Smelting and Pressing of Nonferrous Metals	66.87	61.97	0.13	0.21
金属制品业	Metal Production	45.63	40.75	0.29	1.04
通用设备制造业	Equipment in Common Use	158.38	131.47	1.06	4.41
专用设备制造业	Special Purpose Equipment	47.32	39.57	0.13	1.96
汽车制造业	Automotive Manufacturing	385.53	290.37	18.63	4.65
铁路、船舶、航空航天和其他运输设备制造业	Railway, Shipbuilding, Aerospace and other Transport Equipment	49.28	43.08	0.56	0.63
电气机械和器材制造业	Electric Equipment and Machinery	178.99	156.49	0.81	8.89
计算机、通信和其他电子设备制造业	Computers, Communications and Other Electronic Equipment Manufacturing	642.40	464.70	3.73	44.17
仪器仪表制造业	Instruments Manufacturing	11.61	9.26	0.10	0.58
其他制造业	Other Manufacturing				
废弃资源综合利用业	Comprehensive Utilization of Waste Resources	8.55	6.94	0.07	0.18
金属制品、机械和设备修理业	Metal Products, Machinery and Equipment Repair Industry	11.75	10.06	0.03	0.04
电力、热力的生产和供应业	Production and Supply of Electricity and Heating Power	4524.69	4138.27	22.85	6.94
燃气生产和供应业	Production and Supply of Gas	309.91	296.34	0.97	3.92
水的生产和供应业	Production and Supply of Water	172.91	144.16	1.74	10.01

续表 6 Continued 单位:亿元(100 million yuan)

行业	Sector	管理费用 Administrative Expens	财务费用 Financial Expenses	利润总额 Total Profits
总计	**Total**	**332.83**	**123.41**	**844.19**
按登记注册类型分	**By Registered Type**			
#国有	#State - owned	37.86	35.78	75.15
集体	Collective Owned			
私营	Private			
港澳台商投资	Enterprises Funded by Entrepreneurs From Hong Kong, Macao and Taiwan	46.55	1.93	150.97
外商投资	Foreign Funded Enterprises	11.52	5.74	30.00
在总计中:轻工业	Light Industry	58.71	4.42	67.67
重工业	Heavy Industry	274.12	118.99	776.52
按工业行业分	**By Sector**			
煤炭开采和洗选业	Coal Mining and Dressing			
黑色金属矿采选业	Ferrous Metals Mining and Dressing			
有色金属矿采选业	Nonferrous Metals Mining and Dressing	0.31	0.04	0.09
非金属矿采选业	Nonmetal Minerals Mining and Dressing	1.79	0.50	0.93
农副食品加工业	Non - staple Food Processing	2.11	0.15	2.36
食品制造业	Food Manufacturing	2.01	0.17	1.45
酒、饮料和精制茶制造业	Wine, Soft Drinks and Refined Tea Manufacturing	2.78	-0.04	3.04
烟草制品业	Tobacco Processing	18.67	-0.20	36.12
纺织业	Textile Industry	1.35	0.29	1.27
纺织服装、服饰业	Garments and Apparel Industry	7.76	-0.35	2.95
皮革、毛皮、羽毛及其制品和制鞋业	Leather, Furs, Down and Related Production, Shoes Manufacturing	0.07	0.01	0.17
木材加工和木、竹、藤、棕、草制品业	Timber Processing, Bamboo, Cane Palm Fiber and Straw Production			
家具制造业	Furniture Manufacturing			
造纸和纸制品业	Papermaking and Paper Production	1.77	0.56	-0.16
印刷和记录媒介复制业	Printing and Record Medium Reproduction	1.21	0.10	0.24
文教、工美、体育和娱乐用品制造业	Cultural and Educational ,Arts and Crafts, Sports and Entertainment Goods	0.19	0.05	0.09

续表 7 Continued 单位:亿元(100 million yuan)

行业	Sector	管理费用 Administrative Expens	财务费用 Financial Expenses	利润总额 Total Profits
石油、煤炭及其他燃料加工业	Oil, Coal and Other Fuel Processing	18.08	0.49	178.11
化学原料和化学制品制造业	Raw Chemical Materials and Chemical Production	26.67	4.30	125.92
医药制造业	Medical and Pharmaceutical Production	17.01	3.06	17.07
化学纤维制造业	Chemical Fiber	0.60	0.17	1.28
橡胶和塑料制品业	Rubber and plastic production	13.16	-0.43	6.34
非金属矿物制品业	Nonmetal Mineral Production	8.22	4.09	39.37
黑色金属冶炼和压延加工业	Smelting and Pressing of Ferrous Metals	6.78	0.05	21.11
有色金属冶炼和压延加工业	Smelting and Pressing of Nonferrous Metals	1.08	1.51	1.49
金属制品业	Metal Production	2.42	0.63	1.24
通用设备制造业	Equipment in Common Use	16.52	2.32	7.95
专用设备制造业	Special Purpose Equipment	4.74	0.79	0.37
汽车制造业	Automotive Manufacturing	25.54	-1.52	33.64
铁路、船舶、航空航天和其他运输设备制造业	Railway, Shipbuilding, Aerospace and other Transport Equipment	3.67	1.49	-4.98
电气机械和器材制造业	Electric Equipment and Machinery	8.47	1.33	8.06
计算机、通信和其他电子设备制造业	Computers, Communications and Other Electronic Equipment Manufacturing	47.45	5.60	114.12
仪器仪表制造业	Instruments Manufacturing	1.19	0.01	0.50
其他制造业	Other Manufacturing			
废弃资源综合利用业	Comprehensive Utilization of Waste Resources	0.33	0.21	0.89
金属制品、机械和设备修理业	Metal Products, Machinery and Equipment Repair Industry	1.22	0.37	0.10
电力、热力的生产和供应业	Production and Supply of Electricity and Heating Power	67.50	85.46	232.41
燃气生产和供应业	Production and Supply of Gas	4.47	2.31	5.98
水的生产和供应业	Production and Supply of Water	16.98	9.88	5.73

续表 8 Continued 单位:亿元(100 million yuan)

行业	Sector	利税总额 Total Profits and Taxes	本年应交增值税 Value Added Taxes Payable	平均用工人数(万人) Average Number of Employed Persons (10000 persons)
总计	**Total**	**1858.48**	**445.53**	**30.01**
按登记注册类型分	**By Registered Type**			
#国有	#State - owned	177.65	90.12	4.98
集体	Collective Owned			
私营	Private			
港澳台商投资	Enterprises Funded by Entrepreneurs From Hong Kong, Macao and Taiwan	205.83	37.64	2.91
外商投资	Foreign Funded Enterprises	44.30	12.08	1.48
在总计中:轻工业	Light Industry	465.37	84.95	5.49
重工业	Heavy Industry	1393.11	360.57	24.52
按工业行业分	**By Sector**			
煤炭开采和洗选业	Coal Mining and Dressing			
黑色金属矿采选业	Ferrous Metals Mining and Dressing			
有色金属矿采选业	Nonferrous Metals Mining and Dressing	0.24	0.11	0.06
非金属矿采选业	Nonmetal Minerals Mining and Dressing	2.08	0.66	0.19
农副食品加工业	Non - staple Food Processing	3.01	0.47	0.66
食品制造业	Food Manufacturing	2.59	0.94	0.39
酒、饮料和精制茶制造业	Wine, Soft Drinks and Refined Tea Manufacturing	5.70	1.38	0.34
烟草制品业	Tobacco Processing	411.99	67.50	0.38
纺织业	Textile Industry	1.98	0.56	0.33
纺织服装、服饰业	Garments and Apparel Industry	5.16	1.97	0.62
皮革、毛皮、羽毛及其制品和制鞋业	Leather, Furs, Down and Related Production, Shoes Manufacturing	0.27	0.08	0.02
木材加工和木、竹、藤、棕、草制品业	Timber Processing, Bamboo, Cane Palm Fiber and Straw Production			
家具制造业	Furniture Manufacturing			
造纸和纸制品业	Papermaking and Paper Production	0.43	0.50	0.20
印刷和记录媒介复制业	Printing and Record Medium Reproduction	0.70	0.36	0.25
文教、工美、体育和娱乐用品制造业	Cultural and Educational, Arts and Crafts, Sports and Entertainment Goods	0.17	0.06	0.03

续表 9 Continued

单位:亿元(100 million yuan)

行业	Sector	利税总额 Total Profits and Taxes	本年应交增值税 Value Added Taxes Payable	平均用工人数(万人) Average Number of Employed Persons (10000 persons)
石油、煤炭及其他燃料加工业	Oil, Coal and Other Fuel Processing	433.32	63.56	0.75
化学原料和化学制品制造业	Raw Chemical Materials and Chemical Production	161.74	30.95	1.85
医药制造业	Medical and Pharmaceutical Production	27.98	9.43	1.67
化学纤维制造业	Chemical Fiber	1.88	0.49	0.05
橡胶和塑料制品业	Rubber and plastic production	10.67	3.18	1.52
非金属矿物制品业	Nonmetal Mineral Production	55.43	13.57	1.49
黑色金属冶炼和压延加工业	Smelting and Pressing of Ferrous Metals	29.12	6.62	0.45
有色金属冶炼和压延加工业	Smelting and Pressing of Nonferrous Metals	1.92	0.30	0.14
金属制品业	Metal Production	2.47	0.95	0.29
通用设备制造业	Equipment in Common Use	14.57	5.56	1.61
专用设备制造业	Special Purpose Equipment	1.88	1.37	0.55
汽车制造业	Automotive Manufacturing	69.87	17.42	1.20
铁路、船舶、航空航天和其他运输设备制造业	Railway, Shipbuilding, Aerospace and other Transport Equipment	-3.92	0.49	0.42
电气机械和器材制造业	Electric Equipment and Machinery	12.89	3.94	0.92
计算机、通信和其他电子设备制造业	Computers, Communications and Other Electronic Equipment Manufacturing	141.59	23.72	2.75
仪器仪表制造业	Instruments Manufacturing	1.18	0.58	0.09
其他制造业	Other Manufacturing			
废弃资源综合利用业	Comprehensive Utilization of Waste Resources	1.16	0.20	0.07
金属制品、机械和设备修理业	Metal Products, Machinery and Equipment Repair Industry	0.25	0.12	0.18
电力、热力的生产和供应业	Production and Supply of Electricity and Heating Power	435.86	177.86	7.57
燃气生产和供应业	Production and Supply of Gas	11.34	4.31	0.51
水的生产和供应业	Production and Supply of Water	13.90	6.21	2.39

7-9 按行业分的国有及国有控股工业企业主要经济效益指标(2017年)
Main Economic Beneficial Indicators of State-owned and State Holding Industrial Enterprises by Sector(2017)

行业	Sector
总计	**Total**
按登记注册类型分	**By Registered Type**
#国有	#State-owned
集体	Collective Owned
私营	Private
港澳台商投资	Enterprises Funded by Entrepreneurs From Hong Kong, Macao and Taiwan
外商投资	Foreign Funded Enterprises
在总计中:轻工业	Light Industry
重工业	Heavy Industry
按工业行业分	**By Sector**
煤炭开采和洗选业	Coal Mining and Dressing
黑色金属矿采选业	Ferrous Metals Mining and Dressing
有色金属矿采选业	Nonferrous Metals Mining and Dressing
非金属矿采选业	Nonmetal Minerals Mining and Dressing
农副食品加工业	Non-staple Food Processing
食品制造业	Food Manufacturing
酒、饮料和精制茶制造业	Wine, Soft Drinks and Refined Tea Manufacturing
烟草制品业	Tobacco Processing
纺织业	Textile Industry
纺织服装、服饰业	Garments and Apparel Industry
皮革、毛皮、羽毛及其制品和制鞋业	Leather, Furs, Down and Related Production, Shoes Manufacturing
木材加工和木、竹、藤、棕、草制品业	Timber Processing, Bamboo, Cane Palm Fiber and Straw Production
家具制造业	Furniture Manufacturing
造纸和纸制品业	Papermaking and Paper Production
印刷和记录媒介复制业	Printing and Record Medium Reproduction
文教、工美、体育和娱乐用品制造业	Cultural and Educational, Arts and Crafts, Sports and Entertainment Goods

资产负债率(%) Asset Liability Ratio (%)	成本费用利润率(%) Profit Margin of the Cost and Expense (%)	每百元固定资产原值实现利税(元) Pre tax Profits per 100 Yuan Original Value of Fixed Assets(yuan)	每百元主营业务收入实现利税(元) Pre tax Profits per 100 Yuan Revenues in Main Business (yuan)	产品销售率(%) Rate of Production Sold (%)	出口交货值占工业销售(%) Export delivery value of the proportion of total sales value(%)	新产品产值率(%) New product ratio (%)
54.98	**8.82**	**17.60**	**18.12**	**99.24**	**3.22**	**16.51**
57.53	2.70	5.08	6.21	99.90	0.14	0.53
45.54	21.25	52.84	24.30	102.57	6.90	38.14
50.05	8.97	9.55	12.72	98.71	5.96	12.51
35.29	7.94	98.71	55.96	96.23	6.41	14.94
57.28	8.90	13.81	14.78	99.52	2.94	16.65
28.21	8.66	5.18	20.11	100.36		
89.23	9.20	21.98	18.80	100.95	0.25	3.22
59.67	4.92	14.01	6.15	95.27	22.74	11.03
52.66	5.82	17.70	10.33	85.75	11.15	16.26
19.54	19.72	23.99	34.59	107.29	2.69	8.49
25.32	7.41	305.32	86.36	95.68	0.67	1.00
58.46	7.47	11.59	12.39	99.96	9.59	43.60
24.17	18.28	22.94	32.96	97.90	21.77	3.62
59.71	30.38	58.53	36.94	97.50	61.99	
47.03	-1.09	1.24	4.00	94.52	4.08	52.87
41.85	1.42	4.10	5.12	98.70	0.79	0.71
61.76	2.39	34.12	4.33	99.24	7.91	

续表 Continued

行业	Sector
石油、煤炭及其他燃料加工业	Oil, Coal and Other Fuel Processing
化学原料和化学制品制造业	Raw Chemical Materials and Chemical Production
医药制造业	Medical and Pharmaceutical Production
化学纤维制造业	Chemical Fiber
橡胶和塑料制品业	Rubber and plastic production
非金属矿物制品业	Nonmetal Mineral Production
黑色金属冶炼和压延加工业	Smelting and Pressing of Ferrous Metals
有色金属冶炼和压延加工业	Smelting and Pressing of Nonferrous Metals
金属制品业	Metal Production
通用设备制造业	Equipment in Common Use
专用设备制造业	Special Purpose Equipment
汽车制造业	Automotive Manufacturing
铁路、船舶、航空航天和其他运输设备制造业	Railway, Shipbuilding, Aerospace and other Transport Equipment
电气机械和器材制造业	Electric Equipment and Machinery
计算机、通信和其他电子设备制造业	Computers, Communications and Other Electronic Equipment Manufacturing
仪器仪表制造业	Instruments Manufacturing
其他制造业	Other Manufacturing
废弃资源综合利用业	Comprehensive Utilization of Waste Resources
金属制品、机械和设备修理业	Metal Products,Machinery and Equipment Repair Industry
电力、热力生产和供应业	Production and Supply of Electricity and Heating Power
燃气生产和供应业	Production and Supply of Gas
水的生产和供应业	Production and Supply of Water

资产负债率(%) Asset Liability Ratio (%)	成本费用利润率(%) Profit Margin of the Cost and Expense (%)	每百元固定资产原值实现利税(元) Pre tax Profits per 100 Yuan Original Value of Fixed Assets(yuan)	每百元主营业务收入实现利税(元) Pre tax Profits per 100 Yuan Revenues in Main Business (yuan)	产品销售率(%) Rate of Production Sold (%)	出口交货值占工业销售(%) Export delivery value of the proportion of total sales value(%)	新产品产值率(%) New product ratio (%)
41.49	16.67	92.06	30.32	100.08	0.11	8.18
35.09	22.97	41.39	25.56	98.61	3.68	21.41
40.85	14.14	19.19	23.60	97.04	23.75	59.63
30.11	14.96	14.49	19.13	102.43	6.64	10.81
65.80	2.46	9.94	4.10	111.04	20.89	35.36
57.45	15.44	23.90	19.15	99.73	0.22	7.25
38.63	8.48	12.38	11.25	102.45	1.45	7.96
79.74	0.89	23.11	2.87	98.99	0.13	3.88
64.66	2.62	14.28	5.42	96.46	5.95	33.32
53.27	5.08	18.90	9.20	97.53	23.53	59.73
69.60	0.78	15.94	3.97	98.57	13.06	43.99
92.24	10.40	41.27	18.12	98.59	0.18	74.72
78.99	-10.13	-7.06	-7.96	100.88	40.32	68.54
71.90	4.42	31.51	7.20	98.54	1.61	53.27
46.47	19.71	230.50	22.04	97.75	18.85	95.99
26.85	4.51	43.19	10.13	98.82	0.03	21.06
66.05	11.59	13.83	13.58	94.61		6.09
58.00	0.87	1.34	2.16	100.00	34.32	
57.53	5.37	6.07	9.63	99.21		0.20
65.98	1.93	5.04	3.66	100.14		
61.05	3.03	1.80	8.04	98.14		0.76

7－10 按行业分的规模以上私营工业企业主要指标(2017 年)
Main Indicators of Private Industrial Enterprises Above Designated Size by Sector(2017)

单位:亿元(100 million yuan)

行业	Sector	企业单位数(个) Number of Enterprises (unit)	#亏损企业(个) Loss (unit)	工业总产值 Gross Industrial Output Value	出口交货值 Export Delivery value
总计	**Total**	**27995**	**2815**	**26430.14**	**4724.42**
按登记注册类型分	**By Registered Type**				
#国有	#State－owned				
集体	Collective Owned				
私营	Private	27995	2815	26430.14	4724.42
港澳台商投资	Enterprises Funded by Entrepreneurs From Hong Kong,Macao and Taiwan				
外商投资	Foreign Funded Enterprises				
在总计中:轻工业	Light Industry	15155	1592	12998.49	3038.61
重工业	Heavy Industry	12840	1223	13431.65	1685.81
按工业行业分	**By Sector**				
煤炭开采和洗选业	Coal Mining and Dressing	2		0.71	
黑色金属矿采选业	Ferrous Metals Mining and Dressing	3		3.64	
有色金属矿采选业	Nonferrous Metals Mining and Dressing	5		7.36	
非金属矿采选业	Nonmetal Minerals Mining and Dressing	82	10	88.57	
农副食品加工业	Non－staple Food Processing	497	73	531.68	97.99
食品制造业	Food Manufacturing	174	31	145.54	16.48
酒、饮料和精制茶制造业	Wine, Soft Drinks and Refined Tea Manufacturing	129	22	180.72	17.48
烟草制品业	Tobacco Processing				
纺织业	Textile Industry	3669	273	3294.17	494.15
纺织服装、服饰业	Garments and Apparel Industry	1763	222	1094.82	370.01
皮革、毛皮、羽毛及其制品和制鞋业	Leather,Furs,Down and Related Production,Shoes Manufacturing	1223	93	726.62	284.40
木材加工和木、竹、藤、棕、草制品业	Timber Processing,Bamboo,Cane Palm Fiber and Straw Production	384	33	290.33	71.39
家具制造业	Furniture Manufacturing	600	99	489.64	244.88
造纸和纸制品业	Papermaking and Paper Production	667	67	715.42	22.30
印刷和记录媒介复制业	Printing and Record Medium Reproduction	399	45	244.35	16.64
文教、工美、体育和娱乐用品制造业	Cultural and Educational ,Arts and Crafts,Sports and Entertainment Goods	870	89	713.97	238.87

续表 1　Continued　　单位:亿元(100 million yuan)

行业	Sector	企业单位数(个) Number of Enterprises (unit)	#亏损企业(个) Loss (unit)	工业总产值 Gross Industrial Output Value	出口交货值 Export Delivery value
石油、煤炭及其他燃料加工业	Oil, Coal and Other Fuel Processing	37	5	48.08	0.10
化学原料和化学制品制造业	Raw Chemical Materials and Chemical Products	901	96	1319.99	125.14
医药制造业	Medical and Pharmaceutical Products	184	28	224.81	31.68
化学纤维制造业	Chemical Fiber	432	42	1031.98	36.51
橡胶和塑料制品业	Rubber and Plastic Production	1773	178	1292.60	247.74
非金属矿物制品业	Nonmetal Mineral Production	1095	126	1045.11	42.46
黑色金属冶炼和压延加工业	Smelting and Pressing of Ferrous Metals	401	38	812.01	25.92
有色金属冶炼和压延加工业	Smelting and Pressing of Nonferrous Metals	552	54	1261.70	49.65
金属制品业	Metal Production	2075	225	1595.16	431.04
通用设备制造业	Equipment in Common Use	2854	219	2218.01	438.73
专用设备制造业	Special Purpose Equipment	1165	103	836.32	170.36
汽车制造业	Automotive Manufacturing	1343	99	1723.35	169.34
铁路、船舶、航空航天和其他运输设备制造业	Railway, Shipbuilding, Aerospace and other Transport Equipment	378	57	340.92	104.72
电气机械和器材制造业	Electric Equipment and Machinery	2698	305	2671.54	689.39
计算机、通信和其他电子设备制造业	Computers, Communications and Other Electronic Equipment Manufacturing	818	92	798.07	170.64
仪器仪表制造业	Instruments Manufacturing	309	22	257.14	50.11
其他制造业	Other Manufacturing	287	23	156.37	53.10
废弃资源综合利用业	Comprehensive Utilization of Waste Resources	88	23	104.38	0.67
金属制品、机械和设备修理业	Metal Products, Machinery and Equipment Repair Industry	29	8	58.86	12.54
电力、热力的生产和供应业	Production and Supply of Electricity and Heating Power	80	8	88.79	
燃气生产和供应业	Production and Supply of Gas	12	3	10.23	
水的生产和供应业	Production and Supply of Water	17	4	7.20	

续表 2 Continued 单位:亿元(100 million yuan)

行业	Sector	资产总计 Total Assets	年末负债合计 Total Liabilities	所有者权益合计 Creditors' Equity	实收资本 Total Capital Hold
总计	**Total**	**23253.84**	**14635.69**	**8595.61**	**4530.69**
按登记注册类型分	**By Registered Type**				
#国有	#State – owned				
集体	Collective Owned				
私营	Private	23253.84	14635.69	8595.61	4530.69
港澳台商投资	Enterprises Funded by Entrepreneurs From Hong Kong, Macao and Taiwan				
外商投资	Foreign Funded Enterprises				
在总计中:轻工业	Light Industry	10543.68	6809.46	3721.04	1847.11
重工业	Heavy Industry	12710.16	7826.23	4874.57	2683.58
按工业行业分	**By Sector**				
煤炭开采和洗选业	Coal Mining and Dressing	0.34	0.27	0.07	0.06
黑色金属矿采选业	Ferrous Metals Mining and Dressing	3.12	2.25	0.87	0.66
有色金属矿采选业	Nonferrous Metals Mining and Dressing	12.43	7.31	5.12	0.92
非金属矿采选业	Nonmetal Minerals Mining and Dressing	117.73	81.88	35.85	22.59
农副食品加工业	Non – staple Food Processing	382.87	231.81	149.26	76.87
食品制造业	Food Manufacturing	174.30	104.18	70.12	32.88
酒、饮料和精制茶制造业	Wine, Soft Drinks and Refined Tea Manufacturing	170.28	95.83	74.45	40.30
烟草制品业	Tobacco Processing				
纺织业	Textile Industry	2607.43	1784.79	822.05	413.87
纺织服装、服饰业	Garments and Apparel Industry	818.24	532.58	282.86	140.03
皮革、毛皮、羽毛及其制品和制鞋业	Leather, Furs, Down and Related Production, Shoes Manufacturing	500.00	349.40	150.61	100.81
木材加工和木、竹、藤、棕、草制品业	Timber Processing, Bamboo, Cane Palm Fiber and Straw Production	216.88	133.18	83.05	39.74
家具制造业	Furniture Manufacturing	379.06	240.42	138.31	75.66
造纸和纸制品业	Papermaking and Paper Production	629.51	433.48	193.12	101.32
印刷和记录媒介复制业	Printing and Record Medium Reproduction	240.96	162.65	78.30	43.30
文教、工美、体育和娱乐用品制造业	Cultural and Educational , Arts and Crafts, Sports and Entertainment Goods	517.43	334.66	182.63	82.55

续表 3 Continued 单位:亿元(100 million yuan)

行业	Sector	资产总计 Total Assets	年末负债合计 Total Liabilities	所有者权益合计 Creditors′ Equity	实收资本 Total Capital Hold
石油、煤炭及其他燃料加工业	Oil, Coal and Other Fuel Processing	30.73	18.43	12.30	8.07
化学原料和化学制品制造业	Raw Chemical Materials and Chemical Products	1281.80	590.78	688.61	269.51
医药制造业	Medical and Pharmaceutical Products	313.50	157.23	156.27	73.53
化学纤维制造业	Chemical Fiber	695.84	445.59	246.84	138.34
橡胶和塑料制品业	Rubber and Plastic Production	1102.73	719.35	383.16	208.66
非金属矿物制品业	Nonmetal Mineral Production	1037.07	666.95	369.94	208.06
黑色金属冶炼和压延加工业	Smelting and Pressing of Ferrous Metals	495.34	301.89	193.25	105.64
有色金属冶炼和压延加工业	Smelting and Pressing of Nonferrous Metals	600.89	399.19	198.20	94.43
金属制品业	Metal Production	1300.64	863.59	437.00	437.28
通用设备制造业	Equipment in Common Use	2223.85	1305.12	918.23	442.97
专用设备制造业	Special Purpose Equipment	951.88	580.47	371.11	170.72
汽车制造业	Automotive Manufacturing	1819.23	1226.49	592.06	276.48
铁路、船舶、航空航天和其他运输设备制造业	Railway, Shipbuilding, Aerospace and other Transport Equipment	484.95	354.69	130.26	102.83
电气机械和器材制造业	Electric Equipment and Machinery	2392.36	1480.98	910.66	458.53
计算机、通信和其他电子设备制造业	Computers, Communications and Other Electronic Equipment Manufacturing	829.95	458.33	370.45	182.23
仪器仪表制造业	Instruments Manufacturing	286.95	151.79	135.16	58.76
其他制造业	Other Manufacturing	121.46	82.81	38.67	23.69
废弃资源综合利用业	Comprehensive Utilization of Waste Resources	94.11	74.47	19.71	18.30
金属制品、机械和设备修理业	Metal Products, Machinery and Equipment Repair Industry	80.86	54.94	25.92	15.15
电力、热力的生产和供应业	Production and Supply of Electricity and Heating Power	299.99	182.88	116.98	56.38
燃气生产和供应业	Production and Supply of Gas	9.23	5.57	3.67	3.11
水的生产和供应业	Production and Supply of Water	29.93	19.43	10.50	6.5

续表 4 Continued 单位:亿元(100 million yuan)

行业	Sector	主营业务收入 Revenues in Main Business	主营业务成本 Costs in Main Business	主营业务税金及附加 Sales Taxes and Extra Charges in Main Business	销售费用 Selling Expens
总计	**Total**	**25814.26**	**22149.63**	**151.46**	**675.78**
按登记注册类型分	**By Registered Type**				
#国有	#State – owned				
集体	Collective Owned				
私营	Private	25814.26	22149.63	151.46	675.78
港澳台商投资	Enterprises Funded by Entrepreneurs From Hong Kong, Macao and Taiwan				
外商投资	Foreign Funded Enterprises				
在总计中:轻工业	Light Industry	12687.94	10968.73	66.95	353.08
重工业	Heavy Industry	13126.33	11180.90	84.51	322.71
按工业行业分	**By Sector**				
煤炭开采和洗选业	Coal Mining and Dressing	0.71	0.55	0.02	0.03
黑色金属矿采选业	Ferrous Metals Mining and Dressing	3.59	3.25	0.04	0.05
有色金属矿采选业	Nonferrous Metals Mining and Dressing	5.88	4.16	0.10	0.03
非金属矿采选业	Nonmetal Minerals Mining and Dressing	86.22	65.70	2.40	1.69
农副食品加工业	Non – staple Food Processing	507.17	460.41	1.58	10.02
食品制造业	Food Manufacturing	139.91	112.59	0.88	8.57
酒、饮料和精制茶制造业	Wine, Soft Drinks and Refined Tea Manufacturing	180.56	136.69	1.79	21.72
烟草制品业	Tobacco Processing				
纺织业	Textile Industry	3171.38	2812.78	15.01	41.56
纺织服装、服饰业	Garments and Apparel Industry	1057.89	922.96	5.85	24.67
皮革、毛皮、羽毛及其制品和制鞋业	Leather, Furs, Down and Related Production, Shoes Manufacturing	708.35	623.21	3.67	17.17
木材加工和木、竹、藤、棕、草制品业	Timber Processing, Bamboo, Cane Palm Fiber and Straw Production	285.99	242.53	2.10	8.85
家具制造业	Furniture Manufacturing	479.66	401.28	2.95	21.09
造纸和纸制品业	Papermaking and Paper Production	706.44	624.36	5.18	15.28
印刷和记录媒介复制业	Printing and Record Medium Reproduction	238.33	203.78	1.16	5.73
文教、工美、体育和娱乐用品制造业	Cultural and Educational, Arts and Crafts, Sports and Entertainment Goods	689.50	584.69	3.99	22.81

续表 5 Continued 单位:亿元(100 million yuan)

行业	Sector	主营业务收入 Revenues in Main Business	主营业务成本 Costs in Main Business	主营业务税金及附加 Sales Taxes and Extra Charges in Main Business	销售费用 Selling Expens
石油、煤炭及其他燃料加工业	Oil, Coal and Other Fuel Processing	52.62	47.00	0.35	1.14
化学原料和化学制品制造业	Raw Chemical Materials and Chemical Products	1478.38	1273.33	5.95	58.01
医药制造业	Medical and Pharmaceutical Products	204.27	129.92	1.80	22.70
化学纤维制造业	Chemical Fiber	1000.40	914.57	2.35	5.00
橡胶和塑料制品业	Rubber and Plastic Production	1238.86	1056.91	6.55	35.12
非金属矿物制品业	Nonmetal Mineral Production	1014.82	863.90	5.61	39.17
黑色金属冶炼和压延加工业	Smelting and Pressing of Ferrous Metals	797.70	724.43	2.17	8.16
有色金属冶炼和压延加工业	Smelting and Pressing of Nonferrous Metals	1281.38	1207.90	2.35	7.53
金属制品业	Metal Production	1548.39	1334.47	8.62	38.63
通用设备制造业	Equipment in Common Use	2124.80	1742.46	12.46	68.76
专用设备制造业	Special Purpose Equipment	803.24	638.99	5.53	26.36
汽车制造业	Automotive Manufacturing	1687.19	1425.07	25.81	40.28
铁路、船舶、航空航天和其他运输设备制造业	Railway, Shipbuilding, Aerospace and other Transport Equipment	318.47	275.37	2.53	6.87
电气机械和器材制造业	Electric Equipment and Machinery	2578.25	2167.60	14.24	80.45
计算机、通信和其他电子设备制造业	Computers, Communications and Other Electronic Equipment Manufacturing	782.29	641.20	4.36	21.22
仪器仪表制造业	Instruments Manufacturing	245.67	181.87	1.65	10.17
其他制造业	Other Manufacturing	149.87	128.92	0.86	4.13
废弃资源综合利用业	Comprehensive Utilization of Waste Resources	105.32	93.89	0.51	1.14
金属制品、机械和设备修理业	Metal Products, Machinery and Equipment Repair Industry	35.87	29.60	0.53	0.98
电力、热力的生产和供应业	Production and Supply of Electricity and Heating Power	88.03	59.57	0.46	0.04
燃气生产和供应业	Production and Supply of Gas	9.80	8.14	0.02	0.61
水的生产和供应业	Production and Supply of Water	7.06	5.58	0.06	0.03

续表 6 Continued 单位:亿元(100 million yuan)

行业	Sector	管理费用 Administrative Expens	财务费用 Financial Expenses	利润总额 Total Profits
总计	**Total**	**1428.70**	**357.02**	**1307.97**
按登记注册类型分	**By Registered Type**			
#国有	#State - owned			
集体	Collective Owned			
私营	Private	1428.70	357.02	1307.97
港澳台商投资	Enterprises Funded by Entrepreneurs From Hong Kong, Macao and Taiwan			
外商投资	Foreign Funded Enterprises			
在总计中:轻工业	Light Industry	648.71	179.62	568.81
重工业	Heavy Industry	779.99	177.40	739.16
按工业行业分	**By Sector**			
煤炭开采和洗选业	Coal Mining and Dressing	0.03	0.01	0.09
黑色金属矿采选业	Ferrous Metals Mining and Dressing	0.11	0.03	0.13
有色金属矿采选业	Nonferrous Metals Mining and Dressing	0.66	0.25	0.69
非金属矿采选业	Nonmetal Minerals Mining and Dressing	4.54	2.13	9.18
农副食品加工业	Non - staple Food Processing	14.00	7.61	16.52
食品制造业	Food Manufacturing	9.74	2.37	8.22
酒、饮料和精制茶制造业	Wine, Soft Drinks and Refined Tea Manufacturing	6.40	1.37	16.37
烟草制品业	Tobacco Processing			
纺织业	Textile Industry	124.40	47.32	142.82
纺织服装、服饰业	Garments and Apparel Industry	58.79	13.71	37.53
皮革、毛皮、羽毛及其制品和制鞋业	Leather, Furs, Down and Related Production, Shoes Manufacturing	36.52	8.40	21.89
木材加工和木、竹、藤、棕、草制品业	Timber Processing, Bamboo, Cane Palm Fiber and Straw Production	13.60	4.31	17.11
家具制造业	Furniture Manufacturing	31.58	7.89	16.91
造纸和纸制品业	Papermaking and Paper Production	31.18	12.29	32.92
印刷和记录媒介复制业	Printing and Record Medium Reproduction	15.90	3.94	9.83
文教、工美、体育和娱乐用品制造业	Cultural and Educational ,Arts and Crafts, Sports and Entertainment Goods	37.91	8.56	36.77

续表 7 Continued 单位:亿元(100 million yuan)

行业	Sector	管理费用 Administrative Expens	财务费用 Financial Expenses	利润总额 Total Profits
石油、煤炭及其他燃料加工业	Oil, Coal and Other Fuel Processing	1.86	0.46	2.32
化学原料和化学制品制造业	Raw Chemical Materials and Chemical Products	67.76	13.05	88.59
医药制造业	Medical and Pharmaceutical Products	27.45	3.92	22.81
化学纤维制造业	Chemical Fiber	23.69	13.25	46.32
橡胶和塑料制品业	Rubber and Plastic Production	76.72	18.55	53.82
非金属矿物制品业	Nonmetal Mineral Production	48.21	12.66	54.57
黑色金属冶炼和压延加工业	Smelting and Pressing of Ferrous Metals	22.97	7.09	36.75
有色金属冶炼和压延加工业	Smelting and Pressing of Nonferrous Metals	24.77	12.29	36.08
金属制品业	Metal Production	90.36	24.10	60.45
通用设备制造业	Equipment in Common Use	159.88	31.21	127.38
专用设备制造业	Special Purpose Equipment	74.57	12.14	54.78
汽车制造业	Automotive Manufacturing	108.61	21.97	98.82
铁路、船舶、航空航天和其他运输设备制造业	Railway, Shipbuilding, Aerospace and other Transport Equipment	21.33	8.48	5.57
电气机械和器材制造业	Electric Equipment and Machinery	179.32	33.00	141.44
计算机、通信和其他电子设备制造业	Computers, Communications and Other Electronic Equipment Manufacturing	67.82	9.54	51.34
仪器仪表制造业	Instruments Manufacturing	27.04	3.13	24.72
其他制造业	Other Manufacturing	8.92	2.11	5.68
废弃资源综合利用业	Comprehensive Utilization of Waste Resources	4.06	1.50	6.05
金属制品、机械和设备修理业	Metal Products,Machinery and Equipment Repair Industry	2.77	1.22	1.16
电力、热力的生产和供应业	Production and Supply of Electricity and Heating Power	4.16	6.58	21.08
燃气生产和供应业	Production and Supply of Gas	0.54	0.14	0.38
水的生产和供应业	Production and Supply of Water	0.55	0.42	0.90

续表 8 Continued 单位:亿元(100 million yuan)

行业	Sector	利税总额 Total Profits and Taxes	本年应交增值税 Value Added Taxes Payable	平均用工人数(万人) Average Number of Employed Persons (10000 persons)
总计	**Total**	**2219.18**	**755.72**	**354.35**
按登记注册类型分	**By Registered Type**			
#国有	#State - owned			
集体	Collective Owned			
私营	Private	2219.18	755.72	354.35
港澳台商投资	Enterprises Funded by Entrepreneurs From Hong Kong, Macao and Taiwan			
外商投资	Foreign Funded Enterprises			
在总计中:轻工业	Light Industry	1020.74	383.04	197.85
重工业	Heavy Industry	1198.43	372.68	156.49
按工业行业分	**By Sector**			
煤炭开采和洗选业	Coal Mining and Dressing	0.13	0.02	
黑色金属矿采选业	Ferrous Metals Mining and Dressing	0.22	0.05	0.01
有色金属矿采选业	Nonferrous Metals Mining and Dressing	1.18	0.39	0.08
非金属矿采选业	Nonmetal Minerals Mining and Dressing	14.99	2.97	0.54
农副食品加工业	Non - staple Food Processing	25.26	7.10	4.18
食品制造业	Food Manufacturing	13.98	4.83	2.27
酒、饮料和精制茶制造业	Wine, Soft Drinks and Refined Tea Manufacturing	25.53	7.33	1.38
烟草制品业	Tobacco Processing			
纺织业	Textile Industry	249.46	91.18	41.20
纺织服装、服饰业	Garments and Apparel Industry	76.36	32.78	24.23
皮革、毛皮、羽毛及其制品和制鞋业	Leather, Furs, Down and Related Production, Shoes Manufacturing	50.26	24.66	19.09
木材加工和木、竹、藤、棕、草制品业	Timber Processing, Bamboo, Cane Palm Fiber and Straw Production	27.93	8.68	4.30
家具制造业	Furniture Manufacturing	37.26	17.26	9.94
造纸和纸制品业	Papermaking and Paper Production	72.26	34.07	7.25
印刷和记录媒介复制业	Printing and Record Medium Reproduction	18.38	7.37	4.12
文教、工美、体育和娱乐用品制造业	Cultural and Educational ,Arts and Crafts, Sports and Entertainment Goods	63.03	22.21	12.34

续表 9 Continued 单位:亿元(100 million yuan)

行业	Sector	利税总额 Total Profits and Taxes	本年应交增值税 Value Added Taxes Payable	平均用工人数(万人) Average Number of Employed Persons (10000 persons)
石油、煤炭及其他燃料加工业	Oil, Coal and Other Fuel Processing	3.50	0.82	0.16
化学原料和化学制品制造业	Raw Chemical Materials and Chemical Products	135.75	41.08	8.83
医药制造业	Medical and Pharmaceutical Products	34.87	10.21	3.29
化学纤维制造业	Chemical Fiber	63.82	15.08	5.04
橡胶和塑料制品业	Rubber and Plastic Production	96.73	36.22	19.34
非金属矿物制品业	Nonmetal Mineral Production	97.17	36.67	9.62
黑色金属冶炼和压延加工业	Smelting and Pressing of Ferrous Metals	52.24	13.28	3.57
有色金属冶炼和压延加工业	Smelting and Pressing of Nonferrous Metals	56.07	17.61	4.68
金属制品业	Metal Production	118.79	49.51	26.52
通用设备制造业	Equipment in Common Use	212.90	72.70	34.33
专用设备制造业	Special Purpose Equipment	89.29	28.81	14.19
汽车制造业	Automotive Manufacturing	168.72	43.97	21.85
铁路、船舶、航空航天和其他运输设备制造业	Railway, Shipbuilding, Aerospace and other Transport Equipment	17.40	9.21	5.41
电气机械和器材制造业	Electric Equipment and Machinery	229.44	73.29	41.61
计算机、通信和其他电子设备制造业	Computers, Communications and Other Electronic Equipment Manufacturing	80.05	24.30	14.49
仪器仪表制造业	Instruments Manufacturing	35.79	9.36	4.62
其他制造业	Other Manufacturing	11.50	4.95	3.42
废弃资源综合利用业	Comprehensive Utilization of Waste Resources	10.33	3.77	0.76
金属制品、机械和设备修理业	Metal Products,Machinery and Equipment Repair Industry	3.15	1.46	0.97
电力、热力的生产和供应业	Production and Supply of Electricity and Heating Power	23.55	1.97	0.60
燃气生产和供应业	Production and Supply of Gas	0.57	0.17	0.05
水的生产和供应业	Production and Supply of Water	1.31	0.36	0.08

7-11 按行业分的规模以上私营工业企业主要经济效益指标(2017年) Main Economic Beneficial Indicators of Private Industrial Enterprises Above Designated Size by Sector(2017)

行业	Sector
总计	**Total**
按登记注册类型分	**By Registered Type**
#国有	#State - owned
集体	Collective Owned
私营	Private
港澳台商投资	Enterprises Funded by Entrepreneurs From Hong Kong,Macao and Taiwan
外商投资	Foreign Funded Enterprises
在总计中:轻工业	Light Industry
重工业	Heavy Industry
按工业行业分	**By Sector**
煤炭开采和洗选业	Coal Mining and Dressing
黑色金属矿采选业	Ferrous Metals Mining and Dressing
有色金属矿采选业	Nonferrous Metals Mining and Dressing
非金属矿采选业	Nonmetal Minerals Mining and Dressing
农副食品加工业	Non - staple Food Processing
食品制造业	Food Manufacturing
酒、饮料和精制茶制造业	Wine, Soft Drinks and Refined Tea Manufacturing
烟草制品业	Tobacco Processing
纺织业	Textile Industry
纺织服装、服饰业	Garments and Apparel Industry
皮革、毛皮、羽毛及其制品和制鞋业	Leather,Furs,Down and Related Production,Shoes Manufacturing
木材加工和木、竹、藤、棕、草制品业	Timber Processing,Bamboo,Cane Palm Fiber and Straw Production
家具制造业	Furniture Manufacturing
造纸和纸制品业	Papermaking and Paper Production
印刷和记录媒介复制业	Printing and Record Medium Reproduction
文教、工美、体育和娱乐用品制造业	Cultural and Educational ,Arts and Crafts,Sports and Entertainment Goods

资产负债率(%) Asset Liability Ratio (%)	成本费用利润率(%) Profit Margin of the Cost and Expense (%)	每百元固定资产原值实现利税(元) Pre tax Profits per 100 Yuan Original Value of Fixed Assets(yuan)	每百元主营业务收入实现利税(元) Pre tax Profits per 100 Yuan Revenues in Main Business (yuan)	产品销售率(%) Rate of Production Sold (%)	出口交货值占工业销售(%) Export delivery value of the proportion of total sales value(%)	新产品产值率(%) New product ratio (%)
62.94	**5.22**	**25.51**	**8.60**	**97.14**	**18.40**	**30.13**
62.94	5.22	25.51	8.60	97.14	18.40	30.13
64.58	4.63	23.46	8.04	96.95	24.11	26.29
61.57	5.79	27.56	9.13	97.32	12.90	33.84
80.68	14.56	68.90	18.33	97.01		
72.21	3.79	20.28	6.01	98.63		
58.83	13.60	55.08	20.11	101.39		1.64
69.55	12.32	45.60	17.39	94.47		1.91
60.55	3.34	19.18	4.98	94.67	19.47	12.43
59.77	6.09	21.93	9.99	95.74	11.83	24.49
56.28	9.12	29.68	14.14	96.51	10.02	21.39
68.45	4.69	19.47	7.87	96.91	15.48	23.92
65.09	3.67	25.72	7.22	96.87	34.89	26.05
69.88	3.18	31.32	7.10	97.65	40.08	23.69
61.41	6.33	39.77	9.76	98.58	24.94	25.93
63.42	3.64	28.67	7.77	96.71	51.71	28.98
68.86	4.76	28.71	10.23	98.81	3.15	16.84
67.50	4.26	15.06	7.71	98.18	6.93	20.45
64.68	5.60	32.35	9.14	97.40	34.35	29.87

续表 Continued

行业	Sector
石油、煤炭及其他燃料加工业	Oil, Coal and Other Fuel Processing
化学原料和化学制品制造业	Raw Chemical Materials and Chemical Production
医药制造业	Medical and Pharmaceutical Production
化学纤维制造业	Chemical Fiber
橡胶和塑料制品业	Rubber and Plastic Production
非金属矿物制品业	Nonmetal Mineral Production
黑色金属冶炼和压延加工业	Smelting and Pressing of Ferrous Metals
有色金属冶炼和压延加工业	Smelting and Pressing of Nonferrous Metals
金属制品业	Metal Production
通用设备制造业	Equipment in Common Use
专用设备制造业	Special Purpose Equipment
汽车制造业	Automotive Manufacturing
铁路、船舶、航空航天和其他运输设备制造业	Railway, Shipbuilding, Aerospace and other Transport Equipment
电气机械和器材制造业	Electric Equipment and Machinery
计算机、通信和其他电子设备制造业	Computers, Communications and Other Electronic Equipment Manufacturing
仪器仪表制造业	Instruments Manufacturing
其他制造业	Other Manufacturing
废弃资源综合利用业	Comprehensive Utilization of Waste Resources
金属制品、机械和设备修理业	Metal Products,Machinery and Equipment Repair Industry
电力、热力生产和供应业	Production and Supply of Electricity and Heating Power
燃气生产和供应业	Production and Supply of Gas
水的生产和供应业	Production and Supply of Water

资产负债率(%) Asset Liability Ratio (%)	成本费用利润率(%) Profit Margin of the Cost and Expense (%)	每百元固定资产原值实现利税(元) Pre tax Profits per 100 Yuan Original Value of Fixed Assets(yuan)	每百元主营业务收入实现利税(元) Pre tax Profits per 100 Yuan Revenues in Main Business (yuan)	产品销售率(%) Rate of Production Sold (%)	出口交货值占工业销售(%) Export delivery value of the proportion of total sales value(%)	新产品产值率(%) New product ratio (%)
59.98	3.73	39.23	6.65	98.27	0.22	15.87
46.09	6.12	31.91	9.18	98.35	9.64	37.18
50.15	12.01	27.30	17.07	92.98	15.16	35.48
64.04	4.69	17.55	6.38	97.30	3.64	30.68
65.23	4.47	20.38	7.81	96.57	19.85	23.56
64.31	5.64	24.29	9.57	98.22	4.14	15.10
60.95	4.76	27.78	6.55	98.89	3.23	32.40
66.43	2.61	33.89	4.38	97.94	4.02	26.29
66.40	4.03	24.30	7.67	97.51	27.71	22.69
58.69	6.31	26.02	10.02	96.27	20.55	36.32
60.98	7.23	26.11	11.12	96.46	21.12	42.02
67.42	6.12	35.14	10.00	96.75	10.16	45.09
73.14	1.63	9.57	5.46	95.27	32.24	31.31
61.90	5.66	32.22	8.90	97.44	26.48	40.08
55.22	6.86	31.35	10.23	97.05	22.03	48.23
52.90	11.08	44.51	14.57	94.57	20.61	48.00
68.18	3.93	27.14	7.68	96.19	35.30	17.42
79.14	5.91	46.82	9.81	98.21	0.66	9.97
67.94	3.35	7.22	8.78	99.45	21.43	0.20
60.96	29.14	10.18	26.75	98.18		0.32
60.31	4.00	8.16	5.81	99.35		3.55
64.92	13.56	9.66	18.58	82.81	0.02	28.42

7－12 按行业分的外商投资和港澳台商投资工业企业主要指标(2017 年)
Main Indicators of Foreign Funded Enterprises and Enterprises Funded by Entrepreneurs from Hong Kong,Macao and Taiwai by Sector(2017)

单位:亿元(100 million yuan)

行业	Sector	企业单位数(个) Number of Enterprises (unit)	#亏损企业(个) Loss (unit)	工业总产值 Gross Industrial Output Value	出口交货值 Export Delivery value
总计	**Total**	**4851**	**892**	**14898.43**	**3586.71**
按登记注册类型分	**By Registered Type**				
#国有	#State－owned				
集体	Collective Owned				
私营	Private				
港澳台商投资	Enterprises Funded by Entrepreneurs From Hong Kong,Macao and Taiwan	2518	489	7828.61	1612.65
外商投资	Foreign Funded Enterprises	2333	403	7069.82	1974.06
在总计中:轻工业	Light Industry	2522	504	5693.90	1710.58
重工业	Heavy Industry	2329	388	9204.53	1876.13
按工业行业分	**By Sector**				
煤炭开采和洗选业	Coal Mining and Dressing				
黑色金属矿采选业	Ferrous Metals Mining and Dressing				
有色金属矿采选业	Nonferrous Metals Mining and Dressing				
非金属矿采选业	Nonmetal Minerals Mining and Dressing	2		5.94	
农副食品加工业	Non－staple Food Processing	51	13	149.43	31.71
食品制造业	Food Manufacturing	78	17	207.73	23.92
酒、饮料和精制茶制造业	Wine, Soft Drinks and Refined Tea Manufacturing	50	9	175.16	3.48
烟草制品业	Tobacco Processing	1		3.02	
纺织业	Textile Industry	501	95	976.93	251.54
纺织服装、服饰业	Garments and Apparel Industry	523	133	785.36	362.42
皮革、毛皮、羽毛及其制品和制鞋业	Leather,Furs,Down and Related Production,Shoes Manufacturing	124	26	141.88	62.63
木材加工和木、竹、藤、棕、草制品业	Timber Processing,Bamboo,Cane Palm Fiber and Straw Production	45	4	75.96	21.26
家具制造业	Furniture Manufacturing	111	20	285.00	173.23
造纸和纸制品业	Papermaking and Paper Production	75	14	333.51	65.06
印刷和记录媒介复制业	Printing and Record Medium Reproduction	36	4	72.02	18.61
文教、工美、体育和娱乐用品制造业	Cultural and Educational ,Arts and Crafts,Sports and Entertainment Goods	188	34	345.05	180.68

续表 1 Continued

单位:亿元(100 million yuan)

行业	Sector	企业单位数(个) Number of Enterprises (unit)	#亏损企业(个) Loss (unit)	工业总产值 Gross Industrial Output Value	出口交货值 Export Delivery value
石油、煤炭及其他燃料加工业	Oil, Coal and Other Fuel Processing	11	2	309.61	0.30
化学原料和化学制品制造业	Raw Chemical Materials and Chemical Production	269	44	2000.39	168.32
医药制造业	Medical and Pharmaceutical Production	69	4	426.09	70.58
化学纤维制造业	Chemical Fiber	70	10	537.08	55.80
橡胶和塑料制品业	Rubber and Plastic Production	240	42	659.64	171.15
非金属矿物制品业	Nonmetal Mineral Production	110	27	204.96	26.86
黑色金属冶炼和压延加工业	Smelting and Pressing of Ferrous Metals	45	9	259.14	8.59
有色金属冶炼和压延加工业	Smelting and Pressing of Nonferrous Metals	41	8	435.55	44.92
金属制品业	Metal Products	257	54	440.14	186.94
通用设备制造业	Equipment in Common Use	530	79	982.78	249.23
专用设备制造业	Special Purpose Equipment	239	45	476.02	149.78
汽车制造业	Automotive Manufacturing	294	46	1276.48	169.89
铁路、船舶、航空航天和其他运输设备制造业	Railway, Shipbuilding, Aerospace and other Transport Equipment	32	9	92.90	57.15
电气机械和器材制造业	Electric Equipment and Machinery	415	80	1151.65	409.09
计算机、通信和其他电子设备制造业	Computers, Communications and Other Electronic Equipment Manufacturing	242	43	1435.06	530.95
仪器仪表制造业	Instruments Manufacturing	70	5	197.00	62.76
其他制造业	Other Manufacturing	28	2	57.28	19.53
废弃资源综合利用业	Comprehensive Utilization of Waste Resources	11	6	44.71	0.99
金属制品、机械和设备修理业	Metal Products, Machinery and Equipment Repair Industry	6	3	12.40	9.35
电力、热力的生产和供应业	Production and Supply of Electricity and Heating Power	47	3	240.17	
燃气生产和供应业	Production and Supply of Gas	28	2	97.03	
水的生产和供应业	Production and Supply of Water	12		5.36	

续表 2 Continued 单位:亿元(100 million yuan)

行业	Sector	资产总计 Total Assets	年末负债合计 Total Liabilities	所有者权益合计 Creditors' Equity	实收资本 Total Capital Hold
总计	**Total**	**16022.62**	**8053.68**	**7959.76**	**4376.48**
按登记注册类型分	**By Registered Type**				
#国有	#State - owned				
集体	Collective Owned				
私营	Private				
港澳台商投资	Enterprises Funded by Entrepreneurs From Hong Kong, Macao and Taiwan	8777.21	4424.14	4348.28	2361.26
外商投资	Foreign Funded Enterprises	7245.42	3629.54	3611.48	2015.21
在总计中:轻工业	Light Industry	6146.14	3145.22	2997.00	1651.39
重工业	Heavy Industry	9876.48	4908.46	4962.77	2725.09
按工业行业分	**By Sector**				
煤炭开采和洗选业	Coal Mining and Dressing				
黑色金属矿采选业	Ferrous Metals Mining and Dressing				
有色金属矿采选业	Nonferrous Metals Mining and Dressing				
非金属矿采选业	Nonmetal Minerals Mining and Dressing	10.10	5.19	4.91	5.68
农副食品加工业	Non - staple Food Processing	138.64	69.03	69.60	44.17
食品制造业	Food Manufacturing	223.59	115.16	108.43	79.62
酒、饮料和精制茶制造业	Wine, Soft Drinks and Refined Tea Manufacturing	221.25	116.46	104.55	69.74
烟草制品业	Tobacco Processing	2.86	1.22	1.64	0.56
纺织业	Textile Industry	1086.75	523.86	561.89	312.09
纺织服装、服饰业	Garments and Apparel Industry	800.07	405.15	394.81	189.84
皮革、毛皮、羽毛及其制品和制鞋业	Leather, Furs, Down and Related Production, Shoes Manufacturing	157.61	93.25	64.36	44.49
木材加工和木、竹、藤、棕、草制品业	Timber Processing, Bamboo, Cane Palm Fiber and Straw Production	47.70	25.53	22.17	15.70
家具制造业	Furniture Manufacturing	276.43	145.85	130.58	68.49
造纸和纸制品业	Papermaking and Paper Production	476.18	278.96	197.22	137.01
印刷和记录媒介复制业	Printing and Record Medium Reproduction	110.61	36.83	73.78	44.64
文教、工美、体育和娱乐用品制造业	Cultural and Educational, Arts and Crafts, Sports and Entertainment Goods	305.65	157.55	148.06	87.61

续表 3 Continued 单位:亿元(100 million yuan)

行业	Sector	资产总计 Total Assets	年末负债合计 Total Liabilities	所有者权益合计 Creditors´ Equity	实收资本 Total Capital Hold
石油、煤炭及其他燃料加工业	Oil, Coal and Other Fuel Processing	171.86	93.33	78.53	36.35
化学原料和化学制品制造业	Raw Chemical Materials and Chemical Production	1800.82	894.43	906.39	547.34
医药制造业	Medical and Pharmaceutical Production	394.81	148.01	246.80	88.34
化学纤维制造业	Chemical Fiber	638.84	367.63	268.47	150.54
橡胶和塑料制品业	Rubber and Plastic Production	661.85	342.06	319.61	145.57
非金属矿物制品业	Nonmetal Mineral Production	316.32	161.75	154.57	90.98
黑色金属冶炼和压延加工业	Smelting and Pressing of Ferrous Metals	189.81	97.96	90.22	76.97
有色金属冶炼和压延加工业	Smelting and Pressing of Nonferrous Metals	342.06	195.58	145.23	79.72
金属制品业	Metal Products	470.29	233.53	236.76	136.08
通用设备制造业	Equipment in Common Use	1158.99	551.08	607.01	492.17
专用设备制造业	Special Purpose Equipment	613.84	270.77	342.97	149.21
汽车制造业	Automotive Manufacturing	1660.33	855.79	803.75	347.83
铁路、船舶、航空航天和其他运输设备制造业	Railway, Shipbuilding, Aerospace and other Transport Equipment	140.36	68.32	72.04	31.58
电气机械和器材制造业	Electric Equipment and Machinery	1247.68	674.54	572.95	300.14
计算机、通信和其他电子设备制造业	Computers, Communications and Other Electronic Equipment Manufacturing	1425.05	624.84	800.21	323.47
仪器仪表制造业	Instruments Manufacturing	241.60	112.93	128.66	49.00
其他制造业	Other Manufacturing	36.81	19.29	17.53	11.28
废弃资源综合利用业	Comprehensive Utilization of Waste Resources	28.00	16.54	11.46	9.97
金属制品、机械和设备修理业	Metal Products, Machinery and Equipment Repair Industry	51.60	40.30	11.29	16.97
电力、热力的生产和供应业	Production and Supply of Electricity and Heating Power	437.72	227.82	209.90	155.37
燃气生产和供应业	Production and Supply of Gas	108.42	69.16	39.26	26.44
水的生产和供应业	Production and Supply of Water	28.1	13.99	14.14	11.53

续表 4 Continued 单位:亿元(100 million yuan)

行业	Sector	主营业务收入 Revenues in Main Business	主营业务成本 Costs in Main Business	主营业务税金及附加 Sales Taxes and Extra Charges in Main Business	销售费用 Selling Expens
总计	**Total**	**15000.46**	**12316.40**	**102.28**	**561.63**
按登记注册类型分	**By Registered Type**				
#国有	#State - owned				
集体	Collective Owned				
私营	Private				
港澳台商投资	Enterprises Funded by Entrepreneurs From Hong Kong, Macao and Taiwan	7861.02	6495.88	56.62	242.23
外商投资	Foreign Funded Enterprises	7139.44	5820.52	45.66	319.40
在总计中:轻工业	Light Industry	5549.26	4458.68	41.93	313.08
重工业	Heavy Industry	9451.20	7857.72	60.35	248.55
按工业行业分	**By Sector**				
煤炭开采和洗选业	Coal Mining and Dressing				
黑色金属矿采选业	Ferrous Metals Mining and Dressing				
有色金属矿采选业	Nonferrous Metals Mining and Dressing				
非金属矿采选业	Nonmetal Minerals Mining and Dressing	5.92	3.73	0.13	0.15
农副食品加工业	Non - staple Food Processing	144.17	131.42	0.40	3.69
食品制造业	Food Manufacturing	203.29	161.93	1.09	15.70
酒、饮料和精制茶制造业	Wine, Soft Drinks and Refined Tea Manufacturing	201.23	142.85	6.55	31.48
烟草制品业	Tobacco Processing	2.90	1.68	0.03	0.06
纺织业	Textile Industry	959.85	810.60	5.86	15.89
纺织服装、服饰业	Garments and Apparel Industry	766.14	640.23	6.13	35.79
皮革、毛皮、羽毛及其制品和制鞋业	Leather, Furs, Down and Related Production, Shoes Manufacturing	135.74	115.69	0.81	4.29
木材加工和木、竹、藤、棕、草制品业	Timber Processing, Bamboo, Cane Palm Fiber and Straw Production	74.50	63.74	0.49	2.47
家具制造业	Furniture Manufacturing	263.94	218.01	1.67	17.22
造纸和纸制品业	Papermaking and Paper Production	302.11	242.66	2.13	9.05
印刷和记录媒介复制业	Printing and Record Medium Reproduction	71.64	56.05	0.41	2.45
文教、工美、体育和娱乐用品制造业	Cultural and Educational ,Arts and Crafts, Sports and Entertainment Goods	336.29	282.93	1.76	13.91

续表 5　Continued　单位:亿元(100 million yuan)

行业	Sector	主营业务收入 Revenues in Main Business	主营业务成本 Costs in Main Business	主营业务税金及附加 Sales Taxes and Extra Charges in Main Business	销售费用 Selling Expens
石油、煤炭及其他燃料加工业	Oil, Coal and Other Fuel Processing	308.02	258.76	15.94	0.92
化学原料和化学制品制造业	Raw Chemical Materials and Chemical Production	2198.19	1877.20	9.62	70.71
医药制造业	Medical and Pharmaceutical Production	373.70	214.36	2.91	77.08
化学纤维制造业	Chemical Fiber	533.67	472.39	1.74	7.73
橡胶和塑料制品业	Rubber and Plastic Production	678.69	577.70	3.18	30.35
非金属矿物制品业	Nonmetal Mineral Production	204.92	158.29	1.31	13.22
黑色金属冶炼和压延加工业	Smelting and Pressing of Ferrous Metals	267.04	253.13	0.62	2.23
有色金属冶炼和压延加工业	Smelting and Pressing of Nonferrous Metals	432.84	396.03	0.66	3.35
金属制品业	Metal Products	433.86	369.12	2.21	10.35
通用设备制造业	Equipment in Common Use	981.22	771.89	5.85	33.66
专用设备制造业	Special Purpose Equipment	492.11	380.12	3.10	22.85
汽车制造业	Automotive Manufacturing	1289.70	1045.89	7.69	27.93
铁路、船舶、航空航天和其他运输设备制造业	Railway, Shipbuilding, Aerospace and other Transport Equipment	84.79	78.60	0.40	1.09
电气机械和器材制造业	Electric Equipment and Machinery	1160.13	953.34	8.40	44.87
计算机、通信和其他电子设备制造业	Computers, Communications and Other Electronic Equipment Manufacturing	1447.02	1128.93	7.28	49.18
仪器仪表制造业	Instruments Manufacturing	190.48	136.28	1.12	9.87
其他制造业	Other Manufacturing	55.86	48.42	0.32	1.03
废弃资源综合利用业	Comprehensive Utilization of Waste Resources	45.51	41.02	0.20	0.17
金属制品、机械和设备修理业	Metal Products, Machinery and Equipment Repair Industry	11.93	9.10	0.18	0.02
电力、热力的生产和供应业	Production and Supply of Electricity and Heating Power	239.83	188.35	1.67	0.05
燃气生产和供应业	Production and Supply of Gas	97.84	82.62	0.32	2.79
水的生产和供应业	Production and Supply of Water	5.4	3.31	0.10	0.04

续表 6 Continued 单位:亿元(100 million yuan)

行业	Sector	管理费用 Administrative Expens	财务费用 Financial Expenses	利润总额 Total Profits
总计	**Total**	**851.42**	**153.05**	**1205.31**
按登记注册类型分	**By Registered Type**			
#国有	#State - owned			
集体	Collective Owned			
私营	Private			
港澳台商投资	Enterprises Funded by Entrepreneurs From Hong Kong, Macao and Taiwan	439.62	92.28	635.07
外商投资	Foreign Funded Enterprises	411.79	60.77	570.24
在总计中:轻工业	Light Industry	338.79	79.75	393.50
重工业	Heavy Industry	512.63	73.30	811.81
按工业行业分	**By Sector**			
煤炭开采和洗选业	Coal Mining and Dressing			
黑色金属矿采选业	Ferrous Metals Mining and Dressing			
有色金属矿采选业	Nonferrous Metals Mining and Dressing			
非金属矿采选业	Nonmetal Minerals Mining and Dressing	0.89	0.14	0.86
农副食品加工业	Non - staple Food Processing	4.84	1.02	3.55
食品制造业	Food Manufacturing	10.41	0.51	17.99
酒、饮料和精制茶制造业	Wine, Soft Drinks and Refined Tea Manufacturing	10.12	0.75	13.04
烟草制品业	Tobacco Processing	0.27	0.01	0.88
纺织业	Textile Industry	54.28	14.82	68.49
纺织服装、服饰业	Garments and Apparel Industry	44.72	9.89	32.13
皮革、毛皮、羽毛及其制品和制鞋业	Leather, Furs, Down and Related Production, Shoes Manufacturing	8.44	3.13	4.38
木材加工和木、竹、藤、棕、草制品业	Timber Processing, Bamboo, Cane Palm Fiber and Straw Production	3.51	0.91	3.54
家具制造业	Furniture Manufacturing	15.66	3.61	18.67
造纸和纸制品业	Papermaking and Paper Production	11.61	10.31	32.39
印刷和记录媒介复制业	Printing and Record Medium Reproduction	5.41	0.83	7.85
文教、工美、体育和娱乐用品制造业	Cultural and Educational ,Arts and Crafts, Sports and Entertainment Goods	22.75	5.69	14.39

续表 7 Continued 单位:亿元(100 million yuan)

行业	Sector	管理费用 Administrative Expens	财务费用 Financial Expenses	利润总额 Total Profits
石油、煤炭及其他燃料加工业	Oil, Coal and Other Fuel Processing	1.42	1.91	30.54
化学原料和化学制品制造业	Raw Chemical Materials and Chemical Production	78.01	17.51	152.77
医药制造业	Medical and Pharmaceutical Production	29.59	3.00	53.21
化学纤维制造业	Chemical Fiber	12.18	12.21	33.84
橡胶和塑料制品业	Rubber and Plastic Production	38.48	4.28	28.66
非金属矿物制品业	Nonmetal Mineral Production	12.91	3.71	17.63
黑色金属冶炼和压延加工业	Smelting and Pressing of Ferrous Metals	5.05	1.50	4.27
有色金属冶炼和压延加工业	Smelting and Pressing of Nonferrous Metals	9.07	3.71	23.86
金属制品业	Metal Products	25.52	5.68	26.80
通用设备制造业	Equipment in Common Use	78.21	8.31	96.71
专用设备制造业	Special Purpose Equipment	40.30	4.03	52.30
汽车制造业	Automotive Manufacturing	83.85	5.77	135.81
铁路、船舶、航空航天和其他运输设备制造业	Railway, Shipbuilding, Aerospace and other Transport Equipment	4.29	0.59	2.45
电气机械和器材制造业	Electric Equipment and Machinery	84.79	12.19	70.72
计算机、通信和其他电子设备制造业	Computers, Communications and Other Electronic Equipment Manufacturing	117.74	3.31	177.57
仪器仪表制造业	Instruments Manufacturing	21.32	1.57	24.13
其他制造业	Other Manufacturing	2.80	0.55	3.40
废弃资源综合利用业	Comprehensive Utilization of Waste Resources	0.80	0.41	2.62
金属制品、机械和设备修理业	Metal Products,Machinery and Equipment Repair Industry	1.87	1.39	-0.36
电力、热力的生产和供应业	Production and Supply of Electricity and Heating Power	5.63	8.67	38.44
燃气生产和供应业	Production and Supply of Gas	3.94	0.88	10.21
水的生产和供应业	Production and Supply of Water	0.72	0.24	1.58

续表 8 Continued　　单位:亿元(100 million yuan)

行业	Sector	利税总额 Total Profits and Taxes	本年应交增值税 Value Added Taxes Payable	平均用工人数(万人) Average Number of Employed Persons (10000 persons)
总计	**Total**	**1731.47**	**422.31**	**140.54**
按登记注册类型分	**By Registered Type**			
#国有	#State - owned			
集体	Collective Owned			
私营	Private			
港澳台商投资	Enterprises Funded by Entrepreneurs From Hong Kong,Macao and Taiwan	913.87	221.38	72.62
外商投资	Foreign Funded Enterprises	817.61	200.93	67.91
在总计中:轻工业	Light Industry	626.10	189.93	72.94
重工业	Heavy Industry	1105.38	232.38	67.59
按工业行业分	**By Sector**			
煤炭开采和洗选业	Coal Mining and Dressing			
黑色金属矿采选业	Ferrous Metals Mining and Dressing			
有色金属矿采选业	Nonferrous Metals Mining and Dressing			
非金属矿采选业	Nonmetal Minerals Mining and Dressing	1.17	0.18	0.04
农副食品加工业	Non - staple Food Processing	5.79	1.84	1.10
食品制造业	Food Manufacturing	28.02	8.88	2.25
酒、饮料和精制茶制造业	Wine, Soft Drinks and Refined Tea Manufacturing	28.41	8.76	1.62
烟草制品业	Tobacco Processing	1.21	0.29	0.03
纺织业	Textile Industry	107.64	33.18	13.71
纺织服装、服饰业	Garments and Apparel Industry	64.35	26.02	17.74
皮革、毛皮、羽毛及其制品和制鞋业	Leather,Furs,Down and Related Production,Shoes Manufacturing	10.25	5.05	3.11
木材加工和木、竹、藤、棕、草制品业	Timber Processing,Bamboo,Cane Palm Fiber and Straw Production	5.42	1.39	0.79
家具制造业	Furniture Manufacturing	35.34	14.90	5.55
造纸和纸制品业	Papermaking and Paper Production	46.39	11.85	1.65
印刷和记录媒介复制业	Printing and Record Medium Reproduction	11.26	3.00	0.83
文教、工美、体育和娱乐用品制造业	Cultural and Educational ,Arts and Crafts,Sports and Entertainment Goods	24.00	7.82	5.22

续表 9 Continued 单位:亿元(100 million yuan)

行业	Sector	利税总额 Total Profits and Taxes	本年应交增值税 Value Added Taxes Payable	平均用工人数(万人) Average Number of Employed Persons (10000 persons)
石油、煤炭及其他燃料加工业	Oil, Coal and Other Fuel Processing	55.39	8.91	0.16
化学原料和化学制品制造业	Raw Chemical Materials and Chemical Production	216.58	54.13	4.78
医药制造业	Medical and Pharmaceutical Production	74.26	18.11	2.58
化学纤维制造业	Chemical Fiber	42.30	6.68	2.21
橡胶和塑料制品业	Rubber and Plastic Production	46.81	14.92	5.71
非金属矿物制品业	Nonmetal Mineral Production	25.31	6.36	2.12
黑色金属冶炼和压延加工业	Smelting and Pressing of Ferrous Metals	7.52	2.61	0.77
有色金属冶炼和压延加工业	Smelting and Pressing of Nonferrous Metals	30.04	5.51	1.12
金属制品业	Metal Products	37.38	8.33	5.59
通用设备制造业	Equipment in Common Use	134.19	31.55	11.74
专用设备制造业	Special Purpose Equipment	68.69	13.27	5.55
汽车制造业	Automotive Manufacturing	178.21	34.51	10.85
铁路、船舶、航空航天和其他运输设备制造业	Railway, Shipbuilding, Aerospace and other Transport Equipment	4.80	1.92	0.76
电气机械和器材制造业	Electric Equipment and Machinery	113.23	33.94	13.14
计算机、通信和其他电子设备制造业	Computers, Communications and Other Electronic Equipment Manufacturing	223.18	38.23	14.54
仪器仪表制造业	Instruments Manufacturing	29.87	4.58	2.84
其他制造业	Other Manufacturing	5.08	1.36	1.00
废弃资源综合利用业	Comprehensive Utilization of Waste Resources	3.82	1.00	0.32
金属制品、机械和设备修理业	Metal Products, Machinery and Equipment Repair Industry	-0.15	0.02	0.17
电力、热力的生产和供应业	Production and Supply of Electricity and Heating Power	51.43	11.13	0.56
燃气生产和供应业	Production and Supply of Gas	12.19	1.65	0.35
水的生产和供应业	Production and Supply of Water	2.12	0.44	0.06

7-13 按行业分的外商投资和港澳台商投资工业企业主要经济效益指标(2017年) Main Economic Beneficial Indicators of Foreign Funded Enterprises and Enterprises Funded by Entrepreneurs form Hong Kong,Macao and Taiwan by Sector(2017)

行业	Sector
总计	**Total**
按登记注册类型分	**By Registered Type**
#国有	#State - owned
集体	Collective Owned Enterprises
私营	Private Enterprises
港澳台商投资	Enterprises Funded by Entrepreneurs From Hong Kong,Macao and Taiwan
外商投资	Foreign Funded Enterprises
在总计中:轻工业	Light Industry
重工业	Heavy Industry
按工业行业分	**By Sector**
煤炭开采和洗选业	Coal Mining and Dressing
黑色金属矿采选业	Ferrous Metals Mining and Dressing
有色金属矿采选业	Nonferrous Metals Mining and Dressing
非金属矿采选业	Nonmetal Minerals Mining and Dressing
农副食品加工业	Non - staple Food Processing
食品制造业	Food Manufacturing
酒、饮料和精制茶制造业	Wine, Soft Drinks and Refined Tea Manufacturing
烟草制品业	Tobacco Processing
纺织业	Textile Industry
纺织服装、服饰业	Garments and Apparel Industry
皮革、毛皮、羽毛及其制品和制鞋业	Leather,Furs,Down and Related Production,Shoes Manufacturing
木材加工和木、竹、藤、棕、草制品业	Timber Processing,Bamboo,Cane Palm Fiber and Straw Production
家具制造业	Furniture Manufacturing
造纸和纸制品业	Papermaking and Paper Production
印刷和记录媒介复制业	Printing and Record Medium Reproduction
文教、工美、体育和娱乐用品制造业	Cultural and Educational ,Arts and Crafts,Sports and Entertainment Goods

资产负债率(%) Asset Liability Ratio (%)	成本费用利润率(%) Profit Margin of the Cost and Expense (%)	每百元固定资产原值实现利税(元) Pre tax Profits per 100 Yuan Original Value of Fixed Assets(yuan)	每百元主营业务收入实现利税(元) Pre tax Profits per 100 Yuan Revenues in Main Business (yuan)	产品销售率(%) Rate of Production Sold (%)	出口交货值占工业销售(%) Export delivery value of the proportion of total sales value(%)	新产品产值率(%) New product ratio (%)
50.26	**8.51**	**25.04**	**11.54**	**97.74**	**24.63**	**35.81**
50.40	8.56	26.46	11.63	97.89	21.04	39.10
50.09	8.45	23.63	11.45	97.57	28.62	32.16
51.17	7.40	22.93	11.28	96.79	31.04	33.50
49.70	9.18	26.42	11.70	98.33	20.73	37.24
51.41	17.49	31.07	19.71	99.80		64.03
49.79	2.46	10.50	4.01	95.70	22.18	12.31
51.50	9.34	18.75	13.78	97.46	11.82	9.69
52.64	6.61	16.93	14.12	97.75	2.03	7.51
42.72	43.14	66.74	41.78	95.99		14.84
48.20	7.55	19.68	11.21	98.00	26.27	38.05
50.64	4.36	22.49	8.40	95.69	48.22	35.45
59.17	3.26	22.60	7.55	97.09	45.47	36.82
53.51	4.95	31.49	7.27	96.77	28.92	23.95
52.76	7.04	40.35	13.39	95.55	63.61	39.64
58.58	11.48	15.44	15.35	99.01	19.70	42.63
33.29	11.88	27.42	15.72	97.69	26.45	41.19
51.55	4.40	19.71	7.14	96.29	54.38	56.79

续表 Continued

行业	Sector
石油、煤炭及其他燃料加工业	Oil, Coal and Other Fuel Processing
化学原料和化学制品制造业	Raw Chemical Materials and Chemical Production
医药制造业	Medical and Pharmaceutical Production
化学纤维制造业	Chemical Fiber
橡胶和塑料制品业	Rubber and Plastic Production
非金属矿物制品业	Nonmetal Mineral Production
黑色金属冶炼和压延加工业	Smelting and Pressing of Ferrous Metals
有色金属冶炼和压延加工业	Smelting and Pressing of Nonferrous Metals
金属制品业	Metal Products
通用设备制造业	Equipment in Common Use
专用设备制造业	Special Purpose Equipment
汽车制造业	Automotive Manufacturing
铁路、船舶、航空航天和其他运输设备制造业	Railway, Shipbuilding, Aerospace and other Transport Equipment
电气机械和器材制造业	Electric Equipment and Machinery
计算机、通信和其他电子设备制造业	Computers, Communications and Other Electronic Equipment Manufacturing
仪器仪表制造业	Instruments Manufacturing
其他制造业	Other Manufacturing
废弃资源综合利用业	Comprehensive Utilization of Waste Resources
金属制品、机械和设备修理业	Metal Products,Machinery and Equipment Repair Industry
电力、热力生产和供应业	Production and Supply of Electricity and Heating Power
燃气生产和供应业	Production and Supply of Gas
水的生产和供应业	Production and Supply of Water

资产负债率(%) Asset Liability Ratio (%)	成本费用利润率(%) Profit Margin of the Cost and Expense (%)	每百元固定资产原值实现利税(元) Pre tax Profits per 100 Yuan Original Value of Fixed Assets(yuan)	每百元主营业务收入实现利税(元) Pre tax Profits per 100 Yuan Revenues in Main Business (yuan)	产品销售率(%) Rate of Production Sold (%)	出口交货值占工业销售(%) Export delivery value of the proportion of total sales value(%)	新产品产值率(%) New product ratio (%)
54.30	11.56	48.76	17.98	98.73	0.10	29.32
49.67	7.40	22.64	9.85	98.76	8.52	23.48
37.49	15.87	65.33	19.87	87.52	18.93	22.68
57.55	6.27	13.40	7.93	98.48	10.55	35.92
51.68	4.35	13.65	6.90	102.75	25.25	23.20
51.13	9.21	15.78	12.35	96.20	13.62	36.95
51.61	1.61	5.34	2.82	99.34	3.34	7.52
57.18	5.53	33.65	6.94	99.90	10.32	35.96
49.66	6.42	20.66	8.62	97.46	43.58	34.76
47.55	10.60	34.01	13.68	98.14	25.84	39.85
44.11	11.60	32.84	13.96	96.34	32.66	40.39
51.54	11.32	37.80	13.82	98.65	13.49	47.12
48.67	2.81	6.11	5.66	92.72	66.35	21.02
54.06	6.34	29.06	9.76	98.73	35.98	46.66
43.85	13.42	57.46	15.42	96.31	38.42	56.20
46.74	14.02	36.48	15.68	97.26	32.76	45.69
52.39	6.40	31.00	9.10	98.33	34.68	30.44
59.07	6.18	67.54	8.38	101.84	2.17	
78.11	-2.86	-0.44	-1.29	99.90	75.50	
52.05	18.93	9.99	21.44	99.15		5.65
63.79	11.14	15.50	12.46	97.61		
49.74	36.76	18.48	39.30	99.82		3.38

7－14 大中型工业企业主要指标(2017年)
Main Indicators of Large and Medium－sized Industrial Enterprises(2017)

单位:亿元(100 million yuan)

行业	Sector	企业单位数(个) Number of Enterprises (unit)	#亏损企业(个) Loss (unit)	工业总产值 Gross Industrial Output Value	出口交货值 Export Delivery value
总计	**Total**	**4740**	**455**	**36825.78**	**6487.82**
按登记注册类型分	**By Registered Type**				
#国有	#State－owned	31	2	2662.35	3.32
集体	Collective Owned	2		11.74	
私营	Private	2167	183	9011.73	1930.55
港澳台商投资	Enterprises Funded by Entrepreneurs From Hong Kong,Macao and Taiwan	615	72	5509.21	1170.32
外商投资	Foreign Funded Enterprises	545	61	4851.02	1378.57
在总计中:轻工业	Light Industry	2506	274	12338.86	3178.83
重工业	Heavy Industry	2234	181	24486.92	3308.99
按工业行业分	**By Sector**				
煤炭开采和洗选业	Coal Mining and Dressing				
黑色金属矿采选业	Ferrous Metals Mining and Dressing	1	1		
有色金属矿采选业	Nonferrous Metals Mining and Dressing	1			
非金属矿采选业	Nonmetal Minerals Mining and Dressing	2	1	3.13	0.03
农副食品加工业	Non－staple Food Processing	43	4	242.19	61.37
食品制造业	Food Manufacturing	72	12	299.22	38.68
酒、饮料和精制茶制造业	Wine, Soft Drinks and Refined Tea Manufacturing	29	6	244.61	1.29
烟草制品业	Tobacco Processing				
纺织业	Textile Industry	490	52	1971.47	356.00
纺织服装、服饰业	Garments and Apparel Industry	314	50	1139.13	436.49
皮革、毛皮、羽毛及其制品和制鞋业	Leather,Furs,Down and Related Production,Shoes Manufacturing	205	12	442.67	206.36
木材加工和木、竹、藤、棕、草制品业	Timber Processing,Bamboo,Cane Palm Fiber and Straw Production	33	2	132.17	58.51
家具制造业	Furniture Manufacturing	153	19	608.90	347.99
造纸和纸制品业	Papermaking and Paper Production	73	6	677.68	79.55
印刷和记录媒介复制业	Printing and Record Medium Reproduction	47	2	146.67	38.85
文教、工美、体育和娱乐用品制造业	Cultural and Educational ,Arts and Crafts,Sports and Entertainment Goods	137	9	604.12	215.41

续表 1 Continued

单位:亿元(100 million yuan)

行业	Sector	企业单位数(个) Number of Enterprises (unit)	#亏损企业(个) Loss (unit)	工业总产值 Gross Industrial Output Value	出口交货值 Export Delivery value
石油、煤炭及其他燃料加工业	Oil, Coal and Other Fuel Processing	3		1355.05	1.31
化学原料和化学制品制造业	Raw Chemical Materials and Chemical Production	156	11	3162.78	231.80
医药制造业	Medical and Pharmaceutical Production	125	3	1039.50	222.28
化学纤维制造业	Chemical Fiber	76	5	1559.94	137.70
橡胶和塑料制品业	Rubber and Plastic Production	207	24	1076.28	240.24
非金属矿物制品业	Nonmetal Mineral Production	80	6	494.70	67.06
黑色金属冶炼和压延加工业	Smelting and Pressing of Ferrous Metals	42	3	1065.04	32.11
有色金属冶炼和压延加工业	Smelting and Pressing of Nonferrous Metals	43	3	1069.93	111.00
金属制品业	Metal Production	272	30	1012.91	357.13
通用设备制造业	Equipment in Common Use	426	21	2181.01	509.57
专用设备制造业	Special Purpose Equipment	162	11	674.78	193.35
汽车制造业	Automotive Manufacturing	338	24	3740.54	293.98
铁路、船舶、航空航天和其他运输设备制造业	Railway, Shipbuilding, Aerospace and other Transport Equipment	64	18	429.56	174.34
电气机械和器材制造业	Electric Equipment and Machinery	612	59	4027.82	1022.84
计算机、通信和其他电子设备制造业	Computers, Communications and Other Electronic Equipment Manufacturing	285	37	2888.57	881.77
仪器仪表制造业	Instruments Manufacturing	95	1	496.85	110.43
其他制造业	Other Manufacturing	40	4	126.77	42.10
废弃资源综合利用业	Comprehensive Utilization of Waste Resources	8	3	98.27	0.67
金属制品、机械和设备修理业	Metal Products, Machinery and Equipment Repair Industry	15	3	40.40	17.60
电力、热力的生产和供应业	Production and Supply of Electricity and Heating Power	65	5	3618.97	
燃气生产和供应业	Production and Supply of Gas	5	2	62.91	
水的生产和供应业	Production and Supply of Water	21	6	88.06	

续表 2 Continued 单位:亿元(100 million yuan)

行业	Sector	资产总计 Total Assets	年末负债合计 Total Liabilities	所有者权益合计 Creditors' Equity	实收资本 Total Capital Hold
总计	**Total**	**42071.20**	**21720.75**	**20360.46**	**8247.80**
按登记注册类型分	**By Registered Type**				
#国有	#State - owned	2298.65	1349.09	949.56	491.08
集体	Collective Owned	10.81	1.52	9.30	2.21
私营	Private	8504.35	5042.54	3461.61	1356.89
港澳台商投资	Enterprises Funded by Entrepreneurs From Hong Kong,Macao and Taiwan	6112.42	3010.73	3101.69	1195.12
外商投资	Foreign Funded Enterprises	4846.46	2450.33	2396.14	1122.49
在总计中:轻工业	Light Industry	13928.34	6939.74	6988.60	2614.51
重工业	Heavy Industry	28142.86	14781.01	13371.86	5633.30
按工业行业分	**By Sector**				
煤炭开采和洗选业	Coal Mining and Dressing				
黑色金属矿采选业	Ferrous Metals Mining and Dressing				
有色金属矿采选业	Nonferrous Metals Mining and Dressing				
非金属矿采选业	Nonmetal Minerals Mining and Dressing	6.99	4.12	2.87	4.35
农副食品加工业	Non - staple Food Processing	303.49	177.47	126.02	56.30
食品制造业	Food Manufacturing	350.27	191.02	159.25	73.63
酒、饮料和精制茶制造业	Wine, Soft Drinks and Refined Tea Manufacturing	312.11	136.45	175.66	63.93
烟草制品业	Tobacco Processing				
纺织业	Textile Industry	1969.19	1116.23	852.96	345.13
纺织服装、服饰业	Garments and Apparel Industry	1285.72	585.35	700.37	282.07
皮革、毛皮、羽毛及其制品和制鞋业	Leather,Furs,Down and Related Production,Shoes Manufacturing	429.11	226.39	202.72	76.93
木材加工和木、竹、藤、棕、草制品业	Timber Processing,Bamboo,Cane Palm Fiber and Straw Production	141.73	69.52	72.21	27.37
家具制造业	Furniture Manufacturing	608.15	340.41	267.74	122.60
造纸和纸制品业	Papermaking and Paper Production	869.63	462.06	407.58	186.96
印刷和记录媒介复制业	Printing and Record Medium Reproduction	193.41	78.73	114.69	59.36
文教、工美、体育和娱乐用品制造业	Cultural and Educational ,Arts and Crafts,Sports and Entertainment Goods	538.88	275.11	263.77	98.91

续表 3 Continued 单位:亿元(100 million yuan)

行业	Sector	资产总计 Total Assets	年末负债合计 Total Liabilities	所有者权益合计 Creditors' Equity	实收资本 Total Capital Hold
石油、煤炭及其他燃料加工业	Oil, Coal and Other Fuel Processing	821.09	389.91	431.18	368.88
化学原料和化学制品制造业	Raw Chemical Materials and Chemical Production	3687.41	1640.27	2057.35	761.11
医药制造业	Medical and Pharmaceutical Production	1779.02	594.69	1184.34	314.21
化学纤维制造业	Chemical Fiber	1706.74	937.94	768.80	314.13
橡胶和塑料制品业	Rubber and Plastic Production	1071.85	531.02	540.83	188.13
非金属矿物制品业	Nonmetal Mineral Production	787.24	394.12	393.11	207.67
黑色金属冶炼和压延加工业	Smelting and Pressing of Ferrous Metals	799.54	413.50	386.04	270.38
有色金属冶炼和压延加工业	Smelting and Pressing of Nonferrous Metals	722.74	432.03	290.71	131.45
金属制品业	Metal Production	1093.28	589.25	504.03	191.43
通用设备制造业	Equipment in Common Use	2963.60	1390.81	1572.79	465.29
专用设备制造业	Special Purpose Equipment	1016.36	516.31	500.05	160.50
汽车制造业	Automotive Manufacturing	4630.18	2842.61	1787.37	751.82
铁路、船舶、航空航天和其他运输设备制造业	Railway, Shipbuilding, Aerospace and other Transport Equipment	910.91	639.18	271.73	170.31
电气机械和器材制造业	Electric Equipment and Machinery	4679.32	2374.91	2304.40	795.48
计算机、通信和其他电子设备制造业	Computers, Communications and Other Electronic Equipment Manufacturing	3279.58	1580.68	1698.90	605.90
仪器仪表制造业	Instruments Manufacturing	800.68	297.25	503.43	125.64
其他制造业	Other Manufacturing	115.21	59.82	55.39	21.68
废弃资源综合利用业	Comprehensive Utilization of Waste Resources	71.30	53.38	17.92	13.88
金属制品、机械和设备修理业	Metal Products, Machinery and Equipment Repair Industry	93.21	53.46	39.75	28.21
电力、热力的生产和供应业	Production and Supply of Electricity and Heating Power	3430.56	1982.50	1448.06	806.09
燃气生产和供应业	Production and Supply of Gas	84.36	53.65	30.71	31.31
水的生产和供应业	Production and Supply of Water	508.86	289.39	219.47	124.19

续表 4 Continued 单位:亿元(100 million yuan)

行业	Sector	主营业务收入 Revenues in Main Business	主营业务成本 Costs in Main Business	主营业务税金及附加 Sales Taxes and Extra Charges in Main Business	销售费用 Selling Expens
总计	**Total**	**36696.47**	**30208.79**	**452.30**	**1219.88**
按登记注册类型分	**By Registered Type**				
#国有	#State – owned	2661.72	2521.00	10.85	3.25
集体	Collective Owned	11.74	9.66	0.04	1.33
私营	Private	8926.47	7522.75	62.34	279.04
港澳台商投资	Enterprises Funded by Entrepreneurs From Hong Kong, Macao and Taiwan	5576.45	4534.84	43.48	191.53
外商投资	Foreign Funded Enterprises	4803.33	3914.91	27.14	225.76
在总计中:轻工业	Light Industry	12146.51	9790.00	82.09	643.09
重工业	Heavy Industry	24549.96	20418.79	370.21	576.79
按工业行业分	**By Sector**				
煤炭开采和洗选业	Coal Mining and Dressing				
黑色金属矿采选业	Ferrous Metals Mining and Dressing				
有色金属矿采选业	Nonferrous Metals Mining and Dressing				
非金属矿采选业	Nonmetal Minerals Mining and Dressing	3.26	2.56	0.24	0.02
农副食品加工业	Non – staple Food Processing	261.98	237.51	0.82	6.91
食品制造业	Food Manufacturing	292.88	222.99	1.82	25.69
酒、饮料和精制茶制造业	Wine, Soft Drinks and Refined Tea Manufacturing	267.74	183.44	6.57	50.02
烟草制品业	Tobacco Processing				
纺织业	Textile Industry	1896.86	1612.63	10.68	29.02
纺织服装、服饰业	Garments and Apparel Industry	1095.40	894.15	8.55	55.73
皮革、毛皮、羽毛及其制品和制鞋业	Leather, Furs, Down and Related Production, Shoes Manufacturing	425.95	355.06	2.63	16.05
木材加工和木、竹、藤、棕、草制品业	Timber Processing, Bamboo, Cane Palm Fiber and Straw Production	134.33	104.94	1.05	7.01
家具制造业	Furniture Manufacturing	583.19	473.83	3.75	34.32
造纸和纸制品业	Papermaking and Paper Production	631.31	513.77	4.34	19.13
印刷和记录媒介复制业	Printing and Record Medium Reproduction	143.40	116.24	0.78	4.52
文教、工美、体育和娱乐用品制造业	Cultural and Educational , Arts and Crafts, Sports and Entertainment Goods	591.62	492.31	3.02	23.28

续表 5 Continued 单位:亿元(100 million yuan)

行业	Sector	主营业务收入 Revenues in Main Business	主营业务成本 Costs in Main Business	主营业务税金及附加 Sales Taxes and Extra Charges in Main Business	销售费用 Selling Expens
石油、煤炭及其他燃料加工业	Oil, Coal and Other Fuel Processing	1361.76	964.57	191.33	2.97
化学原料和化学制品制造业	Raw Chemical Materials and Chemical Production	3427.73	2910.16	15.50	83.44
医药制造业	Medical and Pharmaceutical Production	951.65	514.16	9.56	179.60
化学纤维制造业	Chemical Fiber	1571.17	1408.54	4.46	12.59
橡胶和塑料制品业	Rubber and Plastic Production	1090.52	911.46	5.77	43.18
非金属矿物制品业	Nonmetal Mineral Production	485.97	368.97	3.52	23.22
黑色金属冶炼和压延加工业	Smelting and Pressing of Ferrous Metals	1074.60	962.83	3.82	7.87
有色金属冶炼和压延加工业	Smelting and Pressing of Nonferrous Metals	1060.29	976.98	2.04	7.65
金属制品业	Metal Production	982.33	817.64	5.51	32.40
通用设备制造业	Equipment in Common Use	2143.61	1686.49	12.96	85.30
专用设备制造业	Special Purpose Equipment	673.61	513.70	4.33	29.87
汽车制造业	Automotive Manufacturing	3731.56	2987.65	82.88	61.42
铁路、船舶、航空航天和其他运输设备制造业	Railway, Shipbuilding, Aerospace and other Transport Equipment	419.44	379.43	3.53	7.21
电气机械和器材制造业	Electric Equipment and Machinery	3990.69	3264.11	25.97	177.38
计算机、通信和其他电子设备制造业	Computers, Communications and Other Electronic Equipment Manufacturing	2886.59	2273.38	13.98	140.97
仪器仪表制造业	Instruments Manufacturing	476.46	322.42	3.42	32.55
其他制造业	Other Manufacturing	130.82	109.50	0.83	3.21
废弃资源综合利用业	Comprehensive Utilization of Waste Resources	99.10	89.94	0.42	0.36
金属制品、机械和设备修理业	Metal Products, Machinery and Equipment Repair Industry	39.22	31.39	0.48	0.99
电力、热力的生产和供应业	Production and Supply of Electricity and Heating Power	3617.43	3370.21	16.50	6.57
燃气生产和供应业	Production and Supply of Gas	62.86	57.83	0.22	1.89
水的生产和供应业	Production and Supply of Water	87.89	75.34	0.95	7.29

续表 6 Continued 单位:亿元(100 million yuan)

行业	Sector	管理费用 Administrative Expens	财务费用 Financial Expenses	利润总额 Total Profits
总计	**Total**	**1929.13**	**399.93**	**3120.55**
按登记注册类型分	**By Registered Type**			
#国有	#State - owned	29.28	34.84	71.26
集体	Collective Owned	0.53	-0.01	0.28
私营	Private	510.98	117.05	574.65
港澳台商投资	Enterprises Funded by Entrepreneurs From Hong Kong, Macao and Taiwan	315.10	57.02	516.59
外商投资	Foreign Funded Enterprises	260.13	34.69	411.49
在总计中:轻工业	Light Industry	727.58	154.74	964.84
重工业	Heavy Industry	1201.55	245.19	2155.71
按工业行业分	**By Sector**			
煤炭开采和洗选业	Coal Mining and Dressing			
黑色金属矿采选业	Ferrous Metals Mining and Dressing			
有色金属矿采选业	Nonferrous Metals Mining and Dressing			
非金属矿采选业	Nonmetal Minerals Mining and Dressing	0.52	-0.01	0.48
农副食品加工业	Non - staple Food Processing	8.27	2.16	10.51
食品制造业	Food Manufacturing	17.29	2.33	30.89
酒、饮料和精制茶制造业	Wine, Soft Drinks and Refined Tea Manufacturing	12.39	0.80	25.52
烟草制品业	Tobacco Processing			
纺织业	Textile Industry	100.12	29.09	130.69
纺织服装、服饰业	Garments and Apparel Industry	66.88	11.86	70.05
皮革、毛皮、羽毛及其制品和制鞋业	Leather, Furs, Down and Related Production, Shoes Manufacturing	27.18	5.80	22.54
木材加工和木、竹、藤、棕、草制品业	Timber Processing, Bamboo, Cane Palm Fiber and Straw Production	9.82	2.28	14.06
家具制造业	Furniture Manufacturing	38.81	8.54	38.25
造纸和纸制品业	Papermaking and Paper Production	29.78	14.91	65.09
印刷和记录媒介复制业	Printing and Record Medium Reproduction	11.28	1.89	12.14
文教、工美、体育和娱乐用品制造业	Cultural and Educational ,Arts and Crafts, Sports and Entertainment Goods	36.10	7.88	37.50

续表 7 Continued 单位:亿元(100 million yuan)

行业	Sector	管理费用 Administrative Expens	财务费用 Financial Expenses	利润总额 Total Profits
石油、煤炭及其他燃料加工业	Oil, Coal and Other Fuel Processing	23.96	2.84	188.20
化学原料和化学制品制造业	Raw Chemical Materials and Chemical Production	127.27	34.78	310.49
医药制造业	Medical and Pharmaceutical Production	107.74	13.50	168.33
化学纤维制造业	Chemical Fiber	39.42	25.48	99.63
橡胶和塑料制品业	Rubber and Plastic Production	66.88	7.95	69.12
非金属矿物制品业	Nonmetal Mineral Production	28.13	8.55	64.12
黑色金属冶炼和压延加工业	Smelting and Pressing of Ferrous Metals	30.32	7.76	66.63
有色金属冶炼和压延加工业	Smelting and Pressing of Nonferrous Metals	24.22	10.13	50.42
金属制品业	Metal Production	62.91	12.26	63.63
通用设备制造业	Equipment in Common Use	167.03	21.83	223.86
专用设备制造业	Special Purpose Equipment	58.15	7.93	73.47
汽车制造业	Automotive Manufacturing	202.30	20.24	453.05
铁路、船舶、航空航天和其他运输设备制造业	Railway, Shipbuilding, Aerospace and other Transport Equipment	26.60	11.28	-8.33
电气机械和器材制造业	Electric Equipment and Machinery	258.49	38.06	321.04
计算机、通信和其他电子设备制造业	Computers, Communications and Other Electronic Equipment Manufacturing	216.99	20.51	293.27
仪器仪表制造业	Instruments Manufacturing	55.54	3.88	74.13
其他制造业	Other Manufacturing	8.47	0.97	9.06
废弃资源综合利用业	Comprehensive Utilization of Waste Resources	1.96	1.58	5.15
金属制品、机械和设备修理业	Metal Products, Machinery and Equipment Repair Industry	3.88	1.52	1.50
电力、热力的生产和供应业	Production and Supply of Electricity and Heating Power	48.73	57.25	131.03
燃气生产和供应业	Production and Supply of Gas	2.58	0.81	3.13
水的生产和供应业	Production and Supply of Water	8.13	3.23	2.89

续表 8 Continued 单位:亿元(100 million yuan)

行业	Sector	利税总额 Total Profits and Taxes	本年应交增值税 Value Added Taxes Payable	平均用工人数(万人) Average Number of Employed Persons (10000 persons)
总计	**Total**	**4746.60**	**1168.10**	**327.31**
按登记注册类型分	**By Registered Type**			
#国有	#State - owned	164.52	82.00	4.20
集体	Collective Owned	0.61	0.29	0.09
私营	Private	901.30	263.22	120.91
港澳台商投资	Enterprises Funded by Entrepreneurs From Hong Kong, Macao and Taiwan	720.23	159.76	49.00
外商投资	Foreign Funded Enterprises	565.31	126.25	45.66
在总计中:轻工业	Light Industry	1484.10	435.36	165.43
重工业	Heavy Industry	3262.50	732.74	161.87
按工业行业分	**By Sector**			
煤炭开采和洗选业	Coal Mining and Dressing			
黑色金属矿采选业	Ferrous Metals Mining and Dressing			
有色金属矿采选业	Nonferrous Metals Mining and Dressing			
非金属矿采选业	Nonmetal Minerals Mining and Dressing	0.82	0.10	0.12
农副食品加工业	Non - staple Food Processing	14.22	2.88	2.45
食品制造业	Food Manufacturing	46.52	13.82	4.02
酒、饮料和精制茶制造业	Wine, Soft Drinks and Refined Tea Manufacturing	45.03	12.87	2.31
烟草制品业	Tobacco Processing			
纺织业	Textile Industry	214.15	72.65	29.22
纺织服装、服饰业	Garments and Apparel Industry	118.32	39.64	24.00
皮革、毛皮、羽毛及其制品和制鞋业	Leather, Furs, Down and Related Production, Shoes Manufacturing	43.50	18.32	12.44
木材加工和木、竹、藤、棕、草制品业	Timber Processing, Bamboo, Cane Palm Fiber and Straw Production	21.75	6.64	2.24
家具制造业	Furniture Manufacturing	69.42	27.26	12.04
造纸和纸制品业	Papermaking and Paper Production	100.77	30.88	4.14
印刷和记录媒介复制业	Printing and Record Medium Reproduction	18.70	5.78	2.04
文教、工美、体育和娱乐用品制造业	Cultural and Educational, Arts and Crafts, Sports and Entertainment Goods	57.96	17.31	8.84

续表 9　Continued　　单位:亿元(100 million yuan)

行业	Sector	利税总额 Total Profits and Taxes	本年应交增值税 Value Added Taxes Payable	平均用工人数(万人) Average Number of Employed Persons (10000 persons)
石油、煤炭及其他燃料加工业	Oil, Coal and Other Fuel Processing	442.49	62.97	0.83
化学原料和化学制品制造业	Raw Chemical Materials and Chemical Production	407.91	81.70	10.65
医药制造业	Medical and Pharmaceutical Production	238.84	60.77	9.67
化学纤维制造业	Chemical Fiber	129.28	25.09	6.90
橡胶和塑料制品业	Rubber and Plastic Production	102.81	27.84	12.80
非金属矿物制品业	Nonmetal Mineral Production	89.09	21.26	4.31
黑色金属冶炼和压延加工业	Smelting and Pressing of Ferrous Metals	96.85	26.30	3.27
有色金属冶炼和压延加工业	Smelting and Pressing of Nonferrous Metals	77.93	25.37	2.80
金属制品业	Metal Production	98.94	29.74	16.06
通用设备制造业	Equipment in Common Use	307.44	70.47	26.34
专用设备制造业	Special Purpose Equipment	99.78	21.90	9.31
汽车制造业	Automotive Manufacturing	651.06	114.10	25.28
铁路、船舶、航空航天和其他运输设备制造业	Railway, Shipbuilding, Aerospace and other Transport Equipment	1.81	6.58	4.40
电气机械和器材制造业	Electric Equipment and Machinery	464.73	117.14	44.03
计算机、通信和其他电子设备制造业	Computers, Communications and Other Electronic Equipment Manufacturing	381.37	73.97	27.89
仪器仪表制造业	Instruments Manufacturing	94.70	16.99	6.79
其他制造业	Other Manufacturing	15.05	5.12	2.73
废弃资源综合利用业	Comprehensive Utilization of Waste Resources	8.01	2.44	0.74
金属制品、机械和设备修理业	Metal Products, Machinery and Equipment Repair Industry	3.24	1.26	0.96
电力、热力的生产和供应业	Production and Supply of Electricity and Heating Power	273.15	124.43	6.04
燃气生产和供应业	Production and Supply of Gas	4.78	1.37	0.25
水的生产和供应业	Production and Supply of Water	6.90	2.95	1.24

7-15 按行业分的大中型工业企业主要经济效益指标(2017年) Main Economic Beneficial Indicators of Large and Medium-sized Industrial Enterprises by Sector(2017)

行业	Sector
总计	**Total**
按登记注册类型分	**By Registered Type**
#国有	#State-owned
集体	Collective Owned
私营	Private
港澳台商投资	Enterprises Funded by Entrepreneurs From Hong Kong, Macao and Taiwan
外商投资	Foreign Funded Enterprises
在总计中:轻工业	Light Industry
重工业	Heavy Industry
按工业行业分	**By Sector**
煤炭开采和洗选业	Coal Mining and Dressing
黑色金属矿采选业	Ferrous Metals Mining and Dressing
有色金属矿采选业	Nonferrous Metals Mining and Dressing
非金属矿采选业	Nonmetal Minerals Mining and Dressing
农副食品加工业	Non-staple Food Processing
食品制造业	Food Manufacturing
酒、饮料和精制茶制造业	Wine, Soft Drinks and Refined Tea Manufacturing
烟草制品业	Tobacco Processing
纺织业	Textile Industry
纺织服装、服饰业	Garments and Apparel Industry
皮革、毛皮、羽毛及其制品和制鞋业	Leather, Furs, Down and Related Production, Shoes Manufacturing
木材加工和木、竹、藤、棕、草制品业	Timber Processing, Bamboo, Cane Palm Fiber and Straw Production
家具制造业	Furniture Manufacturing
造纸和纸制品业	Papermaking and Paper Production
印刷和记录媒介复制业	Printing and Record Medium Reproduction
文教、工美、体育和娱乐用品制造业	Cultural and Educational ,Arts and Crafts, Sports and Entertainment Goods

资产负债率(%) Asset Liability Ratio (%)	成本费用利润率(%) Profit Margin of the Cost and Expense (%)	每百元固定资产原值实现利税(元) Pre tax Profits per 100 Yuan Original Value of Fixed Assets(yuan)	每百元主营业务收入实现利税(元) Pre tax Profits per 100 Yuan Revenues in Main Business (yuan)	产品销售率(%) Rate of Production Sold (%)	出口交货值占工业销售(%) Export delivery value of the proportion of total sales value(%)	新产品产值率(%) New product ratio (%)
51.63	**8.94**	**26.08**	**12.93**	**97.92**	**17.99**	**42.78**
58.69	2.75	5.04	6.18	99.99	0.12	0.54
14.04	2.45	9.24	5.22	100.00		
59.29	6.62	29.82	10.10	97.47	21.98	45.59
49.26	9.93	33.17	12.92	97.83	21.71	46.26
50.56	9.07	26.59	11.77	97.28	29.21	37.41
49.82	8.15	28.80	12.22	96.55	26.68	43.22
52.52	9.34	25.01	13.29	98.61	13.70	42.55
58.98	15.47	20.14	24.98	104.15	0.85	
58.48	4.11	17.37	5.43	96.16	26.36	14.37
54.54	11.35	25.59	15.89	95.04	13.60	23.97
43.72	9.55	24.89	16.82	94.26	0.56	18.02
56.68	7.25	21.09	11.29	97.15	18.59	40.23
45.53	6.71	33.87	10.80	94.90	40.38	42.06
52.76	5.52	38.67	10.21	96.88	48.12	39.22
49.05	11.23	63.55	16.19	99.78	44.37	60.56
55.98	6.73	41.26	11.90	95.31	59.96	49.93
53.13	10.97	20.23	15.96	98.54	11.91	49.98
40.70	8.93	27.68	13.04	97.61	27.14	42.55
51.05	6.68	33.56	9.80	97.42	36.60	53.46

续表 Continued

行业	Sector
石油、煤炭及其他燃料加工业	Oil, Coal and Other Fuel Processing
化学原料和化学制品制造业	Raw Chemical Materials and Chemical Production
医药制造业	Medical and Pharmaceutical Production
化学纤维制造业	Chemical Fiber
橡胶和塑料制品业	Rubber and Plastic Production
非金属矿物制品业	Nonmetal Mineral Production
黑色金属冶炼和压延加工业	Smelting and Pressing of Ferrous Metals
有色金属冶炼和压延加工业	Smelting and Pressing of Nonferrous Metals
金属制品业	Metal Production
通用设备制造业	Equipment in Common Use
专用设备制造业	Special Purpose Equipment
汽车制造业	Automotive Manufacturing
铁路、船舶、航空航天和其他运输设备制造业	Railway, Shipbuilding, Aerospace and other Transport Equipment
电气机械和器材制造业	Electric Equipment and Machinery
计算机、通信和其他电子设备制造业	Computers, Communications and Other Electronic Equipment Manufacturing
仪器仪表制造业	Instruments Manufacturing
其他制造业	Other Manufacturing
废弃资源综合利用业	Comprehensive Utilization of Waste Resources
金属制品、机械和设备修理业	Metal Products,Machinery and Equipment Repair Industry
电力、热力生产和供应业	Production and Supply of Electricity and Heating Power
燃气生产和供应业	Production and Supply of Gas
水的生产和供应业	Production and Supply of Water

资产负债率(%) Asset Liability Ratio (%)	成本费用利润率(%) Profit Margin of the Cost and Expense (%)	每百元固定资产原值实现利税(元) Pre tax Profits per 100 Yuan Original Value of Fixed Assets(yuan)	每百元主营业务收入实现利税(元) Pre tax Profits per 100 Yuan Revenues in Main Business (yuan)	产品销售率(%) Rate of Production Sold (%)	出口交货值占工业销售(%) Export delivery value of the proportion of total sales value(%)	新产品产值率(%) New product ratio (%)
47.49	18.93	75.71	32.49	100.35	0.10	15.13
44.48	9.52	26.26	11.90	98.53	7.44	32.93
33.43	20.04	45.52	25.10	92.42	23.14	39.86
54.96	6.34	16.95	8.23	97.59	9.05	45.66
49.54	6.61	19.78	9.43	100.98	22.11	32.93
50.06	14.34	23.11	18.33	96.96	13.98	41.12
51.72	6.41	19.05	9.01	100.01	3.01	38.08
59.78	4.47	41.51	7.35	98.10	10.58	38.77
53.90	6.77	29.24	10.07	97.15	36.29	39.94
46.93	11.16	38.10	14.34	97.04	24.08	54.25
50.80	11.93	34.89	14.81	95.60	29.97	52.68
61.39	13.41	61.58	17.45	98.67	7.97	65.11
70.17	-1.83	0.50	0.43	98.08	41.38	55.45
50.75	7.89	45.36	11.65	98.03	25.90	57.85
48.20	10.78	52.40	13.21	97.23	31.40	69.11
37.12	17.52	64.21	19.87	96.79	22.96	57.01
51.93	7.36	37.74	11.50	97.00	34.24	35.40
74.87	5.47	41.70	8.09	101.13	0.68	7.34
57.35	3.95	5.48	8.25	99.52	43.78	
57.79	3.74	5.52	7.55	100.03		0.52
63.60	4.80	6.54	7.61	100.84		
56.87	2.97	1.70	7.85	97.98		

7－16 规模以上工业企业能源购进、消费及库存(2017 年)
Purchasing, Consuming and Stocking of Energy in Industrial Enterprises Above Designated Size(2017)

能源名称		Item		年初库存 Stock at the Beginning of the Year	购进量 实物量 Number of Purchasing	消费量 Consumption	#工业生产消费 Industry	年末库存 Stock at the End of the Year
原煤	(吨)	Coal	(ton)	5128709	136374467	135894888	135794125	5502609
洗精煤	(吨)	Coal Washing	(ton)	115832	2431243	2360711	2360711	186364
其他洗煤	(吨)	Other Coal Washing	(ton)	26587	101303	107043	107031	20399
煤制品	(吨)	Coal Puoducts	(ton)	58858	2657191	2655671	2655617	60367
焦炭	(吨)	Coke	(ton)	46904	1041801	3201739	3201711	82538
其他焦化产品	(吨)	Other Coking Production	(ton)	919	13785	191860	191860	604
焦炉煤气	(万立方米)	Coking Coal	(10000 cu. m)		363	43726	43726	
高炉煤气	(万立方米)	Blast Furnace Gas	(10000 cu. m)		17460	1001496	1001496	
转炉煤气	(万立方米)	Converter Furnace Gas	(10000 cu. m)		322	99442	99442	
发生炉煤气	(万立方米)	Producer Furnace Gas	(10000 cu. m)		1402	1402	1402	
天然气	(万立方米)	Natural Gas	(10000 cu. m)	342	734105	733873	731419	659
原油	(吨)	Crude Oil	(ton)	1223673	30232426	30386498	30386498	1078556
汽油	(吨)	Gasoline	(ton)	1986	291947	292684	133705	2389
煤油	(吨)	Kerosene	(ton)	335	15723	15583	15474	450
柴油	(吨)	Diesel Oil	(ton)	27133	665138	669702	546345	26846
燃料油	(吨)	Fuel Oil	(ton)	116182	2361161	2603702	2603096	146934
液化石油气	(吨)	LPG	(ton)	39713	176474	494012	493023	36864
其他石油制品	(吨)	Other Petroleum Production	(ton)	23309	837700	3327184	3327006	36806
热力	(百万千焦)	Heat	(100 Million coke)		407347315	439830122	437119307	
电力	(万千瓦小时)	Electricity	(1000 kw. h)		18538652	21077233	20737569	
其他燃料	(吨标准煤)	Other Fuel	(Tons of SCE)	11323	157437	317462	317364	6940

7－17 能源生产弹性系数(1990－2017 年) Elasticity Ratio of Energy Production(1990－2017)

年份 Year	全省能源生产量(万吨标准煤) Output of Energy Production (10000 tons of SCE)	全省电力生产量(亿千瓦小时) Output of Electricity Production (10000 million kwh)	能源生产比上年增长(%) Growth Rate of Energy Production Over Preceding year (%)	电力生产比上年增长(%) Growth Rate of Electricity Production Over Preceding year (%)	生产总值比上年增长(%) Growth Rate of GDP Over Preceding year (%)	能源生产弹性系数 Elasticity Ratio of Energy Production	电力生产弹性系数 Elasticity Ratio of Electricity Production
1990	317.18	208.58			3.93		
1991	324.1	242.25	2.18	16.14	17.83	0.12	0.91
1992	355.57	284.13	9.71	17.29	19.02	0.51	0.91
1993	388.8	308.52	9.35	8.58	22.02	0.42	0.39
1994	402.53	340.90	3.53	10.5	19.97	0.18	0.53
1995	460.7	407.11	14.45	19.42	16.78	0.86	1.16
1996	379.17	448.36	-17.7	10.13	12.69	-1.39	0.8
1997	392.16	485.77	3.43	8.34	11.1	0.31	0.75
1998	494.04	539.16	25.98	10.99	10.17	2.55	1.08
1999	454.81	597.26	-7.94	10.78	10.03	-0.79	1.07
2000	439.24	696.59	-3.42	16.63	11.04	-0.31	1.51
2001	516.41	790.35	17.57	13.46	10.65	1.65	1.26
2002	745.64	887.82	44.39	12.33	12.64	3.51	0.98
2003	945.58	1090.86	26.81	22.87	14.7	1.82	1.56
2004	1091.63	1258.81	15.45	15.4	14.48	1.07	1.06
2005	1273.02	1456.42	16.62	15.7	12.76	1.3	1.23
2006	1216.21	1765.93	-4.46	21.25	13.88	-0.32	1.53
2007	1169.43	2080.41	-3.85	17.81	14.67	-0.26	1.21
2008	1228.75	2133.87	5.07	2.57	10.05	0.50	0.26
2009	1238.39	2250.71	0.78	5.48	8.94	0.1	0.61
2010	1489.94	2567.51	20.31	14.08	11.94	1.70	1.18
2011	1354.08	2790.24	-9.12	8.67	9.00	-1.01	0.96
2012	1709.98	2846.91	26.28	2.03	8.00	3.29	0.25
2013	1537.52	2922.88	-5.97	3.29	8.20	-0.73	0.40
2014	1554.58	2878.28	1.11	-1.53	7.60	0.15	-0.20
2015	2133.49	3010.84	37.24	4.61	8.00	4.65	0.58
2016	2337.52	3197.60	9.56	6.20	7.60	1.26	0.82
2017	2150.88	3312.33	-7.98	3.59	7.80	-1.02	0.46

注：2013 年起数据根据经济普查进行了调整。
Data of the table are adjusted according to the economic census since 2013.

7－18 能源消费弹性系数(1990－2017 年)
Elasticity Ratio of Energy Consumption(1990－2017)

年份 Year	全省能源消费量(万吨标准煤) Total Energy Consumption (10000 tons of SCE)	全省电力消费量(亿千瓦小时) Total Electricity Consumption (100 million kwh)	能源消费比上年增长(%) Growth Rate of Energy Consumption Over Preceding year (%)	电力消费比上年增长(%) Growth Rate of Electricity Consumption Over Preceding year (%)	生产总值比上年增长(%) Growth Rate of GDP Over Preceding year (%)	能源消费弹性系数 Elasticity Ratio of Energy Consumption	电力消费弹性系数 Elasticity Ratio of Electricity Consumption
1990	2732.86	230.29			3.93		
1991	3123.17	263.07	14.28	14.23	17.83	0.80	0.80
1992	3484.22	303.28	11.56	15.28	19.02	0.61	0.80
1993	4044.22	346.75	16.07	14.33	22.02	0.73	0.65
1994	4496.67	396.74	11.19	14.42	19.97	0.56	0.72
1995	4851.26	439.59	7.89	10.80	16.78	0.47	0.64
1996	5165.43	479.34	6.48	9.04	12.69	0.51	0.71
1997	5446.74	511.45	5.45	6.70	11.10	0.49	0.60
1998	5656.96	547.78	3.86	7.10	10.17	0.38	0.70
1999	5960.14	611.67	5.36	11.66	10.03	0.53	1.16
2000	6560.37	742.89	10.07	21.45	11.04	0.91	1.94
2001	7253.11	855.29	10.56	15.13	10.65	0.99	1.42
2002	8279.64	1015.84	14.15	18.77	12.64	1.12	1.49
2003	9522.56	1240.35	15.01	22.10	14.70	1.02	1.50
2004	10824.69	1419.53	13.67	14.45	14.48	0.94	1.00
2005	12031.67	1642.32	11.15	15.69	12.76	0.87	1.23
2006	13218.85	1909.23	9.87	16.25	13.88	0.71	1.17
2007	14524.13	2189.37	9.87	14.67	14.67	0.67	1.00
2008	15106.88	2322.87	4.01	6.10	10.05	0.40	0.61
2009	15566.89	2471.44	3.05	6.40	8.94	0.34	0.72
2010	16865.29	2820.93	8.34	14.14	11.94	0.70	1.18
2011	17827.27	3116.91	5.70	10.49	9.00	0.63	1.16
2012	18076.18	3210.55	1.40	3.00	8.00	0.18	0.38
2013	18640.00	3453.05	4.11	7.55	8.20	0.50	0.92
2014	18826.00	3506.39	1.00	1.54	7.60	0.13	0.20
2015	19610.00	3554.00	4.20	1.40	8.00	0.53	0.18
2016	20275.60	3873.19	3.39	8.98	7.60	0.45	1.18
2017	21030.01	4192.63	3.72	8.25	7.80	0.48	1.06

7－19 全社会用电情况(2012－2017年)
The Total Electricit Consumption(2012－2017)

单位:亿千瓦时(100 million kw.h)

指标	Item	2012	2013	2014	2015	2016	2017
全社会用电总计	**Total**	**3210.55**	**3453.05**	**3506.39**	**3553.90**	**3873.19**	**4192.63**
全行业用电合计	**Total by Sector**	**2818.65**	**3013.00**	**3085.18**	**3110.02**	**3356.59**	**3645.41**
第一产业	Primary Industry	21.09	24.09	23.44	23.81	26.07	28.00
第二产业	Secondary Industry	2448.75	2598.20	2652.53	2638.11	2815.13	3044.83
第三产业	Teriary Industry	348.81	390.71	409.22	448.10	515.39	572.58
全行业用电按行业分	**By Sector**						
农、林、牧、渔业	Farming, Forestry, Animal Husbandry and Fishery	21.09	24.09	23.44	23.81	26.07	28.00
工业	Industry	2402.73	2545.36	2597.28	2584.30	2761.36	2985.79
采矿业	Mining and Quarrying	20.22	19.63	17.82	15.78	14.51	15.25
制造业合计	Manufacturing	2029.94	2134.67	2191.17	2177.54	2292.96	2483.45
电力燃气及水的生产和供应业	Electicity, Gas and Water Production and Supply	352.57	391.06	388.29	390.99	453.89	487.09
建筑业	Construction	46.03	52.84	55.25	53.81	53.77	59.04
交通运输、仓储、邮政业	Ttransport, Storage and Post	33.21	40.52	44.88	51.24	60.96	66.63
信息传输计算机服务软件业	Information Transmission, Computer Services and Software	26.02	29.06	32.29	37.20	43.56	47.16
商业、住宿和餐饮业	Commerce, Hotels and Catering Services	122.31	134.67	138.84	146.98	163.37	179.41
金融房地产商务及居民服务业	Finace, Real Estate, Business and Service for the Residents	63.32	72.51	76.49	86.24	103.74	122.45
公共事业及管理组织	Public Administration	103.95	113.94	116.72	126.45	143.76	156.93
城乡居民生活用电合计	**Total Electricity Consumption by Urban and Rural Residents**	**391.90**	**440.05**	**421.20**	**443.88**	**516.60**	**547.22**
城镇居民	Urban Residents	208.35	233.25	224.12	237.55	277.59	292.79
乡村居民	Rural Residents	183.55	206.80	197.08	206.33	239.02	254.42

7-20 规模以下工业主要指标
Basic Indicators on Total Industry Below Designated Size

指标名称		Item		2010	2015	2016	2017
企业(单位)数	(万家)	Number of Enterprises	(10000 unit)	83.94	80.21	82.34	77.76
年末从业人数	(万人)	Number of Employed Persons at the Year-end	(10000 persons)	663.28	599.68	594.48	572.81
主营业务收入	(亿元)	Revenues in Main Business	(100 million yuan)	12247.94	16719.91	16932.37	18820.77

注：(1)规模以下工业企业抽样调查范围2011年以前为主营业务收入500万元以下企业,2011年起为主营业务收入2000万元以下企业。Under scale industrial enterprise sampling scope for enterprises in main business income is 20 million yuan.
(2)2014年起规模以下企业单位数含停产企业。Industrial enterprises below designated size include discontinued enterprises。

7-21 规模以下工业企业主要指标
Basic Indicators on Industry Enterprise Below Designated Size

单位:亿元(100 million yuan)

指标		Item		2010	2015	2016	2017
企业数	(万家)	Number of Enterprises	(10000 units)	14.92	24.10	24.66	25.17
年末从业人数	(万人)	Number of Employed Persons at the Year-end	(10000 persons)	232.43	290.03	286.63	287.58
资产总计		Total Assets		4466.02	8986.40	9787.47	10914.64
负债合计		Total Liabilities			5200.16	5985.46	7112.03
主营业务收入		Revenues in Main Business		4512.85	8114.42	8217.28	9134.00
主营业务成本		Costs in Main Business			6827.48	7005.40	7806.69
税金总额		Total Taxes		203.30	370.00	365.46	396.25
利润总额		Total Profits			248.47	199.03	220.91
应付职工薪酬		Employee benefits payable		459.00	996.38	1043.78	1094.84

7-22 个体工业主要指标
Basic Indicators on Individual Industry

单位:亿元(100 million yuan)

指标		Item		2010	2015	2016	2017
单位数	(万家)	Number	(10000 units)	69.02	56.11	57.68	52.59
年末从业人数	(万人)	Number of Employed Persons at the Year-end	(10000 persons)	430.85	309.65	307.85	285.23
应付职工薪酬		Employee benefits payable		748.22	1305.74	1381.34	1237.42

浙/江/统/计/年/鉴

主要统计指标解释

■ 工业增加值

是指工业行业在报告期内以货币表现的工业生产活动的最终成果。

■ 固定资产原价

固定资产原值指企业在建造、购置、安装、改建、扩建、技术改造某项固定资产时所支出的全部货币总额。它一般包括买价、包装费、运杂费和安装费等。

■ 固定资产净值

是指固定资产原价减去历年已提折旧额后的净额。

■ 流动资产

流动资产是指可以在一年或者超过一年的一个营业周期内变现或者耗用的资产,包括现金及各种存款、短期投资、应收及预付货款、存货等。

■ 利税总额

指企业利润总额、产品销售税金及附加和应交增值税之和。

■ 主营业务收入

指企业在销售商品(不一定是本企业生产)、提供劳务及让渡资产使用权等日常活动中所产生的收入。

■ 主营业务成本

指企业在销售商品、提供劳务及让渡资产使用权等日常活动而发生的实际成本。

■ 主营业务税金及附加

指企业日常活动应负担的税金及附加,包括营业税、消费税、城市维护建设税、资源税、土地增值税和教育费附加等。

■ 产品销售利润

指企业销售产品和提供工业性劳务等主要经营业务收入扣除其成本、费用、税金后的利润。

■ 利润总额

指企业实现的利润。

■ 应交增值税

指企业在报告期内应交纳的增值税额。

■ 资本金

指企业在工商行政管理部门登记的注册资金合计。企业资本金按投资主体可分为国家资本金、法人资本金、个人资本金和外商资本金等。资本金合计包括企业各种投资主体注册的全部资本金。

■ 总资产

指企业拥有或控制的全部资产。包括流动资产、长期投资、固定资产、无形及递延资产、其他长期资产、递延税项等,即为企业资产负债表的资产总计项。

(1)流动资产　指企业可以在一年内或者超过一年的一个生产周期内变现或耗用的资产合计。包括现金及各种存款、短期投资、应收及预付款项、存货等。

(2)固定资产　指企业固定资产净值、固定资产清理、在建工程、待处理固定资产损失所占用的资金合计。

(3)无形资产　指企业长期使用而没有实物形态的资产。包括专利权、非专利技术、商标权、著作权、土地使用权、商誉等。

■ 总负债

指企业承担并需要偿还的全部债务。包括流动负债和长期负债、递延税项等,即为企业资产负债表的负债合计项。

(1)流动负债　指企业在一年内或者超过一年的一个营业周期内需要偿还的债务合计,其中包括短期借款、应付及预收款项、应付工资、应交税金和应交利润等。

主要统计指标解释

(2) 长期负债　指企业在一年以上或者超过一年的一个生产周期以上需要偿还的债务合计，其中包括长期借款、应付债务、长期应付款项等。

所有者权益

指企业投资人对企业净资产的所有权。企业净资产等于企业全部资产减去全部负债后的余额，其中包括投资者对企业的最初投入，以及资本公积金、盈余公积金和未分配利润，对股份制企业即为股东权益。

流动资产周转次数

指在一定时间内流动资产完成的周转次数，反映流动资产的周转速度。计算公式为：

流动资金周转次数 = 产品销售收入/全部流动资产平均余额。

全员劳动生产率

指根据产品的价值量指标计算的平均每一从业人员在单位时间内的产品生产量。计算公式为：

全员劳动生产率 = 工业增加值 ÷ 全部从业人员数。

能源生产总量

指一定时期内某地区一次能源生产量的总和。该指标是观察全国能源生产水平、规模、构成和发展速度的总量指标。一次能源生产量包括原煤、原油、天然气、水电、核能及其他动力能(如风能、地热能等)发电量，不包括低热值燃料生产值、生物能、太阳能等的利用和由一次能源加工转换而成的二次能源产量。

能源消费总量

指一定时期内某地区物质生产部门、非物质生产部门和生活消费的各种能源的总和。该指标是观察能源消费水平、构成和增长速度的总量指标。能源消费总量包括原煤和原油及其制品、天然气、电力，不包括低热值燃料、生物质能和太阳能等的利用。能源消费总量分为终端能源消费量、能源加工转换损失量和能源损失量三部分。

(1)终端能源消费量：指一定时期内生产和生活消费的各种能源在扣除了用于加工转换二次能源消费量和损失量以后的数量。

(2)能源加工转换损失量：指一定时期内投入加工转换的各种能源数量之和与产出各种能源产品之和的差额。该指标是观察能源在加工转换过程中损失量变化的指标。

(3)能源损失量：指一定时期内能源在输送、分配、储存过程中发生的损失和由客观原因造成的各种损失量，不包括各种气体能源放空、放散量。

能源生产弹性系数

研究能源生产增长速度与国民经济增长速度之间关系的指标。计算公式为：

$$能源生产弹性系数 = \frac{能源生产总量年平均增长速度}{生产总值年平均增长速度}$$

电力生产弹性系数

研究电力生产增长速度与国民经济增长速度之间关系的指标。一般来说，电力的发展应当快于国民经济的发展，也就是说电力应超前发展。计算公式为：

$$电力生产弹性系数 = \frac{电力生产量年平均增长速度}{生产总值年平均增长速度}$$

能源消费弹性系数

反映能源消费增长速度与国民经济增长速度之间比例关系的指标。计算公式为：

$$能源消费弹性系数 = \frac{能源消费量年平均增长速度}{生产总值年平均增长速度}$$

电力消费弹性系数

反映电力消费增长速度与国民经济增长速度之间比例关系的指标。计算公式为：

$$电力消费弹性系数 = \frac{电力消费量年平均增长速度}{生产总值年平均增长速度}$$

ZHEJIANG STATISTICAL YEARBOOK

Explanatory Notes on Main Statistical Indicators

□ Value Added of Industry

refers to the final results of industrial production of the industrial trade in money terms during the reference period.

□ Original Value of Fixed Assets

refers to the original value of all fixed assets owned by industrial enterprises, calculated at the cost paid at the time of purchase, installation, reconstruction, expansion, and technical innovation and transformation of the said assets, which includes expenses on purchase, package, transportation, and installation, etc.

□ Net Value of Fixed Assets

is obtained by deducting depreciation over years from the original value of fixed assets.

□ Circulating Assets

refers to assets which can be cashed in or spent or consumed in an operating cycle of one year or over one year, which includes cash, various deposits, short term investment, and receivable payments, and advance payments, stock, etc.

□ Total Value of Profit and Tax (Pre – tax Profits)

refers to the sum of the total profits, products sales tax and surcharges and the value added tax payable of industrial enterprises. It is also called pre – tax profits.

□ Revenue on Main Business

refers to revenues from the sales of products, labor services provided, alienation of using asset right and etc.

□ Cost on Main Business

refers to real costs from the sales of products, labor services provided, alienation of using asset right and etc.

□ Tax and Extra Charges on Main Business

refer to the tax the business tax, consumption tax, city maintenance and construction, resources tax, land increasing value tax and extra charges for education and etc.

□ Sales Profit of Products

refers to the profit gained by the enterprises by deducting cost, charges and taxes from the business income of the enterprises obtained in selling products and providing industrial services.

□ Total Profits

refer to the profits gained by the enterprises.

□ Value Added Tax Payable

refers to the amount of the value added tax which should be paid by the enterprises in the reporting period.

□ Capital

refers to the corporation's capital registered in the departments of administration for industry and commerce. According to the different nature of investors, corporations' capital can be divided into state capital, legal person's capital, personal capital, foreign capital, etc. Total capital includes total registered capital of all investors in the corporation.

□ Total Assets

refer to all assets which are owned or controlled by enterprises, including circulating assets, long – term investment, fixed assets, intangible assets and deferred assets, other long – term assets, and deferred taxes, etc. The summation of above items is equal to total assets shown

EXPLANATORY NOTES ON MAIN STATISTICAL INDICATORS

in the balance sheets of the enterprises.

(1) Circulating assets (working capital) refer to assets which can be cashed in or spent or consumed in an operating cycle of one year or over one year, including cash, all kinds of deposits, short term investment, receivables, advance payment, stock, etc.

(2) Fixed assets refer to the net value of fixed assets, clearance of fixed assets, project under construction, fixed assets losses in suspense. These are corporations' fund holdings.

(3) Intangible assets refer to the assets without material form used by enterprises over a long time, such as patents, non - patent technologies, trade marks, copyright, land use right, business reputation, etc.

□ Total Liabilities

refer to the debts that enterprises are responsible for repayment, including liquid liabilities, long - term liabilities and deferred taxes, etc. Total liabilities correspond to the summation item of liabilities shown in the balance sheets of the enterprises.

(1) Liquid liabilities (also called quick liabilities or immediate liabilities) refer to enterprises total debt payable within an operating cycle of one year or over one year, including short term loans, payables and advance payments, wages payables, taxes payable and profit payable, etc.

(2) Long - term liabilities refers to total debt payable within an operating cycle of one year or over one year, including long - term loans, payable liabilities, long - term payables, etc.

□ Creditors' Equity

refers to investors' ownership of net assets of the enterprise. It is equal to the total assets of the enterprise minus its total liabilities, including the primary input from investors, capital accumulation fund, surplus accumulation fund and undistributed profit. It is the stock holders' equity in stock companies.

□ Turnover of Working Capital

refers to the number of times of turnover of working capital in a given period of time, which reflects the speed of the turnover of working capital and is calculated as follows:

Turnover of Working Capital (%) = 100% × (Sales Revenue of Products)/(Average Balance of Total Working Capital)

□ Overall Labour Productivity of Industrial Enterprises

refers to the average output per employed person in industrial enterprises in value terms. At present, the value added and the average number of staff and worders of an industrial enterprises in a given period are used to calculate the overall labour productivity. The formula used is:

Overall Labour Productivity = Value Added of Industry/Average Number of Staff and Worders

□ Total Energy Production

refers to the total production of primary energy by all energy producing enterprises in the region in a given period of time. It is a comprehensive indicator to show the capacity, scale, composition and development of energy production of the country. The production of primary energy includes that of coal, crude oil, natural gas, hydro - power and electricity generated by nuclear energy and other means such as wind power and geothermal power. However, it excludes the production of fuels of low calorific value, bio - energy, solar energy and the secondary energy converted from the primary energy.

□ Total Domestic Energy Consumption

refers to the total consumption of energy of various kinds by material production sectors, non material production sectors and households in the region in a given period of time. It is a comprehensive indicator to show the scale, composition and development of energy consumption. The total energy consumption includes that of coal, crude oil and their products, natural gas and electricity. However, it excludes the consumption of fuel of low calorific value, bioenergy and solar energy. Total domestic energy consumption can be divided into three parts: final energy consumption, loss during the process of energy conversion, and energy loss.

(1) Final Energy Consumption: It refers to the total energy consumption by material production sectors, non

EXPLANATORY NOTES ON MAIN STATISTICAL INDICATORS

material production sectors and households in the region in a given period of time, but excludes the consumption in conversion of the primary energy into the secondary energy and the loss in the process of energy conversion.

(2) Loss During the Process of Energy Conversion: It refers to the total input of various kinds of energy for conversion, minus the total output of various kinds of energy in the region in a given period of time. It is an indicator to show the loss that occurs during the process of energy conversion.

(3) Energy Loss: It refers to the total of the loss of energy during the course of energy transport, distribution and storage and the loss caused by any objective reason in a given period of time. The loss of various kinds of gas due to gas discharges and stocktaking is excluded.

□ Elasticity Ratio of Energy Production

is an indicator to show the relationship between the growth rate of energy production and the growth rate of the national economy. The formula is:

Elasticity Ratio of the Energy Production = Average Annual Growth Rate of Energy Production/Average Annual Growth Rate of GDP.

□ Elasticity Ratio of Electricity Production

is an indicator to show the relationship between the growth rate of electricity production and the growth rate of electricity production should be higher than that of the national economy.

Its formula is:

Elasticity Ratio of Electricity Production = Average Annual Growth Rate of Electricity Production/Average Annual Growth Rate of GDP.

□ Elasticity Ratio of Energy Consumption

is an indicator to show the relationship between the growth rate of energy consumption and the growth rate of the national economy. The formula is:

Elasticity Ratio of Energy Consumption = Average Annual Growth Rate of Energy Consumption/Average Annual Growth Rate of GDP.

□ Elasticity Ratio of Electricity Consumption

is an indicator to show the relationship between the growth rate of electricity consumption and the growth rate of the national economy. The formula is:

Elasticity Ratio of Electricity Consumption = Average Annual Growth Rate of Electricity Consumption/Average Annual Growth Rate of GDP.

2018
浙江统计年鉴
ZHEJIANG STATISTICAL YEARBOOK

CHAPTER 8

建筑业
Construction

8-1 建筑业企业主要指标(1990-2017年)
Key Indicators of Construction Enterprises(1990-2017)

年份 Year	建筑业企业单位数(个) Construction Enterprises (unit)	#其他经济类型 Other types of	建筑业企业平均就业人数(万人) The average number of construction enterprises employed (10000 persons)	#其他经济类型 Other types of	建筑业总产值(亿元) Gross Output Value (100 million yuan)	#其他经济类型 Other types of
1990	2550		67.37		79.00	
1991	2503		70.46		92.80	
1992	2450	24	75.25	0.68	134.00	1.80
1993	2901	20	97.28	0.50	260.50	1.60
1994	3538	50	127.89	1.11	470.80	4.60
1995	3549	115	144.21	5.17	710.20	35.80
1996	3691	666	145.32	18.24	845.70	104.50
1997	3937	969	141.22	24.21	883.30	154.10
1998	3540	1627	142.51	45.17	942.50	306.60
1999	3657	1994	150.63	66.37	1128.30	499.60
2000	3592	3238	165.90	97.14	1383.80	841.50
2001	3370	2595	185.17	140.61	1768.50	1365.60
2002	3210	2801	201.10	171.49	2283.00	1959.70
2003	3514	3131	247.22	218.94	3127.30	2802.00
2004	4053	3756	276.87	256.39	3911.30	3623.30
2005	4226	3942	322.12	302.82	4743.30	4450.60
2006	4482	4234	370.92	353.75	5701.00	5445.70
2007	4688	4465	427.52	411.58	7036.80	6778.30
2008	5259	5042	465.48	451.42	8268.60	8004.50
2009	5392	5185	530.95	517.54	9746.20	9474.70
2010	5627	5419	615.65	602.72	12210.90	11956.20
2011	5969	5771	601.42	590.19	15171.80	14859.10
2012	6286	6087	677.21	663.48	17656.00	17290.00
2013	6634	6500	739.18	728.93	20658.80	20360.10
2014	6725	6611	804.96	795.29	23170.90	22907.30
2015	6810	6697	850.02	840.21	24541.40	24257.20
2016	6824	6721	844.21	833.75	25653.90	25365.30
2017	6878	6786	855.66	845.07	27999.17	27699.24

8-2 国有建筑企业主要经济指标(2011-2017年)
Major Economic Indicators of State-Owned Consruction Enterprises(2011-2017)

指标	Item		2011	2012	2013	2014	2015	2016	2017
建筑业总产值 (亿元)	Cross Output Value of Construction	(100 million yuan)	166.1	181.9	125.6	92.0	81.3	72.2	67.4
增加值 (亿元)	Added Value	(100 million yuan)	28.7	38.0	35.5	19.7	19.7	17.9	14.4
实现利润总额 (亿元)	Total Profits	(100 million yuan)	4.5	4.2	7.4	2.6	2.3	2.6	2.4
上缴税金 (亿元)	Taxes Turned over to State	(100 million yuan)	5.3	5.2	3.8	2.7	2.6	2.8	2.2
房屋建筑施工面积 (万平方米)	Floor Space of Buildings under Construction	(10000 sq.m)	99.1	80.5	55.7	30.8	59.4	32.4	38.3
房屋建筑竣工面积 (万平方米)	Floor Space of Buildings Completed	(10000 sq.m)	52.1	38.7	22.1	13.4	34.0	21.1	15.5
计算劳动生产率的平均人数 (万人)	Average Staff and Workers to Calculate Labor Productivity	(10000 persons)	4.8	5.7	3.1	2.5	2.2	2.4	2.0
年末拥有固定资产合计 (亿元)	Net Value of Fixed Assets Owned (year-end)	(100 million yuan)	17.6	17.8	17.3	8.7	9.1	8.6	6.3
年末拥有机械设备总功率 (万千瓦)	Total Power of Machinery and Equipment Owned (year-end)	(10000 kw)	54.4	39.7	26.9	13.9	11.9	13.9	8.1
年末拥有机械设备净值 (亿元)	Net Value of Machinery and Equipment Owned(year-end)	(100 million yuan)	9.6	7.7	7.2	2.5	3.4	4.9	2.7
全员劳动生产率	Overall Labor Productivity								
按总产值计算 (元/人)	Calculated by Gross Output Value	(yuan/person)	346975	321032	407351	374656	373679	300721	335400
按增加值计算 (元/人)	Calculated by Added value	(yuan/person)	59911	67069	115013	80292	90620	74565	71748
技术装备率 (元/人)	Value of Machines per Labourer	(yuan/person)	28687	16042	24182	10674	15455	22273	13724
动力装备率 (千瓦/人)	Power of Machines per Labourer	(kw/person)	16.3	8.3	9.0	5.9	5.4	6.3	4.1
产值利润率 (%)	Ratio of Profit to Gross Output Value	(%)	2.7	2.3	5.9	2.8	2.8	3.6	3.6

注：1.8—2至8—20各表数据为资质以上总承包、专业承包建筑业企业、不包括劳务分包企业。
2.机械设备为年末施工机械设备。表8-3同。
The data in table 8-2 to 8-20 include enterprises of labor contracting which having qualificates.
The number of Machinery and Equipment Owned refers to the machinery and equipment under construction(year end).
The table 8-3 is the same.

8-3 私营建筑企业主要经济指标(2011-2017年)
Major Economic Indicators of Private Construction Enterprises(2011-2017)

指标		Item		2011	2012	2013	2014	2015	2016	2017
建筑业总产值	(亿元)	Gross Output Value of Constrution	(100 million yuan)	7835.9	9419.2	10837.5	11779.7	12677.4	13093.5	16026.8
增加值	(亿元)	Added Value	(100 million yuan)	1493.0	1976.1	2243.9	2416.3	2489.3	2563.2	2985.1
实现利润总额	(亿元)	Total Profits	(100 million yuan)	229.5	263.1	303.6	312.9	295.7	305.3	380.0
上缴税金	(亿元)	Taxes Turned over to state	(100 million yuan)	266.4	274.3	318.5	341.0	348.5	384.6	414.6
房屋建筑施工面积	(万平方米)	Floor Space of Buildings under Constrution	(100 million yuan)	76206	87610	94297	100205	100057	96885	120218
房屋建筑竣工面积	(万平方米)	Floor Space of Buildings Completed	(100 million yuan)	29478	32781	34040	35940	37842	34655	40171
计算劳动生产率的平均人数	(万人)	Average Staff and Workers to Calculate Labor Productivity	(100 million yuan)	326.6	369.6	391.8	423.2	442.0	438.5	488.1
年末拥有固定资产净值	(亿元)	Net Value of Fixed Assets Owned (year-end)	(100 million yuan)	533.9	557.3	600.6	583.0	590.8	577.9	619.8
年末拥有机械设备总功率	(万千瓦)	Total Power of Machinery and Equipment Owned (year-end)	(100 million yuan)	1093.5	1171.8	1330.4	1406.1	1337.3	1426.7	1524.7
年末拥有机械设备净值	(亿元)	Net Value of Machinery and Equipment Owned(year-end)	(100 million yuan)	257.8	278.2	293.5	289.4	308.6	298.7	332.2
全员劳动生产率		Overall Labor Productivity								
按总产值计算	(元/人)	Calculated by Gross Output Value	(100 million yuan)	239929	254875	276628	278325	286819	298597	328370
按增加值计算	(元/人)	Caculated by Added0-value	(100 million yuan)	45715	53470	57276	57091	56316	58454	61161
技术装备率	(元/人)	Value of Machines per Labourer	(100 million yuan)	7720	7086	7093	6832	7187	6711	6659
动力装备率	(元/人)	Power of Machines per Labourer	(100 million yuan)	3.3	3.0	3.1	3.3	3.1	3.2	3.1
产值利润率	(%)	Ratio of Profit to Gross Output Value	(100 million yuan)	2.9	2.8	2.8	2.7	2.3	2.3	2.4

8-4 各地建筑业企业单位数(2011-2017年)
Number of Construction Enterprises by Region(2011-2017)

单位:个(unit)

地区	Region	2011	2012	2013	2014	2015	2016	2017
合　计	**Total**	**5430**	**5726**	**6066**	**6185**	**6290**	**6330**	**6416**
杭州市	Hangzhou	1373	1430	1515	1476	1480	1474	1410
宁波市	Ningbo	844	922	976	986	999	973	941
温州市	Wenzhou	593	617	639	652	683	714	761
嘉兴市	Jiaxing	291	308	325	322	326	333	338
湖州市	Huzhou	197	205	216	230	240	251	279
绍兴市	Shaoxing	572	620	661	707	730	731	740
金华市	Jinhua	625	666	687	731	739	723	758
衢州市	Quzhou	208	212	226	235	236	267	307
舟山市	Zhoushan	121	122	133	142	148	153	157
台州市	Taizhou	402	411	438	454	461	462	475
丽水市	Lishui	204	213	250	250	248	249	250

8-5 各地建筑业企业年末就业人员(2011-2017年)
Employed Persons in Construction Enterprises by Region(2011-2017)

单位:万人(10000 Persons)

地区	Region	2011	2012	2013	2014	2015	2016	2017
合　计	**Total**	**541.84**	**640.91**	**682.34**	**723.86**	**722.83**	**777.50**	**793.12**
杭州市	Hangzhou	91.55	100.29	102.12	105.75	100.69	123.74	122.47
宁波市	Ningbo	86.68	95.59	107.14	112.42	113.93	129.55	130.76
温州市	Wenzhou	40.44	46.26	52.85	55.12	61.46	58.06	71.31
嘉兴市	Jiaxing	24.67	27.48	24.75	26.47	21.97	23.71	23.62
湖州市	Huzhou	11.76	16.33	17.54	18.23	19.25	18.94	19.70
绍兴市	Shaoxing	149.26	171.37	180.49	190.31	191.32	196.37	200.53
金华市	Jinhua	52.92	91.62	95.97	101.81	95.47	108.10	104.98
衢州市	Quzhou	13.17	14.49	16.44	17.11	17.07	16.90	17.12
舟山市	Zhoushan	6.63	6.41	7.36	8.17	8.34	8.17	8.63
台州市	Taizhou	57.55	63.28	68.65	78.17	83.09	82.34	82.60
丽水市	Lishui	7.20	7.80	9.04	10.31	10.25	11.64	11.39

8-6 各地建筑业企业总产值(2011-2017 年)
Gross Output Value of Construction Enterprises By Region(2011-2017)

单位:亿元(100 million yuan)

地区	Region	2011	2012	2013	2014	2015	2016	2017
合　计	**Total**	**14907.4**	**17332.6**	**20200.0**	**22668.2**	**23980.6**	**24989.4**	**27235.8**
杭州市	Hangzhou	3032.5	3307.6	3755.5	3971.4	4097.6	4105.3	4323.7
宁波市	Ningbo	1933.4	2509.1	3135.5	3714.1	4055.4	4231.1	4612.4
温州市	Wenzhou	791.0	964.7	1149.1	1255.2	1395.0	1534.8	1838.9
嘉兴市	Jiaxing	764.3	844.3	942.5	984.7	907.9	904.9	1056.4
湖州市	Huzhou	433.6	464.9	526.7	590.9	621.6	672.3	781.5
绍兴市	Shaoxing	4212.2	4847.7	5523.3	6178.1	6583.2	6935.5	7448.1
金华市	Jinhua	1914.7	2321.3	2711.6	3044.2	3162.9	3263.4	3472.2
衢州市	Quzhou	266.6	300.1	371.9	406.0	426.8	426.8	461.0
舟山市	Zhoushan	160.8	163.6	179.8	210.1	226.5	267.6	311.2
台州市	Taizhou	1243.5	1448.1	1695.9	2069.8	2226.7	2330.1	2569.7
丽水市	Lishui	155.0	161.2	208.2	243.6	277.0	317.4	360.7

8-7 各地区按登记注册类型分的建筑业企业单位数(2017 年)
Number of Construction Enterprises by Registration Status and Region (2017)

单位:个(unit)

地区	Region	建筑业企业单位数 Number of Construction Enterprises	内资企业 Domestic Capital Enterprises	#国有企业 State-owned Enterprises	#集体企业 Collective owned Enterprises	#有限责任公司 Company with Limited Liability	#私营企业 Private Enterprises	港澳台商投资企业 Enterprises Funded by Enterpreneurs from Hong Kong Macao and Taiwan	外商投资企业 Foreign Funded Enterprises
合　计	**Total**	**6416**	**6392**	**32**	**58**	**1125**	**5053**	**20**	**4**
杭州市	Hangzhou	1410	1398	8	7	276	1073	10	2
宁波市	Ningbo	941	939	3	2	92	822	2	
温州市	Wenzhou	761	760	3	23	238	477	1	
嘉兴市	Jiaxing	338	338			36	294		
湖州市	Huzhou	279	279	5	3	95	168		
绍兴市	Shaoxing	740	735		2	81	639	3	2
金华市	Jinhua	758	757	4	9	110	627	1	
衢州市	Quzhou	307	307		1	28	275		
舟山市	Zhoushan	157	156	3	3	25	124	1	
台州市	Taizhou	475	473	5	5	111	342	2	
丽水市	Lishui	250	250	1	3	33	212		

8-8 各地区按登记注册类型分的建筑业企业年末就业人员(2017 年底)
Number of Employed Persons in Construction Enterprises by Registration Status and Region (End of 2017)

单位:人(Person)

地区	Region	年末就业人员 Average Number of Employed Persons	内资企业 Domestic Funded Enterprises	#国有企业 State-owned Enterprises	#集体企业 Collective Owned Enterprises	#有限责任公司 Company with Limited Liability	#私营企业 Private Enterprises	港澳台商投资企业 Enterprises Funded by Entrepreneurs From Hong Kong Macao and Taiwan	外商投资企业 Foreign Funded Enterprises
合 计	**Total**	**7931190**	**7887064**	**19673**	**88010**	**2146940**	**4988845**	**25673**	**18453**
杭州市	Hangzhou	1224693	1221640	5446	894	638097	489670	1915	1138
宁波市	Ningbo	1307643	1296703	3506	114	89397	1004819	10940	
温州市	Wenzhou	713143	713133	624	26611	297825	378054	10	
嘉兴市	Jiaxing	236193	236193			20958	153254		
湖州市	Huzhou	197044	197044	2337	933	130014	58020		
绍兴市	Shaoxing	2005349	1977299		1405	467290	1363411	10735	17315
金华市	Jinhua	1049810	1049310	4211	3125	287735	738780	500	
衢州市	Quzhou	171210	171210		54	18333	150513		
舟山市	Zhoushan	86273	86249	195	1422	21330	62541	24	
台州市	Taizhou	825971	824422	3260	52558	170793	482080	1549	
丽水市	Lishui	113861	113861	94	894	5168	107703		

8-9 各地区建筑业总产值的构成
Total Construction Output Value by Structure and Region

单位:亿元(100 million yuan)

地区	Region	建筑业总产值 Gross Output Value of Construction		建筑工程产值 Output Value of Construction		安装工程产值 Output Value of Installation		其他产值 Others	
		2016	2017	2016	2017	2016	2017	2016	2017
合 计	**Total**	**24989.37**	**27235.81**	**22575.41**	**24524.33**	**1854.35**	**2011.28**	**559.61**	**700.20**
杭州市	Hangzhou	4105.30	4323.73	3610.60	3758.48	397.84	459.93	96.86	105.32
宁波市	Ningbo	4231.07	4612.43	3728.37	4115.00	392.73	376.99	109.97	120.43
温州市	Wenzhou	1534.79	1838.91	1438.12	1714.54	94.45	121.70	2.23	2.67
嘉兴市	Jiaxing	904.92	1056.38	842.13	970.23	48.35	65.07	14.44	21.07
湖州市	Huzhou	672.34	781.49	582.07	689.38	55.50	56.32	34.77	35.79
绍兴市	Shaoxing	6935.54	7448.11	6294.04	6722.47	488.13	525.24	153.36	200.40
金华市	Jinhua	3263.44	3472.16	2973.74	3115.79	220.08	238.11	69.63	118.26
衢州市	Quzhou	426.83	461.03	377.61	406.72	27.65	27.66	21.57	26.64
舟山市	Zhoushan	267.64	311.24	231.24	287.75	32.29	21.84	4.12	1.65
台州市	Taizhou	2330.14	2569.65	2227.70	2438.61	72.05	89.91	30.39	41.13
丽水市	Lishui	317.36	360.69	269.81	305.35	25.29	28.50	22.26	26.84

8-10 各地区按登记注册类型分的建筑业总产值(2017年)
Total Construction Output Value by Registration Status and Region (2017)

单位:亿元(100 million yuan)

地区	Region	建筑业总产值 Gross Output Value of Construction	内资企业 Domestic Capital Enterprises	#国有企业 State-owned Enterprises	#集体企业 Collective owned Enterprises	#有限责任公司 Company with Limited Liability	#私营企业 Private Enterprises	港澳台商投资企业 Enterprises Funded by Entrepre-neurs from Hong Kong Macao and Taiwan	外商投资企业 Foreign Funded Enterprises
合　计	**Total**	**27235.81**	**27011.70**	**67.39**	**232.54**	**7973.49**	**16026.83**	**131.06**	**93.05**
杭州市	Hangzhou	4323.73	4310.12	23.55	2.16	2377.35	1467.71	10.60	3.01
宁波市	Ningbo	4612.43	4574.40	9.24	0.40	646.81	3044.48	38.03	
温州市	Wenzhou	1838.91	1838.88	2.95	67.44	805.50	941.71	0.03	
嘉兴市	Jiaxing	1056.38	1056.38			85.54	727.52		
湖州市	Huzhou	781.49	781.49	12.24	2.56	545.74	207.01		
绍兴市	Shaoxing	7448.11	7287.10		4.80	1778.07	4862.60	70.97	90.05
金华市	Jinhua	3472.16	3464.29	12.36	8.82	1106.07	2306.28	7.87	
衢州市	Quzhou	461.03	461.03		0.02	53.85	399.84		
舟山市	Zhoushan	311.24	311.23	0.20	16.15	85.98	208.20	0.01	
台州市	Taizhou	2569.65	2566.10	6.77	128.14	463.40	1528.10	3.56	
丽水市	Lishui	360.69	360.69	0.08	2.05	25.17	333.38		

8-11 各地区按所含专业分的建筑业总产值(2017年)
Total Construction Output Value by Sector And Region (2017)

单位:亿元(100 million yuan)

地区	Region	建筑业总产值 Gross Output Value of Construction	房屋工程建筑 Housing	土木工程建筑 Civil Engineering	#铁路、道路、隧道和桥梁工程建筑 Railways, Tunnels, Roads and Bridges	建筑安装业 Installation	建筑装饰业和其他建筑业 Building Decoration and Others
合　计	**Total**	**27235.81**	**19653.07**	**5709.86**	**4111.48**	**864.53**	**1008.35**
杭州市	Hangzhou	4323.73	2615.06	1164.50	783.63	226.55	317.61
宁波市	Ningbo	4612.43	3094.69	1159.34	779.83	165.28	193.12
温州市	Wenzhou	1838.91	1102.89	622.87	323.72	48.35	64.80
嘉兴市	Jiaxing	1056.38	787.16	199.98	152.29	35.82	33.42
湖州市	Huzhou	781.49	565.84	182.70	135.60	11.91	21.04
绍兴市	Shaoxing	7448.11	5959.03	948.02	753.25	293.48	247.58
金华市	Jinhua	3472.16	2954.01	438.93	362.32	30.11	49.12
衢州市	Quzhou	461.03	270.20	176.96	147.65	4.72	9.15
舟山市	Zhoushan	311.24	221.05	72.97	29.60	7.89	9.33
台州市	Taizhou	2569.65	1869.73	620.78	567.00	30.61	48.54
丽水市	Lishui	360.69	213.42	122.82	76.59	9.80	14.65

8－12 各地区建筑业企业房屋建筑面积(2017 年)
Floor Space of Building Construction Enterprises by Region (2017)

单位:万平方米(10000 sq. m)

地区	Region	房屋建筑施工面积 Floor Space Under Construction				房屋建筑竣工面积 Floor Space Under Construction			
		合计 Total	#国有企业 State－owned Construction Enterprises	#集体企业 Collective owned Construction Enterprises	#私营企业 Private Enterprises	合计 Total	#国有企业 State－owned Construction Enterprises	#集体企业 Collective owned Construction Enterprises	#私营企业 Private Enterprises
合　计	**Total**	**205855.0**	**38.3**	**2069.8**	**120217.6**	**66565.3**	**15.5**	**973.8**	**40170.6**
杭州市	Hangzhou	25617.4	8.1	0.1	10001.4	8108.4	0.6	0.1	3368.4
宁波市	Ningbo	27880.6			17984.2	8764.1			6200.2
温州市	Wenzhou	12716.3		785.3	7187.7	3086.8		251.8	1765.5
嘉兴市	Jiaxing	7621.1			4950.3	2664.5			1773.4
湖州市	Huzhou	4268.0	2.6	13.7	1128.0	1945.7		4.3	557.9
绍兴市	Shaoxing	61021.1		13.7	33969.3	21206.0		2.6	13056.0
金华市	Jinhua	42367.0	1.2	53.2	27969.8	10716.8	1.2	32.6	6547.8
衢州市	Quzhou	2631.8			2192.9	1281.5			1170.2
舟山市	Zhoushan	1301.1	0.9	0.8	1013.3	349.6	0.9	0.3	234.7
台州市	Taizhou	18814.9	25.5	1188.9	12292.0	7513.8	12.8	678.4	4616.5
丽水市	Lishui	1615.8		14.2	1528.6	928.0		3.8	879.9

8－13 各地区建筑业企业劳动生产率(2017 年)
Labor Productivity of Construction Enterprises by Region (2017)

单位:元/人(yuan/person)

地区	Region	按建筑业总产值计算的劳动生产率 Overall Labor Productivity Calculated by Gross Output Value of Construction	#国有企业 State－owned Enterprises	#集体企业 Collective owned Enterprise	按增加值计算的劳动生产率 Overall Labor Productivity Calculated by Added Value	国有企业 State－owned Enterprises	集体企业 Collective owned Enterprises
合　计	**Total**	**345781**	**335400**	**270942**	**62404**	**71748**	**50154**
杭州市	Hangzhou	348929	422387	238617	59967	96766	45715
宁波市	Ningbo	343560	267334	350544	62294	52198	120623
温州市	Wenzhou	284278	282149	263635	53676	59991	49881
嘉兴市	Jiaxing	448684			64646		
湖州市	Huzhou	392695	478221	290006	62652	96432	109855
绍兴市	Shaoxing	383074		369846	69131		57824
金华市	Jinhua	327981	282215	285172	61153	56964	60923
衢州市	Quzhou	271232		36704	54860		17185
舟山市	Zhoushan	365673	134539	1411717	62425	5921	130964
台州市	Taizhou	306516	239166	245677	59565	57169	46569
丽水市	Lishui	307692	85106	343289	63628		55612

8－14 各地区建筑业企业技术装备情况(2017 年)
Technology and Equipment Owned by Construction Enterprises by Region (2017)

地区	Region	自有机械设备总台数(台) Number of Machinery and Equipment Owned (unit)	自有机械设备总功率(万千瓦) Total Power of Machinery and Equipment Owned (1000kw)	自有机械设备净值(万元) Net Value of Machinery and Equipment Owned (10000 yuan)	技术装备率(元/人) Value of Machines per Labourer (yuan/person)	动力装备率(千瓦/人) Power of Machines per Labourer (Kw/person)
合　计	**Total**	**1158860**	**2247.50**	**5052493**	**6370**	**2.83**
杭州市	Hangzhou	161725	334.00	815093	6655	2.73
宁波市	Ningbo	141370	334.20	777587	5946	2.56
温州市	Wenzhou	74165	171.50	518472	7270	2.41
嘉兴市	Jiaxing	53306	105.60	245452	10392	4.47
湖州市	Huzhou	31294	58.70	172734	8766	2.98
绍兴市	Shaoxing	310865	626.00	1007513	5024	3.12
金华市	Jinhua	146606	277.80	639492	6091	2.65
衢州市	Quzhou	26248	78.50	150530	8792	4.59
舟山市	Zhoushan	12470	31.30	56354	6532	3.63
台州市	Taizhou	106965	189.30	538204	6516	2.29
丽水市	Lishui	93846	40.50	131064	11511	3.56

8－15 各地区建筑业企业资产与负债(2017 年)
Assets and Liabilities of Construction Enterprises by Region (2017)

单位:万元(10000 yuan)

地区	Region	资产合计 Total Assets	#流动资产 Circulating Assets	#固定资产 Fixed Assets	流动负债 Liquid Liabilities	非流动负债 Non－current Liabilities	所有者权益 Creditors' Equity
合　计	**Total**	**129555831**	**106851489**	**10294967**	**71872364**	**2989506**	**52898515**
杭州市	Hangzhou	34285226	27706101	2389278	20609077	1054495	12187228
宁波市	Ningbo	24388281	20406364	1640763	14947063	887439	8256264
温州市	Wenzhou	7456252	5874161	804759	3671550	68218	3585971
嘉兴市	Jiaxing	5878627	5115259	469946	3922868	69353	1818535
湖州市	Huzhou	4339611	3571114	384680	2624746	51932	1597329
绍兴市	Shaoxing	21520972	17736266	1934555	10340527	308974	10622620
金华市	Jinhua	16988620	14518749	1198533	8634065	335031	7743408
衢州市	Quzhou	2368267	1923722	268728	1068528	11933	1183849
舟山市	Zhoushan	2001153	1673628	176043	1270901	52748	580728
台州市	Taizhou	8457016	6813389	824018	3881451	145266	4373382
丽水市	Lishui	1871805	1512737	203664	901589	4117	949202

8-16 各地区建筑业企业总收入(2017年)
Total Income of Construction Enterprises by Region (2017)

单位:亿元(100 million yuan)

地区	Region	企业总收入 Total Income	工程结算收入 Revenue of Project Settlement Accounts	#工程结算成本 Costs of Project Settlement Accounts	#工程结算利润 Profits of Project Settlement Accounts	其他业务收入 Other Revenue from Business	#其他业务利润 Other Profits from Business
合　计	**Total**	**20269.89**	**20158.78**	**18765.22**	**610.71**	**111.11**	**13.87**
杭州市	Hangzhou	3696.38	3670.87	3403.46	98.38	25.52	5.95
宁波市	Ningbo	3167.09	3141.17	2891.88	117.12	25.92	3.56
温州市	Wenzhou	1323.13	1318.80	1213.20	36.24	4.34	0.44
嘉兴市	Jiaxing	774.02	771.31	730.47	13.42	2.72	1.01
湖州市	Huzhou	606.74	598.35	562.57	14.37	8.39	0.24
绍兴市	Shaoxing	5497.41	5473.09	5144.02	160.32	24.32	0.78
金华市	Jinhua	2632.57	2621.79	2443.51	82.22	10.78	0.98
衢州市	Quzhou	402.73	401.99	371.03	12.87	0.75	0.34
舟山市	Zhoushan	181.87	180.82	168.72	3.05	1.05	0.25
台州市	Taizhou	1698.63	1692.40	1578.30	59.13	6.23	0.28
丽水市	Lishui	289.31	288.21	258.06	13.58	1.10	0.06

8-17 各地区建筑业企业利税总额(2017年)
Profit and Taxes of Construction Enterprises by Region (2017)

地区	Region	利税总额(亿元) Total Pre-tax Profits (100 million yuan)	利润总额 Total Profits	工程结算税金及附加 Taxes and Extra Charges on Project Settlement Accounts	应交增值税 Value Added Taxes Payable	产值利税率(%) Ratio of Pre-tax Profits to Output Value (%)	资产利税率(%) Ratio of Pre-tax Profits to Assets (%)
合　计	**Zhejiang**	**1288.67**	**629.39**	**160.79**	**498.49**	**4.73**	**9.95**
杭州市	Hangzhou	199.92	107.56	18.80	73.56	4.62	5.83
宁波市	Ningbo	209.99	123.41	22.72	63.86	4.55	8.61
温州市	Wenzhou	83.99	35.11	12.69	36.19	4.57	11.26
嘉兴市	Jiaxing	38.83	16.26	4.17	18.40	3.68	6.61
湖州市	Huzhou	33.63	14.72	3.73	15.18	4.30	7.75
绍兴市	Shaoxing	351.30	158.51	44.12	148.67	4.72	16.32
金华市	Jinhua	178.59	84.74	25.18	68.67	5.14	10.51
衢州市	Quzhou	28.64	13.09	5.00	10.55	6.21	12.09
舟山市	Zhoushan	9.38	3.03	1.10	5.26	3.02	4.69
台州市	Taizhou	126.02	59.02	18.71	48.29	4.90	14.90
丽水市	lishui	28.38	13.93	4.58	9.87	7.87	15.16

8－18 建筑业企业财务状况(2017 年)
Financial Indicators of Construction Enterprises (2017)

单位:亿元(100 million yuan)

指标	Item	资产合计 Total Assets	流动资产小计 Liquid Assets	固定资产小计 Fixed Assets	流动负债小计 Total Liquid Liabilities
总计	**Total**	**12955.58**	**10685.15**	**1029.50**	**7187.24**
#国有及国有控股	State－owend and State－holding Enterprises	1524.13	1244.33	94.21	1131.52
#特、一、二级企业	The First Enterprises	11357.99	9407.51	844.24	6394.02
按登记注册类型分组	**Group by registration type**				
内资企业	Domestic Funded Enterprises	12888.88	10627.45	1023.17	7145.50
#国有企业	State－owned Enterprises	67.40	58.00	6.35	48.10
集体企业	Cooperative Enterprises	84.78	73.32	8.17	40.63
股份合作企业	Limited Liability Corporations	13.21	9.74	2.57	7.55
私营企业	Private Enterprises	6684.27	5529.12	619.78	3346.85
港、澳、台商投资企业	Funded by Enterpreneurs From Hong Kong Macao and Taiwan	54.90	47.80	5.20	34.78
外商投资企业	Foreign Funded Enterprises	11.80	9.90	1.13	6.96
按国民经济行业分组	**Group by national economy industry**				
房屋建筑业	Housing	7823.81	6557.44	556.80	4385.75
土木工程建筑业	Civil Engineering	3727.15	2959.45	360.06	1977.07
建筑安装业	Installation	663.36	550.93	63.47	409.52
建筑装饰和其他建筑业	Building Decoration and Others	741.26	617.33	49.17	414.90

续表 1 Continued 单位:亿元(100 million yuan)

指标	Item	非流动负债 Non - Current Liabilities	负债合计 Total Liabilities	所有者权益合计 Creditors′ Equity	工程结算收入 Revenue of Project Settled Account	工程结算成本 Costs of Project Settled Accounts	工程结算税金及附加 Taxes and Extra Charges on Project Settled Accounts
总计	**Total**	**298.95**	**7665.73**	**5289.85**	**20158.78**	**18765.22**	**160.79**
#国有及国有控股	State - owend and State - holding Enterprises	71.84	1205.08	319.05	1319.70	1229.35	4.64
#特、一、二级企业	The First Enterprises	278.79	6814.32	4543.66	18297.66	17094.11	141.01
按登记注册类型分组	**Group by registration type**						
内资企业	Domestic Funded Enterprises	298.54	7623.41	5265.47	20015.02	18630.11	160.14
#国有企业	State - owned Enterprises	2.07	50.19	17.22	64.15	59.26	0.40
集体企业	Cooperative Enterprises	0.76	54.45	30.33	132.85	125.27	1.20
股份合作企业	Limited Liability Corporations	0.03	7.58	5.62	20.53	19.22	0.13
私营企业	Private Enterprises	113.83	3565.84	3118.43	12023.55	11150.78	104.11
港、澳、台商投资企业	Funded by Enterpreneurs From Hong Kong Macao and Taiwan	0.41	35.36	19.53	93.13	86.20	0.49
外商投资企业	Foreign Funded Enterprises		6.96	4.84	50.63	48.91	0.16
按国民经济行业分组	**Group by national economy industry**						
房屋建筑业	Housing	184.94	4693.02	3130.79	14035.72	13217.39	117.93
土木工程建筑业	Civil Engineering	93.60	2114.50	1612.65	4582.68	4177.34	33.31
建筑安装业	Installation	14.85	429.53	233.83	736.03	652.26	3.91
建筑装饰和其他建筑业	Building Decoration and Others	5.56	428.67	312.58	804.35	718.23	5.64

续表 2 Continued 单位:亿元(100 million yuan)

指标	Item	管理费用 Management Expenses	财务费用 Financial Expenses	营业利润 Business Profits	利润总额 Total Profits	应交所得税 Income Tax Payable	应付职工薪酬 Employee Benefits Payable
总计	**Total**	**443.36**	**112.58**	**624.58**	**629.39**	**154.16**	**3536.59**
#国有及国有控股	State - owend and State - holding Enterprises	45.73	6.94	37.05	38.72	8.74	176.00
#特、一、二级企业	The First Enterprises	355.84	105.90	552.34	558.64	134.28	3236.68
按登记注册类型分组	**Group by registration type**						
内资企业	Domestic Funded Enterprises	440.43	111.83	621.02	625.74	153.23	3511.65
#国有企业	State - owned Enterprises	2.43	0.08	2.34	2.40	0.82	9.17
集体企业	Cooperative Enterprises	3.24	0.18	2.93	3.06	0.71	34.83
股份合作企业	Limited Liability Corporations	0.50	0.08	0.61	0.63	0.12	6.90
私营企业	Private Enterprises	265.27	65.28	378.11	380.02	96.26	2129.34
港、澳、台商投资企业	Funded by Enterpreneurs From Hong Kong Macao and Taiwan	2.36	0.66	2.72	2.80	0.76	11.79
外商投资企业	Foreign Funded Enterprises	0.58	0.08	0.84	0.85	0.17	13.14
按国民经济行业分组	**Group by national economy industry**						
房屋建筑业	Housing	210.48	76.56	388.82	390.56	94.41	2656.58
土木工程建筑业	Civil Engineering	156.95	27.05	169.78	170.25	44.67	648.68
建筑安装业	Installation	40.99	3.84	31.07	33.46	6.74	103.21
建筑装饰和其他建筑业	Building Decoration and Others	34.95	5.13	34.91	35.12	8.34	128.11

8-19 各地区按资质等级分总承包建筑业企业总产值（2017年）
Total Output Value of Construction Enterprises of General Contractors by Qualification Criteria and by Region(2017)

单位：亿元(100 million yuan)

地区	Region	合计 Total	特级 Special Grade	一级 First Grade	二级 Second Grade	三级及以下 Third Grade and Below
合 计	**Total**	**25342.81**	**7059.70**	**12846.75**	**3526.58**	**1909.78**
杭州市	Hangzhou	3656.21	1205.83	1861.70	393.41	195.28
宁波市	Ningbo	4327.49	1120.05	2320.27	569.12	318.04
温州市	Wenzhou	1688.74	55.71	929.23	444.24	259.56
嘉兴市	Jiaxing	985.61	160.23	469.37	249.58	106.43
湖州市	Huzhou	731.25	111.10	447.18	95.20	77.77
绍兴市	Shaoxing	7076.50	2308.90	3795.21	690.13	282.26
金华市	Jinhua	3356.53	1593.13	1301.58	264.36	197.47
衢州市	Quzhou	446.00		162.29	203.75	79.96
舟山市	Zhoushan	292.70		161.14	84.36	47.20
台州市	Taizhou	2456.07	504.76	1351.35	408.56	191.40
丽水市	Lishui	325.70		47.43	123.87	154.41

8-20 各地区按资质等级分专业承包建筑业企业总产值
Total Output Value of Construction Enterprises of Professional Contractors by Qualification Criteria and by Region

单位：亿元(100 million yuan)

地区	Region	合计 Total		一级 First Grade		二级 Second Grade		三级及以下 Third Grade and Below	
		2016	2017	2016	2017	2016	2017	2016	2017
合计	**Total**	**1715.37**	**1893.00**	**1129.61**	**1281.14**	**269.38**	**296.97**	**316.38**	**314.89**
杭州市	Hangzhou	595.26	667.51	436.92	503.93	85.71	91.87	72.63	71.71
宁波市	Ningbo	276.54	284.94	174.59	182.63	48.31	64.96	53.64	37.35
温州市	Wenzhou	117.41	150.17	46.00	60.96	33.82	39.90	37.59	49.31
嘉兴市	Jiaxing	64.02	70.77	29.35	35.65	15.43	14.84	19.24	20.27
湖州市	Huzhou	39.85	50.24	10.81	17.21	8.98	10.19	20.06	22.85
绍兴市	Shaoxing	338.73	371.61	276.27	308.40	23.38	25.26	39.08	37.96
金华市	Jinhua	118.54	115.62	75.21	80.27	21.41	18.07	21.91	17.29
衢州市	Quzhou	13.92	15.02	2.95	3.31	3.78	4.69	7.18	7.02
舟山市	Zhoushan	15.81	18.54	3.85	6.08	2.58	2.74	9.39	9.72
台州市	Taizhou	100.22	113.58	63.12	72.03	12.53	11.58	24.57	29.97
丽水市	Lishui	35.09	34.98	10.55	10.66	13.44	12.88	11.10	11.44

浙/江/统/计/年/鉴

主要统计指标解释

■ 建筑业增加值

指建筑业企业在报告期内以货币表现的建筑业生产经营活动的最终成果。目前建筑业增加值采用分配法计算，即从收入的角度出发，根据生产要素在生产过程中应得的收入份额计算。具体计算公式为：

建筑业企业增加值=本年提取的固定资产折旧+应付工资+应付福利费+管理费用中的劳动待业保险金、税金+工程结算税金及附加+营业利润-转作奖金的利润。

■ 房屋建筑施工面积

指在报告期内施工的全部房屋建筑面积。包括本期内新开工的、上期施工跨入本期继续施工、上期停建本期复工的房屋建筑面积；不包括上期开工后又停工，本期末施工的房屋建筑面积。

■ 房屋建筑竣工面积

指在报告期内，按照设计所规定的工程内容全部完成，达到了设计规定的交工条件，经有关部门检查验收鉴定合格的房屋建筑面积。

■ 自有施工机械设备年末总台数

指年末本企业（或单位）自有的直接用于工程施工的各种机械设备的台数。但不包括附属辅助生产机械设备、运输机械设备、生产试验机械设备的台数。

■ 自有施工机械设备年末总功率

指年末本企业（或单位）自有的直接用于工程施工的各种机械备年末总功率，按设定能力或查定能力计算。包括施工机械本身的动力和为该机械服务的单独动力设备，如电动机等。但不包括附属辅助生产机械设备、运输机械设备、生产试验机械设备的功率。计量单位用千瓦，动力换算可按1马力=0.735千瓦折合成千瓦数。电焊机、变压器、锅炉不计算动力。

■ 工程结算收入

指企业（或单位）按工程的分部分项自行完成的建筑产品价值并已与甲方在报告期内办理结算手续的工程价款收入，以及向甲方收取的除工程价款以外的按规定列作营业收入的各种款项，如临时设施费、劳动保险费、施工机械调迁费等以及向甲方收取的各种索赔款。

■ 工程结算利润

指已结算工程实现的利润。如为亏损以“-”号表示。其计算公式为：

工程结算利润=工程结算收入-工程结算成本-工程结算税金及附加-经营费用

■ 企业总收入

指与企业生产经营直接有关的各项收入，包括工程结算收入和其他业务收入，即：

企业总收入=工程结算收入+其他业务收入

ZHEJIANG STATISTICAL YEARBOOK

Explanatory Notes on Main Statistical Indicators

□ Value Added of Construction

refers to the final result of the activities of production and management of construction in monetary terms in the reference period. At present, the value added of construction is calculated with the method of distribution. In other words, it is the sum of incomes of various production factors in the production process. The formula is as follows:

Value added of construction = depreciation of fixed assets in the year + wages payable + welfare expenses payable + insurance premium and tax for waiting for employment in the administrative expenses + taxes and surcharges on project settlement + profit gained from project settlement – profit used as bonus.

□ Floor Space of Buildings Under Construction

refers to floor space of buildings under construction during the reference period, including newly started buildings, buildings started earlier and continued during the reference period, and buildings suspended earlier but restarted during the reference period. Excluded are buildings started and then suspended earlier that have not been restarted during the reference time.

□ Floor Space of Buildings Completed

refers to the floor space of buildings that are completed in the reference period in accordance with the requirements of the design, up to the standard for putting them into use, and have been checked and accepted by concerned departments as qualified ones.

□ Total Number of Machinery and Equipment Owned by the Construction Enterprises(or Units)by the End of Year

refers to the number of machines and equipment which are used directly in constraction owned by the enterprises (or units) it does not include the number of ancilary machinery and equipment for construction, production and transportation.

□ Total Power of Machinery and Equipment Owned by the Construction Enterprises (or Units) by the End of Year

refer to the total power of machinery and equipment owned by the enterprises (or units), used directly in construction by the end of the year, including machinery and equipment for construction, production and transportation. The power of the machinery is calculated on basis of the designed or verified capacity, covering the power of the machinery/equipment and the separate power equipment serving the machinery/equipment (such as electric motors), but excluding welders, transformers and boilers. The unit use for the calculation of power is kilowatt, with horsepower converted to kilowatt by 1horsepower = 0.735 kilowatt.

□ Income from Settlement of Projects

refers to the income received by the construction enterprise/unit from the completed portion of the project through settlement procedures with the contractee during the reference period, and other charges to the contractee as operational costs, such as facility fee, labour insurance premium, moving cost of construction unit, as well as various types of claims to the contractee.

□ Profit from Settlement of Projects

refers to profit realized through settled projects. It is calculated with the following formula:

Profit from Settlement of Projects = Income from Settlement of projects – Settled Cost – Settled Taxes and Other Cost – Business Expense

□ Total Revenue of Enterprises

refers to the sum of income from production and operation of enterprises, including income from settlement of projects and other operational incomes, namely:

Total Revenue of Enterprises = Income from settlement of Projects + Other Operational Incomes

2018
浙江统计年鉴
ZHEJIANG STATISTICAL YEARBOOK

 CHAPTER 9

交通运输和邮电通信业
Transportation,Posts and Telecommunications

9-1 运输线路长度(2010-2017年)
Length of Transportation Routes(2010-2017)

单位:公里(km)

指标	Item	2010	2011	2012	2013	2014	2015	2016	2017
铁路营业里程	**Length of Railways in Operation**	**1761**	**1765**	**1765**	**2031**	**2310**	**2527**	**2540**	**2587**
#复线里程	Double-tracking Length	1164	1167	1185	1453	1744	1969	1983	2072
公路通车里程	**Length of Highways**	**110177**	**111776**	**113550**	**115426**	**116367**	**118015**	**119053**	**120101**
#高速公路	Expressway	3383	3500	3618	3787	3884	3917	4062	4154
一级公路	First Class Highways	4293	4565	4903	5310	5679	6018	6359	6765
二级公路	Second Class Highways	9101	9224	9447	9610	9819	10041	10162	10263
内河通航里程	**Length of Navigable Inland Waterways**	**9704**	**9750**	**9739**	**9747**	**9769**	**9769**	**9769**	**9766**
民用航空航线(条)	**Number of Civil Aviation Routes(line)**	**217**	**239**	**264**	**334**	**389**	**392**	**481**	**586**
#国内航线	Domestic Routes	174	194	224	285	319	322	389	482

9-2 主要港口货物吞吐量(2011-2017年)
Cargo Handled at Principal Ports(2011-2017)

单位:万吨(10000 tons)

港口名称	Port	2011	2012	2013	2014	2015	2016	2017
沿海港口合计	**Total**	**86700**	**92760**	**100591**	**108177**	**109930**	**114202**	**125744**
宁波-舟山港	Ningbo-zhoushan	69393	74401	80978	87346	88929	92209	100933
温州港	Wenzhou	6950	6997	7379	7901	8490	8406	8926
台州港	Taizhou	5099	5358	5628	6049	6237	6771	7057
嘉兴港	Jiaxing	5258	6004	6605	6880	6273	6817	8829
内河港口合计	**Total**	**35673**	**39171**	**37459**	**30894**	**28206**	**26664**	**33088**
其中:	Include							
杭州港	Hangzhou	8929	9097	9382	10084	9372	7279	10714
湖州港	Huzhou	14668	17840	15312	8487	8052	8664	10540
嘉兴港	Jiaxing	10690	10856	11107	10110	8586	8423	9432

9-3 民用车辆拥有量
Number of Civil Vehicles Owned

单位:辆(unit)

指标	Item	合计 Total			#个人 Individual		
		2015	2016	2017	2015	2016	2017
总计	**Total**	**16139934**	**15574032**	**17007649**	**14622585**	**13961745**	**15226872**
汽车	**Vehicles**	**11216283**	**12583458**	**13966490**	**9780084**	**11051678**	**12279084**
载客汽车	Passenger Vehicles	10124578	11403051	12668371	9104022	10329008	11498890
#大型	Large-Sized	62070	66401	70257	743	686	788
中型	Medium-Sized	41230	38424	36304	11077	8952	7908
小型	Small-Sized	9888054	11177844	12449052	8974937	10214790	11396679
微型	Minicar	133224	120382	112758	117265	104580	93515
#轿车	Cars	7278196	8103052	8873213	6693931	7500379	8226828
载货汽车	Trucks	1039966	1128714	1245274	657573	704518	761905
#重型	Heavy-Sized	152831	172635	202677	27219	28055	30711
中型	Medium-Size	39049	40419	41684	12172	12198	12730
轻型	Light-Sized	833777	904049	991791	605868	654242	710513
微型	Minicar	14309	11611	9122	12314	10023	7951
#普通载货	Ordinary	672920	713237	758435	502804	531960	564531
其它汽车	Others	51739	51693	52845	18489	18152	18289
摩托车	**Motorcycles**	**4639379**	**2688737**	**2759646**	**4607847**	**2662475**	**2730441**
普通	Ordinary	4380303	2598906	2673981	4349591	2573016	2645240
轻便	Lightweigh	259076	89831	85665	258256	89459	85201
拖拉机	**Tractors**	**230093**	**242996**	**212636**	**230093**	**242996**	**212636**
挂车	**Trailers**	**54046**	**58720**	**68804**	**4557**	**4592**	**4708**
其它类型车	**Others**	**133**	**86**	**38**	**4**	**4**	**3**
机动车驾驶员(人)	**Motor Drivers(person)**	**17760872**	**19398278**	**20777093**			
#汽车驾驶员	Automobile Drivers	16320563	18143538	19625862			

9－4 水路运输工具年末实有数
Number of Means Waterway of Transportation(Year－end)

指标		Item		合计 Total			#私人 Individuals		
				2015	2016	2017	2015	2016	2017
机动船	**(艘)**	**Motor Vessels**	**(unit)**	**16241**	**15904**	**14497**	**9944**	**9586**	**8232**
净载重量	(吨位)	Dead Weight Tonnage	(ton)	23631797	25836993	25874061	2815415	3568117	3665500
载客量	(客位)	Passenger Capacity	(seat)	81257	85514	88679	192	192	48
货船	**(艘)**	**Cargo Ships**	**(unit)**	**14857**	**14497**	**13082**	**9908**	**9550**	**8220**
净载重量	(吨位)	Dead Weight Tonnage	(ton)	23622801	25826643	25862756	2815415	3568117	3665500
客货船	**(艘)**	**Passenger cargo Vessels**	**(unit)**	**9**	**9**	**7**			
净载重量	(吨位)	Dead Weight Tonnage	(ton)						
载客量	(客位)	Passenger Capacity	(seat)	1979	1979	1441			
客船	**(艘)**	**Passenger Ships**	**(unit)**	**1314**	**1334**	**1349**	**16**	**16**	**4**
载客量	(客位)	Passenger Capacity	(seat)	79278	83535	87238	192	192	48
拖船	**(艘)**	**Tugboats**	**(unit)**	**61**	**64**	**59**	**20**	**20**	**8**
驳船	**(艘)**	**Barges**	**(unit)**	**75**	**67**	**26**	**17**	**17**	**5**
净载重量	(吨位)	Dead Weight Tonnage	(tons)	22319	16250	7092	854	854	134

9－5 客运量和旅客周转量(1978－2017年)
Passenger Traffic and Turnover Volume of Passenger Traffic(1978－2017)

年份 Year	客运量合计(万人) Passenger Traffic Total (10000 persons)	铁路 Railway	公路 Highway	水运 Waterway	民用航空 Civil Aviation	旅客周转量合计(亿人公里) Turnover Volume of Passenger Traffic Total (100 million person－km)	铁路 Railway	公路 Highway	水运 Waterway
1978	20535	1889	12815	5828	3	66.68	29.75	27.60	9.33
1979	23781	2068	15543	6166	4	68.22	24.77	33.26	10.19
1980	28454	2421	19326	6702	5	96.74	43.55	41.70	11.49
1981	32458	2677	22864	6909	8	111.40	49.05	50.25	12.10
1982	35988	2735	26150	7094	9	120.66	50.73	57.28	12.65
1983	37856	2919	28468	6461	8	134.73	57.46	64.54	12.73
1984	40827	3252	30882	6683	10	157.81	66.74	76.86	14.21
1985	52776	3225	39375	10163	13	201.35	75.26	107.23	18.86
1986	57973	3126	45759	9066	22	220.38	78.43	124.91	17.04
1987	61403	3258	49589	8526	30	246.98	83.94	145.85	17.19
1988	64571	3595	52560	8382	34	269.43	93.12	158.81	17.50
1989	59477	3453	48726	7275	23	257.28	87.63	153.87	15.78
1990	60347	3018	51083	6214	32	257.29	75.94	166.87	14.48
1991	64906	3040	56495	5286	85	285.85	80.91	190.95	13.99
1992	71017	3051	62767	5087	112	322.40	87.83	220.68	13.89
1993	91553	3249	83606	4560	138	398.87	98.05	288.10	12.72
1994	100068	3559	92090	4269	150	435.15	108.35	314.95	11.85
1995	109139	3566	101370	3968	235	483.06	109.80	360.09	13.17
1996	114098	3071	107317	3446	264	500.98	98.11	391.65	11.22
1997	115141	2990	108654	3231	266	529.79	101.20	417.77	10.82
1998	118329	3169	111847	3034	279	552.35	106.57	436.34	9.44
1999	118819	3750	111771	3034	264	582.71	140.01	433.50	9.20
2000	124133	3909	116996	2938	290	606.73	148.33	449.51	8.89
2001	132881	4193	126008	2371	309	651.79	164.48	479.53	7.78
2002	135995	4511	128980	2122	382	706.85	180.95	519.20	6.70
2003	140699	4338	133968	1983	410	718.39	181.03	531.63	5.73
2004	150254	5195	142177	2311	571	795.32	216.41	571.50	7.41
2005	160669	5274	152222	2510	663	848.49	222.95	617.87	7.67
2006	174626	5588	165441	2792	805	929.15	241.05	681.39	6.71
2007	189658	5931	179501	3164	1062	1026.50	258.52	761.07	6.91
2008	217209	6448	206111	3494	1156	1118.62	289.76	821.57	7.29
2009	222130	6508	210584	3680	1358	1152.38	291.30	853.63	7.45
2010	228017	7634	215708	3155	1520	1250.74	362.67	882.04	6.03
2011	231900	8439	218415	3466	1580	1296.25	381.66	908.15	6.44
2012	234366	8725	220517	3454	1670	1317.58	390.25	921.18	6.16
2013	136790	10579	121185	3111	1915	1025.10	437.02	582.99	5.09
2014	131486	12821	112915	3581	2169	1056.99	493.37	558.06	5.56
2015	113315	14806	92304	3841	2364	1092.53	541.93	544.76	5.84
2016	107377	17766	83033	3950	2628	1074.99	604.03	465.12	5.84
2017	107293	19870	80099	4284	3040	1096.04	658.17	431.56	6.31

注：1、民用航空客运量指发送量。
Passenger traffic of civil aviation refers to volume of transmitting passenger.
2、2008年始公路按新的调查方法进行统计;2013年起公路、水路按新的口径统计。
The data of highway is adjusted since 2008,The data of highway and waterway are adjusted since 2013.

9-6 货运量和货物周转量(1978-2017 年)
Freight Traffic and Turnover Volume of Freight Traffic(1978-2017)

年份 Year	货运量合计(万吨) Freight Traffic Total (10000 ton)	铁路 Railway	公路 Highway	水运 Waterways	民用航空 Civil Aviation	货物周转量合计(亿吨公里) Turnover Volume of Freight Traffic Total (100 million ton-km)	铁路 Railway	公路 Highway	水运 Waterways
1978	8460	1415	2690	4355		164.19	112.77	6.69	44.73
1979	9202	1461	2998	4743		181.29	121.50	7.62	52.17
1980	9577	1523	3012	5042		190.76	126.23	8.25	56.28
1981	9608	1495	3042	5071		192.29	121.27	9.25	61.77
1982	10746	1609	3616	5521		201.83	120.49	11.49	69.85
1983	10877	1681	3728	5468		212.49	123.02	13.58	75.89
1984	11781	1736	3988	6057		232.67	127.59	16.67	88.41
1985	22385	1781	9397	11207		293.54	132.54	33.45	127.55
1986	31775	1893	17680	12202		341.20	135.18	68.14	137.88
1987	32346	1924	19426	10996		369.21	138.07	82.52	148.62
1988	37502	1877	24128	11497		403.96	136.50	96.25	171.21
1989	36358	1911	24354	10093		408.99	146.51	92.75	169.73
1990	33474	1691	22879	8904		400.65	144.43	100.75	155.47
1991	35198	1773	24162	9263		456.00	144.95	136.25	183.80
1992	41115	1915	28957	10243		546.81	167.52	158.83	220.46
1993	49867	1989	36439	11439		617.69	179.58	160.48	277.63
1994	54765	1841	40593	12331		685.41	181.55	171.63	332.23
1995	62287	1914	45052	15321		874.29	186.75	245.16	442.38
1996	63875	1928	47400	14547		900.80	178.92	266.22	455.66
1997	60956	1721	45224	14011		914.54	172.22	262.32	480.00
1998	60369	1726	45338	13305		897.88	173.28	257.11	467.49
1999	64004	1710	45754	16540		1004.10	171.80	256.90	575.40
2000	74884	1955	55008	17921		1199.74	187.16	280.02	732.56
2001	77832	2181	55706	19945		1371.60	206.48	282.53	882.59
2002	90507	2411	63532	24564		1616.61	230.41	293.60	1092.60
2003	103173	2658	70907	29598	10	2047.48	252.92	313.70	1480.86
2004	117312	2887	78540	35871	14	2701.48	288.22	353.62	2059.64
2005	126192	2960	81448	41768	16	3416.90	282.85	372.66	2761.39
2006	140110	3231	89342	47522	15	4363.71	300.74	431.07	3631.9
2007	153334	3447	98742	51129	16	4962.38	336.06	493.64	4132.68
2008	146654	3398	91625	51614	17	5476.25	339.74	1114.50	4022.01
2009	151258	3435	95802	52002	19	5659.78	323.30	1188.70	4147.78
2010	170563	3888	103394	63258	23	7117.04	342.08	1298.71	5476.24
2011	185717	4166	108654	72872	25	8634.82	312.24	1434.82	6887.75
2012	191084	3847	113393	73817	27	9183.30	291.26	1525.59	7366.45
2013	187915	4037	107186	76662	30	8949.57	270.44	1322.13	7357.00
2014	194918	3548	117070	74267	33	9548.09	223.02	1419.43	7905.64
2015	200711	3332	122547	74797	35	9868.98	212.42	1513.92	8142.64
2016	215018	3332	133999	77646	40	9788.76	211.39	1626.78	7950.58
2017	241993	3513	151920	86513	47	10105.81	215.39	1821.21	8069.22

注：2008 年始公路按新的调查方法进行统计;2013 年起公路、水路按新的口径统计。
The data of highway and waterway are adjusted since 2013.

9-7 邮电业务基本情况(1978-2017年)
Post and Telecommunications Services(1978-2017)

年份 Year	邮电业务总量(亿元) Business Volume of Post and Telecommuni-cations (100 million yuan)	邮政业务总量 Business volume of post	电信业务总量 Business volume of telecommunicatio	函件(万件) Number of Letters (10000 cases)	订销报刊累计份数(万份) Total Number of Newspaper and Magazine Subscribed (10000 copies)	快递业务量(万件) Express Business (10000 pieces)	城市电话年末户数(万户) Number of Urban Telephone Subscribers at Year end (10000 Subscribers)	农村电话年末户数(万户) Number of Rural Telephone Subscribers at Year end (10000 Subscribers)
1978	0.69			11663	52264		4.20	3.29
1979	0.78			14236	52264		4.61	3.41
1980	0.90			16466	58538		5.12	3.68
1981	1.00			18039	64945		5.76	3.87
1982	1.08			19123	67993		6.59	4.15
1983	1.25			23155	7373		7.53	4.47
1984	1.49			28517	89384		8.98	5.05
1985	1.88			33742	101657		10.44	5.80
1986	2.06			34729	103759		12.12	6.29
1987	2.49			39847	116953		14.60	7.28
1988	3.13			42035	116694		18.85	8.87
1989	3.70			36577	64557		23.41	10.69
1990	4.54			34879	67183		28.02	12.58
1991	11.46			32219	68849		35.50	15.65
1992	16.58			33649	80349		48.64	22.21
1993	27.51			39190	77457		78.25	34.67
1994	42.92			38617	81515		118.82	58.56
1995	63.02			38678	85226		166.70	93.63
1996	86.53			37785	90955		199.78	121.99
1997	112.97			34186	98207		239.25	163.17
1998	157.72			33133	102761		280.95	221.39
1999	219.00			29439	107683		341.00	324.93
2000	324.08			30643	106807		419.78	464.50
2001	279.90			34839	116156		547.70	573.90
2002	363.43			37862	114707		715.36	666.42
2003	504.72			74901	116953		937.38	719.15
2004	677.17			73462	110417		1188.18	786.59
2005	830.39			69844	112417	5835	1421.53	810.12
2006	972.08			73349	117573	7274	1566.59	824.16
2007	1327.06			74475	124782	8441	1601.42	804.43
2008	1545.42			75528	131296	9860	1482.39	815.20
2009	1666.37			83625	137328	14765	1313.77	804.82
2010	1971.96			84869	147074	24898	1213.09	785.45
2011	897.97	150.89	747.08	84741	154043	49661	1168.22	779.66
2012	1024.02	215.20	808.81	77656	164608	81987	1127.44	755.05
2013	1178.60	327.94	850.66	65746	183014	141953	1051.89	729.46
2014	1684.46	538.75	1145.70	59209	175418	245745	1128.54	513.37
2015	2392.11	811.01	1581.10	45208	174641	383146	1124.41	375.35
2016	3715.39	1250.75	2464.64	33786	140344	598770	1036.11	251.12
2017	3518.01	1728.40	1789.61	30471	136453	793231	978.11	232.96

注：邮电业务总量1978—2000年按1990年不变价计算,2001-2010年按2000年不变价计算,2011年起按2010年不变价计算；邮政业务总量和电信业务总量2011年起按2010年不变价计算,电信业务总量2017年起按2015年不变价格计算。
Business volume of post and telecommunications from 1978 to 2000 were calculated at constant price of 1990, at constant price of 2000 from 2001 to 2010, at constant price of 2010 since 2011. Business volume of post and Business volume of telecommunications from 2011 were calculated at constant price of 2010. Business volume of telecommunications from 2017 were calculated at constant price of 2015.

9－8 邮电企业主要指标(2013－2017年)
Principal Indicators of Post and Telecommunications Enterprises(2013－2017)

指标		Item		2013	2014	2015	2016	2017
邮电线路长度		**Length of Postal Routes**						
邮路总长度	(公里)	Length of Postal Routes	(km)	1956181	2570572	2258044	2535220	4094716
农村投递路线总长度	(公里)	Rural Delivery Routes	(km)	179220	182704	181748	184694	188093
长途电话电路总数	(2M)	Long－distance Telephone Service Circuits	(2M)	5353171	6686810			
邮运通信工具		**Telecommunications Facilities**						
火车邮厢	(辆)	Postal Railway Carriage	(unit)	7	6	7	7	21
邮政汽车	(辆)	Postal Cars	(unit)	20027	24952	30366	35913	37893
公用电话	(万部)	Public Telephone	(10000 units)	207	189			
固定长途电话交换机容量	(路端)	Long－distance Switchboard	(terminal circuit)	851520	851520	851520	851520	703410
本地电话交换机容量	(万门)	Urban Switchboard	(10000 lines)	2613	1769	1132	504	282
移动电话交换机	(万户)	Mobile Switchboard	(10000 users)	10807	11141	11423	11699	12269
移动电话	(万户)	Mobile Telephone	(10000 users)	7072	7371	7466	7225	7590
移动互联网用户	(万户)	Mobile Internet Users	(10000 users)	4719	5065	5430	6366	7456
固定互联网宽带接入用户	(万户)	Fixed Broadband Internet Access	(10000 users)	1243	1276	1316	2160	2464
长途光缆线路长度	(公里)	Length of Long Distance Optical Fibre Cable	(km)	25801	25744	26299	24040	27714

注：2017年起邮路总长度计算方式变化。The Data of Length of Postal Routes are adjusted since 2017.

9－9 邮电通信水平(2013－2017年)
Level of Post and Telecommunications Services(2013－2017)

指标		Item		2013	2014	2015	2016	2017
每百人平均函件量	(件/百人)	Average Number of Letters Mailed per 100 Persons	(Piece/hundred People)	1198	1076	818	607	539
每百人平均累计订阅报刊量	(份/百人)	Average Number of Newspaper Subscribed per 100 Persons	(piece/hundred People)	3335	3185	3162	2621	2478
每百人平均包件	(件/百人)	Average Number of Parcels per 100 Persons	(Piece/hundred People)	9.3	7.8	5.1	2.5	2.5
每百人平均快递业务量	(件/百人)	Average amount per one hundred courier business	(Piece/hundred People)	2587	4466	6937	10761	14022
固定电话普及率	(线/百人)	Popularization Rate of Fixed Telephone	(pars/hundred person)	32.4	30.0	27.2	23.2	21.7
移动电话普及率	(部/百人)	Popularization Rate of Mobile Telephone	(pars/hundred person)	128.7	134.6	135.6	130.4	135.8
人均邮政、电信费用支出(按合计总量算)	(元/人)	Per Capital Expenditure of Telecommunications	(yuan/person)	1836	1987	2168	2519	2745
已通电话的乡镇	(个)	Number of Townships with Telephone Communication	(Number)	1324	1321	1350	1378	1378
已通邮的行政村比重	(%)	Number of Villages with Posal Communication	(Percentage)	100	100	100	100	100
设有局所的乡(镇)比重	(%)	Percentage of Townships with Postal Offices	(Percentage)	89.8	96.4	100.0	100.0	100.0

浙/江/统/计/年/鉴

主要统计指标解释

■ 铁路营业里程

又称营业长度,指办理客货运输业务的铁路正线总长度。凡是全线或部分建成双线及以上的线路,以第一线的实际长度计算;复线、站线、段管线、岔线和特殊用途线以及不计算运费的联络线都不计算营业里程。铁路营业里程是反映铁路运输业基础设施发展水平的重要指标,也是计算客货周转量、运输密度和机车车辆运用效率等指标的基础资料。

■ 公路里程

指在一定时期内实际达到《公路工程技术标准JTJ01-88》规定的等级公路,并经公路主管部门正式验收交付使用的公路里程数。其计算单位为:km。它包括大中城市的郊区公路以及通过小城镇街道部分的公路里程,也包括桥梁、渡口的长度,但不包括大中城市的街道、厂矿、林区生产用道和农业生产用道的里程。两条或多条公路共同经由同一路段,只计算一次,不得重复计算里程长度。公路里程是反映公路建设发展规模的重要指标,也是计算运输网密度等指标的基础资料。

■ 内河航道里程

也称“内河通航里程”,是反映内河水运网规模、水平和发展情况的主要指标;是指在一定时期内,能通航运输船舶及排筏的天然河流、湖泊水库、运河及通航渠道的长度。包括全年季节性通航累计三个月以上的航道,但不包括仅供零散流放竹、木排的河道。

■ 货(客)运量

指在一定时期内,各种运输工具实际运送的货物(旅客)数量。是反映运输业为国民经济和人民生活服务的数量指标,也是制定和检查运输生产计划,研究运输发展规模和速度的重要指标。货运按吨计算,客运按人计算。货物不论运输距离长短,货物类别,均按实际重量统计;旅客不论行程远近或票价多少,均按一人一次作为客运量统计。半价票、小孩票也按一人统计。

■ 货物(旅客)周转量

指在一定时期内,由各种运输工具运送的货物(旅客)数量与其相应运输距离的乘积之总和,是反映运输业生产总成果的重要指标,也是编制和检查运输生产计划,计算运输效率、劳动生产率以及核算运输单位成本的主要基础资料。通常以吨公里和人公里为计算单位。计算货物周转量通常按发出站与到达站之间的最短距离,也就是计费距离计算。

■ 沿海主要港口货物吞吐量

指由水运进出沿海主要港区范围,并经过装卸的货物数量,包括邮件及办理托运手续的行李、包裹以及补给运输船舶的燃、物料和淡水。其计量单位为吨。货物吞吐量的货种分类及其主要流向流量,反映了港口在国内外物资交流和对外贸易运输中的地位和作用。吞吐量可以分为进口、出口,又可以分为国内贸易和对外贸易。

■ 邮电业务总量

指以货币表现的邮电部门用于传递信息和提供其他邮电服务的总数量。它综合反映了一定时期邮电工作的总成果,是研究邮电业务量构成和发展趋势的重要指标。它用各种邮电分类业务量,如函件件数、长途电话业务量、市内电话和农村电话的年均户数、订销报刊累计份数等,分别乘以相应的平均单价(不变价),加总后再加上出租电路和设备的收入、代用户维护电话交换机和线路等设备的收入、其他业务收入求得。

ZHEJIANG STATISTICAL YEARBOOK

Explanatory Notes on Main Statistical Indicators

□ Length of Railways in Operation

refers to the total length of the trunk line under passenger and freight transportation. The calculation is based on the actual length of the first line even if this line has a full or partial double track or more tracks, excluding double tracks, stationsidings, tracks under the charge of stations; branch lines, specialpurpose lines and the non-payable connecting lines. The length of railways in operation is an important indicator to show the development of the intra - structure for the railway transport, and also the essential data to calculate volume of passenger freight transport, traffic density and utilization efficiency of the locomotives and carriages.

□ Length of Highways

refers to the length of highways which are built in conformity with the grades specified by the highway engineering standard formulated by the Ministry of Communications, and have been formally checked and accepted by the departments of highways and put into use. The length of highways includes that of the suburb highways at large and medium - sized cities, highways passing through streets at small cities and towns, and also the length of bridges and ferries. It does not include the length of streets in big and medium - sized cities and highways built for the production purpose at factories, mines, forest areas and agricultural areas. If two or more highways go the same section of the way, the length of the section is only calculated for once and no duplication is allowed. The length of highways is an important indicator to show the development of the highway construction and to provide essential information to calculate the transport network density.

□ Length of Navigable Inland Waterways

refers to the length of the natural rivers, lakes, reservoirs, canals, and ditches open to navigation during a given period, which enables the transport by ships and rafts. It includes the channels open to navigation for over 3 months accumulatively in a year, yet this does not include the river courses which are only used to float odd logs and bamboo rafts.

□ Length of Civil Aviation Routes

refers to the length of all routes for regular civil aviation flights. There are usually two ways to calculate the distance between airports connected by the route length: One is to put the length of all air routes together, called duplicated calculation of the length of the routes; the other is not to allow the duplication in calculation when two or more routes passing the same section. The latter is usually used, as it can precisely show the size of the civil aviation network and indicate the extent of civil aviation serving the national economy and the people.

□ Freight (Passenger) Traffic

refers to the volume of freight (passenger) transported with various means. Freight transport is calculated in tons and passenger traffic is calculated in the number of persons. Despite the type of freight and travelling distance, the freight transport is calculated by the principle that one person can be counted only once in one travel. The passenger who travel with a half - price ticket or a child ticket is also calculated as one person. The freight (passenger) traffic provides a quantitative measure to show how the transport industry serves the national economy and people, and is also an important indicator for planning the transport industry and for studying the development scale and speed of the transport industry.

□ Freight Ton-kilometers(Passenger - kilometers)

refer to the sum of the products of the volume of

EXPLANATORY NOTES ON MAIN STATISTICAL INDICATORS

transported cargo(passengers) multiplying by the transport distance, usually using ton – kilometre and passenger – kilometre as units for measurement. Normally, the shortest distance between the departure station and the destination station (i. e., the payable distance) is the basis to calculate the freight ton – kilometres. This is an important indicator to show the total results of the transport industry, to prepare and examine the transport plan and to measure the efficiency, the labour productivity and the unit cost of transport.

□ Volume of Freight Handled in Major Coastal Ports

refers to the volume of cargo passing in and out the harbor area of the major coastal ports and having been loaded and unloaded. The volume includes that of the postal matters, registered luggages and fuels, materials and fresh water as supplies of the ships. The volume of freight handled may be classfied as import, export, or as domestic trade and foreign trade. The volume of freight handled by type of cargo and by main flow direction reflects the position and function of the ports in the inflow of Chinese and foreign commodities and in the transportation for foreign trade.

□ Business Volume of Post and Telecommunications

refers to the total amount of the imformation delivered and other post and telecommunications services provided by the post and telecommunications departments for the customers. It is derived by first multiplying the business volume of different types, such as number of letters, telegrams, long distance calls, city and rural telephone subscribers and accumulated number of newspapers and journals subscribed and sold, etc. by their respective average unit price (fixed price) and then adding these products together: plus the income from maintenance of telephone exchanges and lines, and the income from other business operations. The business volume of post and telecommunications indicates the total achievements made by the post and telecommunications department during a given period of time in a comprehensive way, and is an important indicator to study the composition and development of the post and telecommunications business.

2018
浙江统计年鉴
ZHEJIANG STATISTICAL YEARBOOK

CHAPTER 10

批发、零售贸易和餐馆业

Wholesale and Retail Trade and Catering Trade

10-1 社会消费品零售总额(1978-2017年)
Total Retail Sales of Consumer Goods by Region(1978-2017)

单位:亿元(100 million yuan)

年份 Year	社会消费品零售总额 Total Retail Sales of Consumer Goods	按地区分 By Rergion			按行业分 By Secter		
		市 City	县 County	县以下 County Level	批发和零售业 Wholesale and Retail Trade	餐饮业 Catering Services	其他 Others
1978	46.86	9.75	14.46	22.65	43.57	1.84	1.45
1979	58.97	11.56	17.68	29.73	55.06	2.28	1.63
1980	74.87	14.99	21.68	38.20	69.62	2.86	2.39
1981	85.99	23.76	17.59	44.64	79.98	3.21	2.80
1982	93.77	25.01	19.57	49.19	86.78	3.45	3.54
1983	104.24	28.06	23.10	53.08	96.93	3.87	3.44
1984	125.82	35.66	27.96	62.20	116.37	4.98	4.47
1985	172.27	55.99	40.74	75.54	157.44	6.56	8.27
1986	203.49	67.15	44.71	91.63	185.26	7.90	10.33
1987	242.58	87.80	45.29	109.49	220.40	9.73	12.45
1988	325.88	132.28	51.23	142.37	298.19	12.55	15.14
1989	346.01	141.80	51.91	152.30	316.71	14.06	15.24
1990	353.75	153.27	48.55	151.93	321.45	15.90	16.40
1991	404.00	184.56	55.79	163.65	366.65	19.07	18.28
1992	493.87	230.23	73.72	189.92	442.64	25.04	26.19
1993	772.11	371.59	112.72	287.80	722.81	40.09	9.21
1994	1133.18	615.40	115.15	402.63	1013.18	55.24	64.76
1995	1472.66	791.45	142.73	538.48	1360.01	85.92	26.73
1996	1776.67	950.80	181.68	644.19	1610.94	115.02	50.71
1997	1951.96	1054.90	193.40	703.66	1759.87	129.88	62.21
1998	2120.78	1150.81	203.92	766.05	1896.93	149.33	74.52
1999	2305.86	1257.49	223.54	824.83	2041.43	188.31	76.12
2000	2553.59	1394.29	250.36	908.94	2235.01	237.67	80.91
2001	2839.59	1594.35	275.10	970.14	2478.04	277.97	83.57
2002	3166.15	1816.22	315.53	1034.40	2736.10	340.34	89.72
2003	3511.26	2224.23	366.42	920.61	2998.92	399.14	113.20
2004	4055.50	2573.23	452.89	1029.38	3525.14	452.78	77.58
2005	4645.85	3056.03	462.00	1127.83	4033.32	534.85	77.69
2006	5357.97	3540.56	522.60	1294.80	4687.61	613.63	56.73
2007	6271.32	4155.19	610.31	1505.83	5488.43	724.04	58.85
2008	7533.30	5021.44	735.99	1775.86	6678.37	804.09	50.85
2009	8666.19	5800.07	843.39	2022.72	7708.05	905.75	52.39
2010	10387.02	9138.46		1248.55	9231.22	1072.46	83.34
2011	12532.80	10547.42		1985.38			
2012	14199.59	11965.63		2233.97			
2013	15970.84	13399.10		2571.73			
2014	17835.34	14933.13		2902.20			
2015	19784.74	16522.56		3262.18			
2016	21970.79	18280.62		3690.17			
2017	24308.48	20168.11		4140.37			

注:2010年起社会消费品零售总额由于口径变化,分为"城镇"和"乡村"两部分,分别列入原口径中的"市"和"县以下"中。
The data of total retail sales of consumer goods are adjusted since 2010.

10－2 按登记注册类型分限额以上批发零售贸易业基本情况
Basic Information of Enterprises Above Designated Size in Wholesale and Retail Trades by Types of Registration

指标	Item	法人企业(个) Number of Corporation (unit)		从业人员(人) Persons Employed (person)	
		2016	2017	2016	2017
总计	**Total**	**17317**	**18518**	**745929**	**783527**
批发业合计	**Wholesale Trade**	**11678**	**12682**	**374349**	**403563**
#国有及国有控股企业	State－owend and State Holding Enterprises	447	467	48849	48132
内资企业	Domestic Funded Enterprises	11397	12396	359779	382822
国有企业	State－owned Enterprises	39	34	8665	9490
集体企业	Collective Owned Enterprises	16	12	814	514
股份合作企业	Cooperative Enterprises	19	13	488	270
联营企业	Joint Ownership Enterprises				
国有联营企业	State Joint Ownership Enterprises				
集体联营企业	Collective Joint Ownership Enterprises				
其他联营企业	Other Joint Ownership Enterprises				
有限责任公司	Limited Liability Corporations	2095	2189	102171	102739
国有独资公司	State Sole Funded Corporations	112	114	7347	7833
其他有限责任公司	Other Limited Liability Corporations	1983	2075	94824	94906
股份有限公司	Share－holding Corporations Ltd.	169	186	37231	34907
私营企业	Private Enterprises	9007	9914	209641	234169
私营独资企业	Private Funded Enterprises	38	34	437	446
私营合伙企业	Private Partnership Corporations	5	5	47	60
私营有限责任公司	Private Limited Liability Corporations	8873	9772	205952	229771
私营股份有限公司	Private Share－holding Corporations Ltd.	91	103	3205	3892
港、澳、台商投资企业	Enterprises With Funds From Hong Kong, Macao and Taiwan	137	140	9127	11637
合资经营企业	Joint－venture Enterprises	35	39	1995	2407
独资经营企业	Enterprises with Sole Investment	92	90	6773	9018
外商投资企业	Foreign Funded Enterprises	144	146	5443	9104
中外合资经营企业	Joint－venture Enterprises	38	44	1361	2821
中外合作经营企业	Cooperation Enterprises				
外资企业	Enterprises With Sole Foreign Investment	95	88	3563	3104
外商投资股份有限公司	Foreign Invesment Share－holding Corporations Ltd.	6	6	115	244

续表 Continued

指标	Item	法人企业(个) Number of Corporation (unit)		从业人员(人) Persons Employed (person)	
		2016	2017	2016	2017
零售业合计	**Retail Sale Trade**	**5639**	**5836**	**371580**	**379964**
#国有及国有控股企业	State - owend and State Holding Enterprises	431	442	37510	36432
内资企业	Domestic Funded Enterprises	5442	5644	328362	336145
国有企业	State - owned Enterprises	31	29	1636	1225
集体企业	Collective Owned Enterprises	39	33	1918	1303
股份合作企业	Cooperative Enterprises	35	40	643	982
联营企业	Joint Ownership Enterprises	9	10	160	164
国有联营企业	State Joint Ownership Enterprises	1	2	27	48
国有与集体联营企业	Joint State - collective Enterprises	5	4	98	71
其他联营企业	Other Joint Ownership Enterprises	3	4	35	45
有限责任公司	Limited Liability Corporations	1484	1466	129322	123058
国有独资公司	State Sole Funded Corporations	91	91	6596	6254
其他有限责任公司	Other Limited Liability Corporations	1393	1375	122726	116804
股份有限公司	Share - holding Corporations Ltd.	124	123	26450	27858
私营企业	Private Enterprises	3646	3871	167017	180581
私营独资企业	Private Funded Enterprises	124	135	1953	1990
私营合伙企业	Private Partnership Corporations	39	40	2402	2599
私营有限责任公司	Private Limited Liability Corporations	3416	3630	159516	172842
私营股份有限公司	Private Share - holding Corporations Ltd.	67	66	3146	3150
港、澳、台商投资企业	Enterprises With Funds From Hong Kong, Macao and Taiwan	114	113	23151	25995
合资经营企业	Joint - venture Enterprises From Hong Kong, Macao and Taiwan	36	32	10161	9326
合作经营企业	Cooperation Enterprises From Hong Kong, Macao and Taiwan	1	1	304	299
港、澳、台商独资经营企业	Enterprises with Sole Hong Kong,Macao and Taiwan	72	70	12461	14559
港、澳、台商投资股份有限公司	Share - holding Corporations Ltd. with Funds From Hong Kong,Macao and Taiwan	3	4	156	427
外商投资企业	Foreign Funded Enterprises	83	79	20067	17824
中外合资经营企业	Joint - venture Enterprises	22	16	8055	6720
中外合作经营企业	Cooperation Enterprises	1	1	54	57
外资企业	Enterprises With Sole Foreign Investment	56	56	11560	10608

10－3 分行业限额以上批发零售贸易基本情况
Basic Information of Enterprises Above Designated Size in Wholesale and Retail Trade by Sector

指标	Item	法人企业（个） Number of Corporation (unit)		从业人员（人） Persons Employed (person)	
		2016	2017	2016	2017
总计	**Total**	**17317**	**18522**	**745929**	**783540**
批发业	**Wholesale**	**11678**	**12684**	**374349**	**403563**
农、林、牧产品批发	Agriculture, forest, animal husbandry products wholesale	205	178	4778	4819
食品、饮料及烟草制品批发	Food, Beverages, Tobacoo and Its Production	651	697	57595	61907
#米、面制品及食用油批发	Rice, Flour and Its Production, Edible Oil	112	112	5683	5573
烟草制品批发	Tobacoo and Its Production	12	12	7218	7775
纺织、服装及家庭用品批发	Textile, Garments and Articles for Daily Use	3658	3898	118382	132490
#服装批发	Garments	676	721	31748	36289
文化、体育用品及器材批发	Culture, Sports Articles and Equipment	470	529	13705	14980
医药及医疗器材批发	Medicines and Medical Appliances	367	437	32454	36104
矿产品、建材及化工产品批发	Mineral Production, Building Materials and Chemical Production	4354	4848	90150	90241
#煤炭及制品批发	Coal and Related Production	335	333	4710	4481
石油及制品批发	Petroleurn and Related Production	472	527	25384	24470
金属及金属矿批发	Metal Materials and Mineral	1611	1800	22540	25566
建材批发	Building Materials	397	450	11220	8021
化肥批发	Fertilizer	71	69	1772	1789
机械设备、五金交电及电子产品批发	Machinery Equipment, Hardware and Electric Production	1626	1808	51226	57201
#汽车批发	Motor Vehicles	129	142	6321	7610
五金产品批发	Hardware products Wholesale	399	435	11749	12496
计算机、软件及辅助设备批发	Computers, Software and Auxiliary Equipment	64	65	1652	1911
贸易经纪与代理	Manage and Agencies in Trade	102	70	1626	1086
其他批发	Others	245	219	4433	4735

续表 Continued

指标	Item	法人企业(个) Number of Corporation (unit)		从业人员(人) Persons Employed (person)	
		2016	2017	2016	2017
零售业	**Retail Sale**	**5639**	**5838**	**371580**	**379977**
综合零售	Synthesizs	501	475	108006	102511
#百货零售	Consumer Goods	205	195	29772	28769
超级市场零售	Supermarkets	242	238	68418	67003
食品、饮料及烟草制品专门零售	Food, Beverages, Tobacoos and Its Production	351	384	15085	13614
纺织、服装及日用品专门零售	Textile Garments and Articles for Daily Use	300	309	27829	33184
#服装零售	Garments Articles	150	153	19932	25244
文化、体育用品及器材专门零售	Culture, Sports Articles and Equipment	235	227	12125	12185
#体育用品及器材零售	Sports Articles	7	8	670	518
#图书报刊零售	Books, newspaper	89	86	5810	5774
医药及医疗器材专门零售	Medicines and Medical Appliances	310	309	27034	28728
#药品零售	Medicines	277	287	26094	28598
汽车、摩托车、燃料及零配件专门零售	Motor Vehicles Motorcycles Fuel	2385	2501	118444	124125
汽车零售	Motor Vehicles	1745	1745	99798	1746
机动车燃料零售	Fuel for Motor Vehicles Use	595	571	17439	16890
家用电器及电子产品专门零售	Household Appliance Electric Production	599	576	26329	25713
#日用家电设备零售	Household Appliance	231	236	8472	8841
计算机、软件及辅助设备零售	Computer, Software and Auxiliary Equipment	154	137	3610	3244
通信设备零售	Communication Equipment	83	88	9103	9143
五金、家具及室内装修材料专门零售	Hardware Furniture Decoration Indoors	205	215	5340	5087
货摊、无店铺及其他零售	Non-shop and Other Retail Sale	753	831	31388	34091
#邮购及电视电话零售	Mail, tclcphonc and TV rctail	7	4	887	760

10－4 按登记注册类型分限额以上批发零售贸易业商品销售总额
Total Sales of Enterprises Above Designated Size in Wholesale and Retail Trade by Types of Registration

单位:亿元(100 million yuan)

指标	Item	合计 Total		批发 Wholesale		零售 Retail Sale	
		2016	2017	2016	2017	2016	2017
总计	**Total**	**44594.66**	**56602.10**	**35747.50**	**48524.20**	**8847.16**	**8077.90**
批发业合计	**Wholesale Trade**	**36346.23**	**48203.19**	**34869.22**	**47531.54**	**1477.02**	**671.65**
#国有及国有控股企业	State－owend and State Holding Enterprises	8083.89	11471.43	7343.98	11303.97	739.91	167.46
内资企业	Domestic Funded Enterprises	34740.98	45138.10	33284.68	44499.97	1456.30	638.14
国有企业	State－owned Enterprises	974.80	1036.49	967.91	1024.83	6.89	11.66
集体企业	Collective Owned Enterprises	36.77	8.56	36.14	8.29	0.63	0.27
股份合作企业	Cooperative Enterprises	12.25	9.08	11.45	8.73	0.80	0.35
联营企业	Joint Ownership Enterprises						
国有联营企业	State Joint Ownership Enterprises						
集体联营企业	Collective Joint Ownership Enterprises						
其他联营企业	Other Joint Ownership Enterprises						
有限责任公司	Limited Liability Corporations	14972.21	17987.68	14230.14	17773.34	742.07	214.34
国有独资公司	State Sole Funded Corporations	1129.09	1476.37	1027.92	1456.09	101.18	20.28
其他有限责任公司	Other Limited Liability Corporations	13843.12	16511.31	13202.22	16317.26	640.90	194.05
股份有限公司	Share－holding Corporations Ltd.	2906.87	4002.06	2594.74	3924.21	312.13	77.85
私营企业	Private Enterprises	15794.07	22057.64	15403.08	21730.63	390.99	327.01
私营独资企业	Private Funded Enterprises	15.25	14.57	12.46	13.83	2.79	0.74
私营合伙企业	Private Partnership Corporations	2.10	5.46	2.07	5.37	0.03	0.10
私营有限责任公司	Private Limited Liability Corporations	15515.12	21518.34	15135.71	21196.20	379.42	322.14
私营股份有限公司	Private Share－holding Corporations Ltd.	261.60	519.26	252.85	515.23	8.75	4.03
港澳台商投资企业	Enterprises With Funds From Hong Kong Macao and Taiwan	663.17	850.85	644.25	824.07	18.92	26.78
合资经营企业	Joint－venture Enterprises	149.16	137.51	145.97	134.84	3.18	2.67
独资经营企业	Enterprises with Sole Investment	474.22	657.40	459.13	633.37	15.08	24.03
外商投资企业	Foreign Funded Enterprises	942.09	2214.24	940.29	2207.51	1.79	6.73
中外合资经营企业	Joint－venture Enterprises	626.43	1834.37	625.61	1833.48	0.82	0.89
中外合作经营企业	Cooperation Enterprises						
外资企业	Enterprises With Sole Foreign Investment	281.13	283.39	280.32	277.56	0.81	5.84
外商投资股份有限公司	Foreign Invesment Share－holding Corporations Ltd.	4.45	17.24	4.45	17.24		

续表 Continued 单位:亿元(100 million yuan)

指标	Item	合计 Total 2016	2017	批发 Wholesale 2016	2017	零售 Retail Sale 2016	2017
零售业合计	**Retail Trade**	**8248.43**	**8398.91**	**878.29**	**992.66**	**7370.14**	**7406.25**
#国有及国有控股企业	State – owend and State Holding Enterprises	1441.74	1499.01	229.28	265.22	1212.46	1233.79
内资企业	Domestic Funded Enterprises	7225.85	7382.83	828.91	937.33	6396.94	6445.50
国有企业	State – owned Enterprises	19.36	15.73	2.32	2.81	17.03	12.92
集体企业	Collective Owned Enterprises	52.44	16.07	18.25	0.02	34.19	16.05
股份合作企业	Cooperative Enterprises	11.12	16.70	0.34	0.68	10.78	16.02
联营企业	Joint Ownership Enterprises	6.38	7.71	0.05	0.19	6.34	7.52
国有联营企业	State Joint Ownership Enterprises	1.46	2.88		0.05	1.46	2.83
国有与集体联营企业	State – collective Joint Enterprises	4.06	3.50	0.05		4.01	3.50
其他联营企业	Other Joint Ownership Enterprises	0.86	1.34		0.14	0.86	1.19
有限责任公司	Limited Liability Corporations	3063.90	3064.02	343.66	394.55	2720.23	2669.47
国有独资公司	State Sole Funded Corporations	180.74	183.97	37.16	40.31	143.58	143.66
其他有限责任公司	Other Limited Liability Corporations	2883.16	2880.05	306.51	354.24	2576.65	2525.81
股份有限公司	Share – holding Corporations Ltd.	835.13	908.80	153.04	183.05	682.09	725.75
私营企业	Private Enterprises	3225.78	3346.43	309.83	355.24	2915.95	2991.19
私营独资企业	Private Funded Enterprises	22.24	23.33	3.10	3.40	19.14	19.93
私营合伙企业	Private Partnership Corporations	19.73	18.78	0.75	1.49	18.98	17.29
私营有限责任公司	Private Limited Liability Corporations	3133.76	3253.57	300.68	346.69	2833.08	2906.88
私营股份有限公司	Private Share – holding Corporations Ltd.	50.05	50.76	5.30	3.66	44.75	47.09
港澳台商投资企业	Enterprises With Funds From Hong Kong Macao and Taiwan	519.51	591.69	28.48	39.22	491.03	552.47
合资经营企业	Joint – venture Enterprises	233.71	216.79	18.80	15.94	214.91	200.85
合作经营企业	Cooperation Enterprises	3.27	3.46			3.27	3.46
独资经营企业	Enterprises with Sole Investment	278.42	338.04	8.86	22.99	269.56	315.05
港、澳、台商投资股份有限公司	Share – holding Corporations Ltd. with Funds From Hong Kong,Macao and Taiwan	2.00	18.08	0.81		1.19	18.08
外商投资企业	Foreign Funded Enterprises	503.07	424.39	20.90	16.11	482.17	408.28
中外合资经营企业	Joint – venture Enterprises	248.97	154.23	20.28	14.67	228.69	139.56
中外合作经营企业	Cooperation Enterprises	0.78	0.68			0.78	0.68
外资企业	Enterprises With Sole Foreign Investment	244.45	259.31	0.62	1.44	243.83	257.87

10-5 分行业限额以上批发零售贸易业销售总额
Total Sales of Enterprises Above Designated Size in Wholesale and Retail Trade by Sector

单位:亿元(100 million yuan)

指标	Item	销售总额 Sales					
		合计 Total		批发 Wholesale		零售 Retail Sale	
		2016	2017	2016	2017	2016	2017
总计	**Total**	**44594.66**	**56602.10**	**35747.50**	**48524.20**	**8847.16**	**8077.90**
批发业	**Wholesale**	**36346.23**	**48203.19**	**34869.22**	**47531.54**	**1477.02**	**671.65**
农、林、牧产品批发	Agricultural and Animal Production	256.21	249.59	246.31	241.48	9.90	8.11
食品、饮料及烟草制品批发	Food, Beverages, Tobacoo and Its Production	2611.77	2808.68	2555.30	2753.99	56.47	54.68
#米、面制品及食用油批发	Rice, Flour and ItsProduction, Edible Oil	308.73	330.62	300.98	318.94	7.75	11.68
烟草制品批发	Tobacoo and Its Production	644.40	1054.21	629.86	1053.33	14.54	0.88
纺织、服装及家庭用品批发	Textile, Garments and Articles for Daily Use	5565.68	6399.10	5377.93	6225.31	187.76	173.79
#服装批发	Garments	1212.10	1355.19	1192.77	1323.70	19.33	31.49
文化、体育用品及器材批发	Culture, Sports Articles and Equipment	827.64	968.52	786.18	946.07	41.46	22.45
医药及医疗器材批发	Medicines and Medical Appliances	1451.95	1745.97	1041.99	1686.71	409.96	59.26
矿产品、建材及化工产品批发	Mineral Products, Building Materials and Chemical Production	20641.31	29452.79	19986.11	29192.75	655.20	260.04
#煤炭及制品批发	Coal and Related Production	1825.30	2660.85	1804.48	2658.39	20.82	2.46
石油及制品批发	Petroleurn and Related Production	3078.86	5432.21	2830.53	5274.63	248.33	157.58
金属及金属矿批发	Metal Materials and Mineral	9403.56	12614.50	9090.73	12578.15	312.82	36.35
建材批发	Building Materials	862.79	1040.15	841.53	1034.11	21.26	6.04
化肥批发	Fertilizer	97.70	120.91	97.41	120.47	0.29	0.44
机械设备、五金交电及电子产品批发	Machinery Equipment, Hardware and Electric Production	4166.51	5475.22	4051.73	5385.24	114.77	89.97
#汽车批发	Motor Vehicles	1451.25	2342.97	1393.26	2306.22	57.99	36.74
五金产品批发	Household Appliances	530.19	666.17	521.62	656.65	8.57	9.53
计算机、软件及辅助设备批发	Computers, Software and Auxiliary Equipment	100.28	91.94	89.83	76.49	10.44	15.45
贸易经纪与代理	Manage and Agencies in Trade	93.78	96.64	93.45	96.24	0.33	0.40
其他批发	Others	731.39	1006.69	730.23	1003.75	1.16	2.94

续表 Continued 单位:亿元(100 million yuan)

指标	Item	销售总额 Sales 合计 Total 2016	2017	批发 Wholesale 2016	2017	零售 Retail Sale 2016	2017
零售业	**Retail Sale**	**8248.43**	**8398.91**	**878.29**	**992.66**	**7370.14**	**7406.25**
综合零售	Synthesizs	1442.29	1263.34	123.53	101.88	1318.75	1161.46
#百货零售	Consumer Goods	609.86	523.37	33.87	12.99	575.99	510.38
超级市场零售	Supermarkets	745.99	704.68	74.47	88.08	671.52	616.61
食品、饮料及烟草制品专门零售	Food, Beverages, Tobacoos and Its Production	131.87	108.61	29.85	16.47	102.02	92.14
纺织、服装及日用品专门零售	Textile Garments and Articles for Daily Use	358.56	373.50	59.40	77.27	299.16	296.23
#服装零售	Garments Articles	234.22	246.42	27.32	32.33	206.90	214.09
文化、体育用品及器材专门零售	Culture, Sports Articles and Equipment	179.08	136.99	20.03	14.94	159.05	122.06
#体育用品及器材零售	Sports Articles	6.23	4.46	1.82	1.30	4.41	3.15
#图书报刊零售	Books	56.70	59.03	0.50	0.47	56.20	58.55
医药及医疗器材专门零售	Medicines and Medical Appliances	393.02	284.86	75.55	90.19	317.47	194.67
#药品零售	Medicines	377.05	273.63	72.01	86.25	305.04	187.38
汽车、摩托车、燃料及零配件专门零售	Motor Vehicles Motorcycles Fuel	4511.10	4913.94	343.77	477.95	4167.33	4435.98
#汽车零售	Motor Vehicles	3390.91	0.17	156.27	0.18	3234.64	0.18
机动车燃料零售	Fuel for Motor Vehicles Use	1094.80	1210.31	183.44	243.00	911.36	967.31
家用电器及电子产品专门零售	Household Appliance Electric Production	396.11	440.42	72.41	83.04	323.70	357.38
#日用家电设备零售	Household Appliance	147.02	187.13	22.59	27.85	124.43	159.28
计算机、软件及辅助设备零售	Computer, Software and Auxiliary Equipment	56.00	50.15	8.87	6.16	47.13	43.99
通信设备零售	Communication Equipment	108.91	123.40	30.44	40.24	78.47	83.16
五金、家具及室内装修材料专门零售	Hardware Furniture Decoration Indoors	153.05	63.29	60.22	16.20	92.83	47.09
货摊、无店铺及其他零售	Non - shop and Other Retail Sale	683.34	801.13	93.52	104.29	589.82	696.84
#邮购及电视电话零售	Mail Order and Electron Vendition	15.80	16.24	0.14		15.65	16.24

10－6 限额以上批发零售贸易业商品分类销售额(2014－2017年) Total Sales of Enterprises Above Designated Size(2014－2017)

单位:亿元(100 million yuan)

商品分类	Commodity	合计 Total			
		2014	2015	2016	2017
食品、饮料、烟酒类	Food, Beverage, Tobacco and Liquor	3316.95	3536.63	3962.68	3798.87
肉禽蛋类	Meat, Poultry and Eggs	146.97	168.79	193.70	186.97
其他食品类	Other Food	1266.45	1456.30	1857.90	1609.81
饮料类	Beverages	728.34	643.35	647.87	701.12
烟酒类	Tobacco and Liquor	1175.19	1268.19	1263.22	1300.97
服装鞋帽、针、纺织品类	Garments, Shoes, Hats, Knit and Textile Goods	3580.11	4102.66	4493.17	4164.84
服装类	Garments	1506.94	1806.96	1926.27	1668.23
鞋帽类	Shoes and Hats	386.71	397.63	425.12	411.68
针、纺织品类	Knit and Textile Goods	1686.46	1898.04	2141.79	2084.93
化妆品类	Cosmetics	134.31	149.01	168.82	189.42
金银珠宝类	Jewelry	375.42	486.44	401.03	288.27
日用品类	Articles For Daily Use	1034.95	1044.17	1118.62	1146.20
洗涤用品类	Washing	198.42			
儿童玩具类	Toy For Children	36.40	35.79	52.54	46.17
五金、电料类	Hardware & Electric Materials	435.26	426.45	456.55	495.44
体育、娱乐用品类	Sports and Recreation	41.42	49.02	53.75	56.52
书报杂志类	Newspapers and Magazines	82.48	98.21	107.23	110.99
电子出版物及音像制品类	Electronic Publication and Audiovisual Production	5.02	7.22	7.90	7.89
家用电器及音像器材类	Household Appliances and Audiovisual Equipment	994.54	1010.46	1144.63	1304.85
中西药品类	Traditional Chinese & Western Medicines	1385.37	1513.34	1648.79	1735.29
西药	Western Medicines	1022.15	1115.51	1218.31	1260.10
中草药及中成药	Chinese Herbal Medicine and Other Traditional Chinese Medicine	254.56	272.76	287.05	291.14
文化办公用品类	Culture and Official Articles	479.05	522.95	603.57	630.59
家具类	Furniture	153.48	206.98	221.41	161.68
通讯器材类	Communication Appliances	283.36	405.85	626.12	766.15
煤炭及制品类	Coal and Related Production	1374.73	1416.62	1428.20	2027.82
木材及制品类	Timber and Related Production	236.29	390.05	472.11	454.63
石油制品及类	Oil and Related Production	4668.32	4389.75	4729.99	6092.16
化工材料及制品及类	Chemical Materials and Related Production	4238.95	4402.13	5328.00	7001.30
化肥类	Fertilizer	139.17	137.62	112.10	119.11
金属材料类	Metal Materials	9761.29	9536.02	9413.72	11892.68
建筑及装潢材料类	Building and Decoration Materials	542.94	563.54	689.00	650.68
机电成品及设备类	Mechanical and Electrical Production and Appliances	872.78	936.21	985.50	1220.05
农机类	Agricutural Mechanical Production	10.20	8.24	8.89	9.54
汽车类	Motor Vehicles	3812.40	4217.61	5066.00	6093.04
种子饲料类	Seed and Forage	40.41	42.54	45.58	61.68
棉麻类	Cotton & Ambery	96.33	93.42	72.05	104.75
其他类	Others	1924.63	2213.34	2349.66	2414.02

续表 1 Continued 单位:亿元(100 million yuan)

商品分类	Commodity	批发额 Wholesale			
		2014	2015	2016	2017
食品、饮料、烟酒类	Food, Beverage, Tobacco and Liquor	2579.79	2674.87	3011.46	2948.43
肉禽蛋类	Meat, Poultry and Eggs	77.76	87.36	103.82	103.69
其他食品类	Other Food	706.02	879.47	1211.53	1037.61
饮料类	Beverages	653.31	556.23	554.86	611.30
烟酒类	Tobacco and Liquor	1073.48	1151.81	1141.26	1195.84
服装鞋帽、针、纺织品类	Garments, Shoes, Hats, Knit and Textile Goods	2892.12	3274.31	3542.87	3316.90
服装类	Garments	971.27	1163.41	1185.30	990.07
鞋帽类	Shoes and Hats	300.35	297.56	306.04	305.61
针、纺织品类	Knit and Textile Goods	1620.49	1813.32	2051.53	2021.23
化妆品类	Cosmetics	44.55	48.18	58.92	77.41
金银珠宝类	Jewelry	187.77	276.43	208.45	145.31
日用品类	Articles For Daily Use	784.17	765.15	794.19	858.56
洗涤用品类	Washing	149.37			
儿童玩具类	Toy For Children	26.67	23.95	35.49	31.93
五金、电料类	Hardware & Electric Materials	407.33	391.07	417.04	467.43
体育、娱乐用品类	Sports and Recreation	24.17	30.32	32.26	32.98
书报杂志类	Newspapers and Magazines	35.74	41.52	44.85	45.17
电子出版物及音像制品类	Electronic Publication and Audiovisual Production	3.01	5.22	5.76	5.84
家用电器及音像器材类	Household Appliances and Audiovisual Equipment	660.16	631.76	734.53	871.81
中西药品类	Traditional Chinese & Western Medicines	741.61	801.40	897.75	937.81
西药	Western Medicines	547.75	595.52	672.85	674.13
中草药及中成药	Chinese Herbal Medicine and Other Traditional Chinese Medicine	130.00	142.19	149.23	152.09
文化办公用品类	Culture and Official Articles	395.17	421.07	464.04	491.71
家具类	Furniture	91.13	122.91	129.35	106.13
通讯器材类	Communication Appliances	199.93	262.98	455.32	565.48
煤炭及制品类	Coal and Related Production	1370.98	1412.46	1424.19	2026.65
木材及制品类	Timber and Related Production	236.29	390.05	472.11	454.63
石油制品及类	Oil and Related Production	3331.68	3148.95	3504.75	4761.08
化工材料及制品及类	Chemical Materials and Related Production	4238.95	4402.13	5328.00	7001.30
化肥类	Fertilizer	139.17	137.62	112.10	119.11
金属材料类	Metal Materials	9761.29	9536.02	9413.72	11892.68
建筑及装潢材料类	Building and Decoration Materials	457.65	443.52	546.25	592.94
机电成品及设备类	Mechanical and Electrical Production and Appliances	860.94	923.08	965.35	1204.82
农机类	Agricutural Mechanical Production	10.20	8.24	8.89	9.54
汽车类	Motor Vehicles	838.89	1108.50	1714.74	2619.34
种子饲料类	Seed and Forage	40.41	42.54	45.58	61.68
棉麻类	Cotton & Ambery	96.33	93.34	71.78	104.72
其他类	Others	1844.30	2093.39	2169.63	2246.05

续表 2 Continued 单位:亿元(100 million yuan)

商品分类	Commodity	零售额 Retail Sale			
		2014	2015	2016	2017
食品、饮料、烟酒类	Food, Beverage, Tobacco and Liquor	737.16	861.76	951.22	850.44
肉禽蛋类	Meat, Poultry and Eggs	69.21	81.42	89.88	83.28
其他食品类	Other Food	560.42	576.83	646.37	572.21
饮料类	Beverages	75.03	87.12	93.01	89.82
烟酒类	Tobacco and Liquor	101.71	116.38	121.96	105.14
服装鞋帽、针、纺织品类	Garments, Shoes, Hats, Knit and Textile Goods	687.99	828.34	950.30	847.94
服装类	Garments	535.67	643.55	740.96	678.16
鞋帽类	Shoes and Hats	86.36	100.07	119.08	106.08
针、纺织品类	Knit and Textile Goods	65.96	84.72	90.26	63.70
化妆品类	Cosmetics	89.77	100.83	109.90	112.01
金银珠宝类	Jewelry	187.65	210.01	192.57	142.96
日用品类	Articles For Daily Use	250.78	279.02	324.43	287.64
洗涤用品类	Washing	49.05			
儿童玩具类	Toy For Children	9.72	11.84	17.06	14.25
五金、电料类	Hardware & Electric Materials	27.94	35.39	39.50	28.01
体育、娱乐用品类	Sports and Recreation	17.26	18.70	21.48	23.54
书报杂志类	Newspapers and Magazines	46.73	56.68	62.38	65.82
电子出版物及音像制品类	Electronic Publication and Audiovisual Production	2.01	2.00	2.14	2.04
家用电器及音像器材类	Household Appliances and Audiovisual Equipment	334.38	378.70	410.10	433.04
中西药品类	Traditional Chinese & Western Medicines	643.75	711.94	751.04	797.48
西药	Western Medicines	474.40	519.99	545.46	585.97
中草药及中成药	Chinese Herbal Medicine and Other Traditional Chinese Medicine	124.56	130.57	137.81	139.04
文化办公用品类	Culture and Official Articles	83.89	101.88	139.52	138.88
家具类	Furniture	62.34	84.06	92.06	55.55
通讯器材类	Communication Appliances	83.43	142.87	170.80	200.67
煤炭及制品类	Coal and Related Production	3.74	4.16	4.00	1.17
木材及制品类	Timber and Related Production				
石油制品及类	Oil and Related Production	1336.64	1240.79	1225.24	1331.09
化工材料及制品及类	Chemical Materials and Related Production				
化肥类	Fertilizer				
金属材料类	Metal Materials				
建筑及装潢材料类	Building and Decoration Materials	85.28	120.03	142.75	57.74
机电成品及设备类	Mechanical and Electrical Production and Appliances	11.84	13.13	20.15	15.23
农机类	Agricutural Mechanical Production				
汽车类	Motor Vehicles	2973.51	3109.12	3351.26	3473.69
种子饲料类	Seed and Forage				
棉麻类	Cotton & Ambery		0.07	0.27	0.04
其他类	Others	80.33	119.95	180.03	167.97

10-7 限额以上批发零售贸易企业财务状况(2009-2017年)
Finanical Conditions of Wholesale and Retail Trade Above Designated Siae(2009-2017)

单位:亿元(100 million yuan)

指标	Item	2009	2010	2011	2012	2013	2014	2015	2016	2017
法人企业数(个)	Corporation Units(unit)	8990	10053	11943	12917	14603	15852	16574	17317	18514
从业人员(人)	Employed Persons(person)	447634	516727	601464	641490	691577	739077	757248	758326	772544
流动资产合计	Total Circulating Assets	5926.70	7716.00	10011.10	11186.82	13177.24	14578.67	15011.26	15960.01	17535.72
固定资产合计	Total Fixed Assets	555.61	620.00	676.23	755.73	947.51	983.27	1052.48	1018.95	1062.36
资产总计	Total Assets	7661.40	9678.10	12417.10	13925.58	16605.02	18648.98	19422.55	20827.30	22698.86
负债合计	Total Liabilities	5728.60	7412.80	9650.10	10850.65	12893.32	14525.48	14853.51	15833.63	17098.69
商品销售收入净额	Net Value of Sales Revenue	15171.80	20927.10	26913.80	29083.68	34510.37	39122.87	37632.81	39951.43	49271.85
商品销售成本	Cost of Sales	14232.10	19729.80	25435.30	27524.14	32563.71	37049.63	35405.56	37552.61	46570.83
经营费用	Business Expenses	424.92	546.72	654.62	738.07	831.60	925.63	984.65	1103.55	1306.20
商品销售税金及附加费	Tax and Extra Charges on Goods Sales	41.64	63.66	74.33	83.06	98.66	107.14	155.71	177.45	184.73
主营业务利润	Profits of Major Management	897.11	1134.66	1404.17	1476.47	1739.19	1879.87	1963.40	2221.37	2516.30
管理费用	Management Expenses	241.54	293.83	353.76	398.49	466.47	514.58	559.67	582.54	600.89
财务费用	Financial Expenses	65.87	114.34	183.29	206.29	196.52	224.45	189.82	201.34	248.80
利润总额	Total Profits	308.82	376.72	407.73	352.50	493.37	520.93	546.35	699.10	815.96
本年应付职工薪酬	Total Wages Payable In the Year			292.02	389.62	421.39	504.63	520.31	580.96	689.12

10－8 按登记注册类型分限额以上批发零售贸易企业资产及负债情况(2017年)
Assets and Liabilities of Enterprises Above Designated Size in Wholesale and Retail Trade by Types of Registration(2017)

单位:亿元(100 million yuan)

指标	Item	资产合计 Total Assets	固定资产 Fixed assets	流动资产 Circulating assets	负债合计 Total Liabilities	所有者权益合计 Total Creditor's Equity
批发和零售贸易业合计	**Total**	**22698.86**	**1062.36**	**17535.72**	**17098.69**	**5600.12**
批发企业合计	**Wholesale Trade**	**18943.39**	**593.95**	**14897.01**	**14250.02**	**4693.32**
#国有及国有控股	State－owend and State Holding Enterprises	3549.48	158.31	2758.30	2357.28	1192.20
内资企业	Domestic Funded Enterprises	17908.48	568.30	14084.07	13440.34	4468.09
国有企业	State－owned Enterprises	422.62	27.38	379.62	89.79	332.83
集体企业	Collective Owned Enterprises	8.17	0.82	6.75	5.58	2.59
股份合作企业	Cooperative Enterprises	5.23	0.18	4.96	3.95	1.29
联营企业	Joint Ownership Enterprises					
国有联营企业	State Joint Ownership Enterprises					
集体联营企业	Collective Joint Ownership Enterprises					
国有与集体联营企业	State－collective Joint Enterprises					
其他联营企业	Other joint ownership enterprises					
有限责任公司	Limited Liability Corporations	6301.51	179.85	5015.52	4968.86	1332.65
国有独资公司	State Sole Funded Corporations	680.90	40.84	508.90	459.09	221.80
其他有限责任公司	Other Limited Liability Corporations	5620.61	139.01	4506.62	4509.77	1110.84
股份有限公司	Share－holding Corporations Ltd.	2395.39	93.10	1392.16	1367.45	1027.94
私营企业	Private Enterprises	8770.12	266.23	7280.56	7001.14	1768.93
私营独资企业	Private Funded Enterprises	5.86	0.59	5.17	4.97	0.89
私营合伙企业	Private Partnership Corporations	1.57	0.02	1.55	1.59	-0.01
私营有限责任公司	Private Limited Liability Corporations	8605.30	259.75	7146.07	6894.25	1711.00
私营股份有限公司	Enterprises With Funds From Hong Kong Macao and Taiwan	157.38	5.87	127.76	100.33	57.06
港澳台商投资企业	Enterprises With Funds From Hong Kong Macao and Taiwan	438.46	14.91	344.05	309.80	128.66
与港澳台合资经营企业	Joint－venture Enterprises	86.28	4.25	64.62	73.40	12.88
港澳台商独资企业	Enterprises with Sole Hong Kong, Macao and Taiwan	318.25	10.61	249.19	214.05	104.20
外商投资企业	Foreign Funded Enterprises	596.45	10.74	468.88	499.87	96.57
中外合资经营企业	Joint－venture Enterprises	424.22	2.16	320.56	378.73	45.49
中外合作经营企业	Cooperation Enterprises					
外资企业	Enterprises With Sole Foreign Investment	139.20	7.02	119.44	105.16	34.04
外商投资股份有限企业	Foreign Invesment Share－holding Corporations Ltd.	12.32	1.07	8.84	4.75	7.58

续表 Continued 单位:亿元(100 million yuan)

指标	Item	资产合计 Total Assets	固定资产 Fixed assets	流动资产 Circulating assets	负债合计 Total Liabilities	所有者权益合计 Total Creditor's Equity
零售企业总计	**Retail Sale**	**3755.47**	**468.40**	**2638.71**	**2848.67**	**906.81**
#国有及国有控股	State - owend and State Holding Enterprises	416.91	67.29	223.11	272.91	144.00
内资企业	Domestic Funded Enterprises	3182.31	375.37	2254.45	2491.35	690.96
国有企业	State - owned Enterprises	9.46	2.25	6.94	5.13	4.33
集体企业	Collective Owned Enterprises	8.60	1.99	5.95	5.46	3.13
股份合作企业	Cooperative Enterprises	5.54	0.73	4.04	3.92	1.63
联营企业	Joint Ownership Enterprises	1.33	0.14	1.11	0.48	0.85
国有联营企业	State Joint Ownership Enterprises	0.42	0.04	0.38	0.14	0.28
集体联营	Collective Joint Ownership Enterprises					
国有与集体联营企业	State - collective Joint Enterprises	0.61	0.07	0.54	0.31	0.30
其他联营企业	Other Joint Ownership Enterprises	0.31	0.03	0.20	0.03	0.28
有限责任公司	Limited Liability Corporations	1303.59	153.27	943.03	1016.19	287.39
国有独资公司	State Sole Funded Corporations	89.96	17.37	46.85	81.13	8.83
其他有限责任公司	Other Limited Liability Corporations	1213.63	135.91	896.18	935.07	278.56
股份有限公司	Share - holding Corporations Ltd.	303.44	34.37	114.47	195.27	108.18
私营企业	Private Enterprises	1545.88	181.18	1176.97	1262.99	282.90
私营独资企业	Private Funded Enterprises	9.30	1.62	7.14	6.12	3.18
私营合伙企业	Private Partnership Corporations	11.39	1.51	7.21	9.35	2.03
私营有限责任公司	Private Limited Liability Corporations	1495.27	176.23	1138.56	1228.18	267.10
私营股份有限公司	Private Share - holding Corporations Ltd.	29.93	1.82	24.06	19.33	10.59
港澳台商投资企业	Funded by Enterpreneurs From Hong Kong Macao and Taiwan	305.34	58.22	192.57	178.66	126.67
与港澳台商合资经营	Joint - venture Enterprises	143.82	31.10	78.17	65.25	78.57
与港澳台商合作经营	Cooperation Enterprises From Hong Kong, Macao and Taiwan	2.83	0.50	1.65	0.17	2.66
港澳台独资企业	Enterprises with Sole Hong Kong, Macao and Taiwan	136.86	22.48	98.45	98.07	38.78
港澳台商股份有限公司	Share - holding Corporations Ltd. with Funds From Hong Kong, Macao and Taiwan	7.25	1.08	5.00	4.52	2.73
外商投资企业	Foreign Funded Enterprises	267.83	34.82	191.68	178.66	89.17
中外合资经营企业	Joint - venture Enterprises	33.66	9.10	18.85	24.21	9.45
中外合作经营企业	Cooperation Enterprises	1.18	0.09	0.64	0.29	0.89
外资企业	Enterprises With Sole Foreign Investment	229.16	25.12	169.03	150.15	79.01
外商投资股份有限公司	Foreign Invesment Share - holding Corporations Ltd.	3.08	0.38	2.55	2.40	0.68

10－9 分行业限额以上批发零售贸易企业资产及负债情况(2017 年) Assets and Liabilities of Enterprises Retail Trade by Types of Registration(2017)

单位:亿元(100 million yuan)

指标	Item	资产合计 Total Assets	固定资产 Fixed	流动资产 Circulating	负债合计 Total Liabilities	所有者权益合计 Total Creditor's Equity
批发企业合计	**Wholesale**	**18943.39**	**593.95**	**14897.01**	**14250.02**	**4693.32**
农、林、牧产品批发	Agricultural and Animal Production	203.76	14.71	144.65	160.04	43.72
食品、饮料及烟草制品批发	Food, Beverages, Tobacoo and Its Production	1532.78	94.02	1205.84	819.69	713.09
米、面制品及食用油批发	Rice, Flour and Its Production, Edible Oil	247.77	23.27	170.46	198.69	49.08
烟草制品批发	Tobacoo and Its Production	440.63	26.88	398.66	84.66	355.97
纺织、服装及日用品批发	Textile, Garments and Articles for Daily Use	2861.53	98.10	2365.56	2231.98	629.54
服装批发	Garments	821.61	29.41	576.96	620.25	201.37
文化、体育用品及器材批发	Culture, Sports Articles and Equipment	474.54	11.68	426.55	375.34	99.19
医药及医疗器材批发	Medicines and Medical Appliances	850.96	32.51	694.23	563.81	287.10
矿产品、建材及化工产品批发	Mineral Products, Building Materials and Chemical Production	10497.07	284.27	7951.99	8077.36	2419.71
#煤炭及制品批发	Coal and Related Production	850.06	14.21	634.98	707.66	142.40
石油及制品批发	Petroleurn and Related Production	1512.01	92.82	1147.23	1203.93	308.09
金属及金属矿批发	Metal Materials and Mineral	4737.35	110.31	3635.50	3707.25	1030.10
建材批发	Building Materials	631.27	16.05	503.72	476.12	155.15
化肥批发	Fertilizer	90.51	4.18	67.15	61.10	29.41
机械设备、五金交电及电子产品批发	Machinery Equipment, Hardware and Electric Production	2251.17	47.99	1884.53	1802.81	448.36
#汽车批发	Motor Vehicles	605.01	6.83	551.53	582.64	22.37
五金产品批发	Household Appliances	357.50	13.42	278.13	221.41	136.09
计算机、软件及辅助设备批发	Computers, Software and Auxiliary Equipment	42.95	0.47	39.26	35.76	7.18
贸易经纪与代理	Manage and Agencies in Trade	30.90	1.02	28.30	27.39	3.52
其他批发	Others	240.68	9.65	195.36	191.59	49.09

续表 Continued 单位:亿元(100 million yuan)

指标	Item	资产合计 Total Assets	固定资产 Fixed	流动资产 Circulating	负债合计 Total Liabilities	所有者权益合计 Total Creditor's Equity
零售业合计	**Retail Sale**	**3755.47**	**468.40**	**2638.71**	**2848.67**	**906.81**
综合零售	Synthesizs	990.19	188.28	577.17	708.23	281.97
#百货零售	Consumer Goods	641.91	128.01	355.56	410.96	230.95
超级市场零售	Supermarkets	333.20	57.26	212.01	281.57	51.63
食品、饮料及烟草制品专门零售	Food, Beverages, Tobacoos and Its Production	64.48	10.84	45.29	38.64	25.84
纺织、服装及日用品专门零售	Textile Garments and Articles for Daily Use	246.35	13.22	199.43	168.65	77.70
#服装零售	Garments Articles	175.63	8.97	142.82	122.24	53.39
文化、体育用品及器材专门零售	Culture, Sports Articles and Equipment	150.60	23.44	105.39	97.01	53.59
#体育用品及器材零售	Sports Articles	6.79	0.52	4.62	2.28	4.51
图书报刊零售	Books	91.29	20.46	53.42	59.06	32.23
医药及医疗器材专门零售	Medicines and Medical Appliances	187.40	9.10	125.95	144.79	42.61
#药品零售	Medicines	124.21	6.71	110.04	101.89	22.33
汽车、摩托车、燃料及零配件专门零售	Motor Vehicles Motorcycles Fuel	1505.21	175.30	1108.94	1232.36	272.85
汽车零售	Motor Vehicles	300.30	273.85	254.01	32.74	1093.86
机动车燃料零售	Fuel for Motor Vehicles Use	155.70	30.42	74.77	115.55	40.14
家用电器及电子产品专门零售	Household Appliance Electric Production	185.37	11.95	151.98	138.32	47.06
#日用家电设备零售	Household Appliance	81.13	5.28	65.39	63.27	17.87
计算机、软件及辅助设备零售	Computer, Software and Auxiliary Equipment	23.33	0.71	19.70	10.89	12.43
通信设备零售	Communication Equipment	40.93	2.30	35.65	31.19	9.74
五金、家具及室内装修材料专门零售	Hardware Furniture Decoration Indoors	48.16	12.40	30.36	36.42	11.74
货摊、无店铺及其他零售	Non - shop and Other Retail Sale	366.74	23.42	291.51	279.04	87.70
#邮购及电视、电话零售	Mail, telephone and TV retail	6.02	0.08	5.58	1.62	4.40

10－10 按登记注册类型分限额以上批发零售贸易企业主要财务指标情况(2017 年) Main Financial Indicators of Enterprises Above Designated Size in Wholesale and Retail Trade by Types of Regidtration(2017)

单位:亿元(100 million yuan)

指标	Item	主营业务收入 Revenue in Main Business	主营业务成本 Cost in Main Business	主营业务税金及附加 Tax and Extra Changes in Main Business	主营业务利润 Profits in Main Business	销售费用 Sales Expenses
批发和零售贸易业合计	**Total**	**49271.85**	**46570.83**	**184.73**	**2516.30**	**1306.20**
批发企业合计	**Wholesale Trade**	**42373.38**	**40451.27**	**162.51**	**1759.60**	**815.42**
#国有及国有控股	State－owned and State Holding Enterprises	9856.09	9327.50	135.53	393.07	110.17
内资企业	Domestic Funded Enterprises	39728.29	37927.99	160.40	1639.90	730.06
国有企业	State－owned Enterprises	864.87	603.13	113.64	148.10	13.32
集体企业	Collective Owned Enterprises	7.42	6.84	0.02	0.56	0.23
股份合作企业	Cooperative Enterprises	8.03	7.47	0.01	0.55	0.20
联营企业	Joint Ownership Enterprises					
国有联营企业	State Joint Ownership Enterprises					
集体联营企业	Collective Joint Ownership Enterprises					
国有与集体联营企业	State－collective Joint Enterprises					
其他联营企业	Other Joint Ownership Enterprises					
有限责任公司	Limited Liability Corporations	15806.91	15271.64	27.34	507.92	223.05
国有独资公司	State Sole Funded Corporations	1305.10	1253.20	11.85	40.04	12.34
其他有限责任公司	Other Limited Liability Corporations	14501.81	14018.44	15.49	467.88	210.71
股份有限公司	Share－holding Corporations Ltd.	3434.08	3264.05	3.58	166.46	92.28
私营企业	Private Enterprises	19571.64	18740.10	15.79	815.74	400.88
私营独资企业	Private Funded Enterprises	13.32	12.47	0.04	0.81	0.24
私营合伙企业	Private Partnership Corporations	5.13	5.09	0.05	－0.01	0.01
私营有限责任公司	Private Limited Liability Corporations	19096.08	18284.65	15.39	796.04	391.93
私营股份有限公司	Private Share－holding Corporations Ltd.	457.10	437.89	0.31	18.90	8.69
港、澳、台商投资企业	Enterprises With Funds From Hong Kong, Macao and Taiwan	741.63	687.15	1.10	53.39	29.25
港澳台商合资经营企业	Joint－venture Enterprises	119.62	111.47	0.17	7.97	8.86
港澳台商独资经营企业	Enterprises with Sole Hong－Kong,Macao and Taiwan	571.51	526.41	0.89	44.20	20.03
外商投资企业	Foreign Funded Enterprises	1903.45	1836.13	1.01	66.31	56.11
中外合资经营企业	Joint－venture Enterprises	1558.61	1516.03	0.66	41.92	40.04
中外合作经营企业	Cooperation Enterprises					
外商企业	Enterprises With Sole Foreign Investment	256.96	240.13	0.29	16.54	7.06
外商投资股份有限公司	Foreign Invesment Share－holding Corporations Ltd.	15.25	13.45	0.03	1.77	0.39

续表 1 Continued 单位:亿元(100 million yuan)

指标	Item	主营业务收入 Revenue in Main Business	主营业务成本 Cost in Main Business	主营业务税金及附加 Tax and Extra Changes in Main Business	主营业务利润 Profits in Main Business	销售费用 Sales Expenses
零售企业总计	**Retail Sale**	**6898.48**	**6119.56**	**22.22**	**756.70**	**490.78**
#国有及国有控股	State - owend and State - holding Enterprises	838.93	753.39	2.93	82.62	50.52
内资企业	Domestic Funded Enterprises	6005.37	5364.16	17.71	623.50	401.03
国有企业	State - owned Enterprises	13.99	11.84	0.06	2.09	0.81
集体企业	Collective Owned Enterprises	14.22	11.74	0.08	2.40	0.96
股份合作企业	Cooperative Enterprises	14.38	11.84	0.06	2.48	0.82
联营企业	Joint Ownership Enterprises	6.59	5.23	0.03	1.33	0.31
国有联营企业	State Joint Ownership Enterprises	2.46	1.80	0.01	0.65	0.16
集体联营企业	Collective Joint Ownership Enterprises					
国有与集体联营企业	State - collective Joint Enterprises	2.99	2.50	0.01	0.48	0.11
其他联营企业	Other Joint Ownership Enterprises	1.14	0.93		0.21	0.04
有限责任公司	Limited Liability Corporations	2587.28	2303.43	7.87	275.99	183.66
国有独资公司	State Sole Funded Corporations	69.09	57.73	0.34	11.01	6.68
其他有限责任公司	Other Limited Liability Corporations	2518.19	2245.69	7.52	264.97	176.97
股份有限公司	Share - holding Corporations Ltd.	427.82	387.00	1.19	39.64	34.10
私营企业	Private Enterprises	2934.08	2626.80	8.42	298.86	180.20
私营独资企业	Private Funded Enterprises	20.09	17.16	0.07	2.85	0.85
私营合伙企业	Private Partnership Corporations	16.42	13.98	0.05	2.39	1.76
私营有限责任公司	Private Limited Liability Corporations	2856.75	2559.73	8.13	288.88	175.14
私营股份有限公司	Private Share - holding Corporations Ltd.	40.82	35.93	0.16	4.73	2.45
其他企业	others	519.97	432.69	2.74	84.54	55.62
港澳台商投资企业	Enterprises With Funds From Hong Kong Macao and Taiwan	189.75	159.72	1.40	28.63	14.60
与港澳台商合资经营	Joint - venture Enterprises	3.12	2.49	0.04	0.58	0.16
与港澳台商合作经营	Cooperation Enterprises From Hong Kong, Macao and Taiwan	298.75	247.22	1.15	50.38	37.80
港澳台商独资经营	Enterprises with Sole Hong - Kong, Macao and Taiwan	15.76	12.65	0.12	2.99	1.28
港澳台商投资股份有限公司	Share - holding Corporations Ltd. with Funds From Hong Kong, Macao and Taiwan	373.14	322.71	1.77	48.66	34.13
外商投资企业	Foreign Funded Enterprises	134.27	121.91	0.29	12.07	12.06
中外合资经营企业	Joint - venture Enterprises	0.58	0.58	0.01		0.14
中外合作经营企业	Cooperation Enterprises	229.19	192.37	1.44	35.38	21.18
外商企业	Enterprises With Sole Foreign Investment	7.55	6.74	0.03	0.79	0.32
外商投资股份有限公司	Foreign Invesment Share - holding Corporations Ltd.	7.30	6.64	0.01	0.66	0.23

续表 2 Continued 单位:亿元(100 million yuan)

指标	Item	管理费用 Managemen Expenses	财务费用 Financial Expenses	利润总额 Profits	应付职工薪酬(本年贷方累计发生额) Total Wages Pagable in the Year	本年应交增值税 Value added tases payab in the year
批发和零售贸易业合计	**Total**	**600.89**	**248.80**	**815.96**	**689.12**	**517.71**
批发企业合计	**Wholesale Trade**	**394.85**	**203.06**	**681.44**	**375.22**	**404.21**
#国有及国有控股	State - owned and State Holding Enterprises	80.68	18.43	293.72	83.80	109.98
内资企业	Domestic Funded Enterprises	373.81	194.73	666.37	351.58	393.10
国有企业	State - owned Enterprises	25.44	-10.65	122.05	21.78	45.15
集体企业	Collective Owned Enterprises	0.16	0.05	0.20	0.18	0.06
股份合作企业	Cooperative Enterprises	0.14	0.02	0.19	0.14	0.07
联营企业	Joint Ownership Enterprises					
国有联营企业	State Joint Ownership Enterprises					
集体联营企业	Collective Joint Ownership Enterprises					
国有与集体联营企业	State - collective Joint Enterprises					
其他联营企业	Other Joint Ownership Enterprises					
有限责任公司	Limited Liability Corporations	104.67	81.44	217.57	117.84	171.00
国有独资公司	State Sole Funded Corporations	14.49	3.10	34.29	18.08	7.48
其他有限责任公司	Other Limited Liability Corporations	90.18	78.34	183.28	99.76	163.52
股份有限公司	Share - holding Corporations Ltd.	37.58	16.67	137.02	40.26	20.53
私营企业	Private Enterprises	205.63	107.15	189.06	171.12	156.20
私营独资企业	Private Funded Enterprises	0.26	0.06	0.27	0.20	0.23
私营合伙企业	Private Partnership Corporations	0.06		0.02	0.03	0.52
私营有限责任公司	Private Limited Liability Corporations	201.09	104.58	184.01	167.44	153.57
私营股份有限公司	Private Share - holding Corporations Ltd.	4.22	2.50	4.75	3.45	1.89
港、澳、台商投资企业	Enterprises With Funds From Hong Kong, Macao and Taiwan	13.19	2.44	7.30	12.59	5.94
港澳台商合资经营企业	Joint - venture Enterprises	2.87	1.39	-6.12	2.46	0.84
港澳台商独资经营企业	Enterprises with Sole Hong - Kong, Macao and Taiwan	10.14	0.91	12.83	9.92	4.96
外商投资企业	Foreign Funded Enterprises	7.85	5.89	7.77	11.06	5.17
中外合资经营企业	Joint - venture Enterprises	1.96	4.65	4.22	4.70	3.01
中外合作经营企业	Cooperation Enterprises					
外商企业	Enterprises With Sole Foreign Investment	4.21	1.00	5.11	3.54	1.43
外商投资股份有限公司	Foreign Invesment Share - holding Corporations Ltd.	0.50	0.07	2.08	0.19	0.49

续表 3 Continued 单位:亿元(100 million yuan)

指标	Item	管理费用 Managemen Expenses	财务费用 Financial Expenses	利润总额 Profits	应付职工薪酬(本年贷方累计发生额) Total Wages Pagable in the Year	本年应交增值税 Value added tases payab in the year
零售企业总计	**Retail Sale**	**206.05**	**45.74**	**134.52**	**313.90**	**113.51**
#国有及国有控股	State - owend and State - holding Enterprises	16.83	0.85	27.25	30.48	10.08
内资企业	Domestic Funded Enterprises	169.89	43.65	100.37	275.99	98.54
国有企业	State - owned Enterprises	0.83	0.01	1.05	0.90	0.29
集体企业	Collective Owned Enterprises	0.77	0.02	0.96	0.65	0.30
股份合作企业	Cooperative Enterprises	0.52	0.10	1.10	0.50	0.36
联营企业	Joint Ownership Enterprises	0.04	-0.01	1.04	0.13	0.22
国有联营企业	State Joint Ownership Enterprises			0.48	0.04	0.11
集体联营企业	Collective Joint Ownership Enterprises					
国有与集体联营企业	State - collective Joint Enterprises	0.01		0.37	0.07	0.08
其他联营企业	Other Joint Ownership Enterprises	0.02		0.19	0.02	0.03
有限责任公司	Limited Liability Corporations	59.66	13.14	63.63	96.04	36.34
国有独资公司	State Sole Funded Corporations	3.44	-0.11	3.43	5.93	0.89
其他有限责任公司	Other Limited Liability Corporations	56.21	13.25	60.21	90.11	35.45
股份有限公司	Share - holding Corporations Ltd.	11.02	4.46	2.56	15.59	5.81
私营企业	Private Enterprises	96.83	25.89	29.68	161.81	55.19
私营独资企业	Private Funded Enterprises	0.90	0.13	0.97	0.86	0.31
私营合伙企业	Private Partnership Corporations	0.60	0.23	0.43	0.96	0.35
私营有限责任公司	Private Limited Liability Corporations	93.30	25.13	27.26	158.12	53.63
私营股份有限公司	Private Share - holding Corporations Ltd.	2.03	0.39	1.03	1.87	0.90
其他企业	others	20.22	1.42	24.10	23.64	8.81
港澳台商投资企业	Enterprises With Funds From Hong Kong Macao and Taiwan	8.70	0.17	14.39	8.53	3.42
与港澳台商合资经营	Joint - venture Enterprises	0.28	0.01	0.12	0.15	0.04
与港澳台商合作经营	Cooperation Enterprises From Hong Kong, Macao and Taiwan	10.43	0.69	7.78	13.72	4.79
港澳台商独资经营	Enterprises with Sole Hong - Kong,Macao and Taiwan	0.65	0.21	1.30	0.50	0.42
港澳台商投资股份有限公司	Share - holding Corporations Ltd. with Funds From Hong Kong,Macao and Taiwan	15.94	0.67	10.05	14.27	6.16
外商投资企业	Foreign Funded Enterprises	3.81	0.06	1.47	5.73	1.14
中外合资经营企业	Joint - venture Enterprises			0.01	0.04	
中外合作经营企业	Cooperation Enterprises	11.91	0.52	8.27	8.17	4.93
外商企业	Enterprises With Sole Foreign Investment	0.20	0.09	0.32	0.20	0.04
外商投资股份有限公司	Foreign Invesment Share - holding Corporations Ltd.	0.21	0.01	0.14	0.14	0.03

10－11 分行业限额以上批发零售贸易企业主要财务指标情况(2017 年) Main Financial Indicators of Enterprises Above Designated Size in Wholesale and Retail Trade by Sector(2017)

单位:亿元(100 million yuan)

指标	Item	主营业务收入 Revenue in Main Business	主营业务成本 Cost in Main Business	主营业务税金及附加 Tax and Extra Changes in Main Business	主营业务利润 Profits in Main Business	销售费用 Sales Expenses
批发企业合计	**Wholesale**	**42373.38**	**40451.27**	**162.51**	**1759.60**	**815.42**
农、林、牧产品批发	Agriculture, forest, animal husbandry products wholesale	233.67	226.16	0.32	7.18	4.42
食品、饮料及烟草制品批发	Food, Beverages, Tobacoo and Its Products	2462.76	2002.06	127.89	332.81	133.17
#米、面制品及食用油批发	Rice, Flour and Its Products, Edible Oil	297.08	288.82	0.29	7.97	6.15
烟草制品批发	Tobacoo and Its Products	901.98	616.45	124.33	161.19	13.71
纺织、服装及日用品批发	Textile, Garments and Articles for Daily Use	5894.32	5455.69	6.30	432.33	231.82
#服装批发	Garments	1267.99	1158.78	1.26	107.95	52.36
文化、体育用品及器材批发	Culture, Sports Articles and Equipment	884.31	832.30	0.75	51.27	22.46
医药及医疗器材批发	Medicines and Medical Appliances	1516.92	1363.25	3.11	150.57	76.45
矿产品、建材及化工产品批发	Mineral Products, Building Materials and Chemical Products	25557.66	24997.01	18.94	541.70	215.86
#煤炭及制品批发	Coal and Related Products	2298.63	2246.75	2.24	49.64	20.01
石油及制品批发	Petroleurn and Related Products	4595.28	4473.30	6.46	115.52	54.63
金属及金属矿批发	Metal Materials and Mineral	11057.69	10859.81	4.97	192.90	63.18
建材批发	Building Materials	879.30	849.24	1.10	28.96	11.82
化肥批发	Fertilizer	111.77	106.34	0.08	5.35	2.37
机械设备、五金交电及电子产品批发	Machinery Equipment, Hardware and Electric Products	4836.30	4614.62	3.53	218.15	123.45
#汽车批发	Motor Vehicles	1996.90	1939.21	0.80	56.89	58.92
五金产品批发	Hardware products Wholesale	626.77	584.86	0.48	41.42	15.74
计算机、软件及辅助设备批发	Computers, Software and Auxiliary Equipment	80.02	76.18	0.07	3.77	1.72
贸易经纪与代理	Manage and Agencies in Trade	79.25	76.09	0.03	3.13	1.73
其他批发	Others	908.18	884.08	1.65	22.45	6.07

续表 1 Continued 单位:亿元(100 million yuan)

指标	Item	主营业务收入 Revenue in Main Business	主营业务成本 Cost in Main Business	主营业务税金及附加 Tax and Extra Changes in Main Business	主营业务利润 Profits in Main Business	销售费用 Sales Expenses
零售企业合计	**Retail Sale**	**6898.48**	**6119.56**	**22.22**	**756.70**	**490.78**
综合零售	Synthesizs	1097.03	939.28	6.23	151.52	126.79
#百货零售	Consumer Goods	446.46	372.18	4.61	69.67	39.25
超级市场零售	Supermarkets	620.90	541.63	1.53	77.74	83.24
食品、饮料及烟草制品专门零售	Food, Beverages, Tobacoos and Its Products	98.13	82.37	0.36	15.40	9.84
纺织服装及日用品专门零售	Textile Garments and Articles for Daily Use	324.22	232.75	1.67	89.79	62.11
#服装零售	Garments Articles	215.91	145.60	1.22	69.08	49.09
文化、体育用品及器材专门零售	Culture, Sports Articles and Equipment	121.15	97.24	1.22	22.70	12.10
#体育用品及器材零售	Sports Articles	4.08	2.71	0.04	1.34	1.03
图书报刊零售	Books, newspaper	53.42	41.05	0.34	12.03	5.98
医药及医疗器材专门零售	Medicines and Medical Appliances	249.26	214.20	0.69	34.37	20.77
#药品零售	Medicines	239.65	205.04	0.65	33.96	21.34
汽车、摩托车、燃料及零配件专门零售	Motor Vehicles Motorcycles Fuel	3848.42	3584.59	9.19	254.65	126.41
#汽车零售	Motor Vehicles	3218.50	2995.62	7.86	215.01	22.86
机动车燃料零售	Fuel for Motor Vehicles Use	582.25	522.20	1.26	58.80	26.25
家用电器及电子产品专门零售	Household Appliance Electric Products	387.19	349.33	0.71	37.14	24.35
#日用家电设备零售	Household Appliances Retail	163.36	146.20	0.33	16.83	11.63
计算机、软件及辅助设备零售	Computer, Software and Auxiliary Equipment	43.74	40.42	0.07	3.25	1.18
通信设备零售	Communication Equipment	111.21	100.58	0.17	10.47	7.02
五金、家具及室内装修材料专门零售	Hardware Furniture Decoration Indoors	56.24	45.10	0.29	10.86	6.58
货摊、无店铺及其他零售	Stalls, No Satores and Other Retail	705.71	565.01	1.82	138.88	101.69
#邮购及电视、电话零售	Mail, telephone and TV retail	14.04	12.71	0.04	1.29	1.36

续表 2 Continued 单位:亿元(100 million yuan)

指标	Item	管理费用 Manage－ment Expenses	财务费用 Financial Expenses	利润总额 Profits	应付职工薪酬 Total Wages Pagable in the Year	本年应交增值税 Value Added Tases payable in the year
批发企业合计	**Wholesale**	**394.85**	**203.06**	**681.44**	**375.22**	**404.21**
农、林、牧产品批发	Agriculture, forest, animal husbandry products wholesale	4.46	4.05	2.60	3.84	0.44
食品、饮料及烟草制品批发	Food, Beverages, Tobacoo and Its Products	61.05	-4.29	194.93	77.43	72.50
#米、面制品及食用油批发	Rice, Flour and Its Products, Edible Oil	5.32	3.23	1.48	4.71	0.70
烟草制品批发	Tobacoo and Its Products	26.87	-11.61	133.06	23.31	49.22
纺织、服装及日用品批发	Textile, Garments and Articles for Daily Use	104.88	40.21	84.79	112.29	66.26
#服装批发	Garments	32.80	13.48	22.35	30.26	7.31
文化、体育用品及器材批发	Culture, Sports Articles and Equipment	12.91	5.89	15.26	11.35	10.48
医药及医疗器材批发	Medicines and Medical Appliances	33.18	7.93	43.85	31.19	30.11
矿产品、建材及化工产品批发	Mineral Products, Building Materials and Chemical Products	117.75	126.72	285.43	87.67	123.28
#煤炭及制品批发	Coal and Related Products	8.27	14.30	32.66	4.51	13.58
石油及制品批发	Petroleurn and Related Products	22.53	12.75	61.78	23.07	42.43
金属及金属矿批发	Metal Materials and Mineral	41.17	65.71	92.49	29.55	30.66
建材批发	Building Materials	8.93	5.78	15.42	6.14	4.42
化肥批发	Fertilizer	1.87	0.72	4.93	1.44	0.25
机械设备、五金交电及电子产品批发	Machinery Equipment, Hardware and Electric Products	54.09	18.67	42.44	47.57	82.78
#汽车批发	Motor Vehicles	5.24	0.53	-6.13	8.16	4.87
五金产品批发	Hardware products Wholesale	12.48	5.01	11.15	10.36	1.81
计算机、软件及辅助设备批发	Computers, Software and Auxiliary Equipment	1.33	0.31	0.62	1.12	0.48
贸易经纪与代理	Manage and Agencies in Trade	1.15	0.36	-0.21	0.57	0.03
其他批发	Others	5.37	3.52	12.36	3.30	18.33

续表 3 Continued 单位:亿元(100 million yuan)

指标	Item	管理费用 Manage-ment Expenses	财务费用 Financial Expenses	利润总额 Profits	应付职工薪酬 Total Wages Pagable in the Year	本年应交增值税 Value Added Tases payable in the year
零售企业合计	**Retail Sale**	**206.05**	**45.74**	**134.52**	**313.90**	**113.51**
综合零售	Synthesizs	47.87	7.33	29.25	64.74	13.29
#百货零售	Consumer Goods	31.07	6.03	21.49	18.26	7.75
超级市场零售	Supermarkets	15.53	1.16	8.56	43.93	4.84
食品、饮料及烟草制品专门零售	Food, Beverages, Tobacoos and Its Products	5.30	0.66	1.72	6.65	2.34
纺织服装及日用品专门零售	Textile Garments and Articles for Daily Use	19.22	1.67	13.09	24.24	10.80
#服装零售	Garments Articles	14.54	1.07	8.53	18.93	8.14
文化、体育用品及器材专门零售	Culture, Sports Articles and Equipment	8.36	0.60	3.74	9.88	1.44
#体育用品及器材零售	Sports Articles	1.64	0.02	-1.22	0.67	0.11
图书报刊零售	Books, newspaper	4.02	-0.29	3.93	6.12	0.25
医药及医疗器材专门零售	Medicines and Medical Appliances	10.84	2.00	6.96	15.30	4.71
#药品零售	Medicines	9.53	1.05	4.49	15.24	4.65
汽车、摩托车、燃料及零配件专门零售	Motor Vehicles Motorcycles Fuel	75.56	27.64	58.99	152.42	62.01
#汽车零售	Motor Vehicles	93.32	66.96	2.32	9.53	138.24
机动车燃料零售	Fuel for Motor Vehicles Use	7.51	2.19	24.01	10.78	8.68
家用电器及电子产品专门零售	Household Appliance Electric Products	11.19	1.87	3.92	12.82	5.13
#日用家电设备零售	Household Appliances Retail	4.17	0.68	1.33	5.37	2.64
计算机、软件及辅助设备零售	Computer, Software and Auxiliary Equipment	1.35	0.09	0.77	1.47	0.54
通信设备零售	Communication Equipment	3.85	0.73	1.29	3.85	1.10
五金、家具及室内装修材料专门零售	Hardware Furniture Decoration Indoors	4.32	0.60	-0.13	3.65	1.48
货摊、无店铺及其他零售	Stalls, No Satores and Other Retail	23.22	3.70	15.60	23.96	12.01
#邮购及电视、电话零售	Mail, telephone and TV retail	0.45	-0.03	0.60	0.70	0.27

10－12 限额以上住宿餐饮业基本情况(2017 年)
Main Indicator of Hotels and Catering Services Above Designated Size(2017)

单位:亿元(100 million yuan)

指标	Item	法人企业(个) Number of Corporation (unit)	从业人员数(人) Persons Employed (person)	营业额 Business Volume
总计	**Total**	**2926**	**271178**	**663.96**
住宿业	**Hotels**	**1330**	**131266**	**325.05**
#国有及国有控股	State－owend and State－holding Enterprises	18	2351	6.11
按登记注册类型分组	**By Registration**			
内资企业	Domestic Funded Enterprises	1269	117899	289.66
国有企业	State－owned Enterprises	62	7589	20.04
集体企业	Collective Owned Enterprises	15	1161	2.30
股份合作企业	Cooperative Enterprises	4	199	0.23
联营企业	Joint Ownership Enterprises	1	75	0.49
国有与集体联营企业	Joint State－collective Enterprises	1	75	0.49
有限责任公司	Limited Liability Corporations	378	51004	117.89
国有独资公司	State Sole Funded Corporations	30	5749	12.39
其他有限责任公司	Other Limited Liability Corporations	348	45255	105.51
股份有限公司	Share－holding Corporations Ltd.	18	3204	7.44
私营企业	Private Enterprises	790	54517	141.15
私营独资企业	Private Funded Enterprises	59	2037	3.51
私营合伙企业	Private Partnership Corporations	30	1373	2.29
私营有限责任公司	Private Limited Liability Corporations	682	50076	133.27
私营股份有限公司	Private Share－holding Corporations Ltd.	19	1031	2.08
其他企业	others	1	150	0.12
港、澳、台商投资企业	Enterprises With Funds From Hong Kong, Macao and Taiwan	36	10062	27.72
合资经营企业	Joint－venture Enterprises From Hong Kong, Macao and Taiwan	15	4579	11.90
合作经营企业	Cooperation Enterprises From Hong Kong, Macao and Taiwan	2	61	0.12
独资经营企业	Enterprises with Sole Hong Kong, Macao and Taiwan	16	3894	11.73
外商投资企业	Foreign Funded Enterprises	25	3305	7.67
中外合资经营企业	Joint－venture Enterprises	9	1770	4.50
外资企业	Enterprises With Sole Foreign Investment	15	1535	3.13
按住宿行业中类分组	By Category			
旅游饭店	Restaurant for Tourism	829	110731	258.19
一般旅馆	Ordinary Hotels	475	19678	65.16
其他住宿服务	Others	26	857	1.70

续表 Continued 单位:亿元(100 million yuan)

指标	Item	法人企业(个) Number of Corporation (unit)	从业人员数(人) Persons Employed (person)	营业额 Business Volume
餐饮业	**Catering Services**	**1596**	**139912**	**338.91**
#国有及国有控股	State - owend and State Holding Enterprises	35	7501	17.27
按登记注册类型分组	By Registration			
内资企业	Domestic Funded Enterprises	1567	112902	265.04
国有企业	State - owned Enterprises	7	503	1.34
集体企业	Collective Owned Enterprises	1	27	0.03
股份合作企业	Cooperative Enterprises	4	343	0.85
有限责任公司	Limited Liability Corporations	233	28708	66.71
国有独资公司	State Sole Funded Corporations	9	1506	2.83
其他有限责任公司	Other Limited Liability Corporations	224	27202	63.88
股份有限公司	Share - holding Corporations Ltd.	17	4737	12.88
私营企业	Private Enterprises	1301	78378	183.00
私营独资企业	Private Funded Enterprises	217	6973	14.44
私营合伙企业	Private Partnership Corporations	41	1883	3.43
私营有限责任公司	Private Limited Liability Corporations	1030	68999	163.73
私营股份有限公司	Private Share - holding Corporations Ltd.	13	523	1.40
其他企业	Others	3	148	0.18
港、澳、台商投资企业	Enterprises With Funds From Hong Kong, Macao and Taiwan	18	10795	20.65
合资经营企业	Joint - venture Enterprises From Hong Kong, Macao and Taiwan	8	1874	3.35
合作经营企业	Cooperation Enterprises From Hong Kong, Macao and Taiwan			
独资经营企业	Enterprises with Sole Hong Kong, Macao and Taiwan	9	8843	17.19
外商投资企业	Foreign Funded Enterprises	11	16215	53.22
中外合资经营企业	Joint - venture Enterprises	4	15236	49.29
中外合作经营企业	Cooperation Enterprises	5	932	3.70
外资企业	Enterprises With Sole Foreign Investment	1	27	0.12
按餐饮行业中类分组	**By Category**			
正餐服务	Dinner Services	1466	100821	240.52
快餐服务	Snack Services	55	32897	81.66
饮料及冷饮服务	Beverages and Cold Drink Services	22	1065	2.37
其他餐饮服务	Others	53	5129	14.35

10－13 限额以上餐饮企业财务状况(2010－2017年)
Financial Indicators of Enterprises in Catering Serveices Above Designated Size(2010－2017)

单位:亿元(100 million yuan)

指标	Item	2010	2011	2012	2013	2014	2015	2016	2017
法人企业数(个)	Corporation Unit(unit)	1003	1179	1273	1506	1544	1554	1526	1595
从业人员(人)	Employed Persons(person)	129524	162017	144237	136523	131722	129407	128213	135257
流动资产合计	Total Circulating Assets	98.02	117.63	131.00	122.77	124.78	129.68	140.71	161.74
固定资产合计	Total Fixed Assets	64.61	87.81	99.72	109.21	119.43	120.82	122.10	131.96
资产总计	Total Assets	204.26	266.74	290.19	299.61	312.97	340.46	354.38	384.21
负债合计	Total Liabilities	151.01	196.20	222.15	235.70	252.00	267.18	278.78	301.25
主营业务收入	Businese Income	210.05	264.72	276.61	257.59	263.66	281.42	302.01	315.53
主营业务成本	Business Cost	109.92	143.24	143.56	134.08	132.88	142.00	157.39	161.79
营业费用	Business Expenses	58.82	65.31	77.47	77.17	80.49	81.95	86.34	93.43
主营业务税金及附加	Sale Tax and Extra Charges of Major Management	11.38	14.22	14.77	13.64	13.77	14.25	6.78	1.87
主营业务利润	Profits of Major Management	88.70	107.26	118.28	109.87	117.01	125.17	137.85	151.86
管理费用	Management Expenses	20.75	30.50	35.20	34.97	36.57	38.20	40.44	44.09
财务费用	Financial Expenses	3.41	5.61	7.17	6.25	5.87	6.43	5.80	5.94
利润总额	Total Profits	8.97	8.75	3.81	-4.69	-1.14	3.03	13.01	15.64
本年应付职工薪酬	Total Wages Payable in this year		43.91	46.05	49.31	50.25	52.48	57.22	61.58
本年应付福利费总额	Total Welfare Expenses Payable in this year	0.99							

10-14 限额以上住宿餐饮企业资产负债情况(2017年)
Assets and Liabilities of Hotel and Catering Services Above Designated Size(2017)

单位:亿元(100 million yuan)

指标	Item	资产合计 Total Assets	固定资产 Fixed Assets	流动资产 Circulating Assets	负债合计 Total Liabilities	所有者权益合计 Total Creditor's Equity
总计	**Total**	**1317.07**	**513.08**	**491.00**	**1037.91**	**279.17**
住宿业	**Hotels**	**932.87**	**381.12**	**329.26**	**736.66**	**196.21**
#国有及国有控股	State-owend and State-holding Enterprises	16.07	9.09	2.80	14.15	1.92
按登记注册类型分组	**by Registration**					
内资企业	Domestic Funded Enterprises	788.10	301.38	279.83	634.59	153.51
国有企业	State-owned Enterprises	46.40	19.83	18.81	15.63	30.77
集体企业	Collective Owned Enterprises	4.20	2.13	1.45	2.85	1.35
股份合作企业	Cooperative Enterprises	0.81	0.26	0.29	0.57	0.23
联营企业	Joint Ownership Enterprises	0.65	0.12	0.53	0.11	0.54
国有与集体联营企业	State-collective Joint Enterprises	0.65	0.12	0.53	0.11	0.54
有限责任公司	Limited Liability Corporations	409.32	174.22	129.13	319.79	89.53
国有独资公司	State Sole Funded Corporations	34.09	16.14	6.44	19.93	14.16
其他有限责任公司	Other Limited Liability Corporations	375.23	158.08	122.69	299.86	75.37
股份有限公司	Share-holding Corporations Ltd.	32.49	8.46	15.17	18.35	14.15
私营企业	Private Enterprises	293.89	96.18	114.30	277.21	16.68
私营独资企业	Private Funded Enterprises	5.39	2.21	1.92	4.00	1.39
私营合伙企业	Private Funded Corporations	4.03	0.95	1.33	2.71	1.32
私营有限责任公司	Private Limited liability Corporations	281.63	91.98	109.98	267.07	14.56
私营股份有限公司	Private Share-holding Corporations Ltd.	2.85	1.04	1.08	3.43	-0.59
其他企业	Others Enterprises	0.33	0.18	0.15	0.08	0.26
港澳台商投资企业	Enterprises With Funds From Hong Kong Macao and Taiwan	110.92	59.50	41.29	75.53	35.39
合资经营企业	Joint-venture Enterprises	45.75	19.77	24.03	27.67	18.08
合作经营企业	Cooperation Enterprises From Hong Kong, Macao and Taiwan	0.59	0.50	0.01	0.70	-0.11
独资经营企业	Enterprises with Sole Hong Kong, Macao and Taiwan	51.90	30.83	13.37	39.75	12.15
外商投资企业	Foreign Funded Enterprises	33.85	20.24	8.13	26.54	7.31
中外合资经营企业	Joint-venture Enterprises	20.26	13.27	4.18	16.63	3.63
外资企业	Enterprises With Sole Foreign Investment	13.58	6.97	3.95	9.88	3.70

续表 1 Continued 单位:亿元(100 million yuan)

指标	Item	资产合计 Total Assets	固定资产 Fixed Assets	流动资产 Circulating Assets	负债合计 Total Liabilities	所有者权益合计 Total Creditor's Equity
按住宿行业中类分组	**By Category**					
旅游饭店	Restaurant for Tourism	834.52	339.94	296.54	659.59	174.93
一般旅馆	Ordinary Hotels	96.80	40.77	31.95	76.29	20.51
其他住宿服务	Others	1.54	0.41	0.76	0.77	0.77
餐饮业	**Catering Services**	**384.21**	**131.96**	**161.74**	**301.25**	**82.95**
#国有及国有控股	State - owend and State - holding Enterprises	27.85	8.84	13.31	19.04	8.81
按登记注册类型分组	**By Registration**					
内资企业	Domestic Funded Enterprises	332.58	107.53	146.80	259.78	72.80
国有企业	State - owned Enterprises	1.62	0.37	0.71	0.98	0.65
集体企业	Collective Owned Enterprises	0.01		0.01	0.02	-0.01
股份合作企业	Cooperative Enterprises	0.38	0.09	0.20	0.61	-0.23
有限责任公司	Limited Liability Corporations	86.98	35.66	36.28	79.18	7.80
国有独资公司	State Sole Funded Corporations	1.84	0.54	1.10	1.48	0.36
其他有限责任公司	Other Limited Liability Corporations	85.14	35.12	35.18	77.70	7.45
股份有限公司	Share - holding Corporations Ltd.	19.12	5.73	6.45	10.90	8.23
私营企业	Private Enterprises	224.00	65.38	102.99	168.05	55.95
私营独资企业	Private Funded Enterprises	6.92	2.55	3.23	3.52	3.40
私营合伙企业	Private Partnership Corporations	2.80	0.76	1.19	1.42	1.38
私营有限责任公司	Catering Services	213.68	61.92	98.27	162.52	51.17
私营股份有限公司	Private Share - holding Corporations Ltd.	0.59	0.15	0.30	0.59	
其他	Others	0.45	0.28	0.15	0.04	0.41
港澳台商投资企业	Funded by Enterpreneurs From Hong Kong Macao and Taiwan	26.29	13.60	6.38	23.41	2.88
合资经营企业	Joint - venture Enterprises	2.28	0.20	1.39	0.77	1.51
独资经营企业	Enterprises with Sole Hong Kong, Macao and Taiwan	23.33	13.41	4.93	21.96	1.38
外商投资企业	Foreign Funded Enterprises	25.33	10.83	8.55	18.06	7.27
中外合资经营企业	Joint - venture Enterprises	22.53	10.24	6.75	14.88	7.66
外资企业	Enterprises With Sole Foreign Investment	2.74	0.58	1.76	3.16	-0.42
按餐饮行业中类分组	**By Category**					
正餐服务	Dinner Services	337.80	120.84	144.84	266.61	71.19
快餐服务	Snack Services	38.10	9.56	11.34	30.09	8.01
饮料及冷饮服务	Beverages and Cold Drink Services	1.70	0.16	0.87	1.20	0.51
其他餐饮服务	Others	6.61	1.41	4.69	3.36	3.25

续表 2　Continued　　单位:亿元(100 million yuan)

指标	Item	主营业务收入 Revenue in Main Business	主营业务成本 Cost in Main Business	主营业务税金及附加 Tax and Extra Changes in Main Business	营业费用 Management Cost
总计	**Total**	**602.93**	**255.87**	**5.13**	**191.49**
住宿业	**Hotels**	**287.40**	**94.08**	**3.27**	**98.06**
#国有及国有控股	State－owend and State－holding Enterprises	5.61	3.46	0.02	0.78
按登记注册类型分组	**by Registration**				
内资企业	Domestic Funded Enterprises	253.03	84.75	2.87	87.07
国有企业	State－owned Enterprises	18.68	5.28	0.28	6.86
集体企业	Collective Owned Enterprises	2.29	0.64	0.02	0.94
股份合作企业	Cooperative Enterprises	0.22	0.07		0.09
联营企业	Joint Ownership Enterprises	0.47	0.11		0.20
国有与集体联营企业	State－collective Joint Enterprises	0.47	0.11		0.20
有限责任公司	Limited Liability Corporations	110.86	36.33	1.38	36.87
国有独资公司	State Sole Funded Corporations	11.69	5.03	0.17	3.45
其他有限责任公司	Other Limited Liability Corporations	99.17	31.30	1.21	33.42
股份有限公司	Share－holding Corporations Ltd.	6.90	2.12	0.14	2.43
私营企业	Private Enterprises	113.50	40.11	1.03	39.66
私营独资企业	Private Funded Enterprises	3.22	1.53	0.06	0.75
私营合伙企业	Private Funded Corporations	2.19	1.11	0.03	0.57
私营有限责任公司	Private Limited liability Corporations	106.14	36.91	0.92	37.33
私营股份有限公司	Private Share－holding Corporations Ltd.	1.94	0.55	0.03	1.01
其他企业	Others Enterprises	0.11	0.09		
港澳台商投资企业	Enterprises With Funds From Hong Kong Macao and Taiwan	27.17	6.69	0.33	8.93
合资经营企业	Joint－venture Enterprises	11.53	2.44	0.25	3.63
合作经营企业	Cooperation Enterprises From Hong Kong,Macao and Taiwan	0.11	0.04		0.07
独资经营企业	Enterprises with Sole Hong Kong,Macao and Taiwan	11.52	3.10	0.04	3.53
外商投资企业	Foreign Funded Enterprises	7.20	2.64	0.06	2.06
中外合资经营企业	Joint－venture Enterprises	4.22	1.82	0.01	0.89
外资企业	Enterprises With Sole Foreign Investment	2.94	0.82	0.05	1.15

续表 3 Continued　　　　单位:亿元(100 million yuan)

指标	Item	主营业务收入 Revenue in Main Business	主营业务成本 Cost in Main Business	主营业务税金及附加 Tax and Extra Changes in Main Business	营业费用 Management Cost
按住宿行业中类分组	**By Category**				
旅游饭店	Restaurant for Tourism	243.63	78.42	2.78	83.13
一般旅馆	Ordinary Hotels	42.23	15.07	0.48	14.37
其他住宿服务	Others	1.54	0.59	0.01	0.56
餐饮业	**Catering Services**	**315.53**	**161.79**	**1.87**	**93.43**
#国有及国有控股	State – owend and State – holding Enterprises	16.10	7.87	0.05	5.57
按登记注册类型分组	**By Registration**				
内资企业	Domestic Funded Enterprises	246.38	132.01	1.80	69.73
国有企业	State – owned Enterprises	1.25	0.57		0.22
集体企业	Collective Owned Enterprises	0.03	0.02		0.01
股份合作企业	Cooperative Enterprises	0.81	0.52	0.01	0.20
有限责任公司	Limited Liability Corporations	62.35	31.85	0.33	19.93
国有独资公司	State Sole Funded Corporations	2.63	1.85	0.01	0.36
其他有限责任公司	Other Limited Liability Corporations	59.72	30.00	0.31	19.57
股份有限公司	Share – holding Corporations Ltd.	11.89	5.27	0.05	4.26
私营企业	Private Enterprises	169.83	93.63	1.39	45.08
私营独资企业	Private Funded Enterprises	13.50	8.61	0.23	2.23
私营合伙企业	Private Partnership Corporations	3.27	2.01	0.04	0.67
私营有限责任公司	Catering Services	151.73	82.17	1.11	41.83
私营股份有限公司	Private Share – holding Corporations Ltd.	1.33	0.83	0.01	0.35
其他	Others	0.17	0.12	0.01	0.03
港澳台商投资企业	Funded by Entrepreneurs From Hong Kong Macao and Taiwan	19.14	6.26	0.02	9.95
合资经营企业	Joint – venture Enterprises	3.14	0.94		1.54
独资经营企业	Enterprises with Sole Hong Kong, Macao and Taiwan	15.90	5.24	0.02	8.40
外商投资企业	Foreign Funded Enterprises	50.01	23.52	0.05	13.75
中外合资经营企业	Joint – venture Enterprises	46.45	21.76	0.03	12.35
外资企业	Enterprises With Sole Foreign Investment	3.35	1.64	0.02	1.31
按餐饮行业中类分组	**By Category**				
正餐服务	Dinner Services	223.55	115.73	1.70	64.60
快餐服务	Snack Services	76.48	36.26	0.09	25.65
饮料及冷饮服务	Beverages and Cold Drink Services	2.26	0.99	0.02	0.53
其他餐饮服务	Others	13.23	8.80	0.06	2.66

续表 4 Continued 单位:亿元(100 million yuan)

指标	Item	管理费用 Management Expenses	财务费用 Financial Expenses	利润总额 Profits	本年应付工资薪酬(本年贷方累计发生额) Total Wages Pagable in the year
总计	**Total**	**133.25**	**23.17**	**10.67**	**164.81**
住宿业	**Hotels**	**89.16**	**17.23**	**-4.97**	**103.24**
#国有及国有控股	State - owend and State - holding Enterprises	1.28	0.34	-0.19	0.85
按登记注册类型分组	**by Registration**				
内资企业	Domestic Funded Enterprises	77.58	14.29	-5.73	94.71
国有企业	State - owned Enterprises	5.84	0.11	0.74	6.08
集体企业	Collective Owned Enterprises	0.70		0.01	0.62
股份合作企业	Cooperative Enterprises	0.05	0.04	-0.04	0.07
联营企业	Joint Ownership Enterprises	0.15	-0.01	0.02	0.13
国有与集体联营企业	State - collective Joint Enterprises	0.15	-0.01	0.02	0.13
有限责任公司	Limited Liability Corporations	36.22	7.44	-4.19	29.31
国有独资公司	State Sole Funded Corporations	3.31	0.56	-0.45	3.17
其他有限责任公司	Other Limited Liability Corporations	32.91	6.88	-3.75	26.14
股份有限公司	Share - holding Corporations Ltd.	2.27	0.42	-0.27	2.16
私营企业	Private Enterprises	32.36	6.29	-2.02	56.30
私营独资企业	Private Funded Enterprises	0.59	0.10	0.12	0.73
私营合伙企业	Private Funded Corporations	0.39	0.05	0.09	0.48
私营有限责任公司	Private Limited liability Corporations	30.90	6.10	-2.17	54.58
私营股份有限公司	Private Share - holding Corporations Ltd.	0.47	0.04	-0.07	0.51
其他企业	Others Enterprises			0.03	0.03
港澳台商投资企业	Enterprises With Funds From Hong Kong Macao and Taiwan	8.88	2.28	1.59	6.70
合资经营企业	Joint - venture Enterprises	4.04	1.14	0.80	2.94
合作经营企业	Cooperation Enterprises From Hong Kong, Macao and Taiwan	0.02		-0.01	0.03
独资经营企业	Enterprises with Sole Hong Kong, Macao and Taiwan	4.22	1.13	0.13	2.84
外商投资企业	Foreign Funded Enterprises	2.69	0.66	-0.84	1.83
中外合资经营企业	Joint - venture Enterprises	1.53	0.42	-0.41	1.07
外资企业	Enterprises With Sole Foreign Investment	1.13	0.24	-0.43	0.74

续表 5 Continued 单位:亿元(100 million yuan)

指标	Item	管理费用 Management Expenses	财务费用 Financial Expenses	利润总额 Profits	本年应付工资薪酬(本年贷方累计发生额) Total Wages Pagable in the year
按住宿行业中类分组	**By Category**				
旅游饭店	Restaurant for Tourism	76.14	15.19	-3.17	93.30
一般旅馆	Ordinary Hotels	12.72	2.02	-1.88	9.59
其他住宿服务	Others	0.30	0.01	0.08	0.35
餐饮业	**Catering Services**	**44.09**	**5.94**	**15.64**	**61.58**
#国有及国有控股	State - owend and State - holding Enterprises	2.27	0.05	3.40	5.42
按登记注册类型分组	**By Registration**				
内资企业	Domestic Funded Enterprises	36.41	5.34	6.80	48.24
国有企业	State - owned Enterprises	0.42	-0.01	0.07	0.36
集体企业	Collective Owned Enterprises	0.01			0.01
股份合作企业	Cooperative Enterprises	0.11	0.02	-0.03	0.13
有限责任公司	Limited Liability Corporations	8.90	1.84	0.11	12.27
国有独资公司	State Sole Funded Corporations	0.32	0.01	0.16	1.08
其他有限责任公司	Other Limited Liability Corporations	8.59	1.83	-0.05	11.20
股份有限公司	Share - holding Corporations Ltd.	1.91	0.21	2.69	3.60
私营企业	Private Enterprises	25.04	3.28	3.96	31.75
私营独资企业	Private Funded Enterprises	1.55	0.09	0.81	2.35
私营合伙企业	Private Partnership Corporations	0.38	0.10	0.08	0.71
私营有限责任公司	Catering Services	22.93	3.08	3.10	28.47
私营股份有限公司	Private Share - holding Corporations Ltd.	0.17	0.01	-0.04	0.22
其他	Others	0.01			0.10
港澳台商投资企业	Funded by Enterpreneurs From Hong Kong Macao and Taiwan	1.80	0.62	1.04	3.74
合资经营企业	Joint - venture Enterprises	0.30		0.35	0.70
独资经营企业	Enterprises with Sole Hong Kong, Macao and Taiwan	1.48	0.60	0.70	3.01
外商投资企业	Foreign Funded Enterprises	5.88	-0.02	7.80	9.59
中外合资经营企业	Joint - venture Enterprises	5.28	-0.06	7.90	8.73
外资企业	Enterprises With Sole Foreign Investment	0.60	0.04	-0.07	0.84
按餐饮行业中类分组	**By Category**				
正餐服务	Dinner Services	35.75	5.47	7.17	44.78
快餐服务	Snack Services	6.49	0.41	7.87	13.87
饮料及冷饮服务	Beverages and Cold Drink Services	0.65		0.07	0.46
其他餐饮服务	Others	1.20	0.05	0.53	2.47

10－15 商品交易市场情况(1978－2017年)
Basic Conditions of Business Markets of Commodity(1978－2017)

年份 Year	交易市场数(个) Business Markets (unit)	10亿元以上(个) Above 1000 Million Yuan (unit)	100亿元以上(个) Above 10000 Million Yuan (unit)	商品市场成交额(亿元) Transaction (100b million yuan)
1978	1051			8.6
1979	1322			11.3
1980	1415			12.2
1981	1656			14.7
1982	1736			18.1
1983	1788			21.6
1984	2241			26.9
1985	2345			44.0
1986	3653			59.1
1987	3706			80.9
1988	3632			96.3
1989	3669			149.0
1990	3797			161.9
1991	3802			204.6
1992	3865			321.3
1993	4127			651.2
1994	4207			1480.5
1995	4349			2165.7
1996	4388	57	3	2545.3
1997	4488	57	2	2798.0
1998	4619	58	2	3209.6
1999	4347	69	3	3606.0
2000	4348	68	4	4023.0
2001	4278	78	6	4652.0
2002	4193	77	6	4997.0
2003	4036	93	9	5591.0
2004	4049	114	9	6384.0
2005	4008	120	10	7173.0
2006	4064	125	13	8247.0
2007	4096	133	15	9325.0
2008	4087	139	15	9794.0
2009	4194	180	18	10744.9
2010	4146	202	22	12717.3
2011	4212	210	25	14500.0
2012	4297	233	31	15816.6
2013	4316	225	38	17800.0
2014	4321	225	33	19500.0
2015	4243	243	33	20500.0
2016	3951	294	32	20500.0
2017	3824	284	35	21500.0

10－16 亿元以上商品交易市场成交情况
Basic Conditions of Business Markets of Commodity Above 100 Million Yuan

单位:万元(10000 yuan)

指标	Item	摊位数量(个) Number of Stall(unit)			成交额 Value		
		2015	2016	2017	2015	2016	2017
总计	**Total**	**445835**	**446033**	**442959**	**161314431**	**165405467**	**172798140**
食品、饮料、烟酒类	Food, Beverage, Tobacco and Liquor	123234	113593	110086	37500364	35633850	36586254
服装鞋帽、针、纺织品类	Garments, Shoes, Hats, Knit and Textile Goods	141723	139638	139288	42416239	45396675	47903427
化妆品类	Cosmetics	2494	2317	2191	501868	514814	486139
金银珠宝类	Jewelry	1557	4525	4702	2119255	2845449	3936604
日用品类	Articles For Daily Use	23135	20290	21655	6421182	3966069	3944904
五金、电料类	Hardware & Electric Materials	18094	15643	16103	5092741	5945779	6243463
体育、娱乐用品类	Sports and Recreation	1103	1056	987	321009	190673	169904
书报杂志类	Newspapers and Magazines	206	156	141	54109	40339	43666
电子出版物及音像制品类	Electronic Publication and Audiovisual Production	66	117	116	29955	33291	34301
家用电器和音像器材类	Household Appliances and Audiovisual Equipment	3272	2883	2732	436875	885085	861015
中西药品类	Traditional Chinese & Western Medicines	1327	1350	1432	227686	261866	353562
#中草药及中成药	Chinese Herbal Medicine and Other Traditional Chinese Medicine	899	1267	1340	107892	226398	251530
文化办公用品类	Culture and Official Articles	9685	8892	8060	1442027	1409725	1493559
家具类	Furniture	13825	17816	19555	2545511	3894021	4820392
通讯器材类	Communication Appliances	2628	2662	2520	301599	301339	302532
煤炭及制品类	Coal and Related Production	69	64	58	1004548	634361	792608
木材及制品类	Timber and Related Production	4347	4263	3817	1170743	1176516	1170687
石油及制品类	Oil and Related Production	74	125	87	2741401	1567101	1283504
化工材料及制品类	Chemical Materials and Related Production	4313	4415	4515	8522343	8767086	9362716
金属材料类	Metal Materials	14982	12377	11032	21311756	18614146	18105831
建筑及装潢材料类	Building and Decoration Materials	29057	30053	29917	5925434	5890689	6650305
机电成品及设备类	Mechanical and Electrical Products and Appliances	4592	4416	4297	2320829	2403846	2213108
#农机类	Agricutural Mechanical Production	11	11	55	2060	1570	15382
汽车类	Motor Vehicles	12175	12047	13016	12531424	13760357	15074367
种子饲料类	Seed and Forage	183	141	53	45571	25077	12368
棉麻类	Cotton & Ambery	751	661	600	1062427	997148	814167
其他类	Others	32943	37793	38307	5267535	6844182	6712031

10－17 个体经济发展情况 Developments in Individual Economy

项目	Item	2014	2015	2016	2017
户数(户)	**Number of Households(household)**	**2843733**	**3177454**	**3526088**	**3896468**
农、林、牧、渔业	Farming, Forestry, Animal Husbandry and Fishery	40772	50244	59295	69256
采矿业	Ming and Quarrying	402	372	351	328
制造业	Manufacturing	511071	562778	597647	644873
电力、燃气及水的生产和供应业	Production and Supply of Electricity, Gas and Water	424	424	449	482
建筑业	Construction	6410	7450	9940	14887
交通运输、仓储和邮政业	Transport, Storage and Post	86013	90963	96607	111876
信息传输、计算机服务和软件业	Information Transmission, Computer Services and Software	4811	5472	6180	7805
批发和零售业	Wholesale and Retail Trade	1687008	1833561	1974257	2110575
住宿和餐饮业	Hotels and Catering Services	199362	268630	362098	450929
房地产业	Real Estate	6476	6978	8481	10821
租赁和商务服务业	Leasing and Services and Other Services	43257	51297	60793	75429
居民服务和其他服务业	Resident Services and Other Services	228316	266038	311260	352779
卫生、社会保障和社会福利业	Health Care, Social Securities and Social Welfare	3148	3840	4671	5365
文化、体育和娱乐业	Culture, Sports and Recreation	14881	17294	19629	23870
其他行业	Others	11382	12113	14430	17193
从业人员(人)	**Number of Employed Persons(person)**	**6253197**	**7247995**	**8002985**	**8359482**
农、林、牧、渔业	Farming, Forestry, Animal Husbandry and Fishery	122512	151539	206611	233046
采矿业	Ming and Quarrying	1877	1707	1548	1384
制造业	Manufacturing	1906985	2051105	2187626	2264485
电力、燃气及水的生产和供应业	Production and Supply of Electricity, Gas and Water	988	948	978	1029
建筑业	Construction	21928	25461	35689	55565
交通运输、仓储和邮政业	Transport, Storage and Post	117058	139460	162550	182035
信息传输、计算机服务和软件业	Information Transmission, Computer Service and Software	8179	10525	10640	13134
批发和零售业	Wholesale and Retail Sale Trade	2751170	3178996	3352335	3461336
住宿和餐饮业	Hotels and Catering Services	538795	740670	979135	1053902
房地产业	Real Estate	23514	24642	26852	31675
租赁和商务服务业	Leasing and Services and Other Services	124371	143603	128954	155162
居民服务和其他服务业	Resident Services and Other Services	559838	687869	806332	784345
卫生、社会保障和社会福利业	Health Care, Social Securities and Social Welfare	7751	9500	11115	12822
文化、体育和娱乐业	Culture, Sports and Recreation	43722	53470	58227	67957
其他行业	Others	24509	28500	34393	41605

10－18 私营经济发展情况
Developments of Private－owned Economy

项目	Item	2014	2015	2016	2017
户数(户)	**Number of Households(household)**	**1112630**	**1292107**	**1521441**	**1800585**
农、林、牧、渔业	Farming,Forestry,Animal Husbandry and Fishery	24695	27229	29691	31966
采矿业	Ming and Quarrying	846	877	876	870
制造业	Manufacturing	391476	415493	442948	471693
电力、燃气及水的生产和供应业	Production and Supply of Electricity,Gas and Water	2555	2838	3456	5053
建筑业	Construction	43231	50661	60240	75005
交通运输、仓储和邮政业	Transport,Storage and Post	20199	23899	30256	36227
信息传输、计算机服务和软件业	Information Transmission,Computer Service and Software	30337	44215	64091	88373
批发和零售业	Wholesale and Retail Trade	367323	427229	505918	592772
住宿和餐饮业	Hotels and Catering Services	15572	18085	21046	24845
房地产业	Real Estate	21753	24155	28403	36785
租赁和商务服务业	Leasing and Services and Other Services	96451	126207	163594	214786
居民服务和其他服务业	Resident Services and Other Services	30221	37584	40869	46177
卫生、社会保障和社会福利业	Health Care,Social Securities and Social Welfare	1467	2024	2966	4229
文化、体育和娱乐业	Culture,Sports and Recreation	10866	16619	25465	36938
其他行业	Others	55638	74992	101622	134866
从业人员(人)	**Number of Employed Persons(person)**	**11212457**	**14363975**	**14683860**	**15126392**
农、林、牧、渔业	Farming,Forestry,Animal Husbandry and Fishery	155778	170964	160014	166457
采矿业	Ming and Quarrying	17265	17957	17685	17061
制造业	Manufacturing	5964740	6564672	6600428	6569513
电力、燃气及水的生产和供应业	Production and Supply of Electricity,Gas and Water	26021	28316	30732	36955
建筑业	Construction	612570	1153330	1167303	1081530
交通运输、仓储和邮政业	Transport,Storage and Post	151002	185832	197541	214442
信息传输、计算机服务和软件业	Information Transmission,Computer Service and Software	192729	299336	321719	396865
批发和零售业	Wholesale and Retail Sale Trade	2379473	3108272	2916719	3127643
住宿和餐饮业	Hotels and Catering Services	148547	171424	175215	184035
房地产业	Real Estate	161350	191928	499442	210617
租赁和商务服务业	Leasing Services and Other Services	716848	1550338	1562332	1892175
居民服务和其他服务业	Resident Services and Other Services	183963	235122	263782	277811
卫生、社会保障和社会福利业	Health Care,Social Securities and Social Welfare	12609	16615	22378	27382
文化、体育和娱乐业	Culture,Sports and Recreation	80951	119902	146147	186256
其他行业	Others	408611	549967	602423	737650

10－19 个体和私营经济发展情况(2017 年)
Developments on Individual and Private－owned Economy(2017)

项目	Item	个体 Individuals	#城镇 Urban Areas	私营 Privates	#城镇 Urban Areas
户数(户)	**Number of Households(household)**	**3896468**	**2575149**	**1800585**	**1283642**
农、林、牧、渔业	Farming,Forestry,Animal Husbandry and Fishery	69256	31398	31966	16180
采矿业	Ming and Quarrying	328	157	870	364
制造业	Manufacturing	644873	295496	471693	232678
电力、燃气及水的生产和供应业	Production and Supply of Electricity,Gas and Water	482	189	5053	2957
建筑业	Construction	14887	8618	75005	55088
交通运输、仓储和邮政业	Transport,Storage and Post	111876	70540	36227	23621
信息传输、计算机服务和软件业	Information Transmission,Computer Service and Software	7805	5887	88373	77218
批发和零售业	Wholesale and Retail Sale Trade	2110575	1470038	592772	469195
住宿和餐饮业	Hotels and Catering Services	450929	334050	24845	18704
房地产业	Real Estate	10821	9752	36785	27922
租赁和商务服务业	Leasing and Services and Other Services	75429	57335	214786	184156
居民服务和其他服务业	Resident Services and Other Services	352779	257800	46177	35246
卫生、社会保障和社会福利业	Health Care,Social Securities and Social Welfare	5365	4256	4229	2922
文化、体育和娱乐业	Culture,Sports and Recreation	23870	16760	36938	31434
其他行业	Others	17193	12873	134866	105957
从业人员(人)	**Number of Employed(person)**	**8359482**	**5459368**	**15126392**	**9430318**
农、林、牧、渔业	Farming,Forestry,Animal Husbandry and Fishery	233046	115496	166457	78121
采矿业	Ming and Quarrying	1384	587	17061	4595
制造业	Manufacturing	2264485	1054787	6569513	2820365
电力、燃气及水的生产和供应业	Production and Supply of Electricity,Gas and Water	1029	402	36955	21409
建筑业	Construction	55565	28217	1081530	542619
交通运输、仓储和邮政业	Transport,Storage and Post	182035	126318	214442	137172
信息传输、计算机服务和软件业	Information Transmission,Computer Service and Software	13134	9981	396865	346858
批发和零售业	Wholesale and Retail Sale Trade	3461336	2485033	3127643	2518152
住宿和餐饮业	Hotels and Catering Services	1053902	803963	184035	142330
房地产业	Real Estate	31675	29785	210617	158119
租赁和商务服务业	Leasing and Services and Other Services	155162	121045	1892175	1717942
居民服务和其他服务业	Resident Services and Other Services	784345	592700	277811	222991
卫生、社会保障和社会福利业	Health Care,Social Securities and Social Welfare	12822	10292	27382	21104
文化、体育和娱乐业	Culture,Sports and Recreation	67957	48945	186256	156494
其他行业	Others	41605	31817	737650	542047

10－20 规模以上服务业企业主要经济指标(2017 年)
Main Indicators of Service Enterprises Above Designated Size(2017)

单位:亿元(100 million yuan)

项目	Item	单位数(个) Number of Enterprises (unit)	资产总计 Total assets	固定资产原价 Original value of fixed assets	本年折旧 This Year Depreciation
总　　计	**Total**	**10413**	**34863.24**	**9472.98**	**554.60**
按登记注册类型分	**By Registered Type**				
国有企业	State－owned	294	1553.63	388.21	25.02
集体企业	Collective Owned	120	387.09	130.95	3.86
股份合作企业	Share－cooperations	30	81.53	48.44	1.53
联营企业	Joint	5	9.13	0.99	0.12
有限责任公司	Limited Liability Corporations	3212	18915.82	4692.66	230.51
股份有限公司	Share－holding Corporations Ltd.	387	3568.07	1427.60	86.31
私营企业	Private	5903	4670.07	1232.88	85.13
其他企业	Others	112	90.37	47.65	3.07
港澳台商投资企业	Investment from HongKong, Macao and Taiwan	196	4761.53	1115.77	98.03
外商投资企业	Investment from Foreign	154	826.01	387.82	21.02
按国民经济行业分	**by Sector**				
交通运输、仓储和邮政业	Transportation,Storage and Post	2947	5768.43	3287.75	177.31
信息传输、软件和信息技术服务业	Information Transmission, Software and Information Technology Services	1299	7866.42	2606.61	223.26
房地产业(除房地产开发经营)	Real Estate	830	3980.19	639.51	24.47
租赁和商务服务业	Renting and Business Services	2199	11991.22	1814.82	70.96
科学研究和技术服务业	Scientific Research and Technical Services	1289	1930.76	292.01	17.37
水利、环境和公共设施管理业	Water Conservancy,Environment and Public Utility	363	1400.98	409.45	16.29
居民服务、修理和其他服务业	Service for the Residents , Repair and Others	365	94.82	23.46	1.78
教育	Education	194	81.04	44.84	3.53
卫生和社会工作	Health Care and Social Work	299	197.29	96.28	6.49
文化、体育和娱乐业	Culture,Sports and Recreation	628	1552.09	258.23	13.14

续表 1 Continued 单位:亿元(100 million yuan)

项目	Item	负债合计 Total Liabilities	所有者权益 Owner's Equity	营业收入 The Business revenue	主营业务收入 Revenues in Main Business
总计	**Total**	**18374.34**	**16488.90**	**13589.77**	**13363.45**
按登记注册类型分	**By Registered Type**				
国有企业	State - owned	514.15	1039.49	534.42	522.90
集体企业	Collective Owned	169.37	217.71	45.63	44.56
股份合作企业	Share - cooperations	23.13	58.39	12.14	11.92
联营企业	Joint	7.44	1.68	2.15	2.13
有限责任公司	Limited Liability Corporations	10890.33	8025.50	4136.22	4043.44
股份有限公司	Share - holding Corporations Ltd.	1495.69	2072.38	1016.79	1000.35
私营企业	Private	2983.52	1686.55	3915.11	3871.15
其他企业	Others	52.09	38.28	51.46	50.71
港澳台商投资企业	Investment from HongKong, Macao and Taiwan	1797.61	2963.91	2524.82	2479.53
外商投资企业	Investment from Foreign	441.01	385.00	1351.05	1336.73
按国民经济行业分	**by Sector**				
交通运输、仓储和邮政业	Transportation, Storage and Post	3313.22	2455.20	2917.80	2870.34
信息传输、软件和信息技术服务业	Information Transmission, Software and Information Technology Services	3273.96	4592.46	5961.16	5889.73
房地产业(除房地产开发经营)	Real Estate	2432.87	1547.32	477.09	451.52
租赁和商务服务业	Renting and Business Services	6501.44	5489.78	2000.92	1954.96
科学研究和技术服务业	Scientific Research and Technical Services	1093.48	837.28	1197.35	1186.42
水利、环境和公共设施管理业	Water Conservancy, Environment and Public Utility	870.57	530.40	274.52	262.22
居民服务、修理和其他服务业	Service for the Residents, Repair and Others	62.17	32.65	127.86	127.11
教育	Education	45.79	35.25	56.37	55.60
卫生和社会工作	Health Care and Social Work	121.17	76.12	170.23	168.83
文化、体育和娱乐业	Culture, Sports and Recreation	659.68	892.41	406.47	396.73

续表 2 Continued 单位:亿元(100 million yuan)

项目	Item	营业成本 Costs in Business	主营业务成本 Costs in Main Business	税金及附加 Sales Taxes and Extra Charges in Business	主营业务税金及附加 Sales Taxes and Extra Charges in Main Business	销售费用 Sales Charges
总　　计	**Total**	**9318.23**	**9206.61**	**84.92**	**80.40**	**691.90**
按登记注册类型分	**By Registered Type**					
国有企业	State - owned	392.08	385.74	3.05	2.74	20.33
集体企业	Collective Owned	17.70	17.55	2.70	2.66	2.51
股份合作企业	Share - cooperations	4.93	4.91	0.72	0.72	0.31
联营企业	Joint	1.38	1.38	0.01	0.01	0.15
有限责任公司	Limited Liability Corporations	3168.20	3118.68	29.54	26.88	190.27
股份有限公司	Share - holding Corporations Ltd.	691.77	683.04	9.16	8.95	84.23
私营企业	Private	3070.43	3047.78	17.77	17.17	173.76
其他企业	Others	34.57	33.69	0.26	0.26	3.34
港澳台商投资企业	Investment from HongKong, Macao and Taiwan	681.18	669.43	17.90	17.36	195.66
外商投资企业	Investment from Foreign	1256.00	1244.41	3.81	3.64	21.34
按国民经济行业分	**by Sector**					
交通运输、仓储和邮政业	Transportation, Storage and Post	2556.98	2529.09	12.72	11.81	46.83
信息传输、软件和信息技术服务业	Information Transmission, Software and Information Technology Services	3336.36	3311.31	24.93	23.21	404.00
房地产业(除房地产开发经营)	Real Estate	314.22	301.19	12.77	12.32	33.17
租赁和商务服务业	Renting and Business Services	1521.90	1494.22	20.02	19.02	96.73
科学研究和技术服务业	Scientific Research and Technical Services	897.44	890.59	6.38	6.27	30.29
水利、环境和公共设施管理业	Water Conservancy, Environment and Public Utility	192.02	186.39	1.85	1.80	15.87
居民服务、修理和其他服务业	Service for the Residents , Repair and Others	99.47	99.25	0.93	0.92	9.59
教育	Education	35.29	35.12	0.30	0.28	4.44
卫生和社会工作	Health Care and Social Work	111.27	110.02	0.18	0.18	15.22
文化、体育和娱乐业	Culture, Sports and Recreation	253.29	249.42	4.84	4.59	35.78

续表 3 Continued 单位:亿元(100 million yuan)

项目	Item	管理费用 Management Expenses	财务费用 Financial Expenses	营业利润 Operating Profits	利润总额 Profits
总　　计	**Total**	**1665.95**	**176.98**	**2022.50**	**2191.28**
按登记注册类型分	**By Registered Type**				
国有企业	State - owned	58.23	-8.58	98.15	107.53
集体企业	Collective Owned	15.02	0.51	13.67	14.37
股份合作企业	Share - cooperations	3.06	-0.14	3.88	3.40
联营企业	Joint	0.53	-0.01	0.08	0.09
有限责任公司	Limited Liability Corporations	446.42	149.83	346.18	453.70
股份有限公司	Share - holding Corporations Ltd.	113.65	9.76	159.57	174.51
私营企业	Private	445.73	42.54	215.23	240.13
其他企业	Others	10.60	0.09	2.81	2.81
港澳台商投资企业	Investment from HongKong, Macao and Taiwan	543.86	-22.94	1144.87	1151.50
外商投资企业	Investment from Foreign	28.84	5.92	38.06	43.22
按国民经济行业分	**by Sector**				
交通运输、仓储和邮政业	Transportation, Storage and Post	176.35	69.53	148.94	231.92
信息传输、软件和信息技术服务业	Information Transmission, Software and Information Technology Services	923.03	-28.85	1360.62	1382.77
房地产业(除房地产开发经营)	Real Estate	68.14	26.31	53.89	74.20
租赁和商务服务业	Renting and Business Services	206.47	86.85	217.11	231.46
科学研究和技术服务业	Scientific Research and Technical Services	155.89	6.16	113.88	121.99
水利、环境和公共设施管理业	Water Conservancy, Environment and Public Utility	34.67	11.22	20.57	29.37
居民服务、修理和其他服务业	Service for the Residents , Repair and Others	12.03	0.42	6.76	8.36
教育	Education	10.20	0.31	6.36	6.66
卫生和社会工作	Health Care and Social Work	30.68	1.62	11.55	10.98
文化、体育和娱乐业	Culture, Sports and Recreation	48.49	3.40	82.83	93.57

续表 4 Continued　　　　单位:亿元(100 million yuan)

项目	Item	应交所得税 Income tax payable	应付职工薪酬 Total Wages Pagable	应交增值税 Value Added Taxes Payable	平均用工人数(万人) Average Number of Employed Persons (10000 persons)
总　　计	**Total**	**283.07**	**2065.04**	**300.51**	**199.56**
按登记注册类型分	**By Registered Type**				
国有企业	State - owned	4.08	124.73	15.73	10.57
集体企业	Collective Owned	1.54	9.10	2.11	0.87
股份合作企业	Share - cooperations	0.02	1.60	0.56	0.22
联营企业	Joint	0.02	0.47	0.04	0.04
有限责任公司	Limited Liability Corporations	70.82	703.49	90.19	69.32
股份有限公司	Share - holding Corporations Ltd.	24.81	183.41	21.92	16.53
私营企业	Private	46.68	588.08	81.41	87.67
其他企业	Others	0.52	15.70	0.75	1.66
港澳台商投资企业	Investment from HongKong, Macao and Taiwan	126.86	391.85	82.41	9.76
外商投资企业	Investment from Foreign	7.69	46.61	5.41	2.93
按国民经济行业分	**by Sector**				
交通运输、仓储和邮政业	Transportation,Storage and Post	55.85	381.92	42.65	39.51
信息传输、软件和信息技术服务业	Information Transmission, Software and Information Technology Services	136.76	684.06	133.41	31.04
房地产业(除房地产开发经营)	Real Estate	11.96	127.40	18.49	23.36
租赁和商务服务业	Renting and Business Services	37.00	455.75	46.94	66.57
科学研究和技术服务业	Scientific Research and Technical Services	20.11	229.71	31.42	16.00
水利、环境和公共设施管理业	Water Conservancy,Environment and Public Utility	7.06	41.33	7.37	6.41
居民服务、修理和其他服务业	Service for the Residents , Repair and Others	1.85	25.77	6.31	5.01
教育	Education	1.15	19.85	1.28	2.67
卫生和社会工作	Health Care and Social Work	3.19	44.80	0.15	4.42
文化、体育和娱乐业	Culture,Sports and Recreation	8.11	54.44	12.50	4.58

注：限额以上服务业企业统计不包括批发零售业,住宿餐饮业,房地产开发经营业,金融业。
Above designated size services unit statistics do not include wholesale and retail trade,hotel and restaurant industry,the real estate development industry,finance.

10－21 规模以上服务业非企业单位主要经济指标(2017 年)
Main Indicators of Services Non－Enterprise Units Above Designated Size(2017)

单位:亿元(100 million yuan)

项目	Item	单位数(个) Number of Enterprises (unit)	从业人员平均人数(万人) Average Number of Employed Persons(10000 persons)	年末资产 Total assets At the End of Year	固定资产原价 Original Value of Fixed Assets	收入合计 Total revenue
总计	**Total**	**9655**	**142.36**	**10844.34**	**5128.89**	**7167.88**
按国民经济行业分	**by Sector**					
交通运输、仓储和邮政业	Transportation, Storage and Post	118	1.31	109.87	57.21	101.79
信息传输、软件和信息技术服务业	Information Transmission, Software and Information Technology Services	80	0.50	57.55	28.57	17.15
房地产业(除房地产开发经营)	Real Estate	63	0.21	66.52	13.02	11.06
租赁和商务服务业	Renting and Business Services	179	0.61	273.09	53.16	37.34
科学研究和技术服务业	Scientific Research and Technical Services	367	2.60	932.63	162.03	188.87
水利、环境和公共设施管理业	Water Conservancy, Environment and Public Utility	336	4.55	424.95	134.39	134.70
居民服务、修理和其他服务业	Service for the Residents, Repair and Others	87	0.32	28.24	11.29	11.73
教育	Education	3337	49.58	3155.57	1925.75	1436.28
卫生和社会工作	Health Care and Social Work	1537	39.91	2045.47	1269.67	2047.63
文化、体育和娱乐业	Culture, Sports and Recreation	501	2.66	265.50	161.03	99.51
公共管理、社会保障和社会组织	Public management, social security and social organization	3050	40.13	3484.94	1312.77	3081.84

续表 Continued 单位:亿元(100 million yuan)

项目	Item	支出合计 Total expenditure	工资福利支出 Wages and welfare expenses	商品和服务支出 Goods and services spending	对个人和家庭的补助 For individual and family allowance
总计	**Total**	**7094.11**	**2290.38**	**2289.97**	**532.45**
按国民经济行业分	**by Sector**				
交通运输、仓储和邮政业	Transportation, Storage and Post	98.51	18.22	8.03	2.99
信息传输、软件和信息技术服务业	Information Transmission, Software and Information Technology Services	17.29	6.53	6.45	0.86
房地产业(除房地产开发经营)	Real Estate	10.98	2.75	2.05	0.74
租赁和商务服务业	Renting and Business Services	33.20	7.40	15.13	3.67
科学研究和技术服务业	Scientific Research and Technical Services	159.20	43.04	46.08	11.03
水利、环境和公共设施管理业	Water Conservancy, Environment and Public Utility	123.74	29.63	55.96	4.97
居民服务、修理和其他服务业	Service for the Residents ,Repair and Others	11.06	3.78	4.47	0.48
教育	Education	1439.63	791.85	327.06	149.56
卫生和社会工作	Health Care and Social Work	2011.96	689.77	1112.61	69.15
文化、体育和娱乐业	Culture, Sports and Recreation	102.79	36.16	32.42	6.17
公共管理、社会保障和社会组织	Public management, social security and social organization	3085.74	661.24	679.71	282.83

浙/江/统/计/年/鉴

主要统计指标解释

■ 社会消费品零售总额

指各种经济类型的批发零售贸易业、餐饮业和除制造业和农业外的其他行业对城乡居民和社会集团的消费品零售额。这个指标反映通过各种商品流通渠道向居民和社会集团供应的生活消费品来满足他们生活需要，是研究人民生活，社会消费品购买力、货币流通等问题的重要指标。社会消费品零售总额包括:(1)售给城乡居民作为生活用的商品和修建房屋用的建筑材料;(2)售给社会集团的各种办公用品和公用消费品;(3)售给机关、团体、学校、部队、企业、事业单位的职工食堂和旅店(招待所)附设专门供本店旅客食用，不对外营业的食堂的各种食品、燃料;企业、单位和国营农场直接售给本单位职工和职工食堂的自己生产的产品;(4)售给部队干部、战士生活用的粮食、副食品、衣着品、日用品、燃料;(5)售给来华的外国人、华侨、港澳(台)同胞的消费品;(6)居民自费购买的中、西药品、中药材及医疗用品;(7)报社、出版社直接售给居民和社会集团的报纸、图书、杂志、集邮公司出售的新、旧纪念邮票、特种邮票、首日封、集邮册、集邮工具等;(8)旧货寄售商店自购、自销部分的商品;(9)煤气公司、液化石油气站售给居民和社会集团的煤气灶具和罐装液化石油气。不包括售给国民经济各部门企业、事业单位(包括国有经济的农场)生产经营用的各种原材料、燃料、设备、工具等和售给批发零售贸易业、餐饮业作为转卖用的商品、旧货寄售商店受托寄售卖出的商品、服务业的营业收入、邮局出售邮票的收入、自来水、电力、煤气生产(供应)单位的产品供应收入。

■ 商品销售总额

指对本企业(单位)以外的单位和个人出售(包括对国(境)外直接出口)的商品。这个指标反映批发零售贸易业在国内市场上销售商品以及出口商品的总量。商品销售总额包括:(1)售给城乡居民和社会集团消费用的商品;(2)售给工业、农业、建筑业、运输邮电业、批发零售贸易业、餐饮业、服务业等作为生产、经营使用的商品;(3)售给批发零售贸易业作为转卖或加工后转卖的商品;(4)对国(境)外直接出口的商品。不包括:出售本企业(单位)自用的废旧包装用品，未通过买卖行为付出的商品，经本单位介绍，由买卖双方直接结算，本单位只收取手续费的业务，购货退回的商品以及商品损耗和损失等。

■ 消费品市场成交额

指在全国消费品交易市场成交的全部商品金额。消费品市场包括农副产品市场和工业消费品市场。

■ 亿元商品交易市场成交额

年成交额达到亿元以上，经工商部门批准，专门从事商品批发、零售业务活动的市场，其市场所有摊位销售总额称为亿元商品交易市场成交额。

■ 连锁企业(或称连锁店、连锁公司)

指在核心企业或总店的领导下，由分散的、经营同类商品或服务的企业或活动单位，采取共同方针，实行集中采购和分散销售的有机结合，通过规范化经营，实行集中采购和分散销售的有机结合，通过规范化经营，实现规模效益的经济联合组织形式。一般连锁店应由若干个分店组成。其经营特征:(1)经营同类商品;(2)使用统一商号;(3)统一采购配送，采购与销售相分离(部分商品可根据物流合理和保质保鲜原则，由供应商直接送货到门店，其余均由总部统一配送)。

连锁门店包括下列两种形式:

直营连锁:指正规连锁。连锁门店均由总部独资或控股开设，在总部的直接领导下统一经营。

加盟连锁:指特许连锁。各连锁门店(被特许人)通过合同形式，取得使用总部(特许人)商标、商号、经营技术和销售总部开发的商品的特许权，各加盟连锁门店为独立法人，在总部指导下统一经营。

ZHEJIANG STATISTICAL YEARBOOK

Explanatory Notes on Main Statistical Indicators

□ Total Retail Sales of Consumer Goods

refer to the sum of retail sales of consumer goods by the establishments in wholesale trade, retail sale trade, catering trade and other industries except manufacturing and agriculture of different types of ownership, to urban and rural residents and social groups. This indicator is used to show the supply of consumers goods through various channels to households and institutions to meet their demands, and is therefore very important for the study of the issues on people ' s livelihood, on the purchasing power of consumer goods and on the circulation of money. The retail sales of consumer goods include: (1) commodities sold to urban and rural residents for residential use and building materials sold to them for the construction or repair of houses; (2) food and fuels sold to canteens of institutions, enterprises, schools, military units and to canteens of hotels and hostels that only serve their guests, and commodities produced by enterprises, institutions or state farms and sold directly to their employees or their canteens; (3) grain and non - staple food, clothing, daily articles and fuels sold to military personnel; (4) consumer goods sold to foreigners, overseas Chinese, and Chinese compatriots from Taiwan, Hong Kong and Macao during their stay in the mainland of China; (5) Chinese and western medicines, herbs and medical facilities purchased by residents; (6) newspapers, books and magazines directly sold to residents and social groups by publishers, new and old commemorative stamps, special stamps, first - day covers, stamp albums and other stamp - collection articles sold by stamp companies; (7) consumer goods purchased and then sold by second - hand shops; (8) stoves and other heating facilities and liquified gas sold by gas companies to households and institutions. Excluded under this heading are: raw materials, fuels, equipment, tools sold to enterprises, institutions and state farms for production purpose; commodities sold to trade establishments for re - selling; commissioned sales at second - hand shops; operational income of urban public utilities; stamps sold at post offices; income of water, power, gas production and supply establishments from the supply of their products.

□ Total Sales of Commodities

refer to selling of commodities by the establishments to other establishments and individuals (including direct export). This indicator is used to show the total value of sales of commodities at domestic markets and export. The total sales include: (1) commodities sold to urban and rural residents and social groups for their consumption; (2) commodities sold to establishments in industry, agriculture, construction, transportation, post and telecommunications, wholesale and retail trades, catering trade and public utility for their production and operation; (3) commodities sold to wholesale and retail establishments for re - selling, with or without further processing; and (4) commodities for direct export to other countries. Excluded are selling of waste packaging materials used by the establishments (units) themselves, commodities transferred without buying or selling procedures, commission income from brokerage in transactions whose settlement is directly handled by buyers and sellers , rejected commodities in the purchase, loss in commodities, etc.

□ Volume of Transaction at Consumer Goods Markets

refers to the value of transaction of all goods at consumer goods markets in the country, including both markets for farm and sideline products and for industrial consumption goods.

□ Volume of Transaction at Large Commodity Markets (with transaction value over 100 million yuan)

refers to markets approved by the industrial and commercial administration departments, which specialize in wholesale and retail of modities with transaction value

EXPLANATORY NOTES ON MAIN STATISTICAL INDICATORS

over 100 million yuan. The stall of sales of all sellers in the markets makes up the transaction value of the markets.

□ Chain Enterprises (also called chain stores or called corporations)

refer to a form of joint economic entities unit which scattered enterprises or establishments engaged in pithing homogeneous commodities or services, with the central leadership of core enterprise or headquarters and guided by policies, conduct centralized purchase and distributed selling commodities, in order to gain better efficiency through standardized operation. Consisting of a number of branch stores the chain stores have in general following features: (1) homogeneous commodities, (2) unique name of stores , (3) centralized purchase and delivery which is separated from the headquarters cept some items which, from logistics, quality or considerations, might be delivered by the suppliers directy.

Chain stores have two categories:

(a) Chain stores under direct management: These are chain stores invested or controlled by the headquarters operate under the direct and unified management from the headquarters.

(b) Chain stores through license arrangement: These are contracts, chain stores (their owners) obtain licenses from the headquarters to use designated trade marks, names, operates know - how, and to sell the commodity developed by the headquarters. Under this arrangement. Each store in the chairs an independent legal entity and operates under the guidance the headquarters.

2018
浙江统计年鉴
ZHEJIANG STATISTICAL YEARBOOK

对外经济贸易和旅游
Foreign Economy and Trade,Tourism

11－1 进出口总值(1986－2017年)
Total Value of Imports and Exports(1986－2017)

单位:万美元、万元(USD 10000,RMB 10000)

年份 Year	进出口总值 Total Value of Imports and Exports	出口 Export	#一般贸易 Ordinary Trade	进口 Import	#一般贸易 Ordinary Trade
1986	129291	109128		20163	
1987	149984	123406		26578	
1988	198628	149004		49624	
1989	251387	187222		64165	
1990	277342	218881		58461	
1991	385052	290628		94424	
1992	499907	357127	258763	142780	48230
1993	673269	432313	326388	240956	78690
1994	899144	608657	474070	290487	75292
1995	1151230	769782	593336	381448	92160
1996	1254126	804147	572545	449979	102558
1997	1427732	1011113	739172	416619	106496
1998	1485382	1086623	820244	398759	148712
1999	1830540	1287125	1001423	543415	314525
2000	2783265	1944279	1540108	838986	528135
2001	3279969	2297747	1825752	982222	635302
2002	4195650	2941102	2426940	1254548	859007
2003	6141083	4159499	3418932	1981584	1361717
2004	8521312	5814638	4674761	2706674	1665622
2005	10739123	7680353	6023916	3058770	1858590
2006	13914686	10089427	7731170	3825259	2143288
2007	17685633	12827293	9935900	4858341	2922772
2008	21110927	15426700	12185303	5684227	3440144
2009	18773488	13301032	10664403	5472456	3744581
2010	25353311	18046487	14500708	7306824	4943317
2011	30937777	21634949	17648423	9302827	6534332
2012	31240276	22451854	17968381	8788421	6243733
2013	33578871	24874624	19629669	8704246	6320295
2014	35504894	27332897	21676500	8171997	5819584
2015	215621649	171701752	133571930	43919897	32301600
2016	222020808	176664804	139364170	45356004	34807096
2017	256053153	194397631	155023115	61655522	47953668

注:2015年起以人民币为计价单位,以后各表同。
The data of this table is valued ta RMB since 2015,The same applies to the tables following.

11－2 出口总值分类表(2011－2017 年) Total Value of Exports by Category(2011－2017)

单位:万美元、万元(USD 10000,RMB 10000)

项目	Item	2011	2012	2013	2014	2015	2016	2017
出口总值	**Export**	**21634949**	**22451854**	**24874624**	**27332897**	**171701752**	**176664804**	**194397631**
#机电产品	Electrical and Mechanical Products	9242116	9589938	10155084	11249163	72317490	74904798	84043878
总值中:	**Among Total**							
国有企业	State－owned Enterprises	2113709	2058912	1932966	1954347	10811052	9641795	10527712
三资企业	Foreign Funded Enterprises	6528698	6298252	6206415	6258027	35133806	33219739	34353579
集体企业	Collective Owned Enterprises	1178390	1029500	936231	898275	5139242	4964105	5116295
私营企业	Private Enterprises	11758106	13000168	15726403	18147611	120207379	128468988	144037996
其他企业	Others	56047	65022	72609	74637	410274	370177	361862
总值中:	**Among Total**							
工业制成品	Manufactured Goods	20743661	21443210	23841361	26401846	166515263	171550015	188668019
初级产品	Primary Goods	891288	1008644	1033263	931051	5186489	5114789	5729612

注：2015 年起以人民币为计价单位。The data of this table is valued ta RMB since 2015.

11－3 进口总值分类表(2011－2017 年) Total Value of Imports by Category(2011－2017)

单位:万美元、万元(USD 10000,RMB 10000)

项目	Item	2011	2012	2013	2014	2015	2016	2017
进口总值	**Total**	**9302827**	**8788421**	**8704246**	**8171997**	**43919897**	**45356004**	**61655522**
#机电产品	Electrical and Mechanical Production	1803721	1590660	1495148	1450632	8225716	8535271	10666725
总值中:	**Among Total**							
国有企业	State－owned Enterprises	1036810	904531	961541	933934	4807373	5712719	9224338
三资企业	Foreign Funded Enterprises	4263893	4021255	3770510	3419079	17049377	16428866	20456837
集体企业	Collective Owned Enterprises	795269	663920	476642	401151	2039608	1937108	2551161
私营企业	Private Enterprises	3196934	3185058	3476978	3381090	20009685	21263480	29290251
其他企业	Others	9921	13656	18575	36743	13852	13831	132932
总值中:	**Among Total**							
工业制成品	Manufactured Goods	6510300	6042550	5849765	5387537	29070712	28883406	38721737
初级产品	Primary Goods	2792527	2745871	2854482	2784460	14849185	16472599	22933786

注：2015 年起以人民币为计价单位。The data of this table is valued ta RMB since 2015.

11－4 浙江省与各国(地区)的进出口总额
Zhejiang's Foreign Trade with Related Countries (Regions)

单位:元(yuan)

国别(地区)	Country(Region)	出口 Exports			进口 Imports		
		2015	2016	2017	2015	2016	2017
总值	**Total**	**171701752**	**176664804**	**194397631**	**43919897**	**45356004**	**61655522**
#亚太经济合作组织	APEC	78388958	81498822	90994986	29282555	30751466	40952305
亚洲	**Asia**	**60567330**	**61610804**	**65770518**	**24214466**	**24538351**	**33435251**
#中国香港	Hong Kong,China	3488489	2653602	2391753	126509	97999	88405
日本	Japan	7373559	7473988	8044405	4931437	4968122	6585552
中国台湾	Taiwan,China	1949866	1770005	1929673	4942783	4448614	5284935
韩国	Korea Rep	4002403	4454419	5021827	3542183	4049347	5331170
东南亚联盟	The Association of Southeast Asian Nations	15018877	16144464	17419598	5553416	5863366	8371172
非洲	**Africa**	**14355671**	**13894941**	**14742278**	**1873670**	**1473573**	**2700946**
欧洲	**Europe**	**43580012**	**45987804**	**51082893**	**6347549**	**7182055**	**9302017**
#欧洲联盟	EU	37614491	39473095	43262570	5390992	5843660	7665212
#英国	United Kingdom	6719551	7010163	71874961	558956	620238	839528
德国	Germany	7047670	7235138	77969925	1625478	1738776	2144781
意大利	Italy	3613252	3752856	4154291	541756	607809	764582
法国	France	3134258	3269476	3708515	802209	906638	1254222
比利时	Belgium	1727783	1698524	1851096	313850	301145	341937
#俄罗斯	Russia	4184868	4450017	5444714	600710	977444	1086305
拉丁美洲	**Latin America**	**15472339**	**15203813**	**17535968**	**3396398**	**3690743**	**4788005**
北美洲	**North America**	**33313020**	**35423580**	**40323000**	**4694686**	**4678407**	**6110244**
#美国	United States	30415245	32496267	36980691	3791734	3813283	4978753
加拿大	Canada	2896456	2923932	3340458	902564	865108	1131470
大洋洲	**Oceania**	**4413381**	**4543863**	**4940550**	**3391793**	**3785214**	**5315495**
#澳大利亚	Australia	3377960	3395755	3883317	2644988	3009856	4466239

11－5 进出口货物分贸易方式总值表(2014－2017 年)
Total Value of Imports and Exports by Type(2014－2017)

单位:万美元、万元(USD 10000,RMB 10000)

贸易方式	Type	出口 Exports				进口 Imports			
		2014	2015	2016	2017	2014	2015	2016	2017
总值	Total	27332897	171701752	176664804	194397631	8171997	43919897	45356004	61655522
一般贸易	Ordinary Trade	21676500	133571930	139364170	155023115	5819584	32301600	34807096	47953668
补偿贸易	Compensation Trade		57713	59313	11629		166	9310	9241
来料加工装配贸易	Processing and Assembling Raw Material Supplied by Foreign Firms	208910	1272020	1323016	1339028	115269	698516	719051	768311
进料加工贸易	Processing Imported Raw Materials	3055632	16996083	15617431	17004973	1297359	6089019	5365010	6415517
外商投资企业作为投资进口的设备	Imported Equipment as Investment of Foreign Enterprises					35140	103431	75899	118857
出料加工贸易	Processing Exported Raw Materials				5442	11			5863
保税监管场所进出境货物	Bonded cargo entry and exit monitoring sites	245681	1084005	962113	1212159	684757	3280497	3411921	4755760
海关特殊监管区域物流货物	Customs supervision of goods logistics	108422	937606	519420	537763	202360	1353212	863066	1524592
国家间、国际组织无偿援助和赠送物资	Assistant Goods From International Organization	669	12839	900	230				
华侨、港澳台同胞、外籍华人捐赠物资	Assistant Goods From Overseas Chinese Compatriots from Hong Kong,Macao and Taiwan						412	600	
来料加工装配进口的设备	Assembling Imported Equipment					135	2747	4033	
对外承包工程出口货物	Exported Commodities for Contracted Projects	12663	87393	96692	166141				
其他	Others	2024420	17682163	18721748	19097151	17382	90298	100017	103713

注：2015 年起以人民币为计价单位。The data of this table is valued ta RMB since 2015.

11－6 出口主要商品情况(2013－2017年)
Statistics on Export of Commodities(2013－2017)

单位:万美元、万元(USD 10000,RMB 10000)

项目名称	Item	2013	2014	2015	2016	2017
机电产品	Electrical and Mechanical Products	10155084	11249163	72317490	74904798	84043878
高新技术产品	High－tech Production	1427065	1550037	10434847	11117144	12631349
农副产品	Farm Production	1005141	1028031	6155095	6241266	6685174
服装及衣着附件	Garments and Related Production	3188259	3327578	20069479	19618625	19608519
纺织纱线、织物及制品	Spinning,Textile and Related Production	3536825	3768787	22546319	22938780	24610971
鞋类	Shoes	888177	951918	5813056	5701199	5788392
家具及其零件	Furniture and Related Parts	892432	1009468	6457152	6734852	7827066
塑料制品	Plastic Articles	652103	807430	5849017	6177697	6716904
自动数据处理设备及其部件	Automatic Data Processing Equipment and Related Parts	127315	140200	691989	732538	875636
灯具、照明装置及类似品	Lamps & Lanterns and Lighting Installation	410897	579170	3962062	4226125	3659076
箱包及类似容器	Bags	412970	468806	2983874	3070241	3267287
汽车零配件	Auto Parts	638298	691537	4209510	4484943	5122921
钢材	Steel	336089	448163	2563463	2691523	2982002
床垫、寝具及类似品	Mattress and Beddings	220256	227112	1417681	1530731	1628889
船舶	Seawater Aquatic Production	344798	302482	2118460	1647538	1400966
医药品	Medical and Pharmaceutical Production	222688	240651	1475831	1600246	1837339
电线和电缆	Electric Wire and Cables	261117	292372	1652737	1684141	1900202
水海产品	Freshwater and Seawater Aquatic Production	189409	199776	1139148	1210765	1271428
通断及保护电路装置	Equipment for Switching or Protecting Electrical Circuits	278894	326886	2213713	2399130	2657233
钢铁或铜制标准紧固件	Standard Parts Made by Iron & Steel or Copper	198361	214523	1250947	1287784	1557626

注：2015年起以人民币为计价单位。The data of this table is valued ta RMB since 2015.

11 -7 进口主要商品情况(2013 -2017 年)
Statistics on Import of Commodities(2013 -2017)

单位:万美元、万元(USD 10000,RMB 10000)

商品名称	Item	2013	2014	2015	2016	2017
机电产品	Electrical and Mechanical Production	1495148	1450632	8225716	8535271	10666725
高新技术产品	High - tech Production	766405	820211	4719462	5280752	6907330
农副产品	Farm Production	737500	783812	5162973	5503729	6812551
钢材	Steed Production	90487	94277	495473	508450	591279
初级形状的塑料	Plastics of Primary Forms	678670	655355	3729517	3752299	5006104
对苯二甲酸	Telephthatic Acid	95134	15674	31824	17986	41798
纺织机械及零件	Textile Machinery and Related Parts	104539	90451	445134	348999	413343
未锻扎的铜及铜材	Unwrought Copper	277777	265669	1220946	1126553	1876860
自动数据处理设备及其部件	Automatic Data Processing Equipment and Related Parts	15079	17361	131310	139966	178402
液晶显示板	LCD Panel	212126	191737	799634	657498	658942
原油	Crude Oil	66714	154982	718577	435735	620781
集成电路	Integrated Circuit	172127	214903	1502065	1687147	2224475
苯乙烯	Styrene	150535	92318	594174	629859	799621
铁矿砂及其精矿	Iron ore in Sand Form and Refinedore	772378	627337	2223142	2914691	4204365
橡胶或塑料加工机械及零件	Machinery Parts for Processing Rubber and Plastics	31491	25573	100114	134582	148054
金属加工机床	Processing Machine Tools	57844	49413	259053	315576	480716
纸浆	Paper Pulp	162708	163050	1023902	1015196	1317684
乙二醇	Glycol	262932	182533	989561	693244	1257482
原木	Log	87066	141027	931006	912033	1171237
计量检测分析自控仪器及器具	Automatic Instruments for Measurement Examination Analysis	66834	71933	407937	510309	574646
成品油	Processed Oil	499066	375832	1669593	1635280	2524507

注：2015 年起以人民币为计价单位。The data of this table is valued ta RMB since 2015.

11－8 利用外资协议合同(项目)和金额(1979－2017年)
Total Amount of Foreign Capital Utilized Through the Signed Agreements and Contracts (1979－2017)

年份 Year	协议合同(项目)(个) Projects(unit)			协议金额(万美元) Value(USD 10000)		
	合计 Total	对外借款 Foreign Loans	外商直接投资 Direct Foreign Investment	合计 Total	对外借款 Foreign Loans	外商直接投资 Direct Foreign Investment
1979				1120		
1980	4		4	620		138
1981	1	1		749	385	
1982	1		1	552		1
1983	2		2	440		94
1984	25	2	23	8506	4005	3955
1985	58	3	55	9154	4352	3650
1986	33	3	30	5224	2414	2307
1987	68	29	39	14291	7745	4525
1988	185	33	152	26815	14865	11326
1989	226	41	185	37107	23910	12212
1990	296	2	294	24792	11274	13313
1991	592	7	585	37480	5634	31728
1992	2343	5	2338	324084	32076	290922
1993	4497	10	4487	404330	29274	374562
1994	2537	9	2528	321573	27839	289317
1995	1861	25	1836	422153	92950	325031
1996	1243	35	1208	429083	107750	312866
1997	888	36	852	486522	294123	121008
1998	1013	48	965	225795	41999	183390
1999	1154	41	1113	302839	85528	214793
2000	1742	100	1642	306977	56029	250948
2001	2311	1	2310	717502	209462	501588
2002	3364		3364	720846	38453	678912
2003	4442		4442	1317478	108301	1205014
2004	3824		3824	1567591	106407	1456066
2005	3396		3396	1858137	209649	1612667
2006	3583		3583	2175249	192344	1910261
2007	2919		2919	2585485	271271	2040043
2008	1858		1858	2115422	290101	1781995
2009	1738		1738	1761290	142406	1601785
2010	1944		1944	2313902	260493	2004666
2011	1691		1691	2637868	579475	2058393
2012	1597		1597	2666132	558919	2107213
2013	1572		1572	2438359		2438359
2014	1550		1550	2441203		2441203
2015	1778		1778	2782198		
2016	2145		2145	2808140		2808140
2017	3030		3030	3468697		3468697

11-9 实际利用外资金额(1984-2017年)
Amount of Foreign Capital Actually Used(1984-2017)

单位:万美元(USD 10000)

年份 Year	合计 Total	对外借款 Foreign Loans	外商直接投资 Direct Foreign Investment	其他投资 Others
1984	4887	4005	252	630
1985	6452	4352	1634	466
1986	4891	2414	1853	624
1987	11360	7745	2337	1278
1988	18124	14419	2957	748
1989	26918	21503	5181	234
1990	16235	11305	4844	86
1991	17186	7947	9162	77
1992	40971	10496	29398	1077
1993	121991	18226	103271	494
1994	137073	22038	114449	586
1995	153965	27692	125775	498
1996	238313	77825	152021	8467
1997	306641	84905	150345	71391
1998	241656	109448	131802	406
1999	252499	97036	153262	2201
2000	248919	87022	161266	631
2001	451934	223301	221162	7471
2002	469547	148515	316002	5030
2003	757824	207160	544936	5728
2004	974631	298657	668128	7846
2005	1393826	582049	772271	39506
2006	1450582	486127	888935	75520
2007	1432049	119126	1036576	276347
2008	1244995	192632	1007294	45069
2009	1087685	74715	993974	18996
2010	1322584	172425	1100175	49984
2011	1539807	353257	1166601	19949
2012	1622327	287791	1306926	27610
2013	1415898		1415898	
2014	1579725		1579725	
2015	1696024		1696024	
2016	1757748		1757748	
2017	1790210		1790210	

11－10 按行业分的外商直接投资 Foreign Direct Investment

单位:万美元(USD 10000)

指标	Item	项目(个) Number of Projects (unit)		合同外资 Compact of Foreign Captial		实际利用外资 Foreign Investments Actually Used	
		2016	2017	2016	2017	2016	2017
总计	**Total**	**2145**	**3030**	**2808140**	**3468697**	**1757748**	**1790210**
合资企业	Joint Enterprises	491	806	449327	952003	351953	400045
独资企业	Foreign Enterprises	1637	2201	2082913	2345016	1231486	1302941
第一产业	Primary Industry	26	23	41703	74577	12886	8114
第二产业	Secondary Industry	401	569	963426	1005653	715602	614032
#制造业	Manufacturing	366	518	919342	891171	678914	546417
纺织业	Textile Industry	11	31	12787	45029	21428	23718
化学原料及化学制品制造业	Raw Chemical Materials and Chemical Products	19	23	83523	111491	111393	65747
医药制造业	Medical and Pharmaceutical Products	10	14	19552	12904	11093	17172
通用设备制造业	Ordinary Machinery	42	67	96612	64991	43986	42612
专用设备制造业	For Special Purpose Equipment Manufacturing	37	54	29097	140679	27732	24599
通信设备、计算机及其他电子设备制造业	Telecommunications Equipment, Computer and Other Electronic Equipment Manufacturing	37	38	190684	108939	69780	68152
#电力、燃气及水的生产和供应业	Electricity, Gas and Water Production and Supply	17	29	19127	60664	27460	28453
#建筑业	Construction	15	22	22421	53818	8913	38660
第三产业	Tertiary Industry	1718	2438	1803011	2388467	1029260	1168064
#交通运输、仓储和邮政业	Transport, Storage and Post	25	32	61603	128014	63185	62314
信息传输、计算机服务和软件业	Information Transmission, Computer Services and Software	135	300	179144	424363	123043	210635
批发和零售业	Wholesale and Retail Trade	953	1343	496355	388567	213827	233898
住宿和餐饮业	Hotels and Catering Services	45	46	3806	26419	2352	6506
金融业	Banking	32	109	255702	195264	130296	57752
房地产业	Real Estate	25	38	55350	93027	213121	182244
租赁和商务服务业	Renting and Business Services	190	230	303985	656018	117777	182822
科学研究、技术服务和地质勘查业	Scientific Research, Technic Service and Geological Prospecting	273	277	368000	395283	148221	209918
水利、环境和公共设施管理业	Water Conservancy, Environment and Public Utility	4	6	8884	48352	8101	8433
居民服务和其他服务业	Service for the Residents and Other	15	19	22754	18563	7989	5273
教育	Education	7	10	1395	14	124	616
卫生、社会保障和社会福利业	Health Care, Sports and Social Welfare	5	4	39355	4247		3695
文化、体育和娱乐业	Culture, Sports and Entertainment	9	24	6678	10336	1224	3958

11－11 按国别(地区)分的外商直接投资
Foreign Direct Investment by Country(Region)

国别(地区)	Country (Region)	项目(个) Number of Projects (unit)		合同外资金额(万美元) Agreements of Foreign Capital (USD 10000)		实际利用外资(万美元) Foreign Capital Actually Used (USD 10000)	
		2016	2017	2016	2017	2016	2017
总计	**Total**	**2145**	**3030**	**2808140**	**3468697**	**1757748**	**1790210**
#中国香港	Hong Kong,China	836	965	1976557	2304644	1131357	1216673
中国台湾	Taiwan,China	118	166	36519	64276	17110	13800
日本	Japan	31	41	12467	59906	40337	47891
新加坡	Singapore	34	44	27446	47408	40721	39235
韩国	Korea Rep	96	98	28827	39229	16875	27277
英国	United Kingdom	29	54	22473	50761	5132	27272
法国	France	11	24	24763	11380	22122	9992
德国	Germany	35	38	39678	38130	37450	33902
意大利	Italy	18	28	7775	62505	4899	2924
美国	United States	139	188	118978	20722	31511	18382
加拿大	Canada	32	59	1324	6292	3143	762
澳大利亚	Australia	34	23	6785	7764	4826	1918
维尔京群岛	Virgin Islands	29	24	111231	75444	102212	53974

注：年末实有企业指在工商行政管理部门登记注册的外商投资企业。
The number of Foreign－invested enterprises at year－end refer to the enterprises registered at Industry and Commerce Administrative Department.

11－12 对外经济合作情况(2011－2017)
Labour Services Contracted Projects with Foreign and Regions(2011－2017)

项目		Item		2011	2012	2013	2014	2015	2016	2017
新签对外承包工程和劳务合作合同额	(万美元)	Amount of Newly Signed Contracts	(USD 10000)	295438	361220	464707	423539	587412	553693	516116
对外承包工程和劳务合作营业额	(万美元)	Business Income	(USD 10000)	302693	382974	440266	533922	618719	683295	728427
对外承包工程和劳务合作在年底在外人数	(人)	Population in Foreign Countries and Regions	(person)	17836	27149	27923	31279	32234	33921	27873
境外投资企业数	(个)	Number of Enterprises Investing Abroad	(unit)	568	634	568	577	760	803	527
境外企业中方投资额	(万美元)	Amount of Investing Abroad	(USD 10000)	344551	389236	551648	581489	539701	1689363	964207

11-13 国际旅游发展情况(1979-2017年)
Development of International Tourism(1979-2017)

单位:人(person)

年份 Year	入境旅游者人数(人) International Tourists	#外国人 Foreigners	#港澳台同胞 Compatriots from Hong Kong,Macao and Taiwan,China	旅游创汇收入(万美元) Foreign Exchange Earnings (USD 10000)
1979	93094	49021	42901	
1980	138877	68583	68218	
1981	171710	102088	67005	
1982	180271	109309	67972	
1983	184287	114524	64618	1458
1984	213098	131977	73916	1900
1985	272870	178282	84621	2519
1986	293968	190695	90501	4175
1987	330062	206192	104005	4289
1988	392672	169782	182901	5624
1989	294062	84800	187607	3568
1990	496218	116429	342248	5440
1991	554091	176605	351881	7489
1992	685367	234282	403458	10210
1993	728408	289559	393251	11679
1994	612689	329529	261226	18055
1995	672717	366491	283353	23591
1996	729012	412970	293000	29184
1997	811468	453449	328430	34495
1998	819615	414273	364074	36122
1999	947788	506650	408454	41009
2000	1125898	643840	482058	51397
2001	1469502	818686	650816	70693
2002	2041761	1214635	827126	92763
2003	1817986	1069318	748668	87249
2004	2766680	1776392	990288	130047
2005	3480089	2328941	1151148	171626
2006	4272786	2817266	1455520	213490
2007	5111789	3436358	1675431	270790
2008	5396682	3661293	1735389	302408
2009	5706385	3776024	906547	322358
2010	6847102	4474054	2373048	393020
2011	7736908	5150408	2586500	454173
2012	8659290	5705072	2954218	515174
2013	8662817	5765720	2897097	539293
2014	9310301	6144460	3165841	575348
2015	10120384	6722552	1570727	678847
2016	11203019	7316202	3886817	743063
2017	12117339	8014956	4102383	827600

注：1979-1999年旅游者人数中包括华侨。
Total Tourists number from 1979-1999 in this table included Overseas Chinese.

11－14 旅游事业发展情况(2011－2017 年)
Development of Tourism(2011－2017)

项目	Item	2011	2012	2013	2014	2015	2016	2017
国内旅游	**Domestic Tourism**							
人数(万人次)	Number of Touris (10000 person－times)	34295	39124	43439	47875	52532	57300	62868
收入(亿元)	Earnings(100 million yuan)	3785	4476	5202	5947	6720	7600	8764
入境旅游	**International Tourism**							
人数合计(人次)	Total(person－time)	7736908	8659290	8662817	9310301	10120384	11203019	12117339
#外国人	Foreigners	5150408	5705072	5765720	6144460	6722552	7316202	8014956
港澳同胞	Compatriots from Hong Kong and Macao, China	1173601	1334035	1363811	1485451	1570727	1871789	1922931
台湾同胞	Compatriots from Taiwan, China	1412899	1620183	1533286	1680390	1827105	2015028	2179452
创汇收入(万美元)	**Foreign Exchange Earnings(USD 10000)**	**454173**	**515174**	**539293**	**575348**	**678847**	**743063**	**827600**

11－15 接待入境旅游者人数(2011－2017 年)
Reception and Tourism Departments(2011－2017)

单位:人次(person－time)

国别(地区)	Country(Region)	2011	2012	2013	2014	2015	2016	2017
日本	Japan	773145	717114	567087	515107	531329	552598	728221
韩国	Korea Rep	790920	838539	857061	955953	1103341	1168191	1028193
马来西亚	Malaysia	259275	263866	267461	257037	255174	268975	332428
美国	United States	388266	419638	441632	450717	485003	555743	636518
新加坡	Singapore	167125	168995	180420	195472	204909	204592	239499
泰国	Thailand	113853	125147	131264	134234	148543	168613	199976
德国	Germany	161516	158434	205304	221007	226266	246935	273711
意大利	Italy	156184	194011	227382	250023	281502	300172	284715
法国	France	140761	123699	171045	184472	203637	232813	240555
印度尼西亚	Indonesia	83225	85869	80659	79890	81134	88534	94286
澳大利亚	Australia	102934	115200	120212	121192	127899	143038	160630
英国	United Kingdom	124179	135582	169887	186097	194909	225166	262943
印度	India	91729	110701	115530	126043	165778	200255	219223
菲律宾	Philippines	55099	61038	60639	56034	69264	74537	88862
加拿大	Canada	110807	121858	125987	121996	126603	158602	183323
西班牙	Spain	92656	121332	121215	121430	149311	149413	151428
荷兰	Netherlands	63018	19878	67309	67075	74562	86305	109470
俄罗斯	Russia	113778	62749	116026	121211	110206	106592	134727
瑞典	Sweden	28657	8052	23049	20907	21101	25694	48024
瑞士	Switzerland	26026	28171	29393	32424	31578	36006	43145
新西兰	New Zealand	32411	35208	36530	37642	39945	53840	56001
中国香港	Hong Kong,China	924711	1032449	1022083	1097730	1143473	1326690	1374149
中国澳门	Macao,China	248990	301586	341728	387721	427254	545099	548782
中国台湾	Taiwan,China	1412899	1620183	1533286	1680390	1827105	2015028	2179452

浙/江/统/计/年/鉴

主要统计指标解释

■ 利用外资

指我国各级政府、部门、企业和其他经济组织通过对外借款、吸收外商直接投资以及用其他方式筹措的境外现汇、设备、技术等。

■ 对外借款

指通过对外正式签订借款协议,从境外筹措的资金,包括外国政府贷款、国际金融组织贷款、外国银行商业贷款、出口信贷以及对外发行债券等。1996 年及以前还包括对外发行股票。

■ 外商直接投资

是指外国企业和经济组织或个人(包括华侨、港澳台胞以及我国在境外注册的企业)按我国有关政策、法规,用现汇、实物、技术等在我国境内开办外商独资企业、与我国境内的企业或经济组织共同举办中外合资经营企业、合作经营企业或作合作开发资源的投资(包括外商投资收益的再投资)。

■ 外商其他投资

指除对外借款和外商直接投资以外的各种利用外资的形式。包括企业在境内外股票市场公开发行的以外币计价的股票(目前主要是在香港证券市场发行的 H 股和在境内证券市场发行的 B 股)发行价总额,国际租赁进口设备的应付款,补偿贸易中外商提供的进口设备、技术、物料的价款,加工装配贸易中外商提供的进口设备、物料的价款。

■ 对外劳承包工程及劳务合作

包括对外承包工程、对外劳务合作及对外设计咨询。其中对外承包工作指各对外承包公司以招标议标承包方式承揽的下列业务:(1)承包国外工程建设项目,(2)承包我国对外经授项目,(3)承包我国驻外机构的工程建设项目,(4)承包我国境内利用外资进行建设的工程项目,(5)与外国承包公司合营或联合承包工程项目时我国公司分包部分,(6)对外承包兼营的房屋开发业务。对外承包工程的营业额是以货币表现的本期内完成的对外承包工程的工作量,包括以前年度签订的合同和本年度新签订的合同在报告期内完成的工作量。对外劳务合作指以收取工资的形式向业主或承包商提供技术和劳动服务的活动。我国对外承包公司在境外开办的合营企业,中国公司同时又提供劳务的,其劳务部分也纳入劳务合作统计。劳务合作营业额按报告期内向雇主提交的结算数(包括工资、加班费和奖金等)统计。对外设计咨询指以服务成果向业主收费的技术服务项目。包括承担地形地貌测绘,地质资源勘探与普查,建设区域规划,提供设计文件、图纸、生产工艺技术资料和工程技术经济咨询,工程项目的可行性考察、研究和评估,进行技术指导和培训人员等;也包括承担国(境)内利用外资进行建设的工程项目的上述规定的设计咨询项目的收取外币部分。

■ 旅游人数

指来我国参观、访问、旅行、探亲、访友、休养、考察、参加会议和从事经济、科技、文化、教育、体育、宗教等活动的外国人、华侨、港澳和台湾同胞的人数。不包括外国在我国的常住机构,如领使馆、通讯社、企业办事处的工作人员;来我国常驻的外国专家、留学生以及在岸逗留不过夜人员。

■ 国际旅游(外汇)收入

指入境旅游的外国人、华侨、港澳台同胞在中国大陆旅游过程中发生的一切旅游支出。

ZHEJIANG STATISTICAL YEARBOOK

Explanatory Notes on Main Statistical Indicators

□ Utilization of Foreign Capital

refers to remittance, equipment and technology financed from abroad, by loans, foreign direct investment and other forms undertaken by the Chinese governments at all levels, by various departments, enterprises and other economic units.

□ Foreign Borrowings

refer to funds borrowed from abroad through formal signing of borrowing agreements with foreign institutions, including loans of foreign governments, loans of international financial institutions, commercial loans of foreign banks, export credit, and funds raised by Chinese bonds (and shares before 1996) issued abroad.

□ Foreign Direct Investment

refers to the investments inside China by foreign enterprises and economic organizations or individuals (including overseas Chinese, compatriots from Hong Kong and Macao, and Chinese enterprises registered abroad), following the relevant policies and laws of China, for the establishment of ventures exclusively with foreign own investment, si no – foreign joint ventures and cooperative enterprises or for co – operative exploration of resources with enterprises or economic organizations in China. It includes the re – investment of the foreign entrepreneurs with the profits gained from the investment.

□ Other Foreign Investment

refers to all forms of utilization of foreign capitals other than foreign borrowings and foreign direct investment. It includes the total value of stock shares in foreign currencies issued by enterprises at domestic or foreign stock exchanges (now mainly consisting of H shares issued at Hong Kong Security Market and B shares issued at domestic security markets), rent payable for the imported equipment through international leasing arrangement, cost of imported equipment, technology and materials provided by foreign counterparts in compensation trade and processing and assembly trade.

□ Overseas Contracted Project and Overseas Labour Services

It includes Overseas Contracted Project 、Overseas Labour Services and Overseas Design and Consultation Services. Overseas Contracted Project refers to projects undertaken by Chinese contractors (project contracting companies) through bidding process. They include: (1) overseas civil engineering construction projects financed by foreign investors; (2) overseas projects financed by the Chinese government through its foreign aid programs; (3) construction projects of Chinese diplomatic missions, trade offices and other institutions stationed abroad; (4) construction projects in China financed by foreign investment; (5) sub – contracted projects to be taken by Chinese contractors through a joint umbrella project with foreign contractor (s); (6) housing development projects. The business income from international contracted projects is the work volume of contracted projects completed during the reference period, expressed in monetary terms, including completed work on projects signed in previous years. Overseas Labour Services refer to the activities of providing technology and labour services to employers or contractors in the forms of receiving salaries and wages. Labour services providing by contractual joint ventures of Chinese international contracting corporations should be included in the statistics of service co – operation with foreign countries. The business income of labour service cooperation is the income in the form of wages and salaries, overtime pay, bonuses and other remuneration received from the employers during the reference period. Overseas Design and Consultation Services refer to projects with income for technical services provided to overseas operators. It includes geographic and topographic mapping, geological resource prospecting and survey, planning of construction areas, provision of design documents, blueprints, materials on production process and techniques, as well as engineering, technical and economic consultation, and feasibility study, research and evaluation of projects. Also included under this category are the above – mentioned services of foreign – financed projects in China that are paid in foreign currencies.

EXPLANATORY NOTES ON MAIN STATISTICAL INDICATORS

□ Number of Tourists

refers to the number of foreigners, overseas Chinese, and compatriots from Hong Kong, Macao and Taiwan coming to China for sightseeing, visits, tours, family reunions, vacations, study tours and other activities of an economic, scientific and technological, cultural, physical culture and religious nature. This does not include the number of employees of foreign organizations stationed in China such as embassies, consulates, news agencies, the offices of corporations and enterprises and foreign experts and students resi-ding in China and the persons staying briefly in China but not for passing the night .

□ Foreign Exchange Earnings from International Tourism

refer to the total expenditures of the foreigners, overseas Chinese, compatriots from Hong Kong, Macao and Taiwan in the process of their tourism in the mainland of China.

2018
浙江统计年鉴
ZHEJIANG STATISTICAL YEARBOOK

CHAPTER 12

财政、金融和保险
Public Finance,Banking and Insurance

12-1 一般预算总收入和总支出(1978-2017年)
Total Financial Budgettary Revenue and Expenditure(1978-2017)

单位:亿元(100 million yuan)

年份 Year	总收入 Total Revenue	#地方 The local	总支出 Total Expenditure	#一般公共服务支出 Expenditure on Public Service	#教育支出 Expenditure on Education	#城乡社区事务支出 Expenditure Urban and Lural Community Affairs	#农林水事务支出 Expenditure on Agriculture, Forestry and Land Reclamation, and Water Conservancy Affairs
1978	27.45		17.43				
1979	25.87		17.74				
1980	31.13		17.34				
1981	34.34		17.12				
1982	36.64		18.88				
1983	41.79		21.94				
1984	46.67		28.80				
1985	58.25		37.40				
1986	68.61		50.96				
1987	76.36		51.24				
1988	85.55		63.14				
1989	98.21		74.77				
1990	101.59		80.23				
1991	108.94		88.43				
1992	118.36		95.31				
1993	166.64		125.04				
1994	209.39	94.63	153.03				
1995	248.50	116.82	180.29				
1996	291.75	139.63	213.71				
1997	340.52	157.33	240.16				
1998	401.80	198.10	286.81				
1999	477.40	245.47	344.04				
2000	658.42	342.77	431.30				
2001	917.76	418.00	597.30				
2002	1166.58	566.85	749.90				
2003	1468.89	706.56	896.77				
2004	1805.16	900.99	1062.94				
2005	2115.36	1066.60	1265.53				
2006	2567.66	1298.20	1471.86	272.88	310.77	127.37	114.03
2007	3239.89	1649.50	1806.79	328.91	383.89	154.63	142.15
2008	3730.06	1933.39	2208.58	372.46	453.99	193.95	177.42
2009	4122.04	2142.51	2653.35	397.69	519.33	224.61	236.08
2010	4895.41	2608.47	3207.88	434.29	606.54	272.30	290.37
2011	5925.00	3150.80	3842.59	471.55	751.42	338.43	373.32
2012	6408.49	3441.23	4161.88	503.61	877.86	307.82	408.20
2013	6908.41	3796.92	4730.47	538.88	950.07	332.93	513.03
2014	7521.70	4122.02	5159.57	527.74	1030.99	389.01	524.59
2015	8549.47	4809.94	6645.98	584.45	1264.93	541.21	739.08
2016	9225.07	5301.98	6974.25	660.26	1300.03	788.93	722.41
2017	10301.16	5804.38	7530.32	765.03	1430.15	910.17	696.69

12-2 地方一般预算收入和支出(2013-2017年)
The Local Financial Budgetary Revenue and Expenditure(2013-2017)

单位:亿元(100 million yuan)

项目	Item	2013	2014	2015	2016	2017
一般预算收入合计	**The Amout of Tax Revenue**	**3796.92**	**4122.02**	**4809.94**	**5301.98**	**5804.38**
税收收入小计	The Amount of Tax Revenue	3545.66	3853.96	4168.22	4540.08	4940.74
国内增值税(25%部分)	Value-added Taxe(25%)	651.67	743.40	809.91	1472.21	2201.37
营业税	Business Taxe	1069.97	1086.58	1201.33	678.78	
企业所得税	Company Income Tax	565.88	635.25	662.21	704.87	822.19
个人所得税	Personal Income Tax	193.84	217.54	265.74	317.10	395.24
城市维护建设税	City Maintenance and Construction Tax	232.58	246.61	274.92	300.65	329.09
房产税	Tax on Real Estates	134.11	158.43	179.98	184.30	195.35
契税	Contract Tax	254.20	267.09	243.37	304.79	381.59
其它地方各税	Others	443.40	499.06	530.75	577.39	615.92
非税收入小计	The Amount of Non Tax Revenue	251.26	268.06	641.72	761.89	863.64
排污费收入	Fee on Sewage Treatment	9.78	8.52	11.55	9.84	9.58
教育费附加收入	Extra Charge for Education	109.23	116.94	128.00	140.26	153.06
行政事业性收费收入	Adiministrative Fees Income	34.71	33.90	43.47	49.00	68.99
罚没收入	Penalty and Confiscatory Income	97.80	93.64	107.76	123.40	123.66
其它收入	Others	52.88	72.41	415.02	504.08	556.69
国有企业计划亏损补贴	Subsidies for the Loss of State-owned Enterprises	-53.13	-57.35	-64.07	-64.69	-48.34
一般预算支出合计	**The Local Financial Budgetary Expenditure**	**4730.47**	**5159.57**	**6645.98**	**6974.25**	**7530.32**
一般公共服务	Public Service	538.88	527.74	584.45	660.26	765.03
公共安全	Public Safe	347.78	370.69	423.55	518.58	548.44
教育	Education	950.07	1030.99	1264.93	1300.03	1430.15
科学技术	Science and Technology	191.87	207.99	250.79	269.04	303.50
文化体育与传媒	Culture, Physical Culture and the Media	106.00	115.36	165.38	158.72	159.66
社会保障和就业	Social Security and Employment	397.06	435.54	541.70	631.19	801.78
医疗卫生	Medical and Health Sevice	350.73	433.80	485.50	542.44	584.17
环境保护	Environment Protect	98.14	120.65	167.89	161.40	190.15
城乡社区事务	Urban and Rural Community Affairs	332.93	389.01	541.21	788.93	910.17
农林水事务	Agriculture, Forestry and Land Reclamation and Water Conservancy Affairs	513.03	524.59	739.08	722.41	696.69
交通运输	Transportation	372.51	388.33	553.65	463.75	320.53
工业商业等事务	Industrial and Business Affairs	331.90	358.09	637.20	399.43	453.27
其他支出	Others	199.58	256.79	290.63	358.07	366.78

12-3 金融机构存贷款年末余额(1978-2017年)
Deposits and Loans of Financial Institutions(year-end,1978-2017)

单位:亿元(100 million yuan)

年份 Year	全部金融机构本外币存款余额 Deposits	全部金融机构人民币存款余额 RMB Deposits	住户本外币存款年末余额 Residents Deposits	住户人民币存款年末余额 Residents RMB Deposits	全部金融机构本外币贷款余额 Loans	全部金融机构人民币贷款余额 RMB Loans
1978		35.79		7.73		48.90
1979		44.92		11.79		54.91
1980		60.74		16.95		73.30
1981		74.26		21.47		85.85
1982		88.20		28.52		97.88
1983		108.14		37.34		109.42
1984		143.17		49.58		161.39
1985		185.66		67.73		210.81
1986		248.68		97.92		288.97
1987		306.44		129.12		365.87
1988		354.26		144.03		433.41
1989		441.13		214.98		505.48
1990		606.01		306.74		618.14
1991		789.64		402.09		749.93
1992		1036.72		514.44		972.09
1993		1316.53		664.64		1247.76
1994		1910.98		990.26		1627.87
1995		2623.60		1377.22		2103.65
1996		3400.19		1844.74		2584.09
1997		4297.07		2293.55		3273.73
1998		5264.21		2847.29		3897.12
1999		6273.15		3261.34		4650.50
2000		7299.57		3594.65		5423.52
2001		8823.12		4262.38		6482.22
2002	11899.34	11242.84	5700.77	5233.73	8791.38	8612.81
2003	15415.67	14758.15	6889.28	6452.21	12418.60	12014.28
2004	17855.05	17236.62	7741.65	7364.06	14982.54	14350.75
2005	21117.94	20494.16	9123.12	8746.02	17122.14	16557.67
2006	25005.92	24413.94	10801.70	10473.47	20757.83	20153.94
2007	29030.34	28504.46	11381.16	11160.73	24939.89	24144.42
2008	35481.20	34806.43	14804.54	14501.49	29649.22	28958.36
2009	45112.01	44336.49	18169.41	17833.44	39223.91	37997.98
2010	54482.29	53441.45	21093.62	20612.16	46938.54	45288.07
2011	60893.14	59727.91	23945.23	23470.25	53239.34	51276.64
2012	66679.08	64886.28	26902.40	26406.81	59509.12	56982.64
2013	73732.36	71986.58	29360.48	28922.97	65338.54	62597.56
2014	79241.90	77145.38	31167.48	30666.41	71361.00	68566.32
2015	90301.61	87393.30	34787.31	34218.62	76466.32	74070.20
2016	99530.29	96438.16	38755.05	38077.05	81804.50	79926.05
2017	107320.53	104000.60	40804.33	40192.49	90233.30	88606.47

注:1、2008年起含外资金融机构。Data of this table include foreign financial institutions since 2008.
2、2015年起金融机构存贷款余额指标口径有所调整;住户存款年末余额2015年前为城乡居民储蓄存款年末余额。The data of deposits and loans are adjusted since 2015, the data of residents´deposits refer to the data of household savings before 2015.

12-4 金融机构人民币信贷收支表
Credit Funds Balance Sheet of Financial Institution

单位:亿元(100 million yuan)

项目	Item	2015	2016	2017
资金来源合计	**ALL Sources**	**91188.06**	**104902.66**	**111929.83**
各项存款	**Deposits**	**87393.30**	**96438.16**	**104000.60**
境内存款	Domestic Deposit	87120.62	96151.89	103767.65
住户存款	Household Deposits	34218.62	38077.05	40192.49
活期存款	Current Deposits	13586.27	16148.69	17240.95
定期及其他存款	Regular and other Deposits	20632.35	21928.36	22951.54
非金融企业存款	Non Financial Enterprise Deposits	29364.86	32338.64	34905.81
广义政府存款	General Government Deposits	15125.75	17463.25	20825.82
非银行业金融机构存款	Non Banking Financial Institutions Deposits	8411.39	8272.94	7843.53
境外存款	Offshore Deposits	272.68	286.27	232.95
金融债券	**Bonds**	**861.39**	**1077.49**	**1464.11**
卖出回购资产	**Sell Assets Repurchased**	**34.74**	**40.89**	**40.16**
借款及非银行金融机构拆入	**Borrowing and non Bank Financial Institutions Borrowing**	**3.12**	**16.07**	**3.93**
其他	**Others**	**2895.49**	**7330.05**	**6421.03**
资金运用合计	**All Uses**	**91188.06**	**104902.66**	**111929.83**
各项贷款	**Loans**	**74070.20**	**79926.05**	**88606.47**
境内贷款	Domestic Loans	74039.41	79851.14	88576.04
住户贷款	Household Loans	23532.38	27834.26	33841.96
短期贷款	Short - term Loans	11414.84	11299.02	12201.23
中长期贷款	Medium - term &Long - term Loans	12117.54	16535.24	21640.72
非金融企业及机团体贷款	Non Financial Enterprise and Government Agency Loans	50482.24	51978.44	54684.39
非银行业金融机构贷款	Non Banking Financial Institutions Loans	24.79	38.44	49.69
境外贷款	Offshore Loans	30.79	74.91	30.44
债券投资	**Bond Investment**	**5748.95**	**6787.12**	**7435.93**
股权及其他投资	**Equity and other Investment**	**7343.85**	**10270.78**	**10303.79**
买入返售资产	**Buy Assets Repurchased**	**124.16**	**185.27**	**130.51**
存放非银行业金融机构款项	**Deposit of non Banking Financial Institutions**	**13.63**	**32.90**	**41.47**
联行往来(净)	**Interbank Transactions(net)**	**2298.78**	**5782.61**	**3488.14**
外汇买卖	**Foreign exchange trading**	**-132.48**		
应收及预付款	**Collectable Account and advance Payment**	**886.31**	**1038.28**	**994.23**
投资性房地产	**Investment Property**	**4.65**	**7.72**	**9.59**
固定资产	**Fitness Assets**	**829.99**	**871.93**	**919.70**

12－5 保险公司分支机构情况(2017 年底)
Basic Statistics on Institution of Insurance Corporations(End of 2017)

单位:(个)(unit)

城市	City	人寿保险 Life Insurance					财产保险 Property Insurance				
		分公司 Companies at City Level	中心支公司 Centers	支公司 Business Branches	营业部 Business Division	营销服务部 Service Division of Business	分公司 Companies at City Level	中心支公司 Centers	支公司 Business Branches	营业部 Business Division	营销服务部 Service Division of Business
合 计	**Total**	**59**	**209**	**381**	**97**	**851**	**63**	**227**	**931**	**161**	**840**
杭州市	Hangzhou	44	9	53	18	139	36	19	151	39	151
宁波市	Ningbo	15	7	80	1	83	27	10	186	13	177
温州市	Wenzhou		24	42	15	101		25	104	17	114
嘉兴市	Jiaxing		26	23		95		28	76	3	60
湖州市	Huzhou		19	24	12	60		22	49	15	46
绍兴市	Shaoxing		26	26	12	72		27	78	22	64
金华市	Jinhua		31	40	12	110		32	102	15	76
衢州市	Quzhou		21	22	12	49		15	32	11	25
舟山市	Zhoushan		10	11		24		11	21	1	31
台州市	Taizhou		26	36	15	80		26	84	16	64
丽水市	Lishui		10	24		38		12	48	9	32

12－6 保险公司主要业务经济技术指标(2011－2017 年)
Economic Technical Indicators of Insurance Companies(2011－2017)

单位:亿元(100 million yuan)

项目	Item	2011	2012	2013	2014	2015	2016	2017
保费收入	**Premium**	**879.27**	**984.58**	**1109.91**	**1258.04**	**1435.33**	**1784.86**	**2146.88**
财产险	Property Insurance	387.61	444.45	511.99	584.47	646.72	696.56	760.76
#机动车辆保险	Motor Vehicle Insurance	308.30	352.81	408.09	469.75	522.38	553.18	590.88
人身意外伤害险	Unforeseen Human Injury Insurance	23.88	27.13	30.03	35.43	43.66	52.16	59.19
健康险	Health Insurance	32.81	42.50	54.63	74.16	112.78	213.45	237.91
寿险	Life Insurance	434.97	470.50	513.26	563.97	632.16	822.69	1089.02
各项赔款和给付	**Settled Claim and Payment**	**256.21**	**342.63**	**451.02**	**474.63**	**558.82**	**633.24**	**653.37**
财产险	Property Insurance	187.44	250.87	349.26	349.77	379.69	414.23	430.77
#机动车辆保险	Motor Vehicle Insurance	157.12	204.41	272.63	281.17	311.29	339.16	344.85
人身意外伤害险	Unforeseen Human Injury Insurance	4.55	5.09	5.85	6.86	8.70	11.04	14.19
健康险	Health Insurance	15.66	15.93	19.30	25.74	27.62	35.80	49.42
寿险	Life Insurance	48.56	70.74	76.60	92.25	142.81	172.17	159.00
退保金	Insurance Withdrawn	68.06	88.79	117.13	164.36	169.95	159.55	207.96
手续费及佣金支出	**Service Charges and Expenditure for Commission**	**61.70**	**67.42**	**79.66**	**100.92**	**136.35**	**214.30**	**293.52**

浙/江/统/计/年/鉴

主要统计指标解释

■ 财政收入

包括:(1) 各项税收　包括增值税、营业税、消费税、土地增值税、城市维护建设税、资源税、城市土地使用税、印花税、固定资产投资方向调节税、个人所得税、企业所得税、农牧业税和耕地占用税等。

(2)专项收入　包括征收排污费、征收城市水资源费收入、教育费附加收入等。

(3) 其他收入　包括基本建设贷款归还收入、国家能源交通重点建设基金收入、国家预算调节基金等。

(4) 国有企业计划亏损补贴　这项为负收入,冲减财政收入。

■ 财政支出

国家财政将筹集起来的资金进行分配使用,以满足经济建设和各项事业的需要,主要包括:

(1) 一般公共服务
(2) 公共安全
(3) 教育
(4) 科学技术
(5) 文化体育传媒
(6) 社会保障和就业
(7) 医疗卫生
(8) 环境保护
(9) 城乡社区事务
(10)农林水事务
(11)交通运输
(12)工业商业等事务

■ 信贷资金

指金融机构以信用方式积聚和分配的货币资金。金融机构信贷资金的来源有各项存款、金融债券发行、应付及暂收款、对国际金融机构负债、流通中货币、各项准备、所有者权益和其他项目等;信贷资金的运用有各项贷款、有价证券及投资、应收入预付款、委托投资、金银占款、外汇占款、库存现金、财政借款及在国际金融机构中的资产等。

■ 存款

指企业、机关、团体或居民根据资金必须收回的原则,把货币资金存入银行或其他信贷机构保管并取得一定利息的一种信用活动形式。根据存款对象或性质的不同可划分为企业存款、财政存款、机关团体存款、基本建设存款、储蓄存款、农村存款、委托存款、其他存款等科目。它是银行信贷资金的主要来源。

■ 贷款

指银行或其他信贷机构根据资金必须归还的原则,按一定利率,为企业、个人等提供资金的一种信用活动形式。我国银行贷款分为短期贷款、中期流动资金贷款、中长期贷款、信托贷款、融资租赁,委托贷款、票据融资、各项垫款等。

■ 保险公司

在中国境内的、经过保险监督管理部门批准设立,并依法登记注册的各类商业保险公司。

■ 保险金额

指保险人承担赔偿或者给付保险责任的最高限额。

■ 保费

指投保人为取得保险人在约定范围内所承担赔偿责任而支付给保险人的费用。

■ 赔款

指保险人根据保险合同的规定,向被保险人支付的赔偿保险责任损失的金额。

■ 给付

包括死伤医疗给付和满期给付。死伤医疗给付是指保险人根据人寿保险及长期健康保险合同的规定,因被保险人在保险期内发生保险责任范围内的保险事故支付给被保险人(或受益人)的金额。满期给付是指被保险人生存期满,保险人按人寿保险合同规定支付给被保险人的满期保险金额。

ZHEJIANG STATISTICAL YEARBOOK

Explanatory Notes on Main Statistical Indicators

□ Financial Revenue

It includes the following main items:

(1) Various tax revenues, including value added tax, business tax, consumption tax, land value added tax, tax on city maintenance and construction, resources tax, tax on use of urban land, stamp tax, tax on adjustment of the orientation of investment in fixed assets, personal income tax, enterprise income tax, tax on agriculture and animal husbandry and tax on occupancy of cultivated land, etc.

(2) Special revenues, including revenue collected from imposing fee on sewage treatment, revenue collected from imposing fee on urban water resources, and extra – charges for education, etc.

(3) Other revenues, including revenue from the repayment of capital construction loan, the funds for the state key construction projects in energy industry and transportation, and the funds for state budget adjustment, etc.

(4) Planned subsidies for the losses of the state – owned enterprises. This is an item of negative revenue, used to eat up part of the government revenue.

□ Financial Expenditure

refers to the distribution and use of the funds the government finance has raised, so as to meet the needs of economic construction and various causes. It includes the following main items:

(1) Public Service

(2) Pubic Safe

(3) Education

(4) Science and Technology

(5) Culture, Physical Culture and the Media

(6) Social Security and Employment

(7) Medical and Health Service

(8) Environment Protect

(9) Urban and Rural Community Affairs

(10) Agriculture, Forestry and Land Reclamation, and Water Conservancy Affairs

(11) Transportation

(12) Industrial and Business Affairs

□ Credit Funds

refer to the funds issued as loans by banking institutions. The sources of credit funds of the banking institutions included deposits, issue of financial bonds, account – pay – able and temporary gathering, liabilities to international financial institutions, currency in circulation, various reserves, owners' rights and interests and other items. The credit funds can be used in forms of loans, securities and investment, account receivable and advance payment, entrusted investment, gold, foreign exchange, cash on hand, government debt and assets in the international financial institutions.

□ Deposit

is a form of credit by which enterprises, institutions, organizations or households can put money into banks and other credit institutions for safekeeping and interest earning under the principle of free withdrawal. According to different depositors, deposits are divided into enterprise deposits, treasury deposits, deposits of government agencies and organizations, capital construction deposits, savings deposits, rural saving deposits, entrusted deposits and other deposits. Deposits are major sources of the credit funds of banks.

□ Loan

is a form of credit by which banks and other creditinstitutions provide funds at certain interest rate to enterprises and individuals in the light of the principle of unconditional repayment. Loans from Chinese banks include circulating capital loans, fixed assets loans, loans to urban and rural individuals engaged in industrial and

EXPLANATORY NOTES ON MAIN STATISTICAL INDICATORS

commercial business and agricultural loans.

□ Insurance Companies

refer to commercial insurance companies of various forms registered by law and established in China with the approval of insurance regulatory agencies.

□ Amount Insured

refers to the maximum that the insurant will get for the claim of the case insured.

□ Premium

is the fee paid by the insurant to the insurer to obtain the obligation of compensation from the insurance within the agreed terms.

□ Settled Claim

is the compensation paid by the insurer to the insurant in accordance with the insurance contract.

□ Payment

includes payment fordeath, injury or medical teatment and mature payment. Payment for death, injury or medical treatment refers to the money paid to the insurant (or the beneficiary) in accordance with the life or health insurance contract when the insurant encounters accidents within the insured period covered in the contract. Mature payment refers to the mature payment to the insurant in accordance with the life insurance contract at the end of the insured period.

城市建设和环境保护

City Construction and Environment

13－1 城市公用事业(2011－2017年) Urban Public Utilities(2011－2017)

项目		Item		2011	2012	2013	2014	2015	2016	2017
自来水全年供水总量	**(万吨)**	**Annual Supply of Tap Water**	**(10000 tons)**	**273591**	**281165**	**304982**	**308411**	**327217**	**329034**	**357435**
#生活用水量		Water Consumption for Residential Use		130583	134079	140214	145737	155160	159059	178508
人均日生活用水量	(升)	Daily Average Water Consumption for Residential Use Per Capita	(Litres)	196.30	195.81	192.32	197.01	196.18	187.17	200.21
用水普及率	(%)	Percentage of Population with Access to Tap Water	(%)	99.84	99.88	99.97	99.93	99.95	99.97	100.00
公共车辆总数	**(标台)**	**Number of Public Transportation Vehicles**	**(set)**	**21927**	**26219**	**29260**	**31890**	**34678**	**37896**	**41515**
每万人拥有公共车辆	(标台)	Number of Public Transportation Vehicles Owned 10000 Population	(set)	13.55	13.96	14.64	15.72	16.00	16.27	16.99
城市道路面积	**(万平方米)**	**Area of Paved Roads**	**(10000 sq. m)**	**31998**	**33575**	**35633**	**37323**	**39293**	**41286**	**42203**
人均拥有道路面积	(平方米)	Areas of Paved Roads Per Capita	(sq. m)	17.53	17.88	17.83	18.40	18.12	17.73	17.27
排水管道长度	**(公里)**	**Length of Sewer Pipelines**	**(km)**	**28103**	**29786**	**33502**	**35960**	**38203**	**40550**	**45674**
液化石油气供气总量	**(万吨)**	**Total Supply of LPG**	**(10000 tons)**	**80.76**	**77.64**	**82.17**	**70.18**	**69.59**	**75.97**	**69.12**
液化石油气家庭用量	(万吨)	Consumption of LPG for Residential Use	(10000 tons)	55.02	51.82	53.28	47.86	47.67	53.10	45.11
用气普及率	(%)	Percentage of Population with Access to LPG	(%)	97.06	99.49	99.80	99.81	99.91	99.95	99.97
城市绿化覆盖面积	**(公顷)**	**Green Area of City**	**(hectare)**	**119131**	**138877**	**144481**	**149641**	**155192**	**172242**	**177783**
园林绿地面积	(公顷)	Green Areas in Gardens	(hectare)	105200	122723	127927	132619	138039	154314	159214
#公园绿地面积		Public Green Areas		21480	23420	24852	26155	28593	30675	32544
人均公园绿地	(平方米)	Public Green Areas Per Capita	(sq. m)	11.77	12.47	12.44	12.90	13.19	13.17	13.32
公园个数	(个)	Number of Parks	(unit)	954	1015	1068	1106	1171	1197	1252
公园面积	(公顷)	Areas of Parks	(hectare)	13511	14803	15165	15949	16655	18213	19110
环境卫生		**Environmental Sanitation**								
污水处理率	(%)	Sewage Treatment Rate	(%)	85.09	87.50	89.28	90.68	91.95	93.89	94.98
生活垃圾清运量	(万吨)	Volume of Living Garbage Disposal	(10000 tons)	1018.08	1048.01	1123.36	1229.05	1332.63	1433.55	1454.66

注：人均指标统计口径包含暂住人口. The data of Per capita indicators were adjusted .

13－2 自然资源(2013－2017年)
Natural Resources(2013－2017)

项目		Item		2013	2014	2015	2016	2017
人口		Population						
年末人口总数	(万人)	Year－end Population	(10000 persons)	4826.89	4859.18	4873.34	4910.85	4957.63
人口密度	(人/平方公里)	Density of Population	(person/sq. km)	474	477	462	465	470
土地		Land						
土地面积	(万平方公里)	Land Area	(10000 sq. km)	10.18	10.18	10.55	10.55	10.55
山区面积	(%)	Mountains Area	(%)	70.4	70.4			
平原面积	(%)	Plains Area	(%)	23.2	23.2			
河流湖泊面积	(%)	Rivers Area	(%)	6.4	6.4			
气候(主要城市)		Climate(Main Cities)						
年平均降雨量	(毫米)	Total Precipitation	(millimeter)	1442.8	1635.5	1891.2	1826.0	1448.7
年平均气温	(摄氏度)	Average Tempreature	(℃)	17.9	17.6	17.7	18.3	18.2
森林		Forest						
林地面积	(万公顷)	Area of Afforetated Land	(10000 hectare)	660.31	659.77	660.49	660.00	660.95
森林覆盖率	(%)	Forest－coverage Rate	(%)	60.89	60.91	60.96	61.00	61.17
林木蓄积量	(万立方米)	Volume of Standing Forests	(10000 cu. m)	29591	31385	33074	34996	36725
水资源		Water Resources						
水资源总量	(亿标立方米)	Hydropower Resources	(100 million cu. m)	930.90	1130.69	1405.11	1322.16	895.35
总供水量	(亿标立方米)	Total Amount of Water Supply	(100 million cu. m)	224.75	220.24	211.59	181.15	179.50
用水量构成	(%)	Component of Water Use	(%)					
农田灌溉		Farmlands Irrigation		33.70	33.20	33.91	39.15	39.72
农牧渔畜		Agriculture, Animal Husbandry and Fishery		7.20	6.90	6.09	5.56	5.33
工业		Indrstry		26.10	25.30	24.38	26.70	25.67
居民生活		Residential Consumption		12.40	12.60	13.13	15.62	15.86
城镇公共用水		Urban Public Consumption		6.50	7.30	7.84	9.94	10.33
环境配水		Supplement for Environment		11.80	12.40	12.07		
生态环境用水		Eco－Environmental Water Consumption		2.30	2.30	2.58	3.03	3.09
淡水已养殖面积	(千公顷)	Cultivated Freshwater Area	(1000 hectare)	213.02	209.89	213.07	202.09	198.04
海水已养殖面积	(千公顷)	Cultivated Seawater Area	(1000 hectare)	89.36	88.18	85.88	88.82	75.95
海岸线总长度	(公里)	Length of Mainland Coastline	(km)	6486	6486	6486	6486	6486
矿产资源(保有储量)	(万吨)	Mineral Resources (Ensured Reserves)	(10000 tons)					
铁矿石		Iron Ore		11852	16172	18713	19702	23158
煤		Coal		9309	9309	9309	9306	9306
沸石(矿石)		Zeolite		12764	12752	12785	12817	12830
叶蜡石(矿石)		Pyrophylite		4868	4802	4776	4694	4920
普通萤石		Fluorite		3298	3571	3699	3812	3918
明矾石		Alumstone		16840	16831	16824	16821	16820
水泥用灰岩		Cement Limestone		316281	329123	350997	363867	381133

注：2015年土地面积来源于第二次土地调查。
The data of land area is taken from the second land survey in 2015.

13-3 各市水资源总量(2011-2017年)
Total Amount of Water Resource by City(2011-2017)

单位:亿立方米(100 million cu. m)

城市	City	2011	2012	2013	2014	2015	2016	2017
合 计	**Total**	**744.21**	**1444.79**	**930.90**	**1130.69**	**1405.11**	**1322.16**	**895.35**
杭州市	Hangzhou	136.70	221.26	141.15	163.01	239.06	213.10	146.87
宁波市	Ningbo	61.23	129.82	81.03	85.06	126.04	110.54	81.83
温州市	Wenzhou	88.76	183.94	138.08	159.01	155.74	184.66	104.68
嘉兴市	Jiaxing	15.01	36.87	21.70	23.52	38.76	40.61	27.31
湖州市	Huzhou	34.72	56.48	30.19	39.45	60.64	84.32	36.61
绍兴市	Shaoxing	58.58	102.23	67.04	72.40	106.77	80.03	62.03
金华市	Jinhua	80.19	144.34	81.66	115.13	139.17	118.28	88.88
衢州市	Quzhou	81.96	154.15	72.18	120.27	163.73	128.16	103.22
舟山市	Zhoushan	4.26	13.05	5.69	7.94	11.78	11.58	9.90
台州市	Taizhou	63.94	129.58	99.79	112.31	106.18	100.22	62.27
丽水市	Lishui	118.86	273.07	192.40	232.59	257.23	250.66	171.74

13-4 各市供水总量(2011-2017年)
Total Amount of Water Supply by City(2011-2017)

单位:亿立方米(100 million cu. m)

城市	City	2011	2012	2013	2014	2015	2016	2017
合 计	**Total**	**222.24**	**222.31**	**224.75**	**220.24**	**186.06**	**181.15**	**179.50**
杭州市	Hangzhou	56.99	56.45	57.77	57.38	34.79	34.24	33.47
宁波市	Ningbo	22.13	22.21	22.32	22.97	20.66	20.31	20.58
温州市	Wenzhou	20.41	22.66	22.83	21.79	19.13	18.78	18.49
嘉兴市	Jiaxing	19.61	18.99	20.24	19.34	18.96	18.81	18.89
湖州市	Huzhou	18.02	18.01	18.07	16.97	16.50	15.23	15.08
绍兴市	Shaoxing	21.94	21.55	21.10	20.17	18.52	18.36	18.52
金华市	Jinhua	18.91	18.96	18.78	17.88	17.51	17.19	17.10
衢州市	Quzhou	13.92	14.20	14.09	13.91	13.46	12.83	12.14
舟山市	Zhoushan	1.41	1.44	1.49	1.45	1.49	1.55	1.60
台州市	Taizhou	20.05	19.18	19.25	20.03	17.34	16.64	16.53
丽水市	Lishui	8.86	8.66	8.82	8.35	7.70	7.21	7.10

注：2015年起，统计口径调整，供水总量不含环境配水量。
Total water supply does not include environmental water allocation since 2015.

13－5 主要城市平均气温(2017 年)
Average Temperature in Major Cities(2017)

单位:0.1 摄氏度(0.1℃)

城市名称	City	1月 Jan.	2月 Feb.	3月 Mar.	4月 Apr.	5月 May	6月 June	7月 July	8月 Aug.	9月 Sep.	10月 Oct.	11月 Nov.	12月 Dec.	年平均 Annual Average
杭　州	Hangzhou	73	78	113	187	228	241	316	303	248	191	137	74	182
宁　波	Ningbo	79	77	109	177	221	238	307	302	251	199	141	77	182
温　州	Wenzhou	115	105	127	183	228	238	296	300	275	224	163	106	197
嘉　兴	Jiaxing	69	70	106	176	218	238	314	300	246	190	134	70	178
湖　州	Huzhou	65	69	107	179	223	241	311	295	241	183	131	64	176
绍　兴	Shaoxing	76	81	116	190	233	245	325	310	253	196	142	78	187
金　华	Jinhua	89	91	121	191	240	239	316	310	270	206	143	83	192
衢　州	Quzhou	87	89	117	186	233	234	307	297	268	204	140	78	187
舟　山	Zhoushan	83	75	105	162	207	230	292	293	252	202	145	85	178
丽　水	Lishui	106	101	128	191	241	242	306	303	277	213	152	87	196
临　海	Linhai	92	86	115	180	222	236	300	293	260	210	145	80	185

注：本表由省气象局整理提供。表 13－6 至 13－7 同。
The data on this table are provided by Provincial Meteorological Bureau. Table from 13－6 to 13－7 are the same.

13－6 主要城市降水量(2017 年)
Precipitation in Major Cities(2017)

单位:0.1 毫米(0.1 millimeters)

城市名称	City	1月 Jan.	2月 Feb.	3月 Mar.	4月 Apr.	5月 May	6月 June	7月 July	8月 Aug.	9月 Sep.	10月 Oct.	11月 Nov.	12月 Dec.	全年 Annual Total
杭　州	Hangzhou	717	272	1890	1429	878	3072	775	953	1683	892	1391	468	14420
宁　波	Ningbo	480	184	1271	1724	1037	3472	1334	788	1670	1579	1199	326	15064
温　州	Wenzhou	300	255	1745	1003	641	3464	1663	1147	951	1069	1196	267	13701
嘉　兴	Jiaxing	920	169	1201	1451	1092	2984	717	1202	2054	668	931	282	13671
湖　州	Huzhou	946	216	1399	1101	1147	1764	1307	842	1817	1035	698	401	12673
绍　兴	Shaoxing	798	298	1852	2022	1265	2745	682	1631	1765	854	1394	516	15822
金　华	Jinhua	506	431	1606	1586	911	5016	413	480	666	376	1386	432	13809
衢　州	Quzhou	341	483	2029	2187	1374	5723	411	1041	150	140	1273	516	15668
舟　山	Zhoushan	500	233	1300	1742	921	2481	278	663	868	2979	1405	384	13754
丽　水	Lishui	368	258	1831	1204	643	3938	622	1484	938	287	1223	335	13131
临　海	Linhai	277	214	1266	818	838	3296	1354	1158	388	694	1332	276	11911

13-7 主要城市日照时数(2017年) Sunshine Hours in Major Cities(2017)

单位:0.1小时(0.1hours)

城市名称	City	1月 Jan.	2月 Feb.	3月 Mar.	4月 Apr.	5月 May	6月 June	7月 July	8月 Aug.	9月 Sep.	10月 Oct.	11月 Nov.	12月 Dec.	全年 Annual Total
杭　州	Hangzhou	1193	1327	1213	1814	1970	1011	2729	2227	1016	1258	1152	1274	18184
宁　波	Ningbo	1092	1208	1144	1838	2002	762	2848	2430	1036	1178	851	1335	17724
温　州	Wenzhou	735	1236	908	1457	1318	441	2174	2119	1590	1457	580	904	14919
嘉　兴	Jiaxing	1038	1282	1347	1822	1881	855	2398	2225	1036	1120	1121	1292	17414
湖　州	Huzhou	1229	1431	1463	1879	2011	1026	2702	1917	1057	1221	1285	1402	18623
绍　兴	Shaoxing	1169	1301	1287	1936	2000	997	2710	2240	1147	1257	1129	1380	18553
金　华	Jinhua	1164	1397	945	1725	1888	620	2730	2501	1577	1463	958	1192	18160
衢　州	Quzhou	990	1170	858	1608	1795	340	2792	2358	1918	1618	982	1423	17852
舟　山	Zhoushan	1096	1426	1409	1967	2102	871	2863	2677	1314	1403	984	1457	19569
丽　水	Lishui	769	1190	786	1117	1739	334	2398	2324	1579	1323	745	988	15292
临　海	Linhai	1283	1536	1133	1865	1923	547	2918	2672	1547	1705	886	1493	19508

13-8 环境保护机构和人员情况(2017年)
Institutions and Personnel on Environmental Protection(2017)

项目	Item	合计 Total	环保局 Environ-ment Protection Bureau	环境监察 Environ-mental monitoring	监测站 Monitoring Station	科研所 Research Insti-tutions	其他 Others
机构数(个)	**Number of Institutions(unit)**	**307**	**103**	**87**	**86**	**7**	**24**
年末实有人数(人)	Number of Personnel(person)	5964	1280	2062	2304	188	130
各类专业技术人员	All kinds of professional and technical personnel	2487	59	326	1802	177	123
#高级职称	Senior Titles	935	13	67	663	102	90
中级职称	Medium Titles	1552	46	259	1139	75	33

注:1、环保局、环境监测及监测站均为县级以上单位;科研所包含省市县三级单位。
Environmental protection bureau, environmental monitoring and monitoring stations are all units above the county level. Research institution contains three units of province and city and county level.
2、环保局机构数包括市局派出各分局。环境监察实有人数不包括环保分局、环保所、执法中队。
The number of institutions includ the each branch sent by Environmental Protection Bureau. Number of Personnel of environmental monitoring dont include those in the each branch.

13-9 废水排放及处理利用情况(2011-2017年)
Discharging and Using of Industrial Waste Water(2011-2017)

单位:万吨(10000 tons)

项目	Item	2011	2012	2013	2014	2015	2016	2017
废水排放总量	**Waste Water Discharged**	**420417**	**420960**	**419120**	**418262**	**433822**	**430857**	**453935**
工业	Industry	182425	175416	163674	149380	147353	129913	122917
城镇生活及其他	For Living and Others	237592	245049	254972	268360	285847	300216	330264
集中式治理设施污水排放	Centralized Treatment Facilities	400	495	474	521	622	728	754
工业重复用水率(%)	**Rate of Water Utilized Repeatedly in Industry(%)**	**63.30**	**66.70**	**65.40**	**83.40**	**78.23**		

13－10 工业废气排放情况(2011－2017 年) Discharge of Industrial Waste Gas(2011－2017)

项目		Item		2011	2012	2013	2014	2015	2016	2017
工业废气排放总量	(亿标立方米)	Total Volume of Industrial Waste Gas Discharged	(100 million cu. m)	24940	23967	24565	26958	26841	22185	31310
二氧化硫排放量	(万吨)	Volume of Industrial SO2 Discharged	(10000 tons)	64.7	61.1	57.9	56.0	52.4	24.5	18.1
氮氧化物排放量	(万吨)	Volume of Industrial Nitrogen Oxide Discharged	(10000 tons)	69.1	63.5	57.3	51.9	45.9	23.2	20.6
烟(粉)尘排放总量	(万吨)	Volume of Industrial Nitrogen Oxide Discharged	(10000 tons)	30.2	23.3	29.7	35.9	31.1	16.3	12.9

注：2016 年起污染物排放量核算方法进行了调整。The method of pollutant discharge calculation is adjusted since 2016.

13－11 工业固体废物排放及处理利用情况(2010－2017 年) Discharge and Treatment of Industrial Solid Wastes(2010－2017)

单位:万吨(10000 tons)

项目	Item	2010	2011	2012	2013	2014	2015	2016	2017
工业固体废物产生量	**Volume of Industrial Solid Wastes Produced**	**4843**	**4529**	**4542**	**4404**	**4700**	**4678**	**4496**	**4828**
工业固体废物排放量	Volume of Industrial Solid Wastes Discharged	2.54	0.34	0.40				0.28	
工业固体废物综合利用量	Volume of Industrial Solid Wastes Utilized	3983	4129	4111	4123	4365	4338	4040	4365
工业固体废物贮存总量	Volume of Industrial Solid Wastes Accumulated	134.90	45.30	69.30	53.80	52.60	43.7	40.1	79.2
工业固体废物处置量	Volume of Industrial Solid Wastes Consumed	299	362	366	248	295	312	459	460
工业固体废物综合利用率(%)	Comprehensive utilization ratio of Industrial Solid Wastes(%)	82.07	91.07	90.45	93.24	92.75	92.55	89.34	89.85

浙/江/统/计/年/鉴

主要统计指标解释

■ 工业废水排放量

指经过企业厂区所有排放口排到企业外部的工业废水量 。包括生产废水、外排的直接冷却水、超标排放的矿井地下水和与工业废水混排的厂区生活污水,不包括外排的间接冷却水(清污不分流的间按冷却水应计算在内)。

■ 工业废水排放达标量

指各项指标都达到国家或地方排放标准的外排工业废水量,包括未经处理外排达标的和经过处理后外排达标的两部分。国家排放标准见 GB8978-88。

■ 工业废气排放量

指企业厂区内燃料燃烧和生产工艺过程中产生的各种排入空气的含有污染物的气体的总量,以标准状态(273K,101325Pa)计。

■ 工业固体废物产生量

指企业在生产过程中产生的固体状、半固体状和高浓度液体状废弃物的总量,包括危险废物、冶炼废渣、粉煤灰、炉渣、煤矸石、尾矿、放射性废物和其他废物等;不包括矿山开采的剥离废石和掘进废石(煤矸石和呈酸性或碱性的废石除外)。酸性或碱性废石是指采掘的废石其流经水、雨淋水的 pH 值小于 4 或 pH 值大于 10.5 者 。

■ 工业固体废物综合利用量

指通过回收、加工、循环、交换等方式,从固体废物中提取或者使其转化为可以利用的资源、能源和其他原材料的固体废物量(包括当年利用往年的工业固体废物累计贮存量)。如用作农业肥料、生产建筑材料、筑路等。综合利用量由原产生固体废物的单位统计。

ZHEJIANG STATISTICAL YEARBOOK

Explanatory Notes on Main Statistical Indicators

□ Volume of Industrial Waste Water Discharged

refers to the volume of industrial waste water discharged, through all outlets, to the outside of industrial enterprises, including waste water produced, direct - cooling water, underground water from mines that does not meet the standard of discharge, and the domestic sewage mixed up with industrial waste water when discharged, but excluding discharged indirect - cooling water.

□ Volume of Waste Water up to the Standard for Discharge

refers to the volume of discharged industrial waste water that, with or without treatment, has come up to the national or local standards for discharge.

□ Volume of Waste Gas Emission

refers to waste gas emitted from burning of fuels and from production process in the area of the factory, and is measured by 10000 standard cubic metres each year under normal condition.

□ Volume of Industrial Solid Wastes Produced

refers to the total volume of solid, semi - solid or highconcentration liquid residue produced by industrial enterprises in their production process, including dangerous wastes, residues from melting, slag, powdered coal ash, gangue, chemical residues, tailings, radioactive residues and other residues, but excluding stripped or dug stones in mining (except gangue and acid or alkali stones which are stones washed or soaked by water with a pH value smaller than 4 or larger than 10.5.)

□ Volume of Industrial Solid Wastes Utilized in a Comprehensive Way

refers to the volume of solid wastes from which useful materials can be extracted or which can be changed to be utilizable resources, energy or other materials, including the volume of industrial solid wastes stored up in the previous years and utilized in the current year, such as the solid wastes utilized as fertilizers, building materials, for making roads or for other purpose. Statistical data on utilization of industrial solid wastes are collected by solid wastes producing units.

2018
浙江统计年鉴
ZHEJIANG STATISTICAL YEARBOOK

教育、科技、专利、测绘和标准计量

Education,Science,Patent,Surveying and Mapping and Standard Calculating

14－1 高等学校基本情况(1978－2017年)
Basic Statistics on Institutions of Higher Education(1978－2017)

年份 Year	学校数(所) Number of Schools (unit)	招生数(人) New Students Enrollment (person) 本专科 Regular College Course and Specialized Subject	研究生 Graduates	在校学生数(人) Students Enrollment (person) 本专科 Regular College Course and Specialized Subject	研究生 Graduates	毕业生数(人) Graduates (person) 本专科 Regular College Course and Specialized Subject	研究生 Graduates	教职员工数(人) Number of School Staff and Workers (person)	#专任教师 Teachers
1978	20	14241		24223		3743		11961	5389
1979	20	9498		32227		1013		13889	6275
1980	22	9387		37815		3710		15619	6886
1981	22	9208		41020		5852		16365	6933
1982	22	10162		36088		14968		18181	7701
1983	24	12750		39008		10411		19274	8219
1984	27	15030		44883		9002		20431	8690
1985	35	19026		52688		11044		22497	9908
1986	37	17877		57352		13027		24723	10804
1987	37	18190		60072		15017		25620	11223
1988	37	19364		60419		18712		26472	11578
1989	37	18270		61045		17323		26772	11574
1990	37	18264		60327		18417		26787	11578
1991	36	18651		59822		18175		27004	11208
1992	35	21217		62226		18267		27821	11105
1993	36	27716		73586		15971		27898	11148
1994	37	30482		87428		17895		28212	11345
1995	37	28094		92857		22443		28194	11491
1996	36	30541		96480		27133		28107	11530
1997	35	33145		102302		26386		28123	11595
1998	32	36668	2155	113543	5991	24296		28327	11816
1999	36	59300	3216	151318	7460	30561	1578	30532	13140
2000	35	93516	4130	212375	9895	32477	1600	40037	18981
2001	38	120195	5577	293078	13237	37230	1882	44347	22168
2002	60	152470	6111	393145	16297	48431	2645	48481	25993
2003	64	173519	6863	484639	19269	78685	3514	48691	29945
2004	68	195617	8029	572759	22062	103123	4858	60833	35766
2005	67	215362	9577	651307	25637	133051	5558	58924	38402
2006	68	237157	10996	719869	27125	162531	8731	69730	42143
2007	77	249749	12326	777982	31409	183863	7387	73704	45622
2008	77	265696	13691	832224	35812	203203	8944	75986	47795
2009	78	261361	16184	866496	43381	218226	7941	77852	49516
2010	80	260111	16575	884867	47991	233741	11156	79785	50969
2011	104	271285	17565	907482	51846	238448	13046	81384	52296
2012	105	280824	18748	932292	54369	247537	15112	83843	54154
2013	106	283353	19535	959629	57801	244860	15592	85381	56000
2014	108	284285	20164	978216	60511	253708	16535	87375	58076
2015	108	287809	21496	991149	63528	263981	17117	88744	59472
2016	108	288798	22246	996143	67232	273342	17801	90214	60477
2017	108	293745	27368	1002346	74404	276580	18717	92654	62357

注：2011年起包含独立学院。The data since 2011 include independent College.

14－2 中等职业学校基本情况(1978－2017 年)
Basic Statistics on Secondary Professional Schools(1978－2017)

年份 Year	学校数(所) Number of Schools (unit)	招生数(万人) New Students Enrolled (10000 persons)	在校学生数(万人) Students Enrolled (10000 persons)	毕业生数(万人) Graduates (10000 persons)	教职员工数(万人) Staff and Workers (10000 persons)	#专任教师 Teachers
1978	73	1.29	2.79	0.14	0.54	0.24
1979	75	1.24	3.42	0.61	0.55	0.30
1980	81	1.13	3.10	1.44	0.67	0.33
1981	83	1.16	2.67	1.59	0.75	0.35
1982	92	1.19	2.77	1.08	0.85	0.39
1983	96	1.30	3.07	0.98	0.87	0.41
1984	104	1.64	3.66	1.16	0.96	0.44
1985	119	1.99	4.36	1.29	1.12	0.49
1986	130	2.14	5.22	1.27	1.25	0.58
1987	134	2.26	5.79	1.66	1.34	0.65
1988	136	2.31	6.31	1.81	1.40	0.70
1989	140	2.31	6.61	2.02	1.49	0.72
1990	141	2.23	6.67	2.12	1.50	0.73
1991	141	2.41	6.77	2.29	1.52	0.72
1992	142	2.72	7.20	2.27	1.54	0.72
1993	144	3.59	8.48	2.28	1.55	0.72
1994	155	4.92	10.87	2.32	1.58	0.74
1995	158	6.00	13.91	2.90	1.61	0.78
1996	161	7.30	17.72	3.44	1.63	0.80
1997	151	5.68	15.74	3.99	1.64	0.81
1998	150	5.65	16.70	4.58	1.60	0.79
1999	149	5.16	16.52	5.08	1.49	0.78
2000	86	3.54	14.80	5.08	0.97	0.53
2001	82	3.10	12.93	4.77	0.57	0.31
2002	62	4.22	12.25	4.67	0.59	0.34
2003	57	4.67	12.07	4.12	0.60	0.36
2004	53	4.33	12.81	3.22	0.57	0.37
2005	51	4.36	12.94	3.83	0.55	0.37
2006	49	3.39	11.36	4.10	0.50	0.37
2007	402	21.38	63.13	20.56	3.36	2.69
2008	392	21.09	59.36	20.84	3.32	2.69
2009	377	22.81	59.02	19.21	3.32	2.72
2010	358	22.62	60.64	17.29	3.35	2.77
2011	338	22.09	61.59	17.39	3.49	2.91
2012	319	18.89	58.40	19.06	3.58	3.04
2013	300	17.84	54.76	19.33	3.62	3.10
2014	274	16.73	50.60	18.97	3.64	3.16
2015	258	17.74	49.97	16.82	3.65	3.21
2016	239	17.85	49.98	15.98	3.64	3.23
2017	231	17.52	51.02	15.11	3.65	3.28

注：2007 年起数据口径调整为职业高中和普通中等专业学校.
The data scope were adjusted since 2007, including the vocational high schools and the general secondary specialized schools.

14-3 普通高等教育分类情况(2017年) Institutions of Higher Education by Type(2017)

分类	Item	学校数(所) Number of Schools (unit)	本、专科学生(人) Regular College Course and Specialized Subject (person)			教职员工数(人) Number of Schools Staff and Workers (person)	
			毕业生数 Graduates	招生数 New Students Enrolled	在校学生数 Students Enrolled		#专任教师 Teachers
总计	**Total**	**108**	**276580**	**293745**	**1002346**	**92654**	**62357**
普通本科	**Institutions of Higher Education**	**59**	**146131**	**157534**	**616276**	**67874**	**45179**
#民办本科	Private Institutions	25	59129	62637	246633	16503	12544
#独立学院	Indenpendency Institutions	21	39183	41481	163946	10679	8203
高职(高专)院校	**Higher(Colleges) Professional Institutions**	**49**	**130449**	**136211**	**386070**	**24780**	**17178**
#民办	Private Higher Professional Institutions	10	22171	22767	66528	4272	2991

14-4 各级成人教育基本情况 Adult Education by Level

类别	Item	学校数(所) Schools (Unit)			毕(结)业生数(万人) Graduates (10000 persons)			在校学生数(万人) Students Enrollment (10000 persons)		
		2015	2016	2017	2015	2016	2017	2015	2016	2017
成人高等学历教育	**Adult Higher Education**	**9**	**9**	**9**	**11.84**	**12.40**	**10.92**	**27.48**	**24.11**	**21.96**
广播电视大学	Radio and TV Universities	2	2	2	0.53	0.50	0.52	1.59	1.39	1.25
职工高等学校	Schools of Higher Education for Staff and Workers	4	4	4	0.16	0.21	0.20	0.45	0.36	0.24
教育学院	Pedagogical Colleges	3	3	3	0.32	0.31	0.20	0.68	0.54	0.62
普通高校	Institutions of Higher Education	74	73	72	10.83	11.38	10.01	24.76	21.81	19.84
成人中等学历教育	**Secondary Education for Adults**	**28**	**23**	**20**	**1.15**	**1.01**	**0.79**	**2.39**	**2.09**	**2.17**
成人中学	**Secondary Schools for Adults**	**272**	**257**	**240**	**3.36**	**2.58**	**2.58**	**4.14**	**2.71**	**2.80**
成人技术培训学校	**Technical Training Schools for Adults**	**4119**	**3958**	**4040**	**291.80**	**339.78**	**343.69**	**274.34**	**320.44**	**326.50**
成人初等学校	**Primary Schools for Adults**	**429**	**344**	**306**	**15.11**	**9.37**	**7.73**	**12.26**	**7.84**	**6.80**

注:2014年起指标成人初等学校口径有所变化。The Iindicator caliber of primary schools for adults had been changed since 2014.

14－5 技工学校基本情况(1980－2017 年)
Basic Statistics on Technical Schools(1980－2017)

年份 Year	学校数 (所) Number of Schools (unit)	在校学生数 (人) Students Enrolled (person)	毕业生数 (人) Graduates (person)	招生数 (人) New Students Enrolled (person)	教职员工数 (人) Number of School Staff and Workers (person)
1980	140	17093	5895	5139	2709
1981	139	12180	8718	4115	4462
1982	141	9386	5798	3813	3987
1983	142	8536	3935	4260	4266
1984	101	11152	2696	6110	4673
1985	94	14065	4138	6790	5146
1986	94	17122	3529	6717	5936
1987	92	19006	4663	6907	5960
1988	91	18243	6121	6125	5881
1989	94	17323	6377	6060	4464
1990	96	16365	5815	6176	5826
1991	94	18230	5083	7489	6131
1992	98	21663	5414	9480	6373
1993	99	31998	7523	14204	6541
1994	102	38658	10523	17603	6993
1995	104	15149	12140	20852	7273
1996	107	49246	15415	20438	7335
1997	107	56633	13709	24026	6758
1998	106	62052	17268	23916	6560
1999	99	63128	18081	22681	6197
2000	95	60968	21029	22630	7204
2001	97	59068	20410	23983	5914
2002	96	62572	17684	27123	5774
2003	87	70650	15933	33494	5616
2004	83	88652	19062	40536	6335
2005	79	97783	21954	39406	5441
2006	76	101968	25444	39318	7128
2007	72	95295	22940	35323	6348
2008	71	97072	23944	35621	6316
2009	68	103862	26374	37892	5785
2010	68	108791	26328	39120	6875
2011	68	113036	25681	39173	7660
2012	66	106085	26618	35537	8431
2013	66	118587	27273	37351	8877
2014	71	121196	33376	39893	10059
2015	71	122661	34419	42372	10194
2016	78	137923	33880	47800	11229
2017	77	141668	33106	47189	11381

14-6 特殊教育情况(1980-2017年) Basic Statistics on Special Education(1980-2017)

年份 Year	学校数 (所) Number of Schools (unit)	在校学生数 (人) Students Enrolled (person)	毕业生数 (人) Graduates (person)	招生数 (人) New Students Enrolled (person)	教职员工数 (人) Number of School Staff and Workers (person)	#专任教师 Teachers
1980	7	1293	73	203	174	116
1981	7	1347	109	204	177	117
1982	7	1407	118	224	186	136
1983	8	1478	129	271	225	162
1984	11	1668	81	340	258	186
1985	13	1784	150	380	311	231
1986	15	1979	125	412	334	242
1987	18	2303	128	553	410	294
1988	24	2621	201	641	507	370
1989	32	2985	135	594	600	435
1990	43	3443	222	832	729	555
1991	46	3963	142	784	847	639
1992	47	6907	346	918	963	735
1993	53	13202	548	4288	1081	824
1994	55	18038	1172	2774	1291	1003
1995	56	23690	1791	2831	1433	1130
1996	60	22691	1778	2261	1462	1169
1997	61	23919	2190	2306	1419	1154
1998	63	22812	3086	2486	1453	1172
1999	62	21840	3315	2437	1382	1120
2000	62	19749	3701	2445	1396	1139
2001	64	19358	2783	2593	1385	1068
2002	64	16484	2603	2158	1424	1122
2003	63	15357	2561	1947	1445	1133
2004	62	14195	2124	1663	1475	1194
2005	62	12889	1782	1465	1531	1233
2006	63	12160	1717	1535	1576	1281
2007	63	12993	1567	1612	1603	1326
2008	64	12924	1603	1864	1680	1413
2009	64	12268	1649	1751	1605	1351
2010	67	13010	1718	1904	1837	1586
2011	78	13048	1544	2174	2095	1794
2012	79	14425	1550	2741	2185	1915
2013	82	16327	1777	2812	2331	2038
2014	84	15884	2101	2444	2422	2132
2015	86	16236	2367	2418	2538	2266
2016	84	16660	2598	2567	2656	2379
2017	86	18532	2910	3069	2853	2566

14－7 普通中学基本情况(1978－2017 年) Basic Statistics on Regular Secondary Schools(1978－2017)

年份 Year	学校数(所) Number of Schools (unit)	招生数(万人) New Students Enrolled (10000 persons)	在校学生数(万人) Students Enrolled (10000 persons)	毕业生数(万人) Graduates (10000 persons)	教职员工数(万人) Workers and Staff (10000 persons)	#专任教师 Teachers
1978	4097	83.92	214.65	83.59	12.29	9.94
1979	3680	72.29	181.12	80.45	11.04	9.04
1980	3391	64.67	170.04	49.05	11.45	8.53
1981	3243	61.03	155.75	50.75	10.88	8.07
1982	3115	59.93	151.08	44.01	10.34	7.89
1983	3161	61.28	154.91	39.43	10.44	7.90
1984	3199	61.95	166.13	39.50	10.56	7.87
1985	3235	63.29	177.46	41.84	10.94	8.24
1986	3296	65.09	184.04	47.49	11.14	8.41
1987	3346	62.41	182.95	50.19	11.26	8.56
1988	3389	54.34	169.74	52.04	11.53	8.83
1989	3384	58.19	163.34	52.09	11.76	8.95
1990	3353	64.78	169.62	49.92	11.59	8.98
1991	3381	66.01	180.75	46.02	11.87	9.24
1992	3283	66.14	188.38	49.55	12.17	9.53
1993	3259	63.08	185.02	55.67	12.36	9.73
1994	3315	72.82	194.02	56.88	12.72	10.12
1995	3255	80.67	210.54	58.84	13.37	10.77
1996	3240	75.03	223.64	57.41	14.15	11.55
1997	3186	71.92	222.74	68.10	14.74	12.19
1998	3128	76.23	217.67	75.49	15.11	12.52
1999	2995	85.72	228.15	69.91	15.78	13.14
2000	2940	92.51	249.55	66.83	16.52	13.93
2001	2900	89.34	263.00	71.57	17.70	14.73
2002	2781	92.10	270.30	81.36	18.25	15.33
2003	2695	90.99	270.07	88.09	18.78	15.83
2004	2609	84.72	266.14	86.48	19.17	16.29
2005	2524	86.45	261.08	89.71	19.49	16.69
2006	2459	91.93	262.32	88.60	19.82	17.01
2007	2404	90.14	266.55	82.99	20.05	17.34
2008	2377	90.40	269.80	83.40	20.36	17.76
2009	2353	85.47	262.27	87.73	20.56	18.02
2010	2314	83.30	255.15	85.97	20.82	18.29
2011	2314	80.03	244.50	85.30	21.05	18.26
2012	2306	78.85	236.88	81.15	21.15	18.34
2013	2296	77.76	232.24	78.19	21.14	18.29
2014	2280	75.60	228.99	75.72	21.31	18.47
2015	2275	74.87	225.27	74.93	21.44	18.66
2016	2291	79.04	226.87	74.23	21.77	18.98
2017	2315	72.52	233.18	81.62	22.12	19.43

14－8 小学基本情况(1978－2017年)
Basic Statistics on Primary Schools(1978－2017)

年份 Year	学校数(万所) Number of Schools (unit)	招生数(万人) New Students Enrolled (10000 persons)	在校学生数(万人) Students Enrolled (10000 persons)	毕业生数(万人) Graduates (10000 persons)	教职员工数(万人) Workers and Staff (10000 persons)	#专任教师 Teachers	小学学龄儿童入学率(%) Percentage of Schoolage Children Enrolled(%)
1978	4.45	104.85	501.43	81.56	18.07	17.35	97.60
1979	4.26	86.44	486.77	72.47	18.38	17.54	97.40
1980	4.17	83.58	482.42	71.07	18.45	17.26	97.00
1981	4.10	74.19	459.83	78.66	17.66	16.50	97.20
1982	3.94	70.63	430.59	81.06	17.09	15.94	97.00
1983	3.82	70.20	407.20	83.03	16.44	15.25	97.40
1984	3.75	70.10	395.46	76.47	16.08	14.82	97.80
1985	3.65	67.78	384.91	75.34	16.09	14.62	98.10
1986	3.56	69.38	378.09	72.15	15.84	14.42	98.30
1987	3.45	57.33	365.15	67.32	15.55	14.16	98.60
1988	3.36	63.19	366.04	58.54	15.78	14.39	98.90
1989	3.27	72.30	375.73	60.16	16.11	14.65	99.10
1990	3.18	64.60	372.43	65.81	14.88	13.46	99.30
1991	2.97	57.85	362.64	65.64	14.97	13.50	99.30
1992	2.73	57.90	355.21	63.74	15.10	13.63	99.40
1993	2.53	64.74	359.23	59.33	15.23	13.77	99.50
1994	2.37	72.71	366.15	66.20	15.46	13.98	99.70
1995	2.26	66.19	362.98	70.01	15.84	14.34	99.70
1996	2.14	63.84	363.80	63.90	16.30	14.85	99.80
1997	1.97	61.39	368.57	57.72	16.84	15.40	99.88
1998	1.69	56.19	365.23	59.59	17.17	15.69	99.92
1999	1.38	65.46	363.31	67.83	17.53	16.00	99.95
2000	1.18	61.58	353.76	71.58	17.57	16.04	99.93
2001	1.00	58.45	346.28	66.66	17.64	15.99	99.97
2002	0.90	57.78	343.75	64.48	17.65	16.01	99.99
2003	0.77	52.45	340.29	59.78	17.54	15.91	99.98
2004	0.67	51.42	344.31	53.24	17.61	16.01	99.99
2005	0.61	48.96	342.40	55.25	17.79	16.22	99.99
2006	0.55	52.99	339.43	62.04	17.98	16.38	99.99
2007	0.48	54.85	335.46	62.81	18.12	16.56	99.99
2008	0.44	55.78	332.28	62.48	18.28	16.78	99.99
2009	0.41	53.91	325.14	57.24	18.45	17.01	99.99
2010	0.40	60.21	333.33	54.13	18.61	17.19	99.99
2011	0.38	62.88	344.06	51.78	18.53	17.44	99.99
2012	0.37	60.72	346.73	53.83	19.03	17.95	99.99
2013	0.34	60.75	349.58	54.04	19.44	18.35	99.99
2014	0.33	59.81	354.50	53.75	20.19	19.04	99.99
2015	0.33	59.88	356.99	52.73	20.50	19.48	99.99
2016	0.33	59.51	355.02	56.95	20.92	20.00	99.99
2017	0.33	61.31	354.01	58.56	21.33	20.51	99.99

14－9 幼儿园基本情况(1979－2017 年)
Basic Statistics on Kindergartens(1979－2017)

年份 Year	园数 (所) Number of Kindergartens (unit)	班数 (个) Number of Classes (unit)	在园幼儿数 (万人) Number of Children Enrolled (10000 persons)	教职员工数 (人) Staff and Workers (person)	#专任教师 Teachers
1979	3100	8908	28.34	13400	10095
1980	7067	14951	43.39	20601	17473
1981	5235	14605	41.97	20737	17473
1982	6409	14916	44.52	22209	18212
1983	6120	15440	47.19	23198	18839
1984	11511	20043	60.65	28735	24074
1985	12468	21902	65.41	30801	26180
1986	12375	24286	71.90	34210	29012
1987	13366	25980	81.25	37548	31680
1988	12590	26048	80.32	38205	32261
1989	12153	26277	74.85	38955	32703
1990	11824	26684	75.16	39859	33556
1991	11242	28308	85.72	41706	34425
1992	9860	29035	94.30	41052	34024
1993	9179	29396	97.63	43522	35887
1994	11705	31178	99.33	48006	39453
1995	11794	31530	99.43	49377	40220
1996	11915	32654	98.95	50389	40678
1997	12920	34637	100.21	54459	43503
1998	14068	37270	105.90	58867	46500
1999	14864	38637	108.38	61549	47902
2000	15073	41271	112.45	67773	51168
2001	12501	43167	115.13	72593	48195
2002	11920	44483	117.61	75000	49442
2003	11560	44651	117.96	83022	54056
2004	11367	46490	127.85	91772	58732
2005	11472	47153	132.22	98629	62679
2006	11437	48666	138.91	106202	67046
2007	10411	51048	147.78	115965	73164
2008	10212	53755	159.34	127635	79741
2009	10067	55922	167.06	139977	87271
2010	9863	60856	183.05	157174	95101
2011	9649	63850	187.14	168497	100019
2012	9573	65192	188.63	180518	107289
2013	9209	64058	186.88	190186	110251
2014	8871	64112	185.75	200295	112297
2015	8908	66323	190.16	212385	116415
2016	8771	66232	191.82	223377	119957
2017	8645	67142	195.80	231543	125042

14-10 各级学校女学生和女教师数(2008-2017年)
Female Students and Teachers by Level of Schools(2008-2017)

类别	Category	2008	2009	2010	2011	2012	2013	2014	2015	2016	2017
女学生数 (万人)	Number of Female Students (10000 persons)	354.29	349.60	352.35	355.04	353.10	352.16	352.06	351.33	350.88	353.26
普通高等学校	Institutions of Higher Education	43.15	45.17	46.61	48.59	50.72	52.79	54.26	54.79	54.65	54.37
中等职业学校	Specialized Secondary Schools	30.42	30.10	30.63	30.99	29.08	26.63	24.36	23.59	23.12	23.52
普通中学	Regular Secondary Schools	128.52	125.26	122.31	117.42	114.13	111.86	110.37	108.65	109.68	112.54
小学	Primary Schools	152.21	149.07	152.80	158.04	159.17	160.88	163.07	164.30	163.43	162.83
女学生占学生总数 (%)	Percentage of Female Students to Total Students (%)	47.34	47.45	47.77	47.69	47.80	47.87	47.92	47.88	47.83	47.70
普通高等学校	Institutions of Higher Education	51.85	52.13	52.67	53.55	54.40	55.01	55.46	55.27	54.86	54.24
中等职业学校	Specialized Secondary Schools	48.16	47.95	47.70	47.53	47.02	46.02	45.64	45.05	44.40	44.22
普通中学	Regular Secondary Schools	47.63	47.76	47.94	48.02	48.18	48.17	48.20	48.23	48.34	48.26
小学	Primary Schools	45.81	45.85	45.84	45.93	45.91	46.02	46.00	46.02	46.03	46.00
女教师数 (万人)	Number of Female Teachers (10000 persons)	23.83	24.45	25.07	25.59	26.40	27.06	28.01	28.85	29.80	30.93
普通高等学校	Institutions of Higher Education	2.08	2.17	2.26	2.32	2.42	2.51	2.63	2.70	2.75	2.84
中等职业学校	Specialized Secondary Schools	1.59	1.58	1.60	1.64	1.73	1.78	1.77	1.81	1.84	1.88
普通中学	Regular Secondary Schools	9.11	9.36	9.60	9.71	9.82	9.91	10.11	10.34	10.64	11.05
小学	Primary Schools	11.06	11.34	11.61	11.92	12.43	12.86	13.50	14.00	14.57	15.16
女教师占教师总数 (%)	Percentage of Female Teachers to Total Teachers (%)	56.16	56.81	57.50	58.12	58.76	59.46	60.16	60.89	61.65	62.45
普通高等学校	Institutions of Higher Education	43.53	43.84	44.41	44.31	44.65	44.89	45.28	45.37	45.51	45.61
中等职业学校	Specialized Secondary Schools	51.16	51.63	52.41	53.04	53.53	54.26	54.49	55.05	55.76	56.12
普通中学	Regular Secondary Schools	51.27	51.94	52.51	53.18	53.53	54.22	54.73	55.40	56.06	56.87
小学	Primary Schools	65.86	66.67	67.55	68.38	69.24	70.10	70.92	71.87	72.86	73.90

14－11 每万人口中在校学生数和构成(1979－2017 年)
Students Enrollment Per 10 Thousand Population and Its Composition(1979－2017)

年份 Year	各级学校在校学生占全省人口(%) Students Enrollment as Percentage of Total Population(%)	平均每万人口中 Number of Students Per 10000 Population			大、中、小学生占学生总数 Students of Different Level as Percentage of Total Students(%)		
		大学生(人) University and College Students (person)	中学生(人) Secondary School Students (person)	小学生(人) Primary School Students (person)	大学生(人) University and College Students (person)	中学生(人) Secondary School Students (person)	小学生(人) Primary School Students (person)
1979	17.79	8.50	486.60	1283.56	0.5	27.4	72.2
1980	17.27	9.88	456.50	1260.71	0.6	26.4	73.0
1981	16.11	10.60	412.65	1187.73	0.7	25.6	73.7
1982	15.01	9.20	394.84	1097.23	0.6	26.3	73.1
1983	14.43	9.84	405.18	1027.48	0.7	28.1	71.2
1984	14.38	11.24	436.36	990.36	0.8	30.3	68.9
1985	14.37	13.08	469.11	955.22	0.9	32.6	66.5
1986	14.29	14.09	486.19	928.95	1.0	34.0	65.0
1987	13.80	14.58	479.78	886.03	1.1	34.8	64.2
1988	13.36	14.49	443.83	877.83	1.1	33.2	65.7
1989	13.32	14.50	424.92	892.71	1.1	31.9	67.0
1990	13.33	14.25	439.14	879.43	1.1	32.9	66.0
1991	13.29	14.04	463.63	850.99	1.1	34.9	64.0
1992	13.25	14.52	481.58	828.79	1.1	36.3	62.6
1993	13.28	17.06	477.71	832.84	1.3	36.0	62.7
1994	13.72	20.14	508.46	843.42	1.5	37.0	61.5
1995	14.07	21.25	554.97	830.70	1.5	39.5	59.0
1996	14.37	21.93	588.29	826.80	1.5	41.0	57.5
1997	14.48	23.13	591.39	833.44	1.6	40.8	57.6
1998	14.34	25.52	587.47	821.32	1.8	41.0	57.2
1999	14.58	33.87	611.26	813.24	2.3	41.9	55.8
2000	14.86	47.19	554.41	785.92	3.2	43.9	52.9
2001	14.61	61.97	667.40	732.27	4.3	45.2	50.5
2002	14.94	82.31	691.96	719.69	5.5	46.3	48.2
2003	15.01	99.78	699.06	700.65	6.7	46.6	46.7
2004	15.11	116.29	695.51	699.08	7.7	46.0	46.3
2005	14.97	130.49	668.96	686.05	9.1	44.6	46.3
2006	14.86	141.93	674.74	669.25	9.6	45.4	45.0
2007	14.66	157.02	658.03	650.76	10.7	44.9	44.4
2008	14.54	166.53	650.11	637.48	11.5	44.7	43.8
2009	14.18	172.47	628.70	616.33	12.2	44.3	43.5
2010	13.83	171.28	599.78	612.00	12.4	43.4	44.3
2011	13.86	175.60	580.99	629.80	12.7	41.9	45.4
2012	13.72	180.15	558.49	633.06	13.1	40.7	46.2
2013	13.59	185.05	543.59	630.64	13.6	40.0	46.4
2014	13.62	188.59	529.61	643.61	13.8	38.9	47.3
2015	13.54	190.41	519.06	644.51	14.1	38.3	47.6
2016	13.45	190.23	519.93	635.10	14.1	38.7	47.2
2017	13.44	190.34	527.43	625.79	14.2	39.3	46.6

注：从 2001 年起按常住人口计算。
The data in this table were calculated by resident population since 2001.

14－12 学校教师负担学生数(1979－2017年)
Students－Teachers Ratio by Level of Schools(1979－2017)

年份 Year	高等学校 Institutions of Higher Education		中等学校 Secondary Schools		小学 Primary Schools	
	教师数(万人) Number of Teachers (10000 persons)	平均每个教师负担学生(人) Student－Teacher Ratio (person)	教师数(万人) Number of Teachers (10000 persons)	平均每个教师负担学生(人) Student－Teacher Ratio (person)	教师数(万人) Number of Teachers (10000 persons)	平均每个教师负担学生(人) Student－Teacher Ratio (person)
1979	0.63	5.10	9.34	19.80	17.54	27.80
1980	0.69	5.50	8.95	19.50	17.26	28.00
1981	0.69	5.90	8.51	18.80	16.50	27.90
1982	0.77	4.70	8.35	18.60	15.94	27.00
1983	0.82	4.70	8.45	19.00	15.25	26.70
1984	0.87	5.20	8.54	20.40	14.82	26.70
1985	0.99	5.30	9.12	20.70	14.62	26.30
1986	1.08	5.30	9.45	20.90	14.42	26.20
1987	1.12	5.40	9.71	20.40	14.16	25.80
1988	1.16	5.20	10.12	18.30	14.39	25.40
1989	1.16	5.30	10.28	17.40	14.65	25.60
1990	1.16	5.20	10.36	18.00	13.46	27.70
1991	1.12	5.30	10.62	18.60	13.50	26.90
1992	1.11	5.60	10.97	18.80	13.63	26.10
1993	1.11	6.60	11.27	18.30	13.77	26.10
1994	1.13	7.70	11.75	18.80	13.98	26.20
1995	1.15	8.10	12.57	19.30	14.34	25.30
1996	1.15	8.40	13.43	19.30	14.85	24.50
1997	1.16	8.80	13.46	19.40	15.40	23.93
1998	1.18	9.60	14.66	17.80	15.69	23.28
1999	1.31	11.55	15.40	17.73	16.00	22.71
2000	1.90	11.17	14.83	18.24	16.04	22.05
2001	2.22	13.20	17.08	18.48	15.99	21.66
2002	2.60	15.12	18.01	18.35	16.01	21.47
2003	2.99	16.21	18.82	18.04	15.91	21.39
2004	3.58	16.00	19.57	17.50	16.01	21.51
2005	3.84	17.60	19.36	17.04	16.22	21.11
2006	4.21	17.10	20.26	16.40	16.38	20.70
2007	4.56	17.74	20.02	16.47	16.56	20.26
2008	4.78	18.16	20.82	16.28	16.78	19.80
2009	4.95	18.38	21.10	15.72	17.01	19.11
2010	5.10	18.30	21.61	15.12	17.19	19.39
2011	5.23	18.34	21.74	14.60	17.44	19.73
2012	5.42	18.22	21.97	13.92	17.95	19.32
2013	5.60	18.17	22.01	13.58	18.35	19.05
2014	5.81	17.89	22.37	13.04	19.04	18.62
2015	5.95	17.73	22.66	12.69	19.48	18.33
2016	6.05	17.58	23.10	12.58	20.00	17.75
2017	6.24	17.27	23.64	12.62	20.51	17.26

注：2010年起中等学校教师数包括了技工学校专任教师数。
Since 2010 the number of secondary school teachers in technical schools, including the number of full－time teachers.

14－13 R&D经费投入情况(1990－2017)
Basic Statistics on R&D Activities Funds(1990－2017)

单位:亿元(100 million yuan)

年份 Year	研究与试验发展经费支出 Expenditure on R&D	按执行部门分 By Sector				按经费来源分 By Source			
		研究机构 Research and Development Institutions	高等院校 Colleges and Universities	工业企业 Enterprises	其他部门 Others	政府资金 Government Appropriation Funds	企业资金 Self－raised Funds by Enterprises	国外资金 Overseas Capital	其他资金 Other
1990	2.04	0.96	0.51	0.52	0.05				
1991	2.27	0.87	0.69	0.64	0.06				
1992	3.46	1.21	1.25	0.90	0.09				
1993	4.43	1.48	1.77	1.04	0.13				
1994	7.88	1.33	1.82	4.52	0.21				
1995	9.14	1.85	2.42	4.63	0.24				
1996	10.50	2.23	2.43	5.56	0.29				
1997	15.19	2.96	3.04	7.85	1.34				
1998	19.70	3.10	3.00	11.80	1.80				
1999	27.05	3.04	3.71	17.80	2.50				
2000	36.59	3.21	3.33	26.54	3.51	5.73	26.93	0.53	3.40
2001	44.74	3.32	5.09	32.04	4.29	6.59	32.73	0.64	4.78
2002	57.65	2.97	6.58	42.58	5.52	6.77	42.20	0.17	8.51
2003	77.76	4.35	7.88	59.62	5.91	9.46	57.70	0.32	10.28
2004	115.55	4.62	13.33	91.10	6.50	13.78	97.42	0.63	3.72
2005	163.29	11.58	13.90	130.41	7.40	24.12	134.74	0.55	3.88
2006	224.03	12.38	15.99	183.39	12.27	28.00	190.28	1.12	4.63
2007	286.32	13.63	18.18	235.55	18.96	30.94	246.39	2.50	6.49
2008	345.76	13.89	19.15	283.73	28.99	37.08	296.46	4.39	7.83
2009	398.84	12.85	23.91	330.10	31.98	36.63	354.22	2.48	5.51
2010	494.23	15.36	34.55	407.43	36.89	48.00	435.45	3.27	7.53
2011	612.93	18.07	40.81	501.87	52.18	53.56	539.41	9.51	10.45
2012	722.59	21.83	44.72	588.61	67.43	60.41	644.37	3.13	14.68
2013	817.27	24.17	47.28	684.36	61.46	66.16	733.62	2.38	15.12
2014	907.85	27.12	49.76	768.15	62.83	70.65	817.35	2.58	17.27
2015	1011.18	30.28	56.14	853.57	71.19	75.29	911.30	2.00	22.60
2016	1130.63	35.03	54.65	935.79	105.16	78.72	1033.25	2.10	16.56
2017	1266.34	36.24	62.19	1030.14	137.77	91.58	1151.55	1.56	21.66

14 - 14 R&D 人员投入情况(1990 - 2017)
R&D Personnel(1990 - 2017)

单位:万人年(10000 man - year)

年份 Year	研究与试验发展人员 R&D Personnel	按执行部门分 By Sector			
		研究机构 Research and Development Institutions	高等院校 Colleges and Universities	工业企业 Enterprises	其他部门 Others
1990	1.23				
1991	1.30				
1992	1.39				
1993	1.49				
1994	1.56				
1995	1.63				
1996	1.71				
1997	1.76				
1998	2.31				
1999	2.74				
2000	2.86	0.29	0.53	1.62	0.43
2001	3.92	0.27	0.57	2.43	0.65
2002	4.46	0.28	0.77	2.66	0.74
2003	4.96	0.29	0.82	3.13	0.72
2004	5.85	0.28	1.03	3.98	0.56
2005	8.01	0.32	1.06	6.11	0.52
2006	10.81	0.34	1.05	8.80	0.63
2007	13.05	0.45	1.08	10.55	0.96
2008	16.03	0.41	1.13	13.03	1.46
2009	18.51	0.40	1.20	15.09	1.81
2010	22.35	0.42	1.30	18.57	2.05
2011	26.29	0.46	1.29	21.71	2.82
2012	27.81	0.54	1.34	22.86	3.07
2013	31.10	0.51	1.42	26.35	2.82
2014	33.84	0.56	1.41	29.03	2.84
2015	36.47	0.71	1.61	31.67	2.48
2016	37.66	0.71	1.77	32.18	2.99
2017	39.81	0.78	2.00	33.36	3.66

14-15 县级以上政府部门属研究与开发机构情况(1986-2017年)
Basic Statistics on Research and Development Organizations Attached to Goverment at County Level and Above(1986-2017)

年份 Year	机构数(个) Institutions (unit)	从事科技活动人员数(人) Specialized Technical Persons (person)	科技经费收入(万元) Science and technology fund income (10000 yuan)	政府拨款 Government Appropriations	科技经费支出(万元) Spending on science and technology (10000 yuan)	#人员费用 Charge for Person
1986	153		14015	8877	12580	3067
1987	152		17721	10431	15234	3001
1988	156		18920	14073	27715	4065
1989	161		24889	11974	25070	4026
1990	163		33801	15801	29169	5123
1991	164		29623	9330	26494	5001
1992	165		40512	14410	37017	6156
1993	162		47139	14289	45206	9001
1994	161		53069	18251	48025	13993
1995	161		62021	11784	59248	15589
1996	161		72172	25110	63407	18189
1997	162		91503	31795	83434	20806
1998	164		126704	47919	107580	23018
1999	160		126740	50194	113565	28392
2000	146		120587	54365	108129	27263
2001	127		89248	51719	82109	26341
2002	110	5470	89540	54571	80771	28286
2003	104	5095	115029	65770	97981	38157
2004	92	4792	116542	80373	102949	34213
2005	99	5798	144821	109676	120907	31646
2006	99	6178	176610	128341	142664	38853
2007	100	6677	211682	155461	167207	44752
2008	98	7123	247818	177210	203732	51972
2009	97	7517	259300	188672	217138	57000
2010	95	7771	281040	205659	250360	60634
2011	94	8247	324294	223070	289858	71232
2012	97	8971	375690	270412	336575	80561
2013	97	9255	412979	309667	369037	92073
2014	97	9199	431374	311697	408097	104341
2015	96	9603	431581	304650	414042	122536
2016	96	9629	487236	358527	444288	138555
2017	93	10602	526443	383723	483779	171450

注:从事科技活动人员数包括本单位在职科技活动人员,也包括外聘的流动学者和非本单位在读研究生,和表14-18的科技活动人员口径一致。
Specialized technical persons include the on-the-job technical staff in the unit,including external flow scholars and the graduate students outside the unit,same as the table 14-18.

14－16 县级以上政府部门属研究与开发机构课题情况
Basic Statistics on Topics in Research and Development Organizations Attache to Government at County Level and Above

分类	Item	课题数(项) Topics (unit)			投入人员(人年) Persons (Person－year)			投入经费(万元) Funds (10000 yuan)		
		2015	2016	2017	2015	2016	2017	2015	2016	2017
总计	**Total**	**4430**	**4353**	**4578**	**6350**	**6197**	**6052**	**152245**	**189743**	**201217**
按活动类型分	**By Type**									
基础研究	Fundational Research	602	660	699	649	725	771	11566	18607	14853
应用研究	Applied Research	759	816	1055	1429	1297	1484	37212	45138	63175
试验发展	Experimental Development	1341	1335	1374	2014	2202	2116	47756	65349	65740
R&D 成果应用	Applying of R&D Results	831	701	612	1059	865	692	25057	18704	20199
科技服务	Technology Service	897	841	838	1200	1108	989	30654	41945	37251

14－17 县级以上政府部门属研究与机构科学论文与科技著作
Basic Statistics on Papers in Research and Development Organizations Attached to Government at County Level and Above

单位:篇(paper)

项目	Item	科学论文 Papers of Science			#国外发表 Publishing Abroad			科技著作 Works of Science and Technology		
		2015	2016	2017	2015	2016	2017	2015	2016	2017
合计	**Total**	**4458**	**4896**	**4904**	**1083**	**1321**	**1443**	**161**	**161**	**166**
国务院部门属	Attaching to the Sate Council	1427	1506	2818	714	900	399	37	39	123
省属	Attaching to Province	2399	2964	447	331	398	42	96	104	12
市属	Attaching to City	632	426	1639	38	23	1002	28	18	31

14－18 县级以上政府部门属研究与开发机构情况(2017 年)
Basic Statistics on Research and Development Organizations Attached to Government at County Level and Above(2017)

项目	Item	机构数(个) Institutions (unit)	从事科技活动人员数(人) Specialized Technical Persons (person)	经费收入(万元) Income (10000 yuan)	#政府拨款 Government Appropriation	经费支出(万元) Expenditures (10000 yuan)	#科技费用 Charge of Science
总计	**Total**	**93**	**10602**	**604545**	**397510**	**566287**	**483779**
按隶属关系分	**By Relationship of Subordination**						
中央	Central Enterprises	10	3428	189142	134028	179289	149902
地方	The Local	83	7174	415403	263481	386998	333876
按机构地域分	**By Region**						
杭州市	Hangzhou	40	5725	413861	246157	380265	313317
宁波市	Ningbo	9	2061	80393	68920	75595	72187
温州市	Wenzhou	14	1557	57761	45203	63017	56202
嘉兴市	Jiaxing	2	423	10748	4099	7874	7637
湖州市	Huzhou	4	168	13787	10453	11362	10242
绍兴市	Shaoxing	2	44	1950	1043	1945	1021
金华市	Jinhua	8	183	6981	6286	8327	8002
衢州市	Quzhou	3	54	2450	2440	2147	2117
舟山市	Zhoushan	4	87	3446	2851	3376	2691
台州市	Taizhou	4	188	8242	5247	7660	6151
丽水市	Lishui	3	112	4927	4812	4721	4213

注：该表中的经费收入和经费支出均指的是全部经费收入和支出。
The data of income and expenditure in the table refers to the data of all financial income and expenditure.

14－19 县级以上政府部门属研究与开发机构课题情况(1986－2017年)

Basic Statistics on Research and Development Organizations Attached to Government at County Level and Above(1986－2017)

年份 Year	课题数 (项) Number of Topics (topic)	投入人员 (人年) Persons (person－year)	投入经费 (万元) Funds (10000 yuan)	人均经费 (元/人年) Funds per Capital (yuan/person－year)	课题平均经费 (元/项) Funds per Topic (yuan/topic)
1986	2568	6506	3590	5518	13980
1987	3272	6892	4467	6481	13652
1988	3066	7053	5180	7344	16895
1989	3134	7405	5644	7622	18009
1990	3120	6276	5551	8845	17792
1991	3457	5506	4720	8572	13653
1992	3452	5533	6772	12239	19618
1993	2941	4948	7418	14992	25223
1994	2540	4401	9262	21045	36465
1995	2453	4301	10058	23385	41003
1996	2315	4331	12792	29536	55257
1997	2440	4390	17798	40542	72943
1998	2534	5568	25194	45248	99424
1999	2558	5070	26927	53110	105266
2000	1989	4040	29664	73426	149140
2001	1790	2818	21663	76874	121022
2002	1746	2812	23329	89262	133614
2003	1700	2944	30816	104674	181271
2004	1540	2769	42463	153351	275734
2005	2121	3383	58242	172161	274597
2006	2834	3787	65945	174135	232392
2007	3539	4372	82918	189657	234298
2008	3151	4542	92146	202875	292434
2009	3132	4457	101017	226648	322532
2010	3278	4211	113576	269713	346480
2011	3223	4401	123464	280536	383072
2012	3743	5358	133137	248483	355697
2013	4044	5411	129391	239126	319958
2014	4217	5715	140051	245059	332111
2015	4430	6350	152245	239756	343668
2016	4353	6197	189743	306185	435890
2017	4578	6052	201217	332480	439530

14－20 高等学校科技活动情况(1986－2017 年)
Basic Statistics on Scientific Technological Activities on Higher Education(1986－2017)

年份 Year	科技活动机构数(个) Institutions (unit)	科技活动人员(人) Persons Engaged in Scientific and Technological Activities (person)	经费拨入总额(万元) Funds (10000 yuan)	#政府拨款 Government Appropriations	经费支出总额(万元) Expenditures (10000 yuan)	#仪器设备费 Expenditurs for Instrument and Equipment
1986	31	16086	2760	2061	2191	943
1987	32	15363	2954	1836	2557	823
1988	45	19874	3167	1789	2757	639
1989	44	20166	4514	2039	3926	884
1990	45	20267	5320	2773	4068	881
1991	43	20251	6442	3234	5505	1101
1992	58	20597	11083	5250	9996	2128
1993	234	20940	26974	9129	26563	4917
1994	262	20933	25766	8965	24830	3449
1995	259	21098	28731	7522	24805	3067
1996	259	22111	32341	7404	29516	3417
1997	295	22247	38327	10791	34538	4497
1998	433	23092	45677	11598	45008	4592
1999	365	23869	58749	13654	51850	3035
2000	430	28555	81153	23554	74714	8225
2001	534	34716	108576	37059	90486	11448
2002	405	19659	150651	61506	112630	17339
2003	421	21763	178362	67396	136090	19425
2004	203	29031	209249	90951	178960	27796
2005	191	25077	271011	136055	203204	37122
2006	160	25436	314684	170843	257099	53033
2007	161	26496	350014	178132	261104	41679
2008	169	28594	398755	225555	297278	51504
2009	575	53160	449992	242782	391720	72279
2010	471	56822	596839	348846	539237	61563
2011	494	60216	660167	376049	635506	108295
2012	524	62209	718381	410322	686972	98605
2013	595	64507	722863	406115	675602	96108
2014	601	65855	750889	433034	725606	88192
2015	634	74942	847205	498600	751587	86076
2016	717	87309	972426	580644	873965	94396
2017	823	89458	1091217	627515	994536	122007

14－21 高等学校自然科学领域研究与发展课题情况(1986－2017年)
Basic Statistics on Topics of Natural Scientific Research and Development in Institutions of Higher Education(1986－2017)

年份 Year	课题数 (项) Number of Topics (topic)	投入人员 (人年) Persons (person－year)	投入经费 (万元) Funds (10000 yuan)	课题平均经费 (元/项) Funds per Topic (yuan/tipic)
1986	1684		2295	13569
1987	1849		2681	14500
1988	2163		2616	12094
1989	2285		3848	16840
1990	2925		4667	15956
1991	3400		5053	14862
1992	4083		7905	19361
1993	4263		12961	30403
1994	4398		17082	38840
1995	4264		16211	38018
1996	4415		17900	40544
1997	4713		23901	50713
1998	5173		24912	48158
1999	5412		25385	46905
2000	5268		29482	55964
2001	6375	3821	40110	62918
2002	8736	4295	37511	42938
2003	13385	6363	90175	67370
2004	16003	8354	154804	96734
2005	18789	8676	133346	70970
2006	19896	8844	126763	63713
2007	19945	8966	150157	75286
2008	21657	9687	192980	89107
2009	22235	9581	210106	94493
2010	22391	10073	346706	154842
2011	22193	9847	351999	158608
2012	23938	9745	342897	143244
2013	25264	9984	385379	152541
2014	25510	9857	424142	166265
2015	28514	10885	436645	153133
2016	32389	11844	424460	131051
2017	36800	13177	450101	122310

14-22 高等学校自然科学领域研究与发展课题情况
Basic Statistics on Topics of Natural Scientific Research and Development in Institutions of Higher Education

项目	Item	课题数(项) Number of Topics (topic)		投入人员(人年) Persons (person)		投入经费(万元) Funds (10000 yuan)		课题平均经费(元) Funds per Topic (yuan)	
		2016	2017	2016	2017	2016	2017	2016	2017
总计	**Total**	**32389**	**36800**	**11844**	**13177**	**424460**	**450101**	**131051**	**122310**
按活动类型分	**By Type of Activities**								
基础研究	Fundational Research	11260	12410	3916	4360	168192	170898	149371	137710
应用研究	Applied Research	15878	18670	5899	6928	179042	193228	112761	103496
试验发展	Experimental Development	1900	2053	668	751	20449	19407	107625	94529
研究与试验发展成果应用	Applying in R&D Results	1571	1733	655	547	29316	42255	186609	243824
科技服务	Technology Service	1780	1934	706	591	27460	24314	154269	125717

14-23 高等学校自然科学领域研究与发展机构科技著作
Scientific and Technical Works of Research and Development Organizations in Institutions of Higher Education

项目	Item	出版科技专著(部) Science and Technology Workers Published (work)				发表学术论文(篇) Academic Papers Published (paper)				#国外及全国性学术刊物 Published in Foreign Academic Publications			
		2014	2015	2016	2017	2014	2015	2016	2017	2014	2015	2016	2017
合计	**Total**	**117**	**144**	**135**	**163**	**28334**	**29246**	**33724**	**37257**	**11647**	**13234**	**15126**	**17535**
自然科学	Natural Sciences	23	28	23	29	6430	6289	7016	8282	2592	3038	3161	4306
工程与技术	Engineering and Technology	47	60	78	77	12022	13659	14414	15618	5816	5917	6539	7629
医学科学	Medical Sciences	37	41	27	42	7260	6641	9650	10255	2131	2888	3991	4574
农业科学	Agricultural Sciences	10	15	7	15	2622	2657	2644	3102	1108	1391	1435	1026

14 - 24 规模以上工业企业研发活动情况(2015 - 2017 年)
Basic Statistics on R&D Activities of Industrial Enterprises above Designated Size(2015 - 2017)

单位:亿元(100 million yuan)

项目		Item		2015	2016	2017
有 R&D 活动的企业数	(个)	Number of Enterprises with R&D Activities	(unit)	13634	14493	15517
企业有研发机构	(个)	Number of R&D Intitutions	(unit)	9737	10137	10893
从业人员年平均人数	(万人)	Average Number of Employed Person	(10000 persons)	695	676	667
研发活动人员	(万人)	Number of Persons with R&D Activities	(10000 persons)	40.26	41.47	44.43
参加项目人员	(万人)	Number of Persons with R&D Projects	(10000 persons)	39.09	40.72	43.60
企业内部的日常研发经费支出		Daily Expenditure on R&D Activities of Enterprises		1056.62	1188.98	1293.05
人工费		Labor Costs		361.59	424.56	477.01
原材料费		Material Costs		465.34	516.29	565.16
委托外单位开发经费支出		Expenditure on Entrustment		45.62	46.49	47.69
折合全时 R&D 人员	(万人年)	Full - time Equivalent of R&D Personnel	(10000 man - year)	31.67	32.18	33.36
R&D 经费支出		Expenditure on R&D Activities		853.57	935.79	1030.14
新产品开发经费支出		Expenditure on New Product Development		898.93	1004.16	1107.40
新产品产值		Output of New Product		21283.88	23444.86	22167.04
新产品销售收入		Sales income of New Porduct		18839.14	21396.83	21150.15
出口		Export		3728.68	4210.39	4155.25
专利申请数	(项)	Number of Patent Application	(item)	72730	78729	85639
发明专利	(项)	Patent of Invention	(item)	16819	19280	21817
拥有发明专利数	(项)	Owning Invention Patent	(item)	31642	38661	49158
技术改造经费支出		Expenditure for Technology Transform		233.72	191.90	185.53
引进境外技术经费支出		Expenditure for Acquisition of Abroad Technology		12.16	9.33	7.58
引进境外技术的消化吸收经费支出		Expenditure for Assimilation of Abroad Technology		3.57	3.53	1.89
购买境内技术经费支出		Expenditure for Purchasing of Domestic Technology		20.63	14.41	14.08

14－25 规模以上工业企业研发活动情况(2017 年)
Basic Statistics on R&D Activities of Industrial Enterprises above Designated Size(2017)

项目	Item	有 R&D 活动的企业数(个) Number of Enterprises with R&D Activities (unit)	企业办研发机构(个) Number of R&D Intitutios (unit)	企业办机构仪器设备原价(万元) Value of Instrument and Equipment Owned by Intitutions (10000 yuan)
总计	**Total**	**15517**	**10893**	**7930099**
按企业规模分	**By Size**			
大型企业	Large－sized Industrial Enterprises	476	617	2395538
中型企业	Medium－sized Industrial Enterprises	2813	2557	3031320
小型企业	Small－sized Enterprises	12076	7642	2459591
微型企业	Micro enterprises	152	77	43650
按登记注册类型分	**By Registered Type**			
内资企业	Domestic Funded Enterprises	13519	9301	5858936
国有企业	State－owned Enterprises	15	8	5080
集体	Collective Owned Enterprises	4	3	114
股份合作企业	Cooperative Enterprises	82	41	27072
联营企业	Joint Ownership Enterprises			
有限责任公司	Limited Liability Corporations	2380	1716	1981869
股份有限公司	Share－holding Corporations Ltd.	890	957	1507077
私营企业	Private Enterprises	10143	6576	2337723
其他企业	Other Enterprises	5		
港、澳、台商投资企业	Enterprises With Funds From Hong Kong ,Macao and Taiwan	1095	886	1390952
合资经营企业	Joint－venture Enterprises	638	528	977116
合作经营企业	Cooperation Enterprises	15	11	5485
港、澳、台商独资经营企业	Enterprises with Sole Investment	409	320	340693
港、澳、台商投资股份有限公司	Share－holding Corporations Ltd	22	18	61294
其他港澳台投资企业	Other Enterprises	11	9	6365
外商投资企业	Foreign Funded Enterprises	903	706	680211
中外合资经营企业	Joint－venture Enterprises	502	393	303037
中外合作经营企业	Cooperation Enterprises	9	8	2031
外资企业	Enterprises With Sole Foreign Investment	354	274	333163
外商投资股份有限公司	Foreign Invesment Share－holding Corporations Ltd.	22	21	39923
其他外商投资企业	Other Enterprises	16	10	2057
按隶属关系分	**By Jurisdiction of Management**			
中央企业	Central Enterprises	42	41	74113
地方企业	Local Enterprise	15475	10852	7855986

R&D 人员 (人年) R&D Personnel (man - year)	R&D 经费支出 (万元) Expenditure on R&D Activities (10000 yuan)	新产品开发经费支出 (万元) Expenditure on New Product Development (10000 yuan)	新产品销售收入 (万元) Sales income of New Porduct (10000 yuan)	发明专利申请数 (项) Number of Patent Invention Application (item)	有效发明专利数 (项) Number of Owning Invention Patent (item)
333646	**10301447**	**11074026**	**211501500**	**21817**	**49158**
88385	3345199	3720278	83533366	7030	13082
111971	3336314	3481180	68085620	5810	15575
132525	3587496	3834880	59189585	8796	20058
765	32438	37688	692930	181	443
260203	7738261	8290352	159883539	17165	36828
380	6947	8008	132109	552	1103
17	758	774	6733	4	4
754	19753	18428	271579	43	102
58285	1894209	2106163	52280824	4780	7904
54054	1877232	1895976	32082289	3645	9860
146656	3938778	4260248	74964409	8141	17854
57	584	756	145595		1
44950	1616499	1727483	29660671	3004	8052
20389	691656	755388	18562673	1159	2535
347	11551	11433	215801	18	32
16010	617253	661942	8528093	1411	4881
8027	288235	289744	2253140	416	589
177	7805	8976	100965		15
28494	946686	1056191	21957290	1648	4278
16723	526558	607438	13396743	1030	2431
133	3137	3447	45833		5
9828	355635	383244	7260376	587	1653
1468	48892	49277	1021048	28	179
341	12465	12786	233290	3	10
1601	62141	71267	912810	731	1611
332045	10239306	11002759	210588691	21086	47547

14-26 大中型工业企业研发活动情况(2017年)
Basic Statistics on R&D Activities of Large and Medium sized Industrial Enterprises(2017)

项目	Item	企业数(个) Number of Enterprises (unit)	有R&D活动的企业数(个) Number of Enterprises with R&D Activities (unit)	企业办研发机构(个) Number of R&D Intitutions (unit)
总计	**Total**	**4740**	**3289**	**3174**
按登记注册类型分	**By Status of Registration**			
内资企业	Domestic Funded Enterprises	3580	2549	2474
国有企业	State - owned Enterprises	31	9	6
集体	Collective Owned Enterprises	2		
股份合作企业	Cooperative Enterprises	10	6	6
有限责任公司	Limited Liability Corporations	892	617	577
股份有限公司	Share - holding Corporations Ltd.	476	435	598
私营企业	Private Enterprises	2167	1481	1287
其他企业	Others	2	1	
港、澳、台商投资企业	Funded by Enterpreneurs From Hong Kong Macao and Taiwan	615	419	404
合资经营企业	Joint - venture Enterprises	342	250	242
合作经营企业	Cooperation Enterprises From Hong Kong ,Macao and Taiwan	11	7	6
港、澳、台商独资经营企业	Enterprises with Sole Hong Kong,Macao and Taiwan	236	143	140
港、澳、台商投资股份有限公司	Share - holding Corporations Ltd. with Funds From Hong Kong,Macao and Taiwan	20	16	14
其他港澳台投资企业	Other Hong Kong, Macao and Taiwan investment	6	3	2
外商投资企业	Foreign Funded Enterprises	545	321	296
中外合资经营企业	Joint - venture Enterprises	275	187	173
中外合作经营企业	Cooperation Enterprises	3	1	1
外资企业	Enterprises With Sole Foreign Investment	246	117	109
外商投资股份有限公司	Foreign Invesment Share - holding Corporations Ltd.	13	9	9
其他外商投资企业	Other foreign investment	8	7	4
按隶属关系分	**By Relationship**			
中央企业	Central Enterprises	43	21	27
地方企业	Local Enterprises	4697	3268	3147

企业办机构仪器设备原价（万元）Original Value of Machines (10000 yuan)	R&D 人员（人年）Number of Persons with R&D Activities (man-year)	R&D 经费支出（万元）Expenditure on R&D Activities (10000 yuan)	新产品开发经费支出（万元）Expenditure on New Product Development (10000 yuan)	新产品销售收入（万元）Sales income of New Product (10000 yuan)	发明专利申请数（项）Number of Patent Applications (item)	有效发明专利数（项）Patent of Inventions Owned (item)
5426858	**200356**	**6681513**	**7201458**	**151618985**	**12840**	**28657**
3774346	143349	4592349	4921886	109222158	9234	19213
4657	269	5867	6530	125735	512	1062
23402	218	7811	5985	131853	7	31
1431875	36511	1261429	1423451	41730195	3237	4391
1361877	46339	1653258	1663008	28136097	2955	7758
952535	59966	1663724	1822424	39089507	2523	5971
	45	260	487	8771		
1165016	36345	1369053	1466223	24820723	2402	6449
817582	15175	542418	598448	15752570	804	1571
4909	210	7651	7173	152895	16	8
278543	12907	527547	566416	6647226	1182	4418
59393	7966	285259	286014	2200508	400	440
4589	86	6178	8172	67524		12
487496	20663	720112	813349	17576104	1204	2995
202143	12416	406060	477410	11024118	739	1648
235	53	875	875	15343		
246576	6637	258647	282135	5412348	442	1217
36891	1268	43513	42374	909581	22	123
1650	288	11017	10555	214713	1	7
29028	1108	37676	39752	714062	607	1255
5397830	199248	6643837	7161706	150904924	12233	27402

14－27 大中型工业企业研发活动情况(2015－2017年)
Basic Statistics on R&D Activities of Large and Medium sized Industrial Enterprises (2015－2017)

单位:亿元(100 million yuan)

项目		Item		2015	2016	2017
企业数	(个)	Number of Enterprises	(unit)	4792	4745	4740
有R&D活动企业数	(个)	Number of Enterprises with R&D Activities	(unit)	2931	3051	3289
企业有研发机构	(个)	Number of R&D Intitutions	(unit)	2929	3016	3174
从业人员年平均人数	(万人)	Average Number of Employed Person	(10000 persons)	341.21	335.11	326.69
R&D活动人员	(万人)	Number of Persons with R&D Activities	(10000 persons)	23.58	24.24	25.83
参加项目人员	(万人)	Number of Persons with R&D Projects	(10000 persons)	22.81	23.81	25.26
企业内部的日常研发经费支出		Daily Expenditure on R&D Activities of Enterprises		666.62	767.82	832.29
人工费		Labor Costs		233.48	278.94	312.09
原材料费		Material Costs		286.99	324.87	352.30
委托外单位开发经费支出		Expenditure on Entrustment		37.97	37.90	38.53
折合全时R&D人员	(万人年)	Full－time Equivalent of R&D Personnel	(10000 man－year)	19.25	19.37	20.04
R&D经费支出		Expenditure on R&D Activities		542.56	599.36	668.15
新产品开发经费支出		Expenditure on New Product Development		572.32	653.06	720.15
新产品产值		Output of New Product		14647.11	16264.20	15753.32
新产品销售收入		Sales income of New Porduct		13252.27	15121.47	15161.90
出口		Export		2661.17	3066.27	3100.06
专利申请数	(项)	Patent Application	(item)	33758	39073	44391
发明专利	(项)	Patent of Invention	(item)	8517	10564	12840
拥有发明专利数	(项)	Owning Invention Patent	(item)	18160	22693	28657
技术改造经费支出		Expenditure for Technology Transform		188.30	155.79	161.55
引进境外技术经费支出		Expenditure for Acquisition of Abroad Technology		9.14	8.14	6.72
引进境外技术的消化吸收经费支出		Expenditure for Assimilation of Abroad Technology		3.15	3.28	1.69
购买境内技术经费支出		Expenditure for Purchasing of Domestic Technology		14.01	9.80	10.76

14－28 科协系统科技活动情况
Basic Statistics on Scientific and Technological Activities

项目	Item	科协合计 Total Associations with Science and Technology System		省科协 Associations at province Level		市科协 Associations at City level		县级科协 Associations at County Level	
		2016	2017	2016	2017	2016	2017	2016	2017
机构数 （个）	**Institutions (unit)**	**104**	**101**	**1**	**1**	**11**	**11**	**92**	**89**
人员数 （人）	**Personnel (person)**	**1578**	**1632**	**235**	**226**	**540**	**530**	**803**	**876**
学术活动	**Academic Activities**								
学术会议	Academic Meetings								
次数 （次）	Number (time)	937	297	2	11	572	155	363	131
参加人数 （人）	Participants (person)	101796	54901	5300	2332	57182	29508	39314	23061
干部教育培训	Cadre education and training								
办培训班 （个）	Training Classes (class)	132	97	2	5	21	14	109	78
培训人数 （人次）	Participants (person－time)	7735	6382	233	452	1036	1111	6466	4819
科普活动	Activities for Popular Science								
宣讲活动 （次）	Propaganda Activity (time)	14016	4291	122	135	3019	800	10875	3356
受众 （人次）	Audience (time)	8357748	6760623	2730000	3085555	1842667	1298836	3785081	2376232
出版	**Publications**								
编著科技图书 （种）	Books Edited (kind)	178	63	5		29	20	144	43
年发行总量 （册）	Number of Annual Published (copy)	1064696	477400	50000		339400	172500	675296	304900

14-29 科协系统省级学会情况(2011-2017年) Basic Statistics on Academy in Science Systems(2011-2017)

项目		Item		2011	2012	2013	2014	2015	2016	2017
机构数	**(个)**	**Institutions**	**(unit)**	**162**	**162**	**165**	**169**	**170**	**173**	**173**
会员数	**(人)**	**Personnel**	**(person)**	**181803**	**200156**	**197578**	**219027**	**231067**	**220897**	**235037**
学术活动		**Academic Activities**								
学术会议		Domestic Academic Meetings								
次数	(次)	Number	(Time)	656	768	771	927	1105	1058	780
参加人数	(人)	Participants	(person)	88064	95156	100846	127614	173171	182818	223252
交流论文数	(篇)	Papers Presented	(paperr)	21940	27289	14873	33283	35226	39773	26284
科技培训		Training								
继续教育	(个)	Continuing Education	(unit)	388	234	253	344	443	334	326
培训人数	(人次)	Participants	(person-Time)	49922	28115	35343	51386	82564	59965	76936
科普活动		Activities for Popular Science								
宣讲活动	(次)	Propaganda Activity	(Time)	874	909	937	1455	1967	1254	452
受众人数	(人次)	Audience Numbers	(Time)	374632	263943	265364	323308	352079	1984109	1863481
青少年科技竞赛次数	(次)	Teenagers Participating in Science technology Competitions	(Time)	32	58	61	39	48	49	26
出版		Publications								
主办科技期刊	(种)	Journals by held	(kind)	45	50	58	54	56	53	60
年发行总数	(册)	Number of Copies Distributed	(cope)	1137611	2212513	981607	2144011	2109891	995120	1862500
编著科技图书	(种)	Academic Newspaper	(kind)	11	44	44	51	51	70	34
年发行总量	(册)	Number of Copies Distributed	(cope)	40400	150300	167000	291400	306300	362232	362730

14－30 专利申请量和授权量(2010－2017 年)
Patent Applications Accepted and Approved(2010－2017)

项目	Item	2010	2011	2012	2013	2014	2015	2016	2017
申请量合计(项)	**Number of Patent Applications Accepted(item)**	**120782**	**177081**	**249373**	**294014**	**261434**	**307263**	**393147**	**377115**
发明	Inventions	18024	24745	33265	42744	52405	67674	93254	98975
实用新型	Utility Models	50249	75875	108599	127122	116011	150172	199244	191372
外观设计	Outward Designs	52509	76461	107509	124148	93018	89417	100649	86768
授权量合计(项)	**Number of Patent Applications Approved(item)**	**114643**	**130190**	**188431**	**202350**	**188544**	**234983**	**221456**	**213805**
发明	Inventions	6409	9135	11459	11139	13372	23345	26576	28742
实用新型	Utility Models	47615	56030	84897	106238	99508	124465	123744	114311
外观设计	Outward Designs	60616	65025	92075	84973	75664	87173	71136	70752

14－31 测绘部门主要指标完成情况(2009－2017 年)
Major Indicators of Surveying and Mapping Department(2009－2017)

项目		Item		2009	2010	2011	2012	2013	2014	2015	2016	2017
基础测绘经费总投入	(万元)	Gross Investment on Surveying and Mapping	(10000 yuan)	30656	35920	34496	40576	50675	74789	71238	67943	48512
测绘服务总值	(亿元)	Gross Output Value	(100 million yuan)	12.83	15.13	25.10	27.95	32.39	33.64	37.43	50.40	54.13
年末测绘人数	(人)	Personnel	(person)	9686	10295	10774	11742	12488	14587	16061	18576	20011
1:1 万地形图测制与更新	(幅)	1:10000 Topographic Maps and Updated	(Suit)	1446	1819	1473	1657	1639	1502	1446	1446	1446
1:5 千地形图测制与更新	(幅)	1:5000 Topographic Maps and Updated	(Suit)		124	338	162	165				
提供各种比例尺地形图	(张)	Topographic Maps of All Kinds	(Piece)	72404	53470	108450	87825	149968	107833	82869	49795	

14－32 标准计量、特种设备和质量监督情况表
Basic Statistics on Standard Measuring, Special Equipment and Quality Supervising

项目		Item		2014	2015	2016	2017
国家质检中心	（家）	Number of National Quality Inspection Center	(unit)	40	44	49	49
省级质检中心	（家）	Number of Provincial Quality Inspection Center	(unit)	92	96	100	101
各级政府质量奖获奖企业数	（家）	Number of Government Quality Award Winning Enterprises at All Levels	(unit)	1309	1590	1712	1993
浙江名牌产品数	（个）	Number of Famous Brand Products in Zhejiang	(unit)	2508	2618	2605	2680
纳入全省质量信用信息平台的企业数	（家）	Number of Enterprises Included in the Provincial Quality Credit Information Platform	(unit)	51892	54012	50432	34691
纳入全省质量信用信息平台的信息数	（条）	Number of Information Included in the Provincial Quality Credit Information Platform	(item)	209445	218013	203104	136771
现行有效地方标准数	（项）	Number of Effective Local Standards	(item)	667	611	623	733
企业产品标准自我声明公开数	（项）	Number of Product Standards by Enterprises	(item)	2334	23805	62180	102877
依法设置的计量检定机构数	（所）	Number of Metrological Verification Institutions	(unit)	74	74	76	76
省级检定机构数	（所）	Provincial Level	(unit)	1	1	1	1
市级检定机构数	（所）	City level	(unit)	12	12	12	12
县(市、区)级检定机构数	（所）	County(District) Level	(unit)	61	61	63	63
依法授权的计量检定机构数	（个）	Number of Metrological Verification Institutions Authorized in accordance with the Law	(unit)	61	61	51	56
省级授权机构数	（个）	Provincial Level	(unit)	8	8	8	8
市级授权机构数	（个）	City level	(unit)	53	53	43	48
全省最高等级社会公用计量标准数	（个）	Number of Social Common Measurement Standards by Highest Level	(unit)	167	172	200	183
全省其他等级社会公用计量标准数	（个）	Number of Social Common Measurement Standards at Other Levels	(unit)	2248	3063	3176	3193
强制检定计量器具实际检出数	（万台件）	Actual Quantity Checked by Measurement Implement Tested Compulsively	(10000 units)	1221.77	759.29	643.18	776.13
全省检验检测机构数	（个）	Number of Provincial Inspection and Testing Institutions	(unit)	1475	1558	1674	1766
产品质量监督检验受检企业数	（个）	Number of Enterprises Passed Quality Check	(unit)	20424	19660	17960	17620
特种设备综合检验机构数	（个）	Number of Comprehensive Inspection Institutions for Special Equipment	(unit)	16	16	18	18
省特种设备检验机构数	（个）	Provincial Level	(unit)	1	1	1	1
市特种设备检验机构数	（个）	City level	(unit)	11	11	11	11
行业特种设备检验机构数	（个）	Sector	(unit)	4	4	6	2
固定资产总值	（万元）	Value of Fixed Assets	(10000 yuan)	354849	481274	578220	614091
打击假冒伪劣案件立案数	（个）	Number of Fake and Shoddy Cases Registered	(unit)	4709	4510	4365	5962

注：固定资产总值自2015年起含工商、食药、质监三局部分合并数据。
Data of Value of Fixed Assets Contains the Part of the Consolidated Data from Industrial and Commercial Administrative Bureau, Food and Drug Administrative Bureau and Administrative Bureau of Quality Supervision, Inspection and Quarantine since 2015.

14－33 按行业分的事业单位专业技术人员(2017 年)
Specialized Technical Personnel in Enterprises by Sector(2017)

单位:人(person)

项目	Item	总数 Total	高级岗位 Senior 四级及以上 The forth and above	高级岗位 Senior 五至七级 The fifth to seventh	中级岗位 Medium 八至九级 The eighth to ninth	中级岗位 Medium 十级 The tenth
总计	**Total**	**898629**	**19268**	**145351**	**218870**	**157237**
农、林、牧、渔业	Farming,Forestry,Animal Husbandry and Fishery	19019	250	2223	4919	3287
采矿业	Mining and Quarrying					
制造业	Manufacturing					
电力、热力、燃气及水生产和供应业	Electricity,Heat,Gas and Water Production and Supply	5		1	3	1
建筑业	Construction	2865	46	651	651	562
批发和零售业	Wholesale and Retail Sale Trade					
交通运输、仓储和邮政业	Transport,Storage and Post	8046	85	1428	1908	1537
住宿和餐饮业	Hotels and Catering Services	140		3	27	14
信息传输、软件和信息技术服务业	Information Transmission,Software and Information Technology	856	10	124	188	160
金融业	Finance	543		25	48	155
房地产业	Real Estate	971	3	142	251	161
租赁和商务服务业	Leasing and Commercial Services	491		24	98	76
科学研究和技术服务业	Scientific Research and Technic Services	15228	829	4051	3338	3259
水利、环境和公共设施管理业	Water Conservancy,Environment and Public Facilities Management	16122	284	2855	3626	2833
居民服务、修理和其他服务业	Resident Services, Repair and Other Services	957	6	74	177	177
教育	Education	498310	6475	95301	145893	86982
卫生和社会工作	Health Care and Social Work	266800	10404	31337	43558	45750
文化、体育和娱乐业	Culture,Sports and Recreation	24402	749	3489	5582	4483
公共管理、社会保障和社会组织	Public Management,Social Security and Social Organization	43874	127	3623	8603	7800

续表 Continued 单位:人(person)

项目	Item	按职务分 By Post			
		初级岗位 Junior			其他 Others
		十一级 The eleventh	十二级 The twelvth	十三级 The thirteenth	
总计	**Total**	**109102**	**168979**	**48573**	**31249**
农、林、牧、渔业	Farming, Forestry, Animal Husbandry and Fishery	2708	3722	1379	531
采矿业	Mining and Quarrying				
制造业	Manufacturing				
电力、热力、燃气及水生产和供应业	Electricity, Heat, Gas and Water Production and Supply				
建筑业	Construction	349	470	64	72
批发和零售业	Wholesale and Retail Sale Trade				
交通运输、仓储和邮政业	Transport, Storage and Post	972	1524	353	239
住宿和餐饮业	Hotels and Catering Services	28	27	41	
信息传输、软件和信息技术服务业	Information Transmission, Software and Information Technology	138	165	45	26
金融业	Finance	45	71	184	15
房地产业	Real Estate	133	199	79	3
租赁和商务服务业	Leasing and Commercial Services	102	127	47	17
科学研究和技术服务业	Scientific Research and Technic Services	1191	2018	306	236
水利、环境和公共设施管理业	Water Conservancy, Environment and Public Facilities Management	2058	3431	649	386
居民服务、修理和其他服务业	Resident Services, Repair and Other Services	137	229	111	46
教育	Education	60791	80078	8417	14373
卫生和社会工作	Health Care and Social Work	30467	60621	31788	12875
文化、体育和娱乐业	Culture, Sports and Recreation	3395	4624	1347	733
公共管理、社会保障和社会组织	Public Management, Social Security and Social Organization	6588	11673	3763	1697

14－34 按行业分的企业单位专业技术人员(2017 年)
Specialized Technical Personnel in Enterprises by Sector(2017)

单位:人(person)

项目	Item	总数 Total	按职务分 By Post 高级职务 Senior	#正高级职务 Chief Senior	中级职务 Medium	初级职务 Junior	未聘任专业技术职务 Not Appointed
总计	**Total**	**148420**	**11690**	**423**	**38200**	**55833**	**42697**
农、林、牧、渔业	Farming, Forestry, Animal Husbandry and Fishery	1068	65	3	289	645	69
采矿业	Mining and Quarrying	495	55		205	220	15
制造业	Manufacturing	21514	1789	77	6117	8193	5415
电力、热力、燃气及水生产和供应业	Electricity, Heat, Gas and Water Production and Supply	16033	1270	5	4586	7964	2213
建筑业	Construction	18985	2139	1	4991	6805	5050
批发和零售业	Wholesale and Retail Sale Trade	17925	502	10	2714	5628	9081
交通运输、仓储和邮政业	Transportation, Storage and Post	28894	2847	139	8087	12150	5810
住宿和餐饮业	Hotels and Catering Services	1209	34		192	498	485
信息传输、软件和信息技术服务业	Information Transmission, Software and Information Technology	3190	49	2	234	397	2510
金融业	Finance	9396	219		2474	3053	3650
房地产业	Real Estate	4804	529	1	1850	1717	708
租赁和商务服务业	Leasing and Commercial Services	3162	196	3	1004	1354	608
科学研究和技术服务业	Scientific Research and Technic Services	3922	674	23	1452	1072	724
水利、环境和公共设施管理业	Water Conservancy, Environment and Public Facilities Management	5607	498	1	1645	2586	878
居民服务、修理和其他服务业	Resident Services, Repair and Other Services	2460	82		569	1466	343
教育	Education	223	24	7	125	73	1
卫生和社会工作	Health Care and Social Work	1304	155	16	467	626	56
文化、体育与娱乐业	Culture, Sports and Recreation	8229	563	135	1199	1386	5081
公共管理、社会保障和社会组织	Public Management, Social Security and Social Organization						

续表 Continued 单位:人(person)

项目	Item	按专业分 By Occupation					
		#工程技术人员 Engine - ering	#农业技术人员 Agricu - lature	#科学技术人员 Scientific Research	#卫生技术人员 Medical Profess - ionals	#教学人员 Teaching	#其他专技人员 Others
总计	**Total**	**71613**	**715**	**493**	**5359**	**637**	**69603**
农、林、牧、渔业	Farming, Forestry, Animal Husbandry and Fishery	390	202	1	4	3	468
采矿业	Mining and Quarrying	265			11		219
制造业	Manufacturing	14547	113	183	221	190	6260
电力、热力、燃气及水生产和供应业	Electricity, Heat, Gas and Water Production and Supply	10271	9	2	10	4	5737
建筑业	Construction	15386		1		8	3590
批发和零售业	Wholesale and Retail Sale Trade	783	250		3188	11	13693
交通运输、仓储和邮政业	Transportation, Storage and Post	14940	116	34	113	104	13587
住宿和餐饮业	Hotels and Catering Services	157		1	1	3	1047
信息传输、软件和信息技术服务业	Information Transmission, Software and Information Technology	1659		135	1		1395
金融业	Finance	351	1			2	9042
房地产业	Real Estate	2640	5		1	9	2149
租赁和商务服务业	Leasing and Commercial Services	745	1		35	5	2376
科学研究和技术服务业	Scientific Research and Technic Services	3445	1	131	1	3	341
水利、环境和公共设施管理业	Water Conservancy, Environment and Public Facilities Management	3632	14	4	1	36	1920
居民服务、修理和其他服务业	Resident Services, Repair and Other Services	794	3		538	1	1124
教育	Education	20			3	161	39
卫生和社会工作	Health Care and Social Work	20			1230		54
文化、体育与娱乐业	Culture, Sports and Recreation	1568		1	1	97	6562
公共管理、社会保障和社会组织	Public Management ,Social Security and Social Organization						

浙/江/统/计/年/鉴

主要统计指标解释

■ 普通高等学校

指按照国家规定的设置标准和审批程序批准举办,通过国家统一招生考试,招收高中毕业生为主要培养对象,实施高等教育的全日制大学、独立设置的学院和高等专科学校、短期职业大学。

■ 成人高等学校

指按照国家有关规定审批,招收通过全国成人高教统一招生考试的具有高中毕业或同等学历的在职从业人员利用脱产、半脱产、业余或函授等多种形式对其实施高等学历教育,培养高等教育专科或本科毕业水平的专门人才,修业年限、课程设置和总学时数均按高等学历教育要求付诸实施的学校。包括广播电视大学、职工高等学校、农民高等学校、管理干部学院、教育学院、独立设置的函授学院等。

■ 小学学龄儿童入学率

指调查范围内已入小学学习的学龄儿童占校内外学龄儿童总数(包括弱智儿童在内,但不包括盲聋哑儿童)的比重。计算公式

$$\text{小学学龄儿童入学率} = \frac{\text{已入学的小学学龄儿童数}}{\text{校内外小学学龄儿童总数}} \times 100\%$$

■ 独立研究与开发机构

指有明确的任务和研究方向,有一定学术水平的业务骨干和一定数量的研究人员,具有研究、开发、开展学术工作的基本条件,主要进行科学研究与技术开发活动,并且在行政上有独立的组织形式,财务上独立核算盈亏,有权与其他单位签订合同,在银行有单独户头的单位。包括国务院各部门、中国科学院、中国社会科学院和各省、自治区、直辖市以及地(市)以上(含地,市)各部门所属的国有独立的科学研究与技术开发机构。

■ 科学家和工程师

指具有大学本科及以上学历的和不具备上述学历但有高、中级职称的人员。

ZHEJIANG STATISTICAL YEARBOOK

Explanatory Notes on Main Statistical Indicators

□ Regular Institutions of Higher Education

refer to educational establishments set up according to the government evaluation and approval procedures, enrolling graduates from senior secondary schools and providing higher education courses and training for senior professionals. They include full – time universities, colleges, high professional schools and short – term professional universities.

□ Institutions of Higher Education for Adults

refer to educational establishments, set up in line with relevant rules approved by the government, enrolling staff and workers with senior secondary school or equivalent education, and providing higher education courses in many forms of full – time, part – time, spare – time, or correspondence for adults. Professionals thus trained receive a qualification equivalent to graduates studying regular courses at regular universities, colleges and professional colleges. Institutions of higher learning for adults include Radio and TV universities, schools of high education for staff and workers and peasants, colleges for management cadres, pedagogical colleges, independent correspondence colleges.

□ Enrollment Rate of Primary School-age Children

refers to the proportion of school – age children enrolled at schools to the total number of school – age children both in and outside schools (including retarded children, but excluding blind, deaf and mute children). The formula is:

$$\text{Enrollment Rate of Primary School-age Children} = \frac{\text{Total Primary School-age Children at Schools}}{\text{Total Primary School-age Children Both at and Outside Schools}} \times 100\%$$

□ Independent Research and Development Institutions

refer to the state – owned insitutions which have direct mission and research purpose, a certain number of core member with higher research level and a certain number of research personnel, favorable conditions for R&D and engaging in scientific rese arch and technological development. The institutions also have their own indepen dent organization and finance, authority to sign contracts with other units, with their own accounts in banks. Independent research and development institutions include the institutions attached to central government agencies, Chinese Acade my of Sciences. Chinese Academy of Social Sciences and the institutions attached to local governments.

□ Scientists and Engineers

refer to persons who have completed university or higher education or obtained titles of senior and middle – level professional positions.

2018

浙江统计年鉴

ZHEJIANG STATISTICAL YEARBOOK

文化、体育和卫生

Culture,Sports and Public Health

15－1 文化部门文化、艺术、文物机构数(1978－2017年) Number of Institutions for Culture, Arts and Heritage (1978－2017)

单位:个(unit)

年份 Year	电影放映单位 Film Projection Units	艺术表演团体 Art Performance Troupes	文化馆、站 Cultural Centers, Stations	#文化馆 Cultural Centers	公共图书馆 Public Libraries	博物馆 Museums
1978	4375	128	1125	76	63	19
1979	4320	161	1332	79	69	17
1980	4218	170	1659	79	69	19
1981	4126	147	1753	79	70	20
1982	4095	135	2124	82	73	20
1983	4625	131	2954	86	73	20
1984	5242	133	3607	91	74	21
1985	5592	126	3598	93	76	21
1986	5375	122	3617	95	78	35
1987	5089	112	3619	93	80	40
1988	4896	98	3501	87	80	45
1989	4673	90	3547	87	80	47
1990	4580	90	3554	85	80	51
1991	4436	91	3695	85	80	55
1992	4050	89	2065	84	80	55
1993	3600	89	2033	84	81	58
1994	3327	87	2010	84	82	58
1995	3029	83	1974	83	81	59
1996	2817	85	2114	83	81	61
1997	2766	86	2014	83	81	63
1998	2723	82	2016	83	82	68
1999	2381	82	1956	84	83	69
2000	2129	79	1932	84	83	65
2001	1868	80	1640	86	83	69
2002	1984	80	1676	86	83	70
2003	83	77	1650	87	83	70
2004	1758	71	1634	87	84	73
2005	1505	68	1592	87	90	73
2006	1829	68	1593	87	92	72
2007	1626	71	1582	87	93	75
2008		71	1593	87	94	81
2009	100	72	1613	88	96	90
2010	136	70	1612	89	97	90
2011	160	77	1449	104	97	89
2012	196	65	1447	102	97	103
2013	263	60	1432	102	98	103
2014	325	57	1420	102	98	105
2015	418	57	1417	102	100	108
2016	520	59	1466	102	102	111
2017	650	59	1472	101	101	117

注：1、2003年电影放映单位为发行机构数,2009年起为城市影院数。
The film projection units in 2003 refer to publishing institutions, as it refers to the number of urban theater since 2009.
2.2011年"群艺馆"更名为"文化馆",2011年之前"文化馆"单位数未包括"群艺馆"
"Art House" was renamed "Museum" in 2011, before 2011 the number of "Museum" did not include the number of "Mass Art".

15-2 文化文物部门机构人员数(2017年)
Number of Cultural and Cultural Relics Department Intitutions and Persons(2017)

单位:个、人(unit、person)

类别	Category	总计 Total		执行事业会计制度 According to the Institution Accounting System		执行企业会计制度 According to the Enterprise Accounting System		隶属文化部门 Subordination to Cultural Department	
		机构数 Institution	人数 Persons	机构数 Institution	人数 Persons	机构数 Institution	人数 Persons	机构数 Institution	人数 Persons
总计	**Total**	**19973**	**191206**	**2342**	**28846**	**17631**	**162360**	**2255**	**30732**
一、文化合计	**Cultural Department**	**19497**	**181888**	**1880**	**19734**	**17617**	**162154**	**1974**	**23166**
艺术表演团体	Art Performance Troupes	1420	43504	45	2856	1375	40648	59	4055
其中:公有制艺术表演团体	Public-owned	65	4221	45	2856	20	1365	59	4055
艺术表演场馆	Art Performance Venue	365	6949	46	602	319	6347	67	1353
其中:公有制艺术表演场馆	Public-owned	75	1466	46	602	29	864	67	1353
公共图书馆	Public Library	101	3607	101	3607			100	3595
文化馆	Cultural Center	101	2251	101	2251			101	2251
文化站	Cultural Station	1371	5284	1371	5284			1371	5284
其中:乡镇综合文化站	Multi-use Culture Station of Township	964	3540	964	3540			964	3540
艺术展览创作机构	Art Exhibition and Creative Organization	11	142	11	142			10	128
其中:美术馆	Art Gallery	8	124	8	124			8	124
艺术教育业	Art Education	6	1269	6	1269			6	1269
文化科研机构	Cultural Scientific Research Institutions	7	153	7	153			7	153
文化市场经营机构	Cultural Market Management Organization	15860	113559			15860	113559		
文化行政主管部门	Administrative Department of Culture	102	2456	102	2456			102	2456
其他文化机构	Other Cultural Institutions	153	2714	90	1114	63	1600	151	2622
其中:文化市场执法机构	Law Enforcement Agencies	60	915	60	915			60	915
二、文物合计	**Cultural Relics Department**	**476**	**9318**	**462**	**9112**	**14**	**206**	**281**	**7566**
博物馆	Museum	308	5236	308	5236			117	3532
文物保护管理机构	Cultural Relics Protection Administration	94	2777	94	2777			92	2768
文物科研机构	Cultural Relics Scientific Research Institution	5	179	5	179			5	179
文物商店	Cultural Relics Store	9	78			9	78	9	78
其他文物机构	Other	60	1048	55	920	5	128	58	1009

15－3 电影放映情况(2009－2017 年) Considions of Film Projection(2009－2017)

项目		Item		2009	2010	2011	2012
城市影院数	**(个)**	**Number of Urban Theaters**	**(unit)**	**100**	**136**	**160**	**196**
放映场次	(万场)	Number of Projection	(10000 shows)	43	69	108	151
观众人数	(万人次)	Number of Audiences	(10000 person－times)	1299	2021	2624	3440
放映收入	(万元)	Projection Income	(10000 yuan)	42144	71450	97533	137500

续表 Continued

项目		Item		2013	2014	2015	2016	2017
城市影院数	**(个)**	**Number of Urban Theaters**	**(unit)**	**263**	**325**	**418**	**520**	**650**
放映场次	(万场)	Number of Projection	(10000 shows)	232	305	422	596	774
观众人数	(万人次)	Number of Audiences	(10000 person－times)	4862	6426	9696	10017	12501
放映收入	(万元)	Projection Income	(10000 yuan)	180368	236817	349204	345700	411692

15－4 文化馆(站)业务活动和经费情况
Basic Statistics on Activities and Expenditures of Cultural Centers

项目		Item		总计 Total			文化馆 Cultural Centers			文化站 Cultural Stations		
				2015	2016	2017	2015	2016	2017	2015	2016	2017
单位数	**(个)**	**Number of Units**	**(unit)**	**1417**	**1466**	**1472**	**102**	**102**	**101**	**1315**	**1364**	**1371**
举办展览	(个)	Number of Exhibitions	(unit)	10043	11524	13514	1915	2318	2783	8128	9206	10731
组织文艺活动	(次)	Entertainment Activities	(Times)	67323	78833	91936	12262	17546	19932	55061	61287	72004
举办训练班班次	(次)	Number of Training Classes	(Times)	43279	53268	66855	16423	20712	23352	26856	32556	43503
培训人次	(千人次)	Persons Training Courses	(1000 person－times)	2940	3679	4400	920	1221	1377	2020	2459	3022
由本馆(站)指导单位		Units Responsible for Guilding Centers(Stations)										
群众业余文艺团队	(个)	Part time Art Groups	(Number)	35713	34872	36020	7505	7283	8631	28208	27589	27389
总支出	(万元)	Total Expenditures	(10000 yuan)	193532	211327	231789	70372	73418	80750	123160	137909	151039
#事业支出	(万元)	Operating Expenditures	(10000 yuan)	98066	107820	120821	41980	45822	51064	56086	61999	69757

15－5 博物馆、文物保护管理单位基本情况
Basic Statistics on Museums and Cultural Relic Protiction & Management Agencies

项目		Item		博物馆 Museums			文物保护管理单位 Protection & Management Agencies		
				2015	2016	2017	2015	2016	2017
单位数	**(个)**	**Number of Units**	**(unit)**	**108**	**111**	**117**	**94**	**92**	**92**
藏　品	**(件)**	**Number of Collections**	**(case)**	**863491**	**912418**	**957357**	**102618**	**90822**	**92193**
#一级品		Grade One		2549	2611	1878	232	218	211
业务活动		**Vocational Activities**							
陈列、展览	(个)	Number of Displays(Exhibitions)	(unit)	1277	1317	1349	195	223	219
参观人数	(万人次)	Number of Visitors	(10000 person－times)	3871	4397	4731	1645	1927	2571
本年收入	**(万元)**	**Total Income**	**(10000 yuan)**	**104253**	**126872**	**109483**	**109196**	**202360**	**149568**
本年支出	**(万元)**	**Total Expenditure**	**(10000 yuan)**	**102269**	**116969**	**123414**	**104237**	**119348**	**138628**
固定资产原值	**(万元)**	**Original Value of Fixed Assets**	**(10000 yuan)**	**184641**	**199346**	**237288**	**198583**	**187395**	**206962**

15－6 公共图书馆基本情况(2009－2017年)
Basic Statistics on Public Libraries(2009－2017)

项目		Item		2009	2010	2011	2012
单位数	**(个)**	**Number of Units**	**(unit)**	**96**	**97**	**97**	**97**
从业人员	(人)	Staff and Workers	(person)	2646	3040	3091	3096
总藏量	**(万册件)**	**Total Collections**	**(10000 volume－tome)**	**3552**	**3761**	**3964**	**4539**
有效借书证数	(万个)	Number of Library Cards Borrowed	(10000 units)	139	177	203	241
书刊文献外借人次	(万人次)	Number of Persons Borrowing Books and Papers	(10000 person－times)	1214	1376	1766	1677
书刊文献外借册次	(万册次)	Number of Books and Papers Borrowed by the Readers	(10000 volume－times)	2785	2924	3660	3900
经费总支出	**(万元)**	**Total Expenditure**	**(10000 yuan)**	**44880**	**47316**	**56470**	**73446**
本年新购藏量	(万册)	Number of Books Purchased During the Year	(10000 volumes)	321	337	450	628
固定资产原值	**(万元)**	**Original Value of Fixed Assets**	**(10000 yuan)**	**119547**	**128663**	**142779**	**167655**
实际使用房建筑面积	(万平方米)	Space of Actual Building Area	(10000 sq. m)	56	58	63	69
阅览室座席数	**(千个)**	**Seating Capacity of Reading Rooms**	**(1000 seats)**	**35**	**35**	**36**	**40**

续表 Continued

项目		Item		2013	2014	2015	2016	2017
单位数	**(个)**	**Number of Units**	**(unit)**	**98**	**98**	**100**	**102**	**101**
从业人员	(人)	Staff and Workers	(person)	3273	3483	3577	3616	3607
总藏量	**(万册件)**	**Total Collections**	**(10000 volume－tome)**	**5165**	**5634**	**6250**	**6969**	**7813**
有效借书证数	(万个)	Number of Library Cards Borrowed	(10000 units)	322	926	1639	845	1041
书刊文献外借人次	(万人次)	Number of Persons Borrowing Books and Papers	(10000 person－times)	1912	1953	2253	2706	2862
书刊文献外借册次	(万册次)	Number of Books and Papers Borrowed by the Readers	(10000 volume－times)	3919	4936	5727	6520	6982
经费总支出	**(万元)**	**Total Expenditure**	**(10000 yuan)**	**76969**	**83152**	**100338**	**108932**	**129175**
本年新购藏量	(万册)	Number of Books Purchased During the Year	(10000 volumes)	480	437	643	711	753
固定资产原值	**(万元)**	**Original Value of Fixed Assets**	**(10000 yuan)**	**191237**	**207624**	**232383**	**273537**	**275283**
实际使用房建筑面积	(万平方米)	Space of Actual Building Area	(10000 sq. m)	75	86	95	106	108
阅览室座席数	**(千个)**	**Seating Capacity of Reading Rooms**	**(1000 seats)**	**42**	**51**	**61**	**65**	**69**

注：总藏量未包含电子图书。The data of total collections does not include electronic books.

15－7 报纸和杂志出版数量
Number of Newspaper and Magazines Published

项目	Item	种数(种) Number of Publications (kind)			总印量(万册、万份) Total Printed Copies (10000 Copies)			总印张(千印张) Total Printed Sheets (1000 sheets)		
		2015	2016	2017	2015	2016	2017	2015	2016	2017
报纸	**Newspaper**	**63**	**67**	**66**	**283634**	**261658**	**230830**	**11494028**	**9621082**	**7616572**
综合报	Synthetical Newspapers	46	42	42	245602	217784	191943	10478050	8664513	6847249
专业报	Special Newspapers	17	17	16	38032	33003	29412	1015978	747707	585611
杂志	**Magazines**	**226**	**226**	**229**	**7719**	**7690**	**7534**	**357995**	**336176**	**321014**
综合	Synthesis	21	21	21	24	23	23	1625	1566	1549
哲学、社会科学	Philosophy and Social Science	48	48	49	1962	1997	1939	103259	106398	100260
自然科学技术	Natural Science and Technology	109	109	111	455	442	419	26656	25946	24971
文化教育	Culture and Education	32	32	31	4652	4773	4754	173881	177382	176096
文学艺术	Literature and Arts	16	16	17	626	454	399	52574	24885	18139

15－8 图书出版数量
Number of Books Published

项目	Item	本版图书种数(种) Number of Publications (kind)		租型图书种数(种) Number of Publications for Lease (kind)		总印数(万册、万份) Total Printed Copies (10000 Copies)		总印张(千印张) Total Printed Sheets (10000 sheets)	
		2016	2017	2016	2017	2016	2017	2016	2017
图书总计	**Total**	**14165**	**14462**	**454**	**453**	**39894**	**39934**	**2911230**	**2921821**
使用《中国标准书号》部分合计	Publications with"China Standard Book Number"	14084	14410	454	453	39726	39900	2896039	2913294
#哲学	Philosophy	123	161			97	98	13268	13448
社会科学总论	General Social Science	230	191			100	116	14123	15350
文化、科学、教育、体育	Culture, Science, Education and Sports	7347	7393	414	453	30628	29962	2072145	2012059
文学	Literature	1978	2132			5190	5603	442891	476046
艺术	Arts	1558	1728			745	734	68797	77729
自然科学总论	General Natural Science	44	18			30	17	4018	3785
不使用《中国标准书号》部分合计	Publications without"China Standard Book Number"	81	52			169	90	15191	8527

15-9 电视节目制作情况(2008-2017年) Prodiction of Television Programs(2008-2017)

项目		Item		2008	2009	2010	2011	2012
基本情况		Basic Statistics						
省市级电视台	(座)	Television Station	(set)	12	12	12	12	12
电视节目套数	(套)	Sets of Television Programs	(set)	114	114	115	116	116
电视发射台及转播台	(座)	Number of TV Transmission Stations and Relaying Stations at 1 kw and Higher Level	(set)	110	104	98	97	97
播出时间	(小时)	Broadcasting Hours(Hour/per week)	(hours)	679332	700188	712130	722035	733784
新闻资讯节目		News and Informating Programs		75456	75452	82533	86552	94558
专题服务节目		Special Subject Service Programs		63925	64751	66995	72850	73588
综艺益智节目		Programs of General Entertainment		33734	32120	35839	38317	38789
影视剧节目		Movie and Teleplay Programs		302801	313022	319215	322303	329109
广告节目		Advertisement		109865	122910	122267	122537	123652
其他节目		Other Programs		93551	91931	85280	79475	74085
电视人口覆盖率	(%)	Viewer Rating	(%)	99.13	99.27	99.35	99.38	99.60
中央电视台(一套节目)	(%)	CCTV -1	(%)	98.34	98.42	98.52	98.63	98.91
浙江电视台(一套节目)	(%)	ZJTV -1	(%)	98.47	98.60	98.72	98.70	99.16
有线电视实际用户数	(万户)	Number of Cable TV Users(10000 households)				1183.65	1330.93	1357.34

续表 Continued

项目		Item		2013	2014	2015	2016	2017
基本情况		Basic Statistics						
省市级电视台	(座)	Television Station	(set)	12	12	12	12	12
电视节目套数	(套)	Sets of Television Programs	(set)	116	117	118	118	116
电视发射台及转播台	(座)	Number of TV Transmission Stations and Relaying Stations at 1 kw and Higher Level	(set)	100	100	176	164	168
播出时间	(小时)	Broadcasting Hours(Hour/per week)	(hours)	738055	755633	753757	755972	740705
新闻资讯节目		News and Informating Programs		98587	103248	109730	116754	115792
专题服务节目		Special Subject Service Programs		84682	93206	93996	104435	107359
综艺益智节目		Programs of General Entertainment		32970	31496	35552	36906	36350
影视剧节目		Movie and Teleplay Programs		322553	324315	322198	305808	289295
广告节目		Advertisement		122328	126074	117372	119556	119209
其他节目		Other Programs		66935	77292	74906	72511	72699
电视人口覆盖率	(%)	Viewer Rating	(%)	99.64	99.65	99.69	99.72	99.75
中央电视台（一套节目）	(%)	CCTV -1	(%)	99.00	99.01	99.06	99.71	99.74
浙江电视台（一套节目）	(%)	ZJTV -1	(%)	99.24	99.26	99.29	99.66	99.72
有线电视实际用户数	(万户)	Number of Cable TV Users(10000 households)		1449.05	1499.71	1562.57	1526.08	1419.56

15－10 广播节目制作情况(2008－2017 年) Prodiction of Broadcasting Programs(2008－2017)

项目		Item		2008	2009	2010	2011	2012
基本情况		**Basic Statistics**						
省市级广播电台	(座)	Broadcasting Stations	(set)	12	12	12	12	12
广播节目套数	(套)	Sets of Broadcasting Programs	(set)	106	106	107	107	108
中短波广播发射台和转播台	(座)	Number of Broadcasting Transmission Stations and Relaying Stations	(set)	36	37	37	37	36
县级广播电视台	(个)	Number of Broadcast Stations at County and Higher Level	(unit)	66	66	66	66	66
广播人口综合覆盖率	(%)	Listener Rating	(%)	98.92	99.09	99.17	99.20	99.54
中央人民广播电台第一套节目	(%)	Channel 1,Central People Broadcasting Station	(%)	98.05	98.13	98.26	98.40	98.81
浙江电台第一套节目	(%)	Zhejiang Channel 1	(%)	98.31	98.45	98.61	98.56	98.97
全年公共广播节目播出时间	(小时)	Broadcasting Hours Per Day	(hours)	687024	694857	709854	713198	714622
新闻资讯类节目		News Programs		127897	127753	123775	140654	145666
专题服务类节目		Special Subject Programs		147620	145694	158029	176263	174486
综艺类节目		Programs of Entertainment		161767	177756	179135	178555	179916
广播剧类节目		Educational Programs		23859	24279	25821	26072	26662
广告类		Advertisement		78723	76959	74354	72488	72741
其他类节目		Service Programs		147158	142413	148739	119166	115105

续表 Continued

项目		Item		2013	2014	2015	2016	2017
基本情况		**Basic Statistics**						
省市级广播电台	(座)	Broadcasting Stations	(set)	12	12	12	12	12
广播节目套数	(套)	Sets of Broadcasting Programs	(set)	110	111	113	113	112
中短波广播发射台和转播台	(座)	Number of Broadcasting Transmission Stations and Relaying Stations	(set)	36	36	37	36	38
县级广播电视台	(个)	Number of Broadcast Stations at County and Higher Level	(unit)	66	66	66	66	66
广播人口综合覆盖率	(%)	Listener Rating	(%)	99.56	99.57	99.60	99.65	99.68
中央人民广播电台第一套节目	(%)	Channel 1, Central People Broadcasting Station	(%)	98.81	98.82	99.86	99.47	99.51
浙江电台第一套节目	(%)	Zhejiang Channel 1	(%)	99.02	99.03	99.09	99.44	99.52
全年公共广播节目播出时间	(小时)	Broadcasting Hours Per Day	(hours)	740977	749740	761835	778581	770768
新闻咨讯类节目		News Programs		156168	157189	157933	168161	160904
专题服务类节目		Special Subject Programs		188969	185000	185974	179690	163848
综艺类节目		Programs of Entertainment		177619	173893	175431	175715	187906
广播剧类节目		Educational Programs		28500	27580	28619	26688	21677
广告类		Advertisement		73229	75670	77090	78293	78198
其他类节目		Service Programs		116492	130406	136786	150032	158233

15-11 体育系统职工人数(2017年)
Number of Staff and Workers in Sports Commissions(2017)

单位:人(person)

类别	Category	总计 Total	体育行政机关 Sports Commis-sion Organization	运动项目管理部门 Sports Manag-ement	职业运动技术学院 Profes-sional Sports and Technical Colleges	体育运动学校 Physical Education and Sports Schools	竞技(业余)体校 Amateur Sports Schools	体育场所 Public Sports Places	训练基地 Training bases	体育科研机构 Sports Science Research Institutions	其他事业单位 Others
总计	**Total**	**5265**	**851**	**644**	**1068**	**438**	**913**	**597**	**82**	**27**	**645**
公务员	Government Office Worker	702	702								
运动员	Athletes	952		441	511						
专职教练员(教练员)	Full-time Coaches	1011		51	166	190	499	14	43		48
专职教师(文化教师)	Full-time Teachers	386			70	120	196				
科研人员	Scientific and Technical Personnel	46			12	7	3		1	20	3
医务人员	Medical Personnel	49		1	35	5	3	4	1		
管理人员	Administrative Personnel	978		41	136	64	115	247	27	3	345
工勤人员	workers	331	44	9	120	12	12	118	2		14
其他人员	Others	810	105	101	18	40	85	214	8	4	235

注:业余体校包括重点业余体校和普通业余体校。
Sparetime sports schools included key and ordinary spare schools.

15-12 等级运动员、裁判员和社会体育指导员人数(2009-2017年)
Number of Athletes and Referees and Social Sprots Instructors(2009-2017)

单位:人(person)

项目	Item	2009	2010	2011	2012	2013	2014	2015	2016	2017
等级运动员	Number of Athletes in Grades	2408	2032	1950	2889	2256	2496	2420	3684	2074
国际级健将	International Master of Sports	4	15	9	12	10	10	16	10	7
国家级健将	National Master of Sports	39	65	122	126	85	75	125	119	83
一级	First Grade	277	472	633	517	545	622	922	489	712
二级	Second Grade	2088	1480	1186	2234	1616	1789	1357	3066	1272
等级裁判员	Number of Referees in Grades	2196	1619	1671	1430	1958	2332	2108		
社会体育指导员	Social Sports Instructor									18418
一级	First Grade									2490
二级	Second Grade									3760
三级	Third Grade									12168

15－13 运动员分项获奖情况(2012－2017)
Awards Own by Athletes by Item(2012－2017)

单位:项(Item)

项目	Item	世界冠军 World Championships						亚洲冠军 Asia Championships		
		2012	2013	2014	2015	2016	2017	2012	2013	2014
合计	**Total**	**15**	**17**	**12**	**14**	**13**	**19**	**36**	**7**	**31**
举重	Weightlifting			2	2		6	8		
游泳	Swimming	7	3		4	1	3	13		9
田径	Track and Field							2	2	2
棋类	Chess			3	1	4	1	2		3
羽毛球	Badminton			2	3	4	1			3
射击	Shooting	1		2			1	1	1	3
拳击	Boxing	1						2		
体操	Gymnastics		1					1		1
皮划艇	Canoe/Kayak									
其他	Others	6	13	3	4	4	7	7	4	10

续表 Continued

单位:项(Item)

项目	Item	亚洲冠军 Asia Championships			全国冠军 National Championships					
		2015	2016	2017	2012	2013	2014	2015	2016	2017
合计	**Total**	**20**	**39**	**22**	**208**	**204**	**376**	**418**	**391**	**432**
举重	Weightlifting		3	3	1		47	45	33	59
游泳	Swimming		10		24	37	60	104	88	118
田径	Track and Field	5	4	1	6	4	21	29	21	39
棋类	Chess	1	2	1	2		6	16	8	8
羽毛球	Badminton	3	4	2	2	1	6	7	1	7
射击	Shooting	4	5	3	10	1	13	9	7	14
拳击	Boxing				3	2	1	1	3	2
体操	Gymnastics			5	1	2	22	21	29	29
皮划艇	Canoe/Kayak			2	7		20	20	22	12
其他	Others	7	11	5	152	157	180	166	179	144

15－14 群众体育活动和新建体育场地情况
Basic Statistics on Activities of Mass Sports and Number of Newly－built Sports Ground

项目		Item		2009	2010	2011	2012	2013	2014	2015	2016	2017
群众体育活动		**Activities of Mass Sports**										
#省级	（次）	Provincial Level	(item)	62	117	79	211	494	650	519	564	516
参加人数	（万人）	Number of active persons	(10000 persons)	35	34	7	13	145	44	2841	18	8
#市级	（次）	City level	(item)	591	692	1195	1319	2446	2771	2370	3747	1748
参加人数	（万人）	Number of active persons	(10000 persons)	49	113	97	51	204	190	209	302	85
#县级	（次）	County level	(item)	6647	7073	5532	7616	11747	13017	13704	18572	5706
参加人数	（万人）	Number of active persons	(10000 persons)	213	234	200	298	1818	684	911	1182	255
国民体质监测		**Monitor Wational constitution**										
站点数	（个）	Sites	(unit)	759	572	592	597	1934	1126	2092	2511	1100
累计受测人员数	（万人）	Accumulative persons involved monitoring	(10000 persons)	43.9	57.6	62.3	71.6	109.0	140.2	288.9	361.9	391.3
本年受测人员数	（万人）	Persons involved monitoring this year	(10000 persons)	11.7	16.5	15.0	15.6	37.4	4.2	15.9	19.2	29.4
测试达标人员数	（万人）	Number of persons reached the Standards	(10000 persons)	10.2	14.6	13.4	14.1	7.0	3.9	19.4	17.8	27.1
测试达标率	（%）	Attainment rate	(%)	87.1	88.7	88.9	89.9	89.5	92.8	90.4	92.7	92.2
体育俱乐部		**Sport Club**										
个数	（个）	Number of Sport Club	(unit)	1044	1157	1378	1944	2886	771	854	2077	1843
#国家级	（个）	National level	(unit)						48	26	85	148
#省级	（个）	Provincial level	(unit)	508	516	493	788	700	1009	735	1465	1695
教练员	（人）	Coach	(person)	1572	2132	2454	2685	4928	5584	3529	6965	
会员数	（万人）	Club members	(10000 persons)	13.4	15.8	13.9	17.4	54.0	65.6	67	114.3	
年组织活动参加人数	（万人）	Number of active persons	(10000 persons)	113.8	49.5	35.3	36.6	128.4	152.6	162	313.9	
政府命名群众体育场地		**Sports Ground**										
数量	（个）	Number of Sports Ground	(unit)	288	347	89	913	1640	3364	2347		
占地面积	（千平方米）	Area of Sports Ground	(mille centiare)	677	755	690	2071	2941	2927.9	2874		
场地面积	（千平方米）	Space of sports Ground	(1000 sq. m)	564.1	304.6	408.6	1556.4	2070.8	2138.5	2024		

15－15 卫生事业情况(2011－2017年) Statistics on Health Undertakings(2011－2017)

项目	Item	2011	2012	2013	2014	2015	2016	2017
卫生机构数合计(个)	**Total Number of Health Institutions(unit)**	**30515**	**30267**	**30060**	**30360**	**31139**	**31548**	**31981**
医院	Hospital	731	782	843	935	1049	1131	1204
疗养院	Sanatoriam	12	16	18	14	13	15	14
社区卫生服务中心(站)	Center of Community Service	6526	6622	6264	6166	6020	5870	5687
卫生院	Commune Hospital	1205	1151	1146	1148	1199	1201	1161
门诊部	Clinics	746	822	917	1060	1247	1390	1605
诊所医务室卫生所	Consulting Room	6879	7253	7824	8257	9098	9673	10201
专科防治所站	Specialized Prevention Station	25	22	25	20	16	16	16
疾控中心防疫站	Sanitation and Antiepidemic Institutions	100	99	100	100	101	101	100
#卫生防疫站	Sanitaion Station							
妇幼保健机构	Maternity and Child Care Institutions	85	86	87	89	88	87	88
卫生监督所	Sanitation Supervisory Station	100	100	103	103	103	103	102
医学科学研究机构	Research Institutions of Medical Science	8	7	7	7	7	7	7
医学在职培训机构	Training Institutions	44	44	42	42	41	41	37
村卫生室	Clinics by Village	13851	13091	12504	12042	11867	11677	11535
其他卫生机构	Others	203	172	180	377	290	236	224
床位合计数(张)	**Total Beds(bed)**	**194759**	**213267**	**230056**	**245752**	**272503**	**290388**	**314016**
#医院	Hospital	162905	180722	197096	213451	239444	255279	277598
社区服务中心(站)	Center of Community Service	9425	8463	7775	7120	7413	7286	7472
卫生院	Commune Hospital	14274	14893	15207	15481	15697	17162	18093
门诊部	Clinics	268	496	428	370	277	239	184
妇幼保健机构	Maternity and Child Care Institutions	5845	6568	6794	7194	7549	7985	8485
专科防治所站	Specialized Prevention Sation	610	634	241	224	204	448	104
其他卫生机构	Others	1432	1491	2515	1912	1919	1989	2080
卫生人员合计(人)	**Persons Engaged in Health Institutions(persons)**	**374157**	**399930**	**427215**	**455704**	**491172**	**523632**	**557296**
卫生技术人员	Medical Technical Personnel	306922	328660	352393	375542	405458	432393	460505
医生	Doctors	124497	129998	138289	145698	158056	168167	179474
其他技术人员	Others	15014	16068	16812	18127	18793	20444	22499
管理人员	Management Personnel	14015	13599	14075	15173	17142	18455	20148
工勤人员	Logistics Workers	27373	31825	34990	38327	41609	44326	46347
乡村医生和卫生员	Doctors and Health Workers in Rural Area	10833	9778	8945	8535	8170	8014	7797
在卫生技术人员中	Among them							
执业医师	Licenced Doctors	103554	109484	117370	124648	135772	144998	155782
执业助理医师	Licenced Assistant Doctors	20943	20514	20919	21050	22284	23169	23692
注册护士	Registered Nurses	109275	121313	132705	145135	159945	174486	188163
药剂人员	Medical Pharmacists	20339	21613	23036	24452	25763	26871	27950
检验人员	Laboratory Technicians	16126	16950	18047	19372	20477	21975	23315
其他	Others	36685	38786	40316	40885	41217	40894	41603
平均每千人口拥有卫生技术人员(按常住人口计算)	Number of Medical Technical Personnel Per 1000 Population(Calculated by Number of Permanent population)	5.62	6.00	6.41	6.82	7.32	7.74	8.14
#医生	Doctors	2.28	2.37	2.52	2.65	2.85	3.01	3.17
平均每千人口拥有卫生技术人员(按户籍人口计算)	Number of Medical Technical Personnel Per 1000 Population(Calculated by Number of Household population)	6.42	6.85	7.30	7.73	8.32	8.81	9.29
#医生	Doctors	2.60	2.71	2.86	3.00	3.24	3.42	3.62

注：自2010年开始，卫生机构中包含村卫生室，卫生人员中包含乡村医生和卫生员。
Since 2010, health agencies are included in the village clinics, health personnel include rural doctors and health workers.

15－16 医疗卫生机构诊疗次数和入院人数(2017 年) Number of Hospital Patients(2017)

类别	Type	机构数(个) Number of Institu－tions (unit)	诊疗人次数(万人次) Total Number of Patients Treate (10000 person times) 小计 Total	#门、急诊 Out－Patients and Emer－gency Patients	入院人数(人) Hospital Admiss－ions (person)	每百门急诊次入院人数(人) Hospital Admiss－ions Per 100 Patient－time (person)
医院合计	**Hospitals**	**1204**	**27642.50**	**27438.56**	**8553765**	**3.12**
综合医院	**General Hospitals**	**529**	**19302.68**	**19173.89**	**6250964**	**3.26**
中医医院	**Hospitals of Chinese Medicine**	**162**	**4779.20**	**4739.10**	**1081939**	**2.28**
中西医结合医院	**Hospitals which Integrate Traditional Chinese Therapeutics with Western Therapeutics**	**34**	**689.02**	**686.29**	**183471**	**2.67**
专科医院	**Specialized Hospitals**	**438**	**2855.45**	**2824.53**	**1015726**	**3.60**
传染病院	Hospitals for Infectious Diseases	3	89.97	89.22	34378	3.85
精神病院	Mental Hospitals	66	436.01	428.31	161361	3.77
肿瘤医院	Tumor Hospitals	5	99.96	99.93	157434	15.75
眼科病院	Ophthalmology Hospitals	41	227.89	227.58	98212	4.32
妇幼保健院	**Hospitals for Maternity and Children Care**	**61**	**1772.90**	**1730.31**	**490451**	**2.83**
社区卫生服务中心	**Center of Community Service**	**470**	**9181.15**	**8842.31**	**66782**	**0.08**
卫生院	**Rural Hospitals**	**1161**	**9962.00**	**9710.46**	**340011**	**0.35**
门诊部	**Clinics**	**1605**	**1760.09**	**1529.40**	**1625**	

15－17 医疗机构病床使用情况(2017 年) Utilization of Beds of Medical Institutions(2017)

类别	Type	入院人数(人) Hospital Admissions (person)	病床使用率(%) Utilization Rate of Beds (%)	病床周转次数(次) Turnover of Beds (time)	出院者平均住院日(日) Average Hospitalization Period (day)
合计	**Total**	**9496844**	**85.8**	**32.2**	**9.5**
#医院	Hospital	8553765	89.3	32.7	9.8
#社区卫生服务中心	Center of Community Service	66782	43.2	9.8	14.6
#卫生院	Rural Hospitals	340011	52.4	20.3	9.0

15－18 县(区)村卫生室基本情况
Basic Conditions of Rual Clinics on Country

项目		Item		总计 Total		村办 Villiage－run		乡卫生院设点 Township－run	
				2016	2017	2016	2017	2016	2017
机构数	(个)	Number of Institutions	(unit)	11677	11535	7239	6984	1322	1173
执业(助理)医师	(个)	Licensed(Assistant)Doctors	(unit)	5711	5805	3953	4004		
注册护士	(人)	Registered Nurse	(person)	943	1053	688	800		
乡村医生和卫生员	(人)	Rural Doctors and Health Workers	(person)	8014	7797	5209	5084	608	570
乡村医生数	(人)	Rural Doctors	(person)	7596	7403	4990	4863	575	550
卫生员	(人)	Health Workers	(person)	418	394	219	221	33	20
年内培训人次数	(人次)	Training Number	(Times)	27186	28180	17992	19011	1758	1697
当年考核合格的乡村医生数	(人)	Doctor Number	(person)	4516	4522	3010	3040	394	380
年总收入	(万元)	Total Income	(10000 yuan)	137390.0	151737.2	90339.5	101488.0	10263.1	10447.9
#上级补助收入		Subsidies of the Higher Level		14577.6	16745.9	9784.4	11887.5	1709.4	1537.0
村或集体补助收入		Subiness of Villiage		117.2	97.4	101.0	81.7	5.0	4.2
医疗和药品收入		Medical and Pharmaceutical Income		118080.6	130774.8	77539.7	86782.9	8380.7	8579.3
年总支出	(万元)	Total Expenditure	(10000 yuan)	123739.3	138232.1	82562.1	93717.2	9394.6	9622.9
#人员经费		Persons Expenditure		43749.1	47240.1	28937.2	31885.5	3096.8	3018.7
药品支出		Medicines Expenditure		73279.4	84244.1	48853.7	57520.7	5997.2	6087.3
诊疗人次数	(万人)	Patients Treated	(10000 persons－times)	4048.4	4171.4	2703.5	2817.7	209.2	195.2
其中:出诊人次数	(万人)	Medical Treatment Outside	(10000 persons－times)	79.5	71.2	52.8	45.1	7.8	5.2
报告疑似传染病例数	(数)	The Number of Suspected Infections Diseases	(person)	2243	1707	1843	1441	39	22
参加乡镇卫生院例会次数	(次)	The Number of Rural Hospital to Psrticipate in Regular Meetings	(Times)	90203	88575	60449	59279	7421	6701

按设置/主办单位分 By Ownership						按行医方式分 By Type					
联合办 Combination		私人办 Privata - run		其他 Others		中医 Chinese Medicine		西医 Western Medicine		中西医结合 Combining Chinese Medicine With Western Medicine	
2016	2017	2016	2017	2016	2017	2016	2017	2016	2017	2016	2017
157	154	2009	1948	950	1276	217	226	8589	8242	2870	3067
103	108	987	988	668	705	187	210	2861	3010	2663	2585
8	8	178	164	69	81	16	19	542	568	385	466
80	79	1521	1461	596	603	99	88	6647	6474	1268	1235
80	79	1398	1346	553	565	76	69	6405	6234	1115	1100
		123	115	43	38	23	19	242	240	153	135
306	329	4987	5029	2143	2114	678	558	20253	21693	6255	5929
28	28	771	743	313	331	49	43	3812	3808	655	671
1736.6	1806.6	25272.8	26240.9	9778.1	11753.8	2618.4	3474.1	91948.3	101160.0	42823.3	47103.1
114.7	144.2	2185.1	2298.2	784.0	878.9	201.7	230.5	11184.8	12756.0	3191.1	3759.3
		6.5	2.1	4.7	9.4	0.3		91.1	74.0	25.7	23.4
1610.6	1635.0	21835.3	23186.0	8714.3	10591.5	2324.9	3136.0	78036.9	85765.5	37718.7	41873.3
1557.9	1553.9	21755.9	23006.0	8468.9	10332.1	2302.8	3071.0	83529.1	91887.3	37907.3	43273.7
607.9	606.0	8118.8	8278.5	2988.4	3451.4	800.1	990.6	30140.1	31932.9	12808.9	14316.5
916.6	923.3	12606.4	13412.8	4905.5	6300.0	1374.1	1946.2	49182.5	55829.5	22722.7	26468.4
50.5	51.1	766.6	749.3	318.5	358.2	77.7	89.3	2794.2	2781.3	1176.5	1300.8
0.2	0.2	13.1	15.9	5.6	4.8	1.1	1.4	63.8	57.6	14.5	12.1
61	38	205	176	95	30	30	45	1363	787	850	875
581	580	16532	16327	5220	5688	1360	1411	70436	69504	18407	17660

15－19 城市和农村前十位疾病死亡原因和构成
Main 10 Causes of Death by Diseases in Urban and Rural Areas

2016				2017			
位次 No.	城市死因	Cause of Death in Urban Area	占死亡总数(%) As % of Total Death	位次 No.	城市死因	Cause of Death in Urban Area	占死亡总数(%) As % of Total Death
1	恶性肿瘤	Malignant Tumour	30.27	1	恶性肿瘤	Malignant Tumour	30.77
2	脑血管病	Cerebrovasular Disease	18.62	2	脑血管病	Cerebrovasular Disease	17.43
3	呼吸系统疾病	Respiratory Disease	14.54	3	心脏病	Heart Trouble	14.34
4	心脏病	Heart Trouble	13.79	4	呼吸系统疾病	Respiratory Disease	13.36
5	损伤和中毒	Trauma and Toxicosis	8.55	5	损伤和中毒	Trauma and Toxicosis	9.15
6	内分泌、营养和代谢的其他疾病	Other Diseases of Endocrine, Nutrilion and Supersession	2.99	6	内分泌、营养和代谢的其他疾病	Other Diseases of Endocrine, Nutrilion and Supersession	3.00
7	消化系统疾病	Disease of Digestion System	1.96	7	消化系统疾病	Disease of Digestion System	2.12
8	神经系统疾病	Mental Disease	1.93	8	神经系统疾病	Mental Disease	2.05
9	传染病和寄生虫病	Infections and Parasite Disease	1.13	9	传染病和寄生虫病	Infections and Parasite Disease	1.09
10	泌尿生殖系统疾病	Urinary Disease	1.05	10	泌尿生殖系统疾病	Urinary Disease	1.03
	合计	Total	94.83		合计	Total	94.34

2016				2017			
位次 No.	农村死因	Cause of Death in Rural Area	占死亡总数(%) As % of Total Death	位次 No.	农村死因	Cause of Death in Rural Area	占死亡总数(%) As % of Total Death
1	恶性肿瘤	Malignant Tumour	28.68	1	恶性肿瘤	Malignant Tumour	29.01
2	脑血管病	Cerebrovasular Disease	18.85	2	脑血管病	Cerebrovasular Disease	18.64
3	呼吸系统疾病	Respiratory Disease	14.61	3	呼吸系统疾病	Respiratory Disease	14.19
4	心脏病	Heart Trouble	13.63	4	心脏病	Heart Trouble	13.75
5	损伤和中毒	Trauma and Toxicosis	9.74	5	损伤和中毒	Trauma and Toxicosis	9.62
6	内分泌、营养和代谢的其他疾病	Other Diseases of Endocrine, Nutrilion and Supersession	2.8	6	内分泌、营养和代谢的其他疾病	Other Diseases of Endocrine, Nutrilion and Supersession	2.83
7	神经系统疾病	Mental Disease	2.28	7	神经系统疾病	Mental Disease	2.39
8	消化系统疾病	Disease of Digestion System	2.22	8	消化系统疾病	Disease of Digestion System	2.26
9	泌尿生殖系统疾病	Urinary Disease	1.13	9	泌尿生殖系统疾病	Urinary Disease	1.21
10	传染病和寄生虫病	Infections and Parasite Disease	1.12	10	传染病和寄生虫病	Infections and Parasite Disease	1.12
	合计	Total	95.06		合计	Total	95.02

浙/江/统/计/年/鉴

主要统计指标解释

■ 文化事业机构

指从事专业文化工作和为专业文化工作服务的独立建制的单独核算的单位。不包括这些单位另外举办独立核算的其他机构和各部门的业余文化组织。

■ 艺术表演团体

指从事戏曲、音乐、舞蹈、杂技等专业艺术表演,有独立帐户,实行单独核算的团体。不包括半工半艺、半农半艺和民间职业剧团。

■ 电影放映单位

指具有放映机器设备、固定或不固定的放映场所与专职或兼职的放映技术人员,经有关部门登记批准,经常为一定的观众对象放映电影的机构。包括经批准对外开放进行营业,并与电影发行放映管理机构分帐的专用放映单位和军委系统租片单位。

■ 等级运动员人数

指经考核正式批准授予等级运动员称号的人数。运动员等级分为国际级运动健将、运动健将、一级运动员、二级运动员、三级运动员、少年级运动员 。

■ 等级裁判员人数

指经考核正式批准授予等级裁判员称号的人数。裁判员等级分为国际裁判、国家级裁判、一级裁判、二级裁判、三级裁判。

■ 医院

指名称为医院,设有固定床位能收容病人住院并能为病人提供医疗、护理服务的医疗机构。包括县及县以上医院、农村乡卫生院、其他医院三部分。按所属性质分为卫生部门、工业及其他部门,集体经济单位三类。其中县及县以上医院按业务性质分为综合医院和专科医院。

■ 卫生技术人员

指卫生事业机构支付工资的全部固定职工和合同制职工中现任职务为卫生技术工作的专业人员。包括中医师、西医师、中西医结合高级医师、护师、中药师、西药师、检验师、其他技师、中医士、西医士、护士、助产士、中药剂士、西药剂士 、检验士、其他技士、其他中医、护理员、中药剂员、西药剂员、检验员,其他初级卫生技术人员。

■ 医生

指领取职业医生证书,从事医疗工作的专业人员。分为中医医生、西医医生和助理中西医医生。

ZHEJIANG STATISTICAL YEARBOOK

Explanatory Notes on Main Statistical Indicators

□ Cultural Institutions

refer to units which have their own organizational system and independent accounting system and specialize in or serve cultural development. They exclude other establishments run by these cultural institutions and amateur cultural groups established by various departments.

□ Art Troupe

refers to the troupe which is engaged in drama, opera, music, dance, acrobatics or other art performance, opens independent accounts with banks and has self – supporting accounting system; excluding the troupes which are engaged partly in industrial or agricultural activities, partly in art performance and the professional troupes organized by the people.

□ Film Projection Units

refer to units with film projection equipment, full or part – time projectionists, permanent or non – permanent places, approved by related administrative departments to show films regularly for certain groups of audience, including those film projection units which have been approved to give commercial shows and run business with independent accounting system as well as those film – renting units of the military system.

□ Number of Athletes in Grades

refers to the number of at athletes who have been given titles through examination. The titles of athletes include international masters of sports, masters of sports, first – grade, second – grade and third – grade sportsmen and young athletes.

□ Number of Referees in Grades

refers to the number of referees who have been given titles after examination. They are classified as international referees, national referees and referees of the first, second and third grades.

□ Hospitals

refer to medical institutions named as "hospital" with permanent hospital beds, which are able to take in patients and provide them with medical and nursing services. Hospitals are classified into three categories: hospitals at or above the county level, hospitals of rural townships, and other hospitals. According to their ownership, hospitals can be classified into three categories: hospitals under the public health departments, hospitals under industrial and other departments and Collective Owned hospitals. Hospitals at or above county level are divided into comprehensive and specialized hospitals.

□ Medical Technical Personnel

refers to all permanent medical staff and workers employed by medical institutions, including doctors of Chinese and Western medicine, senior doctors who integrate traditional Chinese thrapeutics with Western thrapeutics in practice, senior nurses, pharmacists of Chinese and Western medicine, laboratory specialists, other specialists, paramedics of Chinese and Western medicine, nurses, midwives, druggists in Chinese and Western medicine, laboratory technicians, other technicians, other practitioners of Chinese medicine, nursing attendants, pharmacological workers of Chinese and Western medicine, laboratory workers, and other primary medical personnel.

□ Doctors

refer to qualified professional medical workers approved to practice by public health departments. They are classified into doctors of Chinese medicine, doctors of Western medicine, Assistant Doctors.

2018
浙江统计年鉴
ZHEJIANG STATISTICAL YEARBOOK

档案、司法、社会福利和工会组织
Archives,Judicature,Social Welfare and Labour Union

16 - 1 档案事业机构和人员数
Number of Persons and Instituions of Archives

项目	Item	机构数（个）Number of Institutions (unit)				专职人员数（人）Full - time Persons (person)			
		2014	2015	2016	2017	2014	2015	2016	2017
总计	**Total**	**5563**	**5623**	**5859**	**6113**	**6613**	**6857**	**6958**	**7014**
档案行政管理部门	Administrative Department of Archives	100	100	99	99	1291	1325	1318	1342
档案馆	Archives	115	115	114	114	578	632	654	568
档案室(处、科)	Archive Offices(Sections)	5578	5408	5646	5900	4744	4900	4986	5104

续表 Continued

项目	Item	#女性 Female				#大专以上文化程度 College and Higher Level			
		2014	2015	2016	2017	2014	2015	2016	2017
总计	**Total**	**4618**	**4837**	**4853**	**4816**	**6067**	**6334**	**6481**	**6526**
档案行政管理部门	Administrative Department of Archives	566	588	585	587	1259	1296	1294	1302
档案馆	Archives	303	340	347	305	558	619	640	559
档案室(处、科)	Archive Offices(Sections)	3749	3909	3921	3924	4250	4419	4547	4665

16-2 档案馆档案资料馆藏和利用情况(2006-2017年)
Conditions and Files Stored and Used in the Archives(2006-2017)

项目		Item		2006	2007	2008
馆藏档案		**Archives Stored**				
全　宗	(个)	Whole Volume	(unit)	17377	17772	17888
案　卷	(万卷、件)	Files	(10000 volumes,part)	915	1066	1118
录音录像影片	(盘)	Records,Films on Videotape	(copy)	14020	16824	17801
照　片	(万张)	Pictures	(10000 Pieces)	103.00	135.00	144.94
馆藏资料	**(万册)**	**Number of Material Stored**	**(10000 volumes)**	**107.00**	**114.00**	**116.53**
档案馆面积	**(平方米)**	**Areas of Archives**	**(sq. m)**	**222319**	**268856**	**298709**
#库房建筑面积		Areas of Storerooms		99403	120018	126447
档案资料利用		**Use of Archive Material**				
利用人次	(万人次)	Number of Persons Using Material	(10000 person-times)	20.00	20.00	21.85
利用档案	(万卷、次)	Number of Archives Used	(10000 volume-times)	56.00	63.00	74.75
利用资料	(万册、次)	Number of Material Used	(10000 volume-times)	2.90	3.60	2.69
复　制	(万页)	Copies	(10000 pages)	126.00	80.00	90.66
开放档案		**Opening Archives**				
全　宗	(个)	Whole Volume	(Number)	9961	10240	10517
案　卷	(万卷)	Files	(10000 volumes,part)	227.00	233.00	256.22

注：2013年起案卷的计量单位改为万卷、件。

2009	2010	2011	2012	2013	2014	2015	2016	2017
18260	18606	19289	19491	19608	20016	20342	20638	20906
1173	1310	1399	1446	2269	2609	2946	3140	3506
23855	23282	24778	29194	32213	36608	39933	40974	34010
158.87	170.00	177.56	185.40	181.00	234.00	251.00	257.00	259.00
124.75	**127.00**	**124.95**	**124.22**	**179.45**	**133.00**	**133.00**	**135.00**	**147.00**
318659	**351321**	**399899**	**389569**	**391816**	**468545**	**486864**	**570315**	**691479**
127168	126535	132358	132231	140090	154880	162963	185242	215564
26.36	27.00	64.06	50.66	47.36	45.00	47.52	47.12	49.00
56.09	56.06	186.00	138.49	121.81	142.00	177.52	140.62	150.44
3.69	4.00	2.67	7.10	7.15	15.50	5.60	6.78	6.00
87.27	102.41	137.11						
10580	11062	11866	11711	11958	12375	12389	12664	13122
282.83	301.96	321.61	328.11	458.23	448.37	446.86	559.42	693.00

The unit of files is adjusted since 2013.

16-3 工会、妇联工作情况(2008-2017年)
Basic statistics on Unions and Women Federation(2008-2017)

项目		Item		2008	2009
工会情况		**Basic Statistics on Unions**			
基层工会组织数	(个)	Number of Grass Roots Unions	(unit)	102339	110416
全省已建立工会组织的基层单位职工和会员人数		Membership and Number of Staff and Workers in Grass Roots Unions			
在岗职工人数	(万人)	Number of Staff and Workers	(10000 persons)	1306.58	1415.99
#女职工	(万人)	Female	(10000 persons)	580.08	624.35
会员人数	(万人)	Membership	(10000 persons)	1190.04	1307.32
#女会员	(万人)	Female	(10000 persons)	537.75	583.74
工会专职干部	(万人)	Full-time Cadres	(10000 persons)	1.34	1.56
提出合理化建议	(万件)	Advanced Rationalization Proposals	(10000 cases)	29.31	27.39
组织职工技术培训数	(万人)	Number of Technical Training for Staff and Workers	(10000 persons)		
建立劳动保护监督检查委员会	(个)	Commissions for Labour protection Supervising and inspecting	(unit)	38637	42657
建立了工会劳动法律监督组织	(个)	Organization of Labor Law Supervision Established by Grass Roots Unions	(unit)	29542	38657
建立劳动争议调解委员会	(个)	Labour dispute mediation Committee	(unit)	35812	46005
劳动争议调解委员会受理劳动争议	(件)	Number of Technical Training for Staff and Workers	(Piece)		
劳动争议调解委员会调解成功劳动争议	(件)	Disputes resolved through mediation by the committees	(Piece)	10411	9653
全省签订综合集体合同数	(件)	Number of Comprehensive Collective Contract	(Piece)		
全省签订工作专项集体合同数	(件)	Number of Special Collective Contract	(Piece)		
参加工会开展的职工医疗互助活动人数	(万人)	Number of Workers Who Take Part in the Employee Medical Assistance Activities	(10000 persons)		
妇联工作情况		**Condition of the Women Federation**			
妇联的基层组织数	(个)	Number of Grass Roots Women Federation	(unit)	33604	34503
接受技术培训人数	(万人)	Number of Women Participating in Technical Training	(10000 persons)	75.30	53.30
创建巾帼文明岗数量	(人)	Number of Posts	(unit)	2891	2665
评选巾帼建功标兵数量	(人)	Number of Persons	(person)	1078	814
来信来访处理情况		Treatment of the Letters From the People and the Persons Coming to Visit			
女职工劳动保护信访案件	(件)	Petition Letter and Visit Cases about Women Laber Protection	(Piece)	678	897
侵犯妇女财产权利信访案件	(件)	Petition Letter and Visit Cases about Woman's Property Right be Violated	(Piece)	3136	1581
文明家庭户数	(万户)	Civilized family households	(10000 households)	150.79	46.76

注：1. 自2011年起接受技术培训人数统计口径有调整。
The data of number of women participating in technical training was adjusted since 2011.

2010	2011	2012	2013	2014	2015	2016	2017
117501	134706	143885	149865	153220	151330	150155	149731
1569.35	1770.70	2011.04	2098.18	2142.22	2097.11	2119.73	2136.37
687.79	778.49	862.39	891.27	905.43	885.30	890.73	893.88
1468.97	1669.22	1925.75	2010.34	2055.15	2027.83	2056.51	2071.79
652.65	739.90	831.71	865.38	880.33	864.98	872.33	875.18
1.38	1.80	1.75	1.26	1.37	1.51	1.49	1.69
34.14	36.00	46.53	42.12	90.30	51.95	36.26	28.10
				49.80	52.40	37.01	42.05
48577	66083	70031	88385	102998	101724	104568	108255
45075	53883	57646	68971	7286	72450	77183	54548
53437	63753	62278	83380	92207	95704	96653	73867
				21489	16078	9705	9030
6421	10459	8733	12668	12513	11303	5724	4937
				116206	129603	124209	103204
				114088	126777	121722	103114
				422	699	736	829
				422.33	**698.87**	**736.50**	**828.54**
34337	33508	33548	33993	35209	32780	33465	32777
70.33	38.68	25.94	38.09	24.31	32.69	78.04	24.37
2423	2437	1955	3385	2249	2312	1505	2047
912	864	885	961	782	652	718	679
1022	505	453	379	357	111	67	88
1487	892	1034	901	860	787	475	575
30.95	815.57	815.18	882.31	1047.22	1165.00	1134.56	1123.83

2. 自 2011 年起文明家庭户数统计口径有调整。The data of civilized family households was adjusted since 2011.

16－4 律师、公证及调解工作基本情况(2008－2017 年)
Basic Statistics on Lawyers,Notarization and Mediation(2008－2017)

项目		Item		2008	2009
律师工作		**Lawyers**			
律师事务所	(个)	Number of Law Offices	(unit)	700	787
律师工作人员	(人)	Number of Lawyers	(person)	10441	11917
聘请担任常年法律顾问单位	(处)	Number of Units with Permanent Legal Advisors	(solum)	27727	28144
民事诉讼代理	(件)	Agent of Civil Cases	(Piece)	140515	168615
刑事辩护及代理	(件)	Defending and Agent of Criminal Cases	(Piece)	44836	24813
非诉讼法律事务	(件)	Agent of Non litigious Legal Affairs	(Piece)	18212	14541
解答法律咨询	(人次)	Legal Advisory Services	(Times)	203023	245373
代写法律事务文书	(件)	Agent of Legal Document Written on Behalf of Clients	(Piece)	34102	22374
公证工作		Notarization			
公证处	(个)	Number of Notary Offices	(unit)	93	92
公证人员	(人)	Notarial Personnel	(person)	940	957
#公证员	(人)	Notaries		346	365
公证员助理	(人)	Assistant Notaries		321	306
办理国内公证文书	(件)	Number of Domestic Notarized Documents	(case)	360655	447429
#经济合同公证	(件)	Notarized Business Contracts	(case)	134058	167300
人民调解工作		**People's Mediation**			
专职司法助理员	(人)	Number of Full－time Judicial Assistants	(person)	3051	3269
人民调解委员会	(个)	Number of People's Mediation Committees	(unit)	47779	47056
调解人员	(人)	Number of Mediators	(person)	175616	175849
调解民事纠纷	(件)	Number of Civil Disputes Mediated	(case)	295042	357388
法律援助机构	(个)	Assistance Institution of Law	(unit)	102	102
工作人员	(人)	Staff and Workers	(person)	461	461
承办案件总数	(件)	Number of Cases Accepted	(case)	28408	37730
受援人总数	(人)	Number of Persons Being Assisted	(person)	45263	44509

2010	2011	2012	2013	2014	2015	2016	2017
868	957	1021	1072	1158	1269	1348	1465
12994	14623	15698	16657	18680	20115	22201	24537
33076	35941	63978	37623	39614	42472	41295	47407
152714	158360	173321	181043	226327	274484	310155	346392
28410	25576	27396	23992	32733	37155	43934	48163
16645	18364	15949	16716	16120	18618	19316	25697
191413	196616	190738	201693	201913	221203	124574	114519
23091	20927	20201	21688	19384	17504	11163	12115
92	92	92	92	92	92	92	92
1044	1133	1186	1252	1305	1284	1337	1454
383	395	408	410	418	450	467	479
378	443	447	509	489	444	473	451
486654	483449	494958	606423	497469	552671	626542	654289
192312	190298	199471	169214	115332	115094	120196	113118
5005	3527	4533	3598	3533	3522	3421	3139
46688	45805	45050	44032	42731	42136	41180	38944
174422	174570	173677	170704	158310	156698	153955	150309
408744	492858	562072	601314	598686	589883	590448	608523
102	102	102	103	102	103	103	105
511	501	530	529	540	530	517	549
41811	44917	58965	75129	84383	92667	99149	25268
47210	53153	73053	84921	98292	105057	101528	26560

16－5 涉外公证文书分类(2009－2017 年)
Foreign－related Notarial Documents by Type(2009－2017)

单位:件(case)

项目	Item	2009	2010	2011	2012	2013	2014	2015	2016	2017
合　　计	**Total**	**210341**	**200432**	**199146**	**197025**	**214091**	**208748**	**211641**	**199420**	**181268**
收养子女	Children Adoption	113	100	91	90	61	78	54	57	51
遗　　嘱	Testaments	20	4	9	5	2	7	4	7	7
出　　生	Births	39385	35439	34653	33656	33655	32128	34000	27254	23701
死　　亡	Deaths	739	577	521	537	486	619	572	458	454
生存、居住	Survival and Residence	692	793	902	671	728	748	404	315	308
学　　历	Schooling	6372	5755	5632	5180	5804	3633	2157	2160	1966
经　　历	Personal Histories	1064	1021	616	906	689	505	108	79	59
婚姻状况	Marriages	14983	12805	14428	12237	9525	8775	5105	4865	4901
亲属关系	Kinship	19354	20409	21143	18574	18283	20207	22649	22972	23363
继 承 权	Rights of Inheritance	530	18	103	55	144	441	50	107	49
受、未受刑事处分	Criminal Records & Uncriminal Records	27883	20334	18139	15876	16530	16055	18697	18783	15926
声 明 书	Declarations	5069	6938	7087	5591	6823	5924	5984	5857	5578
委 托 书	Trust Deeds	3689	3728	4075	2752	4239	4367	3733	3245	2526
文本相符	Confirmation of Copies and Photo－offset Copies to Originals	27685	29626	30909	35323	43700	41423	40589	35894	27174
签名印鉴属实	Confirmation of Signatures and Seals	30301	31381	29503	19376	15904	23051	13157	15545	13544
其　　他	Others	32462	31504	31335	46196	57518	25262	20667	6751	6452

16－6 调解民间纠纷分类(2009－2017 年)
Civil Disputes Mediated by Type(2009－2017)

单位:件(case)

分类	Item	2009	2010	2011	2012	2013	2014	2015	2016	2017
合　　计	**Total**	**357388**	**408744**	**492858**	**562072**	**601314**	**598686**	**589883**	**590448**	**608523**
婚　　姻	Marriages	40078	45628	52534	50762	51544	53516	52286	54213	56007
邻　　里	Neighbor Disputes	75971	88362	99751	103940	102239	103261	98119	105644	106348
合　　同	Contracts	14176	15369	14851	17146	18421	21734	22962	23258	28184
损害赔偿	Compensation for Damages	91245	60703	60728	57361	65421	70811	74776	75280	76808
劳　　动	Labour Dispates	31620	32529	36342	34956	34692	35437	34978	33401	34379
村务管理	Management of Rural Business	4750	3687	5205	5479	6935	4338	2506	3125	3933
土地承包	Contracts of Land	10643	13268	15744	15485	15330	15976	13630	7020	6055
征地拆迁	Land Expropriating and Rehouse	12570	18113	14753	12733	14525	13372	8850	8703	15955
计划生育	Family Planning	1329	1031	671	1029	531				
施工扰民	Fazing Civilian with Construction	3482			4242					
房屋、宅基地	Housing and Housing Sites	20355	22931	24610	24092	21413	19495	16283	16442	17004
其　　他	Others	51169	107123	167669	234847	90239	85134	76935	263362	280854

16－7 国内公证文书分类(2009－2017 年)
Domestic Notarial Documents by type(2009－2017)

单位:件(case)

分类	Item	2009	2010	2011	2012	2013	2014	2015	2016	2017
总计	**Domestic Notarial Documents**	**447429**	**486654**	**483449**	**494958**	**606423**	**497469**	**342629**	**470801**	**583016**
经济公证	**Notarized Documents on Economic Affairs**	**167300**	**192312**	**190298**	**199471**	**51167**	**27793**	**19957**	**26256**	**41845**
购　销	Purchases and Sales of Products	181	382	45	25					
联　营	Joint Business	4	13	2	23					
拍　卖	Auctions	3956	3744	5545	3785	5225	3947	1115	3083	1858
贷　款	Loans	103315	115540	118531	119889					
担　保	Guarantees	218	264	69	277	3715	2464	768	246	346
招标、投标	Bidding	9908	12485	11144	11876	15929	13871	13157	14513	16315
科技协作	Coordination of Science and Technology	85	11		1					
供用电	Supply and Use of Electric Power		40							
劳务合同	Labor Contracts	154	278	63	307	14	9	19	19	31
建筑工程承包	Construction Project Contracts	863	1467	1220	902	1915	993	979	980	1017
工商服务业承包	Industrial and Commercial Service Contracts	1041	647	529	431					
农林牧副渔业承包	Farming, Forestry, Animal Husbandry, Sideline Production and Fishery Contracts	266	160	79	147					
财产租赁	Property Leases	73	931	23	61					
企业租赁	Enterprise Leases	8	2	10	45					
资产经营责任制	System of Asset Business Responsibility		105	70	64					
还款协议	Repayment Agreement	509	555	416	649	444	85	94	52	2224
土地使用权出让转让	Transferring or Renting the Use Right of Land	4274	4182	3368	2823	2267	1600	1420	1806	13368
其他经济合同	Other Business Contracts	4980	7476	6909	10072	20409	3630	1597	3747	5560
法人(代表人)资格	Legal Person (Agent) Identification	508	463	674	589					
法人委托书	Legal Person Trust Deeds	14059	15147	13936	12806					
公司章程	Corporation Constitutions	85	75	4	22	3	5	10	13	11
执行许可证明	Operating Permits	879	880	820	1393	1246	1189	798	1797	1115
其　他	Others	21934	27465	26841	33284					

续表 Continued 单位:件(case)

分类	Item	2009	2010	2011	2012	2013	2014	2015	2016	2017
民事公证	**Notarized Documents on Civil Relations**	**280129**	**294342**	**293151**	**295487**	**331288**	**284913**	**322672**	**415080**	**541171**
收　养	Child Adoption	373	228	158	103	90	94	83	80	61
解除收养	Adoption Renouncements	8	133	8	6					
继承权	Rights of Inheritance	30123	32178	38220	38131	44907		53953	61752	69585
遗　嘱	Testaments	6322	6406	6098	4889	4897	4066	3549	4358	5133
产　权	Property Rights	2240	2748	2478	2106					
亲属关系	Kinship	1327	2133	2631	3036	2518	2160	1958	1766	1558
死　亡	Death Certificates	100	778	83	126	89	76	75	82	78
房屋买卖	Purchases and Sales Of Houses	13061	8874	6725	5970					
房屋租赁	House Leases	232	134	799	226					
留学协议	Foreign Study Contracts	71	114	154	272	456	946	1084	1337	1358
遗赠扶养协议	Donations and Family Fostering	543	698	260	270	578	506	857	719	796
委托书	Trust Deeds	108375	109487	96067	88395	111539	81922	63353	80481	96860
赠与书	Presentation Documents	6005	6663	6725	7496	6287	2131	1108	765	718
声明书	Declarations	15881	14443	15867	16359	22853	23424	22666	21829	29758
现场监督	Field Supervision	12545	11242	32181	13877	52645	47172	38954	45476	62335
文本相符	Confirmation of Copies and Photo－offset Copies to Originals	4165	4682	6372	17820	21366	16576	20676	26530	20361
签名印鉴属实	Confirmation of Signatures and Seals	8457	10494	14094	19738	40968	42405	94611	142054	132794
宅基地使用权	Rights to Housing Site	572	417	204	183					
证据保全	Evidence Preservation	10307	12504	11945	11813	10379	13026	16721	23935	27613
拆迁协议	Housing Demolition Agreements	6259	11500	2956	3951	11716	6232	3024	3916	20076
计划生育协议	Birth Control Contracts	16	13	4	12					
夫妻财产协议	Property Agreements Between Spouses	5976	5267	4371	3879					
其他民事协议	Other Civil Agreements	12318	12004	13403	13477					
其　他	Others	34853	41202	31348	43352					

16－8 司法公证文书
Judicial Notarial Document

单位:件(case)

分类	Item	2015	2016	2017
总计	**Total**	**552671**	**626542**	**654289**
合同(协议)	**Contract (Agreement)**	**115094**	**120196**	**113118**
买卖合同	Business Contract	5898	7884	5715
赠与合同	Gift contract	8492	5768	7329
借款合同	Loan Contract	59052	58622	30365
租赁合同	Lease Contract	5309	10513	9308
承揽合同	Contract of Undertaking	9	5	13
建设工程合同	Construction Contract	979	980	1017
委托合同	Commission Contract	676	463	1411
担保合同	Contract of Guarantee	676	1361	346
土地使用权合同	Land Use Right Contract	1420	1806	2224
知识产权合同	Intellectual Property Contract	15	10	13
承包合同	Contract	137	35	31
企业经营合同	Contract for Corporate Operations	5	1	15
劳动(劳务)合同	Labor (Service) Contract	19	19	26
其他合同	Other Contracts	1597	3747	4915
合伙协议	Partnership Agreement	24	187	38
财产分割协议	Property Separation Agreement	8343	8521	10785
财产约定协议	Property Agreement	3950	3851	3540
扶养协议	Maintenance Agreement	857	719	796
出国留学协议	Study Abroad Agreement	1084	1337	1358
拆迁安置协议	Resettlement Agreement	3024	3916	20076
赔偿协议	Compensation Agreement	7	29	13
还款协议	Repayment Agreement	94	52	64
其他	Other Agreement	13427	10177	13368
单方法律行为	**Unilateral Juristic Act**	**93361**	**109713**	**134020**
委托	Entrust	63353	80481	96860
声明	Statement	22666	21829	29758
赠与	Gift	1108	765	718
遗嘱	Will	3549	4358	5133
保证(担保)	Guarantee	768	246	331
承诺(要约)	Commitment (Offer)	894	686	180
其他	Other	1023	1348	1050

续表 Continued 单位:件(case)

分类	Item	2015	2016	2017
现场监督	**On – the – spot Supervision**	**38954**	**45476**	**62335**
招标投标	Bidding and Tendering	13157	14513	16315
拍卖	Auction	1115	3083	1858
开奖、评选	The lottery,Discuss and Elect	546	556	347
公司会议	Company Meeting	23	25	15
抽签(摇号)	Draw	16519	22183	28418
其他	Other	7594	5116	15382
其他有法律意义事实	**Other Llegal Facts**	**435**	**552**	**397**
出生	Birth	111	208	69
死亡	Death	75	82	78
生存、居住	Live	14	20	9
学历(学位)	Education Background (Degree)	19	32	21
经历	Experience	53	90	90
职务(职称)	Job Title(Professional Technical Title)	13	1	19
其他	Other	150	118	111
继承	**Succession document**	**53953**	**61752**	**69585**
保全证据	**Preserve Evidence**	**16721**	**23935**	**27613**
公司章程	**Articles of Association**	**10**	**13**	**11**
组织资格	**Organizational Qualification**	**331**	**378**	**339**
财产权	**Property**	**26**	**13**	**2**
身份	**Identity**	**978**	**1334**	**1689**
收养关系	**Adoptive Relationship**	**83**	**80**	**61**
婚姻状况	**Marital Status**	**102**	**144**	**191**
亲属关系	**Relationship**	**1958**	**1766**	**1558**
有无违法犯罪记录	**Having or not Having Illegal and Criminal Record**	**1500**	**2026**	**1336**
证书(执照)	**Certificate (Licence)**	**3134**	**4771**	**5560**
签名(印鉴)	**Signature (Seal)**	**94611**	**142054**	**132794**
文本相符	**Text Matching**	**20676**	**26530**	**20361**
赋予执行效力	**Give Effect to Execution**	**81749**	**59973**	**48651**
执行证书	**Execution Certificate**	**798**	**1797**	**1115**
抵押登记	**Mortgage Registration**	**16456**	**17940**	**23171**
提存	**Deposit**	**242**	**339**	**478**
保管	**Safekeeping**	**39**	**107**	**58**
其他	**Other**	**11460**	**5024**	**9118**

16－9 社会福利事业单位基本情况(2009－2017年)
Basic Statiatics on Social Welfare Institutions(2009－2017)

项目	Item	2009	2010	2011	2012	2013	2014	2015	2016	2017
提供住宿的社会服务机构 (个)	A Social Service Provider that Provides Accommodation (unit)	1633	1695	1863	1979	2089	2030	1348	1422	1502
床位数 (万张)	Hospital Beds (10000 bed)	17.25	19.42	21.80	24.92	27.96	29.82	22.92	38.40	28.05
收养人数 (万人)	Number of Persons Adopted (10000 persons)	10.40	10.88	11.96	12.70	14.04	14.22	10.20	11.10	12.11
福利企业单位数 (个)	Number of Social Welfare Enterprises and Institutions (unit)	2769	2708	2664	2574	2123	1934	1724	1608	
福利企业单位全部职工人数 (万人)	Total Number of Staff and Workers Engaged in Welfare Institutions (10000 persons)	26.53	26.71	27.03	25.64	22.33	20.40	17.16	16.20	
#残疾人数	Number of Disabled Persons	10.00	10.00	9.88	9.78	7.36	6.75	6.04	5.64	
殡葬事业单位数 (个)	Funeral and Interment Services Institutions (unit)	226	240	240	251	217	225	225	225	216

注：本表中的指标从2014年起口径有所变化。
The Iindicator caliber of the table has been changed since 2014.

16－10 享受国家抚恤、补助及救济人员情况(2009－2017年)
Pensons Enjoying Subsidy and Commiseration of Country(2009－2017)

单位：人、户(persons,household)

项目	Item	2009	2010	2011	2012	2013	2014	2015	2016	2017
享受定期抚恤人数	Number of Persons Receiving Periodical Commiseration	5478	5501	5382	5419	4872	4897	4758	4426	4309
革命伤残人员抚恤人数	Number of Persons Receiving Disability Commiseration	22255	22004	21879	22232	22285	22246	22369	22598	22344
享受定期补助优抚对象数	Number of Persons Receiving Periodical Subsidies	90299	90653	119449	182445	235293	249113	271970	279624	290730
#在乡复员军人数	Rural Demobilized Soldier	33972	31910	29711	27418	23048	20736	18517	16284	14068
在乡退伍军人数	Rural Veteran	29543	30780	34688	26224	23536	20193	17948	16398	15928
社会困难户得到国家临时救济人数	Number of Persons in Poor Households Receiving Temporary Government Relief Funds	182088	138000	213895	157164	138637	139545	246636	370201	319860

注：2012年起社会困难户得到国家临时救济人数计量单位为户次。
The data of number of persons in poor households receiving temporary government relief funds was adjusted since 2012.

16-11 最低生活保障和救济情况(2009-2017 年)
Basic Statistics of Lowest Cost-of-Living and Relief(2009-2017)

项目		Item		2009	2010	2011	2012	2013	2014	2015	2016	2017
最低生活保障人数	(万人)	Number of Person Receiving Lowest Cost-of-Living	(10000 persons)	70.40	70.67	71.09	68.56	66.05	60.78	67.54	82.26	81.40
#城镇		In Urban Areas		9.33	8.98	8.76	7.85	7.18	6.43	7.32	10.89	22.17
#农村(含五保)		In Rural Areas (Including Beneficiaries)		61.08	61.70	62.33	60.71	58.87	54.35	60.22	71.37	59.23
保障资金总额	(亿元)	Amount of Security Money	(100 million yuan)	12.15	14.71	18.98	22.19	24.32	24.41	26.44	35.10	42.13
#城镇		In Urban Areas		2.97	3.44	4.17	4.37	4.38	4.20	4.49	6.35	13.49
#农村(不含五保)		In Rural Areas (Including Beneficiaries)		9.18	11.27	14.81	17.82	19.94	20.21	21.95	28.75	28.64
医疗救助支出	(亿元)	Expenditure of Medical Care Relief	(100 million yuan)	5.10	6.03	6.50	7.72	9.23	9.68	10.45	12.38	15.20
自然灾害救济支出	(亿元)	Expenditure of Natural Disasters Relief	(100 million yuan)	1.28	1.12	1.73	2.37	3.32	2.28	3.80	3.60	3.34

注：农村最低生活保障人数中包含了农村五保供养人数。
Number of Persons Receiving Lowest Cost-of-Living in Rural Areas include Number of Persons with Livlihood Guaranteed in Five Aspects.

16-12 内地居民婚姻登记情况(2009-2017 年)
Conditions of Marriages(2009-2017)

项目		Item		2009	2010	2011	2012	2013	2014	2015	2016	2017
准予登记结婚数	**(对)**	**Registered Marriages**	**(couple)**	**427614**	**431568**	**440931**	**441984**	**422174**	**436802**	**392478**	**366823**	**344449**
初婚数	(人)	First Marriages	(person)	755950	757741	775973	770792	712969	732704	648666	605781	572689
恢复结婚数	(对)	Resume Marriages	(couple)	5856	7527	8796	10229	11758	10305	10619	13195	24952
再婚数	(人)	Remarriages	(person)	99278	105395	105889	113176	131379	140900	136290	127865	116209
男	(人)	Male	(person)	47832	48384	51631	53731	69154	67692	66321	62457	53836
女	(人)	Female	(person)	51446	57011	54258	59445	62225	73208	69969	65408	62373
准予登记离婚数	**(对)**	**Divorces Approved**	**(couple)**	**82902**	**87671**	**90442**	**98082**	**108097**	**111040**	**115062**	**122870**	**132855**
内地居民登记离婚	(对)	Mainland residents to register a divorce	(couple)	82541	87309	90024	97628	107546	110637	114669	122483	132547
涉外及华侨、港澳台居民登记离婚	(对)	Concerning foreign affairs and overseas Chinese, Hong Kong, Macao and Taiwan residents to register a divorce	(couple)	361	362	418	454	551	403	393	387	308

浙/江/统/计/年/鉴

主要统计指标解释

■ 社会福利事业单位

指集中收养社会孤老,残,幼的机构。包括由民政部门管理的社会福利院、儿童福利院、精神病人福利院和城镇集体办的福利院,以及农村集体举办的敬老院。

■ 社会福利事业单位收养人数

包括民政部门管理和城镇及农村集体举办的社会福利事业单位中收养的老人,少年儿童,缺乏生活自理能力的残疾人员和精神病人。

■ 社会福利企业单位

指以安置城镇有一定劳动能力的盲,聋,哑和肢体残疾人员就业为目的,享受国家减免税待遇的国有或集体经济性质的企业。包括福利工厂、福利商业服务业、假肢厂和安置农场等单位。

■ 律师

指受聘参加法律顾问处工作,提任法律顾问、刑(民)事代理人、刑事辩护人、办理非诉讼事件、解答法律询问、代定法律事务文书等主要从事律师业务的专职法律工作者和兼职律师。

■ 公证人员

指在国家公证机关依法办理公证事务的司法人员。包括公证员、助理公证员和在公证员和在公证处工作的其他人员。

■ 办理公证文书

指公证处在一定时期内办结的公证文书件数。公证文书系按司法部规定或批准的格式制作。包括国内公证和涉外公证两部分。其中国内公证分为经济合同公证和民事法律关系公证两大类。

■ 调解人员

在人民调解委员会担负调解民间一般民事纠纷和轻微违法行为所引起和纠纷的工作人员。包括调解委员会的委员和调解小组的调解员。

■ 调解民间纠纷

指调解委员会依照法律规定,根据自愿原则,用说服教育的方法调解民间发生的有关民事权利和义务的争执,促成当事双方达到协议和谅解,解决纠纷。包括婚姻家庭纠纷,财产权益纠纷等。不包括法院受理调解的民事案件数。

■ 受理劳动争议案件数

是指劳动争议仲裁委员会根据国家有关规定,对劳动争议当事人的申请予以审查,符合受理条件而正式立案,准备处理的劳动争议案件数。

■ 离休、退休、通职人员

指正式办理了离休、退休、退职手续,并享受相应的离休、退休、退职待遇的人员。

■ 保险福利费用

指企业、事业、机关单位在工资以外实际支付给职工和离休、退休、退职人员个人以及用于集体的劳动保险和福利费用。

ZHEJIANG STATISTICAL YEARBOOK

Explanatory Notes on Main Statistical Indicators

□ Social Welfare Institutions

refer to institutions taking care of old people without children, handicapped people and orphans. They include social welfare institutions run by civil affairs departments, children's welfare institutions social welfare institutions for mental patients, and Collective Owned old people's homes in tual areas.

□ Number of People Taken in by Social Welfare Institutions

refers to the number of old people, children, totally dependent handicapped people and mental patiens taken in by scoial welfare institutions run by civil affairs departments and those run by collective units in urban and rural aress.

□ Social Welfare Enterprises

are Collective Owned enterprises which employ the blind, deaf-mute, and other handicapped people who are able to work in cities and towns and enjoy exemption from state taxes, including welfare plants, welfare commercial services, artificial limb plants and farms, etc.

□ Lawyers

are legal workers who are employed full-time by legal counseling firms to act as legal advisres, agents in criminal or civil lawsuits, or defenders in criminal lawsuits, or to handle non-litigious legal affairs, to advise on matters of law or to write legal papers for others. Both full-time and part-time lawyers are included.

□ Notary Personnel

refers to judicial workers of the state notary offices handing notarization work according to law. They include notaries, assistant notaries, and other people working for notary offices.

□ Notarized Documents

refer to the documents settled by notary offices in a year. The notarial documents are drawn up in accordance with the regulations of the Ministry of Justice, including domestic documents and foreign-related documents. Domestic documents are divided into two major categoriees, documents on economic contracts and documents on civil legal relations.

□ Mediators

refer to workers on people's mediation committees responsible for mediating in civil dispites and cases of slight infraction of the law. They include members of the mediation committees and mediators of mediation groups.

□ Mediation of Civil Disputes

refers to mediation committees' work in mediating in civi ldisputes concerning civil rights and duties through persuasion and education in accordance with the provisions of law on a voluntary basis, so as to solve disputes by helping the parties involved come to an agreement and understanding. These disputes include divorce cases and disputes over property ownership, but exclude the civil cases to be handled by the court.

□ Number of Labour Dispute Cases Accepted

refers to the number of cases of labour dispute submitted that, after being reviewed by the labour dispute arbitration committees in line with the relevant state regulations, are accepted and registered for trearment.

□ Retired or Resigned Personnel

refers to the persons who have formally gone through the formalities for their retorement or quitting work and enjoy the corresponding treatments.

□ Insurance and welfare funds

refers to labour insurance and welfare fund paid by enterprises, organizations and institutions to their staff and workers as well as retired and resigned in addition to their wages and salaries.

2018
浙江统计年鉴
ZHEJIANG STATISTICAL YEARBOOK

各市、县国民经济主要经济指标

Major Indicators of National Economy by City,Prefecture and County

17－1 各市土地面积和行政区划(2017 年)
Land Area and Administrative Divisions by City (2017)

城市	City	土地面积(平方公里) Land Area (sq. km)	市辖区(个) Districts Under City Administration (unit)	县(县级市)(个) Counties (Cities) (unit)	建制镇(个) Towns (unit)	乡(个) Townships (unit)	村(个) Villages (unit)
杭州市	Hangzhou	16596	10	3	75	23	2038
宁波市	Ningbo	9816	6	4	75	10	2495
温州市	Wenzhou	12083	4	7	93	26	5405
嘉兴市	Jiaxing	4223	2	5	42		771
湖州市	Huzhou	5820	2	3	39	6	994
绍兴市	Shaoxing	8279	3	3	67	15	2169
金华市	Jinhua	10942	2	7	76	36	4438
衢州市	Quzhou	8845	2	4	43	39	1482
舟山市	Zhoushan	1459	2	2	17	5	296
台州市	Taizhou	9411	3	6	61	24	4645
丽水市	Lishui	17275	1	8	53	90	2725

17-2 各市国民经济主要指标(2017年) Main Indicators of National Economy by City (2017)

城市	City	年末常住人口(万人) Total Population with Permanent Residence (10000 persons)	生产总值(亿元) Gross Domestic Product (100 million yuan)	第一产业 Primary Industry	第二产业 Secondary Industry	第三产业 Tertiary Industry
杭州市	Hangzhou	946.80	12603.36	311.08	4362.48	7929.80
宁波市	Ningbo	800.50	9842.06	305.81	5119.45	4416.80
温州市	Wenzhou	921.50	5411.59	144.35	2149.91	3117.34
嘉兴市	Jiaxing	465.60	4380.52	135.55	2317.92	1927.05
湖州市	Huzhou	299.50	2476.13	129.12	1171.75	1175.26
绍兴市	Shaoxing	501.00	5078.37	207.54	2472.50	2398.33
金华市	Jinhua	556.40	3848.62	145.62	1626.63	2076.37
其中:义乌市	Yiwu	129.54	1155.18	21.94	371.62	761.63
衢州市	Quzhou	218.50	1331.27	87.40	587.02	656.84
舟山市	Zhoushan	116.80	1219.78	140.48	402.85	676.44
台州市	Taizhou	611.80	4388.22	268.26	1938.37	2181.59
丽水市	Lishui	218.60	1250.92	99.44	507.50	643.98

续表 1 Continued

城市	City	工业 Industry	人均生产总值(元) Per Capita GDP (yuan)	全社会就业人员年末数(万人) Total Employed Persons by year-end (10000 persons)	社会消费品零售总额(亿元) Total Retail Sales of Consumer Goods (100 million yuan)
杭州市	Hangzhou	3968.13	135113	681.06	5717.43
宁波市	Ningbo	4620.77	123955	532.00	4047.81
温州市	Wenzhou	1739.90	58854	576.49	3062.57
嘉兴市	Jiaxing	2110.40	94510	331.73	1806.62
湖州市	Huzhou	1058.03	82952	188.93	1188.15
绍兴市	Shaoxing	2138.21	101588	348.00	1977.66
金华市	Jinhua	1396.38	69445	349.30	2191.19
其中:义乌市	Yiwu	316.02	89695	96.44	653.79
衢州市	Quzhou	488.57	61250	133.42	677.89
舟山市	Zhoushan	294.76	104882	75.00	505.68
台州市	Taizhou	1684.41	71950	405.47	2235.73
丽水市	Lishui	412.33	57500	144.02	635.96

续表 2 Continued

城市	City	固定资产投资（亿元）Investment in Fixed Assets (100 million yuan)	出口总额（亿美元）Exports (USD 100 million)	财政总收入（亿元）Total Financial Revenue (100 million yuan)	一般公共预算收入（亿元）General Public Revenue (100 million yuan)
杭州市	Hangzhou	5856.65	467.81	2921.30	1567.42
宁波市	Ningbo	5009.58	735.34	2415.61	1245.29
温州市	Wenzhou	4178.49	170.81	778.26	465.35
嘉兴市	Jiaxing	3009.64	262.03	769.31	443.79
湖州市	Huzhou	1730.98	100.56	408.89	237.43
绍兴市	Shaoxing	3115.67	273.15	705.53	431.36
金华市	Jinhua	2200.52	488.27	601.18	357.71
其中:义乌市	Yiwu	633.07	339.79	142.06	85.00
衢州市	Quzhou	1047.78	38.23	174.48	111.28
舟山市	Zhoushan	1450.31	56.65	187.22	125.76
台州市	Taizhou	2518.26	203.62	656.97	382.25
丽水市	Lishui	903.84	30.30	180.46	112.91

续表 3 Continued

城市	City	一般公共预算支出（亿元）General Public Budget Expenditure (100 million yuan)	住户存款年末余额（亿元）Savings Deposits of Residents (100 million yuan)	城镇居民人均可支配收入（元）Per Capita Disposable Income of Urban Residents (yuan)	农村居民人均可支配收入（元）Per Capita Disposable Income of Rural Residents (yuan)
杭州市	Hangzhou	1540.92	8502.96	56276	30397
宁波市	Ningbo	1410.60	5902.68	55656	30871
温州市	Wenzhou	761.61	5617.57	51866	25154
嘉兴市	Jiaxing	494.70	3406.35	53057	31436
湖州市	Huzhou	325.02	1904.64	49934	28999
绍兴市	Shaoxing	469.83	3607.75	54445	30331
金华市	Jinhua	536.69	4075.16	50653	23922
其中：义乌市	Yiwu	94.74	1357.17	66081	33393
衢州市	Quzhou	300.47	1052.88	39577	20225
舟山市	Zhoushan	258.60	755.02	52516	30791
台州市	Taizhou	563.10	4038.69	51374	25369
丽水市	Lishui	378.64	1334.66	38996	18072

注：人均生产总值按常住人口计算；固定资产投资比上年增长按可比口径计算。以后各表同。
Per Capita GDP is calculated by population with permanent residence. Growth rates in 2017 are calculated at comparable price . The same applies to the relevant tables following.

17－3 全社会就业人员数(2017 年底)
Total Employed Persons (end of 2017)

单位:万人(10000 persons)

城市	City	全社会就业人员数 Total Employed Persons	第一产业 Primary Industry	第二产业 Secondary Industry	第三产业 Tertiary Industry
杭州市	Hangzhou	681.06	66.29	257.60	357.17
宁波市	Ningbo	532.00	16.36	275.23	240.41
温州市	Wenzhou	575.26	62.26	275.53	237.47
嘉兴市	Jiaxing	332.45	27.74	181.15	123.58
湖州市	Huzhou	188.93	21.04	95.94	71.95
绍兴市	Shaoxing	348.00	45.02	177.52	125.46
金华市	Jinhua	349.30	68.43	162.11	118.76
其中:义乌市	Yiwu	96.44	5.33	55.00	36.11
衢州市	Quzhou	133.42	49.50	40.14	43.78
舟山市	Zhoushan	75.00	10.58	29.14	35.29
台州市	Taizhou	406.65	69.35	182.28	155.02
丽水市	Lishui	144.02	49.91	37.38	56.73

17－4 各市年末城镇就业人员数(2017 年)
Employed Persons in Towns by City (2017)

单位:万人(10000 persons)

城市	City	年末城镇就业人员数 Total Employed Persons in Towns	农、林、牧、渔业 Agriculture	采矿业 Mining and Quarrying	制造业 Manufac－turing	电力、煤气及水的生产和供应业 Electricity, Gas and Water Production and Supply	建筑业 Construction	批发和零售业 Wholesale and Retail Trade
杭州市	Hangzhou	287.02	0.11	0.06	65.67	1.86	71.00	17.21
宁波市	Ningbo	161.28	0.04		67.07	1.63	29.72	6.83
温州市	Wenzhou	119.11	0.07	0.05	30.49	1.85	37.27	2.62
嘉兴市	Jiaxing	79.13	0.04		44.08	1.08	5.13	2.36
湖州市	Huzhou	50.38	0.03	0.11	19.04	0.81	12.56	1.35
绍兴市	Shaoxing	120.25	0.01	0.17	30.21	1.24	62.87	2.25
金华市	Jinhua	76.49	0.02	0.01	13.42	0.97	29.49	1.90
其中:义乌市	Yiwu	11.87			2.02	0.18	2.22	0.25
衢州市	Quzhou	20.45	0.02	0.03	5.77	0.50	1.73	0.55
舟山市	Zhoushan	18.38	0.01	0.03	3.20	0.40	2.47	0.65
台州市	Taizhou	101.23	0.05	0.01	32.79	1.17	35.57	2.36
丽水市	Lishui	19.02	0.07	0.02	2.96	0.64	0.54	0.34

续表 1 Continued

单位:万人(10000 persons)

城市	City	交通运输、仓储和邮政业 Transport, Storage and Post	住宿、餐饮业 Hotels and Catering Services	信息传输、软件和信息技术服务业 Information Transmission, Software and Information Technology Services	金融业 Finance	房地产业 Real Estate	租赁和商业服务业 Leasing and Commercial Services	科学研究和技术服务业 Scientific Research and Technical Services
杭州市	Hangzhou	11.37	6.81	16.11	11.49	11.30	12.53	11.42
宁波市	Ningbo	6.15	1.53	2.41	8.37	2.85	4.98	1.91
温州市	Wenzhou	3.58	1.16	0.80	6.41	2.27	2.48	1.10
嘉兴市	Jiaxing	1.80	0.63	0.55	2.74	1.69	2.12	1.43
湖州市	Huzhou	0.90	1.20	0.43	2.31	0.64	0.78	0.46
绍兴市	Shaoxing	1.46	0.58	0.49	2.61	0.62	0.98	0.64
金华市	Jinhua	2.18	0.73	0.83	3.70	0.73	1.78	0.57
其中:义乌市	Yiwu	0.68	0.17	0.12	0.71	0.27	0.43	0.16
衢州市	Quzhou	0.52	0.16	0.31	2.17	0.07	0.34	0.22
舟山市	Zhoushan	1.86	0.37	0.24	1.02	0.52	1.08	0.23
台州市	Taizhou	1.35	0.65	0.56	5.43	0.90	1.14	0.68
丽水市	Lishui	0.63	0.20	0.32	2.20	0.11	0.42	0.34

续表 2 Continued

单位:万人(10000 persons)

城市	City	水利、环境和公共设施管理业 Water Conservancy, Environment and Public Facilities Management	居民服务、修理和其他服务业 Service for the Residents, Repair and Others	教育 Education	卫生和社会工作 Health Care and Social Work	文化、体育和娱乐业 Culture Sports and Recreation	公共管理、社会保障和社会组织 Public Administration, Social Security and Social Organization
杭州市	Hangzhou	2.50	1.10	18.69	11.76	2.25	13.79
宁波市	Ningbo	1.40	0.57	9.17	6.37	0.93	9.36
温州市	Wenzhou	0.69	0.10	10.78	5.79	0.69	10.90
嘉兴市	Jiaxing	1.02	0.08	5.72	3.48	0.43	4.74
湖州市	Huzhou	0.51	0.04	3.28	2.18	0.36	3.38
绍兴市	Shaoxing	1.08	0.18	6.03	3.54	0.42	4.86
金华市	Jinhua	1.35	0.32	6.92	4.33	0.53	6.73
其中:义乌市	Yiwu	0.21	0.07	1.76	0.94	0.10	1.58
衢州市	Quzhou	0.17	0.04	2.55	1.54	0.17	3.59
舟山市	Zhoushan	0.43	0.06	1.48	1.06	0.23	3.04
台州市	Taizhou	0.67	0.07	6.42	4.02	0.39	7.02
丽水市	Lishui	0.43	0.03	3.28	1.94	0.28	4.28

17－5 各市农、林、牧、渔业总产值(2017年)
Gross Output Value of Farming, Forestry, Animal Husbandry and Fishery by City(2017)

单位:亿元(100 million yuan)

城市	City	农、林、牧、渔业总产值 Total Output Value	农业产值 Farming	林业产值 Forestry	牧业产值 Animal Husbandry	渔业产值 Fishery	农林牧渔业服务业产值 Services
杭州市	Hangzhou	457.70	273.88	54.91	68.58	45.32	15.00
宁波市	Ningbo	464.51	226.83	15.31	37.37	169.60	15.41
温州市	Wenzhou	219.88	102.53	6.06	32.02	74.91	4.37
嘉兴市	Jiaxing	195.33	123.36	1.62	26.38	28.36	15.60
湖州市	Huzhou	213.86	97.90	22.42	20.85	61.57	11.12
绍兴市	Shaoxing	294.62	199.48	29.08	29.61	33.46	2.99
金华市	Jinhua	215.34	144.56	7.11	43.79	13.43	6.45
其中:义乌市	Yiwu	30.35	24.45	0.77	3.34	1.21	0.57
衢州市	Quzhou	129.60	71.21	13.23	35.16	7.97	2.03
舟山市	Zhoushan	240.33	10.41	0.23	2.50	226.22	0.97
台州市	Taizhou	453.20	149.68	6.73	26.06	266.17	4.57
丽水市	Lishui	140.99	95.53	22.96	17.79	3.30	1.41

17－6 各市播种面积(2017年)
Sown Area by City (2017)

城市	City	农作物播种面积(千公顷) Swon Area of Farm Crop (1000 hectares)	#粮食 Grain	#谷物 Cereal	#油料 Oilbearing Crops	#棉花 Cotton	#蔬菜 Vegetable	果用瓜 Melo used as Fruit
杭州市	Hangzhou	273.23	86.48	63.19	23.29	0.18	96.44	11.53
宁波市	Ningbo	261.48	109.74	82.26	10.47	1.32	82.60	18.90
温州市	Wenzhou	208.41	107.41	89.75	6.64	0.01	65.36	11.44
嘉兴市	Jiaxing	275.78	148.36	133.90	5.70	0.44	88.15	8.88
湖州市	Huzhou	152.13	75.08	66.64	8.17	0.08	37.87	3.92
绍兴市	Shaoxing	235.95	122.60	101.56	11.10	0.30	53.69	9.42
金华市	Jinhua	200.70	81.86	61.73	18.20	1.40	49.16	10.93
其中:义乌市	Yiwu	22.03	7.87	6.22	1.74		8.39	1.21
衢州市	Quzhou	184.24	90.11	74.45	27.65	0.57	41.15	6.17
舟山市	Zhoushan	16.18	5.13	2.88	1.40	0.01	7.24	1.70
台州市	Taizhou	197.10	82.50	64.85	6.29	0.22	74.60	16.15
丽水市	Lishui	134.95	67.92	42.73	3.39	0.01	47.51	3.09

17-7 各市主要农产品产量(2017年)
Output of Major Farm Products by City (2017)

单位:吨(ton)

城市	City	粮食 Grain	#谷物 Cereal	油菜籽 Rapeseeds	棉花 Cotton	水果 Fruit	#柑桔 Citrus	茶叶 Tea	蚕茧 Silkworm Cocoons
杭州市	Hangzhou	472647	393493	57310	254	819929	177819	30103	3013
宁波市	Ningbo	636998	548213	28158	1466	1251433	244401	13599	
温州市	Wenzhou	638817	572134	12917	15	578962	106604	6447	3
嘉兴市	Jiaxing	927629	878112	14041	602	616988	41460	80	9590
湖州市	Huzhou	484969	455750	19129	122	239997	723	10797	3539
绍兴市	Shaoxing	751198	667367	26600	399	641095	16244	47925	94
金华市	Jinhua	464218	394087	37098	2046	644155	77726	21951	2
其中:义乌市	Yiwu	44937	37255	2043		97738	10008	885	
衢州市	Quzhou	560627	505837	52017	776	847083	593286	8257	
舟山市	Zhoushan	25533	17197	3486	8	76157	27544	77	
台州市	Taizhou	498439	439747	11997	304	1447804	475007	5236	12
丽水市	Lishui	340294	259071	6247	7	349320	107085	33836	77

续表 Continued

单位:吨(ton)

城市	City	生猪年末存栏头数(万头) Year-end Hogs (10000 heads)	牛年末存栏头数(头) Year-end Cattle (head)	羊年末存栏只数(万只) Year-end Sheep and Goats (10000 heads)	肉产量(吨) Output of Meat (ton)	#猪肉 Pork (ton)	禽蛋产量(吨) Poultry Eggs (ton)	牛奶产量(吨) Cow Milk (ton)	水产品产量(吨) Output of Aquatic Production (ton)
杭州市	Hangzhou	104	27280	22	211314	181771	90446	25661	207267
宁波市	Ningbo	58	13176	6	111604	97708	33719	26699	1000279
温州市	Wenzhou	45	34194	14	97881	58180	31868	17127	620812
嘉兴市	Jiaxing	18	1339	39	85702	21291	32989	4916	156739
湖州市	Huzhou	18	2374	22	67447	21686	33700	4682	423123
绍兴市	Shaoxing	55	8641	8	84544	73992	14228	17800	112505
金华市	Jinhua	75	19507	5	120041	99466	40275	37350	82357
其中:义乌市	Yiwu	1	113		8987	2526	242		3617
衢州市	Quzhou	88	14328	6	193550	149910	37142	1233	68440
舟山市	Zhoushan	4	144	1	6656	5557	2462		1672506
台州市	Taizhou	40	14540	5	94959	70428	28769	6252	1578725
丽水市	Lishui	35	13477	6	66303	53111	12902	1362	21763

17－8 各市农业现代化情况(2017 年) Agricultural Modernization by City (2017)

城市	City	农业机械总动力(万千瓦) Total Power of Agricultural Machinery (10000 million kw)	农村用电量(万千瓦小时) Electricity Consumed in Rural Area (10000 million kw.h)	农用化肥施用量(折纯)(吨) Consumption of Chemical Fertilizers (pure) (ton)	机耕面积(千公顷) Area Ploughed by Tractors (1000 hectares)	有效灌溉面积(千公顷) Irrigated Area (1000 hectares)
杭州市	Hangzhou	255.77	1139632	92236	159.88	157.06
宁波市	Ningbo	269.10	1781340	99942	220.04	179.37
温州市	Wenzhou	188.26	908673	79186	153.16	115.51
嘉兴市	Jiaxing	124.29	1353688	99650	146.88	183.91
湖州市	Huzhou	151.45	377046	40935	100.42	133.58
绍兴市	Shaoxing	212.88	2146213	105526	175.17	167.09
金华市	Jinhua	230.31	581013	94425	126.71	169.58
其中:义乌市	Yiwu	22.72	118637	12281	11.99	18.08
衢州市	Quzhou	138.43	107389	62512	121.40	104.60
舟山市	Zhoushan	136.94	152482	4207	8.48	15.31
台州市	Taizhou	269.28	1156622	90159	128.75	125.05
丽水市	Lishui	95.55	62423	57523	66.01	93.64

17-9 各市规模以上工业企业单位数(2017 年) Number of Industrial Enterprises Above Designated Size by City (2017)

单位:个(unit)

城市	City	工业企业单位数 Number of Enterprises	内资企业 Domestic-funded Enterprises	港澳台商投资企业 Enterprises with Investment from Hong Kong, Macao and Taiwan	外商投资企业 Enterprises with Foreign Investment
杭州市	Hangzhou	5533	4683	385	465
宁波市	Ningbo	7500	6032	807	661
温州市	Wenzhou	4582	4449	56	77
嘉兴市	Jiaxing	5394	4391	474	529
湖州市	Huzhou	2945	2567	204	174
绍兴市	Shaoxing	4494	3906	380	208
金华市	Jinhua	3691	3509	99	83
其中:义乌市	Yiwu	680	644	27	9
衢州市	Quzhou	842	796	16	30
舟山市	Zhoushan	351	328	8	15
台州市	Taizhou	3760	3608	77	75
丽水市	Lishui	849	821	12	16

17-10 各市规模以上工业总产值(2017 年) Gross Output Value of Industry by City Above Designated Size (2017)

单位:亿元(100 million yuan)

城市	City	工业总产值 Gross Output Value of Industry	内资企业 Domestic-funded Enterprises	港澳台商投资企业 Enterprises with Investment from Hong Kong, Macao and Taiwan	外商投资企业 Enterprises with Foreign Investment
杭州市	Hangzhou	12963.76	9645.40	1488.53	1829.83
宁波市	Ningbo	15850.89	10774.14	3426.48	1650.26
温州市	Wenzhou	4322.28	4021.92	85.72	214.64
嘉兴市	Jiaxing	8612.25	6024.32	999.34	1588.58
湖州市	Huzhou	4313.86	3414.62	451.89	447.35
绍兴市	Shaoxing	7776.98	6147.02	993.67	636.29
金华市	Jinhua	3713.72	3450.41	177.73	85.58
其中:义乌市	Yiwu	596.14	546.49	44.65	5.01
衢州市	Quzhou	1545.20	1358.49	20.19	166.53
舟山市	Zhoushan	943.81	865.00	16.17	62.64
台州市	Taizhou	4471.08	3945.60	149.87	375.61
丽水市	Lishui	1201.00	1169.46	19.02	12.51

17－11 各市工业企业经济指标(2017 年)
Main Indicators of Industrial Enterprises by City (2017)

单位:亿元(100 million yuan)

城市	City	平均用工人数(万人) Average Number of Staff and Workers (10000 persons)	流动资产合计 Circulating Funds	固定资产合计 Fixed Assets	主营业务收入 Revenues in Main Business
杭州市	Hangzhou	105.57	9009.58	2980.63	13209.59
宁波市	Ningbo	148.69	8815.90	3908.24	15643.88
温州市	Wenzhou	69.80	2634.93	997.36	4185.35
嘉兴市	Jiaxing	85.47	4682.03	2989.97	8517.02
湖州市	Huzhou	37.07	2234.32	1012.91	4174.84
绍兴市	Shaoxing	68.96	4505.66	1786.70	7520.82
金华市	Jinhua	55.20	2284.24	981.48	3589.13
其中:义乌市	Yiwu	10.60	411.30	229.64	564.22
衢州市	Quzhou	13.01	803.82	551.06	1491.09
舟山市	Zhoushan	7.21	768.18	514.80	903.46
台州市	Taizhou	63.99	2828.67	1322.10	4394.90
丽水市	Lishui	13.92	652.65	356.37	1310.19

续表 Continued

单位:亿元(100 million yuan)

城市	City	利税总额 Total Profits and Taxes	产品销售税金及附加 Sales Tax and Extra Charges	本年应交增值税 Tax Payable of Value Added	利润总额 Total Profits
杭州市	Hangzhou	1772.82	294.71	479.55	998.56
宁波市	Ningbo	2156.53	404.97	464.10	1287.46
温州市	Wenzhou	422.02	24.17	146.75	251.10
嘉兴市	Jiaxing	863.73	44.67	256.27	562.79
湖州市	Huzhou	456.42	28.45	121.78	306.19
绍兴市	Shaoxing	741.20	38.74	197.55	504.91
金华市	Jinhua	331.13	24.74	126.09	180.30
其中:义乌市	Yiwu	59.83	3.63	23.60	32.60
衢州市	Quzhou	184.84	9.16	56.93	118.75
舟山市	Zhoushan	38.04	5.28	20.18	12.58
台州市	Taizhou	462.27	34.45	149.91	277.91
丽水市	Lishui	124.14	6.48	36.59	81.07

17-12 各市客运量和货运量(2017 年) Passenger Traffic and Freight Traffic by City (2017)

城市	City	客运量(万人) Passenger Traffic (10000 persons)			货运量(万吨) Freight Traffic (10000 tons)		
		公路 Highways	水运 Waterways	航空 Civil Aviation	公路 Highways	水运 Waterways	航空 Civil Aviation
杭州市	Hangzhou	13019	638.00	1825.34	29378	5044	58.95
宁波市	Ningbo	4303	185.19	939.07	29002	21054	16.96
温州市	Wenzhou	21845	33.76	492.43	10978	3283	4.39
嘉兴市	Jiaxing	2984	79.99		12832	9109	
湖州市	Huzhou	5166	94.60		9817	6939	
绍兴市	Shaoxing	2805	121.17		12055	1371	
金华市	Jinhua	11828	2.55	129.50	8768	16	1.55
其中:义乌市	Yiwu	3364		129.50	2889		1.55
衢州市	Quzhou	5210	5.82	20.26	11263	5	0.06
舟山市	Zhoushan	2629	2806.00	102.00	8460	23245	0.02
台州市	Taizhou	8236	208.92	82.20	14377	13482	0.68
丽水市	Lishui	2556	112.31		4985	235	

17－13 各市公路里程、邮电通信和用电量情况(2017 年)
Length of Highways, Posts and Telecommunications and Electricity by City (2017)

城市	City	境内公路里程(公里) Length of Highways (km)	#高速公路 Expressway	民用汽车拥有量(辆) Civil Motor Vehicles (unit)	固定电话用户(万户) Telephone Subscribers (10000 subscribers)	年末移动电话用户数(万户) Number of Mobile Telephones Subscribers (10000 subscribers)
杭州市	Hangzhou	16424.07	632.04	2638992	259.37	1724.17
宁波市	Ningbo	11236.00	514.00	2289466	224.00	1218.85
温州市	Wenzhou	8595.46	296.91	1984912	146.78	1164.51
嘉兴市	Jiaxing	8140.00	393.06	1195058	101.37	631.68
湖州市	Huzhou	7958.00	319.00	733755	80.32	443.06
绍兴市	Shaoxing	10136.00	441.00	1240014	116.93	882.82
金华市	Jinhua	12823.00	377.00	1688837	99.67	1029.60
其中:义乌市	Yiwu	1536.00	77.00	522662	31.99	287.04
衢州市	Quzhou	8403.03	422.37	420470	38.64	237.99
舟山市	Zhoushan	1931.00	42.00	160697	26.77	178.52
台州市	Taizhou	12780.32	297.91	1482967	92.26	826.46
丽水市	Lishui	15538.00	419.00	358644	33.69	267.95

续表 Continued

城市	City	国际互联网用户数(万户) Users of International Computer Network (10000 subscribers)	电信业务收入(万元) Telecom Business Income (10000 yuan)	全年用电量(亿千瓦小时) Total Electricity Consumption (100 million kw.h)	#工业用电 Industrial Consumption	#城乡居民生活用电 Residential Consumption
杭州市	Hangzhou	508.69	1926784	738.03	432.27	114.86
宁波市	Ningbo	384.00	1155940	709.23	525.40	80.64
温州市	Wenzhou	365.24	1122492	399.12	238.93	92.33
嘉兴市	Jiaxing	175.29	845536	483.96	390.08	40.18
湖州市	Huzhou	157.76	360328	244.33	182.16	28.12
绍兴市	Shaoxing	200.92	531404	411.55	321.47	42.07
金华市	Jinhua	253.51	737437	337.68	228.28	49.33
其中:义乌市	Yiwu	81.32	258529	86.32	50.66	11.69
衢州市	Quzhou	83.85	165726	155.28	120.03	15.91
舟山市	Zhoushan	52.02	136142	52.52	24.39	9.58
台州市	Taizhou	226.26	678804	310.51	205.39	57.57
丽水市	Lishui	76.60	184359	86.95	52.88	17.12

17－14 各市固定资产投资(2017 年)
Investment in Fixed Assets by City (2017)

单位:亿元(100 million yuan)

城市	City	固定资产投资 Inventment in Fixed Assets	第一产业 Primary Industry	第二产业 Secondary Industry	第三产业 Tertiary Industry
杭州市	Hangzhou District	5856.65	33.67	866.55	4956.43
宁波市	Ningbo District	5009.58	6.50	1356.11	3646.97
温州市	Wenzhou District	4178.49	73.65	965.33	3139.51
嘉兴市	Jiaxing District	3009.64	24.25	1340.82	1644.58
湖州市	Huzhou District	1730.98	10.24	717.68	1003.06
绍兴市	Shaoxing District	3115.67	28.23	1331.69	1755.76
金华市	Jinhua District	2200.52	8.94	759.00	1432.58
其中:义乌市	Yiwu	633.07	1.04	165.18	466.85
衢州市	Quzhou District	1047.78	30.39	363.75	653.64
舟山市	Zhoushan District	1450.31	10.18	455.88	984.25
台州市	Taizhou District	2518.26	19.32	915.36	1583.58
丽水市	Lishui District	903.84	19.53	213.38	670.93

续表 Continued 单位:亿元(100 million yuan)

城市	City	#房地产开发投资 Real Estate Development	#住宅 Residential Buildings	新增固定资产 Newly Increased Fixed Assets	商品房屋销售面积(万平方米) Floor Space of Commerical Houses Sold (10000 sq. m)	商品房屋销售额 Total Value of Commerical Houses Sold
杭州市	Hangzhou District	2734.00	1712.93	3299.15	2053.67	4180.11
宁波市	Ningbo District	1374.47	932.47	2777.21	1543.60	2056.77
温州市	Wenzhou District	1024.16	774.17	2395.94	1070.35	1317.29
嘉兴市	Jiaxing District	723.81	547.66	1879.77	1058.77	1139.10
湖州市	Huzhou District	301.17	229.36	922.62	743.92	621.40
绍兴市	Shaoxing District	678.07	503.20	1907.82	1038.69	934.54
金华市	Jinhua District	371.63	263.27	1314.64	489.67	551.27
其中:义乌市	Yiwu	86.68	47.37	394.21	73.61	138.88
衢州市	Quzhou District	158.54	114.06	736.84	287.47	276.06
舟山市	Zhoushan District	209.43	142.88	1020.10	218.34	267.15
台州市	Taizhou District	461.03	298.85	1450.09	829.39	752.14
丽水市	Lishui District	190.46	127.12	580.29	265.75	244.15

17－15 各市国内贸易情况(2017 年)
The Situation of Domestic Trade by City (2017)

城市	City	社会消费品零售总额(亿元) Total Retail Sales of Consumer Goods (100 million yuan)	限额以上批发零售业商品销售额(亿元) Total Sales of Wholesale and Retailsale Trade Above Designated Size (100 million yuan)	限额以上批发零售企业数(个) Number of Wholesale and retail enterprises above the Designated Size (unit)	
					零售 Retail
杭州市	Hangzhou	5717.43	20706.77	4406	1377
宁波市	Ningbo	4047.81	17958.70	3999	822
温州市	Wenzhou	3062.57	3708.55	2172	720
嘉兴市	Jiaxing	1806.62	2546.66	1522	396
湖州市	Huzhou	1188.15	2203.72	743	300
绍兴市	Shaoxing	1977.66	2807.67	2243	615
金华市	Jinhua	2191.19	1793.52	1165	563
其中:义乌市	Yiwu	653.79	354.23	331	137
衢州市	Quzhou	677.89	434.43	368	200
舟山市	Zhoushan	505.68	1879.51	339	85
台州市	Taizhou	2235.73	1991.39	1136	509
丽水市	Lishui	635.96	526.79	287	213

17－16 各市外贸及利用外资情况(2017 年)
The Situation of Foreign Trade and the Use of Foreign Capital by City(2017)

城市	City	进口总额(亿美元) Total imports (100 million USD)	出口总额(亿美元) Total exports (100 million USD)	外国和港澳台地区在华直接投资 Foreign Funded Enterprises and Enterprises Funded by Entrepreneurs from Hong Kong, Macao & Taiwan	
				新签项目(合同)数(个) Newly Signed Contracts(unit)	实际使用外资金额(万美元) Amount of Foreign Capital Actually Use (USD 10000)
杭州市	Hangzhou	222.32	467.81	575	661001
宁波市	Ningbo	386.63	735.34	555	402995
温州市	Wenzhou	25.04	170.81	66	35822
嘉兴市	Jiaxing	102.55	262.03	360	299452
湖州市	Huzhou	13.39	100.56	115	105320
绍兴市	Shaoxing	21.50	273.15	407	128666
金华市	Jinhua	13.86	488.27	793	43044
其中:义乌市	Yiwu	5.16	339.79	728	20834
衢州市	Quzhou	15.49	38.23	25	7396
舟山市	Zhoushan	58.90	56.65	56	40518
台州市	Taizhou	29.36	203.62	48	44332
丽水市	Lishui	2.64	30.30	25	21665

17－17 各市国际旅游事业情况(2017 年)
International Tourism by City (2017)

城市	City	海外游客人数(人) Total Number of International Tourists (person)	#外国人 Foreigners	#港澳台同胞 Compatriots from Hong Kong Macao and Taiwan, China	国际旅游收入(万美元) Total International Income From Tourism (USD 10000)
杭州市	Hangzhou	4022300	2849900	1172300	354286
宁波市	Ningbo	1869109	975876	893233	98980
温州市	Wenzhou	1390820	891446	499374	68549
嘉兴市	Jiaxing	715222	433595	281627	22587
湖州市	Huzhou	1116602	573548	543054	43799
绍兴市	Shaoxing	891332	515217	376115	31934
金华市	Jinhua	1102661	903242	199419	59612
其中:义乌市	Yiwu	871726	774527	97199	52321
衢州市	Quzhou	13480	3927	9553	552
舟山市	Zhoushan	344313	166466	177847	17631
台州市	Taizhou	198827	155832	42995	6750
丽水市	Lishui	379148	339714	39434	106188

17－18 各市财政收支情况(2017 年)
Total Financial Revenve and Expenditure by City (2017)

单位:万元(10000 yuan)

城市	City	财政总收入(亿元) Total Financial Revenue (100 million)	一般公共预算收入 General Public Revenue	一般公共预算支出 General Public Budget Expenditure	#一般性公共服务支出 Expenses for Public Service	#教育支出 Expenses for Education
杭州市	Hangzhou	2921.30	15674169	15409156	1311829	2792968
宁波市	Ningbo	2415.61	12452880	14106049	1431115	2146045
温州市	Wenzhou	778.26	4653504	7616108	888951	1791419
嘉兴市	Jiaxing	769.31	4437941	4947026	497637	1020834
湖州市	Huzhou	408.89	2374308	3250181	342010	636727
绍兴市	Shaoxing	705.53	4313596	4698303	494312	995509
金华市	Jinhua	601.18	3577073	5366856	578476	1053388
其中:义乌市	Yiwu	142.06	849995	947363	125047	222204
衢州市	Quzhou	174.48	1112838	3004654	323528	459035
舟山市	Zhoushan	187.22	1257644	2586044	344568	331707
台州市	Taizhou	656.97	3822482	5630966	661327	1226156
丽水市	Lishui	180.46	1129055	3786403	417058	670110

17－19 各市金融情况(2017 年)
Finace by City(2017)

单位:亿元(100 million yuan)

城市	City	金融机构年末存款余额 Deposits	住户存款年末余额(亿元) Savings Deposits of Residents	金融机构年末贷款余额 Loans
杭州市	Hangzhou	35321.94	8502.96	28573.63
宁波市	Ningbo	17392.53	5902.68	17125.29
温州市	Wenzhou	10875.49	5617.57	8604.11
嘉兴市	Jiaxing	7344.71	3406.35	5973.90
湖州市	Huzhou	3963.05	1904.64	3266.82
绍兴市	Shaoxing	7657.56	3607.75	6676.76
金华市	Jinhua	7746.62	4075.16	6681.56
其中:义乌市	Yiwu	2627.23	1357.17	2267.54
衢州市	Quzhou	2112.33	1052.88	1921.98
舟山市	Zhoushan	1943.67	755.02	1693.69
台州市	Taizhou	7429.26	4038.69	6366.68
丽水市	Lishui	2213.44	1334.66	1722.06

17－20 各市社会保险福利情况(2017 年)
Basic Statistics on Social Insurance & Welfare by City (2017)

单位:万人(10000 persons)

城市	City	城镇职工基本养老保险参保人数 Staff and Workers in Urban Area Participating in the Basic Retirement Security Program	城镇居民基本医疗保险参保人数 Urban Households Participating in the Basic Health Care Program	失业保险人数 Persons Participating in the Unemployment Insurance Program
杭州市	Hangzhou	628.32	954.43	416.01
宁波市	Ningbo	429.59	329.40	269.33
温州市	Wenzhou	272.22	596.03	114.46
嘉兴市	Jiaxing	172.23	393.08	122.10
湖州市	Huzhou	143.84	143.57	72.3
绍兴市	Shaoxing	224.90	282.52	131.81
金华市	Jinhua	199.10	341.50	85.01
其中:义乌市	Yiwu	50.82	43.12	20.80
衢州市	Quzhou	77.54	173.68	28.79
舟山市	Zhoushan	62.14	56.09	22.30
台州市	Taizhou	213.36	465.53	97.59
丽水市	Lishui	82.23	205.07	23.13

续表 Continued

单位:万人(10000 persons)

城市	City	养老服务机构数(个) Number of Pension Service Institutions (unit)	养老服务机构床位数(张) Number of Beds in Pension Services (unit)	居民最低生活保障线以下人数(人) Residents under Minimum Life Guarantee Relief (person)
杭州市	Hangzhou	276	51650	122739
宁波市	Ningbo	266	55554	70192
温州市	Wenzhou	355	45285	14138
嘉兴市	Jiaxing	88	24824	5444
湖州市	Huzhou	127	23958	6449
绍兴市	Shaoxing	210	44186	26151
金华市	Jinhua	173	37565	3352
其中:义乌市	Yiwu	13	5515	89
衢州市	Quzhou	84	13636	4992
舟山市	Zhoushan	85	10416	1912
台州市	Taizhou	316	49051	101625
丽水市	Lishui	64	8895	7342

17－21 各市各类学校在校学生数(2017 年)
Student Enrollment by Type of School and by City (2017)

城市	City	高等学校(人) Institutions of Higher Education (person)	中等职业学校(人) Vocational Secondary Schools (person)	普通中学(万人) Regular Secondary Schools (10000 persons)	小学(万人) Primary Schools (10000 persons)
杭州市	Hangzhou	425769	103724	33.79	56.04
宁波市	Ningbo	156110	67880	28.64	47.76
温州市	Wenzhou	88680	75692	37.97	62.32
嘉兴市	Jiaxing	69153	48939	16.08	25.11
湖州市	Huzhou	26383	28732	11.25	16.03
绍兴市	Shaoxing	97345	49300	23.34	25.59
金华市	Jinhua	75378	74333	25.96	41.40
其中:义乌市	Yiwu	8027	14820	4.85	10.43
衢州市	Quzhou	16022	28304	11.26	13.35
舟山市	Zhoushan	22059	7964	3.19	4.82
台州市	Taizhou	34728	81935	30.50	45.34
丽水市	Lishui	21046	29305	11.20	16.24

17－22 各市 R&D 经费支出及专利申请(2017 年)
Patent Application by City (2017)

城市	City	R&D 经费支出(万元) Expenditure on R&D Activities (10000 yuan)	专利申请受理量(项) Patent Application Accepted (item)	专利申请授权量(项) Patent Application Approved (item)	#发明 Invention
杭州市	Hangzhou	2419319	75709	42227	9872
宁波市	Ningbo	2419100	62104	36993	5382
温州市	Wenzhou	1055100	46000	29511	2758
嘉兴市	Jiaxing	1205318	33029	18244	1850
湖州市	Huzhou	655700	28808	12025	2190
绍兴市	Shaoxing	1194690	51107	25741	2118
金华市	Jinhua	603699	28852	17444	1285
其中:义乌市	Yiwu	156452	5548	3411	255
衢州市	Quzhou	176224	8241	4146	493
舟山市	Zhoushan	125598	3649	1920	501
台州市	Taizhou	711978	28071	19143	1844
丽水市	Lishui	163000	10887	5697	333

17－23 各市文化和卫生事业主要指标(2017 年) Main Indicators of Culture and Public Healthy by City (2017)

城市	City	体育场馆数(个) Number of Sports Grounds and Gymnasiums (unit)	剧场、影剧院数(个) Number of Theaters and Music Halls (unit)	公共图书馆图书藏量(万册) Total Collections of Books in Public Libraries (10000 copies)	医院数(个) Number of Health Institutions (unit)	医院床位数(张) Number of Beds in Health Institutions (bed)	医生数(人) Doctors (person)
杭州市	Hangzhou	146	189	2281	302	70187	41833
宁波市	Ningbo	230	95	817	154	34135	24268
温州市	Wenzhou	36	9	1120	142	36327	26674
嘉兴市	Jiaxing	62	49	829	75	22044	11392
湖州市	Huzhou	42	35	290	58	13962	8080
绍兴市	Shaoxing	25	8	424	76	21242	15195
金华市	Jinhua	18	62	413	131	26814	16372
义乌市	Yiwu	2	24	93	28	4759	3284
衢州市	Quzhou	44	14	265	75	11621	6930
舟山市	Zhoushan	18	14	200	30	5056	3581
台州市	Taizhou	71	71	827	111	24955	17235
丽水市	Lishui	18	22	204	54	12042	7913

17－24 各市、县国民经济主要指标(2017 年)
Main Indicators of National Economy by City and Country (2017)

市县名称	City and County	土地面积(平方公里) Land Area (sq. km)	年末常住人口(万人) Total Population with Permanent Residence (10000 persons)	生产总值(亿元) Gross Domestic Product (100 million yuan)	第一产业 Primary Industry	第二产业 Secondary Industry
杭州市区	Hangzhou District	8000	824.10	11621.46	215.00	3905.87
萧山区	Xiaoshan	1163	165.50	2007.24	66.63	923.24
余杭区	Yuhang	1222	147.60	2034.47	50.38	586.01
富阳区	Fuyang	1808	73.90	724.88	46.26	324.57
临安区	Linan	3124	59.10	530.92	43.27	263.91
建德市	Jiande	2364	44.50	358.50	34.68	179.01
桐庐县	Tonglu	1780	42.90	383.13	25.16	198.60
淳安县	Chunan	4452	35.30	240.28	36.25	79.01
宁波市区	Ningbo District	3730	420.00	6282.69	94.32	3112.03
鄞州区	Yinzhou	814	129.40	1508.05	25.34	525.77
奉化区	Fenhua	1268	51.10	544.33	30.42	319.58
余姚市	Yuyao	1501	109.50	1007.86	44.77	589.33
慈溪市	Cixi	1361	150.20	1532.57	53.03	933.72
象山县	Xiangshan	1382	52.60	478.22	70.72	203.96
宁海县	Ninghai	1843	68.20	540.73	42.96	280.41
温州市区	Wenzhou District	1311	300.35	2181.08	17.40	882.12
洞头区	Dongtou	231	10.15	90.11	6.30	30.98
瑞安市	Ruian	1350	142.88	861.69	22.60	352.87
乐清市	Yueqing	1385	141.41	947.26	21.32	416.88
永嘉县	Yongjia	2677	83.52	373.34	14.93	158.60
平阳县	Pingyang	1042	79.48	410.46	16.80	160.48
苍南县	Cangnan	1253	124.07	515.49	34.39	189.44
文成县	Wenchen	1296	24.30	88.45	8.87	20.70
泰顺县	Taishun	1768	25.49	91.75	8.06	26.25
嘉兴市区	Jiaxing District	987	126.23	1125.46	29.69	511.83
平湖市	Pinghu	554	68.88	613.40	15.30	362.52
海宁市	Haining	863	84.36	866.32	21.76	480.82
桐乡市	Tongxiang	727	83.92	802.51	26.36	407.84
嘉善县	Jiashan	507	57.64	518.12	22.00	282.38
海盐县	Haiyan	585	44.57	460.26	20.45	269.64
湖州市区	Huzhou District	1565	133.90	1085.73	45.69	489.01
德清县	Deqing	938	50.80	471.16	21.90	244.80
长兴县	ChangXing	1431	66.31	554.13	33.98	275.17
安吉县	Anji	1886	48.49	363.52	25.99	162.77
绍兴市区	Shaoxing District	2965	275.04	2951.68	94.75	1412.17
柯桥区	keqiao	1066	97.99	1300.66	35.57	666.96
上虞区	Shangyu	1406	79.38	840.40	45.94	438.39

续表 1 Continued

市县名称	City and County	土地面积（平方公里）Land Area (sq. km)	年末常住人口（万人）Total Population with Permanent Residence (10000 persons)	生产总值（亿元）Gross Domestic Product (100 million yuan)	第一产业 Primary Industry	第二产业 Secondary Industry
诸暨市	Zhuji	2311	118.19	1165.38	51.30	579.18
嵊州市	Shengzhou	1789	69.11	525.30	39.01	259.50
新昌县	Xinchang	1214	38.66	393.12	22.49	190.32
金华市区	Jinhua District	2049	114.59	741.39	33.54	255.72
金东区	JIndong	658	36.15	185.94	14.18	87.76
兰溪市	Lanxi	1312	56.61	342.88	25.64	176.24
东阳市	Dongyang	1747	83.89	543.16	18.47	255.65
义乌市	Yiwu	1105	129.54	1155.18	21.94	371.62
永康市	Yongkang	1047	75.75	528.60	8.25	298.06
武义县	Wuyi	1568	36.08	233.36	15.90	117.73
浦江县	Pujiang	918	41.97	215.55	10.28	112.07
磐安县	Panan	1195	17.97	88.49	11.61	39.54
衢州市区	Quzhou District	2354	83.22	602.23	30.32	279.76
江山市	Jiangshan	2019	47.96	269.33	21.96	124.18
常山县	Changshan	1097	25.09	127.40	8.38	53.67
开化县	Kaihua	2231	25.14	118.84	12.68	39.50
龙游县	Longyou	1143	37.08	219.80	14.06	95.52
舟山市区	Zhoushan District	1036	88.52	926.52	70.26	314.86
岱山县	Daishan	326	21.16	196.97	39.84	75.58
嵊泗县	Shengsi	97	7.12	104.67	30.39	14.82
台州市区	Taizhou District	1536	196.70	1602.85	52.00	693.98
温岭市	Wenling	836	136.90	990.36	76.34	409.31
临海市	Linhai	2171	105.10	600.25	46.55	270.72
玉环市	Yuhuan	378	62.70	529.83	34.39	282.69
三门县	Sanmen	1072	35.00	210.49	29.77	77.22
天台县	Tiantai	1426	40.00	227.71	13.73	94.80
仙居县	Xianju	1992	35.40	211.13	15.47	89.02
丽水市区	Lishui District	1493	48.03	326.20	18.95	118.30
龙泉市	Longquan	3044	23.84	119.57	14.31	41.65
青田县	Qingtian	2477	35.45	213.80	8.66	103.75
云和县	Yunhe	990	11.47	63.61	4.72	29.94
庆元县	Qingyuan	1897	13.88	66.23	8.13	25.38
缙云县	Jinyun	1494	36.84	208.12	11.10	101.08
遂昌县	Suichang	2540	19.15	103.69	11.64	36.49
松阳县	Songyang	1401	19.06	98.52	14.71	38.89
景宁自治县	Jingning	1939	10.88	53.81	7.20	15.23

续表 2 Continued

市县名称	City and County	第三产业 Tertiary Industry	工业 Industry Industry	人均生产总值（元）Per－capita GDP (yuan)	社会消费品零售总额（亿元）Total Retail Sales of Consumer Goods (100 million yuan)	财政总收入（亿元）Total Financia Revenue (100 million yuan)
杭州市区	Hangzhou District	7500.59	3568.25	148794	5333.63	2726.17
萧山区	Xiaoshan	1017.37	860.47	124403	701.22	405.37
余杭区	Yuhang	1398.08	546.72	143525	481.26	503.80
富阳区	Fuyang	354.04	298.79	98262	250.45	106.89
临安区	Linan	223.73	240.29	90024	192.33	74.91
建德市	Jiande	144.81	157.27	80380	127.95	42.72
桐庐县	Tonglu	159.37	180.25	89936	164.86	46.59
淳安县	Chunan	125.02	62.36	68397	90.99	30.91
宁波市区	Ningbo District	3076.33	2794.69	150990	2615.93	1815.76
鄞州区	Yinzhou	956.94	455.02	125260	837.26	410.91
奉化区	Fenhua	194.33	292.90	106627	161.95	71.03
余姚市	Yuyao	373.76	543.32	94149	437.13	152.45
慈溪市	Cixi	545.82	882.30	102069	583.23	290.13
象山县	Xiangshan	203.54	152.28	91003	191.25	67.19
宁海县	Ninghai	217.36	248.18	79344	220.27	90.08
温州市区	Wenzhou District	1281.56	675.34	72524	1553.90	357.14
洞头区	Dongtou	52.84	16.97	89399	30.50	12.22
瑞安市	Ruian	486.22	304.08	60512	354.32	105.04
乐清市	Yueqing	509.06	380.37	66883	382.42	140.00
永嘉县	Yongjia	199.81	115.29	44924	168.28	50.46
平阳县	Pingyang	233.18	126.45	51954	191.20	47.29
苍南县	Cangnan	291.66	148.52	41747	326.63	55.87
文成县	Wenchen	58.88	8.88	36937	41.20	11.03
泰顺县	Taishun	57.44	9.07	36415	44.63	11.43
嘉兴市区	Jiaxing District	583.94	460.24	89889	496.59	252.69
平湖市	Pinghu	235.58	345.24	89229	200.00	113.21
海宁市	Haining	363.75	421.40	103220	407.10	135.55
桐乡市	Tongxiang	368.31	363.99	95902	361.55	108.31
嘉善县	Jiashan	213.75	258.94	90195	203.87	88.40
海盐县	Haiyan	170.17	256.32	103440	137.50	71.16
湖州市区	Huzhou District	551.03	428.59	82000	604.68	170.86
德清县	Deqing	204.46	227.86	93648	168.44	83.72
长兴县	ChangXing	244.98	251.93	84327	258.40	87.03
安吉县	Anji	174.76	149.65	76018	156.63	67.28
绍兴市区	Shaoxing District	1444.76	1206.93	107555	1081.43	461.11
柯桥区	keqiao	598.14	578.78	133025	291.18	180.96
上虞区	Shangyu	356.07	376.83	106104	334.40	121.89

续表 3 Continued

市县名称	City and County	第三产业 Tertiary Industry	工业 Industry Industry	人均生产总值(元) Per-capita GDP (yuan)	社会消费品零售总额(亿元) Total Retail Sales of Consumer Goods (100 million yuan)	财政总收入(亿元) Total Financia Revenue (100 million yuan)
诸暨市	Zhuji	534.90	488.92	98820	438.67	123.78
嵊州市	Shengzhou	226.79	235.13	76175	284.50	60.28
新昌县	Xinchang	180.31	175.53	101910	173.06	60.36
金华市区	Jinhua District	452.14	209.27	65000	619.17	146.30
金东区	JIndong	84.00	66.53	51816	147.60	28.76
兰溪市	Lanxi	141.01	164.51	60623	150.71	40.20
东阳市	Dongyang	269.04	196.55	64959	276.74	100.88
义乌市	Yiwu	761.63	316.02	89695	653.79	142.06
永康市	Yongkang	222.28	275.44	70157	230.03	87.65
武义县	Wuyi	99.73	105.08	64814	99.77	40.97
浦江县	Pujiang	93.20	99.59	51451	123.99	28.10
磐安县	Panan	37.35	29.91	49356	37.00	15.02
衢州市区	Quzhou District	292.15	243.61	72664	261.66	100.01
江山市	Jiangshan	123.19	108.57	56439	126.45	25.21
常山县	Changshan	65.35	42.45	51196	67.90	13.97
开化县	Kaihua	66.66	20.59	47604	78.41	13.22
龙游县	Longyou	110.22	78.14	59572	143.48	22.07
舟山市区	Zhoushan District	541.39	234.75	104928	392.70	155.26
岱山县	Daishan	81.55	54.84	94881	77.22	23.19
嵊泗县	Shengsi	59.47	6.25	144577	35.76	8.77
台州市区	Taizhou District	856.87	612.47	81966	889.97	270.36
温岭市	Wenling	504.71	339.18	72316	593.35	115.71
临海市	Linhai	282.98	234.90	57221	250.62	97.74
玉环市	Yuhuan	212.75	266.26	84368	187.75	83.40
三门县	Sanmen	103.50	57.11	61012	96.21	26.28
天台县	Tiantai	119.18	79.80	57069	119.52	32.95
仙居县	Xianju	106.64	73.65	59811	98.32	30.52
丽水市区	Lishui District	188.95	92.87	68342	195.98	69.68
龙泉市	Longquan	63.61	30.10	50357	60.04	12.83
青田县	Qingtian	101.38	91.79	60668	100.30	26.00
云和县	Yunhe	28.95	23.86	55651	28.99	8.36
庆元县	Qingyuan	32.72	18.79	47943	35.81	7.11
缙云县	Jinyun	95.94	88.28	56748	85.56	20.09
遂昌县	Suichang	55.56	29.78	54330	54.11	13.39
松阳县	Songyang	44.93	32.34	51853	44.24	9.93
景宁自治县	Jingning	31.38	7.96	49687	30.93	13.07

续表 4 Continued

市县名称	City and County	一般公共预算收入（亿元）General Public Revenue (100 million yuan)	一般公共预算支出（亿元）General Public Budget Expenditure (100 million yuan)	住户存款年末余额（亿元）Savings Deposits of Residents (100 million yuan)	城镇居民人均可支配收入（元）Per Capita Disposable Income of Urban Residents (yuan)	农村居民人均可支配收入（元）Per Capita Disposable Income of Rural Residents (yuan)
杭州市区	Hangzhou District	1497.92	1396.89	7880.95		
萧山区	Xiaoshan	227.48	240.84	1485.46	60336	34588
余杭区	Yuhang	280.01	270.39	1060.76	57738	34358
富阳区	Fuyang	63.70	66.30	416.36	51410	29687
临安区	Linan	43.30	64.78	301.08	48761	28201
建德市	Jiande	24.40	44.99	234.91	45061	23998
桐庐县	Tonglu	27.83	41.67	228.88	46108	26785
淳安县	Chunan	17.27	57.37	158.22	40269	17721
宁波市区	Ningbo District	902.58	1006.17	3406.74	59482	32743
鄞州区	Yinzhou	241.65	201.22	1594.06		
奉化区	Fenhua	42.94	68.48	308.24	48910	28008
余姚市	Yuyao	90.65	102.68	793.74	52982	31019
慈溪市	Cixi	157.31	151.46	1157.88	54894	32088
象山县	Xiangshan	39.27	70.27	261.29	50677	28385
宁海县	Ninghai	55.48	80.03	283.03	51804	28410
温州市区	Wenzhou District	211.20	262.67	2506.50		
洞头区	Dongtou	7.10	22.30	38.32	41891	24840
瑞安市	Ruian	63.47	98.23	861.60	55127	27903
乐清市	Yueqing	79.40	95.21	801.27	54504	29423
永嘉县	Yongjia	31.60	73.99	390.95	41760	20271
平阳县	Pingyang	29.80	60.28	342.43	43305	20725
苍南县	Cangnan	33.72	80.62	412.02	43457	20286
文成县	Wenchen	8.25	45.46	187.05	35730	15859
泰顺县	Taishun	7.91	45.15	115.75	34175	15532
嘉兴市区	Jiaxing District	143.14	164.46	963.06	47987	30205
平湖市	Pinghu	68.87	73.58	399.33	53654	31479
海宁市	Haining	77.72	81.95	671.99	56139	32661
桐乡市	Tongxiang	61.69	66.50	663.77	52056	31984
嘉善县	Jiashan	51.72	59.50	402.06	54138	31976
海盐县	Haiyan	40.65	48.70	306.14	54633	32177
湖州市区	Huzhou District	99.75	148.80	984.89		
德清县	Deqing	48.66	51.13	317.97	50450	29842
长兴县	ChangXing	49.50	63.08	337.83	50286	29341
安吉县	Anji	39.52	62.00	263.95	48237	27904
绍兴市区	Shaoxing District	279.97	279.91	2208.72		
柯桥区	keqiao	114.06	101.89	857.66	58762	34316
上虞区	Shangyu	70.11	72.59	571.21	55270	29641

续表 5 Continued

市县名称	City and County	一般公共预算收入（亿元）General Public Revenue (100 million yuan)	一般公共预算支出（亿元）General Public Budget Expenditure (100 million yuan)	住户存款年末余额（亿元）Savings Deposits of Residents (100 million yuan)	城镇居民人均可支配收入（元）Per Capita Disposable Income of Urban Residents (yuan)	农村居民人均可支配收入（元）Per Capita Disposable Income of Rural Residents (yuan)
诸暨市	Zhuji	77.01	91.31	746.11	57844	33073
嵊州市	Shengzhou	38.02	53.20	418.00	52039	26944
新昌县	Xinchang	36.36	45.41	234.92	51223	25841
金华市区	Jinhua District	86.62	145.38	726.01		
金东区	JIndong	17.44	25.66		41749	23045
兰溪市	Lanxi	24.18	42.30	250.57	38225	18243
东阳市	Dongyang	58.58	82.70	620.54	48645	26939
义乌市	Yiwu	85.00	94.74	1357.17	66081	33393
永康市	Yongkang	52.36	63.34	597.58	50395	25793
武义县	Wuyi	24.28	45.80	215.69	35986	16261
浦江县	Pujiang	17.79	33.92	222.36	41655	19611
磐安县	Panan	8.91	28.52	85.24	35417	16160
衢州市区	Quzhou District	61.48	123.50	408.80	40081	
江山市	Jiangshan	16.67	45.21	265.98	41545	21932
常山县	Changshan	9.88	37.76	107.76	33539	18317
开化县	Kaihua	8.44	44.24	107.70	31798	15736
龙游县	Longyou	14.82	49.75	162.63	40694	20502
舟山市区	Zhoushan District	103.58	192.93	601.24		
岱山县	Daishan	15.52	41.60	110.25	46553	30851
嵊泗县	Shengsi	6.67	24.08	43.53	46928	29749
台州市区	Taizhou District	156.86	191.62	1682.88	57032	27059
温岭市	Wenling	68.09	91.12	881.76	53178	28412
临海市	Linhai	54.29	83.57	545.21	47309	25052
玉环市	Yuhuan	48.49	64.67	349.48	61057	29996
三门县	Sanmen	16.78	40.58	149.45	41156	22241
天台县	Tiantai	19.21	41.60	218.36	41928	20697
仙居县	Xianju	18.53	49.93	211.55	37127	19129
丽水市区	Lishui District	43.44	84.08	316.30	41857	23407
龙泉市	Longquan	8.50	41.36	108.73	40548	19282
青田县	Qingtian	16.84	45.75	402.28	40214	20713
云和县	Yunhe	5.18	23.43	53.98	36691	16900
庆元县	Qingyuan	4.20	31.78	66.06	33805	15626
缙云县	Jinyun	13.05	42.61	164.71	38229	17711
遂昌县	Suichang	8.37	35.58	87.16	40355	17100
松阳县	Songyang	6.31	37.31	89.22	34063	15908
景宁自治县	Jingning	7.01	36.74	46.21	33618	16503

注：人均生产总值按常住人口计算，以后各表同。
Per Capita GDP is calculated by population with permanent residence. The same applies to the relevant tables following.

17－25 各市、县全社会就业人员数(2017 年底)
Total Employed Persons by City and County (End of 2017)

单位:万人(10000 persons)

市县名称	City and County	全社会就业人员数 Total Employed Persons	第一产业 Primary Industry	第二产业 Secondary Industry	第三产业 Tertiary Industry
杭州市区	Hangzhou District	589.69	36.71	211.82	341.16
萧山区	Xiaoshan	113.58	10.12	68.74	34.72
余杭区	Yuhang	89.86	8.13	31.67	50.06
富阳区	Fuyang	48.38	8.86	24.09	15.43
临安区	Linan	40.22	9.10	18.40	12.72
建德市	Jiande	27.11	9.72	8.47	8.92
桐庐县	Tonglu	29.60	5.87	11.12	12.61
淳安县	Chunan	24.23	10.87	3.64	9.72
宁波市区	NiBo District	293.01		147.98	157.31
鄞州区	Yinzhou	89.03	3.30	43.29	42.44
奉化区	Fenhua	36.07	5.23	18.34	12.50
余姚市	Yuyao	70.88	3.81	36.54	30.53
慈溪市	Cixi	82.10	9.60	47.90	24.60
象山县	Xiangshan	37.46	7.53	16.81	12.72
宁海县	Ninghai	48.55	7.30	26.00	15.25
温州市区	WenZhou District	153.60	6.77	75.02	68.92
洞头区	Ruian	5.03	0.91	1.79	2.33
瑞安市	Dongtou	76.01	3.41	40.47	32.13
乐清市	Yueqing	74.89	12.05	30.61	32.23
永嘉县	Yongjia	55.59	12.58	23.95	19.06
平阳县	Pingyang	46.67	11.25	20.43	14.99
苍南县	Cangnan	64.74	12.67	27.51	24.56
文成县	Wenchen	16.07	5.12	3.86	7.09
泰顺县	Taishun	17.23	5.10	7.85	4.28
嘉兴市区	JiXing District	87.61	7.30	40.29	40.02
平湖市	Pinghu	43.10	3.43	25.22	14.45
海宁市	Haining	65.56	4.65	38.78	22.13
桐乡市	Tongxiang	65.09	4.58	35.48	25.03
嘉善县	Jiashan	40.32	3.96	23.46	12.90
海盐县	Haiyan	30.05	3.83	17.18	9.04
湖州市区	District	84.01	8.91	40.90	34.20
德清县	Deqing	32.08	3.39	18.13	10.56
长兴县	ChangXing	42.78	4.77	22.70	15.31
安吉县	Anji	30.06	3.97	14.21	11.88
绍兴市区	ShaoXing District				
柯桥区	keqiao	71.05	4.97	44.59	21.49
上虞区	Shangyu	55.92	7.32	30.84	17.76

续表 Continued 单位:万人(10000 persons)

市县名称	City and County	全社会就业人员数 Total Employed Persons	第一产业 Primary Industry	第二产业 Secondary Industry	第三产业 Tertiary Industry
诸暨市	Zhuji	77.19	11.95	42.14	23.10
嵊州市	Shengzhou	46.98	10.02	23.96	13.00
新昌县	Xinchang	24.81	5.21	11.48	8.12
金华市区	JinHua District	72.10	7.09	35.98	29.03
金东区	JIndong	23.20	7.82	8.61	6.77
兰溪市	Lanxi	36.03	8.66	15.54	11.83
东阳市	Dongyang	52.77	9.02	26.25	17.50
义乌市	Yiwu	96.44	5.33	55.00	36.11
永康市	Yongkang	50.01	8.20	29.85	11.96
武义县	Wuyi	20.55	3.10	10.59	6.86
浦江县	Pujiang	30.89	6.02	15.23	9.64
磐安县	Panan	12.07	5.31	5.10	1.66
衢州市区	QuZhou District	50.10	16.13	14.02	19.95
江山市	Jiangshan	26.49	9.43	10.52	6.54
常山县	Changshan	16.28	3.18	7.74	5.36
开化县	Kaihua	15.64	6.63	4.26	4.75
龙游县	Longyou	24.20	8.41	7.93	7.86
舟山市区	ZhouShan District	56.86	5.95	20.63	30.28
岱山县	Daishan	13.81	2.82	5.21	5.78
嵊泗县	Shengsi	4.65	1.14	0.69	2.82
台州市区	TaiZhou District	125.86	14.97	67.96	42.93
温岭市	Wenling	93.58	17.57	49.47	26.54
临海市	Linhai	63.27	16.73	38.20	8.34
玉环市	Yuhuan	41.08	3.49	26.21	11.38
三门县	Sanmen	21.91	5.22	10.55	6.14
天台县	Tiantai	22.38	8.32	6.68	7.38
仙居县	Xianju	21.75	6.70	7.97	7.08
丽水市区	LiShui District	29.82	6.36	9.80	13.66
龙泉市	Longquan	16.09	5.96	4.51	5.62
青田县	Qingtian	19.23	6.48	5.99	6.76
云和县	Yunhe	8.07	1.94	2.82	3.31
庆元县	Qingyuan	7.25	3.90	1.54	1.81
缙云县	Jinyun	26.68	9.16	5.97	11.55
遂昌县	Suichang	12.72	4.93	3.61	4.18
松阳县	Songyang	14.05	5.95	4.34	3.76
景宁自治县	Jingning	6.05	3.15	0.90	2.00

17－26 各市、县年末单位就业人员数(2017 年底)
Employed Persons in Towns by City and County (End of 2017)

单位:人(person)

市县名称	City and County	年末城镇就业人员数 Total Employed Persons in Towns	农、林、牧、渔业 Agriculture	采矿业 Mining and Quarrying	制造业 Manufac－turing	电力、煤气及水的生产和供应业 Electricity, Gas and Water Production and Supply	建筑业 Construction	批发和零售业 Wholesale and Retail Trade	交通运输、仓储和邮政业 Transport, Storage and Post
杭州市区	Hangzhou District	2741717	612	308	611901	16061	703495	166729	109199
萧山区	Xiaoshan	491561	27		183423	4564	183079	12191	14263
余杭区	Yuhang	266018	423		107111	1873	23302	12728	13266
富阳区	Fuyang	120019	34	200	41224	2140	30374	4254	2986
临安区	Linan	80474	31	108	34110	1168	13486	1477	2124
建德市	Jiande	42961	60	218	16019	1028	1899	869	1420
桐庐县	Tonglu	45179	26	87	19951	895	306	1128	1230
淳安县	Chunan	40361	379		8785	597	4328	3345	1882
宁波市区	Ningbo District	1005682	121		441449	9277	94176	56998	51706
鄞州区	Yinzhou	288293			95491	1616	34700	18538	10948
奉化区	Fenhua	54866	16		27062	584	2418	1334	2406
余姚市	Yuyao	145220	38		93569	2058	6684	1911	2130
慈溪市	Cixi	146254	116		82153	1722	2806	7378	3746
象山县	Xiangshan	251499			25423	1126	192898	887	2006
宁海县	Ninghai	64161	92		28076	2089	614	1143	1885
温州市区	Wenzhou District	432655			69626	7596	110676	14613	22131
洞头区	Dongtou	9427			845	166	419	216	524
瑞安市	Ruian	133693			52703	807	26490	2199	5117
乐清市	Yueqing	194666	28		90822	4884	40700	3339	3020
永嘉县	Yongjia	97526	56		35969	802	28001	966	1460
平阳县	Pingyang	107295	60		34846	1458	37140	1325	861
苍南县	Cangnan	154179	37	389	20565	1574	88552	2434	2505
文成县	Wenchen	22653	513		212	1005	7571	533	408
泰顺县	Taishun	48428	54	76	115	349	33581	796	323
嘉兴市区	Jiaxing District	281874	101		124990	3212	30303	11883	8493
平湖市	Pinghu	121113	47		85150	2605	511	1921	2986
海宁市	Haining	112026	17		70042	1240	384	2759	2303
桐乡市	Tongxiang	113060	183		56331	1782	14460	2981	1621
嘉善县	Jiashan	103959	19		77195	987	860	2720	1325
海盐县	Haiyan	59311	19		27114	993	4739	1369	1269
湖州市区	Huzhou District	271636	182	661	71475	2537	94775	7591	5835
德清县	Deqing	85918	13		53779	796	6909	1714	730
长兴县	ChangXing	78407		426	36909	3950	10324	2537	1321
安吉县	Anji	67836	65		28246	770	13624	1657	1131
绍兴市区	Shaoxing District	818429	17	1408	186773	9320	455189	15311	11262
柯桥区	keqiao	327234			63769	3493	220278	3199	2261
上虞区	Shangyu	207473	10		61975	2062	109418	2721	1084

续表 1 Continued　　　　单位:人(person)

市县名称	City and County	年末城镇就业人员数 Total Employed Persons in Towns	农、林、牧、渔业 Agriculture	采矿业 Mining and Quarrying	制造业 Manufac－turing	电力、煤气及水的生产和供应业 Electricity, Gas and Water Production and Supply	建筑业 Construction	批发和零售业 Wholesale and Retail Trade	交通运输、仓储和邮政业 Transport, Storage and Post
诸暨市	Zhuji	264352	45	252	54493	1556	159199	4560	1185
嵊州市	Shengzhou	48049	25		23384	863	310	1334	715
新昌县	Xinchang	71636	36		37485	693	13979	1298	1465
金华市区	Jinhua District	164514	91		32312	2677	27652	10419	8077
金东区	JIndong	27962	6		7184		235	4104	259
兰溪市	Lanxi	52877	14		18218	1482	7229	945	1532
东阳市	Dongyang	293693	16	92	34026	1237	214553	2207	1467
义乌市	Yiwu	118736	20		20201	1804	22152	2549	6809
永康市	Yongkang	53139	47		13172	1058	3718	1766	1434
武义县	Wuyi	24360	39		6289	739	558	419	988
浦江县	Pujiang	22816	15		3602	594	565	338	944
磐安县	Panan	34771			6386	68	18495	338	515
衢州市区	Quzhou District	117848	27		34185	2569	9662	3956	4243
江山市	Jiangshan	25925			8403	899	900	415	26
常山县	Changshan	16309		9	3953	501	686	452	51
开化县	Kaihua	14053	203		2061	413	576	200	409
龙游县	Longyou	30335		246	9083	634	5489	466	480
舟山市区	Zhoushan District	147335	61		24700	3647	19959	5686	15381
岱山县	Daishan	24014		211	7324	209	2801	411	1468
嵊泗县	Shengsi	12432	5	40	4	190	1933	414	1743
台州市区	Taizhou District	415689	307		141007	5063	114592	12140	7310
温岭市	Wenling	153225			43272	1316	62471	3868	896
临海市	Linhai	197556	90		47495	1461	107828	3166	2506
玉环市	Yuhuan	97119	6		67489	854	5266	1745	1061
三门县	Sanmen	33062	46		5396	1503	11323	310	470
天台县	Tiantai	69048	35		12271	733	35153	498	922
仙居县	Xianju	46620		96	10950	748	19017	1857	310
丽水市区	Lishui District	64922	52		6692	1784	712	1966	2601
龙泉市	Longquan	16034	72		369	751	540	146	681
青田县	Qingtian	26344	60	29	9830	643	108	399	478
云和县	Yunhe	10141	20		527	566	999	145	320
庆元县	Qingyuan	10510	280		442	645	113	73	540
缙云县	Jinyun	19910	40		2939	515	455	202	490
遂昌县	Suichang	19556	89	138	7277	621	318	258	287
松阳县	Songyang	12515	26	21	1063	385	729	99	567
景宁自治县	Jingning	10276	11		420	510	1378	155	384

续表 2 Continued 单位:人(person)

市县名称	City and County	住宿、餐饮业 Hotels and Catering Services	信息传输、软件和信息技术服务业 Information Transmission, Software and Information Technology Services	金融业 Finance	房地产业 Real Estate	租赁和商业服务业 Leasing and Commercial Services	科学研究和技术服务业 Scientific Research and Technical Services
杭州市区	Hangzhou District	64461	160011	110370	111259	120783	112914
萧山区	Xiaoshan	4099	2318	4718	10257	10715	2134
余杭区	Yuhang	1818	25052	3105	11131	11082	6548
富阳区	Fuyang	523	1216	1825	1468	3248	1032
临安区	Linan	864	328	955	1154	1793	585
建德市	Jiande	181	340	2516	574	1146	445
桐庐县	Tonglu	492	387	1172	335	2218	357
淳安县	Chunan	3002	338	866	849	1199	466
宁波市区	Ningbo District	10617	17407	76089	25076	42361	14936
鄞州区	Yinzhou	3191	7993	26049	11002	16615	7245
奉化区	Fenhua	288	295	1027	446	3026	417
余姚市	Yuyao	1482	711	2207	1179	1199	1077
慈溪市	Cixi	1695	5303	2807	638	1504	1869
象山县	Xiangshan	798	489	1294	704	2612	484
宁海县	Ninghai	718	151	1341	945	2102	781
温州市区	Wenzhou District	5763	5559	57784	14258	14407	6257
洞头区	Dongtou		77	235	223	608	223
瑞安市	Ruian	1539	1316	980	2332	3387	814
乐清市	Yueqing	1357	412	1106	2102	1861	818
永嘉县	Yongjia	774	149	735	525	383	2161
平阳县	Pingyang	353	246	828	724	1496	569
苍南县	Cangnan	921		1052	2397	1930	258
文成县	Wenchen	400	193	1170	281	674	60
泰顺县	Taishun	498	115	416	83	703	88
嘉兴市区	Jiaxing District	3122	3747	24430	9947	6482	6585
平湖市	Pinghu	320	602	618	937	2622	536
海宁市	Haining	1067	252	912	2809	3931	1215
桐乡市	Tongxiang	672	492	176	1684	4552	660
嘉善县	Jiashan	554	155	679	570	1485	422
海盐县	Haiyan	576	267	565	930	2160	4887
湖州市区	Huzhou District	9157	3441	20372	4549	5782	3149
德清县	Deqing	1618	594	658	594	887	735
长兴县	ChangXing	655	233	950	503	210	315
安吉县	Anji	524	35	1168	801	951	378
绍兴市区	Shaoxing District	4786	4347	23512	4595	7526	4969
柯桥区	keqiao	411	330	1980	1692	1660	861
上虞区	Shangyu	1272	523	1323	757	2881	794

续表 3 Continued 单位:人(person)

市县名称	City and County	住宿、餐饮业 Hotels and Catering Services	信息传输、软件和信息技术服务业 Information Transmission, Software and Information Technology Services	金融业 Finance	房地产业 Real Estate	租赁和商业服务业 Leasing and Commercial Services	科学研究和技术服务业 Scientific Research and Technical Services
诸暨市	Zhuji	496	352	1184	986	826	757
嵊州市	Shengzhou	458		848	350	335	317
新昌县	Xinchang	94	183	582	265	1112	322
金华市区	Jinhua District	1332	4626	15256	2951	5578	2559
金东区	JIndong		1823	1368	220	2726	441
兰溪市	Lanxi	25	419	2705	502	1231	243
东阳市	Dongyang	2638	487	4175	296	4068	354
义乌市	Yiwu	1712	1216	7098	2708	4337	1608
永康市	Yongkang	737	853	4103	482	1304	414
武义县	Wuyi	278	345	1497	85	424	347
浦江县	Pujiang	203	214	1553	158	569	156
磐安县	Panan	392	99	572	73	281	67
衢州市区	Quzhou District	865	2558	19910	414	2049	1533
江山市	Jiangshan		180	562	65	207	199
常山县	Changshan	684	126	300	83	53	117
开化县	Kaihua	43	110	424	67	390	108
龙游县	Longyou		84	520	86	677	201
舟山市区	Zhoushan District	3456	2350	9593	4598	7846	2049
岱山县	Daishan	104	61	392	517	1132	103
嵊泗县	Shengsi	111	32	202	111	1799	145
台州市区	Taizhou District	2142	4645	48621	4774	5670	3498
温岭市	Wenling	1103	266	3206	1077	2379	603
临海市	Linhai	1007	293	1198	708	952	1762
玉环市	Yuhuan	1157	123	95	757	864	148
三门县	Sanmen	95	135	612	427	626	131
天台县	Tiantai	857	112	120	812	568	507
仙居县	Xianju	112	13	444	416	380	137
丽水市区	Lishui District	1092	1908	17174	222	1618	1718
龙泉市	Longquan	479	191	759	314	367	188
青田县	Qingtian		383	717	76	649	208
云和县	Yunhe		83	404	19	402	95
庆元县	Qingyuan		144	493	10	52	175
缙云县	Jinyun	175	111	938	73	125	190
遂昌县	Suichang	242	155	596	224	749	356
松阳县	Songyang	20	138	472	129	177	290
景宁自治县	Jingning		67	432	13	79	159

续表 4 Continued

单位：人(person)

市县名称	City and County	水利、环境和公共设施管理业 Water Conservancy, Environment and Public Facilities Management	居民服务、修理和其他服务业 Service for the Residents, Repair and Others	教育 Education	卫生和社会工作 Health Care and Social Work	文化、体育和娱乐业 Culture Sports and Recreation	公共管理、社会保障和社会组织 Public Administration, Social Security and Social Organization
杭州市区	Hangzhou District	21886	10788	171302	106641	21584	121413
萧山区	Xiaoshan	3086	383	24304	13885	1232	16883
余杭区	Yuhang	1296	512	19110	9245	940	17476
富阳区	Fuyang	1844	389	12348	5940	815	8159
临安区	Linan	1563	57	8575	4739	339	7018
建德市	Jiande	1365	68	5276	3487	286	5764
桐庐县	Tonglu	717	76	5681	4377	259	5485
淳安县	Chunan	1013	24	4608	3101	330	5249
宁波市区	Ningbo District	7799	5163	53547	40590	5254	53116
鄞州区	Yinzhou	1070	3966	16040	11973	1824	20032
奉化区	Fenhua	777	47	4622	3659	440	6002
余姚市	Yuyao	798	223	11020	6788	485	11661
慈溪市	Cixi	2411	167	11783	7426	1930	10800
象山县	Xiangshan	846	42	6900	4131	1248	9611
宁海县	Ninghai	2156	59	8434	4776	359	8440
温州市区	Wenzhou District	2243	345	33791	27125	3438	37043
洞头区	Dongtou	229	4	1699	717	175	3067
瑞安市	Ruian	1709	150	13188	8030	730	12202
乐清市	Yueqing	1187	263	19584	5903	1091	16189
永嘉县	Yongjia	348	55	10010	4348	277	10507
平阳县	Pingyang	720	83	10938	4126	474	11048
苍南县	Cangnan	281	103	13377	5272	404	12128
文成县	Wenchen	118	15	2713	1498	247	5042
泰顺县	Taishun	295	23	4154	1630	240	4889
嘉兴市区	Jiaxing District	2367	464	17097	13146	1712	13793
平湖市	Pinghu	912	52	7458	4139	782	8915
海宁市	Haining	1050	101	11129	5679	645	6491
桐乡市	Tongxiang	4483	73	10211	5489	303	6907
嘉善县	Jiashan	967	68	6012	3446	526	5969
海盐县	Haiyan	439	52	5338	2909	376	5309
湖州市区	Huzhou District	2317	155	14425	10798	971	13464
德清县	Deqing	1213	168	5578	3409	559	5964
长兴县	ChangXing	1002	40	7606	4283	653	6490
安吉县	Anji	567	21	5236	3305	1430	7927
绍兴市区	Shaoxing District	5993	869	31857	19936	2813	27946
柯桥区	keqiao	2191	99	9210	6651	743	8406
上虞区	Shangyu	2484	356	7461	4379	389	7584

续表 5 Continued 单位:人(person)

市县名称	City and County	水利、环境和公共设施管理业 Water Conservancy, Environment and Public Facilities Management	居民服务、修理和其他服务业 Service for the Residents, Repair and Others	教育 Education	卫生和社会工作 Health Care and Social Work	文化、体育和娱乐业 Culture Sports and Recreation	公共管理、社会保障和社会组织 Public Administration, Social Security and Social Organization
诸暨市	Zhuji	3320	275	17665	7677	566	8958
嵊州市	Shengzhou	501	620	6605	4718	499	6167
新昌县	Xinchang	942	83	4149	3102	324	5522
金华市区	Jinhua District	2358	1699	17483	11913	2113	15418
金东区	JIndong	410	38	3931	978		4239
兰溪市	Lanxi	1491	52	7162	3701	396	5530
东阳市	Dongyang	2138	337	8953	7078	805	8766
义乌市	Yiwu	2138	704	17564	9359	1005	15752
永康市	Yongkang	2952	62	7430	5072	317	8218
武义县	Wuyi	864	136	3789	2468	248	4847
浦江县	Pujiang	1124	51	4542	2448	277	5463
磐安县	Panan	437	122	2269	1216	181	3260
衢州市区	Quzhou District	1013	74	10908	7365	960	15557
江山市	Jiangshan	223	33	5413	2863	148	5389
常山县	Changshan	166	33	2552	1563	217	4763
开化县	Kaihua	121	33	2787	1810	201	4097
龙游县	Longyou	219	183	3888	1832	191	6056
舟山市区	Zhoushan District	3206	541	11981	8379	1769	22133
岱山县	Daishan	630	45	1887	1481	295	4943
嵊泗县	Shengsi	468	11	945	710	200	3369
台州市区	Taizhou District	3030	225	19483	14875	1907	26400
温岭市	Wenling	383	152	12565	7463	356	11849
临海市	Linhai	284	79	11985	6661	522	9559
玉环市	Yuhuan	858	41	5893	3206	343	7213
三门县	Sanmen	435	30	3853	2219	240	5211
天台县	Tiantai	1405	80	5896	3340	148	5591
仙居县	Xianju	302	51	4563	2469	357	4398
丽水市区	Lishui District	1286	49	7577	7513	1180	9778
龙泉市	Longquan	291	31	3974	1609	175	5097
青田县	Qingtian	690	40	4803	1845	112	5274
云和县	Yunhe	411	60	1769	939	146	3236
庆元县	Qingyuan	134	25	2451	1173	95	3665
缙云县	Jinyun	223	34	5147	2638	403	5212
遂昌县	Suichang	642	19	2560	1367	243	3415
松阳县	Songyang	177	34	2839	1449	185	3715
景宁自治县	Jingning	399	13	1721	835	270	3430

17－27 各市、县农、林、牧、渔业总产值(2017 年)
Gross Output Value of Farming, Forestry, Animal Husbandry and Fishery by City and County (2017)

单位:万元(10000 yuan)

市县名称	City and County	农、林、牧、渔业总产值 Total Output Value of Agriculture	农业产值 Farming	林业产值 Forestry	牧业产值 Animal Husbandry	渔业产值 Fishery	农林牧渔业服务业产值 Services
杭州市区	Hangzhou District	3220292	1853396	390558	469887	387813	118638
萧山区	Xiaoshan	1065012	668386	15694	216649	115469	48814
余杭区	Yuhang	775376	455678	75450	34357	160541	49350
富阳区	Fuyang	617583	367663	104394	110561	27902	7063
临安区	Jiande	615915	297482	194358	104226	8284	11565
建德市	Tonglu	521704	339911	33468	115878	18570	13877
桐庐县	Linan	350572	218318	53858	48282	21027	9087
淳安县	Chunan	484449	327188	71254	51764	25801	8442
宁波市区	Ningbo District	1386852	892816	72455	84778	279611	57192
鄞州区	Yinzhou	356693	262496	10036	10587	50574	23000
奉化区	Fenhua	481567	211209	40797	37593	178660	13308
余姚市	Yuyao	679870	479821	41506	72816	60243	25484
慈溪市	Cixi	764027	491322	4930	96570	147450	23755
象山县	Xiangshan	1211465	213579	14894	61951	893681	27360
宁海县	Ninghai	602916	190789	19300	57584	314967	20276
温州市区	Wenzhou District	296597	130343	2609	43616	118040	1989
洞头区	Dongtou	126815	10867	575	4217	110810	346
瑞安市	Ruian	360695	146073	4375	36853	166918	6476
乐清市	Yueqing	311821	135818	1409	54423	103979	16192
永嘉县	Yongjia	209211	145349	12824	38790	9153	3095
平阳县	Pingyang	283319	101460	11542	59550	105016	5751
苍南县	Cangnan	501894	186487	11027	53291	243639	7450
文成县	Wenchen	121197	99624	9163	9398	1551	1461
泰顺县	Taishun	114092	80102	7656	24310	775	1249
嘉兴市区	Jiaxing District	413629	258406	1324	45090	84414	24395
海宁市	Haining	291692	177268	3817	44868	38896	26843
平湖市	Pinghu	200861	129042	1637	9740	31361	29081
嘉善县	Jiashan	413392	321789	414	15548	60412	15229
海盐县	Haiyan	272082	148451	5593	63466	31165	23407
桐乡市	Tongxiang	361605	198651	3420	85123	37389	37022
湖州市区	Huzhou District	751428	221712	28915	110794	332676	57331
德清县	Deqing	394090	73988	52754	52823	181743	32782
长兴县	ChangXing	592261	420048	50786	30692	75418	15317
安吉县	Anji	400857	263230	91780	14238	25827	5782
绍兴市区	Shaoxing District	1443665	916273	103665	156351	251179	16197
柯桥区	keqiao	509475	349580	48449	50076	57292	4078
上虞区	Shangyu	745716	448575	47316	91432	148958	9435

续表　Continued　　单位:万元(10000 yuan)

市县名称	City and County	农、林、牧、渔业总产值 Total Output Value of Agriculture	农业产值 Farming	林业产值 Forestry	牧业产值 Animal Husbandry	渔业产值 Fishery	农林牧渔业服务业产值 Services
诸暨市	Zhuji	673804	437566	101787	59903	68478	6070
嵊州市	Shengzhou	546644	406647	54413	71893	10525	3166
新昌县	Xinchang	282087	234362	30885	7928	4447	4465
金华市区	Jinhua District	554844	323143	14499	156203	40346	20653
金东区	JIndong	231223	166169	2370	46101	13164	3419
兰溪市	Lanxi	389749	196527	3269	135149	45290	9514
东阳市	Dongyang	259892	197031	12495	26956	11958	11452
义乌市	Yiwu	303458	244541	7709	33390	12074	5744
永康市	Yongkang	117834	81026	2835	13502	14396	6075
武义县	Wuyi	221518	164068	11984	32271	6503	6692
浦江县	Pujiang	143383	104100	3178	30302	3460	2343
磐安县	Panan	162752	135171	15169	10103	288	2021
衢州市区	Quzhou District	401016	264307	39327	59636	31372	6374
江山市	Jiangshan	339221	168990	22161	130103	13657	4310
常山县	Changshan	121005	73991	19775	17101	6543	3595
开化县	Kaihua	182114	120730	31348	20980	6656	2400
龙游县	Longyou	252619	84068	19649	123819	21497	3586
舟山市区	Zhoushan District	1123625	85500	1296	21311	1009238	6280
岱山县	Daishan	803631	17295	877	3083	781381	995
嵊泗县	Shengsi	476085	1337	87	593	471612	2456
台州市区	Taizhou District	849000	404867	4221	33654	399185	7073
玉环县	Yuhuan	627335	68414	1155	13206	537289	7271
三门县	Sanmen	579908	101087	3877	26266	448442	236
天台县	Tiantai	200112	135657	14713	44962	3484	1296
仙居县	Xianju	224972	159270	23883	34204	5688	1927
温岭市	Wenling	1333146	281984	455	54700	970838	25169
临海市	Linhai	717535	345483	18975	53562	296815	2700
丽水市区	Lishui District	276533	200303	25132	39998	7758	3342
龙泉市	Longquan	214064	138125	44917	26706	2861	1455
青田县	Qingtian	130390	81504	20990	16535	9952	1409
云和县	Yunhe	73914	57768	6225	6650	937	2334
庆元县	Qingyuan	97388	59847	30210	4688	2034	609
缙云县	Jinyun	158009	99448	20816	33043	3385	1317
遂昌县	Suichang	174713	110218	43323	17438	2258	1476
松阳县	Songyang	186389	139832	22354	21213	2232	758
景宁县	Jingning	98497	68261	15627	11615	1631	1363

17－28 各市、县农作物播种面积(2017 年)
Sown Area by City and County (2017)

单位:千公顷(1000 hectares)

县市名称	City and County	农作物播种面积 Sown Area of Farm Crops	#粮食 Grain	#谷物 Cereal	油料 Oil－bearing Crops	棉花 Cotton	蔬菜 Vegetables	#果用瓜 Melon Used as Fruit
杭州市区	Hangzhou District	186.93	55.38	42.93	10.46	0.07	71.78	6.47
萧山区	Xiaoshan	54.85	12.74	9.01	2.54	0.05	19.67	1.48
余杭区	Yuhang	47.21	14.15	12.93	1.54	0.02	22.31	1.25
富阳区	Fuyang	37.39	15.11	12.76	3.05		10.38	2.08
临安区	Linan	25.07	7.26	4.96	1.74		8.20	0.88
建德市	Jiande	32.68	11.74	8.45	5.28	0.03	8.58	2.69
桐庐县	Tonglu	22.75	7.63	6.05	2.87		6.88	1.44
淳安县	Chunan	30.87	11.72	5.75	4.69	0.07	9.21	0.93
宁波市区	Ningbo District	91.64	38.43	31.50	1.67	0.02	22.44	5.07
鄞州区	Yinzhou	27.64	12.43	11.40	0.28	0.01	8.68	1.48
奉化区	Fenhua	20.69	10.19	7.21	0.63		2.50	0.74
余姚市	Yuyao	52.05	24.43	20.96	1.55	0.03	18.05	1.99
慈溪市	Cixi	67.63	18.80	10.08	5.59	0.94	29.21	7.31
象山县	Xiangshan	24.09	11.41	8.62	0.75		8.31	1.87
宁海县	Ninghai	26.06	16.67	11.11	0.91	0.32	4.58	2.66
温州市区	Wenzhou District	23.47	7.56	5.32	0.93		12.62	1.06
洞头区	Dongtou	1.09	0.59	0.04	0.21		0.27	0.02
瑞安市	Ruian	30.83	14.46	13.62	1.20		11.02	2.84
乐清市	Yueqing	30.05	19.76	17.65	0.86	0.01	6.37	1.37
永嘉县	Yongjia	26.11	14.51	11.54	1.59		6.29	1.34
平阳县	Pingyang	30.18	17.09	14.44	1.10		6.92	1.98
苍南县	Cangnan	36.05	20.14	18.17	0.35		11.11	2.12
文成县	Wenchen	16.97	7.01	4.45	0.50		6.19	0.61
泰顺县	Taishun	14.77	6.88	4.57	0.13		4.86	0.12
嘉兴市区	Jiaxing District	72.96	37.86	34.15	1.38	0.09	27.34	2.76
海宁市	Haining	38.50	18.65	15.57	0.74	0.07	11.85	1.07
平湖市	Pinghu	40.79	29.71	28.66	0.97	0.08	7.77	0.78
嘉善县	Jiashan	38.72	20.07	18.86	0.54		14.79	2.10
海盐县	Haiyan	33.27	22.31	20.55	0.40	0.08	8.22	0.88
桐乡市	Tongxiang	51.88	19.78	16.11	1.69	0.13	18.50	1.30
湖州市区	Huzhou District	49.60	26.34	20.49	4.35	0.03	13.52	1.01
德清县	Deqing	13.06	7.08	3.81	0.39	0.03	3.61	0.62
长兴县	ChangXing	63.13	29.06	17.31	2.71	0.01	13.49	1.11
安吉县	Anji	26.34	12.61	8.11	0.73		7.25	1.19
绍兴市区	Shaoxing District	107.40	57.87	41.61	4.12	0.20	28.88	4.30
柯桥区	keqiao	31.67	13.85	9.90	1.07	0.01	9.78	1.08
上虞区	Shangyu	59.80	35.09	24.25	2.57	0.18	15.17	2.63

续表 Continued 单位:千公顷(1000 hectares)

县市名称	City and County	农作物播种面积 Sown Area of Farm Crops	#粮食 Grain	#谷物 Cereal	油料 Oil-bearing Crops	棉花 Cotton	蔬菜 Vegetables	#果用瓜 Melon Used as Fruit
诸暨市	Zhuji	62.98	35.84	24.25	2.22	0.01	7.51	2.54
嵊州市	Shengzhou	45.13	21.09	12.89	2.06	0.05	12.10	1.90
新昌县	Xinchang	20.43	7.80	3.30	2.70	0.05	5.21	0.68
金华市区	Jinhua District	41.04	12.98	10.77	2.56	0.08	8.78	2.93
金东区	JIndong	14.75	2.14	0.83	1.35	0.03	4.85	1.63
兰溪市	Lanxi	39.23	16.50	11.54	8.54	1.23	6.87	1.64
东阳市	Dongyang	33.13	16.45	13.90	1.44	0.04	7.34	1.66
义乌市	Yiwu	22.03	7.87	6.22	1.74		8.39	1.21
永康市	Yongkang	13.75	7.46	6.36	0.37		3.96	0.80
武义县	Wuyi	21.65	10.59	7.58	1.17		5.77	0.84
浦江县	Pujiang	15.37	5.44	3.46	2.12	0.04	4.63	1.06
磐安县	Panan	14.49	4.58	1.90	0.26		3.42	0.79
衢州市区	Quzhou District	58.27	23.29	18.82	6.76	0.02	17.79	3.52
江山市	Jiangshan	42.53	24.70	21.88	5.73	0.19	8.43	0.54
常山县	Changshan	17.94	8.95	6.95	2.91	0.02	4.13	0.67
开化县	Kaihua	27.48	11.09	7.87	5.78	0.01	6.16	0.68
龙游县	Longyou	38.02	22.08	18.94	6.47	0.33	4.65	0.76
舟山市区	Zhoushan District	13.23	4.38	2.52	1.22	0.01	5.57	1.39
岱山县	Daishan	2.71	0.73	0.35	0.17		1.47	0.30
嵊泗县	Shengsi	0.23	0.03				0.20	0.01
台州市区	Taizhou District	43.74	14.72	11.32	0.43	0.02	21.36	3.89
玉环县	Yuhuan	7.81	2.10	1.13	0.36	0.05	3.86	1.15
三门县	Sanmen	19.19	7.46	5.71	1.22	0.05	6.48	3.15
天台县	Tiantai	22.82	10.06	8.41	1.36	0.02	7.08	0.94
仙居县	Xianju	26.13	12.82	9.53	1.49		6.63	0.98
温岭市	Wenling	40.52	17.88	14.28	0.54	0.05	15.70	3.52
临海市	Linhai	36.89	17.45	14.47	0.89	0.04	13.48	2.53
丽水市区	Lishui District	19.76	6.93	2.83	0.68		9.89	1.09
龙泉市	Longquan	21.98	12.07	9.34	0.42		6.48	0.19
青田县	Qingtian	14.96	8.10	4.90	0.43		4.67	0.50
云和县	Yunhe	5.54	3.27	2.10	0.07		1.60	0.18
庆元县	Qingyuan	10.07	7.15	5.36	0.03		2.26	0.07
缙云县	Jinyun	16.99	7.88	5.06	0.54		6.71	0.51
遂昌县	Suichang	18.05	9.30	5.58	0.65		5.15	0.16
松阳县	Songyang	14.77	7.23	3.97	0.44		4.76	0.10
景宁县	Jingning	12.82	5.99	3.58	0.15		4.36	0.26

17－29 各市、县主要农产品产量(2017 年)
Output of Major Farm Products by City and County (2017)

单位:吨(ton)

县市名称	City and County	粮食 Grain	#谷物 Cereal	油菜籽 Rapeseeds	棉花 Cotton	水果 Fruit	#柑桔 Citrus	茶叶 Tea	蚕茧 Silkworm Cocoons
杭州市区	Hangzhou District	321571	276034	22190	116	385434	4614	19273	971
萧山区	Xiaoshan	67107	55200	8886	80	124880	386	600	
余杭区	Yuhang	92632	87947	3224	36	75018	621	8512	28
富阳区	Fuyang	93499	83361	6438		120865	2746	7018	494
临安区	Linan	39456	29238	3393		57827	791	2546	449
建德市	Jiande	63372	52857	11066	46	223036	111000	2852	368
桐庐县	Tonglu	43329	37439	5863		93859	2457	3387	714
淳安县	Chunan	44374	27163	8104	93	117600	59748	4591	960
宁波市区	Ningbo District	235924	211559	1575	21	331028	48307	3871	
鄞州区	Yinzhou	78837	74751	445	5	98683	21824	1098	
奉化区	Fenhua	60829	51472	339		71033	8188	1177	
余姚市	Yuyao	155404	141797	2369	36	186949	2002	4300	
慈溪市	Cixi	83879	59069	7904	1064	345063	3527	65	
象山县	Xiangshan	74432	65030	674	3	195981	116168	710	
宁海县	Ninghai	87360	70758	585	342	192412	74397	4653	
温州市区	Wenzhou District	43251	34688	1458		85375	33981	41	
洞头区	Dongtou	2118	347	224		261			
瑞安市	Ruian	88601	85727	1857	3	98030	11806	82	
乐清市	Yueqing	119662	112032	1141	12	63744	7146	154	
永嘉县	Yongjia	83669	72812	2330	1	105966	22217	649	
平阳县	Pingyang	103810	93588	1620		76100	9789	836	3
苍南县	Cangnan	123232	116508	540		73964	20452	878	
文成县	Wenchen	40221	29133	593		46533	710	431	
泰顺县	Taishun	36372	27645	137		29250	503	3376	
嘉兴市区	Jiaxing District	238391	225507	3179	110	211288	464		439
海宁市	Haining	117518	106610	1639	94	116149	23075		2463
平湖市	Pinghu	185387	182590	2378	109	35831	1311		
嘉善县	Jiashan	124500	121069	1100	1	92297	3905		
海盐县	Haiyan	137234	131533	913	164	80755	12035	80	670
桐乡市	Tongxiang	124600	110803	3942	125	80668	670		6018
湖州市区	Huzhou District	189603	164773	10467	37	43872	119	437	2025
德清县	Deqing	44518	30572	880	68	23449	47	1365	921
长兴县	ChangXing	177100	132399	5345	13	128692	519	5018	413
安吉县	Anji	73747	59340	969	4	43984	38	3977	180
绍兴市区	Shaoxing District	352476	284884	7917	261	312023	2337	10896	114
柯桥区	keqiao	90002	72920	2011	14	54843	619	7295	3
上虞区	Shangyu	203787	158689	4455	239	223478	1710	2795	111

续表 1 Continued

单位:吨(ton)

县市名称	City and County	粮食 Grain	#谷物 Cereal	油菜籽 Rapeseeds	棉花 Cotton	水果 Fruit	#柑桔 Citrus	茶叶 Tea	蚕茧 Silkworm Cocoons
诸暨市	Zhuji	231710	184093	2272	8	167540	5011	12957	19
嵊州市	Shengzhou	122767	88791	1915	65	136022	8496	18377	197
新昌县	Xinchang	44245	27493	2872	65	35302	400	5720	103
金华市区	Jinhua District	73764	65185	3601	133	153258	25445	1716	
金东区	JIndong	11037	5364	1808	38	108328	19829	50	
兰溪市	Lanxi	91184	76296	13813	1816	91323	13788	1807	1
东阳市	Dongyang	92626	84792	1123	47	95709	13684	1447	
义乌市	Yiwu	44937	37255	2043		97738	10008	885	
永康市	Yongkang	46915	43090	534		50615	6879	15	
武义县	Wuyi	59475	50730	1900	5	52307	6465	12788	1
浦江县	Pujiang	31797	24424	3475	45	83304	1407	1057	
磐安县	Panan	23519	12315	92		19901	50	2236	
衢州市区	Quzhou District	144794	129312	12093	17	500055	357199	1379	
江山市	Jiangshan	161128	150990	8576	290	50154	18677	1444	
常山县	Changshan	52868	46735	4709	27	173428	144429	216	
开化县	Kaihua	69698	57295	8777	12	29072	4296	2134	
龙游县	Longyou	132139	121503	11569	430	94374	68685	3084	
舟山市区	Zhoushan District	21986	15228	1376	8	65176	24642	40	
岱山县	Daishan	3447	1969	72		10811	2812	37	
嵊泗县	Shengsi	100				170	90		
台州市区	Taizhou District	87959	77455	599	24	303824	87416	54	
玉环县	Yuhuan	11500	7909	565	97	93194	39402	10	
三门县	Sanmen	43809	38714	1636	62	157484	67935	747	
天台县	Tiantai	63316	57483	1438	18	88675	20469	2644	3
仙居县	Xianju	74470	63719	2473		101273	6338	500	3
温岭市	Wenling	110240	98366	836	53	292628	14543	78	2
临海市	Linhai	107145	96102	1195	51	410726	238904	1203	4
丽水市区	Lishui District	29090	17047	712		141888	46819	1936	
龙泉市	Longquan	65471	57574	205		9917	2160	2000	
青田县	Qingtian	39945	28413	555	4	64756	27041	252	
云和县	Yunhe	15274	12090	68		8119	672	1135	
庆元县	Qingyuan	38234	32569	37		12383	9688	536	
缙云县	Jinyun	40235	30141	811	3	56377	2131	2228	77
遂昌县	Suichang	46564	35008	797		9816	650	10963	
松阳县	Songyang	35852	23890	530	1	32883	14653	12438	
景宁县	Jingning	29630	22339	64		8975	2271	2121	

续表 2　Continued

单位:吨(ton)

县市名称	City and County	生猪年末存栏头数(万头) Year - end Hogs (10000 heads)	牛年末存栏头数(头) Year - end Cattle (head)	羊年末存栏只数(万只) Year - end Sheep and Goats (10000 heads)	肉产量(吨) Output of Meat (ton)	#猪肉(吨) Pork (ton)	禽蛋产量(吨) Poultry Eggs (ton)	牛奶产量(吨) Cow Milk (ton)	水产品产量(吨) Output of Aquatic Production (ton)
杭州市区	Hangzhou District	79	17877	18	162102	139811	22200	21552	5944515
萧山区	Xiaoshan	55	4824	7	81803	76511	1619	9387	34347
余杭区	Yuhang	3	777	5	11503	6212	2797		58845
富阳区	Fuyang	10	3188	3	37281	29617	12714		14179
临安区	Linan	11	6512	3	30262	27463	5023	7808	5218
建德市	Jiande	7	3768	2	21387	16526	60686	4088	10131
桐庐县	Tonglu	5	2834	1	11482	9941	2735	21	8923
淳安县	Chunan	12	2801	1	16343	15493	4825		13339
宁波市区	Ningbo District	9	6265	1	24480	21961	5315	15520	1000279
鄞州区	Yinzhou	1	404		2038	1525	706		14278
奉化区	Fenhua	4	1143	1	12816	12320	3718	555	151324
余姚市	Yuyao	16	2513	1	26209	23647	1066	7074	23314
慈溪市	Cixi	16	932	2	27385	24478	16184	4061	42996
象山县	Xiangshan	9	702	1	16124	13120	10553		578452
宁海县	Ninghai	8	2764	1	17406	14502	601	44	154285
温州市区	Wenzhou District	4	2588	2	16625	5635	3263	2219	620812
洞头区	Dongtou		17		1216	879	178		150545
瑞安市	Ruian	4	4698	1	10786	7508	4386	2094	92033
乐清市	Yueqing	10	5210	1	17832	11303	7271	2968	69160
永嘉县	Yongjia	5	8480	4	13074	7797	2495	54	4014
平阳县	Pingyang	8	4649	2	15133	10284	5172	2350	61661
苍南县	Cangnan	9	5259	3	15462	10597	8454	2476	208546
文成县	Wenchen		1360	1	1763	560	434	7	1035
泰顺县	Taishun	4	1950	1	7206	4496	393	4959	672
嘉兴市区	Jiaxing District	3	1001	3	11971	4269	3507	4287	156739
海宁市	Haining	2		11	19884	2628	3531		21787
平湖市	Pinghu	1	28	1	2673	760	1957		22241
嘉善县	Jiashan		310	1	2277		5566	629	28188
海盐县	Haiyan	5		4	29899	7524	2772		15092
桐乡市	Tongxiang	7		18	18998	6110	15656		18026
湖州市区	Huzhou District	7	91	11	45100	8846	15649		423123
德清县	Deqing	5	1301	6	12289	8313	12455	4682	136156
长兴县	ChangXing	3	646	4	4745	1301	5380		56326
安吉县	Anji	4	336	1	5312	3226	216		16206
绍兴市区	Shaoxing District	35	8097	3	48143	46771	4693	17800	112505
柯桥区	keqiao	5	22	1	13883	13509	1924		20194
上虞区	Shangyu	27	8075	2	29863	29093	2409	17800	42118

续表 3 Continued

单位:吨(ton)

县市名称	City and County	生猪年末存栏头数(万头) Year-end Hogs (10000 heads)	牛年末存栏头数(头) Year-end Cattle (head)	羊年末存栏只数(万只) Year-end Sheep and Goats (10000 heads)	肉产量(吨) Output of Meat (ton)	#猪肉(吨) Pork (ton)	禽蛋产量(吨) Poultry Eggs (ton)	牛奶产量(吨) Cow Milk (ton)	水产品产量(吨) Output of Aquatic Production (ton)
诸暨市	Zhuji	5	291	3	10375	8065	8153		23890
嵊州市	Shengzhou	13	142	1	24958	18190	775		4814
新昌县	Xinchang	1	111		1068	966	607		2974
金华市区	Jinhua District	29	14807	1	42633	37816	7523	36831	82357
金东区	JIndong	10	4597	1	14012	10774	3994	12780	7844
兰溪市	Lanxi	22	1912	2	32449	27834	22756	394	21768
东阳市	Dongyang	5	570	1	6105	5039	4121		9896
义乌市	Yiwu	1	113		8987	2526	242		3617
永康市	Yongkang	2	184		2757	2244	907	3	14559
武义县	Wuyi	10	1305	1	16112	14261	2009	103	7118
浦江县	Pujiang	3	382	1	8103	7089	1088		3913
磐安县	Panan	2	234		2895	2657	1629	19	309
衢州市区	Quzhou District	16	4313	2	26852	22210	4836	1153	68440
江山市	Jiangshan	23	5618	1	44645	24743	20510	80	14750
常山县	Changshan	5	755	1	8589	5555	2171		6223
开化县	Kaihua	6	791		12361	11430	638		4650
龙游县	Longyou	38	2851	2	101103	85972	8987		20008
舟山市区	Zhoushan District	4	109	1	5899	4919	2369		1672506
岱山县	Daishan		29		441	334	84		422099
嵊泗县	Shengsi		6		316	304	9		379605
台州市区	Taizhou District	5	2086		10941	9939	4368	4432	1578724
玉环县	Yuhuan	2	427	1	5998	4192	886		258288
三门县	Sanmen	4	674	1	10574	9973	1071	15	368461
天台县	Tiantai	5	3936	1	18257	9094	651	19	2538
仙居县	Xianju	5	3414	1	10750	7861	3583	645	4421
温岭市	Wenling	8	1566		18223	14979	16069	537	613499
临海市	Linhai	12	2437	1	20216	14390	2141	604	133805
丽水市区	Lishui District	7	1816	1	14614	10219	3052	184	21763
龙泉市	Longquan	6	1428	1	11734	9006	275	485	3203
青田县	Qingtian	4	2568	1	8210	7353	1048		3921
云和县	Yunhe	2	1040		2554	2001	654	27	1676
庆元县	Qingyuan	1	1529		1718	1296	300		773
缙云县	Jinyun	5	856	2	8861	6622	3969	29	2683
遂昌县	Suichang	4	1430		6242	5598	1494		1708
松阳县	Songyang	5	1209		9286	8460	1595	637	2082
景宁县	Jingning	2	1601		3084	2556	515		1376

17－30 各市、县农业现代化情况(2017 年)
Agricultural Modernization by City and County (2017)

市县名称	City and County	农业机械总动力(千瓦) Total Power of Agricultural Machinery (kw)	农村用电量(万千瓦小时) Electricity Consumed in Rural Areas (10000 kw. h)	农用化肥施用量(折纯)(吨) Consumption of Chemical Fertilizers (pure) (ton)	机耕面积(千公顷) Area Ploughed by Tractors (1000 hectares)	有效灌溉面积(千公顷) Irrigated Area (1000 hectares)
杭州市区	Hangzhou District	1828588	1035189	57349	113.61	116.79
萧山区	Xiaoshan	547712	155104	16226	56.37	44.05
余杭区	Yuhang	410865	207845	11977	22.04	26.89
富阳区	Fuyang	325464	454253	10316	19.93	22.63
临安区	Linan	358406	124996	13163	14.10	19.92
建德市	Jiande	263950	19288	19679	23.18	15.79
桐庐县	Tonglu	155623	65304	10059	12.02	14.81
淳安县	Chunan	309487	14563	7133	11.07	9.67
宁波市区	Ningbo District	751707	556147	42609	57.88	66.32
鄞州区	Yinzhou	164881	146162	8973	16.72	14.12
奉化区	Fenhua	232901	133180	16380	11.66	20.50
余姚市	Yuyao	509651	286371	13053	51.53	39.74
慈溪市	Cixi	373889	739521	25022	64.15	38.88
象山县	Xiangshan	778550	68078	10068	22.24	16.58
宁海县	Ninghai	277241	131223	9190	24.24	17.85
温州市区	Wenzhou District	359038	241568	8371	13.79	10.90
洞头区	Dongtou	247438	4143	162	0.51	0.09
瑞安市	Ruian	366246	99973	13533	30.12	19.52
乐清市	Yueqing	251247	106625	12648	28.17	17.74
永嘉县	Yongjia	131936	253064	12157	20.45	14.50
平阳县	Pingyang	259744	111365	11501	24.90	14.99
苍南县	Cangnan	385615	77230	8065	21.88	19.74
文成县	Wenchen	66786	10175	5606	8.36	8.59
泰顺县	Taishun	62006	8673	7305	5.49	9.53
嘉兴市区	Jiaxing District	267806	238922	25702	35.84	38.13
海宁市	Haining	164938	191912	8480	19.14	33.65
平湖市	Pinghu	215455	262590	21532	25.88	23.13
嘉善县	Jiashan	214217	184604	9301	25.69	24.19
海盐县	Haiyan	133258	162397	15309	18.65	25.81
桐乡市	Tongxiang	247224	313263	19326	21.68	39.00
湖州市区	Huzhou District	530486	158550	11641	34.63	55.23
德清县	Deqing	296351	131489	4124	4.71	23.94
长兴县	ChangXing	400035	60555	14330	43.99	33.57
安吉县	Anji	287614	26452	10840	17.09	20.84
绍兴市区	Shaoxing District	796977	1416638	39723	98.25	69.78
柯桥区	keqiao	198624	1115530	6269	21.26	14.38
上虞区	Shangyu	416936	188293	28428	54.15	45.40

续表 Continued

市县名称	City and County	农业机械总动力（千瓦）Total Power of Agricultural Machinery (kw)	农村用电量（万千瓦小时）Electricity Consumed in Rural Areas (10000 kw. h)	农用化肥施用量（折纯）（吨）Consumption of Chemical Fertilizers (pure) (ton)	机耕面积（千公顷）Area Ploughed by Tractors (1000 hectares)	有效灌溉面积（千公顷）Irrigated Area (1000 hectares)
诸暨市	Zhuji	742114	581753	27093	45.79	44.03
嵊州市	Shengzhou	384518	99270	11302	24.18	39.89
新昌县	Xinchang	205227	48552	11552	6.95	13.39
金华市区	Jinhua District	494568	71727	25053	26.07	42.80
金东区	JIndong	199877	37447	13875	6.77	14.64
兰溪市	Lanxi	277069	127421	20564	29.29	36.38
东阳市	Dongyang	481539	151759	9122	21.69	22.56
义乌市	Yiwu	227213	118637	12281	11.99	18.08
永康市	Yongkang	303752	62031	7958	6.48	16.05
武义县	Wuyi	187265	17105	12166	22.29	14.95
浦江县	Pujiang	100750	22905	3575	4.48	13.62
磐安县	Panan	230919	9428	3706	4.42	5.14
衢州市区	Quzhou District	452234	33906	19497	30.71	31.75
江山市	Jiangshan	412428	27871	13869	29.61	23.79
常山县	Changshan	98913	21372	9130	15.01	13.20
开化县	Kaihua	136141	8472	6010	15.30	12.30
龙游县	Longyou	284621	15768	14006	30.77	23.56
舟山市区	Zhoushan District	617975	133762	2995	6.94	12.77
岱山县	Daishan	547395	15020	1188	1.48	2.51
嵊泗县	Shengsi	204075	3700	24	0.06	0.03
台州市区	Taizhou District	366575	431999	30345	24.26	28.31
玉环县	Yuhuan	212830	99473	2328	3.56	6.56
三门县	Sanmen	248168	51154	6319	12.56	12.89
天台县	Tiantai	158811	34544	6338	10.32	13.70
仙居县	Xianju	228311	40335	6235	18.99	13.60
温岭市	Wenling	1030060	286730	16825	26.62	21.50
临海市	Linhai	448083	212387	21769	32.43	28.49
丽水市区	Lishui District	103534	4622	10665	9.45	11.72
龙泉市	Longquan	176993	6510	6729	11.55	16.19
青田县	Qingtian	60277	14882	1857	5.01	9.22
云和县	Yunhe	63276	1728	548	2.73	6.50
庆元县	Qingyuan	89567	2621	6820	7.05	13.98
缙云县	Jinyun	122897	15559	6990	13.38	10.22
遂昌县	Suichang	108404	6657	8829	6.78	9.38
松阳县	Songyang	138898	7134	10739	5.70	9.63
景宁县	Jingning	83386	2710	4346	3.94	6.80

17－31 各市、县规模以上工业企业单位数(2017 年)
Number of Industrial Enterprises Above Designated Size by City and County (2017)

单位:个(unit)

市县名称	City and County	工业企业单位数 Number of Enterprises	内资企业 Domestic－Funded Enterprises	港澳台商投资企业 Enterprises with Investment from Hong Kong, Macao and Taiwan	外商投资企业 Enterprises with Foreign Investment
杭州市区	Hangzhou District	4726	3942	342	442
萧山区	Xiaoshan	1544	1267	142	135
余杭区	Yuhang	1141	991	69	81
富阳区	Fuyang	644	580	30	34
临安区	Linan	597	567	15	15
建德市	Jiande	352	344	5	3
桐庐县	Tonglu	338	288	36	14
淳安县	Chunan	117	109	2	6
宁波市区	Ningbo District	3834	2894	497	443
鄞州区	Yinzhou	1030	852	107	71
奉化区	Fenhua	475	405	31	39
余姚市	Yuyao	1184	969	145	70
慈溪市	Cixi	1434	1269	87	78
象山县	Xiangshan	512	449	29	34
宁海县	Ninghai	536	451	49	36
温州市区	Wenzhou District	1497	1427	28	42
洞头区	Dongtou	35	33	2	
瑞安市	Ruian	900	887	2	11
乐清市	Yueqing	1073	1057	7	9
永嘉县	Yongjia	360	350	6	4
平阳县	Pingyang	367	353	7	7
苍南县	Cangnan	340	331	6	3
文成县	Wenchen	24	23		1
泰顺县	Taishun	21	21		
嘉兴市区	Jiaxing District	1063	820	95	148
平湖市	Pinghu	711	517	79	115
海宁市	Haining	1281	1121	88	72
桐乡市	Tongxiang	1057	885	115	57
嘉善县	Jiashan	776	594	71	111
海盐县	Haiyan	506	454	26	26
湖州市区	District	1118	991	65	62
德清县	Deqing	702	568	85	49
长兴县	ChangXing	713	651	26	36
安吉县	Anji	412	357	28	27
绍兴市区	Shaoxing District	2437	2067	244	126
柯桥区	keqiao	1184	1055	93	36
上虞区	Shangyu	737	619	76	42

续表 Continued 单位:个(unit)

市县名称	City and County	工业企业单位数 Number of Enterprises	内资企业 Domestic - Funded Enterprises	港澳台商投资企业 Enterprises with Investment from Hong Kong, Macao and Taiwan	外商投资企业 Enterprises with Foreign Investment
诸暨市	Zhuji	1207	1091	68	48
嵊州市	Shengzhou	595	513	61	21
新昌县	Xinchang	255	235	7	13
金华市区	Jinhua District	667	597	40	30
金东区	JIndong	297	287	6	4
兰溪市	Lanxi	392	374	6	12
东阳市	Dongyang	523	509	5	9
义乌市	Yiwu	680	644	27	9
永康市	Yongkang	624	608	9	7
武义县	Wuyi	468	458	2	8
浦江县	Pujiang	221	205	9	7
磐安县	Panan	116	114	1	1
衢州市区	Quzhou District	305	283	3	19
江山市	Jiangshan	207	197	4	6
常山县	Changshan	104	101	2	1
开化县	Kaihua	68	66	2	
龙游县	Longyou	158	149	5	4
舟山市区	Taizhou District	289	274	6	9
岱山县	Daishan	51	43	2	6
嵊泗县	Shengsi	11	11		
台州市	Taizhou District	1189	1142	25	22
温岭市	Wenling	802	778	10	14
临海市	Linhai	486	456	19	11
玉环市	Yuhuan	799	771	13	15
三门县	Sanmen	192	185	2	5
天台县	Tiantai	145	136	4	5
仙居县	Xianju	147	140	4	3
丽水市区	Lishui District	199	193	3	3
龙泉市	Longquan	89	86	1	2
青田县	Qingtian	103	96	2	5
云和县	Yunhe	57	55		2
庆元县	Qingyuan	53	52	1	
缙云县	Jinyun	179	177	1	1
遂昌县	Suichang	60	56	2	2
松阳县	Songyang	92	90	2	
景宁自治县	Jingning	17	16		1

17-32 各市、县规模以上工业总产值(2017年)
Gross Output Value of Industry Above Designated Size by City and County (2017)

单位:亿元(100 million yuan)

市县名称	City and County	工业总产值 Gross Output Value of Industry	内资企业 Domestic - Funded Enterprises	港澳台商投资企业 Enterprises with Investment from Hong Kong, Macao and Taiwan	外商投资企业 Enterprises with Foreign Investment
杭州市区	Hangzhou District	11982.37	8783.16	1420.60	1778.62
萧山区	Xiaoshan	3727.09	2857.96	556.17	312.95
余杭区	Yuhang	1615.02	1375.15	100.41	139.46
富阳区	Fuyang	1273.79	1152.71	31.77	89.31
临安区	Linan	741.09	699.84	19.60	21.65
建德市	Jiande	402.02	382.71	11.11	8.20
桐庐县	Tonglu	391.24	316.32	52.93	21.99
淳安县	Chunan	188.13	163.22	3.89	21.02
宁波市区	Ningbo District	10127.23	6273.98	2628.40	1224.85
鄞州区	Yinzhou	1576.82	1137.19	351.49	88.14
奉化区	Fenhua	621.77	494.29	72.63	54.85
余姚市	Yuyao	1488.42	961.28	432.21	94.94
慈溪市	Cixi	2851.51	2347.28	262.85	241.38
象山县	Xiangshan	656.17	530.94	59.92	65.32
宁海县	Ninghai	727.56	660.67	43.10	23.78
温州市区	Wenzhou District	1516.27	1416.96	28.82	70.49
洞头区	Dongtou	49.18	46.75	2.44	
瑞安市	Ruian	755.25	697.20	4.08	53.98
乐清市	Yueqing	1180.85	1106.31	5.21	69.32
永嘉县	Yongjia	254.96	248.42	4.22	2.32
平阳县	Pingyang	293.81	275.19	4.32	14.30
苍南县	Cangnan	294.79	251.76	39.06	3.96
文成县	Wenchen	15.45	15.18		0.27
泰顺县	Taishun	10.90	10.90		
嘉兴市区	Jiaxing District	1930.69	1222.94	216.21	491.54
平湖市	Pinghu	1604.02	895.34	222.65	486.02
海宁市	Haining	1670.51	1283.69	241.36	145.45
桐乡市	Tongxiang	1472.57	1247.72	138.87	85.98
嘉善县	Jiashan	1125.76	683.10	101.91	340.76
海盐县	Haiyan	808.70	691.53	78.34	38.83
湖州市区	Huzhou District	1442.76	1185.44	118.38	138.93
德清县	Deqing	1153.78	849.11	204.25	100.42
长兴县	ChangXing	1160.06	907.32	79.15	173.60
安吉县	Anji	557.27	472.76	50.11	34.40
绍兴市区	Shaoxing District	4920.73	3792.23	780.43	348.07
柯桥区	keqiao	2409.79	1956.56	313.84	139.39
上虞区	Shangyu	1323.02	985.17	232.59	105.27

续表 Continued 单位:亿元(100 million yuan)

市县名称	City and County	工业总产值 Gross Output Value of Industry	内资企业 Domestic - Funded Enterprises	港澳台商投资企业 Enterprises with Investment from Hong Kong, Macao and Taiwan	外商投资企业 Enterprises with Foreign Investment
诸暨市	Zhuji	1934.00	1584.97	118.37	230.66
嵊州市	Shengzhou	470.86	359.27	78.34	33.25
新昌县	Xinchang	451.39	410.55	16.53	24.31
金华市区	Jinhua District	699.93	555.15	106.15	38.63
金东区	JIndong	206.30	198.11	6.46	1.73
兰溪市	Lanxi	549.76	532.39	2.27	15.10
东阳市	Dongyang	530.71	520.13	5.52	5.05
义乌市	Yiwu	596.14	546.49	44.65	5.01
永康市	Yongkang	710.76	693.87	10.77	6.12
武义县	Wuyi	429.86	417.00	2.85	10.01
浦江县	Pujiang	123.48	115.05	5.12	3.32
磐安县	Panan	73.08	70.33	0.41	2.34
衢州市区	Quzhou District	868.51	731.74	3.24	133.53
江山市	Jiangshan	265.82	255.55	2.35	7.92
常山县	Changshan	106.40	103.34	2.40	0.66
开化县	Kaihua	79.68	74.10	5.58	
龙游县	Longyou	224.79	193.75	6.62	24.42
舟山市区	Zhoushan District	817.93	776.23	12.60	29.10
岱山县	Daishan	120.33	83.22	3.56	33.54
嵊泗县	Shengsi	5.54	5.54		
台州市区	Taizhou District	154.60	139.11	5.64	9.86
温岭市	Wenling	759.48	694.18	37.18	28.13
临海市	Linhai	895.02	749.03	24.27	121.72
玉环市	Yuhuan	717.37	589.25	17.70	110.42
三门县	Sanmen	210.85	201.79	4.44	4.63
天台县	Tiantai	178.94	165.52	2.12	11.29
仙居县	Xianju	163.41	154.76	7.79	0.86
丽水市区	Lishui District	355.04	351.14	1.56	2.34
龙泉市	Longquan	79.04	77.94	0.25	0.86
青田县	Qingtian	257.27	242.29	9.74	5.24
云和县	Yunhe	51.01	50.15		0.86
庆元县	Qingyuan	58.25	56.83	1.42	
缙云县	Jinyun	170.79	168.15	0.60	2.04
遂昌县	Suichang	109.69	105.50	3.56	0.63
松阳县	Songyang	110.99	109.09	1.90	
景宁自治县	Jingning	8.92	8.38		0.55

17－33 各市、县工业企业经济指标(2017 年)
Main Indicators of Industrial Enterprises by City and County (2017)

单位:亿元(100 million yuan)

市县名称	City and County	平均用工人数(万人) Average Number of Staff and Workers (10000 persons)	流动资产合计 Circulating Funds	固定资产合计 Fixed Assets	主营业务收入 Revenues in Main Business
杭州市区	Hangzhou District	95.66	8553.00	2700.76	12276.65
萧山区	Xiaoshan	30.74	2526.37	992.36	3864.55
余杭区	Yuhang	19.08	1182.29	386.47	1615.53
富阳区	Fuyang	9.23	894.44	320.55	1312.34
临安区	Linan	7.28	551.28	154.25	738.72
建德市	Jiande	3.67	180.79	125.69	396.65
桐庐县	Tonglu	4.52	204.70	108.84	360.63
淳安县	Chunan	1.72	71.09	45.35	175.67
宁波市区	Ningbo District	78.39	5540.26	2682.71	10212.80
鄞州区	Yinzhou	17.95	1004.29	293.95	1534.27
奉化区	Fenhua	8.66	365.70	135.75	590.61
余姚市	Yuyao	21.21	873.26	292.85	1412.56
慈溪市	Cixi	31.48	1462.26	524.93	2715.75
象山县	Xiangshan	7.26	409.00	172.92	575.47
宁海县	Ninghai	10.34	531.13	234.82	727.29
温州市区	Wenzhou District	26.01	770.52	312.52	1460.75
洞头区	Dongtou	0.45	22.95	10.90	231.22
瑞安市	Ruian	13.10	432.48	152.24	733.34
乐清市	Yueqing	16.41	918.71	261.42	1167.54
永嘉县	Yongjia	5.53	225.89	63.35	245.72
平阳县	Pingyang	4.89	139.79	73.86	281.54
苍南县	Cangnan	3.49	134.10	105.59	274.93
文成县	Wenchen	0.17	7.86	24.11	13.33
泰顺县	Taishun	0.20	5.59	4.27	8.20
嘉兴市区	Jiaxing District	20.99	1125.12	586.76	1988.18
平湖市	Pinghu	14.72	851.75	615.16	1594.89
海宁市	Haining	16.91	914.37	438.61	1636.75
桐乡市	Tongxiang	13.04	723.78	469.89	1461.51
嘉善县	Jiashan	13.17	588.01	253.29	1043.91
海盐县	Haiyan	6.65	479.01	626.27	791.78
湖州市区	Huzhou District	12.43	952.98	348.94	1438.89
德清县	Deqing	9.10	447.03	196.27	1083.33
长兴县	ChangXing	8.43	592.59	308.53	1118.31
安吉县	Anji	7.12	241.73	159.16	534.31
绍兴市区	Shaoxing District	41.96	2614.82	1279.33	4785.28
柯桥区	keqiao	19.69	998.61	557.10	2321.26
上虞区	Shangyu	12.05	1017.11	350.58	1286.40

续表 Continued 单位:亿元(100 million yuan)

市县名称	City and County	平均用工人数(万人) Average Number of Staff and Workers (10000 persons)	流动资产合计 Circulating Funds	固定资产合计 Fixed Assets	主营业务收入 Revenues in Main Business
诸暨市	Zhuji	14.64	1125.28	292.51	1828.82
嵊州市	Shengzhou	6.71	263.07	103.94	454.46
新昌县	Xinchang	5.65	502.50	110.92	452.25
金华市区	Jinhua District	9.40	471.76	175.32	698.85
金东区	JIndong	3.30	141.68	48.09	195.11
兰溪市	Lanxi	5.40	298.42	168.92	525.00
东阳市	Dongyang	7.90	298.39	133.25	499.24
义乌市	Yiwu	10.60	411.30	229.64	564.22
永康市	Yongkang	10.80	480.37	138.84	697.61
武义县	Wuyi	7.00	203.62	76.73	414.23
浦江县	Pujiang	2.70	76.69	36.77	121.85
磐安县	Panan	1.50	43.68	22.01	68.13
衢州市区	Quzhou District	5.79	453.63	293.01	859.59
江山市	Jiangshan	2.75	136.80	71.48	246.21
常山县	Changshan	1.37	51.71	59.87	96.33
开化县	Kaihua	0.63	36.71	29.60	77.50
龙游县	Longyou	2.48	124.96	97.10	211.46
舟山市区	Zhoushan District	5.88	507.63	395.51	757.88
岱山县	Daishan	1.30	257.46	116.49	140.34
嵊泗县	Shengsi	0.03	3.09	2.80	5.24
台州市区	Taizhou District	21.26	102.02	44.23	153.49
温岭市	Wenling	12.35	363.72	142.56	708.66
临海市	Linhai	10.29	626.13	222.48	912.79
玉环市	Yuhuan	11.92	420.81	238.82	701.68
三门县	Sanmen	2.94	130.24	118.25	203.71
天台县	Tiantai	2.52	156.22	61.09	177.16
仙居县	Xianju	2.71	111.38	96.62	156.02
丽水市区	Lishui District	4.04	276.51	95.18	470.15
龙泉市	Longquan	1.10	33.77	21.15	71.07
青田县	Qingtian	2.22	116.73	96.23	235.74
云和县	Yunhe	0.78	15.13	16.54	49.67
庆元县	Qingyuan	0.77	22.77	13.83	52.73
缙云县	Jinyun	2.64	84.77	41.03	167.73
遂昌县	Suichang	1.07	62.73	34.24	148.84
松阳县	Songyang	1.17	34.02	32.23	106.17
景宁自治县	Jingning	0.13	6.23	5.95	8.09

17－34 各市、县客运量和货运量(2017 年)
Passenger Traffic and Freight Traffic by City and County (2017)

市县名称	City and County	客运量(万人) Passenger Traffic (10000 persons)		货运量(万吨) Freight Traffic (10000 tons)	
		公路 Highways	水运 Waterways	公路 Highways	水运 Waterways
杭州市区	Hangzhou District	10410	348	26837	4794
萧山区	Xiaoshan	549	17	4211	1908
余杭区	Yuhang	242		1663	1137
富阳区	Fuyang	1055		1116	524
临安区	Linan	384	36	499	104
建德市	Jiande	1052	23	769	96
桐庐县	Tonglu	838	26	1062	147
淳安县	Chunan	719	241	710	7
宁波市区	Ningbo District	2586	38	25431	17448
鄞州区	Yinzhou	697	15	6287	886
奉化区	Fenhua	540		1909	294
余姚市	Yuyao	263	1	1163	12
慈溪市	Cixi	578		1028	
象山县	Xiangshan	712	102	420	2572
宁海县	Ninghai	164	44	958	1023
温州市区	Wenzhou District				
洞头区	Dongtou	548		63	1377
瑞安市	Ruian	2096	8	1190	199
乐清市	Yueqing	5350		943	556
永嘉县	Yongjia	2983		1174	211
平阳县	Pingyang	2992	18	473	88
苍南县	Cangnan	3890		833	254
文成县	Wenchen	1048	3	70	
泰顺县	Taishun	1157		35	
嘉兴市区	Jiaxing District	780	80	3468	2739
平湖市	Pinghu	533		3254	1203
海宁市	Haining	324		1232	758
桐乡市	Tongxiang	514		1420	1681
嘉善县	Jiashan	629		2409	1404
海盐县	Haiyan	204		1049	1324
湖州市区	Huzhou District				
德清县	Deqing	979	34	993	580
长兴县	ChangXing	707	48	3822	3112
安吉县	Anji	1172		1562	1485
绍兴市区	Shaoxing District				
柯桥区	keqiao	201	69	3158	140
上虞区	Shangyu	353		2215	450

续表 Continued

市县名称	City and County	客运量(万人) Passenger Traffic (10000 persons)		货运量(万吨) Freight Traffic (10000 tons)	
		公路 Highways	水运 Waterways	公路 Highways	水运 Waterways
诸暨市	Zhuji	342	45	2242	479
嵊州市	Shengzhou	595		1827	28
新昌县	Xinchang	723	3	1012	
金华市区	Jinhua District	1847	3	1832	
金东区	JIndong				
兰溪市	Lanxi	1535		628	16
东阳市	Dongyang	1785		1517	
义乌市	Yiwu	3364		2889	
永康市	Yongkang	892		1006	
武义县	Wuyi	890		291	
浦江县	Pujiang	939		427	
磐安县	Panan	576		178	
衢州市区	Quzhou District	2101	2	4390	
江山市	Jiangshan	1050		3200	
常山县	Changshan	535		1191	
开化县	Kaihua	701		796	
龙游县	Longyou	823	4	1686	5
舟山市区	Zhoushan District	1261	490	7050	
岱山县	Daishan	1168	500	1290	3871
嵊泗县	Shengsi	200	156	120	2438
台州市区	Taizhou District	1136	16	7207	7421
温岭市	Wenling	2602		2018	2102
临海市	Linhai	289		2093	525
玉环市	Yuhuan	1806	193	1479	2521
三门县	Sanmen	767		428	913
天台县	Tiantai	847		632	
仙居县	Xianju	789		519	
丽水市区	Lishui District				
龙泉市	Longquan	235	1	249	
青田县	Qingtian	533		311	235
云和县	Yunhe	133	20	198	
庆元县	Qingyuan	102		259	
缙云县	Jinyun	422		317	
遂昌县	Suichang	214		272	
松阳县	Songyang	123		416	
景宁自治县	Jingning	96		141	

17－35 各市、县公路里程邮电通信和用电量情况(2017年)

Length of Highways, Posts and Telecommunications, Electricity Consumption by City and County (2017)

市县名称	City and County	境内公路里程(公里) Length of Highways (km)	#高速公路 Expressway	民用汽车拥有量(辆) Civilb Motor Vehicles (unit)	固定电话用户(万户) Telephone Subscribers (10000 subscribers)	年末移动电话用户数(万户) Number of Mobile Telephones Subscribers (10000 subscribers)
杭州市区	Hangzhou District	9840	483	2399262	241.13	1576.02
萧山区	Xiaoshan	2428	125	507265	44.51	258.19
余杭区	Yuhang	2377	122	376812	23.74	221.81
富阳区	Fuyang	1956	37	152943	10.20	96.15
临安区	Linan	2937	40	148564	8.90	71.05
建德市	Jiande	1977	107	83925	5.85	52.14
桐庐县	Tonglu	1849	29	89646	6.60	57.84
淳安县	Chunan	2757	13	66159	5.79	38.18
宁波市区	Ningbo District	4639	300	901006	138.00	719.00
鄞州区	Yinzhou	1010	95	455572	43.65	218.79
奉化区	Fenghua	1354	55	128418	12.98	67.98
余姚市	Yuyao	1943	42	286180	23.32	143.68
慈溪市	Cixi	1641	100	325645	34.30	188.00
象山县	Xiangshan	1390	22	122676	16.16	69.62
宁海县	Ninghai	1624	51	137225	12.15	98.94
温州市区	Wenzhou District				63.07	446.27
洞头区	Dongtou	218		16770	1.36	12.36
瑞安市	Ruian	1377	15	368553	20.64	172.80
乐清市	Yueqing	1004	68	280919	23.62	169.64
永嘉县	Yongjia	1336	110	203552	11.56	93.81
平阳县	Pingyang	728	27	138121	7.72	91.25
苍南县	Cangnan	945	24	201399	14.79	142.71
文成县	Wenchen	838		40413	1.83	19.79
泰顺县	Taishun	1157		41512	2.20	26.28
嘉兴市区	Jiaxing District	1637	125	355351	33.67	205.06
平湖市	Pinghu	1259	46	139728	11.06	76.41
海宁市	Haining	1421	101	218747	19.46	107.38
桐乡市	Tongxiang	2038	44	239967	16.59	119.02
嘉善县	Jiashan	781	37	127379	11.62	74.19
海盐县	Haiyan	1004	40	113886	8.97	49.63
湖州市区	Huzhou District					
德清县	Deqing	1247	44	120204	11.37	70.26
长兴县	Changxing	2246	119	145989	13.97	83.62
安吉县	Anji	2186	35	128610	12.15	71.08
绍兴市区	Shaoxing District					
柯桥区	keqiao	1439	23	269061	24.98	149.39
上虞区	Shangyu	1595	87	166481	17.00	125.65

续表 1 Continued

市县名称	City and County	境内公路里程(公里) Length of Highways (km)	#高速公路 Expressway	民用汽车拥有量(辆) Civilb Motor Vehicles (unit)	固定电话用户(万户) Telephone Subscribers (10000 subscribers)	年末移动电话用户数(万户) Number of Mobile Telephones Subscribers (10000 subscribers)
诸暨市	Zhuji	2735	152	295347	27.42	188.55
嵊州市	Shengzhou	2324	100	131571	12.78	107.00
新昌县	Xinchang	1377	40	82472	6.35	68.35
金华市区	Jinhua District	2728	73	321268	23.74	265.66
金东区	JIndong	1158	50			
兰溪市	Lanxi	1440	15	102003	6.49	65.26
东阳市	Dongyang	2413	95	243594	13.56	129.84
义乌市	Yiwu	1536	77	522662	31.99	287.04
永康市	Yongkang	1187	58	275310	11.79	143.22
武义县	Wuyi	1414	26	88651	5.04	56.02
浦江县	Pujiang	870	13	104532	5.14	60.84
磐安县	Panan	1236	20	30817	1.92	21.72
衢州市区	Quzhou District	2389	65	194807	17.68	107.14
江山市	Jiangshan	1842	76	89874	6.14	47.26
常山县	Changshan	1050	89	40200	3.27	23.98
开化县	Kaihua	1593	112	38652	2.78	24.50
龙游县	Longyou	1528	80	56937	5.85	35.09
舟山市区	Zhoushan District	1204	42		13.47	127.15
岱山县	Daishan	413		17222	3.51	23.91
嵊泗县	Shengsi	179		4415	1.43	10.39
台州市区	Taizhou District	2525	34	584462	35.83	295.28
温岭市	Wenling	1987	11	332648	18.74	183.06
临海市	Linhai	2368	85	213649	11.21	127.69
玉环市	Yuhuan	685	0	135718	12.19	86.27
三门县	Sanmen	1302	21	60184	4.25	39.25
天台县	Tiantai	2007	42	79346	5.93	49.34
仙居县	Xianju	1906	106	76960	4.12	45.57
丽水市区	Lishui District			98293		
龙泉市	Longquan	2545	89	41844	2.53	28.33
青田县	Qingtian	2459	67	43456	5.42	37.79
云和县	Yunhe	891	44	19154	1.28	15.09
庆元县	Qingyuan	1580	21	19170	1.62	17.13
缙云县	Jinyun	1451	35	61722	5.85	40.79
遂昌县	Suichang	1793	29	26556	2.36	21.68
松阳县	Songyang	1540	53	31914	2.65	22.63
景宁自治县	Jingning	1919	12	15809	1.24	13.35

续表 2 Continued

市县名称	City and County	电信业务收入(万元) Telecom Business Income (10000 yuan)	全年用电量(万千瓦小时) Total Electricity Consumption (10000 kw. h)	#工业用电 Industrial Consumption	#城乡居民生活用电 Residential Consumption
杭州市区	Hangzhou District	1824554	6737303	3890027	1052878
萧山区	Xiaoshan	254388	2388985		
余杭区	Yuhang	211561	942602	518358	197087
富阳区	Fuyang	78749	848089	698549	78125
临安区	Linan	57705	334176	226354	55041
建德市	Jiande	36014	300045	235248	32157
桐庐县	Tonglu	41027	211804	129952	40734
淳安县	Chunan	25188	131135	67442	22807
宁波市区	Ningbo District	792468	4236718	3090376	442282
鄞州区	Yinzhou	215238	828387	419063	152967
奉化区	Fenghua	55594	326028	228433	48816
余姚市	Yuyao	106518	902767	704896	98415
慈溪市	Cixi	179000	1046341	804342	139046
象山县	Xiangshan		233386	131236	51396
宁海县	Ninghai	77953	323924	217688	61146
温州市区	Wenzhou District	423709			
洞头区	Dongtou	11181	31041	10842	10258
瑞安市	Ruian	163947	707730	469265	153490
乐清市	Yueqing	191445	581130	325746	158832
永嘉县	Yongjia	85342	279797	164984	70337
平阳县	Pingyang	80196	329561	204933	88316
苍南县	Cangnan	129773	570888	363748	137526
文成县	Wenchen	14902	38145	11194	15094
泰顺县	Taishun	22329	41154	13441	17014
嘉兴市区	Jiaxing District	284886	1250198	945492	112575
平湖市	Pinghu	99486	750446	648929	49104
海宁市	Haining	148411	885722	707786	74345
桐乡市	Tongxiang	151401	947203	780033	75158
嘉善县	Jiashan	97189	525682	413905	55076
海盐县	Haiyan	64163	474441	398770	35530
湖州市区	Huzhou District				
德清县	Deqing	50165	403130	307130	43523
长兴县	Changxing	60136	727694	605734	63938
安吉县	Anji	54682	292198	190443	49277
绍兴市区	Shaoxing District				
柯桥区	keqiao	113463	1458747	1266592	85553
上虞区	Shangyu	72685	573304	440976	59818

续表 3 Continued

市县名称	City and County	电信业务收入(万元) Telecom Business Income (10000 yuan)	全年用电量(万千瓦小时) Total Electricity Consumption (10000 kw.h)	#工业用电 Industrial Consumption	#城乡居民生活用电 Residential Consumption
诸暨市	Zhuji	113456	820278	627918	95295
嵊州市	Shengzhou	55018	274023	178957	56136
新昌县	Xinchang	35238	213953	152822	33047
金华市区	Jinhua District	138738	626530	361155	119270
金东区	JIndong		236834	154372	32984
兰溪市	Lanxi	40666	442912	371284	40063
东阳市	Dongyang	99666	458338	302093	80699
义乌市	Yiwu	258529	863191	506637	116854
永康市	Yongkang	102330	474004	358524	70793
武义县	Wuyi	38927	233385	178697	26892
浦江县	Pujiang	44945	202082	149299	28391
磐安县	Panan	13635	49069	27839	10322
衢州市区	Quzhou District	78170	871616	719686	65562
江山市	Jiangshan	29437	236141	165260	31609
常山县	Changshan	16450	139555	107596	17381
开化县	Kaihua	16459	77511	44512	17326
龙游县	Longyou	25210	219052	154246	27206
舟山市区	Zhoushan District		389357	184862	75644
岱山县	Daishan	11817	89881	52274	14285
嵊泗县	Shengsi	5706	45996	6782	5893
台州市区	Taizhou District	276921	1156742	771504	191133
温岭市	Wenling	142948	576697	350584	141274
临海市	Linhai	92062	462915	314052	85876
玉环市	Yuhuan	71084	456852	355754	64750
三门县	Sanmen	29823	172050	93995	27436
天台县	Tiantai	33972	133589	73372	36142
仙居县	Xianju	31993	113765	62152	29082
丽水市区	Lishui District		219460	116044	42231
龙泉市	Longquan	17611	68675	34404	18458
青田县	Qingtian	26673	132553	80328	31340
云和县	Yunhe	9445	62090	45650	9303
庆元县	Qingyuan	9895	35534	17527	8001
缙云县	Jinyun	26443	146098	100988	28221
遂昌县	Suichang	13167	85877	61213	12873
松阳县	Songyang	12561	62356	36377	13383
景宁自治县	Jingning	8671	19402	5262	7352

17－36 各市、县国内贸易情况(2017 年)
Domestic and Foreign Trade by City and County (2017)

市县名称	City and County	社会消费品零售总额(亿元) Total Retail Sales of Consumer Goods (100 million yuan)	限额以上批发、零售业商品销售额(亿元) Total Sales of Wholesale and Retailsale Trade Above Designated Size (100 million yuan)	限额以上批发零售企业数(个) Number of Wholesale and retail enterprises above Designaged Size(unit)	#零售 Retail
杭州市区	Hangzhou District	5333.63	20471.68	4097	1193
萧山区	Xiaoshan	701.22	2235.10	762	148
余杭区	Yuhang	481.26	1118.45	598	172
富阳区	Fuyang	250.45	610.61	210	74
临安区	Linan	192.33	133.46	182	113
建德市	Jiande	127.95	42.94	67	33
桐庐县	Tonglu	164.86	97.10	147	77
淳安县	Chunan	90.99	95.06	95	74
宁波市区	Ningbo District	2615.93	16314.38	3136	520
鄞州区	Yinzhou	837.26	2733.67	1004	156
奉化区	Fenhua	161.95	110.50	100	42
余姚市	Yuyao	437.13	630.91	241	61
慈溪市	Cixi	583.23	680.56	370	135
象山县	Xiangshan	191.25	136.16	129	44
宁海县	Ninghai	220.27	196.68	123	62
温州市区	Wenzhou District	1553.90	2828.42	1196	312
洞头区	Dongtou	30.50	57.24	22	8
瑞安市	Ruian	354.32	317.58	314	87
乐清市	Yueqing	382.42	255.34	248	102
永嘉县	Yongjia	168.28	106.11	110	56
平阳县	Pingyang	191.20	64.30	101	41
苍南县	Cangnan	326.63	125.76	138	70
文成县	Wenchen	41.20	4.32	29	23
泰顺县	Taishun	44.63	6.72	36	29
嘉兴市区	Jiaxing District	496.59	1069.91	431	143
平湖市	Pinghu	200.00	354.07	188	37
海宁市	Haining	407.10	400.01	327	58
桐乡市	Tongxiang	361.55	499.81	366	104
嘉善县	Jiashan	203.87	116.53	103	26
海盐县	Haiyan	137.50	106.33	107	28
湖州市区	Huzhou District	604.68	677.68	357	138
德清县	Deqing	168.44	355.03	127	31
长兴县	ChangXing	258.40	1115.00	148	58
安吉县	Anji	156.63	56.01	111	73
绍兴市区	Shaoxing District	1081.43	2084.28	1548	286
柯桥区	keqiao	291.18	1068.01	838	55
上虞区	Shangyu	334.40	184.43	205	92

续表 Continued

市县名称	City and County	社会消费品零售总额（亿元）Total Retail Sales of Consumer Goods (100 million yuan)	限额以上批发、零售业商品销售额（亿元）Total Sales of Wholesale and Retailsale Trade Above Designated Size (100 million yuan)	限额以上批发零售企业数（个）Number of Wholesale and retail enterprises above Designaged Size(unit)	#零售 Retail
诸暨市	Zhuji	438.67	523.48	492	219
嵊州市	Shengzhou	284.50	87.21	112	65
新昌县	Xinchang	173.06	112.69	91	45
金华市区	Jinhua District	619.17	733.96	310	150
金东区	JIndong	147.60	183.12	108	64
兰溪市	Lanxi	150.71	113.42	127	68
东阳市	Dongyang	276.74	192.51	93	54
义乌市	Yiwu	653.79	354.23	331	137
永康市	Yongkang	230.03	325.36	167	75
武义县	Wuyi	99.77	29.74	63	32
浦江县	Pujiang	123.99	36.15	52	29
磐安县	Panan	37.00	8.16	22	18
衢州市区	Quzhou District	261.66	313.77	194	92
江山市	Jiangshan	126.45	32.60	61	45
常山县	Changshan	67.90	19.25	29	20
开化县	Kaihua	78.41	7.42	17	11
龙游县	Longyou	143.48	61.40	67	32
舟山市区	Zhoushan District	392.70	1856.65	306	70
岱山县	Daishan	77.22	12.26	22	8
嵊泗县	Shengsi	35.76	10.60	11	7
台州市区	Taizhou District	889.97	1324.81	486	204
温岭市	Wenling	593.35	305.76	274	103
临海市	Linhai	250.62	170.28	124	78
玉环市	Yuhuan	187.75	114.46	116	41
三门县	Sanmen	96.21	16.62	38	21
天台县	Tiantai	119.52	16.37	47	37
仙居县	Xianju	98.32	43.07	51	25
丽水市区	Lishui District	195.98	297.87	89	64
龙泉市	Longquan	60.04	13.07	17	13
青田县	Qingtian	100.30	14.95	44	36
云和县	Yunhe	28.99	8.00	22	16
庆元县	Qingyuan	35.81	3.21	14	12
缙云县	Jinyun	85.56	18.15	41	33
遂昌县	Suichang	54.11	23.74	24	14
松阳县	Songyang	44.24	20.13	24	17
景宁自治县	Jingning	30.93	127.67	12	8

17－37 各市、县外贸及利用外资情况(2017年)
Foreign Trade and Utlization of Foreign Capital by City and County (2017)

市县名称	City and County	进口总额(万美元) Total imports (USD 10000)	出口总额(万美元) Total exports (USD 10000)	外国和港澳台地区在华直接投资 Foreign Funded Enterprises and Enterprises Funded by Entrepreneurs from Hong Kong, Macao & Taiwan	
				新签项目(合同)数(个) Newly Signed Contracts (unit)	实际使用外资金额(万美元) Amount of Foreign Capital Actually Use (USD 10000)
杭州市区	Hangzhou District	2208550	4481263	555	627626
萧山区	Xiaoshan	275078	804078	117	87807
余杭区	Yuhang	43827	533943	91	103975
富阳区	Fuyang	202307	170135	16	27762
临安区	Linan	45070	229465	11	23107
建德市	Jiande	6567	77602	11	13500
桐庐县	Tonglu	6379	104085	7	16500
淳安县	Chunan	1722	15120	2	3375
宁波市区	Ningbo District	3328078	5128902	402	267351
鄞州区	Yinzhou	472045	1801233	109	65256
奉化区	Fenhua	38957	279752	10	18144
余姚市	Yuyao	349495	713634	68	48071
慈溪市	Cixi	141985	971972	40	59349
象山县	Xiangshan	18478	253435	29	14073
宁海县	Ninghai	28233	285445	16	14151
温州市区	Wenzhou District			39	21239
洞头区	Dongtou	27059	4547	3	4728
瑞安市	Ruian	49234	314795	5	3888
乐清市	Yueqing	6185	198422	7	4043
永嘉县	Yongjia	3893	67779	2	2005
平阳县	Pingyang	4304	84782	2	2007
苍南县	Cangnan	2397	55356	9	2495
文成县	Wenchen	43	2515		127
泰顺县	Taishun	4	4124	2	18
嘉兴市区	Jiaxing District	442934	798363	105	113352
平湖市	Pinghu	171977	366293	59	40027
海宁市	Haining	89723	626029	49	40646
桐乡市	Tongxiang	172672	359513	65	35374
嘉善县	Jiashan	94311	301609	51	48678
海盐县	Haiyan	53843	168462	31	21375
湖州市区	Huzhou District			35	60549
德清县	Deqing	34937	204298	13	17690
长兴县	ChangXing	26676	200738	45	19254
安吉县	Anji	9280	314946	22	17093
绍兴市区	Shaoxing District			338	86804
柯桥区	keqiao	36686	1009142	250	32817
上虞区	Shangyu	40016	356898	48	37508

续表 Continued

市县名称	City and County	进口总额（万美元）Total imports (USD 10000)	出口总额（万美元）Total exports (USD 10000)	外国和港澳台地区在华直接投资 Foreign Funded Enterprises and Enterprises Funded by Entrepreneurs from Hong Kong, Macao & Taiwan 新签项目（合同）数（个）Newly Signed Contracts (unit)	实际使用外资金额（万美元）Amount of Foreign Capital Actually Use (USD 10000)
诸暨市	Zhuji	46720	450270	54	28577
嵊州市	Shengzhou	5824	146703	10	10006
新昌县	Xinchang	5655	196416	5	3279
金华市区	Jinhua District			23	7721
金东区	JIndong	4489	127246	9	4722
兰溪市	Lanxi	33355	132972	9	3685
东阳市	Dongyang	26367	266089	16	3620
义乌市	Yiwu	51574	3397866	728	20834
永康市	Yongkang	8873	395066	8	3653
武义县	Wuyi	1697	261657	2	1718
浦江县	Pujiang	1964	77038	6	1813
磐安县	Panan	754	38952	1	
衢州市区	Quzhou District	130645	201880	11	5064
江山市	Jiangshan	1584	79171	3	705
常山县	Changshan	26	25804	3	515
开化县	Kaihua	5642	31460	4	
龙游县	Longyou	16963	44016	4	1112
舟山市区	Zhoushan District	416287	424651	39	19642
岱山县	Daishan	26479	115593	2	5663
嵊泗县	Shengsi	58990	9580	2	501
台州市区	Taizhou District	224651	778103	18	23054
温岭市	Wenling	29408	410124	6	5260
临海市	Linhai	18510	299090	8	5039
玉环市	Yuhuan	11797	341657	5	8080
三门县	Sanmen	3348	71599	2	1042
天台县	Tiantai	4775	64823	3	749
仙居县	Xianju	1081	70807	6	1108
丽水市区	Lishui District	8250	65716	8	6846
龙泉市	Longquan	245	30026	2	1060
青田县	Qingtian	9806	49133	4	4003
云和县	Yunhe	608	17894	3	1065
庆元县	Qingyuan	182	11662		900
缙云县	Jinyun	1845	65400	2	4707
遂昌县	Suichang	5182	7836	2	1095
松阳县	Songyang	11	42054	1	1051
景宁自治区	Jingning	246	13262	3	938

17－38 各市、县财政收支情况(2017 年)
Total Financial Revenue and Expenditure by City and County (2017)

单位:亿元(100 million yuan)

市县名称	City and County	财政总收入 Total Financial Revenue	一般公共预算收入 General Public Revenue	一般公共预算支出 General Public Budget Expenditure	一般性公共服务支出 Expenses for Public Service	#教育事业费 Expenses for Education
杭州市区	Hangzhou District	2726.17	1497.92	1396.89	117.04	251.98
萧山区	Xiaoshan	405.37	227.48	240.84	20.20	44.13
余杭区	Yuhang	503.80	280.01	270.39	22.11	46.43
富阳区	Fuyang	106.89	63.70	66.30	7.65	18.61
临安区	Linan	74.91	43.30	64.78	5.59	14.12
建德市	Jiande	42.72	24.40	44.99	4.84	8.92
桐庐县	Tonglu	46.59	27.83	41.67	3.22	10.46
淳安县	Chunan	30.91	17.27	57.37	6.09	7.95
宁波市区	Ningbo District	1815.76	902.58	1006.17	102.50	134.41
鄞州区	Yinzhou	410.91	241.65	201.22	21.35	25.30
奉化区	Fenhua	71.03	42.94	68.48	8.13	12.98
余姚市	Yuyao	152.45	90.65	102.68	11.34	21.09
慈溪市	Cixi	290.13	157.31	151.46	13.93	29.29
象山县	Xiangshan	67.19	39.27	70.27	7.88	12.78
宁海县	Ninghai	90.08	55.48	80.03	7.45	17.02
温州市区	Wenzhou District	357.14	211.20	262.67	36.13	59.90
洞头区	Dongtou	12.22	7.10	22.30	3.37	3.81
瑞安市	Ruian	105.04	63.47	98.23	10.82	24.63
乐清市	Yueqing	140.00	79.40	95.21	7.16	24.77
永嘉县	Yongjia	50.46	31.60	73.99	7.84	20.07
平阳县	Pingyang	47.29	29.80	60.28	9.95	13.74
苍南县	Cangnan	55.87	33.72	80.62	8.43	22.11
文成县	Wenchen	11.03	8.25	45.46	4.43	7.66
泰顺县	Taishun	11.43	7.91	45.15	4.14	6.27
嘉兴市区	Jiaxing District	252.69	143.14	164.46	15.40	23.75
平湖市	Pinghu	113.21	68.87	73.58	7.49	16.42
海宁市	Haining	135.55	77.72	81.95	8.13	19.95
桐乡市	Tongxiang	108.31	61.69	66.50	5.86	16.86
嘉善县	Jiashan	88.40	51.72	59.50	7.56	12.98
海盐县	Haiyan	71.16	40.65	48.70	5.33	12.12
湖州市区	Huzhou District	170.86	99.75	148.80	15.17	26.05
德清县	Deqing	83.72	48.66	51.13	5.94	9.97
长兴县	ChangXing	87.03	49.50	63.08	5.65	12.96
安吉县	Anji	67.28	39.52	62.00	7.44	14.69
绍兴市区	Shaoxing District	461.11	279.97	279.91	32.18	56.09
柯桥区	keqiao	180.96	114.06	101.89	9.71	20.68
上虞区	Shangyu	121.89	70.11	72.59	9.10	15.23

续表 Continued 单位:亿元(100 million yuan)

市县名称	City and County	财政总收入 Total Financial Revenue	一般公共预算收入 General Public Revenue	一般公共预算支出 General Public Budget Expenditure	一般性公共服务支出 Expenses for Public Service	#教育事业费 Expenses for Education
诸暨市	Zhuji	123.78	77.01	91.31	8.30	20.17
嵊州市	Shengzhou	60.28	38.02	53.20	4.63	12.24
新昌县	Xinchang	60.36	36.36	45.41	4.32	11.04
金华市区	Jinhua District	146.30	86.62	145.38	16.99	22.48
金东区	JIndong	28.76	17.44	25.66	3.95	4.55
兰溪市	Lanxi	40.20	24.18	42.30	4.31	10.17
东阳市	Dongyang	100.88	58.58	82.70	6.05	15.78
义乌市	Yiwu	142.06	85.00	94.74	12.50	22.22
永康市	Yongkang	87.65	52.36	63.34	6.41	14.78
武义县	Wuyi	40.97	24.28	45.80	4.12	7.62
浦江县	Pujiang	28.10	17.79	33.92	3.76	7.05
磐安县	Panan	15.02	8.91	28.52	3.70	5.23
衢州市区	Quzhou District	100.01	61.48	123.50	15.05	18.32
江山市	Jiangshan	25.21	16.67	45.21	4.22	8.98
常山县	Changshan	13.97	9.88	37.76	4.14	4.89
开化县	Kaihua	13.22	8.44	44.24	4.46	5.72
龙游县	Longyou	22.07	14.82	49.75	4.48	7.99
舟山市区	Zhoushan District	155.26	103.58	192.93	27.05	26.19
岱山县	Daishan	23.19	15.52	41.60	4.10	4.44
嵊泗县	Shengsi	8.77	6.67	24.08	3.32	2.54
台州市区	Taizhou District	270.36	156.86	191.62	25.45	42.74
温岭市	Wenling	115.71	68.09	91.12	9.07	20.57
临海市	Linhai	97.74	54.29	83.57	8.26	19.42
玉环市	Yuhuan	83.40	48.49	64.67	8.46	11.65
三门县	Sanmen	26.28	16.78	40.58	5.02	8.08
天台县	Tiantai	32.95	19.21	41.60	5.00	10.87
仙居县	Xianju	30.52	18.53	49.93	4.88	9.28
丽水市区	Lishui District	69.68	43.44	84.08	11.12	14.25
龙泉市	Longquan	12.83	8.50	41.36	3.25	6.68
青田县	Qingtian	26.00	16.84	45.75	5.57	8.34
云和县	Yunhe	8.36	5.18	23.43	2.61	3.55
庆元县	Qingyuan	7.11	4.20	31.78	3.40	6.40
缙云县	Jinyun	20.09	13.05	42.61	3.59	10.23
遂昌县	Suichang	13.39	8.37	35.58	3.65	6.00
松阳县	Songyang	9.93	6.31	37.31	4.18	6.03
景宁自治县县	Jingning	13.07	7.01	36.74	4.34	5.53

17-39 各市、县金融业、社会保险、福利情况(2017年)
Basic Statistics on Finace and Social Insurance and Welfare by City and County (2017)

市县名称	City and County	金融机构年末存款余额(亿元) Deposits in Financial Institutions (100 million yuan)	#住户存款年末余额(亿元) Savings Deposits of Residents (100 million yuan)	金融机构年末贷款余额(亿元) Loans in Financial Institutions (100 million yuan)	城镇职工基本养老保险参保人数(万人) Staff and Workers in Urban Area Participating in the Basic Retirement Security Program (10000 Persons)	城镇居民基本医疗保险参保人数(万人) Urban Households Participating in the Basic Health Care Program (10000 Persons)
杭州市区	Hangzhou District	34190.33	7880.95	27649.65	580.02	828.48
萧山区	Xiaoshan	3698.89	1485.46	3293.09	99.48	131.26
余杭区	Yuhang	2667.86	1060.76	1821.88	80.74	113.79
富阳区	Fuyang	948.96	416.36	1134.56	42.83	72.71
临安区	Linan	774.09	301.08	541.05	25.53	53.00
建德市	Jiande	400.28	234.91	305.60	19.61	45.21
桐庐县	Tonglu	417.60	228.88	403.54	18.39	40.35
淳安县	Chunan	313.73	158.22	214.84	10.30	40.39
宁波市区	Ningbo District	12724.45	3406.74	12581.16	243.45	108.11
鄞州区	Yinzhou	6251.26	1594.06	6862.52	65.26	28.12
奉化区	Fenhua	600.50	308.24	598.01	24.25	29.32
余姚市	Yuyao	1434.42	793.74	1206.04	49.48	48.14
慈溪市	Cixi	2031.77	1157.88	1854.54	62.96	68.41
象山县	Xiangshan	529.89	261.29	721.06	23.89	33.16
宁海县	Ninghai	672.00	283.03	762.49	25.55	42.27
温州市区	Wenzhou District	6052.81	2506.50	4427.68	100.08	96.73
洞头区	Dongtou	78.78	38.32	67.48	3.11	10.21
瑞安市	Ruian	1319.20	861.60	1052.69	51.89	78.33
乐清市	Yueqing	1291.50	801.27	1139.41	33.73	98.66
永嘉县	Yongjia	601.07	390.95	545.31	27.33	79.35
平阳县	Pingyang	524.95	342.43	464.97	25.89	68.46
苍南县	Cangnan	629.59	412.02	750.37	24.94	108.59
文成县	Wenchen	274.30	187.05	114.46	3.65	32.47
泰顺县	Taishun	182.06	115.75	109.22	4.71	33.45
嘉兴市区	Jiaxing District	2507.29	963.06	2029.12	52.86	104.86
平湖市	Pinghu	844.44	399.33	637.97	24.30	54.28
海宁市	Haining	1334.46	671.99	1072.63	31.23	77.37
桐乡市	Tongxiang	1212.03	663.77	992.27	29.47	75.56
嘉善县	Jiashan	839.68	402.06	625.74	19.28	44.69
海盐县	Haiyan	606.80	306.14	616.17	15.10	36.33
湖州市区	Huzhou District	2069.34	984.89	1587.31	54.69	
德清县	Deqing	651.32	317.97	576.23	29.45	19.03
长兴县	ChangXing	723.26	337.83	604.43	31.51	31.86
安吉县	Anji	519.12	263.95	498.84	26.06	28.38
绍兴市区	Shaoxing District	5070.52	2208.72	4426.24	137.17	132.58
柯桥区	keqiao	1768.07	857.66	1344.58	48.07	40.33
上虞区	Shangyu	1126.16	571.21	963.42	35.48	44.47

续表 1 Continued

市县名称	City and County	金融机构年末存款余额（亿元）Deposits in Financial Institutions (100 million yuan)	#住户存款年末余额（亿元）Savings Deposits of Residents (100 million yuan)	金融机构年末贷款余额（亿元）Loans in Financial Institutions (100 million yuan)	城镇职工基本养老保险参保人数（万人）Staff and Workers in Urban Area Participating in the Basic Retirement Security Program (10000 Persons)	城镇居民基本医疗保险参保人数（万人）Urban Households Participating in the Basic Health Care Program (10000 Persons)
诸暨市	Zhuji	1349.24	746.11	1281.51	43.50	77.04
嵊州市	Shengzhou	684.78	418.00	562.87	26.45	48.24
新昌县	Xinchang	553.02	234.92	406.15	17.79	24.66
金华市区	Jinhua District	1676.50	726.01	1603.05	51.73	67.23
金东区	JIndong					
兰溪市	Lanxi	442.25	250.57	413.11	16.39	46.47
东阳市	Dongyang	1094.68	620.54	755.41	30.68	64.24
义乌市	Yiwu	2627.23	1357.17	2267.54	50.82	43.12
永康市	Yongkang	1016.39	597.58	890.09	20.83	46.10
武义县	Wuyi	377.39	215.69	335.03	11.91	26.73
浦江县	Pujiang	341.60	222.36	289.52	9.87	29.92
磐安县	Panan	170.58	85.24	127.81	6.87	17.69
衢州市区	Quzhou District	987.30	408.80	1031.85	35.04	52.34
江山市	Jiangshan	439.34	265.98	325.25	16.09	45.17
常山县	Changshan	192.02	107.76	149.73	8.51	22.30
开化县	Kaihua	204.89	107.70	160.59	7.27	26.19
龙游县	Longyou	288.77	162.63	254.55	10.64	27.67
舟山市区	Zhoushan District	1641.72	601.24	1554.86	31.96	40.45
岱山县	Daishan	223.03	110.25	100.87	10.13	11.94
嵊泗县	Shengsi	78.92	43.53	37.96	3.82	3.70
台州市区	Taizhou District	3405.76	1682.88	2920.43	82.57	119.91
温岭市	Wenling	1500.92	881.76	1200.89	38.62	97.45
临海市	Linhai	927.18	545.21	760.54	30.30	95.28
玉环市	Yuhuan	600.26	349.48	493.50	18.77	33.26
三门县	Sanmen	261.62	149.45	383.79	11.93	33.91
天台县	Tiantai	352.22	218.36	309.05	19.39	46.88
仙居县	Xianju	381.31	211.55	298.48	11.79	38.85
丽水市区	Lishui District	677.24	316.30	661.50	16.37	26.96
龙泉市	Longquan	170.35	108.73	141.41	9.27	23.64
青田县	Qingtian	521.03	402.28	242.25	11.80	38.76
云和县	Yunhe	99.76	53.98	78.31	4.08	8.90
庆元县	Qingyuan	111.38	66.06	91.76	6.32	16.58
缙云县	Jinyun	254.84	164.71	212.75	14.40	38.82
遂昌县	Suichang	146.06	87.16	107.80	7.47	17.92
松阳县	Songyang	140.22	89.22	111.25	8.15	19.62
景宁自治县	Jingning	92.57	46.21	75.04	4.37	13.88

续表 2 Continued

市县名称	City and County	失业保险人数（万人）Persons Participating in the Unemployment Insurance Program (10000 persons)	养老服务机构数（个）Number of Pension Service Institutions (unit)	养老服务机构床位数（张）Number of Beds in Pension Services (unit)	居民最低生活保障线以下人数（人）Residents under Minimum Life Guarantee Relief (person)
杭州市区	Hangzhou District	395.67	199	42445	80265
萧山区	Xiaoshan	51.40	36	7006	17524
余杭区	Yuhang	49.70	24	5819	13812
富阳区	Fuyang	20.07	28	4625	13438
临安区	Linan	10.97	30	2850	18040
建德市	Jiande	8.15	31	3812	13791
桐庐县	Tonglu	7.16	21	2395	11004
淳安县	Chunan	5.03	25	2998	17679
宁波市区	Ningbo District	181.88	131	31841	22366
鄞州区	Yinzhou	48.93	27	8246	4670
奉化区	Fenhua	10.69	26	4394	9391
余姚市	Yuyao	24.01	35	7093	10807
慈溪市	Cixi	29.53	22	5834	13036
象山县	Xiangshan	10.84	57	5784	11608
宁海县	Ninghai	12.38	21	5002	12375
温州市区	Wenzhou District	52.24	56	10278	6755
洞头区	Dongtou	0.76	11	1001	58
瑞安市	Ruian	17.87	66	6820	1873
乐清市	Yueqing	17.62	63	8058	374
永嘉县	Yongjia	7.77	42	5134	946
平阳县	Pingyang	8.35	46	4955	1203
苍南县	Cangnan	8.24	65	5725	2546
文成县	Wenchen	1.15	10	2202	320
泰顺县	Taishun	1.21	7	2113	115
嘉兴市区	Jiaxing District	36.77	18	4798	1698
平湖市	Pinghu	20.68	16	4156	1388
海宁市	Haining	21.27	19	5500	691
桐乡市	Tongxiang	18.34	18	4581	496
嘉善县	Jiashan	13.01	8	3335	547
海盐县	Haiyan	12.02	9	2454	624
湖州市区	Huzhou District	29.54	40	9704	
德清县	Deqing	15.91	27	4319	653
长兴县	ChangXing	14.25	33	5781	1861
安吉县	Anji	12.61	27	4154	704
绍兴市区	Shaoxing District	88.42	77	21163	12524
柯桥区	keqiao	25.90	14	6682	5790
上虞区	Shangyu	18.83	27	7458	1040

续表 3 Continued

市县名称	City and County	失业保险人数（万人）Persons Participating in the Unemployment Insurance Program (10000 persons)	养老服务机构数（个）Number of Pension Service Institutions (unit)	养老服务机构床位数（张）Number of Beds in Pension Services (unit)	居民最低生活保障线以下人数（人）Residents under Minimum Life Guarantee Relief (person)
诸暨市	Zhuji	20.88	43	10806	2502
嵊州市	Shengzhou	12.40	67	7718	6695
新昌县	Xinchang	10.11	23	4499	4430
金华市区	Jinhua District	26.01	28	7568	978
金东区	JIndong		9	1665	130
兰溪市	Lanxi	7.01	25	5668	522
东阳市	Dongyang	12.22	29	7015	194
义乌市	Yiwu	20.80	13	5515	89
永康市	Yongkang	9.41	34	4423	190
武义县	Wuyi	3.87	21	2807	225
浦江县	Pujiang	3.89	12	2788	993
磐安县	Panan	1.80	11	1781	161
衢州市区	Quzhou District	14.84	12	3112	2244
江山市	Jiangshan	5.20	30	3516	794
常山县	Changshan	2.56	12	2072	880
开化县	Kaihua	2.16	14	1901	648
龙游县	Longyou	4.04	16	3035	426
舟山市区	Zhoushan District	13.71	52	7574	1361
岱山县	Daishan	2.65	21	2215	284
嵊泗县	Shengsi	1.03	12	627	267
台州市区	Taizhou District	36.77	78	14079	18862
温岭市	Wenling	19.83	59	10495	15619
临海市	Linhai	16.58	70	9290	17760
玉环市	Yuhuan	9.96	25	3378	5965
三门县	Sanmen	4.18	27	3253	12429
天台县	Tiantai	5.61	36	4618	16556
仙居县	Xianju	4.66	21	3938	14434
丽水市区	Lishui District	8.69	11	1872	1041
龙泉市	Longquan	2.17	7	1343	282
青田县	Qingtian	2.75	14	1427	739
云和县	Yunhe	1.21	6	752	3844
庆元县	Qingyuan	0.74	2	338	312
缙云县	Jinyun	3.52	12	1964	152
遂昌县	Suichang	1.70	5	757	187
松阳县	Songyang	1.11	2	40	229
景宁自治县	Jingning	1.24	3	218	556

17－40 各市、县各类学校在校学生数(2017 年)
Student Enrollment by Type of School ,City and County (2017)

市县名称	City and County	高等学校（人）Institutions of Higher Education (person)	中等职业学校（人）Specialized Secondary Schools (person)	普通中学（万人）Regular Secondary Schools (10000 persons)	小学（万人）Primary Schools (10000 persons)
杭州市区	Hangzhou District	418246	95061	28.98	50.03
萧山区	Xiaoshan	26921	13604	6.65	10.47
余杭区	Yuhang	25385	11166	4.99	9.69
富阳区	Fuyang	4848	7323	3.34	4.44
临安区	Linan	14501	4410	2.03	3.02
建德市	Jiande		2598	1.79	2.07
桐庐县	Tonglu		2801	1.55	2.41
淳安县	Chunan	7523	3264	1.47	1.53
宁波市区	Ningbo District	156110	35906	14.72	24.87
鄞州区	Yinzhou		551	2.77	6.76
奉化区	Fenhua		3725	1.96	3.10
余姚市	Yuyao		9041	3.81	6.59
慈溪市	Cixi		10964	4.91	7.86
象山县	Xiangshan		4545	2.16	3.66
宁海县	Ninghai		7424	3.04	4.80
温州市区	Wenzhou District	88680	23293	9.44	17.26
洞头区	Dongtou		733	0.45	0.72
瑞安市	Ruian		11552	5.54	9.02
乐清市	Yueqing		9505	6.05	10.49
永嘉县	Yongjia		8550	4.53	6.16
平阳县	Pingyang		9646	4.12	5.94
苍南县	Cangnan		10085	6.00	9.88
文成县	Wenchen		1046	0.96	1.57
泰顺县	Taishun		2015	1.34	1.99
嘉兴市	Jiaxing District	46154	14578	4.75	7.77
平湖市	Pinghu		6960	1.88	2.89
海宁市	Haining	13815	10335	2.78	4.28
桐乡市	Tongxiang	5157	8528	3.15	4.46
嘉善县	Jiashan	4027	3811	1.90	3.34
海盐县	Haiyan		4727	1.62	2.37
湖州市	Huzhou District		10391	4.54	7.14
德清县	Deqing		3524	1.85	2.49
长兴县	ChangXing		9192	2.69	3.51
安吉县	Anji		5625	2.16	2.89
绍兴市区	Shaoxing District	91232	28612	10.92	13.57
柯桥区	keqiao	12166	9376	3.74	4,48
上虞区	Shangyu	5630	7239	3.33	3.80

续表 Continued

市县名称	City and County	高等学校（人）Institutions of Higher Education (person)	中等职业学校（人）Specialized Secondary Schools (person)	普通中学（万人）Regular Secondary Schools (10000 persons)	小学（万人）Primary Schools (10000 persons)
诸暨市	Zhuji	6113	10529	7.44	6.50
嵊州市	Shengzhou		6036	2.88	3.21
新昌县	Xinchang		4123	2.10	2.31
金华市区	Jinhua District	53123	30618	5.82	7.94
金东区	JIndong				
兰溪市	Lanxi		5364	2.60	3.21
东阳市	Dongyang	14228	6803	4.62	6.82
义乌市	Yiwu	8027	14820	4.85	10.43
永康市	Yongkang		7821	3.46	6.14
武义县	Wuyi		2486	1.43	2.69
浦江县	Pujiang		4783	2.21	3.07
磐安县	Panan		1638	0.97	1.10
衢州市区	Quzhou District	16022	14055	4.07	4.96
江山市	Jiangshan		6515	2.79	3.13
常山县	Changshan		2113	1.32	1.64
开化县	Kaihua		1647	1.43	1.70
龙游县	Longyou		3974	1.65	1.92
舟山市区	Zhoushan District	22059	7423	2.54	3.91
岱山县	Daishan		489	0.45	0.66
嵊泗县	Shengsi		52	0.19	0.26
台州市区	Taizhou District	26299	25646	8.99	13.95
温岭市	Wenling		12354	5.44	8.91
临海市	Linhai	8429	20904	5.89	8.18
玉环市	Yuhuan		4812	2.26	4.64
三门县	Sanmen		5190	1.89	2.70
天台县	Tiantai		6123	3.07	3.38
仙居县	Xianju		6906	2.96	3.58
丽水市区	Lishui District	21046	6048	2.36	3.65
龙泉市	Longquan		3440	1.19	1.63
青田县	Qingtian		4434	1.78	3.03
云和县	Yunhe		1821	0.46	0.81
庆元县	Qingyuan		1966	0.75	0.98
缙云县	Jinyun		5240	2.23	2.93
遂昌县	Suichang		2393	0.88	1.08
松阳县	Songyang		2333	0.95	1.27
景宁自治县	Jingning		1630	0.59	0.86

17-41 各市、县专利申请(2017年) Patent Application by City and County (2017)

市县名称	City and County	专利申请受理量(项) Patent Application Accepted (item)	专利申请授权量(项) Patent Application Approved (item)	#发明 Invention
杭州市区	Hangzhou District	71675	39908	9700
萧山区	Xiaoshan	6802	3907	486
余杭区	Yuhang	13277	7010	732
富阳区	Fuyang	3354	1698	248
临安区	Linan	2456	1651	226
建德市	Jiande	1353	637	50
桐庐县	Tonglu	2161	1404	98
淳安县	Chunan	520	278	24
宁波市区	Ningbo District	33213	20567	3852
鄞州区	Yinzhou	15205	9065	1404
奉化区	Fenghua	2274	1341	163
余姚市	Yuyao	8039	4282	593
慈溪市	Cixi	13382	7759	607
象山县	Xiangshan	3662	1557	107
宁海县	Ninghai	3808	2828	223
温州市区	Wenzhou District			
洞头区	Dongtou	394	193	32
瑞安市	Ruian	8226	4837	456
乐清市	Yueqing	7102	5166	561
永嘉县	Yongjia	3392	1867	107
平阳县	Pingyang	3097	2178	105
苍南县	Cangnan	2770	1729	97
文成县	Wencheng	722	443	31
泰顺县	Taishun	535	283	20
嘉兴市区	Jiaxing District	8420	4841	462
平湖市	Pinghu	4241	2437	273
海宁市	Haining	6253	3345	400
桐乡市	Tongxiang	5661	2928	232
嘉善县	Jiashan	4543	2325	257
海盐县	Haiyan	3911	2368	226
湖州市区	Huzhou District			
德清县	Deqing	6596	2142	486
长兴县	Changxing	6573	2891	528
安吉县	Anji	5232	2302	288
绍兴市区	Shaoxing District			
柯桥区	keqiao	9219	5900	320
上虞区	Shangyu	5461	3809	397

续表 Continued

市县名称	City and County	专利申请受理量（项）Patent Application Accepted (item)	专利申请授权量（项）Patent Application Approved (item)	#发明 Invention
诸暨市	Zhuji	14542	5023	404
嵊州市	Shengzhou	4843	2584	209
新昌县	Xinchang	10518	4497	426
金华市区	Jinhua District			
金东区	JIndong	1415	877	103
兰溪市	Lanxi	2382	847	64
东阳市	Dongyang	2436	1477	158
义乌市	Yiwu	5548	3411	255
永康市	Yongkang	7629	6143	115
武义县	Wuyi	2031	1182	50
浦江县	Pujiang	2847	866	135
磐安县	Panan	645	448	33
衢州市区	Quzhou District	4432	2172	368
江山市	Jiangshan	1804	986	63
常山县	Changshan	680	326	15
开化县	Kaihua	347	256	7
龙游县	Longyou	978	406	40
舟山市区	Zhoushan District	3132	1614	473
岱山县	Daishan	429	249	26
嵊泗县	Shengsi	88	57	2
台州市区	Taizhou District	12694	9170	859
温岭市	Wenling	4958	3698	274
临海市	Linhai	2983	1730	311
玉环市	Yuhuan	3410	2546	254
三门县	Sanmen	1356	702	38
天台县	Tiantai	1960	900	51
仙居县	Xianju	710	397	57
丽水市区	Lishui District	1945	893	138
龙泉市	Longquan	971	765	47
青田县	Qingtian	1581	706	29
云和县	Yunhe	1480	1082	2
庆元县	Qingyuan	586	403	20
缙云县	Jinyun	2665	1128	48
遂昌县	Suichang	723	293	26
景宁自治县	Jingning	400	195	11

17－42 各市、县文化和卫生事业主要指标(2017 年) The Culture and Public Health by City and county (2017)

市县名称	City and County	体育场馆数(个) Number of Sports and Gymnsiums (unit)	剧场和影剧院数(个) Number of Theaters and Music Halls (unit)	公共图书馆图书藏量(万册) Total Collections of Books in Public Libraries (10000 copies)	医院数(个) Number of Hospitals (unit)	医院床位数(张) Number of Beds in Hospital (unit)	医生数(人) Doctors (person)
杭州市区	Hangzhou District	122	175	2100	273	64524	38333
萧山区	Xiaoshan	37	17	285	54	9518	4729
余杭区	Yuhang	12	26	90	25	4340	3626
富阳区	Fuyang	10	8	50	14	2750	2226
临安区	Linan	10	6	71	28	2868	1683
建德市	Jiande	6	5	70	8	1740	1224
桐庐县	Tonglu	7	6	62	13	1719	1233
淳安县	Chunan	11	3	49	8	2204	1043
宁波市区	Ningbo District	138	59	611	103	23935	15247
鄞州区	Yinzhou	42	20	193	31	7915	4995
奉化区	Fenhua	21	5	21	9	2263	1409
余姚市	Yuyao	38	11	62	10	2882	2441
慈溪市	Cixi	32	12	65	21	3683	3608
象山县	Xiangshan	10	7	42	14	1901	1351
宁海县	Ninghai	12	6	38	6	1734	1621
温州市区	Wenzhou District	12	4	244	59	17663	10512
洞头区	Dongtou	1	1	28	2	270	282
瑞安市	Ruian	3	1	90	14	3757	3667
乐清市	Yueqing	7	1	71	20	3700	3727
永嘉县	Yongjia	3		60	11	2682	2365
平阳县	Pingyang	2		58	8	2934	2294
苍南县	Cangnan	3		120	24	4142	2586
文成县	Wenchen	3	1	48	4	699	769
泰顺县	Taishun	3	1	30	2	750	754
嘉兴市区	Jiaxing District	18	17	251	27	8876	4150
平湖市	Pinghu	6	4	98	8	2681	1294
海宁市	Haining	8	7	176	9	3617	1845
桐乡市	Tongxiang	12	10	133	14	2983	1957
嘉善县	Jiashan	10	6	96	9	2188	1130
海盐县	Haiyan	8	5	75	8	1699	1016
湖州市区	Huzhou District	16	8	98	30	7406	4033
德清县	Deqing	16	3	50	8	1399	1231
长兴县	ChangXing	7	4	55	12	3241	1699
安吉县	Anji	2	6	30	8	1916	1117
绍兴市区	Shaoxing District	17	5	279	42	12464	8286
柯桥区	keqiao	4	1	47	9	3115	2810
上虞区	Shangyu	4	1	53	11	2570	2088

续表 Continued

市县名称	City and County	体育场馆数（个）Number of Sports and Gymnsiums (unit)	剧场和影剧院数（个）Number of Theaters and Music Halls (unit)	公共图书馆图书藏量（万册）Total Collections of Books in Public Libraries (10000 copies)	医院数（个）Number of Hospitals (unit)	医院床位数（张）Number of Beds in Hospital (unit)	医生数（人）Doctors (person)
诸暨市	Zhuji	3	1	59	14	3648	3769
嵊州市	Shengzhou	3	1	51	11	2568	1679
新昌县	Xinchang	2	1	35	9	2562	1461
金华市区	Jinhua District	6	14	111	32	8418	4320
金东区	JIndong		3	10	6	207	565
兰溪市	Lanxi	2	2	30	20	2008	1474
东阳市	Dongyang	3	8	40	14	4525	2677
义乌市	Yiwu	2	24	93	28	4759	3284
永康市	Yongkang	2	6	47	13	2598	2016
武义县	Wuyi	1	4	32	7	1513	927
浦江县	Pujiang	1	3	34	11	2274	1192
磐安县	Panan	1	1	26	6	719	482
衢州市区	Quzhou District	20	9	157	29	5552	3182
江山市	Jiangshan	5	1	27	8	2051	1281
常山县	Changshan	5	1	30	6	920	760
开化县	Kaihua	8	1	31	8	1263	763
龙游县	Longyou	8	2	20	24	1835	944
舟山市区	Zhoushan District	11	11	156	24	4326	2918
岱山县	Daishan	5	2	30	4	505	468
嵊泗县	Shengsi	2	1	14	2	225	195
台州市区	Taizhou District	15	25	343	46	8867	5915
温岭市	Wenling	8	15	146	24	5149	3498
临海市	Linhai	18	10	106	19	4631	3002
玉环市	Yuhuan	6	7	74	7	1864	1191
三门县	Sanmen	6	5	35	6	1057	986
天台县	Tiantai	9	5	50	4	2069	1404
仙居县	Xianju	9	4	72	5	1318	1239
丽水市区	Lishui District	1	2	39	13	4834	2663
龙泉市	Longquan	2	3	16	4	835	836
青田县	Qingtian	2	2	21	9	1356	991
云和县	Yunhe	2	2	20	5	593	406
庆元县	Qingyuan	1	2	11	2	563	437
缙云县	Jinyun		3	38	10	1858	1136
遂昌县	Suichang	2	3	20	3	715	519
松阳县	Songyang	3	1	21	5	740	545
景宁自治县	Jingning	2	3	14	3	548	380

2018
浙江统计年鉴
ZHEJIANG STATISTICAL YEARBOOK

CHAPTER 18

附 录

Appendix

附表1 各季消费者信心指数（2017年）

指标	1季度	2季度	3季度	4季度
按地区分				
杭州	116.8	116.0	118.7	122.3
宁波	118.6	120.2	122.1	129.4
温州	112.1	116.7	119.2	129.7
嘉兴	117.1	121.0	117.4	129.2
湖州	125.3	127.0	130.4	128.6
绍兴	119.8	119.1	124.2	132.2
金华	114.9	115.8	116.8	129.6
衢州	114.4	118.0	122.0	125.4
舟山	115.9	114.5	124.5	123.7
台州	124.5	127.2	126.7	137.9
丽水	128.0	124.2	126.3	133.7
全省	118.5	119.7	122.3	129.0
按城乡分				
城市	118.8	120.3	123.5	130.1
农村	118.0	118.7	120.4	127.3
按年龄分				
18-20岁	130.3	138.5	139.3	141.4
21-30岁	120.5	123.9	126.3	129.6
31-40岁	117.2	116.8	119.3	126.9
41-50岁	112.6	114.2	118.1	127.0
51-60岁	114.6	118.6	124.1	129.3
61岁以上	131.5	127.9	126.0	136.2
按就业状况分				
全职工作	118.8	120.2	123.4	129.6
非全职工作	113.9	116.4	115.3	124.0
离退休	126.4	123.9	126.0	131.6
不工作	108.9	114.8	113.7	127.1

附表2 各季就业信心指数（2017年）

指标	1季度	2季度	3季度	4季度
按地区分				
杭州	121.1	122.5	122.9	129.2
宁波	120.9	127.1	130.6	137.1
温州	112.5	120.4	123.6	137.8
嘉兴	118.2	127.6	126.8	135.1
湖州	127.2	130.8	136.4	136.1
绍兴	120.7	121.8	129.6	138.7
金华	118.1	119.0	121.9	138.9
衢州	117.2	124.0	128.2	135.2
舟山	115.6	117.3	131.0	132.0
台州	128.8	134.3	136.1	146.2
丽水	131.2	129.5	133.6	140.3
全省	120.7	124.7	128.7	136.7
按城乡分				
城市	120.8	125.9	130.0	137.7
农村	120.6	123.0	126.8	135.3
按年龄分				
18-20岁	130.7	140.4	146.5	148.1
21-30岁	123.3	130.1	134.3	138.2
31-40岁	122.9	122.9	127.0	135.9
41-50岁	114.2	118.2	124.0	134.7
51-60岁	110.7	121.3	126.4	135.7
61岁以上	129.7	132.3	128.4	136.4
按就业状况分				
全职工作	121.6	125.2	130.5	137.7
非全职工作	114.8	122.4	119.3	131.5
离退休	123.2	127.5	127.5	134.9
不工作	114.5	121.1	121.3	136.3

附表3 各季收入信心指数（2017年）

指标	1季度	2季度	3季度	4季度
按地区分				
杭州市	114.8	113.1	118.7	118.7
宁波市	118.2	117.3	118.4	125.9
温州市	113.1	116.0	119.7	125.5
嘉兴市	118.0	117.4	112.0	127.9
湖州市	124.7	127.3	128.6	125.1
绍兴市	120.0	118.4	123.8	128.7
金华市	112.2	115.3	115.6	124.1
衢州市	113.5	116.5	119.0	118.8
舟山市	118.6	115.1	122.7	120.4
台州市	123.4	125.1	121.4	133.0
丽水市	125.9	121.5	122.1	131.3
全省	118.1	118.1	120.0	125.2
按城乡分				
城市	118.8	118.1	121.0	126.0
农村	116.9	118.1	118.6	123.9
按年龄分				
18-20岁	128.8	140.1	136.5	137.8
21-30岁	119.6	121.8	123.0	125.0
31-40岁	114.6	114.6	116.5	122.3
41-50岁	112.5	112.7	116.3	123.2
51-60岁	118.0	117.6	124.4	126.1
61岁以上	133.6	128.4	125.3	138.8
按就业状况分				
全职工作	118.1	118.8	120.9	125.4
非全职工作	113.7	113.9	114.6	120.9
离退休	129.2	123.7	126.6	130.8
不工作	105.0	111.7	109.8	122.7

附表4 浙江省投入产出延长表（2015年）

（按当年生产者价格计算） 单位：万元

投入 \ 产出	中间使用						
	农林牧渔产品和服务	煤炭采选产品	石油和天然气开采产品	金属矿采选产品	非金属矿和其他矿采选产品	食品和烟草	纺织品
农林牧渔产品和服务	1556207	1	0	52	605	8626620	3923047
煤炭采选产品	0	2425	0	3115	12938	63184	291348
石油和天然气开采产品	0	0	0	21	0	17918	44772
金属矿采选产品	0	0	0	112844	0	0	0
非金属矿和其他矿采选产品	12157	0	0	334	332554	22945	2441
食品和烟草	2191355	2	0	120	1007	7324803	111283
纺织品	0	0	0	93	65	34828	28522197
纺织服装鞋帽皮革羽绒及其制品	0	68	0	1101	5762	32851	148618
木材加工品和家具	18115	148	0	265	1425	10379	305498
造纸印刷和文教体育用品	0	13	0	880	4745	1125891	436802
石油、炼焦产品和核燃料加工品	66291	7	0	2304	61101	118809	209132
化学产品	1574002	1	0	14616	76955	1870911	13886339
非金属矿物制品	37483	0	0	376	14106	424173	34713
金属冶炼和压延加工品	6317	0	0	30747	6935	32632	194249
金属制品	516415	0	0	2090	3123	315355	91869
通用设备	0	0	0	5223	23688	96325	342441
专用设备	1326119	0	0	34980	32156	35118	86123
交通运输设备	16242	0	0	852	1359	12507	6283
电气机械和器材	0	0	0	1781	26812	28616	147598
通信设备、计算机和其他电子设备	0	0	0	112	292	5558	58711
仪器仪表	0	95	0	394	1924	9171	45258
其他制造产品	0	0	0	3	0	1209	7856
废品废料	0	2	0	5	10297	5140	15094
金属制品、机械和设备修理服务	17099	11	0	3497	23715	63911	175102
电力、热力的生产和供应	95436	304	0	26803	149707	987221	2451324
燃气生产和供应	0	0	0	29	0	15019	1775
水的生产和供应	0	6	0	76	1486	24089	49126
建筑	0	10	0	105	402	15939	15845
批发和零售	544593	140	0	10281	32361	2762728	6941766
交通运输、仓储和邮政	89740	639	0	10286	224936	1239832	983140
住宿和餐饮	0	37	0	2391	18815	152679	158028
信息传输、软件和信息技术服务	0	892	0	4815	36295	216538	782474
金融	679682	159	0	10226	49093	953200	1914929
房地产	0	2	0	28	2612	12648	31275
租赁和商务服务	14724	13	0	7582	32361	695414	339853
科学研究和技术服务	131295	87	0	1748	10377	38417	67398
水利、环境和公共设施管理	92003	6	0	345	3253	14891	20728
居民服务、修理和其他服务	83861	37	0	1020	24217	63752	34745
教育	0	29	0	333	4097	19585	18262
卫生和社会工作	155082	0	0	0	0	0	0
文化、体育和娱乐	0	9	0	694	6335	30953	44901
公共管理、社会保障和社会组织	996471	0	0	617	215	11799	6502
中间投入合计	**10220689**	**5143**	**0**	**293184**	**1238126**	**27533558**	**62948845**
劳动者报酬	17932986	506	0	65113	145211	1820537	5907362
生产税净额	-837127	289	0	50072	125389	3715170	2601653
固定资产折旧	1553378	59	0	34076	68937	634067	2157629
营业盈余	0	827	0	1933	136771	1787474	4846634
增加值合计	**18649237**	**1681**	**0**	**151194**	**476308**	**7957248**	**15513278**
总投入	**28869926**	**6824**	**0**	**444378**	**1714434**	**35490806**	**78462123**

续 1

投入 \ 产出	中间使用						
	纺织服装鞋帽皮革羽绒及其制品	木材加工品和家具	造纸印刷和文教体育用品	石油、炼焦产品和核燃料加工品	化学产品	非金属矿物制品	金属冶炼和压延加工品
农林牧渔产品和服务	675563	1205156	787883	234	2865374	1124	908
煤炭采选产品	39815	22858	270830	92937	846005	913096	843431
石油和天然气开采产品	3116	8843	8052	11603777	2878351	181057	152408
金属矿采选产品	0	688	97039	0	86820	131611	3588324
非金属矿和其他矿采选产品	177	3397	18590	8	277603	2099438	83434
食品和烟草	210945	52806	186431	4813	761128	32799	8333
纺织品	13331963	475527	1125518	2794	2134159	64571	12912
纺织服装鞋帽皮革羽绒及其制品	11125269	358394	225994	5833	522312	73755	40923
木材加工品和家具	85590	5761591	895954	3880	259576	52060	25969
造纸印刷和文教体育用品	792937	460143	12053062	2520	1691324	392043	189287
石油、炼焦产品和核燃料加工品	181385	63776	178200	1136115	4564510	345328	629050
化学产品	3435317	1151455	3667091	475417	69013692	1518979	327614
非金属矿物制品	48468	212868	220919	1839	1695596	5530079	385615
金属冶炼和压延加工品	87903	579456	1746447	1277	1185699	729425	35343751
金属制品	143361	383424	702320	3548	788155	134815	147598
通用设备	175734	232943	333302	10199	1143959	157273	379083
专用设备	64246	223600	99021	2618	453741	210725	884584
交通运输设备	28577	4914	35469	644	22790	33513	117397
电气机械和器材	19802	97448	342697	3718	661934	137343	188485
通信设备、计算机和其他电子设备	31146	4310	73395	592	137669	43422	20887
仪器仪表	3540	290	14959	11876	102252	31356	33002
其他制造产品	242473	2387	1902	49	9194	5859	5098
废品废料	12308	11600	869212	1914	353084	338104	2970446
金属制品、机械和设备修理服务	113623	56828	141120	6752	278296	154394	175579
电力、热力的生产和供应	602506	308642	1515857	76752	5104914	1501157	2444479
燃气生产和供应	0	201	3499	0	16253	3421	35685
水的生产和供应	19481	17177	19566	1266	69213	18447	33923
建筑	16723	6396	15567	1603	61654	22154	19845
批发和零售	4340324	831662	1528615	1076737	4816901	1336823	1359286
交通运输、仓储和邮政	829389	666862	981111	287857	3655596	1674097	1168357
住宿和餐饮	151665	80245	155795	3917	726365	149121	115276
信息传输、软件和信息技术服务	808278	172856	306621	6994	845519	170314	223415
金融	1114740	457357	1245218	139191	3893431	1343945	2386594
房地产	63029	26251	67771	572	76902	33883	32042
租赁和商务服务	548866	227524	320748	73823	2223593	302324	217562
科学研究和技术服务	78250	45407	57933	1593	577930	33852	59342
水利、环境和公共设施管理	18020	8546	19064	494	97317	21432	24196
居民服务、修理和其他服务	69517	26871	56278	3380	407230	63466	39240
教育	27297	13475	30759	1856	61155	13859	15492
卫生和社会工作	0	0	0	0	0	0	0
文化、体育和娱乐	35375	19022	36697	742	129946	32777	30497
公共管理、社会保障和社会组织	9207	2817	11027	89	25828	4725	7730
中间投入合计	**39585925**	**14286013**	**30467533**	**15050220**	**115522970**	**20037966**	**54767079**
劳动者报酬	5947299	2081682	3494787	157181	9576811	1950988	2390091
生产税净额	1767297	665053	1312362	1463578	5180661	960719	1335889
固定资产折旧	932734	413452	1192016	120116	4954534	886397	1175760
营业盈余	2906367	1397330	1891874	557147	8306547	1487573	1769924
增加值合计	**11553697**	**4557517**	**7891039**	**2298022**	**28018553**	**5285677**	**6671664**
总投入	**51139622**	**18843530**	**38358572**	**17348242**	**143541523**	**25323643**	**61438743**

续 2

投入＼产出	中间使用						
	金属制品	通用设备	专用设备	交通运输设备	电气机械和器材	通信设备、计算机和其他电子设备	仪器仪表
农林牧渔产品和服务	68483	809	444	1845	1669	1375	69
煤炭采选产品	53624	28826	8787	39792	11968	10776	827
石油和天然气开采产品	49221	19654	6061	51782	37875	2320	117
金属矿采选产品	60263	15844	7164	120485	58030	16435	8811
非金属矿和其他矿采选产品	13444	1659	1712	2703	23331	3156	115
食品和烟草	7052	13637	6178	9821	15120	8134	2164
纺织品	38734	38548	17960	60643	29185	3233	5922
纺织服装鞋帽皮革羽绒及其制品	57034	59123	81789	59119	103714	27069	8014
木材加工品和家具	119358	140543	29951	126859	239847	11274	7191
造纸印刷和文教体育用品	399488	439186	110406	291451	772377	169871	98208
石油、炼焦产品和核燃料加工品	136063	277248	76886	140923	187486	45132	7922
化学产品	1769547	964277	646334	2512697	4390392	916752	304737
非金属矿物制品	658735	419515	104711	238489	1808458	721629	313831
金属冶炼和压延加工品	10131316	11355451	3740655	6883954	13672372	2982570	302329
金属制品	3271654	2194212	532540	1079013	2380967	528736	138026
通用设备	840168	12804934	2533288	4001386	3380188	536705	177788
专用设备	238885	468073	1482319	177273	1225656	224785	160382
交通运输设备	19730	449256	28823	23482695	76573	1980	1053
电气机械和器材	440313	3745041	1102769	2005669	19721382	2482117	834166
通信设备、计算机和其他电子设备	120699	897027	363684	472614	3963203	13659099	1219842
仪器仪表	217577	787522	310979	256589	629948	477250	1061739
其他制造产品	3564	10339	469	1670	146498	1215	40056
废品废料	307386	234597	75441	202052	6897	7960	318
金属制品、机械和设备修理服务	73686	145686	32955	191375	93657	54156	12063
电力、热力的生产和供应	1128332	848464	317086	678423	918227	370674	68161
燃气生产和供应	41152	17187	4412	1613	22	256	0
水的生产和供应	24324	16990	7238	15344	14092	12655	1962
建筑	11229	14546	5421	28121	17313	8354	1166
批发和零售	764199	1348114	441259	1557390	2266818	1526049	273359
交通运输、仓储和邮政	820600	1104430	415512	1033775	1263245	443619	124970
住宿和餐饮	133953	283121	152447	149411	284023	154529	47799
信息传输、软件和信息技术服务	299162	1061818	267195	274131	308267	310008	58459
金融	1050220	1447236	475951	1683821	1848687	629931	123830
房地产	40553	59705	34701	31578	51144	40503	15815
租赁和商务服务	301988	456550	200882	458196	868377	373733	97147
科学研究和技术服务	181564	247112	86229	191619	324589	341785	38418
水利、环境和公共设施管理	15235	30459	16003	17668	24715	16284	4561
居民服务、修理和其他服务	47171	109993	63368	78509	109768	34336	16948
教育	17997	34621	11206	14084	30950	12374	6327
卫生和社会工作	0	0	0	0	0	0	0
文化、体育和娱乐	27156	64003	27805	30433	48443	26868	9135
公共管理、社会保障和社会组织	6104	10673	4428	4931	17184	3050	3213
中间投入合计	**24006963**	**42666029**	**13833448**	**48659946**	**61372657**	**27198737**	**5596960**
劳动者报酬	3058427	5666665	2271211	5738183	6018696	3186396	949916
生产税净额	1085455	2292247	811370	2121160	2449683	1044455	312140
固定资产折旧	768010	1728666	639130	1926156	1759046	708903	204266
营业盈余	1545615	3293824	1174162	3100941	4026297	2759761	636844
增加值合计	**6457507**	**12981402**	**4895873**	**12886440**	**14253722**	**7699515**	**2103166**
总投入	**30464470**	**55647431**	**18729321**	**61546386**	**75626379**	**34898252**	**7700126**

续 3

投入＼产出	中间使用						
	其他制造产品	废品废料	金属制品、机械和设备修理服务	电力、热力的生产和供应	燃气生产和供应	水的生产和供应	建筑
农林牧渔产品和服务	22369	89	130	10728	45	1979	1781005
煤炭采选产品	312132	1528	13499	8077859	0	13	581508
石油和天然气开采产品	114	0	2482	716115	1870982	0	461
金属矿采选产品	0	65144	0	0	0	0	0
非金属矿和其他矿采选产品	876	24357	0	7104	0	1087	1892502
食品和烟草	38876	696	633	2730	180	3763	41526
纺织品	276580	3284	9	86	10	66	20937
纺织服装鞋帽皮革羽绒及其制品	51595	11226	3243	35522	1210	12433	444666
木材加工品和家具	35147	9524	297	2209	157	313	2703497
造纸印刷和文教体育用品	91208	21076	5721	30874	2114	10509	381204
石油、炼焦产品和核燃料加工品	12359	13212	7725	210554	153	3718	1266408
化学产品	525386	423730	12123	30889	6814	65638	3900024
非金属矿物制品	13368	39051	1393	9183	474	940	20262762
金属冶炼和压延加工品	275950	48926	170061	11405	5876	902	24242982
金属制品	92330	40787	133366	21158	1142	1070	3811131
通用设备	47130	16658	69123	232572	9017	17769	881153
专用设备	3867	181	89	24984	135	6142	185326
交通运输设备	1293	2381	2876	959	66	764	55332
电气机械和器材	41998	4520	54199	361193	863	3970	4552697
通信设备、计算机和其他电子设备	7887	487	184	7667	108	1133	191877
仪器仪表	69678	128	16565	61399	10984	24179	50698
其他制造产品	80507	0	1	29	2	2	3198
废品废料	16	1629890	56867	44	5	2111	0
金属制品、机械和设备修理服务	17443	4470	28910	185173	440	89126	37944
电力、热力的生产和供应	119848	134679	31962	14296533	2241	270064	1714979
燃气生产和供应	0	1011	0	0	731123	0	7444
水的生产和供应	2619	792	432	28339	117	153307	135721
建筑	1115	1587	0	29205	219	5214	2454655
批发和零售	151282	261245	28584	508368	184303	9542	7542515
交通运输、仓储和邮政	145957	102418	20424	1347903	44804	18772	3486937
住宿和餐饮	24222	8842	10855	56138	4455	15919	382762
信息传输、软件和信息技术服务	42621	19488	12183	145205	6123	97215	176338
金融	66782	86015	30137	2173215	68340	255776	3523180
房地产	8348	1463	821	5889	269	2126	42939
租赁和商务服务	62534	14079	14731	231572	26157	54457	1046725
科学研究和技术服务	9993	1952	169	60913	716	3730	4466866
水利、环境和公共设施管理	2885	1927	1381	102835	504	11612	36492
居民服务、修理和其他服务	6100	1749	1833	54991	661	15451	331634
教育	4325	1145	1420	18892	878	4358	110909
卫生和社会工作	0	0	0	0	0	0	0
文化、体育和娱乐	4896	3546	2417	25549	1301	9076	317708
公共管理、社会保障和社会组织	803	407	132	98190	138	1037	21131
中间投入合计	**2672439**	**3003690**	**736977**	**29224173**	**2983126**	**1175283**	**93087773**
劳动者报酬	598194	182212	398659	2895829	106619	272297	20739650
生产税净额	218012	114628	90950	2104449	102211	48663	3841443
固定资产折旧	162679	95369	36572	4068770	152281	388615	631213
营业盈余	375635	926139	41719	2393374	193075	28781	4208050
增加值合计	**1354520**	**1318348**	**567900**	**11462422**	**554186**	**738356**	**29420356**
总投入	**4026959**	**4322038**	**1304877**	**40686595**	**3537312**	**1913639**	**122508129**

续4

投入 \ 产出	中间使用						
	批发和零售	交通运输、仓储和邮政	住宿和餐饮	信息传输、软件和信息技术服务	金融	房地产	租赁和商务服务
农林牧渔产品和服务	182990	822	2734387	3112	8438	696	1208165
煤炭采选产品	0	791	0	0	0	0	1
石油和天然气开采产品	0	0	0	0	0	0	0
金属矿采选产品	0	806	34	0	0	0	0
非金属矿和其他矿采选产品	0	670	8	0	0	7	22
食品和烟草	70160	28671	2455880	40353	133791	11664	16801
纺织品	33834	17835	29969	3197	2910	893	1423461
纺织服装鞋帽皮革羽绒及其制品	89019	79554	73140	64615	258362	47610	26779
木材加工品和家具	10218	10729	24780	123049	27431	11139	2657
造纸印刷和文教体育用品	320884	209760	578827	1900816	2209220	117937	778244
石油、炼焦产品和核燃料加工品	667048	3900756	50914	103177	99624	29695	805493
化学产品	78153	103910	77849	583959	672275	2762	17950
非金属矿物制品	307	10857	14393	611	0	1601	184
金属冶炼和压延加工品	2638	13711	123	9	2	23	49
金属制品	383804	13113	18290	727	562392	2695	938984
通用设备	28857	64072	197277	34025	288141	56672	47865
专用设备	671	10303	6224	375	16911	6181	38991
交通运输设备	1963	1346696	12655	51990	33896	8693	1011553
电气机械和器材	18293	32958	34642	1380365	13902	2902	2429082
通信设备、计算机和其他电子设备	16548	10157	28444	2299644	48412	6109	408558
仪器仪表	277	4746	114	511090	0	146	567
其他制造产品	2322	9081	209686	1611	3586	3299	1205149
废品废料	0	0	0	0	0	0	0
金属制品、机械和设备修理服务	129450	96048	3243	21324	6859	9884	12457
电力、热力的生产和供应	818735	203658	1041583	366209	263217	267032	64742
燃气生产和供应	11176	102497	152637	0	0	13139	2950
水的生产和供应	88052	7922	30048	2686	15751	1488	7320
建筑	66075	43016	25756	12389	119902	16441	15900
批发和零售	3225254	556702	598773	921841	400070	27897	1287388
交通运输、仓储和邮政	5050891	12807330	203784	408699	1426976	96264	821695
住宿和餐饮	916211	159798	51239	604088	1295649	155133	220555
信息传输、软件和信息技术服务	1806242	177026	135115	2699169	1682872	134071	100305
金融	7328458	4012128	860356	1525239	4983030	1366469	6050186
房地产	1682211	90265	1247547	182121	719209	356979	84518
租赁和商务服务	7916507	324364	2754926	1541499	2796019	1417775	905246
科学研究和技术服务	1119589	76438	18265	232023	39512	2175	297
水利、环境和公共设施管理	108255	38685	2942	51903	185205	16407	19609
居民服务、修理和其他服务	621244	249673	187682	55996	77864	9042	136226
教育	231691	39150	8022	28276	384499	23564	34922
卫生和社会工作	411674	28774	7923	81	0	0	0
文化、体育和娱乐	222898	55747	355303	185841	399186	54890	44584
公共管理、社会保障和社会组织	39243	6665	5962	82583	39541	10855	191694
中间投入合计	**33701842**	**24945884**	**14238742**	**16024692**	**19214654**	**4290229**	**20361149**
劳动者报酬	23423926	13172070	6395042	5088120	6537293	3799399	6799886
生产税净额	10657649	1584665	732533	1417830	5383682	5591373	1213219
固定资产折旧	2302363	5277770	1186021	2245697	853181	12713980	1393394
营业盈余	16622649	3887633	2042829	8336705	24418428	3791221	2521513
增加值合计	**53006587**	**23922138**	**10356425**	**17088352**	**37192584**	**25895973**	**11928012**
总投入	**86708429**	**48868022**	**24595167**	**33113044**	**56407238**	**30186202**	**32289161**

续 5

投入＼产出	中间使用						
	科学研究和技术服务	水利、环境和公共设施管理	居民服务、修理和其他服务	教育	卫生和社会工作	文化、体育和娱乐	公共管理、社会保障和社会组织
农林牧渔产品和服务	389498	794001	88906	51937	7517	12781	0
煤炭采选产品	0	0	0	0	0	6	0
石油和天然气开采产品	0	0	0	0	0	0	0
金属矿采选产品	0	0	50	0	0	0	0
非金属矿和其他矿采选产品	5663	110	49	52	0	72	9
食品和烟草	42090	3684	24934	8363	1185	146324	89868
纺织品	118	25780	24903	6512	3	1230	27042
纺织服装鞋帽皮革羽绒及其制品	11741	66866	131993	3632	830	16857	17675
木材加工品和家具	36881	25777	97097	154	79	7255	191
造纸印刷和文教体育用品	533015	88643	175238	346432	49773	1350718	500737
石油、炼焦产品和核燃料加工品	35607	60541	693442	87266	21220	22328	117020
化学产品	138035	48150	576603	586632	5357849	57337	43497
非金属矿物制品	4809	900	57	15454	174	275	41225
金属冶炼和压延加工品	63947	631	317	219	25	120	0
金属制品	1290123	171878	48801	3836	880	18827	7595
通用设备	105949	36777	49584	4233	6521	38875	9393
专用设备	3970	3093	345	1121	1512283	352	3208
交通运输设备	162058	24834	31223	305819	11259	16035	318690
电气机械和器材	659145	22957	142043	816	586634	3664	0
通信设备、计算机和其他电子设备	262815	7308	97151	3788	7557	215421	23372
仪器仪表	403194	36296	115361	31427	421	200	80128
其他制造产品	24834	67655	133588	7886	308	2007	0
废品废料	7	0	0	0	0	0	0
金属制品、机械和设备修理服务	85500	10366	2282	26847	7665	8448	18120
电力、热力的生产和供应	119224	168288	119739	152243	137576	111789	235695
燃气生产和供应	105	23744	242865	670	0	5597	0
水的生产和供应	7963	20346	20292	10451	9954	3019	10025
建筑	22593	12520	27019	109913	51825	24726	65126
批发和零售	452681	140629	221244	109363	733280	167301	104459
交通运输、仓储和邮政	1125759	89763	210746	402484	122423	127812	541795
住宿和餐饮	1116020	54625	132605	384518	29422	111732	576670
信息传输、软件和信息技术服务	135622	21411	74974	205083	30725	57736	315570
金融	420201	258937	350278	745873	34371	379193	279999
房地产	198302	59634	278403	74905	83974	92966	140728
租赁和商务服务	444570	195870	300429	56613	76570	278449	183166
科学研究和技术服务	1924653	350	47982	758	718230	116	1345
水利、环境和公共设施管理	48717	204700	13383	10438	2828	10568	31125
居民服务、修理和其他服务	66428	64041	39199	1211254	198892	82259	1657040
教育	23501	11244	9144	1605013	35376	28322	189234
卫生和社会工作	0	0	0	0	1088472	10375	0
文化、体育和娱乐	121075	22609	30677	112580	25410	331609	391298
公共管理、社会保障和社会组织	15272	1807	3827	14968	15178	4192	494338
中间投入合计	**10501685**	**2846765**	**4556773**	**6699553**	**10966689**	**3746893**	**6515383**
劳动者报酬	3078364	1393587	4342135	10416937	6763673	1857864	13312013
生产税净额	390286	152447	180743	49707	8504	304875	11482
固定资产折旧	275607	409021	280801	978844	519628	434611	842809
营业盈余	1003456	362598	1403807	214209	251087	881659	358152
增加值合计	**4747713**	**2317653**	**6207486**	**11659697**	**7542892**	**3479009**	**14524456**
总投入	**15249398**	**5164418**	**10764259**	**18359250**	**18509581**	**7225902**	**21039839**

续 6

投入 \ 产出	中间使用合计	最终使用 农村居民	城镇居民	居民消费小计	政府消费	最终消费合计
农林牧渔产品和服务	**27017063**	1006621	8925887	**9932508**	167278	**10099786**
煤炭采选产品	**12543919**	44648	27958	**72606**	0	**72606**
石油和天然气开采产品	**17655499**	0	0	**0**	0	**0**
金属矿采选产品	**4370392**	0	0	**0**	0	**0**
非金属矿和其他矿采选产品	**4831786**	0	0	**0**	0	**0**
食品和烟草	**14110103**	6968084	17466712	**24434796**	0	**24434796**
纺织品	**47797511**	332534	1119911	**1452445**	0	**1452445**
纺织服装鞋帽皮革羽绒及其制品	**14385310**	1625072	6553796	**8178868**	0	**8178868**
木材加工品和家具	**11224054**	797106	1203369	**2000475**	0	**2000475**
造纸印刷和文教体育用品	**29133584**	174819	677847	**852666**	0	**852666**
石油、炼焦产品和核燃料加工品	**16635928**	1013999	5497116	**6511115**	0	**6511115**
化学产品	**121826690**	1837032	10140471	**11977503**	0	**11977503**
非金属矿物制品	**33289621**	762701	1615627	**2378328**	0	**2378328**
金属冶炼和压延加工品	**113851401**	358348	318948	**677296**	0	**677296**
金属制品	**20920150**	357823	169098	**526921**	0	**526921**
通用设备	**29416290**	43	49745	**49788**	0	**49788**
专用设备	**9255156**	0	194435	**194435**	0	**194435**
交通运输设备	**27741692**	2266884	5602850	**7869734**	0	**7869734**
电气机械和器材	**42334534**	149113	1556473	**1705586**	0	**1705586**
通信设备、计算机和其他电子设备	**24716889**	1163488	2555815	**3719303**	0	**3719303**
仪器仪表	**5413319**	11369	220770	**232139**	0	**232139**
其他制造产品	**2234592**	469501	1231948	**1701449**	0	**1701449**
废品废料	**7110797**	0	0	**0**	0	**0**
金属制品、机械和设备修理服务	**2615504**	0	0	**0**	0	**0**
电力、热力的生产和供应	**40234505**	1194475	2493350	**3687825**	0	**3687825**
燃气生产和供应	**1435482**	554780	1347493	**1902273**	0	**1902273**
水的生产和供应	**903105**	159776	850758	**1010534**	0	**1010534**
建筑	**3367589**	1113992	0	**1113992**	0	**1113992**
批发和零售	**51392126**	1591569	9382500	**10974069**	10601	**10984670**
交通运输、仓储和邮政	**45621629**	970626	2615169	**3585795**	628557	**4214352**
住宿和餐饮	**9231075**	1685465	9796936	**11482401**	0	**11482401**
信息传输、软件和信息技术服务	**14229145**	1895488	6407877	**8303365**	0	**8303365**
金融	**56245604**	75878	87249	**163127**	11120	**174247**
房地产	**5974631**	1008717	4438017	**5446734**	0	**5446734**
租赁和商务服务	**28403518**	177083	3143459	**3320542**	578117	**3898659**
科学研究和技术服务	**11241017**	0	0	**0**	3480415	**3480415**
水利、环境和公共设施管理	**1347621**	40351	625968	**666319**	2611869	**3278188**
居民服务、修理和其他服务	**6402966**	745480	3502522	**4248002**	0	**4248002**
教育	**3127643**	1598222	3178296	**4776518**	11610050	**16386568**
卫生和社会工作	**1702381**	1848876	3449953	**5298829**	11566728	**16865557**
文化、体育和娱乐	**3319991**	387679	1584001	**1971680**	987235	**2958915**
公共管理、社会保障和社会组织	**2174573**	0	0	**0**	18799416	**18799416**
中间投入合计	**926786385**	**34387642**	**118032324**	**152419966**	50451386	**202871352**
劳动者报酬	**209933817**					
生产税净额	**62656866**					
固定资产折旧	**57106558**					
营业盈余	**115890564**					
增加值合计	**445587805**					
总投入	**1372374190**					

续 7

投入 ＼ 产出	最终使用				
	固定资本形成总额	存货增加	资本形成总额合计	出口	国内省外流出
农林牧渔产品和服务	2911026	115560	**3026586**	156345	1050796
煤炭采选产品	0	120112	**120112**	39661	55331
石油和天然气开采产品	0	6	**6**	138860	0
金属矿采选产品	0	4617	**4617**	41	1493690
非金属矿和其他矿采选产品	0	58079	**58079**	25699	226884
食品和烟草	0	420333	**420333**	2497059	2755453
纺织品	0	293244	**293244**	23372232	11667093
纺织服装鞋帽皮革羽绒及其制品	0	358286	**358286**	19566866	12589401
木材加工品和家具	367616	161769	**529385**	6747528	2360549
造纸印刷和文教体育用品	27909	319752	**347661**	4999727	6556066
石油、炼焦产品和核燃料加工品	0	500145	**500145**	801476	8287987
化学产品	0	1349229	**1349229**	18008555	26005287
非金属矿物制品	0	876431	**876431**	1873568	938248
金属冶炼和压延加工品	0	-366592	**-366592**	4935470	7794557
金属制品	1186307	895512	**2081819**	8315670	1959772
通用设备	8957258	201395	**9158653**	13456471	7702793
专用设备	10980196	69725	**11049921**	3810308	1051739
交通运输设备	1457739	171199	**1628938**	7775175	18836388
电气机械和器材	2885724	187336	**3073060**	19308829	14948632
通信设备、计算机和其他电子设备	984742	199814	**1184556**	4151325	5330901
仪器仪表	608858	27370	**636228**	2565249	869065
其他制造产品	0	58272	**58272**	2762539	330813
废品废料	0	-3708	**-3708**	41764	998792
金属制品、机械和设备修理服务	0	0	**0**	0	5828
电力、热力的生产和供应	0	0	**0**	0	114554
燃气生产和供应	0	0	**0**	0	199557
水的生产和供应	0	0	**0**	0	0
建筑	114702982	0	**114702982**	3202955	292549
批发和零售	1792212	532773	**2324985**	15980913	15226976
交通运输、仓储和邮政	273225	109438	**382663**	2822691	2739055
住宿和餐饮	0	0	**0**	0	3936360
信息传输、软件和信息技术服务	0	0	**0**	3402402	7796728
金融	0	0	**0**	15770	43900
房地产	18756597	0	**18756597**	0	105360
租赁和商务服务	0	0	**0**	3945691	61632
科学研究和技术服务	500000	0	**500000**	1647	26319
水利、环境和公共设施管理	0	0	**0**	0	538609
居民服务、修理和其他服务	0	0	**0**	0	571920
教育	0	0	**0**	332908	61460
卫生和社会工作	0	0	**0**	37	7024
文化、体育和娱乐	0	0	**0**	127843	1641888
公共管理、社会保障和社会组织	0	0	**0**	0	65850
中间投入合计	**166392391**	**6660097**	**173052488**	175183274	167245806
劳动者报酬					
生产税净额					
固定资产折旧					
营业盈余					
增加值合计					
总投入					

续 8

投入 \ 产出	最终使用合计	进口	国内省外流入	总产出
农林牧渔产品和服务	**14333513**	1188493	11292157	**28869926**
煤炭采选产品	**287710**	63075	12761730	**6824**
石油和天然气开采产品	**138866**	1028804	16765561	**0**
金属矿采选产品	**1498348**	2810383	2613979	**444378**
非金属矿和其他矿采选产品	**310662**	39029	3388985	**1714434**
食品和烟草	**30107641**	1745058	6981880	**35490806**
纺织品	**36785014**	1176421	4943981	**78462123**
纺织服装鞋帽皮革羽绒及其制品	**40693421**	506827	3432282	**51139622**
木材加工品和家具	**11637937**	1451513	2566948	**18843530**
造纸印刷和文教体育用品	**12756120**	1130669	2400463	**38358572**
石油、炼焦产品和核燃料加工品	**16100723**	2708128	12680281	**17348242**
化学产品	**57340574**	12636056	22989685	**143541523**
非金属矿物制品	**6066575**	342557	13689996	**25323643**
金属冶炼和压延加工品	**13040731**	3138666	62314723	**61438743**
金属制品	**12884182**	329366	3010496	**30464470**
通用设备	**30367705**	1544553	2592011	**55647431**
专用设备	**16106403**	1384512	5247726	**18729321**
交通运输设备	**36110235**	238055	2067486	**61546386**
电气机械和器材	**39036107**	2436875	3307387	**75626379**
通信设备、计算机和其他电子设备	**14386085**	452165	3752557	**34898252**
仪器仪表	**4302681**	1567028	448846	**7700126**
其他制造产品	**4853073**	652135	2408571	**4026959**
废品废料	**1036848**	3215378	610229	**4322038**
金属制品、机械和设备修理服务	**5828**	0	1316455	**1304877**
电力、热力的生产和供应	**3802379**	0	3350289	**40686595**
燃气生产和供应	**2101830**	0	0	**3537312**
水的生产和供应	**1010534**	0	0	**1913639**
建筑	**119312478**	7056	164882	**122508129**
批发和零售	**44517544**	1889562	7311679	**86708429**
交通运输、仓储和邮政	**10158761**	1886421	5025947	**48868022**
住宿和餐饮	**15418761**	0	54669	**24595167**
信息传输、软件和信息技术服务	**19502495**	143051	475545	**33113044**
金融	**233917**	31771	40512	**56407238**
房地产	**24308691**	0	97120	**30186202**
租赁和商务服务	**7905982**	3888759	131580	**32289161**
科学研究和技术服务	**4008381**	0	0	**15249398**
水利、环境和公共设施管理	**3816797**	0	0	**5164418**
居民服务、修理和其他服务	**4819922**	0	458629	**10764259**
教育	**16780936**	1492674	56655	**18359250**
卫生和社会工作	**16872618**	673	64745	**18509581**
文化、体育和娱乐	**4728646**	272182	550553	**7225902**
公共管理、社会保障和社会组织	**18865266**	0	0	**21039839**
中间投入合计	**718352920**	51397895	221367220	**1372374190**
劳动者报酬				
生产税净额				
固定资产折旧				
营业盈余				
增加值合计				
总投入				

附表5 浙江省投入产出直接消耗系数表（2015年）

投入＼产出	农林牧渔产品和服务	煤炭采选产品	石油和天然气开采产品	金属矿采选产品	非金属矿和其他矿采选产品	食品和烟草	纺织品
农林牧渔产品和服务	0.053904	0.000147		0.000117	0.000353	0.243066	0.049999
煤炭采选产品	0.000000	0.355363		0.007010	0.007547	0.001780	0.003713
石油和天然气开采产品	0.000000	0.000000		0.000047	0.000000	0.000505	0.000571
金属矿采选产品	0.000000	0.000000		0.253937	0.000000	0.000000	0.000000
非金属矿和其他矿采选产品	0.000421	0.000000		0.000752	0.193973	0.000647	0.000031
食品和烟草	0.075904	0.000293		0.000270	0.000587	0.206386	0.001418
纺织品	0.000000	0.000000		0.000209	0.000038	0.000981	0.363515
纺织服装鞋帽皮革羽绒及其制品	0.000000	0.009965		0.002478	0.003361	0.000926	0.001894
木材加工品和家具	0.000627	0.021688		0.000596	0.000831	0.000292	0.003894
造纸印刷和文教体育用品	0.000000	0.001905		0.001980	0.002768	0.031723	0.005567
石油、炼焦产品和核燃料加工品	0.002296	0.001026		0.005185	0.035639	0.003348	0.002665
化学产品	0.054520	0.000147		0.032891	0.044887	0.052715	0.176981
非金属矿物制品	0.001298	0.000000		0.000846	0.008228	0.011952	0.000442
金属冶炼和压延加工品	0.000219	0.000000		0.069191	0.004045	0.000919	0.002476
金属制品	0.017888	0.000000		0.004703	0.001822	0.008886	0.001171
通用设备	0.000000	0.000000		0.011754	0.013817	0.002714	0.004364
专用设备	0.045934	0.000000		0.078717	0.018756	0.000989	0.001098
交通运输设备	0.000563	0.000000		0.001917	0.000793	0.000352	0.000080
电气机械和器材	0.000000	0.000000		0.004008	0.015639	0.000806	0.001881
通信设备、计算机和其他电子设备	0.000000	0.000000		0.000252	0.000170	0.000157	0.000748
仪器仪表	0.000000	0.013921		0.000887	0.001122	0.000258	0.000577
其他制造产品	0.000000	0.000000		0.000007	0.000000	0.000034	0.000100
废品废料	0.000000	0.000293		0.000011	0.006006	0.000145	0.000192
金属制品、机械和设备修理服务	0.000592	0.001612		0.007869	0.013833	0.001801	0.002232
电力、热力的生产和供应	0.003306	0.044549		0.060316	0.087322	0.027816	0.031242
燃气生产和供应	0.000000	0.000000		0.000065	0.000000	0.000423	0.000023
水的生产和供应	0.000000	0.000879		0.000171	0.000867	0.000679	0.000626
建筑	0.000000	0.001465		0.000236	0.000234	0.000449	0.000202
批发和零售	0.018864	0.020516		0.023136	0.018876	0.077843	0.088473
交通运输、仓储和邮政	0.003108	0.093640		0.023147	0.131201	0.034934	0.012530
住宿和餐饮	0.000000	0.005422		0.005381	0.010974	0.004302	0.002014
信息传输、软件和信息技术服务	0.000000	0.130715		0.010835	0.021170	0.006101	0.009973
金融	0.023543	0.023300		0.023012	0.028635	0.026858	0.024406
房地产	0.000000	0.000293		0.000063	0.001524	0.000356	0.000399
租赁和商务服务	0.000510	0.001905		0.017062	0.018876	0.019594	0.004331
科学研究和技术服务	0.004548	0.012749		0.003934	0.006053	0.001082	0.000859
水利、环境和公共设施管理	0.003187	0.000879		0.000776	0.001897	0.000420	0.000264
居民服务、修理和其他服务	0.002905	0.005422		0.002295	0.014125	0.001796	0.000443
教育	0.000000	0.004250		0.000749	0.002390	0.000552	0.000233
卫生和社会工作	0.005372	0.000000		0.000000	0.000000	0.000000	0.000000
文化、体育和娱乐	0.000000	0.001319		0.001562	0.003695	0.000872	0.000572
公共管理、社会保障和社会组织	0.034516	0.000000		0.001388	0.000125	0.000332	0.000083
中间投入合计	**0.354025**	**0.753664**	**0.000000**	**0.659763**	**0.722178**	**0.775794**	**0.802283**
劳动者报酬	0.621165	0.074150		0.146526	0.084699	0.051296	0.075289
生产税净额	-0.028997	0.042351		0.112679	0.073137	0.104680	0.033158
固定资产折旧	0.053806	0.008646		0.076682	0.040210	0.017866	0.027499
营业盈余	0.000000	0.121190		0.004350	0.079776	0.050364	0.061770
增加值合计	**0.645975**	**0.246336**	**0.000000**	**0.340237**	**0.277822**	**0.224206**	**0.197717**
总投入	**1.000000**	**1.000000**	**1.000000**	**1.000000**	**1.000000**	**1.000000**	**1.000000**

续 1

投入 \ 产出	纺织服装鞋帽皮革羽绒及其制品	木材加工品和家具	造纸印刷和文教体育用品	石油、炼焦产品和核燃料加工品	化学产品	非金属矿物制品	金属冶炼和压延加工品
农林牧渔产品和服务	0.013210	0.063956	0.020540	0.000013	0.019962	0.000044	0.000015
煤炭采选产品	0.000779	0.001213	0.007060	0.005357	0.005894	0.036057	0.013728
石油和天然气开采产品	0.000061	0.000469	0.000210	0.668873	0.020052	0.007150	0.002481
金属矿采选产品	0.000000	0.000037	0.002530	0.000000	0.000605	0.005197	0.058405
非金属矿和其他矿采选产品	0.000003	0.000180	0.000485	0.000000	0.001934	0.082904	0.001358
食品和烟草	0.004125	0.002802	0.004860	0.000277	0.005302	0.001295	0.000136
纺织品	0.260697	0.025236	0.029342	0.000161	0.014868	0.002550	0.000210
纺织服装鞋帽皮革羽绒及其制品	0.217547	0.019019	0.005892	0.000336	0.003639	0.002912	0.000666
木材加工品和家具	0.001674	0.305760	0.023357	0.000224	0.001808	0.002056	0.000423
造纸印刷和文教体育用品	0.015505	0.024419	0.314221	0.000145	0.011783	0.015481	0.003081
石油、炼焦产品和核燃料加工品	0.003547	0.003385	0.004646	0.065489	0.031799	0.013637	0.010239
化学产品	0.067175	0.061106	0.095600	0.027404	0.480793	0.059983	0.005332
非金属矿物制品	0.000948	0.011297	0.005759	0.000106	0.011813	0.218376	0.006276
金属冶炼和压延加工品	0.001719	0.030751	0.045530	0.000074	0.008260	0.028804	0.575268
金属制品	0.002803	0.020348	0.018309	0.000205	0.005491	0.005324	0.002402
通用设备	0.003436	0.012362	0.008689	0.000588	0.007970	0.006211	0.006170
专用设备	0.001256	0.011866	0.002581	0.000151	0.003161	0.008321	0.014398
交通运输设备	0.000559	0.000261	0.000925	0.000037	0.000159	0.001323	0.001911
电气机械和器材	0.000387	0.005171	0.008934	0.000214	0.004611	0.005424	0.003068
通信设备、计算机和其他电子设备	0.000609	0.000229	0.001913	0.000034	0.000959	0.001715	0.000340
仪器仪表	0.000069	0.000015	0.000390	0.000685	0.000712	0.001238	0.000537
其他制造产品	0.004741	0.000127	0.000050	0.000003	0.000064	0.000231	0.000083
废品废料	0.000241	0.000616	0.022660	0.000110	0.002460	0.013351	0.048348
金属制品、机械和设备修理服务	0.002222	0.003016	0.003679	0.000389	0.001939	0.006097	0.002858
电力、热力的生产和供应	0.011782	0.016379	0.039518	0.004424	0.035564	0.059279	0.039787
燃气生产和供应	0.000000	0.000011	0.000091	0.000000	0.000113	0.000135	0.000581
水的生产和供应	0.000381	0.000912	0.000510	0.000073	0.000482	0.000728	0.000552
建筑	0.000327	0.000339	0.000406	0.000092	0.000430	0.000875	0.000323
批发和零售	0.084872	0.044135	0.039851	0.062066	0.033558	0.052790	0.022124
交通运输、仓储和邮政	0.016218	0.035389	0.025577	0.016593	0.025467	0.066108	0.019017
住宿和餐饮	0.002966	0.004258	0.004062	0.000226	0.005060	0.005889	0.001876
信息传输、软件和信息技术服务	0.015805	0.009173	0.007994	0.000403	0.005890	0.006725	0.003636
金融	0.021798	0.024271	0.032463	0.008023	0.027124	0.053071	0.038845
房地产	0.001232	0.001393	0.001767	0.000033	0.000536	0.001338	0.000522
租赁和商务服务	0.010733	0.012074	0.008362	0.004255	0.015491	0.011938	0.003541
科学研究和技术服务	0.001530	0.002410	0.001510	0.000092	0.004026	0.001337	0.000966
水利、环境和公共设施管理	0.000352	0.000454	0.000497	0.000028	0.000678	0.000846	0.000394
居民服务、修理和其他服务	0.001359	0.001426	0.001467	0.000195	0.002837	0.002506	0.000639
教育	0.000534	0.000715	0.000802	0.000107	0.000426	0.000547	0.000252
卫生和社会工作	0.000000	0.000000	0.000000	0.000000	0.000000	0.000000	0.000000
文化、体育和娱乐	0.000692	0.001009	0.000957	0.000043	0.000905	0.001294	0.000496
公共管理、社会保障和社会组织	0.000180	0.000149	0.000287	0.000005	0.000180	0.000187	0.000126
中间投入合计	**0.774075**	**0.758139**	**0.794282**	**0.867536**	**0.804805**	**0.791275**	**0.891409**
劳动者报酬	0.116295	0.110472	0.091108	0.009060	0.066718	0.077042	0.038902
生产税净额	0.034558	0.035293	0.034213	0.084365	0.036092	0.037938	0.021743
固定资产折旧	0.018239	0.021941	0.031076	0.006924	0.034516	0.035003	0.019137
营业盈余	0.056832	0.074154	0.049321	0.032115	0.057869	0.058742	0.028808
增加值合计	**0.225925**	**0.241861**	**0.205718**	**0.132464**	**0.195195**	**0.208725**	**0.108591**
总投入	**1.000000**	**1.000000**	**1.000000**	**1.000000**	**1.000000**	**1.000000**	**1.000000**

续2

投入＼产出	金属制品	通用设备	专用设备	交通运输设备	电气机械和器材	通信设备、计算机和其他电子设备	仪器仪表
农林牧渔产品和服务	0.002248	0.000015	0.000024	0.000030	0.000022	0.000039	0.000009
煤炭采选产品	0.001760	0.000518	0.000469	0.000647	0.000158	0.000309	0.000107
石油和天然气开采产品	0.001616	0.000353	0.000324	0.000841	0.000501	0.000066	0.000015
金属矿采选产品	0.001978	0.000285	0.000383	0.001958	0.000767	0.000471	0.001144
非金属矿和其他矿采选产品	0.000441	0.000030	0.000091	0.000044	0.000309	0.000090	0.000015
食品和烟草	0.000231	0.000245	0.000330	0.000160	0.000200	0.000233	0.000281
纺织品	0.001271	0.000693	0.000959	0.000985	0.000386	0.000093	0.000769
纺织服装鞋帽皮革羽绒及其制品	0.001872	0.001062	0.004367	0.000961	0.001371	0.000776	0.001041
木材加工品和家具	0.003918	0.002526	0.001599	0.002061	0.003171	0.000323	0.000934
造纸印刷和文教体育用品	0.013113	0.007892	0.005895	0.004735	0.010213	0.004868	0.012754
石油、炼焦产品和核燃料加工品	0.004466	0.004982	0.004105	0.002290	0.002479	0.001293	0.001029
化学产品	0.058086	0.017328	0.034509	0.040826	0.058054	0.026269	0.039576
非金属矿物制品	0.021623	0.007539	0.005591	0.003875	0.023913	0.020678	0.040757
金属冶炼和压延加工品	0.332562	0.204061	0.199722	0.111850	0.180788	0.085465	0.039263
金属制品	0.107392	0.039431	0.028433	0.017532	0.031483	0.015151	0.017925
通用设备	0.027579	0.230108	0.135258	0.065014	0.044696	0.015379	0.023089
专用设备	0.007841	0.008411	0.079144	0.002880	0.016207	0.006441	0.020828
交通运输设备	0.000648	0.008073	0.001539	0.381545	0.001013	0.000057	0.000137
电气机械和器材	0.014453	0.067299	0.058879	0.032588	0.260774	0.071124	0.108331
通信设备、计算机和其他电子设备	0.003962	0.016120	0.019418	0.007679	0.052405	0.391398	0.158418
仪器仪表	0.007142	0.014152	0.016604	0.004169	0.008330	0.013675	0.137886
其他制造产品	0.000117	0.000186	0.000025	0.000027	0.001937	0.000035	0.005202
废品废料	0.010090	0.004216	0.004028	0.003283	0.000091	0.000228	0.000041
金属制品、机械和设备修理服务	0.002419	0.002618	0.001760	0.003109	0.001238	0.001552	0.001567
电力、热力的生产和供应	0.037038	0.015247	0.016930	0.011023	0.012142	0.010622	0.008852
燃气生产和供应	0.001351	0.000309	0.000236	0.000026	0.000000	0.000007	0.000000
水的生产和供应	0.000798	0.000305	0.000386	0.000249	0.000186	0.000363	0.000255
建筑	0.000369	0.000261	0.000289	0.000457	0.000229	0.000239	0.000151
批发和零售	0.025085	0.024226	0.023560	0.025304	0.029974	0.043729	0.035501
交通运输、仓储和邮政	0.026936	0.019847	0.022185	0.016797	0.016704	0.012712	0.016230
住宿和餐饮	0.004397	0.005088	0.008139	0.002428	0.003756	0.004428	0.006208
信息传输、软件和信息技术服务	0.009820	0.019081	0.014266	0.004454	0.004076	0.008883	0.007592
金融	0.034474	0.026007	0.025412	0.027359	0.024445	0.018051	0.016082
房地产	0.001331	0.001073	0.001853	0.000513	0.000676	0.001161	0.002054
租赁和商务服务	0.009913	0.008204	0.010726	0.007445	0.011482	0.010709	0.012616
科学研究和技术服务	0.005960	0.004441	0.004604	0.003113	0.004292	0.009794	0.004989
水利、环境和公共设施管理	0.000500	0.000547	0.000854	0.000287	0.000327	0.000467	0.000592
居民服务、修理和其他服务	0.001548	0.001977	0.003383	0.001276	0.001451	0.000984	0.002201
教育	0.000591	0.000622	0.000598	0.000229	0.000409	0.000355	0.000822
卫生和社会工作	0.000000	0.000000	0.000000	0.000000	0.000000	0.000000	0.000000
文化、体育和娱乐	0.000891	0.001150	0.001485	0.000494	0.000641	0.000770	0.001186
公共管理、社会保障和社会组织	0.000200	0.000192	0.000236	0.000080	0.000227	0.000087	0.000417
中间投入合计	**0.788032**	**0.766721**	**0.738598**	**0.790622**	**0.811524**	**0.779372**	**0.726866**
劳动者报酬	0.100393	0.101832	0.121265	0.093233	0.079585	0.091305	0.123364
生产税净额	0.035630	0.041192	0.043321	0.034464	0.032392	0.029929	0.040537
固定资产折旧	0.025210	0.031065	0.034125	0.031296	0.023260	0.020313	0.026528
营业盈余	0.050735	0.059191	0.062691	0.050384	0.053239	0.079080	0.082706
增加值合计	**0.211968**	**0.233279**	**0.261402**	**0.209378**	**0.188476**	**0.220628**	**0.273134**
总投入	**1.000000**	**1.000000**	**1.000000**	**1.000000**	**1.000000**	**1.000000**	**1.000000**

续 3

投入 \ 产出	其他制造产品	废品废料	金属制品、机械和设备修理服务	电力、热力的生产和供应	燃气生产和供应	水的生产和供应	建筑
农林牧渔产品和服务	0.005555	0.000021	0.000100	0.000264	0.000013	0.001034	0.014538
煤炭采选产品	0.077511	0.000354	0.010345	0.198539	0.000000	0.000007	0.004747
石油和天然气开采产品	0.000028	0.000000	0.001902	0.017601	0.528928	0.000000	0.000004
金属矿采选产品	0.000000	0.015073	0.000000	0.000000	0.000000	0.000000	0.000000
非金属矿和其他矿采选产品	0.000218	0.005636	0.000000	0.000175	0.000000	0.000568	0.015448
食品和烟草	0.009654	0.000161	0.000485	0.000067	0.000051	0.001966	0.000339
纺织品	0.068682	0.000760	0.000007	0.000002	0.000003	0.000034	0.000171
纺织服装鞋帽皮革羽绒及其制品	0.012812	0.002597	0.002485	0.000873	0.000342	0.006497	0.003630
木材加工品和家具	0.008728	0.002204	0.000228	0.000054	0.000044	0.000164	0.022068
造纸印刷和文教体育用品	0.022649	0.004876	0.004384	0.000759	0.000598	0.005492	0.003112
石油、炼焦产品和核燃料加工品	0.003069	0.003057	0.005920	0.005175	0.000043	0.001943	0.010337
化学产品	0.130467	0.098039	0.009291	0.000759	0.001926	0.034300	0.031835
非金属矿物制品	0.003320	0.009035	0.001068	0.000226	0.000134	0.000491	0.165399
金属冶炼和压延加工品	0.068526	0.011320	0.130327	0.000280	0.001661	0.000471	0.197889
金属制品	0.022928	0.009437	0.102206	0.000520	0.000323	0.000559	0.031109
通用设备	0.011704	0.003854	0.052973	0.005716	0.002549	0.009285	0.007193
专用设备	0.000960	0.000042	0.000068	0.000614	0.000038	0.003210	0.001513
交通运输设备	0.000321	0.000551	0.002204	0.000024	0.000019	0.000399	0.000452
电气机械和器材	0.010429	0.001046	0.041536	0.008877	0.000244	0.002075	0.037162
通信设备、计算机和其他电子设备	0.001959	0.000113	0.000141	0.000188	0.000031	0.000592	0.001566
仪器仪表	0.017303	0.000030	0.012695	0.001509	0.003105	0.012635	0.000414
其他制造产品	0.019992	0.000000	0.000001	0.000001	0.000001	0.000001	0.000026
废品废料	0.000004	0.377111	0.043580	0.000001	0.000001	0.001103	0.000000
金属制品、机械和设备修理服务	0.004332	0.001034	0.022155	0.004551	0.000124	0.046574	0.000310
电力、热力的生产和供应	0.029761	0.031161	0.024494	0.351382	0.000634	0.141126	0.013999
燃气生产和供应	0.000000	0.000234	0.000000	0.000000	0.206689	0.000000	0.000061
水的生产和供应	0.000650	0.000183	0.000331	0.000697	0.000033	0.080113	0.001108
建筑	0.000277	0.000367	0.000000	0.000718	0.000062	0.002725	0.020037
批发和零售	0.037567	0.060445	0.021906	0.012495	0.052103	0.004986	0.061567
交通运输、仓储和邮政	0.036245	0.023697	0.015652	0.033129	0.012666	0.009810	0.028463
住宿和餐饮	0.006015	0.002046	0.008319	0.001380	0.001259	0.008319	0.003124
信息传输、软件和信息技术服务	0.010584	0.004509	0.009337	0.003569	0.001731	0.050801	0.001439
金融	0.016584	0.019901	0.023096	0.053414	0.019320	0.133659	0.028759
房地产	0.002073	0.000338	0.000629	0.000145	0.000076	0.001111	0.000350
租赁和商务服务	0.015529	0.003257	0.011289	0.005692	0.007395	0.028457	0.008544
科学研究和技术服务	0.002482	0.000452	0.000130	0.001497	0.000202	0.001949	0.036462
水利、环境和公共设施管理	0.000716	0.000446	0.001058	0.002527	0.000142	0.006068	0.000298
居民服务、修理和其他服务	0.001515	0.000405	0.001405	0.001352	0.000187	0.008074	0.002707
教育	0.001074	0.000265	0.001088	0.000464	0.000248	0.002277	0.000905
卫生和社会工作	0.000000	0.000000	0.000000	0.000000	0.000000	0.000000	0.000000
文化、体育和娱乐	0.001216	0.000820	0.001852	0.000628	0.000368	0.004743	0.002593
公共管理、社会保障和社会组织	0.000199	0.000094	0.000101	0.002413	0.000039	0.000542	0.000172
中间投入合计	**0.663637**	**0.694971**	**0.564787**	**0.718275**	**0.843331**	**0.614161**	**0.759850**
劳动者报酬	0.148547	0.042159	0.305515	0.071174	0.030141	0.142293	0.169292
生产税净额	0.054138	0.026522	0.069700	0.051723	0.028895	0.025430	0.031357
固定资产折旧	0.040397	0.022066	0.028027	0.100003	0.043050	0.203076	0.005152
营业盈余	0.093280	0.214283	0.031972	0.058825	0.054582	0.015040	0.034349
增加值合计	**0.336363**	**0.305029**	**0.435213**	**0.281725**	**0.156669**	**0.385839**	**0.240150**
总投入	**1.000000**	**1.000000**	**1.000000**	**1.000000**	**1.000000**	**1.000000**	**1.000000**

续 4

投入＼产出	批发和零售	交通运输、仓储和邮政	住宿和餐饮	信息传输、软件和信息技术服务	金融	房地产	租赁和商务服务
农林牧渔产品和服务	0.002110	0.000017	0.111176	0.000094	0.000150	0.000023	0.037417
煤炭采选产品	0.000000	0.000016	0.000000	0.000000	0.000000	0.000000	0.000000
石油和天然气开采产品	0.000000	0.000000	0.000000	0.000000	0.000000	0.000000	0.000000
金属矿采选产品	0.000000	0.000016	0.000001	0.000000	0.000000	0.000000	0.000000
非金属矿和其他矿采选产品	0.000000	0.000014	0.000000	0.000000	0.000000	0.000000	0.000001
食品和烟草	0.000809	0.000587	0.099852	0.001219	0.002372	0.000386	0.000520
纺织品	0.000390	0.000365	0.001218	0.000097	0.000052	0.000030	0.044085
纺织服装鞋帽皮革羽绒及其制品	0.001027	0.001628	0.002974	0.001951	0.004580	0.001577	0.000829
木材加工品和家具	0.000118	0.000220	0.001008	0.003716	0.000486	0.000369	0.000082
造纸印刷和文教体育用品	0.003701	0.004292	0.023534	0.057404	0.039166	0.003907	0.024102
石油、炼焦产品和核燃料加工品	0.007693	0.079822	0.002070	0.003116	0.001766	0.000984	0.024946
化学产品	0.000901	0.002126	0.003165	0.017635	0.011918	0.000091	0.000556
非金属矿物制品	0.000004	0.000222	0.000585	0.000018	0.000000	0.000053	0.000006
金属冶炼和压延加工品	0.000030	0.000281	0.000005	0.000000	0.000000	0.000001	0.000002
金属制品	0.004426	0.000268	0.000744	0.000022	0.009970	0.000089	0.029080
通用设备	0.000333	0.001311	0.008021	0.001028	0.005108	0.001877	0.001482
专用设备	0.000008	0.000211	0.000253	0.000011	0.000300	0.000205	0.001208
交通运输设备	0.000023	0.027558	0.000515	0.001570	0.000601	0.000288	0.031328
电气机械和器材	0.000211	0.000674	0.001408	0.041686	0.000246	0.000096	0.075229
通信设备、计算机和其他电子设备	0.000191	0.000208	0.001156	0.069448	0.000858	0.000202	0.012653
仪器仪表	0.000003	0.000097	0.000005	0.015435	0.000000	0.000005	0.000018
其他制造产品	0.000027	0.000186	0.008525	0.000049	0.000064	0.000109	0.037324
废品废料	0.000000	0.000000	0.000000	0.000000	0.000000	0.000000	0.000000
金属制品、机械和设备修理服务	0.001493	0.001965	0.000132	0.000644	0.000122	0.000327	0.000386
电力、热力的生产和供应	0.009442	0.004168	0.042349	0.011059	0.004666	0.008846	0.002005
燃气生产和供应	0.000129	0.002097	0.006206	0.000000	0.000000	0.000435	0.000091
水的生产和供应	0.001015	0.000162	0.001222	0.000081	0.000279	0.000049	0.000227
建筑	0.000762	0.000880	0.001047	0.000374	0.002126	0.000545	0.000492
批发和零售	0.037197	0.011392	0.024345	0.027839	0.007093	0.000924	0.039871
交通运输、仓储和邮政	0.058251	0.262080	0.008286	0.012343	0.025298	0.003189	0.025448
住宿和餐饮	0.010567	0.003270	0.002083	0.018243	0.022970	0.005139	0.006831
信息传输、软件和信息技术服务	0.020831	0.003623	0.005494	0.081514	0.029834	0.004441	0.003106
金融	0.084518	0.082101	0.034981	0.046062	0.088340	0.045268	0.187375
房地产	0.019401	0.001847	0.050723	0.005500	0.012750	0.011826	0.002618
租赁和商务服务	0.091300	0.006638	0.112011	0.046553	0.049568	0.046968	0.028036
科学研究和技术服务	0.012912	0.001564	0.000743	0.007007	0.000700	0.000072	0.000009
水利、环境和公共设施管理	0.001248	0.000792	0.000120	0.001567	0.003283	0.000544	0.000607
居民服务、修理和其他服务	0.007165	0.005109	0.007631	0.001691	0.001380	0.000300	0.004219
教育	0.002672	0.000801	0.000326	0.000854	0.006816	0.000781	0.001082
卫生和社会工作	0.004748	0.000589	0.000322	0.000002	0.000000	0.000000	0.000000
文化、体育和娱乐	0.002571	0.001141	0.014446	0.005612	0.007077	0.001818	0.001381
公共管理、社会保障和社会组织	0.000453	0.000136	0.000242	0.002494	0.000701	0.000360	0.005937
中间投入合计	**0.388680**	**0.510475**	**0.578924**	**0.483939**	**0.340642**	**0.142125**	**0.630588**
劳动者报酬	0.270146	0.269544	0.260012	0.153659	0.115895	0.125865	0.210593
生产税净额	0.122914	0.032427	0.029784	0.042818	0.095443	0.185229	0.037574
固定资产折旧	0.026553	0.108000	0.048222	0.067819	0.015125	0.421185	0.043154
营业盈余	0.191707	0.079554	0.083058	0.251765	0.432895	0.125595	0.078092
增加值合计	**0.611320**	**0.489525**	**0.421076**	**0.516061**	**0.659358**	**0.857875**	**0.369412**
总投入	**1.000000**	**1.000000**	**1.000000**	**1.000000**	**1.000000**	**1.000000**	**1.000000**

续5

投入＼产出	科学研究和技术服务	水利、环境和公共设施管理	居民服务、修理和其他服务	教育	卫生和社会工作	文化、体育和娱乐	公共管理、社会保障和社会组织	中间使用合计
农林牧渔产品和服务	0.025542	0.153745	0.008259	0.002829	0.000406	0.001769	0.000000	**0.019686**
煤炭采选产品	0.000000	0.000000	0.000000	0.000000	0.000000	0.000001	0.000000	**0.009140**
石油和天然气开采产品	0.000000	0.000000	0.000000	0.000000	0.000000	0.000000	0.000000	**0.012865**
金属矿采选产品	0.000000	0.000000	0.000005	0.000000	0.000000	0.000000	0.000000	**0.003185**
非金属矿和其他矿采选产品	0.000371	0.000021	0.000005	0.000003	0.000000	0.000010	0.000000	**0.003521**
食品和烟草	0.002760	0.000713	0.002316	0.000456	0.000064	0.020250	0.004271	**0.010282**
纺织品	0.000008	0.004992	0.002313	0.000355	0.000000	0.000170	0.001285	**0.034828**
纺织服装鞋帽皮革羽绒及其制品	0.000770	0.012947	0.012262	0.000198	0.000045	0.002333	0.000840	**0.010482**
木材加工品和家具	0.002419	0.004991	0.009020	0.000008	0.000004	0.001004	0.000009	**0.008179**
造纸印刷和文教体育用品	0.034953	0.017164	0.016280	0.018870	0.002689	0.186927	0.023799	**0.021229**
石油、炼焦产品和核燃料加工品	0.002335	0.011723	0.064421	0.004753	0.001146	0.003090	0.005562	**0.012122**
化学产品	0.009052	0.009323	0.053566	0.031953	0.289464	0.007935	0.002067	**0.088771**
非金属矿物制品	0.000315	0.000174	0.000005	0.000842	0.000009	0.000038	0.001959	**0.024257**
金属冶炼和压延加工品	0.004193	0.000122	0.000029	0.000012	0.000001	0.000017	0.000000	**0.082959**
金属制品	0.084602	0.033281	0.004534	0.000209	0.000048	0.002605	0.000361	**0.015244**
通用设备	0.006948	0.007121	0.004606	0.000231	0.000352	0.005380	0.000446	**0.021435**
专用设备	0.000260	0.000599	0.000032	0.000061	0.081703	0.000049	0.000152	**0.006744**
交通运输设备	0.010627	0.004809	0.002901	0.016657	0.000608	0.002219	0.015147	**0.020214**
电气机械和器材	0.043224	0.004445	0.013196	0.000044	0.031694	0.000507	0.000000	**0.030848**
通信设备、计算机和其他电子设备	0.017234	0.001415	0.009025	0.000206	0.000408	0.029812	0.001111	**0.018010**
仪器仪表	0.026440	0.007028	0.010717	0.001712	0.000023	0.000028	0.003808	**0.003944**
其他制造产品	0.001629	0.013100	0.012410	0.000430	0.000017	0.000278	0.000000	**0.001628**
废品废料	0.000000	0.000000	0.000000	0.000000	0.000000	0.000000	0.000000	**0.005181**
金属制品、机械和设备修理服务	0.005607	0.002007	0.000212	0.001462	0.000414	0.001169	0.000861	**0.001906**
电力、热力的生产和供应	0.007818	0.032586	0.011124	0.008292	0.007433	0.015471	0.011202	**0.029317**
燃气生产和供应	0.000007	0.004598	0.022562	0.000036	0.000000	0.000775	0.000000	**0.001046**
水的生产和供应	0.000522	0.003940	0.001885	0.000569	0.000538	0.000418	0.000476	**0.000658**
建筑	0.001482	0.002424	0.002510	0.005987	0.002800	0.003422	0.003095	**0.002454**
批发和零售	0.029685	0.027230	0.020554	0.005957	0.039616	0.023153	0.004965	**0.037448**
交通运输、仓储和邮政	0.073823	0.017381	0.019578	0.021923	0.006614	0.017688	0.025751	**0.033243**
住宿和餐饮	0.073185	0.010577	0.012319	0.020944	0.001590	0.015463	0.027408	**0.006726**
信息传输、软件和信息技术服务	0.008894	0.004146	0.006965	0.011171	0.001660	0.007990	0.014999	**0.010368**
金融	0.027555	0.050139	0.032541	0.040627	0.001857	0.052477	0.013308	**0.040984**
房地产	0.013004	0.011547	0.025864	0.004080	0.004537	0.012866	0.006689	**0.004353**
租赁和商务服务	0.029153	0.037927	0.027910	0.003084	0.004137	0.038535	0.008706	**0.020697**
科学研究和技术服务	0.126212	0.000068	0.004458	0.000041	0.038803	0.000016	0.000064	**0.008191**
水利、环境和公共设施管理	0.003195	0.039637	0.001243	0.000569	0.000153	0.001463	0.001479	**0.000982**
居民服务、修理和其他服务	0.004356	0.012400	0.003642	0.065975	0.010745	0.011384	0.078757	**0.004666**
教育	0.001541	0.002177	0.000849	0.087423	0.001911	0.003920	0.008994	**0.002279**
卫生和社会工作	0.000000	0.000000	0.000000	0.000000	0.058806	0.001436	0.000000	**0.001240**
文化、体育和娱乐	0.007940	0.004378	0.002850	0.006132	0.001373	0.045892	0.018598	**0.002419**
公共管理、社会保障和社会组织	0.001001	0.000350	0.000356	0.000815	0.000820	0.000580	0.023495	**0.001585**
中间投入合计	**0.688662**	**0.551227**	**0.423324**	**0.364914**	**0.592487**	**0.518536**	**0.309669**	**0.675316**
劳动者报酬	0.201868	0.269844	0.403384	0.567394	0.365415	0.257112	0.632705	**0.152971**
生产税净额	0.025594	0.029519	0.016791	0.002707	0.000459	0.042192	0.000546	**0.045656**
固定资产折旧	0.018073	0.079200	0.026086	0.053316	0.028073	0.060146	0.040058	**0.041612**
营业盈余	0.065803	0.070211	0.130414	0.011668	0.013565	0.122014	0.017023	**0.084445**
增加值合计	**0.311338**	**0.448773**	**0.576676**	**0.635086**	**0.407513**	**0.481464**	**0.690331**	**0.324684**
总投入	**1.000000**	**1.000000**	**1.000000**	**1.000000**	**1.000000**	**1.000000**	**1.000000**	**1.000000**

附表6 浙江省投入产出完全消耗系数表（2015年）

投入 \ 产出	农林牧渔产品和服务	煤炭采选产品	石油和天然气开采产品	金属矿采选产品	非金属矿和其他矿采选产品	食品和烟草	纺织品
农林牧渔产品和服务	0.091822	0.015624	0.000000	0.012336	0.015067	0.347047	0.109755
煤炭采选产品	0.016112	0.598533	0.000000	0.083359	0.087100	0.041554	0.061429
石油和天然气开采产品	0.015091	0.025832	0.000000	0.029351	0.065610	0.028174	0.043335
金属矿采选产品	0.006845	0.005964	0.000000	0.370815	0.010134	0.007668	0.007773
非金属矿和其他矿采选产品	0.002271	0.001403	0.000000	0.003944	0.243837	0.005043	0.003444
食品和烟草	0.107264	0.007440	0.000000	0.006291	0.008272	0.298345	0.020832
纺织品	0.007931	0.019749	0.000000	0.014190	0.015198	0.018739	0.596420
纺织服装鞋帽皮革羽绒及其制品	0.002888	0.025382	0.000000	0.009735	0.011027	0.006228	0.010490
木材加工品和家具	0.003585	0.054336	0.000000	0.007235	0.007849	0.006884	0.015297
造纸印刷和文教体育用品	0.019202	0.046288	0.000000	0.029671	0.033712	0.082970	0.044936
石油、炼焦产品和核燃料加工品	0.015758	0.031469	0.000000	0.031849	0.085261	0.029883	0.040604
化学产品	0.155992	0.062069	0.000000	0.143706	0.163671	0.219159	0.594703
非金属矿物制品	0.009389	0.008451	0.000000	0.012613	0.021775	0.028319	0.014750
金属冶炼和压延加工品	0.079780	0.067770	0.000000	0.372857	0.114891	0.084095	0.084808
金属制品	0.031325	0.014145	0.000000	0.026317	0.019352	0.032416	0.019397
通用设备	0.017600	0.013668	0.000000	0.058020	0.043107	0.019802	0.026273
专用设备	0.058701	0.005879	0.000000	0.126765	0.032052	0.023667	0.013521
交通运输设备	0.005860	0.015282	0.000000	0.014887	0.019145	0.010965	0.009116
电气机械和器材	0.014514	0.035613	0.000000	0.042514	0.053607	0.021339	0.026583
通信设备、计算机和其他电子设备	0.007596	0.042877	0.000000	0.020320	0.019203	0.011061	0.015331
仪器仪表	0.003430	0.033399	0.000000	0.009530	0.008363	0.004252	0.005789
其他制造产品	0.001072	0.002451	0.000000	0.002610	0.002996	0.002757	0.002648
废品废料	0.008988	0.009074	0.000000	0.033762	0.025746	0.012673	0.012627
金属制品、机械和设备修理服务	0.002466	0.005629	0.000000	0.014950	0.021265	0.005490	0.007394
电力、热力的生产和供应	0.036792	0.140089	0.000000	0.184746	0.211579	0.099280	0.138141
燃气生产和供应	0.000665	0.001357	0.000000	0.001220	0.001830	0.001602	0.000913
水的生产和供应	0.000520	0.002183	0.000000	0.001186	0.002028	0.001705	0.002097
建筑	0.000705	0.003506	0.000000	0.001481	0.001639	0.001628	0.001589
批发和零售	0.049684	0.072713	0.000000	0.075737	0.067558	0.144763	0.194860
交通运输、仓储和邮政	0.037938	0.244152	0.000000	0.105485	0.278903	0.114577	0.098877
住宿和餐饮	0.007094	0.022514	0.000000	0.018132	0.024825	0.015472	0.015835
信息传输、软件和信息技术服务	0.011239	0.239567	0.000000	0.042906	0.054734	0.028099	0.043114
金融	0.062960	0.117036	0.000000	0.112779	0.124444	0.114202	0.127081
房地产	0.003513	0.007897	0.000000	0.005931	0.008676	0.007241	0.008662
租赁和商务服务	0.018784	0.039787	0.000000	0.052479	0.054789	0.058625	0.051656
科学研究和技术服务	0.009173	0.029267	0.000000	0.012604	0.014838	0.009273	0.010779
水利、环境和公共设施管理	0.004512	0.003398	0.000000	0.002999	0.004496	0.003230	0.002779
居民服务、修理和其他服务	0.008640	0.013446	0.000000	0.007834	0.022968	0.008624	0.007063
教育	0.001520	0.009505	0.000000	0.003425	0.005730	0.003047	0.003078
卫生和社会工作	0.006512	0.000627	0.000000	0.000533	0.000622	0.002794	0.001684
文化、体育和娱乐	0.002338	0.006335	0.000000	0.005347	0.008205	0.004184	0.004452
公共管理、社会保障和社会组织	0.039051	0.002061	0.000000	0.003595	0.002020	0.013700	0.005191

续 1

投入＼产出	纺织服装鞋帽皮革羽绒及其制品	木材加工品和家具	造纸印刷和文教体育用品	石油、炼焦产品和核燃料加工品	化学产品	非金属矿物制品	金属冶炼和压延加工品
农林牧渔产品和服务	0.068288	0.122096	0.060436	0.003661	0.060008	0.017287	0.012268
煤炭采选产品	0.043732	0.045849	0.080073	0.015192	0.071597	0.141736	0.127922
石油和天然气开采产品	0.034877	0.033330	0.040141	0.722336	0.102611	0.057611	0.049531
金属矿采选产品	0.007222	0.019570	0.029211	0.001022	0.012259	0.024954	0.200862
非金属矿和其他矿采选产品	0.002685	0.005211	0.005718	0.000405	0.009128	0.134217	0.009346
食品和烟草	0.020543	0.022859	0.021489	0.001867	0.023397	0.009983	0.006532
纺织品	0.544543	0.089006	0.092185	0.004091	0.060887	0.023642	0.014424
纺织服装鞋帽皮革羽绒及其制品	0.284921	0.040682	0.018763	0.001588	0.013765	0.012311	0.009334
木材加工品和家具	0.012034	0.447758	0.056301	0.001449	0.011384	0.012937	0.009764
造纸印刷和文教体育用品	0.062241	0.080662	0.492693	0.005969	0.058071	0.060234	0.041318
石油、炼焦产品和核燃料加工品	0.035688	0.035463	0.041262	0.077299	0.087259	0.058335	0.052417
化学产品	0.399793	0.274752	0.373903	0.064593	1.004952	0.224855	0.126016
非金属矿物制品	0.012569	0.032976	0.025945	0.001877	0.036390	0.291239	0.029744
金属冶炼和压延加工品	0.079380	0.229730	0.278267	0.011154	0.122138	0.183839	1.505572
金属制品	0.020240	0.051574	0.048905	0.003085	0.026786	0.024421	0.025721
通用设备	0.023316	0.044866	0.038886	0.003305	0.034526	0.032413	0.047397
专用设备	0.010985	0.033882	0.018829	0.001207	0.015609	0.023422	0.060279
交通运输设备	0.010328	0.012008	0.013330	0.002889	0.011227	0.017463	0.019134
电气机械和器材	0.023621	0.035619	0.043752	0.004510	0.034510	0.037825	0.039237
通信设备、计算机和其他电子设备	0.015303	0.015319	0.020346	0.002507	0.016660	0.019946	0.018796
仪器仪表	0.004788	0.005402	0.006638	0.001651	0.006607	0.008760	0.008986
其他制造产品	0.008953	0.002931	0.002714	0.000721	0.003088	0.003114	0.002584
废品废料	0.012142	0.026153	0.080115	0.001755	0.021812	0.048277	0.199417
金属制品、机械和设备修理服务	0.007291	0.008581	0.010262	0.001048	0.007159	0.013952	0.012426
电力、热力的生产和供应	0.099050	0.100811	0.164668	0.016448	0.149093	0.193366	0.219506
燃气生产和供应	0.000871	0.001139	0.001346	0.000217	0.001298	0.001574	0.002796
水的生产和供应	0.001772	0.002396	0.001966	0.000290	0.001809	0.002147	0.002403
建筑	0.001658	0.001680	0.001991	0.000374	0.001949	0.002657	0.002269
批发和零售	0.202457	0.122306	0.123987	0.076233	0.110697	0.120409	0.109709
交通运输、仓储和邮政	0.098810	0.132500	0.127958	0.038847	0.123894	0.211245	0.141735
住宿和餐饮	0.016476	0.017557	0.018722	0.002951	0.019944	0.021621	0.018037
信息传输、软件和信息技术服务	0.049731	0.037934	0.042670	0.006556	0.036369	0.049225	0.047129
金融	0.122271	0.122201	0.143586	0.029288	0.129157	0.167585	0.185875
房地产	0.009907	0.008882	0.009886	0.002400	0.007680	0.009665	0.008605
租赁和商务服务	0.058575	0.053132	0.051775	0.016204	0.061329	0.055795	0.047400
科学研究和技术服务	0.010677	0.011337	0.010818	0.002162	0.014762	0.010878	0.010771
水利、环境和公共设施管理	0.002570	0.002835	0.003077	0.000440	0.003230	0.003641	0.003417
居民服务、修理和其他服务	0.007494	0.007625	0.008004	0.001589	0.010074	0.010882	0.007169
教育	0.003357	0.003533	0.004084	0.000784	0.003269	0.004288	0.003969
卫生和社会工作	0.001486	0.001410	0.001065	0.000432	0.000993	0.000855	0.000727
文化、体育和娱乐	0.004530	0.004830	0.005172	0.000808	0.004887	0.006052	0.005359
公共管理、社会保障和社会组织	0.000180	0.000149	0.000287	0.000005	0.000180	0.000187	0.000126

续 2

投入 \ 产出	金属制品	通用设备	专用设备	交通运输设备	电气机械和器材	通信设备、计算机和其他电子设备	仪器仪表
农林牧渔产品和服务	0.018637	0.013713	0.014791	0.014578	0.017017	0.014604	0.015566
煤炭采选产品	0.088942	0.066119	0.063901	0.057924	0.068081	0.053444	0.049594
石油和天然气开采产品	0.043590	0.035372	0.034795	0.034344	0.038348	0.029035	0.028839
金属矿采选产品	0.085916	0.069361	0.065096	0.057777	0.066925	0.045661	0.036311
非金属矿和其他矿采选产品	0.009040	0.006287	0.005871	0.005274	0.009826	0.008645	0.010844
食品和烟草	0.008071	0.007125	0.007781	0.007031	0.008187	0.007456	0.007910
纺织品	0.019820	0.015984	0.018511	0.018185	0.019696	0.015209	0.018500
纺织服装鞋帽皮革羽绒及其制品	0.010096	0.008235	0.012544	0.008167	0.009576	0.007409	0.007906
木材加工品和家具	0.014529	0.012276	0.010283	0.011802	0.014054	0.007570	0.009087
造纸印刷和文教体育用品	0.056751	0.049791	0.045050	0.043759	0.056185	0.044510	0.056230
石油、炼焦产品和核燃料加工品	0.043608	0.038693	0.037543	0.035485	0.039899	0.031031	0.030462
化学产品	0.220198	0.145315	0.173068	0.214071	0.250726	0.174052	0.202757
非金属矿物制品	0.050399	0.035002	0.030980	0.027678	0.064022	0.063355	0.088047
金属冶炼和压延加工品	1.020353	0.844753	0.791421	0.654702	0.802092	0.541808	0.409597
金属制品	0.143029	0.081191	0.065132	0.057946	0.073633	0.053228	0.054803
通用设备	0.071572	0.337077	0.224030	0.165951	0.113533	0.066266	0.077788
专用设备	0.038438	0.038339	0.112589	0.027441	0.049431	0.032077	0.046841
交通运输设备	0.015704	0.029665	0.017586	0.630250	0.016287	0.012204	0.012015
电气机械和器材	0.057697	0.156518	0.139911	0.113295	0.404695	0.193892	0.232839
通信设备、计算机和其他电子设备	0.029112	0.068534	0.071336	0.047689	0.140406	0.680462	0.337343
仪器仪表	0.017043	0.030117	0.032021	0.016841	0.023222	0.034403	0.173582
其他制造产品	0.002868	0.003141	0.003049	0.002742	0.005662	0.003332	0.009353
废品废料	0.103439	0.080329	0.075030	0.065579	0.070047	0.048633	0.039215
金属制品、机械和设备修理服务	0.010067	0.009730	0.008385	0.010772	0.008478	0.007871	0.007386
电力、热力的生产和供应	0.182950	0.133057	0.130429	0.117859	0.134843	0.109211	0.099343
燃气生产和供应	0.003608	0.002106	0.001984	0.001465	0.001619	0.001300	0.001245
水的生产和供应	0.002456	0.001749	0.001784	0.001631	0.001703	0.001781	0.001518
建筑	0.002076	0.001804	0.001781	0.002115	0.001869	0.001717	0.001517
批发和零售	0.101536	0.099259	0.095658	0.103188	0.114797	0.131849	0.113719
交通运输、仓储和邮政	0.136684	0.118653	0.117664	0.114412	0.122632	0.105797	0.106173
住宿和餐饮	0.019636	0.020446	0.023047	0.017181	0.020037	0.021024	0.021418
信息传输、软件和信息技术服务	0.046171	0.056081	0.048705	0.036804	0.038616	0.042074	0.037697
金融	0.162266	0.144619	0.139023	0.146515	0.150183	0.128898	0.118137
房地产	0.009104	0.008771	0.009506	0.007867	0.008769	0.009620	0.009915
租赁和商务服务	0.051402	0.049441	0.050967	0.049400	0.057457	0.057273	0.055673
科学研究和技术服务	0.016184	0.015271	0.014975	0.014066	0.016588	0.026623	0.018065
水利、环境和公共设施管理	0.003171	0.002989	0.003241	0.002613	0.002879	0.002847	0.002801
居民服务、修理和其他服务	0.007705	0.007952	0.009307	0.007305	0.007988	0.006969	0.008212
教育	0.003862	0.003695	0.003543	0.003137	0.003607	0.003269	0.003643
卫生和社会工作	0.000719	0.000669	0.000657	0.000688	0.000768	0.000830	0.000744
文化、体育和娱乐	0.005311	0.005535	0.005757	0.004581	0.005090	0.005072	0.005247
公共管理、社会保障和社会组织	0.002386	0.002080	0.002122	0.001865	0.002290	0.001906	0.002237

续3

投入 \ 产出	其他制造产品	废品废料	金属制品、机械和设备修理服务	电力、热力的生产和供应	燃气生产和供应	水的生产和供应	建筑
农林牧渔产品和服务	0.035854	0.016095	0.011141	0.009869	0.002746	0.016092	0.033792
煤炭采选产品	0.175450	0.050034	0.068422	0.494966	0.003197	0.090774	0.079721
石油和天然气开采产品	0.036080	0.033105	0.028829	0.048940	0.670825	0.022271	0.042793
金属矿采选产品	0.023413	0.042686	0.045984	0.005116	0.001513	0.007895	0.053543
非金属矿和其他矿采选产品	0.004062	0.015446	0.004231	0.001340	0.000253	0.002495	0.045655
食品和烟草	0.022652	0.007142	0.006188	0.004741	0.001382	0.009690	0.009842
纺织品	0.137493	0.019807	0.012100	0.010695	0.002944	0.016559	0.018879
纺织服装鞋帽皮革羽绒及其制品	0.024761	0.010390	0.008484	0.011259	0.001378	0.014665	0.012567
木材加工品和家具	0.024150	0.010088	0.007020	0.018219	0.000753	0.006855	0.040222
造纸印刷和文教体育用品	0.066249	0.035211	0.033892	0.028761	0.007264	0.043632	0.043541
石油、炼焦产品和核燃料加工品	0.037004	0.033682	0.030068	0.028773	0.005242	0.020856	0.048726
化学产品	0.366520	0.349203	0.108060	0.040895	0.013339	0.122875	0.174306
非金属矿物制品	0.019565	0.028371	0.019155	0.006025	0.001500	0.009123	0.232476
金属冶炼和压延加工品	0.279905	0.117815	0.544800	0.059334	0.017772	0.090462	0.639812
金属制品	0.043808	0.028639	0.135707	0.012051	0.003511	0.020219	0.059962
通用设备	0.036623	0.022376	0.096350	0.021648	0.006411	0.030996	0.038957
专用设备	0.014125	0.009697	0.018529	0.005173	0.001136	0.009704	0.025370
交通运输设备	0.011820	0.009971	0.013948	0.010629	0.002945	0.009393	0.015136
电气机械和器材	0.043701	0.019952	0.089480	0.037894	0.005624	0.034281	0.082816
通信设备、计算机和其他电子设备	0.025691	0.010013	0.024549	0.020472	0.003717	0.024602	0.023317
仪器仪表	0.028071	0.003805	0.022450	0.014599	0.005173	0.022738	0.008537
其他制造产品	0.023194	0.001902	0.002326	0.001933	0.000934	0.003271	0.002910
废品废料	0.027997	0.619146	0.119402	0.007357	0.001910	0.015817	0.059510
金属制品、机械和设备修理服务	0.009229	0.005277	0.027376	0.009795	0.000641	0.054956	0.007830
电力、热力的生产和供应	0.127838	0.129647	0.117292	0.596633	0.007457	0.275485	0.133038
燃气生产和供应	0.001150	0.001286	0.001328	0.000910	0.260750	0.000969	0.001653
水的生产和供应	0.001910	0.001140	0.001407	0.002076	0.000215	0.087922	0.002672
建筑	0.001688	0.001624	0.001151	0.002725	0.000344	0.004371	0.022132
批发和零售	0.105644	0.138697	0.076061	0.054127	0.073786	0.042519	0.135874
交通运输、仓储和邮政	0.133106	0.110174	0.088953	0.159618	0.033533	0.072651	0.147760
住宿和餐饮	0.018635	0.013031	0.018863	0.014134	0.004376	0.021653	0.020486
信息传输、软件和信息技术服务	0.053771	0.028946	0.036413	0.086920	0.006977	0.088228	0.034471
金融	0.108996	0.103545	0.108625	0.150600	0.045056	0.227096	0.147551
房地产	0.008731	0.006681	0.006389	0.005873	0.002682	0.008169	0.009030
租赁和商务服务	0.052333	0.038753	0.041239	0.034854	0.021068	0.064213	0.052351
科学研究和技术服务	0.012191	0.007438	0.007148	0.013308	0.001943	0.008105	0.051224
水利、环境和公共设施管理	0.002853	0.002426	0.002881	0.005833	0.000579	0.009218	0.002915
居民服务、修理和其他服务	0.007534	0.005375	0.005751	0.008169	0.001442	0.013150	0.009650
教育	0.004117	0.002607	0.003467	0.004980	0.001040	0.005785	0.004186
卫生和社会工作	0.000835	0.000871	0.000517	0.000441	0.000412	0.000374	0.000989
文化、体育和娱乐	0.004834	0.004155	0.005067	0.004584	0.001323	0.009361	0.007284
公共管理、社会保障和社会组织	0.002663	0.001719	0.001557	0.004985	0.000407	0.002808	0.002702

续4

投入＼产出	批发和零售	交通运输、仓储和邮政	住宿和餐饮	信息传输、软件和信息技术服务	金融	房地产	租赁和商务服务
农林牧渔产品和服务	0.014345	0.006021	0.167934	0.017103	0.014748	0.005330	0.058083
煤炭采选产品	0.012822	0.010780	0.037226	0.025005	0.013363	0.007576	0.028422
石油和天然气开采产品	0.018634	0.085419	0.021408	0.017493	0.012029	0.004670	0.035674
金属矿采选产品	0.003532	0.004007	0.005845	0.011051	0.004690	0.001431	0.014043
非金属矿和其他矿采选产品	0.000648	0.000668	0.001623	0.002178	0.000958	0.000273	0.002189
食品和烟草	0.006366	0.004126	0.145813	0.009627	0.010261	0.002677	0.012099
纺织品	0.013505	0.007274	0.022535	0.017845	0.014928	0.006692	0.087979
纺织服装鞋帽皮革羽绒及其制品	0.004071	0.005036	0.007878	0.007008	0.008986	0.003156	0.006882
木材加工品和家具	0.002769	0.002624	0.006713	0.012390	0.005159	0.001721	0.006833
造纸印刷和文教体育用品	0.028219	0.023966	0.066631	0.115506	0.080223	0.015170	0.070075
石油、炼焦产品和核燃料加工品	0.024813	0.122358	0.019318	0.019888	0.014269	0.005323	0.046546
化学产品	0.035994	0.038088	0.084996	0.108210	0.065303	0.013462	0.112795
非金属矿物制品	0.003447	0.003466	0.008710	0.013456	0.004854	0.001483	0.012325
金属冶炼和压延加工品	0.040459	0.044910	0.065965	0.125677	0.051781	0.016288	0.163296
金属制品	0.016267	0.007919	0.018909	0.018670	0.020930	0.004568	0.053196
通用设备	0.008017	0.012594	0.022531	0.020551	0.014744	0.005479	0.027877
专用设备	0.003494	0.002874	0.012642	0.008787	0.003908	0.001452	0.012860
交通运输设备	0.011958	0.063626	0.012406	0.011459	0.008711	0.004411	0.060333
电气机械和器材	0.020667	0.012092	0.028068	0.096714	0.017094	0.008775	0.127198
通信设备、计算机和其他电子设备	0.011163	0.006478	0.014167	0.145694	0.012196	0.004307	0.041852
仪器仪表	0.002651	0.002063	0.003546	0.025254	0.002444	0.000843	0.006019
其他制造产品	0.004963	0.001588	0.014598	0.003899	0.003357	0.002417	0.041335
废品废料	0.005027	0.005464	0.008960	0.015600	0.007964	0.002119	0.017753
金属制品、机械和设备修理服务	0.002918	0.003827	0.002676	0.003408	0.001601	0.000826	0.003554
电力、热力的生产和供应	0.032582	0.024285	0.100992	0.058843	0.031332	0.020787	0.051911
燃气生产和供应	0.001023	0.004066	0.008698	0.000786	0.000693	0.000745	0.001080
水的生产和供应	0.001502	0.000540	0.001994	0.000761	0.000719	0.000200	0.001049
建筑	0.001605	0.001830	0.002051	0.001312	0.002944	0.000870	0.001812
批发和零售	0.060022	0.037322	0.069318	0.070937	0.030443	0.009581	0.089264
交通运输、仓储和邮政	0.106890	0.378092	0.058648	0.061913	0.060795	0.015122	0.088557
住宿和餐饮	0.019245	0.010404	0.011165	0.029253	0.030389	0.008210	0.019872
信息传输、软件和信息技术服务	0.034139	0.015002	0.023072	0.105091	0.043679	0.009780	0.026496
金融	0.147557	0.146618	0.115062	0.115821	0.139884	0.070142	0.272700
房地产	0.025279	0.006474	0.056569	0.012187	0.018163	0.013924	0.010702
租赁和商务服务	0.116737	0.026351	0.142581	0.079403	0.072493	0.056363	0.065746
科学研究和技术服务	0.017749	0.004515	0.005680	0.014396	0.003447	0.000941	0.006005
水利、环境和公共设施管理	0.002476	0.001990	0.002053	0.003118	0.004488	0.001034	0.002696
居民服务、修理和其他服务	0.010324	0.008631	0.012219	0.005635	0.004424	0.001351	0.009032
教育	0.004803	0.002713	0.002450	0.002954	0.009175	0.001641	0.004427
卫生和社会工作	0.005511	0.001094	0.001718	0.000521	0.000302	0.000096	0.000852
文化、体育和娱乐	0.005305	0.003488	0.017775	0.009211	0.009985	0.002921	0.005495
公共管理、社会保障和社会组织	0.002093	0.000852	0.007667	0.004375	0.002102	0.001065	0.009176

续 5

投入 \ 产出	科学研究和技术服务	水利、环境和公共设施管理	居民服务、修理和其他服务	教育	卫生和社会工作	文化、体育和娱乐	公共管理、社会保障和社会组织
农林牧渔产品和服务	0.059354	0.186991	0.023422	0.014872	0.025304	0.030228	0.012787
煤炭采选产品	0.033391	0.034143	0.021285	0.014974	0.037068	0.032113	0.014822
石油和天然气开采产品	0.026771	0.027481	0.075985	0.019086	0.041180	0.020486	0.017554
金属矿采选产品	0.019802	0.008485	0.005706	0.003899	0.013270	0.009929	0.003636
非金属矿和其他矿采选产品	0.003527	0.001692	0.001526	0.001287	0.004049	0.002132	0.001079
食品和烟草	0.024468	0.023579	0.009989	0.007670	0.010286	0.036667	0.012840
纺织品	0.017172	0.028858	0.023318	0.009440	0.023664	0.027529	0.010427
纺织服装鞋帽皮革羽绒及其制品	0.006662	0.021361	0.019293	0.003901	0.006734	0.009189	0.004514
木材加工品和家具	0.011367	0.012493	0.016906	0.004299	0.006241	0.014841	0.004401
造纸印刷和文教体育用品	0.092340	0.049255	0.042811	0.047559	0.035531	0.309157	0.054754
石油、炼焦产品和核燃料加工品	0.031400	0.029519	0.084235	0.021942	0.037919	0.022511	0.021242
化学产品	0.113382	0.096396	0.154093	0.105602	0.652276	0.121184	0.045011
非金属矿物制品	0.017754	0.008605	0.007947	0.006794	0.018088	0.010868	0.006848
金属冶炼和压延加工品	0.231061	0.098144	0.064491	0.042601	0.151638	0.103496	0.039686
金属制品	0.129120	0.054244	0.016171	0.007780	0.023700	0.021408	0.007375
通用设备	0.038105	0.023931	0.017128	0.009663	0.037514	0.022704	0.009093
专用设备	0.014796	0.015080	0.005488	0.003288	0.104280	0.007611	0.003091
交通运输设备	0.033866	0.016206	0.011210	0.034333	0.009722	0.012721	0.030465
电气机械和器材	0.103255	0.027099	0.035906	0.012293	0.077585	0.027465	0.012888
通信设备、计算机和其他电子设备	0.062351	0.015053	0.027609	0.008880	0.021195	0.062768	0.011993
仪器仪表	0.041607	0.012486	0.015745	0.004958	0.007979	0.004177	0.007426
其他制造产品	0.006390	0.017107	0.015193	0.002662	0.002369	0.003659	0.002541
废品废料	0.025595	0.011625	0.008066	0.006247	0.017809	0.021033	0.005957
金属制品、机械和设备修理服务	0.010348	0.004778	0.002240	0.003039	0.004497	0.004566	0.002230
电力、热力的生产和供应	0.075493	0.088105	0.047411	0.036917	0.081732	0.076279	0.038309
燃气生产和供应	0.002053	0.007113	0.029109	0.002660	0.001173	0.002140	0.002915
水的生产和供应	0.001641	0.005089	0.002550	0.001175	0.001606	0.001261	0.001027
建筑	0.002979	0.003475	0.003246	0.007427	0.004182	0.004686	0.004009
批发和零售	0.085396	0.065539	0.055298	0.027583	0.097729	0.070702	0.025279
交通运输、仓储和邮政	0.170910	0.065761	0.060888	0.056665	0.077849	0.075104	0.057766
住宿和餐饮	0.094805	0.019178	0.019198	0.028851	0.016180	0.025771	0.033501
信息传输、软件和信息技术服务	0.031929	0.021267	0.019937	0.022632	0.023212	0.027731	0.024941
金融	0.122168	0.116528	0.082020	0.081279	0.077170	0.126718	0.048512
房地产	0.025511	0.017617	0.030541	0.010329	0.011272	0.020062	0.012959
租赁和商务服务	0.075223	0.065076	0.050649	0.022239	0.040410	0.070381	0.026822
科学研究和技术服务	0.151519	0.005274	0.008906	0.003033	0.055175	0.005328	0.002681
水利、环境和公共设施管理	0.005625	0.043175	0.002355	0.001545	0.002040	0.003118	0.002360
居民服务、修理和其他服务	0.010691	0.017266	0.006533	0.074705	0.017083	0.016075	0.083658
教育	0.004295	0.004391	0.002359	0.097011	0.004238	0.006649	0.011100
卫生和社会工作	0.000930	0.001457	0.000465	0.000283	0.063179	0.002189	0.000282
文化、体育和娱乐	0.013860	0.007363	0.005061	0.009072	0.004818	0.051096	0.021855
公共管理、社会保障和社会组织	0.004424	0.007924	0.001900	0.001920	0.002731	0.002740	0.025018

浙/江/统/计/年/鉴

主要统计指标解释

■ 消费者信心指数(Consumer Confidence Index,CCI)

是反映消费者信心强弱的指标,是综合反映并量化消费者对当前经济形势评价和对经济前景、收入水平、收入预期以及消费心理状态的主观感受,是预测经济走势和消费趋向的一个先行指标,是监测经济周期变化不可缺少的依据。消费者信心指数的取值均在"0-200"之间。"0"表示"极端悲观",200表示"极端乐观","100"为"乐观"和"悲观"的临界值。当信心指数大于100时,表明消费者趋于乐观,越接近200乐观程度越高;小于100时,表明消费者趋于悲观,越接近0悲观程度越深。

■ 就业信心指数

是反映消费者对当前和未来6个月就业形势信心强弱的指标,是消费者信心指数的重要组成部分。就业信心指数由就业信心满意指数和就业信心预期指数加权平均取得。就业信心指数的取值均在"0-200"之间。"0"表示"极端悲观",200表示"极端乐观","100"为"乐观"和"悲观"的临界值。当信心指数大于100时,表明消费者趋于乐观,越接近200乐观程度越高;小于100时,表明消费者趋于悲观,越接近0悲观程度越深。

■ 收入信心指数

是反映消费者对当前和未来6个月家庭收入情况信心强弱的指标,是消费者信心指数的重要组成部分。收入信心指数由收入信心满意指数和收入信心预期指数加权平均取得。收入信心指数的取值均在"0-200"之间。"0"表示"极端悲观",200表示"极端乐观","100"为"乐观"和"悲观"的临界值。当信心指数大于100时,表明消费者趋于乐观,越接近200乐观程度越高;小于100时,表明消费者趋于悲观,越接近0悲观程度越深。

■ 总产出

是我省常住单位在一定时期内生产的所有货物和服务的价值,既包括新增价值,也包括转移价值。它反映常住单位生产活动的总规划。总产出按生产者价格计算。常住单位是指在我国的经济领土内具有经济利益中心的单位。

■ 中间使用

指常住单位在本期生产活动中消耗和使用的非固定资产货物和服务的价值,其中包括国内生产和国外进口的各类货物和服务的价值。

■ 最终使用

指已退出或暂时退出本期生产活动而为最终需求所提供的货物和服务。

■ 总投入

指一定时期内我省常住单位进行生产活动所投入的总费用。

■ 中间投入

指常住单位在生产或提供货物和服务过程中,消耗和使用的所有非固定资产货物和服务的价值。

■ 增加值

指常住单位生产过程创造的新增价值和固定资产的转移价值。它包括固定资产折旧、劳动者报酬、生产税净额和营业盈余。

■ 直接消耗系数

也称为投入系数,记为$a_{ij}(i,j=1,2,\cdots,n)$,它是指在生产经营过程中第j部门(或产品)的单位总产出所直接消耗的第i部门(或产品)的数量。直接消耗系数的计算主法为:用第j部门的总投入X_j去除该部门生产经营中所直接消耗的第i部门的货换或服务的数量χ_{ij},用公式表示为:

$$a_{ij}=\frac{\chi_{ij}}{X_j}\qquad(i,j=1,2,\cdots,n)$$

■ 完全消耗系数

通常记为b_{ij},它是指第j部门每提供一个单位最终使用时,对第i部门货物或服务的直接消耗和间接消耗之和。利用直接消耗系数矩阵A计算完全消耗系数矩阵B的公式为:

$$B=(I-A)^{-1}-I$$